OBITUARY NOTICES

from the

ALEXANDRIA [VIRGINIA] GAZETTE

1784-1915
(Revised)

Compiled by the Staff of
Lloyd House, Alexandria Library

HERITAGE BOOKS
2008

HERITAGE BOOKS
AN IMPRINT OF HERITAGE BOOKS, INC.

Books, CDs, and more—Worldwide

For our listing of thousands of titles see our website
at
www.HeritageBooks.com

Published 2008 by
HERITAGE BOOKS, INC.
Publishing Division
100 Railroad Ave. #104
Westminster, Maryland 21157

Copyright © 1997 The Staff of Lloyd House,
Alexandria [Virginia] Library

Other books by the author:
Obituary Notices from the Alexandria [Virginia] Gazette*, 1784-1915*

All rights reserved. No part of this book may be reproduced or transmitted in any form or by any means, electronic or mechanical, including photocopying, recording or by any information storage and retrieval system without written permission from the author, except for the inclusion of brief quotations in a review.

International Standard Book Numbers
Paperbound: 978-1-888265-20-0
Clothbound: 978-0-7884-8054-6

INTRODUCTION

The staff of the Alexandria Library, Special Collections Division compiled a list of obituaries from the *Alexandria Gazette* newspaper. One of the oldest journals in the country, a forerunner of the *Gazette* began publication in 1784.

Obituaries provide the historian and genealogist with a wealth of information. They allow the researcher to establish kinship relationships and assist in "fleshing out" the historical figure in question.

Early death notices from the *Alexandria Gazette* are for the most part quite brief. One or two lines in length, they may recite the decedent's name, age, place of residence, death date, and occasionally the place of birth. Since notices were frequently paid for, the printed obituaries were often those of persons prominent in the community. Rarely is a carpenter, bricklayer, or tradesman mentioned; death records for these individuals may be found other sources such as early church and cemetery records.

With the advent of the Jacksonian revolution in the United States, reporting of obituaries became more egalitarian. Whereas eighteenth century Alexandrians were by comparison inured to death, the Victorians wrote obituaries and eulogies which were more effusive and sentimental. By the latter half of the nineteenth century, the average length of the death announcement increased significantly. Often biographical sketches of the deceased would list occupation, family members, church affiliation, and the site of interment.

Beginning in 1883 and continuing through 1915, *the Alexandria Gazette* published in its December 31st issue an alphabetical compilation of those who had died during the year, including the date of death. Thus many of the entries in this volume are cited as 31 December. The researcher may ferret out additional personal and biographical information by consulting the Gazette on the actual death date or one or two days thereafter.

Some death notices indexed in this volume are from sources other than the *Alexandria Gazette* or from issues of the *Alexandria Gazette* that are not on microfilm. Where an "*" appears at the end of an entry, the death notice is one of the approximately 300 which are found in a hard copy volume of *Alexandria Gazettes* from May 13, 1862 to December 31, 1862, kept with the Manuscript Collection, Box 47A, at the Alexandria Library, Special Collections Division. Where the source indicated is "Tombstone Inscriptions", the death notice will be found in the four volume set of "Tombstone Inscriptions of Alexandria, Virginia" (author: Wesley E.

Pippinger, publisher: Family Line Publications, Westminister, Md., 1992-1993). Where the "local news" is indicated, the death notice will be on microfilm reel no. 00331, at the Alexandria Library, Special Collections Division. (The *Alexandria Local News* was an underground paper published during a period of the Federal military occupation of the City during the Civil War; the microfilm reel contains papers from October 21, 1861 to January 25, 1862.)

The researcher is advised that this volume is not totally inclusive although it does rescue from obscurity countless thousands of individuals who once resided in Northern Virginia. Other resources such as cemetery, church, and probate records should also be consulted in researching one's ancestors.

The preparation of this volume involved the labor of many members of the Alexandria Library staff. Without their diligence and perseverance, this work would not have been possible. They include:

Karen Burgess	Lee DeRoche
Marcile Goodrick	T. Michael Miller
Debbie Myers	Sandra O'Keefe
Allan Robbins	Susan Sforza
Mary Louise Siersma	Marjorie Tallichet

This revised edition was prepared during 1996 and 1997. It includes corrections to the earlier edition and the recently discovered material from 1862. The previous edition was scanned into a digital format by Willow Bend Books and painstakingly edited by Special Collections staff member Mary Wuest.

OBITUARY INDEX

ABBOT, Mrs Jane - 13 Feb 1864; 17 Feb 1864 p2
ABBOTT, George A - 16 Mar 1913; 31 Dec 1913 p1
　Joseph - 1 Apr 1861; 4 Apr 1861 p3
　Julia - 1 Aug 1897; 31 Dec 1897 p1
ABEL, Annie - 14 Apr 1911; 30 Dec 1911 p4
ABELL, Francis - 26 July 1837; 14 Aug 1837 p3
ABENSHEIN, John - 10 Jan 1883; 31 Dec 1893 p3
ABERCROMBIE, Robert - 27 Aug 1810; 28 Aug 1810 p3
ABOTT, Jane - nd; 23 Jan 1833 p3
　John - 8 Oct 1840; 10 Oct 1840 p3
　Mary J - 31 Mar 1842; 4 Apr 1842 p3
ABRAHAMS, Samuel - 16 Jan 1876; 17 Jan 1876 p3 & 18 Jan 1816 p3
ABTS, William - 24 Nov 1902; 31 Dec 1902 p1
ACHMAN, Margaret M - nd; 7 Oct 1840 p3
ACKEN, Julia - 22 Feb 1855; 24 Feb 1855 p3
ACKERT, Charlotte H - 23 Feb 1860, 3 Mar 1860 p3
ACTON, Elizabeth - 27 Dec 1888; 31 Dec 1888 p1
　Fielder W - nd; 10 Dec 1844 p2
　Herman - 29 Aug 1895; 31 Dec 1895 p1
　R C - 8 Oct 1893; 30 Dec 1893 p2
　T M - 22 Jun 1912; 31 Dec 1912 p1
　Virginia - 27 Feb 1900; 31 Dec 1900 p1
ADAM, Alice - 8 Dec 1869; 8 Dec 1869 p3
　Eliza C - 29 May 1909; 31 Dec 1909 p1
　Hannah - 23 Sept 1893; 30 Dec 1893 p2
　James L - 7 Jan 1884; 31 Dec 1884 p3
　John - 3 Sept 1843; 7 Oct 1843 p3
　John - 30 Sept 1843; 2 Oct 1843 p3
　John - nd; 22 Aug 1848 p3
　John - 9 Feb 1911; 30 Dec 1911 p4
　Martha - 24 May 1898; 31 Dec 1898 p1
　Mary D - 28 Jan 1873; 29 Jan 1873 p3
　R L - 8 May 1898; 31 Dec 1898 np
　Robert F - 8 June 1840; 9 June 1840 p3
　Thomas J - 19 Jan 1879; 20 Jan 1879 p2
　W W - 17 Jan 1913; 31 Dec 1913 p1
　W Wallace - 3 Oct 1877; 4 Oct 1877 p2
　William Crawford - 13 July 1880; 15 July 1880 p2
ADAMS, Agnes - nd; 11 May 1849 p3
　Ann - 12 Mar 1865; 13 Mar 1865 p2
　Ann Margaret - 19 July 1857; 25 July 1857 p3
　Anna - 29 Jan 1858; 4 Feb 1858 p3
　Anne A - 15 Jan 1879; 3 Feb 1879 p2

　Benjamin F - 13 Mar 1872; 25 Mar 1872 p2
　C L - 18 Nov 1898; 31 Dec 1898 p1
　Catharine - 21 Mar 1851; 24 Mar 1851 p3
　Charles S D - 2 Feb 1915; 31 Dec 1915 p2
　Claudia Marshall - 23 Apr 1861; 2 May 1861 p3
　Clara B - 1 Oct 1876; 2 Oct 1876 p2
　Clarissa - 25 Apr 1816; 30 Apr 1816 p3
　Dorcas - 18 Dec 1860; 22 Dec 1860 p3
　Edwin M - 27 May 1888; 31 Dec 1888 p1
　Ella C - 2 Jan 1874; 9 Jan 1874 p2
　F M - 17 Oct 1913; 31 Dec 1913 p1
　Florence - 28 Aug 1860; 29 Aug 1860 p3
　George R - 27 Nov 1884; 31 Dec 1884 p3
　Henry - nd; 6 Apr 1837 p2
　Mrs Ira - 19 Nov 1898; 31 Dec 1898 p1
　James L - 21 Dec 1903; 31 Dec 1903 p1
　John - 23 Oct 1834; 25 Oct 1834 p3
　John - nd; 19 Oct 1838 p3
　John A - 19 Jan 1882; 28 Jan 1882 p2
　John Quincy - 9 June 1853; 27 June 1853 p2
　Joseph M - 10 Mar 1860; 13 Mar 1860 p3
　Mrs Leonard - 7 Nov 1811; 8 Nov 1811 p3
　Leonard Calvert - 4 May 1879; 12 May 1879 p2
　Margaret - 20 Jan 1863; 22 Jan 1863 p3
　Margaret - 4 Mar 1895; 31 Dec 1895 p1
　Mary - 15 Mar 1834; 21 Mar 1834 p3
　Mary - nd; 24 Sept 1849 p3
　Mary - 27 Aug 1860; 28 Aug 1860 p3
　Mary - 18 Feb 1881; 26 Feb 1881 p2
　Mary J - 14 Oct 1875; 8 Nov 1875 p2
　Mary M - 27 Feb 1840; 17 Mar 1840 p3
　Mary R - 27 Feb 1869; 27 Feb 1869 p2
ADAMS, Mittie - 12 Jul 1862; 16 Jul 1862 p3*
　Nathaniel W - 24 Dec 1851; 30 Dec 1851 p2
　Notley - 22 Jan 1858; 25 Jan 1858 p3
　Richard - 9 Feb 1875; 26 Feb 1875 p2
　Sarah - 20 Nov 1910; 31 Dec 1910 p1
　Susannah - 10 Feb 1879; 11 Feb 1879 p2
　Turner - nd; 12 Jun 1855 p3
　Mrs W H - 25 May 1889; 31 Dec 1889 p2
ADCOCK, Robert W - 18 Dec 1915; 31 Dec 1915 p2
ADDISON, Augustus E - 15 Mar 1863; 15 Aug 1863 p2
　Edmund B - 5 Apr 1877; 9 Apr 1877 p2
　Edward - 10 July 1854; 13 July 1854 p3
　Dr Edward B - 14 Feb 1878; 15 Feb 1878 p3 & 20 Feb 1878 p2
　Eliza - 20 Apr 1861; 25 Apr 18 p2
　Fannie - 30 Apr 1855; 24 May 1855 p3

ADDISON, Rev Henry - 31 Aug 1789; 3 Sep 1789 p3
James Lingan - 7 July 1855; 1 July 1855 p3
Jane L - 16 June 1865; 23 June 1865 p2
John - 9 Mar 1861; 12 Mar 1861 p3
LT John G. - nd; 14 May 1862 p3*
J.H. "Black John" - nd; 15 May 1862 p3*
John McLean - 25 Mar 1854; 2 Apr 1854 p3
Mary - 31 Jan 1877; 2 Feb 1877 p3
Mary E - 26 Mar 1843; 12 Apr 1843 p3
Paca - 11 May 1872; 16 May 1872 p2
Dr Samuel R - 28 Aug 1860; 4 Sept 1860 p3
Walter D - 30 Jan 1866; 2 Feb 1866 p3
ADEY, Lt. - battle on 30 Jun 1862; 8 Jul 1862 p1*
ADIE, Frances G - 4 Feb 1849; 26 Feb 1849 p2
ADLUM, Maj John - nd; 4 Mar 1836 p3
AGNEIRVA, inf dau - 25 Jan 1864; 25 Jan 1864 p2
AGNES, Anne - 15 Aug 1875; 16 Aug 1875 p2
Dora - 21 Mar 1871; 22 Mar 1871 p2
Naomi - 4 July 1887; 5 July 1887 p3
AGNEW, David S - 26 Mar 1874; 27 Mar 1874 p2
John D - 7 Jun 1892; 31 Dec 1892 p2
Minnie - 12 Aug 1867; 12 Aug 1867 p3 & 13 Aug 1867 p2
Park - 14 July 1910; 31 Dec 1910 p1
AHEAM, John - 7 Oct 1869; 8 Oct 1869 p2
AHERN, Ellen - 20 Sept 1881; 21 Sept 1881 p2
John - 25 Apr 1889; 31 Dec 1889 p2
Margaret - 18 Apr 1884; 31 Dec 1884 p3
Mary A - 17 June 1907; 31 Dec 1907 p1
AIEBENSHINE, Christine - 7 Feb 1879; 8 Feb 1879 p3
AIKEN, Eliza M - 26 Aug 1878; 28 Aug 1878 p2
John - 6 Feb 1861, 9 Feb 1861 p2
AILER, George - 1 Oct 1865; 2 Oct 1865 p3
AISQUITH, Sally L - 31 July 1831; 5 Aug 1831 p3
Willelma - 19 Sept 1853; 30 Sept 1853 p3
AITCHESON, Aletha J - 5 Feb 1892; 31 Dec 1892 p2
Andrew - 30 Dec 1914; 31 Dec 1914 p1
Emma - 9 Aug 1915; 31 Dec 1915 p2
George P - 28 June 1907; 31 Dec 1907 p1
Herbert - 4 Nov 1895; 31 Dec 1895 p1
Jane - 18 Dec 1901; 31 Dec 1901 p1
John - 11 Nov 1890; 31 Dec 1890 p1
John A - 15 June 1889; 31 Dec 1889 p2
Maria - 14 Feb 1885; 31 Dec 1885 p2
Mary - 4 Sept 1890; 31 Dec 1890 p1

AKIN, Albert A - 9 Feb 1871; 9 Feb 1871 p2
ALBAUGH, Sarah Ann - nd; 22 May 1838 p3
ALBERS, Maj Solomon - nd; 16 Oct 1839 p3
ALBRAND, Elizabeth 3 Oct 1890; 31 Dec 1890 p1
John G E - --- May 1877; 14 May 1877 p3
Lizzie - 26 Sept 1890; 31 Dec 1890 p1
ALCINDA, Mrs - 2 Nov 1857; 17 Nov 1857 p3
ALCOCKE, Elizabeth S - 11 Apr 1871; 15 Apr 1871 p2
Juliana W - 11 Aug 1867; 17 Aug 1867 p2
ALDER, Sally - 17 Dec 1859; 13 Jan 1860 p3
ALDRIDGE, John - nd; 21 Feb 1837 p3
ALEXANDER, Alexander - 31 Aug 1807; 14 Sept 1807 p3
Amos - 9 Sept 1826; 11 Sept 1826 p3
Amos - nd; 21 Dec 1850 p2
Ann, consort of Amos - ae 31y, 16 Jan 1804; 17 Jan 1804 p3
Anne - 24 June 1835; 13 July 1835 p3
Dr Cary Selden - 29 Jan 1859; 7 Feb 1859 p3
Charles Esq - nd; 15 Oct 1814 p3
Charles Armistead - 28 Jan 1870; 31 Jan 1870 p3
Charles Percy - 1 Feb 1872; 1 Feb 1872 p2
Charles R - 3 Oct 1843; 13 Oct 1843 p3
Dr Edward C - 13 Feb 1853; 18 Feb 1853 p3
Eliza A - 25 Mar 1843; 7 Apr 1843 p2
Fannie G - 13 Nov 1882; 17 Nov 1882 p2
George - 27 July 1870; 27 July 1870 p3
Gustavus Brown - 22 Sept 1860; 26 Sept 1860 p3 & 29 Sept 1860 p3
Hector - 11 May 1823; 15 May 1823 p3
James - 11 Oct 1880; 12 Oct 1880 p2
James S - 9 Oct 1822; 19 Dec 1822 p3
John - 15 Aug 1865; 17 Aug 1865 p4
John - --- Jan 1875; 23 Jan 1875 p4
John - 16 Apr 1911; 30 Dec 1911 p4
John A - nd; 17 Aug 1854 p3
John L - 30 Dec 1854; 4 Jan 1855 p3
John Robert - 25 Feb 1872; 26 Feb 1872 p2 & 27 Feb 1872 p3
Judith B - 7 Apr 1866; 16 Apr 1866 p3
Lawrence G - 22 Apr 1868; 6 May 1868 p2
Lee Massey - nd; 14 Feb 1834 p3
Leonard P - 5 Oct 1869; 2 Nov 1869 p3
Lewis - 12 Sept 1872; 14 Sept 1872 p2
Margaret - 10 Nov 1906; 31 Dec 1906 p1
Maria TD - nd; 6 Apr 1850 p2
Mark - 1 Oct 1802; 4 Oct 1802 p3
Mary B - 13 Jan 1863; 14 Jan 1863 p3
Patrick - nd; 30 Aug 1836 p3
Philip - nd; 28 Jan 1787 p3

ALEXANDER, Richard Barnes - nd; 28 Nov 1821 p3
Robert - 11 Apr 1812; 22 Apr 1812 p3
Robert - 31 May 1859; 1 June 1859 p3
Robert - 27 Apr 1869; 30 Apr 1869 p2
Robert A - 16 [?] Mar 1851; 10 [?] Mar 1851 p3
Robert C - 22 Feb 1866; 1 Mar 1866 p3
Robert Esq - 2 Oct 1811; 3 Oct 1811 p3
Sarah B - 9 Feb 1833; 14 Mar 1833 p3
Sarah J - 27 Mar 1861; 28 Mar 1861 p3
Mrs Sidney - 24 Nov 1832; 28 Nov 1832 p3
Sigismundia - 18 Apr 1832; 10 May 1832 p3
Susan P - nd; 12 May 1838 p3
Thomas - 11 July 1877; 14 July 1877 p2
Walter S h/o Catherine Dade - 5 Feb 1804; 6 Feb 1804 p3
Walter W - 15 July 1829; 13 Aug 1829 p3
Wm - nd; 31 Dec 1855 p3
Wm Henry - 15 Oct 1824; 23 Oct 1824 p3
Wm P - 28 Oct 1863; 28 Oct 1863 p2
ALFORD, Eliza - 6 July 1843; 10 Aug 1843 p3
ALFRED, Caron E - 13 Feb 1875; 29 Mar 1875 p2
Edwin - 25 Jan 1881; 26 Jan 1881 p2
ALLAN, Annie - 27 Dec 1877; 29 Dec 1877 p2
Benjamin F - 15 Jan 1843; 14 Feb 1843 p3
Ellen M - 21 Dec 1874; 26 Dec 1874 p2
ALLEMAND, Charles - 8 Aug 1881; 27 Aug 1881 p2
ALLEMONG, Mary - 21 Apr 1843; 8 May 1843 p3
ALLEN, Ada Alice - nd; 28 July 1852 p2
Ann M - 10 June 1875; 14 June 1875 p2
Arimynta, - 25 Mar 1843; 31 Mar 1843 p3
Benjamin - 22 Aug 1878; 31 Aug 1878 p3
Charles - 23 July 1880; 28 July 1880 p2
David - 31 May 1845; 4 June 1845 p3
Edward - 9 May 1874; 9 May 1874 p2
Elizabeth - 15 Aug 1860; 28 Aug 1860 p3
Fannie - nd- 13 Apr 1853 p3
Francis - 16 June 1913; 31 Dec 1913 p1
Francis June - 16 June 1913; 31 Dec 1913 p1
Frederick W - 1 Aug 1840; 5 Aug 1840 p3
Ignatius - 5 Oct 1843; 7 Oct 1843 p3
Isaac - 24 Dec 1831; 4 Jan 1832 p3
James - nd; 18 Dec 1839 p3
James - 12 July 1899; 30 Dec 1899 p1
John - nd; 6 Jan 1837 p3
John H - 27 May 1902; 31 Dec 1902 p1
Judge - 26 Sept 1844; 22 Oct 1844 p3
Julian - 29 June 1853; 2 July 1853 p2
Laura May - 21 May 1914; 31 Dec 1914 p1

Lucretia A - 7 July 1343; 12 July 1843 p3
Martha - 8 Apr 1861; 15 Apr 1861 p3
Martha - 8 Apr 1861; 18 Apr 1861 p3
Mary - 23 July 1894; 31 Dec 1894 p1
Mary Ann - nd; 16 Oct 1849 p2
Mary D - 8 Mar 1914; 31 Dec 1914 p1
Mary E - 20 Nov 1913; 31 Dec 1913 p1
Mary Jane - nd; 20 Nov 1854 p3
Philippa P - 16 Aug 1910; 31 Dec 1910 p1
Reuben - 18 May 1860; 1 June 1860 p3
Richard - 20 Oct 1903; 31 Dec 1903 p1
Robert - 30 Dec 1859; 6 Jan 1860 p3
Rowe - 29 Sept 1845; 7 Oct 1845 p3
Sarah - 3 Feb 1812; 6 Feb 1812 p3
Susan M - 7 Apr 1896; 31 Dec 1896 p1
T C - 29 Nov 1865; 12 Dec 1865 p2
Thomas C - 29 Nov 1865; 11 Dec 1865 p2
William - 7 May 1843; 15 May 1843 p3
William E - 14 Sept 1888; 31 Dec 1888 p1
Wm - 21 June 1852; 7 July 1852 p3
ALLENSWORTH, Victor M - 27 Jan 1912; 31 Dec. 1912 p1
ALLIBONE, Mary E B - 6 Mar 1860; 17 Mar 1860 p3
ALLISON, A J - 17 Sept 1883; 31 Dec 1883 p3
Ann - nd; 16 May 1822 p3
Ann M - 27 Oct .1876; 28 Oct 1876 p2
Annie - 5 Sept 1884; 31 Dec 1884 p3
Catherine - 8 May 1868; 25 May 1868 p3
Catharine C - nd; 3 Sept 1829 p3
Edward - 24 Aug 1860; 30 Aug 1860 p3
Eliza - nd; 5 June 1837 p3
Ella J - 4 Dec 1904; 31 Dec 1904 p1
Frances - 30 Jan 1874; 16 Feb 1874 p2 & 24 Feb 1874 p2
George - 16 Jan 1888; 31 Dec 1888 p1
Gordon - nd; 20 Jan 1855 p3
James R - 4 Dec 1834; 10 Dec 1834 p3
James W - 11 Feb 1912; 31 Dec 1912 p1
John McCrea - 28 June 1843; 4 July 1843 p3
Laura J - 16 Aug 1874; 28 Aug 1874 p2
Margaret - 5 Dec 1898; 31 Dec 1898 p1
Martha - 20 Jan 1873; 27 Jan 1873 p2
Patrick - 21 Jan 1834; 15 Apr 1834 p3
Mr Robert - recently; 25 Jan 1864 p2
Susan - 22 Sept 1874; 5 Oct 1874 p2
Thomas D - 3 May 1875; 4 May 1875 p2
William - nd; 16 Apr 1850 p3
William A - 8 May 1910; 31 Dec 1910 p1
William J - 1 Feb 1874; 3 Feb 1874 p2
ALLMAND, Harrison - 5 July 1857; 15 July 1857 p3

ALOYSIUS, Francis - 20 Nov 1857; 21 Nov 1857 p3
ALSER, John Isaac - 10 Dec 1859; 13 Jan 1860 p3
ALSOP, Elijah L - 20 June 1860; 24 July 1860 p3
  Eliza Byrd - 30 Aug 1857; 11 Sept 1857 p3
  John - 1866; 5 May 1866 p3
  Samuel - nd; 27 Oct 1859 p3
ALVEY, John Q - 25 May 1870; 25 May 1870 p2
AMBLER, Catherine - nd; 30 Aug 1858 p3
  Catharine - 9 July 1873; 25 July 1873 p3
  Sally T - 19 Dec 1866; 2 Jan 1867 p2
  Thomas Marshall - 4 Sept 1875; 15 Sept 1875 p2
AMBROSE, Henry - 27 Jan 1843; 14 Feb 1843 p3
AMERY, Ann - nd; 19 Feb 1859 p3
AMES, David - nd; 11 Aug 1847 p3
  John E - 1887; 28 Apr 1887 p2
  Samuel - 26 May 1842; 2 June 1842 p3
AMIDON, Margaret A - 4 Dec 1869; 4 Dec 1869 p2
AMISS, Rev John L - nd; 13 Oct 1832 p3
  Mariam - nd; 2 Feb 1861 p2
  Nannie L - 6 Aug 1860; 18 Aug 1860 p2
ANMINS, Martha A - 12 Nov 1866; 17 Nov 1866 p2
AMORY, Thomas C Esq - 22 Nov 1812; 27 Nov 1812 p3
AMOS, Jane - 31 Mar 1895; 31 Dec 1895 p1
ANBINOE, Samuel N - 10 Jan 1888; 31 Dec 1888 p1
ANDERSON, A L - 25 Mar 1872; 4 Apr 1872 p2
  Andrew S - 20 Feb 1835; 9 Mar 1835 p3
  Anna Maria - nd; 29 June 1849 p2
  Anna Mason - 1 Aug 1860; 3 Sept 1860 p3
  Mrs C M - 1 Jan 1887; 5 Jan 1887 p1
  Caroline M - 23 Apr 1860; 2 May 1860 p2
  Eleanor - 4 May 1853; 16 May 1853 p2
  Eleanor - 28 June 1860; 29 June 1860 p3
  Eliza Sandiford - nd; 18 July 1855 p2
  Ellen G - 15 Jan 1872; 16 Jan 1872 p2
  Garret - 19 Jan 1853; 21 Jan 1853 p3
  George - 10 Apr 1818; 11 Apr 1818 p2
  George Washington - 21 Dec 1834; 12 Jan 1835 p3
  James - 31 Dec 1840; 15 Jan 1841 p3
  John - 19 Apr 1861; 29 Apr 1861 p3
  John W - 7 Feb 1861; 9 Feb 1861 p2
  Joseph - nd; 19 Apr 1837 p3
  Leonard J - 9 Dec 1876; 12 Jan 1877 p2
  Lucy - 12 Dec 1849; 24 Dec 1849 p3
  Malinda - 18 Aug 1854; 26 Aug 1854 p3
  Mary Ann - 7 Sept 1857; 11 Sept 1857 p3
  Mary Ann - 20 Jan 1871; 21 Jan 1871 p2
  Mary Ann - 15 Aug 1872; 29 Aug 1872 p3
  R Triplett - 18 Mar 1861; 9 Apr 1861 p3
  Richard - 1 Mar 1857; 7 Mar 1857 p2
  Robert - nd; 6 July 1833 np
  Samuel, former servant of Gen. Washington - 20 Feb 1845; 22 Feb 1845 p3
  Susan Frances - nd; 20 Nov 1846 p3
  Susan Frances - nd; 30 Nov 1846 p3
  Dr Thomas B - 3 May 1871; 9 May 1871 p2
  W T - 5 Jan 1875; 7 Jan 1875 p3
  LtCol Wm - nd; 18 June 1830 p3
ANDREW, Jesse R - 16 Jan 1912, 31 Dec 1912 p1
ANDREWS, Archibald - nd; 1 Nov 1849 p3
  George T - 26 Jul 1862; 13 Aug 1862 p2*
  John F - 22 Aug 1873; 25 Aug 1873 p2
  Joseph O - 19 July 1845; 25 July 1845 p3
  M Page - -- Mar 1878; 8 Mar 1878 p2
  Mary Lindsay - 5 June 1873; 7 June 1873 p3
  Nancy - nd; 16 Oct 1871 p2
  Wells - 12 Mar 1867; 28 Mar 1867 p3
ANGATE, Andrew - 20 Aug 1827; 23 Aug 1827 p3
ANGEL, Elizabeth E - 2 Apr 1871; 3 Apr 1871 p2
ANGELA, M E - nd; 22 Oct 1839 p3
ANNIN, Dr. Daniel - nd; 16 Feb 1837 p3
ANSART, Martha - nd; 29 Mar 1828 p3
ANSLEY, H C Jr - 21 Dec 1901; 31 Dec 1901 p1
  Harriet F - 31 Dec 1907; 31 Dec 1907 p1
ANTHONY, James L - nd; 5 Dec 1838 p3
ANTWERP, V P Van - 2 Dec 1875; 9 Dec 1875 p2
APPICH, Alfred E - 25 Jan 1903; 31 Dec 1903 p1
  Alice - 14 Dec 1901; local news 16 Dec 1901 p3 & 31 Dec 1901 p1
  Barbara Gertrude - 31 Aug 1874; 31 Aug 1874 p2
  Caroline - 25 Nov 1860; 27 Nov 1860 p3
  Caroline 16 Jan 1865; 16 Jan 1865 p2
  Consuelo 23 May 1876; 24 May 1876 p2
  David - 13 Apr 1887; 13 Apr 1887 p3
  George A - 11 Dec 1901; local news 13 Dec 1901 p3 & 31 Dec 1901 p1
  Jacob D - 1 Jan 1870; 1 Jan 1870 p2
  Katie - 11 Apr 1885; 31 Dec 1885 p2
  Louis - 9 Aug 1878; 10 Aug 1878 p2 & p3
  Mrs Louis - 12 Dec 1898; 31 Dec 1898 p1
  William David - 18 Sept 1893; 30 Dec 1893 p2
APPLER, Rachel - 26 Aug 1836; 3 Oct 1836 p3

APPLETON, Henry Dawes - 30 Dec 1859; 3 Jan 1860 p3
APSEY, George - nd; 8 Oct 1839 p3
ARCHER, Dr Robert - 19 May 1877; 21 May 1877 p2
ARCHIBALD, (young girl) - -- May 1865; 24 May 1865 p2
ARDEN, D D - nd; 25 Jan 1832 p3
  Henry F - 25 Oct 1849; 3 Nov 1849 p3
ARELL, David - 18 Sept 1877; 19 Sept 1877 p3
  Richard - nd; 11 Dec 1858 p3
ARISS, Eliza - 22 Dec 1867; 24 Dec 1867 p2
ARMISTEAD, Edward Randolph - nd; 15 Aug 1827 p3
  Harriet - 27 Sept 1843; 29 Sept 1843 p3
  John - 12 Aug 1860; 16 Aug 1860 p2
  John - 20 Nov 1860; 3 Dec 1860 p3
  Lucy - 26 Nov 1816; 29 Nov 1816 p3
  Virginia Baylor - 29 June 1858; 30 June 1858 p3
  Gen W K - nd; 18 Oct 1845 p3
  Capt Addison Bowles - 10 Feb 1813; 22 Mar 1813 p3
ARMSTRONG, A W - 24 Dec 1901; 31 Dec 1901 p1
  Betty O G - 19 Aug 1860; 4 Sept 1860 p3
  Eliza - 5 Sept 1874; 9 Sept 1874 p2
  Elizabeth - 4 July 1843; 12 July 1843 p3
  George Lynch - 22 June 1871; 22 June 1871 p2
  Jessie R - 22 Aug 1909; 31 Dec 1909 p1
  John - 1 Apr 1843; 7 Apr 1843 p2
  Lucy A - 13 Mar 1895; 31 Dec 1895 p1
  Margaret - 12 May 1879; 3 June 1879 p2
  Robert - nd; 2 Oct 1834 p3
  Gen Robert - nd; 25 Feb 1854 p2
  Capt Robert C - 10 Oct 1834; 15 Oct 1834 p3
  Robert C - 28 March 1899; 30 Dec 1899 p1
ARNELL, C A - 1 Feb 1898; 31 Dec 1898 p1
  Emily - 29 Jan 1898; 31 Dec 1898 p1
  Francis Marion - nd; 12 Aug 1854 p3
  Lizzie - 11 Nov 1906; 31 Dec 1906 p1
ARNOLD, Addie Virginia - 2 Aug 1867; 3 Aug 1867 p3
  Alexander - 28 Dec 1859; 29 Dec 1859 p3
  Ann E - 3 Mar 1878; 4 Mar 1878 p2
  Arthur - 16 Aug 1899; 30 Dec 1899 p1
  Arthur J - 9 Jun 1862; 23 Jul 1862 p3*
  Cecelia A B - 21 June 1898; 31 Dec 1898 p1
  Fillmore - 28 July 1892; 31 Dec 1892 p2
  Frances B - 10 Apr 1851; 21 Apr 1851 p2
  H B - 2 Oct 1877; 2 Oct 1877 p2
  Henry A - 9 Apr 1878; 10 Apr 1878 p2
  Henry Francis - nd; 25 Aug 1840 p3
  Hurbey Lee - 25 Jun 1862; 25 Jun 1862 p4*
  John A - 1 Oct 1906; 31 Dec 1906 p1
  Julia - 28 June 1892; 31 Dec 1892 p2
  Julia B V - 26 Jan 1874; 16 Feb 1874 p2
  Laura Ann - 10 Aug 1839; 15 Aug 1839 p3
  Margaret J - 20 Aug 1901; 31 Dec 1901 p1
  Mary - 31 July 1857; 5 Aug 1857 p3
  Mary A - 8 Dec 1882; 9 Dec 1882 p2
  Mary Ann - nd; 19 Nov 1845 p3
  Mary Herbert - 5 July 1873; 11 July 1873 p2
  Rebecca - 19 Nov 1788; 4 Dec 1788 p3
  Robert W - 13 Feb 1911; 30 Dec 1911 p4
  Sarah R - 30 Sept 1875; 2 Oct 1875 p2
  W A - 31 Mar 1915; 31 Dec 1915 p2
  Wiatt - -- Apr 1868; 23 Apr 1868 p2
  William - nd; 24 Dec 1855 p3
  William - 5 Nov 1889; 31 Dec 1889 p2
  William - 27 Aug 1904; 31 Dec 1904 p1
  William H - 14 June 1875; 21 June 1875 p2
ARNOT, Henry - 16 Nov 1835; 18 Nov 1835 p3
ARRELL, David - nd; 20 Feb 1844 p3
ARRINGTON, Alphonso - 10 Oct 1906; 31 Dec 1906 p1
  Ann - 12 Nov 1857; 13 Nov 1857 p3
  James - 3 Jan 1897; 31 Dec 1897 p1
  John - 6 Jan 1870; 18 Jan 1870 p3
  Dr John - 23 Apr 1878; 24 Apr 1878 p2
  Mary - 28 May 1894; 31 Dec 1894 p1
  Mrs ----- - 9 Feb 1895; 31 Dec 1895 p1
  Nancy M - 14 May 1897; 31 Dec 1897 p1
  Richard - nd; 25 Dec 1849 p3
  Thomas - 25 Apr 1907; 31 Dec 1907 p1
  William - 13 Apr 1869; 24 Apr 1869 p3
ARROLL, Nancy - 28 Jul 1862; 31 Jul 1862 p3*
ASBURY, Francis - 31 Mar 1816; 11 Apr 1816 p2
ASCHWANDEN, Rev Joseph - 7 Feb 1864; 9 Feb 1864 p2
ASH, Ann S - 20 Feb 1912; 31 Dec 1912 p1
ASHBEY, Gustavus - 16 May 1840; 22 May 1840 p3
ASHBURN, Henry - nd, 27 Sept 1836 p3
ASHBY, Ann S - 17 Dec 1874; 17 Dec 1874 p2
  Bertrande S - 26 Jan 1890; 31 Dec 1890 p1
  Boyd G - 19 July 1855; 21 July 1855 p3
  C W - 18 Sept 1908; 31 Dec 1908 p1
  Dorothea F - 27 July 1865; 10 Aug 1865 p4
  Edwin T - 4 Feb 1883; 31 Dec 1883 p3
  Elizabeth Gregory - 13 Dec 1892; 31 Dec 1892 p2
  Eugene - 28 Oct 1862; 29 Nov 1862 p3*
  Gertrude W - 19 Mar 1915; 31 Dec 1915 p2

ASHBY, James - 2 Feb 1861; 11 Feb 1861 p3
John H - 20 Apr 1834; 29 Apr 1834 p3
Lucy - 5 Oct 1860; 13 Oct 1860 p3
Lucy S - nd; 10 July 1871 p3
Lynn - 19 Sept 1869; 20 Sept 1869 p2
Margaret D - 24 Feb 1892; 31 Dec 1892 p2
Mary - 5 Mar 1860; 8 Mar 1860 p3
Meriwether - nd; 2 Nov 1841 p3
Nimrod T - 9 Apr 1875; 19 Apr 1875 p2
Col R S - nd; 4 June 1877 p3
Roberta Hunton - 11 Oct 1862; 29 Nov 1862 p3*
Sophia - 23 Aug 1838; 4 Sept 1838 p3
Turner - 25 June 1835; 2 July 1835 p3
Turner - 30 July 1870; 3 Aug 1870 p3
V W - 20 Apr 1908; 31 Dec 1908 p1
William 25 Apr 1841; 11 May 1841 p3
Wm R - 20 May 1843; 3 June 1843 p2
ASHER, Gordon B - 4 Jan 1915; 31 Dec 1915 p2
Sarah Ann - 27 Feb 1868; 29 Feb 1868 p2
ASHFORD, Ann Elizabeth - 14 Nov 1837; 18 Nov 1837 p3
Emerella - 16 Feb 1878; 18 Feb 1878 p3
Harriet - 16 Dec 1855; 18 Dec 1855 p3
ASHLY, John Robert - -- Sept 1875; 6 Sept 1875 p2 & 7 Sept 1875 p2
ASHMORE, William - 24 Dec 1835; 16 Jan 1835 p3
William - 24 Dec 1835; 1 Jan 1835 p3
ASHTON, Mrs A M - nd; 8 Feb 1840 p3
Ann - 5 Dec 1826; 6 Dec 1826 p3
Ann Carter - 27 Feb 1878; 4 Mar 1878 p2
Betty W - 2 Dec 1842; 11 Jan 1843 p3 & 13 Jan 1843 p3
Maj Burditt - 8 Mar 1814; 17 Mar 1814 p3
Maj Burditt - 18 Jan 1812; 1 Feb 1812 p3
C H B - 5 June 1860; 7 June 1860 p3
Cecelia K - 25 Sept 1853; 6 Oct 1853 p3
Charles - 20 Dec 1878; 23 Dec 1878 p2
Gurdon C - 11 Oct 1840; 29 Dec 1840 p3
Hannah - 15 Apr 1827; 16 May 1827 p3
Col Henry - 27 Feb 1834; 1 Mar 1834 p3
Dr Henry - 29 June 1843; 7 July 1843 p3
Henry W - 4 Mar 1876; 20 Mar 1876 p1
James S - 27 Sept 1873; 6 Oct 1873 p2
John T - 1 Jan 1901; 31 Dec 1901 p1
John W - 2 May 1837; 23 May 1837 p3
Louisa Ann - 29 July 1825; 4 Aug 1825 p3
Margaret - 21 Jan 1842; 24 Jan 1842 p3
Newton John - 13 Aug 1874; 17 Aug 1874 p2
Peggy - 24 Oct 1848; 7 Nov 1848 p2
Sarah - 3 Jan 1841; 14 Jan 1841 p3

Thomas S - 4 Apr 1873; 14 Apr 1873 p2
ASISTRO, Mary Jane - 13 July 1882; 18 July 1882 p2
ASTRYKE, J Peter - 15 Dec 1911; 30 Dec 1911 p4
ATCHINSON, Sarah Annis - 27 Apr 1831; 8 May 1831 p3
ATCHISON, Rosana - 17 Jan 1881; 19 Feb 1881 p2
ATHEY, Benedict W - 17 Oct 1866; 17 Oct 1866 p2
James Caleb - 22 Nov 1875; 4 Dec 1875 p2
Mary E - 28 Aug 1876; 2 Sept 1876 p3
T Edgar - 19 Oct 1872; 21 Oct 1872 p3
Thomas B - 20 Apr 1880; 21 Apr 1880 p2
ATKINS, Emily - 1882; 1 Nov 1882 p2
ATKINSON, Alice M - 24 Dec 1871; 26 Dec 1871 p2
Bettie R - 14 July 1883; 31 Dec 1883 p3
Briscoe Mary - 13 May 1867; 23 May 1867 p2
Elizabeth - 27 Aug 1851; 4 Sept 1851 p3
Elizabeth C - 27 Apr 1847; 4 May 1847 p3
Emily - 14 Mar 1863; 21 Apr 1863 p5
George - 26 Sept 1901; 31 Dec 1901 p1
Guy - 21 May 1835; 23 May 1835 p3
Isabella - 1 May 1873; 1 May 1873 p2
James - 14 Apr 1849; 19 Apr 1849 p3
Jas W - 9 Mar 1872; 9 Mar 1872 p2
Jane - nd; 7 Aug 1844 p3
Janie L - 14 Nov 1915; 31 Dec 1915 p2
John Thomas - 12 May 1835; 14 May 1835 p3
Mary B - 22 Aug 1858; 27 Aug 1858 p3
Mary H - 17 Mar 1905; 30 Dec 1905 p1
Mollie F - nd; 4 Oct 1859 p3
Mrs ---- - -- Jan 1818; 10 Jan 1818 p3
Richard - nd; 10 Mar 1855 p3 & 16 Mar 1855 p3
Richard - 3 Nov 1858; 4 Nov 1858 p3
Ruth Ann - 1 Dec 1857; 2 Dec 1857 p3 & 8 Dec 1857 p3
Thomas C - 6 Dec 1858; 7 Dec 1858 p3
Verlinda - 5 Apr 1867; 5 Apr 1867 p2
Verlinda Catharine - nd; 28 Sept 1849 p3
Walter - 1 Mar 1877; 1 Mar 1877 p3
Walter P - 30 Mar 1905; 30 Dec 1905 p1
Weston - 11 Mar 1902; 31 Dec 1902 p1
ATTWELL, Ewell - 6 Aug 1860; 10 Aug 1860 p3
Jane - 9 Oct 1866; 10 Oct 1866 p2
Mary J - -- Aug 1887; 25 Aug 1887 p2
ATWATER, Elizabeth - nd; 26 Feb 1855 p3
ATWELL, Catharine - 11 June 1883; 31 Dec 1883 p3

ATWELL, Mrs Charles - 27 May 1909; 31 Dec 1909 p1
Charles Brent - nd; 21 May 1847 p3
Mrs Charles H - 20 Aug 1905; 30 Dec 1905 p1
E C - 12 May 1898; 31 Dec 1898 p1
Effie - 31 Aug 1872 - 5 Sept 1872 p2
Elizabeth - 10 Dec 1851; 11 Dec 1851 p2
Ernest H - 18 Oct 1903; 31 Dec 1903 p1
Eula V - 18 Sept 1889; 31 Dec 1889 p2
John W - 22 June 1907, 31 Dec 1907 p1
Julia A - 11 Sept 1905; 30 Dec 005 p1
Mary J - 2 Apr 1901; 31 Dec 1901 p1
Pamelia - 27 Mar 1886; 31 Dec 1886 p3
Samuel - nd; 28 May 1860 p2
Sarah A - 17 Jan 1876; 19 Jan 1876 p2
Virginia - 30 June 1885; 31 Dec 1885 p2
William - 30 July 1905; 30 Dec 1905 p1
William E - 27 Feb 1885; 31 Dec 1885 p2
William E - 27 Jan 1899; 30 Dec 1899 p1
AUBINOE, Esther - 9 Apr 1860; 12 Apr 1860 p3
Jane - 27 Sept 1851; 30 Sept 1851 p2
Jennie Louisa - 11 Apr 1867; 15 Apr 1867 p2
Mary Frances - 28 Dec 1840; 30 Dec 1840 p3
Sommersett Washington - 6 May 1865; 6 May 1865 p2
AUERN, Mary M - 2 Sept 1886; 31 Dec 1886 p3
AUGER, Andrew - 19 Feb 1885; 31 Dec 1885 p2
AUGUR, Cassius - 17 June 1908; 31 Dec 1908 p1
AUGUSTINE, John - 11 Feb 1882; 21 Feb 1882 p2
AULD, Colin - 15 Mar 1840; 17 Mar 1840 p3
Collin - 16 June 1854; 17 June 1854 p3
Emma L - 30 June 1870; 7 July 1870 p3
George h/o Jane K - b 1797 d 1867, buried at Strathblane - w end of Raleigh St near Strathbland Place; nd np George R Jr s/o George & J K b 1832 d 1919; nd np
James s/o George & J K - b 1827 d 1905; nd np
Jane K w/o George - b 1796 d 1843; nd np
Jean K - 21 Oct 1843; 24 Oct 1843 p3
Margaret d/o George & J K - b 1829 d 1906; nd np
Mary Elizabeth - nd; 26 Apr 1854 p3
Virginia - nd; 18 May 1858 p3
AURELIA, Lucy Ann - 20 Sept 1835; 1 Oct 1835 p3
AUSTIN, Elizabeth - nd; 4 Nov 1845 p3
Henry - 23 Jan 1852; 19 Feb 1852 p2
James G - 10 Sept 1857; 14 Sept 1857 p3
AVERY, Ann - nd; 22 June 1830 p3
Francis - 21 Sept 1869; 22 Sept 1869 p2

Harriet - 7 Mar 1897; 31 Dec 1897 p1
James - 18 July 1841; 24 July 1841 p3
James - 5 Mar 1850; 8 Apr 1850 p3
John - nd; 14 July 1828 p3
John W - 19 Sept 1910; 31 Dec 1910 p1
Mary - 10 Feb 1886; 31 Dec 1886 p3
Mary Jane - nd; 31 Dec 1836 p3
R W - 24 May 1899; 30 Dec 1899 p1
W H - 20 May 1893; 30 Dec 1893 p2
Wesley - 10 Jan 1886; 31 Dec 1886 p3
AWELL, Ewell Jr - 25 July 1911; 30 Dec 1911 p4
AXLINE, Catherine - 24 Nov 1849; 24 Dec 1849 p3
AYERS, Mrs George - 5 Aug 1888- 31 Dec 1898 p1
Mary - 7 May 1904; 31 Dec 1904 p1
Sarah - 31 Jan 18961; 31 Dec 1896 p1
AYLETT, Judith Page - 7 May 1860; 11 May 1860 p2
AYRE, Thomas - 20 Nov 1851; 24 Nov 1851 p2
Thomas - 4 Jan 1873; 6 Jan 1873 p2
Zachary Taylor - nd; 11 Aug 1851 p2
AYRES, Mary - 20 Apr 1866; 11 May 1866 p3
Samuel - 6 Oct 1855; 18 Oct 1855 p3
William - 4 Apr 1843; 15 Apr 1843 p3

BAADER, Carrie - 5 Jan 1887; 6 Jan 1887 p2
Henry - 16 Nov 1911; 30 Dec 1911 p4
Lizzie - 31 Mar 1896; 31 Dec 1896 p1
BABB, Philip - 1 Aug 1843; 28 Aug 1843 p3
BABCOCK, John - 27 Oct 1843; 1 Nov 1843 p2
John J - 26 May 1860; 30 May 1860 p2
BABER, Catharine D - 25 Jan 1866; 6 Feb 1866 p2
Emily - 4 July 1835; 11 July 1835 p3
Col Thomas B B - 30 Apr 1871; 8 May 1871 p3
BACHE, Richard - 29 July 1811; 8 Aug 1811 p3
Capt Richard - nd; 15 Jan 1836 p3
Sophia B - 8 July 1860; 10 July 1860 p3
BACHELDER, Lemuel G - 21 Jan 1902; 31 Dec 1902 p1
BACHELLOR, Herbert - 12 Mar 1912; 31 Dec 1912 p1
BACHRACH, Jacob - 22 Nov 1870; 28 Nov 1870 p2
BACKER, Lucy - 6 Aug 1879; 7 Aug 1879 p2
BACKHOUSE, Thomas C - 12 Oct 1855; 25 Oct 1855 p3
BACON, Ebenezer - 30 Nov 1867; 30 Nov 1867 p3

BACON, Elizabeth - 6 Mar 1861; 8 Mar 1861 p3
James - 13 Feb 1810; 14 Feb 1810 p3
Jane - 12 May 1807; 13 May 1807 p3
Maria Ann - 29 Apr 1860; 1 May 1860 p3
Mary A - 14 July 1903; 31 Dec 1903 p1
Samuel - 21 Apr 1834; 25 Apr 1834 p3
Susan - 15 Mar 1867; 16 Mar 1867 p2
William H - 10 Apr 1899; 30 Dec 1899 p1
BADEN, Benj F - nd, "Sickness at West Point"; 20 Nov 1837 p2
Benjamin - 10 Oct 1837; 26 Oct 1837 p3
Benjamin J - --- Mar 1875; 20 Mar 1875 p2
Clement - 25 Mar 1851; 2 Apr 1851 p2
Capt James - 6 Dec 1862; 26 Dec 1862 p4*
John Holliday - recently; 6 Dec 1862 p2*
Sarah S - 3 Feb 1868; 25 Feb 1868 p3
BAER, John - 11 Mar 1878; 12 Mar 1878 p2
BADGETT, E A - 1 Dec 1871; 14 Dec 1871 p2
Joseph - nd; 15 Sept 1855 p2
BAGETT, Rose Anna - 12 Sept 1850; 13 Sept 1850 p3
BAGGETT, Alexander W - 19 Nov 1899; 30 Dec 1899 p1
Ambrose - 7 Mar 1853; 21 Mar 1853 p3
Ann - 25 June 1874; 25 June 1874 p2
Anna C - 27 Mar 1885; 31 Dec 1885 p2
Benjamin F - 19 Oct 1913; 31 Dec 1913 p1
Charles C - 27 Mar 1874; 9 Apr 1874 p2
Edward - 8 June 1903; 31 Dec 1903 p1
Elizabeth - nd; 1 Nov 1853 p2
Ellen - 31 Dec 1880; 1 Jan 1881 p2
Flora May - 4 Aug 1909; 31 Dec 1909 p1
George - 11 Mar 1899; 30 Dec 1899 p1
Georgianna - 16 Sept 1913; 31 Dec 1913 p1
Harry Milton - 1 Jan 1879; 2 Jan 1879 p2
Ida L - 24 Jan 1869; 25 Jan 1869 p3
James - 24 Feb 1902; 31 Dec 1902 p1
John H - 18 Dec 1888; 31 Dec 1888 p1
John W - 9 Jan 1911; 30 Dec 1911 p4
Joseph L - 15 Aug 1901; 31 Dec 1901 p1
Margaret - 16 July 1893; 30 Dec 1893 p2
Mary - 21 Mar 1842; 25 Mar 1842 p3
Mary - 12 Jan 1898; 31 Dec 1898 p1
Mary Esther - nd; 5 Jan 1863 p3
Mary T - nd; 14 Nov 1846 p3
Nancy - 26 Feb 1861; 28 Feb 1861 p2
O F - 27 Aug 1907; 31 Dec 1907 p1
Susanna - 18 July 1840; 24 July 1840 p3
Susie E - 19 June 1902; 31 Dec 1902 p1
Thomas - nd; 12 Sept 1855 p3
Townsend - --- May 1887; 24 May 1887 p2
BAGGOT, John C - 29 Dec 1879; 30 Dec 1879 p2

BAGGOTT, Joseph Neveit - nd; 16 Dec 1853 p3
Mary A - 3 May 1871; 4 May 1871 p3
Mary E - 4 Jan 1863; 8 Jan 1863 p4
Virginia - 6 Apr 1894; 31 Dec 1894 p1
BAGGS, F O - 11 June 1908; 31 Dec 1908 p1
BAGOT, Charles - 18 May 1843; 26 May 1843 p3
Eliza A - 12 Jan 1902; 31 Dec 1902 p1
Elizabeth - 9 Nov 1866; 9 Nov 1866 p2
Maggie - 19 Jan 1909; 31 Dec 1909 p1
Rebecca - 30 Jan 1911; 30 Dec 1911 p4
Samuel O - 6 Jan 1888; 31 Dec 1888 p1
BAGWELL, Sallie P - 1887; 4 Aug 1887 p2
BAIER, George - 28 Nov 1895; 31 Dec 1895 p1
BAIL, John - 14 Dec 1814; 15 Dec 1814 p3
BAILEY, A Bagget - 8 Feb 1908; 31 Dec 1908 p1
Alice - 22 Apr 1870; 25 Apr 1870 p3
Ann - 22 Dec 1825; 11 Jan 1826 p3
Carr - 14 Sept 1807; 15 Sept 1807 p3
Chester - 22 Mar 1841; 25 Mar 1841 p3
Edward M - nd; 5 May 1855 p3
Harriet - 23 Jan 1844; 25 Jan 1844 p3
Jane E - 15 Oct 1873; 27 Jan 1874 p2
Jane F - 15 Oct 1873; 24 Oct 1873 p2
John - 26 June 1835; 8 July 1835 p3
Joseph W - 17 Mar 1875; 22 Mar 1875 p2
Lewis - 6 Apr 1872; 6 Apr 1872 p2
Louisa - 8 Dec 1908; 31 Dec 1908 p1
Nettie E - 12 Aug 1878; 14 Aug 1878 p2
Robert Henry - 22 Aug 1838; 27 Aug 1838 p3
SgtMaj - in battle; 4 Jan 1864 p1
Sydnor - 27 June 1853; 30 June 1853 p2
BAILY, D C - 19 Oct 1913; 31 Dec 1913 p1
Gen Mountjoy - nd; 24 Mar 1836 p3
BAILYS, Thomas W - 28 Feb 1857; 4 Mar 1857 p2
BAINBRIDGE, Mortimer - 15 July 1857; 21 July 1857 p3
BAIRD, David Alexander - 18 Sept 1866; 27 Sept 1866 p2
Rev E T - 28 May 1887; 2 June 1887 p2
Mary A - 14 Sept 1877; 15 Sept 1877 p3
Thomas E - nd; 21 Apr 1852 p2
Thomas Tyler - 9 Dec 1827; 10 Dec 1827 p3
BAKER, Anna Madison - 2 Nov 1854; 10 Nov 1854 p3
Bridget - 26 Jan 1893; 30 Dec 1893 p2
Mrs Catherine B - 5 Nov 1860; 16 Nov 1860 p3
Charles - 6 Feb 1892; 31 Dec 1892 p2
Mrs Charles - 11 June 1909; 31Dec 1909 p1
Frederick - 30 Aug 1897; 31 Dec 1897 p1
Genevieve - 14 Aug 1878; 14 Aug 1878 p2
Henry - 10 Sept 1857; 14 Sept 1857 p3

BAKER, Henry - 4 Mar 1875; 5 Mar 1875 p2
 Hilary - 14 Oct 1843; 26 Oct 1843 p3
 J Milton - 10 Dec 1911; 30 Dec 1911 p4
 Jack - 1 Sept 1878; 6 Sept 1878 p2
 Joseph - nd; 13 July 1833 p3
 Joshua - 19 Jan 1843; 21 Jan 1843 p3
 Mary Estelle - 22 Dec 1873; 24 Dec 1873 p2
 Mary Eugenia - 17 Feb 1887; 18 Feb 1887 p3
 Mrs ---- - 1787; 30 Aug 1787 p3
 Nanny H - nd; 20 Nov 1839 p3
 Ola - 17 Nov 1892; 31 Dec 1892 p2
 Robert B - 27 Jan 1874; 28 Jan 1874 p2
 Sallie A - 16 May 1868; 20 May 1868 p2
 Dr Samuel - -- Oct 1835; 23 Oct 1835 p3
 Samuel - 18 June 1877; 19 June 1877 p2
 Sarah - 4 July 1867; 20 July 1867 p2
 Sarah Ann - 5 Sept 1890; 31 Dec 1890 p1
 Valentine - 9 Feb 1887; 9 Feb 1887 p2
 Virginia - 5 Dec 1913; 31 Dec 1913 p1
 William - 22 Apr 1880; 22 Apr 1880 p2
BALCH, Alfred - nd; 23 Nov 1838 p3
 Ann Newman - nd; 11 Oct 1838 p3
 Stephen - nd; 24 Sept 1833 p3
 Stephen - nd; 5 Oct 1833 p3
 Susan Carter - -- Aug 1877; 28 Aug 1877 p2
BALDERSON, Sophia - 4 Dec 1874; 12 Dec 1874 p2
BALDWIN, Almon - 3 May 1874; 4 May 1874 p2
 Briscoe G - nd; 22 May 1852 p3
 Charles Presley - 19 Aug 1864; 20 Aug 1864 p2
 Jane - 21 Sept 1860; 28 Sept 1860 p2
 John D - 22 Dec 1849; 25 Mar 1850 p3
 Capt Joseph C - -- Apr 1868; 6 May 1868 p2
 Margaret J - 17 June 1910; 31 Dec 1910 p1
 Mary A - 1866; 12 Oct 1866 p2
 Matilda S - 25 Oct 1865; 25 Oct 1865 p2
 Dr Thomas - nd; 24 Sept 1852 p2
 Thomas - -- Oct 1873; 10 Oct 1873 p2
 Walter T - 4 Sep 1862; 11 Sep 1862 p3*
 William Almon 5 Apr 1874; 6 Apr 1874 p2
BALK, Caroline 23 July 1857; 25 July 1857 p3
BALL, Aaron - nd; 4 Oct 1833 p3
 Alfred - nd; 22 May 1853 p2
 Ann Randolh - 2 Dec 1862; 3 Dec 1862 p2*
 Anna - 1 Jan 1839; 8 Jan 1839 p3
 Betsy - 5 Jan 1842; 14 Jan 1842 p3
 Catesby ap Henry - 9 Aug 1837; 17 Aug 1837 p3
 Delia - 3 Aug 1840; 5 Aug 1840 p3
 Eliza Clay - 8 Feb 1850; 12 Feb 1850 p3
 Elizabeth - nd; 12 May 1855 p3
 Fayette - 8 May 1834; 13 May 1834 p3

 Fayette W - 28 Mar 1839; 3 Apr 1839 p3
 James T - 6 Mar 1867; 7 Mar 1867 p2
 Jane L - 6 Oct 1805; 15 Oct 1805 np
 Rev John - 28 Feb 1846; 28 Mar 1846 p3
 John - nd; 19 Aug 1858 p3
 John - --- Jan 1871; 17 Jan 1871 p2
 John M - 3 Oct 1841; 5 Oct 1841 p3
 John T - nd; 14 Feb 1854 p3
 John Wesley - nd; 28 Dec 1838 p3
 Col Louis D 19 Mar 1861; 30 Mar 1861 p3
 Lucien Henry - nd; 3 Sept 1839 p3
 Lucy - 27 June 1870; 30 June 1870 p3
 Mary B - 24 July 1889; 31 Dec 1889 p2
 Mary T - nd; 18 Apr 1837 p3
 Peggy - 20 Jan 1868; 27 Jan 1868 p2
 R W - 17 June 1883; 31 Dec 1883 p3
 Rebecca - 8 Mar 1843; 8 Mar 1843 p3
 Robert - 16 May 1861; 18 May 1861 p3
 Rosa - 14 Dec 1873; 22 Dec 1873 p2
 Sarah C - 6 May 1875; 17 May 1875 p2
 Col Spencer Mottrom - nd; 23 Apr 1859 p3
 Spencer Mottrom - 21 Apr 1859; 7 May 1859 p3
 Wm - nd; 10 Dec 1855 p3
 Wm Lee - nd; 2 Mar 1824 p3
BALLARD, W O - 27 July 1907; 31 Dec 1907 p1
BALLENGER, Ada Grace - 28 June 1875; 30 June 1875 p2
 Ada L - 4 Oct 1877; 5 Oct 1877 p3
 Emma J - 6 Nov 1899; 30 Dec 1899 p1
 Ernest - 1 Mar 1889; 31 Dec 1889 p2
 Frances E - 8 Sept 1876; 9 Sept 1876 p2
 Pvt Frank - battle on 30 Aug 1862; 7 Oct 1862 p2 & 8 Oct 1862 p1*
 Pvt Frank - nd; 14 May 1862 p3*
 Frank S - 13 Mar 1898; 31 Dec 1898 p1
 George W - 17 May 1859; 19 May 1859 p3
 J. C. -nd; 15 May 1862 p3*
 John T - 28 Nov 1862; 29 Nov 1862 p3*
 John T - 3 Feb 1890; 31 Dec 1890 p1
 Margaret A - 17 Dec 1860; 19 Dec 1860 p3 & 25 Dec 1860 p2
 Maria - 25 Dec 1866; 28 Dec 1866 p2
 Mary - 22 Jan 1882; 23 Jan 1882 p2
 Peyton - 21 June 1890; 31 Dec 1890 p1
 Thomas J - 29 July 1874; 30 July 1874 p2
BALLEY, Israel - 15 Feb 1845; 17 Feb 1845 p3
 Josephine - 30 Jan 1888; 31 Dec 1888 p1
 Josiah - 4 Sept 1888; 31 Dec 1888 p1
BALLINGER, Charles - 1882; 18 Sept 1882 p2
 Charlotte - 2 Dec 1869; 3 Dec 1869 p3
 Edward G - 17 Jan 1882; 17 Jan 1882 p2
 Julia S - 19 Sept 1876; 22 Sept 1876 p2

BALLINGER, Lillian Virginia - 25 Aug 1860; 3 Sept 1860 p3
BALLOMY, John Francis - 30 Mar 1875; 30 Mar 1875 p2
BALMAIN, Alexander - 16 June 1821; 27 June 1821 p2
William - 30 Apr 1784; 6 May 1784 p3
BALSH, Mary Harriet - 22 Mar 1813; 3 May 1813 p3
BALTIMORE, Ellen - 1 Feb 1906; 31 Dec 1906 p1
BALTZELL, Thomas - nd; 8 Mar 1843 p3
BALTZER, John Thomas - 11 June 1866; 12 June 1866 p3
BANDER, John - 24 Jan 1850; 31 Jan 1850 p3
BANGS, Mary Jane - 28 Aug 1875; 4 Sept 1875 p2
BANISTER, Robert B - nd; 23 July 1844 p3
BANJ, Nora - 30 Aug 1911; 30 Dec 1911 p4
BANKHEAD, Ada Garth - 25 Feb 1873; 4 Mar 1873 p3
John - nd; 2 June 1836 np
John - 21 Dec 1843; 27 Dec 1843 p2
BANKS, Edwin A - 1867; 31 Oct 1867 p3
Elizabeth - nd; 5 Sept 1844 p3
George - nd; 21 July 1837 p3
Hannah - 10 Dec 1873; 11 Dec 1873 p2
BANQUE, Rhoda - 23 Aug 1850; 31 Aug 1850 p3
BANQUES, Charles - 3 Sept 1841; 11 Sept 1841 p3
BANTZ, Valentine - 9 Feb 1820; 10 Feb 1820 p3
BAPTIST, R H - 11 July 1850; 22 July 1850 p3
BARBEE, Alexander Wirt - nd; 25 Dec 1851 p3
Andrew R - 9 May 1869; 19 May 1869 p2
Elizabeth - nd; 9 May 1854 p2
James M - --- May 1878; 4 May 1878 p2
John - nd; 18 July 1853 p3
BARBER, Fannie B - 2 Nov 1881; 3 Nov 1881 p2
Loulla M - 18 May 1885; 31 Dec 1885 p2
Mary Agnes - 24 Mar 1867; 1 Apr 1867 p2
Willie - 25 Sept 1880; 25 Sept 1880 p2
BARBOUR, Edith - 2 Aug 1872; 24 Aug 1872 p2
Mrs Frances Todd - 31 Mar 1872; 4 Apr 1872 p2
James - 7 Nov 1857; 12 Nov 1857 p3 & 16 Nov 1857 p2
John S - nd; 18 Jan 1855 p3
Mrs Lucy - 25 Nov 1860; 28 Nov 1860 p3
Mrs M M - 8 Feb 1882; 18 Feb 1882 p2
Mary - nd; 5 Aug 1826 p3
Mrs - 2 July 1878; 3 July 1878 p2

Philip P - 24 Feb 1841; 26 Feb 1841 p3 & 1 Mar 1841 p3
Sally - 1 Feb 1880; 5 Feb 1880 p2
Susan - 4 Aug 1875; 13 Aug 1875 p2
Susan Sewall - 6 Feb 1886; 31 Dec 1886 p3
BARCLAY, Ann Hoof - 23 Aug 1845; 28 Aug 1845 p3
David - nd; 24 June 1848 p3
Helen B G - 15 Aug 1810; 16 Aug 1810 p3
BARCROFT, Domini - 15 July 1830; 28 July 1830 p3
Sarah - 26 Nov 1840; 30 Nov 1840 p3
BARE, Holmes Boyd - 19 Jan 1877; 23 Jan 1877 p2
BARGY, Peter - 7 Dec 1841; 10 Dec 1841 p3
BARKER, Catharine - 10 Sep 1854; 15 Sep 1854 p3
Charles William - nd; 10 May 1855 p3
Charlotte - 14 May 1865; 15 May 1865 p2
Mrs H S W - 24 Jan 1878; 25 Jan 1878 p3
Harrison Albert - 22 Apr 1855; 10 May 1855 p3
Harry - 21 Apr 1904; 31 Dec 1904 p1
Henry Clay - 25 June 1858; 29 June 1858 p3
Rev John - nd; 2 Mar 1860 p3
John W - 26 Sept 1847; 1 Oct 1847 p2
Lemuel W - 31 Aug 1862; 2 Sep 1862 p3*
Quentin - 28 Jan 1867; 30 Jan 1867 p3
Ulan W - 25 June 1900; 31 Dec 1900 p1
BARKLEY, Noel - 17 Oct 1902; 31Dec 1902 p1
Samuel - 26 Dec 1851; 21 Jan 1852 p2
BARLETT, Alethia - 18 Mar 1872; 19 Mar 1872 p2
Martha Ann - 3 Mar 1879; 6 Mar 1879 p2
BARLEY, Anna V - 24 Aug 1886; 31 Dec 1886 p3
John R McKim - --- June 1877; 2 June 1877 p2
Sarah Ellen - 15 Feb 1879; 15 Feb 1879 p2
W H - 13 Apr 1886; 31 Dec 1886 p3
BARLOW, Michael - --- July 1879; 21 July 1879 p2
BARNARD, Mr Theodore - 18 Feb 1864; 19 Feb 1864 p2
BARNES, Fanny - 29 Jan 1896; 31 Dec 1896 p1
Fleet E - nd; 30 July 1847 p3
Capt Henry - nd; 22 Sept 1840 p2
James - nd; 13 Feb 1836 p3
Julia A - 2 Sept 1853; 9 Sept 1853 p3
Mary - 28 June 1872; 3 July 1872 p2
Mary J - nd; 21 Jan 1852 p2
Richard H - nd; 14 June 1831 p3
Samuel A - 13 June 1870; 13 June 1870 p3
Sarah - nd; 3 Sept 1851 p3

BARNES, Wm C - -- Dec 1867; 3 Jan 1868 p2
BARNET, Hannah - 24 Feb 1816; 28 Feb 1816 p3
BARNETT, Ella - 5 Sept 1869; 6 Sept 1869 p2
  Harriet - 27 Sept 1841; 4 Oct 1841 p3
  Jane A - nd; 19 June 1839 p3
  William - 9 Mar 1901; 31 Oct 1901 p1
BARNEY, Wm - nd; 22 Nov 1838 p3
BARR, Elizabeth - 22 May 1860; 1 June 1860 p3
  Rev J W - nd; 2 Nov 1832 p3
  Stephen - 5 Aug 1860; 18 Aug 1860 p2
BARRET, Lucy J - 12 Mar 1850; 15 Mar 1850 p2
BARRETT, Caroline M E - 18 Dec 1877; 28 Dec 1877 p3
  Elizabeth - 7 Feb 1861; 9 Feb 1861 p2
  John - 4 Sept 1884; 31 Dec 1884 p3
  Kate - 19 Oct 1910; 31 Dec 1910 p1
  Margaret - 2 Sept 1875; 7 Sept 1875 p2
  Mary - 17 Mar 1908; 31 Dec 1908 p1
BARRON, Edith - 6 Mar 1905; 30 Dec 1905 p1
  Otho - 25 Apr 1841; 8 May 1841 p3
  Rebecca Ann - 31 July 1854; 2 Aug 1854 p3
  Rebecca S - 17 Sept 1844; 23 Sept 1844 p3
BARRY, David - 17 Oct 1843; 28 Oct 1843 p3
  J S - nd; 14 Mar 1872 p2
  James - 7 Jan 1808; 18 Jan 1808 p3
  James C - 20 Apr 1860; 23 Apr 1860 p2
  John - 13 Sept 1803; 22 Sept 1803 p3
  Mary, resided at Bellview - 16 Sept 1825; 17 Sept 1825 p3
  Mrs Matilda - 29 Jun 1862; 1 Jul 1862 p4*
  Susanna - 19 Jan 1833; 23 Jan 1833 p3
BARTEH, Mrs J M - 7 Oct 1894; 31 Dec 1894 p1
BARTELS, Gustav - 7 Mar 1901; 31 Dec 1901 p1
BARTENSTINE, Elizabeth - 27 Feb 1878; 4 Mar 1878 p2
BARTIS, Susanah - 25 May 1870; 26 May 1870 p3
BARTLE, Ann - 17 Oct 1891; 31 Dec 1891 p1
  Elias - nd; 17 Dec 1838 p3
  Missouri - nd; 27 Aug 1850 p3
  Missouri - 7 Aug 1850; 8 Aug 1850 p4
  Samuel - 7 Sept 1849; 12 Sept 1849 p3
  Samuel - 22 Dec 1862; 23 Dec 1862 p3*
  William H - 10 June 1895; 31 Dec 1895 p1
  Wm B - 22 July 1886; 31 Dec 1886 p3
BARTLEMAN, Mrs Margaret Douglas 4 Apr 1861; 5 Apr 1861 p2
  Rebecca J 15 July 1880; 15 July 1880 p2
  Wilhelmina - nd; 27 Feb 1863 p3
BARTLETT, Caroline - 28 June 1897; 31 Dec 1897 p1
  Isabella F - 7 Feb 1909; 31 Dec 1909 p1

  Mrs J E - 27 July 1865; 18 Aug 1865 p4
  Martha S - 19 Feb 1861; 21 Feb 1861 p2
  Peyton - 18 Apr 1898; 31 Dec 1898 p1
  Sandford H - 16 July 1858; 31 July 1858 p3
  Sarah F - nd; 25 Oct 1855 p3
  William H - 30 July 1914; 31 Dec 1914 p1
  Willie T - 20 Feb 1871; 21 Feb 1871 p3
BARTON, c/o Benjamin & Eliza S - 2 May 1857; 4 May 1857 p3
  Benjamin - 24 Mar 1816; 28 Mar 1816 p3
  Dr Benjamin Smith - 19 Dec 1815; 25 Dec 1815 p3
  Daniel - 8 Nov 1857; 12 Nov 1857 p3
  Edwin - 16 Apr 1863; 16 Apr 1863 p3
  Eliza D - 17 Dec 1865; 18 Dec 1865 p3
  Eliza D - 25 Aug 1897; 31 Dec 1897 p1
  Eliza Mary - 31 Jan 1874; 11 Feb 1874 p2
  Evelina - 16 June 1870; 2 July 1870 p2
  Geo. - recently; 15 Sep 1862 p3*
  George G - 23 Dec 1885; 31 Dec 1885 p2
  George Kennedy - 6 Nov 1870; 7 Nov 1870 p2
  Grace - 16 Apr 1863; 16 Apr 1863 p3
  Luther - 11 Aug 1876; 5 Sept 1876 p2
  Mary - 16 Feb 1858; 17 Feb 1858 p3
  Mary - 18 June 1901; 31 Dec 1901 p1
  Mary A E - 17 Jan 1881; 18 Jan 1881 p2
  Richard - 15 Jan 1860; 19 Jan 1860 p2
  Mrs Robert T - 11 June 1887; 14 June 1887 p2
  Susan C S - 17 Feb 1875; 23 Feb 1875 p2
  Susan Janette - 2 Aug 1854; 3 Aug 1854 p3
BARTSCH, John - 16 Dec 1904; 31 Dec 1904 p1
BASHFORD, Edward - 13 Apr 1908; 31 Dec 1908 p1
  Philip - 6 Jan 1915; 31 Dec 1915 p2
  Sarah A - 14 Nov 1915; 31 Dec 1915 p2
BASSETT, Col Burwell - 26 Feb 1841; 15 Mar 1841 p3
  Lucy Gilner - 16 June 1865; 17 July 1865 p2
  Simon - 30 Dec 1844; 4 Jan 1845 p2
BASSFORD, A E - 1866; 27 Jan 1866 p3
  Albert B - 20 June 1872; 22 June 1872 p2
  Henry - 30 Mar 1869; 23 Apr 1869 p3
  John - nd; 13 May 1845 p3
BASTON, Walter - 14 Apr 1898; 31 Dec 1898 p1
BASYE, Carolina Virginia - 23 Jan 1871; 25 Jan 1871 p3
  Edmund - -- June 1875; 21 June 1875 p2
BATCHELLER, Emma J - -- Apr 1877; 13 Apr 1877 p2
BATCHELLOR, Mary A T - 24 Dec 1878; 27 Dec 1878 p2

BATEMAN, Emily S - 9 Mar 1914; 31 Dec
  1914 p1
  Harry - 24 Dec 1893; 30 Dec 1893 p2
  R Edmund - 14 Aug 1857; 29 Aug 1857 p3
  Samuel - 21 Sept 1910; 31 Dec 1910 p1
BATES, Albert - 4 Sept 1850; 11 Sept 1850 p2
  Effie - 4 Sep 1862; 6 Sep 1862 p3*
BATHURST, Mary - 25 Dec 1872; 9 Jan 1873 p2
BATTAILE, Ann F - 30 Jan 1880; 5 Apr 1880 p2
  Ann H - 25 Aug 1847; 9 Sept 1847 p2
  Patsy J - 5 Apr 1870; 7 May 1870 p2
BAUER, Christina - 22 Mar 1878; 23 Mar
  1878 p3
  George - 14 June 1892; 31 Dec 1892 p2
  Katharine - 12 July 1908; 31 Dec 1908 p1
BAXTER, George A - 1 May 1841; 5 May
  1841 p3
  Rev H - 24 May 1827; 29 May 1827 p3
  William T - 25 Oct 1866; 20 Nov 1866 p2
BAYARD, Hon James A - 6 Aug 1815; 10 Aug
  1815 p3
  Margaret - nd; 10 June 1844 p3
BAYLER, Jane - 12 Feb 1826; 16 Feb 1826 p3
BAYLISS, Hiram - 5 Dec 1903; 31 Dec 1903 p1
  James - 16 Jan 1876; 18 Jan 1876 p2
  John D - 25 July 1901 - 31 Dec 1901 p1
  Julia M - 28 Jan 1863; 31 Jan 1863 p3
  Mary E - 7 Sept 1867; 12 Sept 1867 p2
  Richard H - 29 June 1896; 31 Dec 1896 p1
  William - 14 Apr 1848; 23 May 1848 p2
BAYLOR, Anne D - 7 Dec 1860; 8 Dec 1860 p3
  Fannie Courtney - 28 May 1842; 11 June
  1842 p3
  Richard G - 15 Sept 1843; 22 Sept 1843 p3
BAYLY, Albert - 12 Dec 1874; 21 Dec 1874 p2
  Annie May - 26 Mar 1860; 5 Apr 1860 p3
  John - 15 Mar 1867; 25 Mar 1867 p2
  Harriett Ward - 10 Aug 1858; 17 Aug 1858 p3
  Mary B - 8 May 1877; 23 May 1877 p2
BAYLYSS, Sarah - 20 Oct 1862; 21 Oct
  1862 p3*
BAYNARD, Helen - 30 Oct 1874; 7 Nov
  1874 p2
BAYNE, Delia S - 2 Dec 1857; 4 Dec 1857 p3
  Emma - nd; 16 Aug 1847 p2
  Fannie - nd; 10 Sept 1852 p2
  John H - 18 Aug 1870; 19 Aug 1870 p3
  John H - 26 Oct 1870; 17 Nov 1870 p3
  Lawrence - 2 Apr 1888; 31 Dec 1888 p1
  Marie Louisa - 15 Oct 1865; 17 Oct 1865 p2
  Mary - 17 Jan 1886; 31 Dec 1886 p3
  Mary Ellen - 2 Oct 1869; 2 Oct 1869 p2

  Mary Frances - 7 Aug 1840; 8 Aug 1840 p3
  Patrick - 10 Apr 1901; 31 Dec 1901 p1
  Sarah - nd; 3 Oct 1849 p2
  William Speiden - 1 Apr 1861; 2 Apr 1861 p3
  Winifred - 30 Apr 1902; 31 Dec 1902 p1
  Worth - nd; 19 Feb 1847 p2
BAYNES, John - 2 Aug 1785; 4 Aug 1785 p3
BEACH, Albert D - 13 Oct 1981; 17 Oct 1881 p2
  Avery - 5 Aug 1909; 31 Dec 1909 p1
  Columbus C - 15 Feb 1886; 31 Dec 1886 p3
  Courtney - 27 Aug 1893; 30 Dec 1893 p2
  Edward - 24 Aug 1904; 31 Dec 1904 p1
  Edward - 15 Aug 1909; 31 Dec 1909 p1
  Elijah - 12 Mar 1883; 31 Dec 1883 p3
  Elizabeth - 5 Dec 1906; 31 Dec 1906 p1
  Francis - 10 Oct 1894; 31 Dec 1894 p1
  George - 1 Sept 1894; 31 Dec 1894 p1
  J H - 20 June 1900; 31 Dec 1900 p1
  Jackson - 23 July 1896; 31 Dec 1896 p1
  James - 10 Dec 1846; 16 Dec 1846 p3
  James - 16 Aug 1886; 31 Dec 1886 p3
  James - 30 May 1894; 31 Dec 1894 p1
  James A - 14 Sept 1874; 15 Sept 1874 p2
  James H- 2 Mar 1889; 31 Dec 1889 p2
  James Harvey - 7 Nov 1866; 9 Nov 1866 p2
  James W - 5 Aug 1905; 30 Dec 1905 p1
  Jane E - 6 May 1906; 31 Dec 1906 p1
  Jefferson - 20 Oct 1894; 31 Dec 1894 p1
  Jefferson D - 6 July 1913; 31 Dec 1913 p1
  John D - 22 Nov 1895; 31 Dec 1895 p1
  John R - 29 May 1887; 30 May 1887 p3
  John S - 11 Sept 1905; 30 Dec 1905 p1
  Joseph S - 25 Aug 1905; 30 Dec 1905 p1
  Lizzie Morgan - 20 Jan 1878; 20 Jan 1878 p2
  Mary A - 1 Apr 1884; 31 Dec 1884 p3
  Mason B - 25 Dec 1867; 9 Jan 1868 p3
  Minnie - 14 Apr 1896; 31 Dec 1896 p1
  Oceana - 26 Mar 1883; 31 Dec 1883 p3
  Ophelia - 23 July 1909; 31 Dec 1909 p1
  Presley - 8 Jan 1892; 31 Dec 1892 p2
  Rebecca A - 24 Jan 1879; 25 Jan 1879 p2
  Richard - 31 Apr 1876; 1 May 1876 p3
  Salome - 5 Feb 1900; 31 Dec 1900 p1
  Samuel - 27 July 1874; 28 July 1874 p2
  Willard W - 19 Aug 1864; 20 Aug 1864 p2
BEACHAM, Mary Ann - 30 Nov 1866; 1 Dec
  1866 p2
BEALE, James Forbes - 4 Apr 1843; 7 Apr
  1843 p2
  Julia Maria - nd; 27 Aug 1833 p3
  Mary D - 13 Dec 1872; 16 Dec 1872 p2
  Maj Robert - 18 Sept 1843; 27 Sept 1843 p3

BEALE, Walter - nd; 13 Feb 1833 p3
  Wm C - 22 Apr 1850; 24 Apr 1850 p2
BEALL, Alexander Gordon - nd; 7 Aug 1851 p3
  James - nd; 13 May 1859 p3
  Matilda - 12 Oct 1843; 19 Oct 1843 p3
  Susannah - 28 Oct 1839; 31 Oct 1839 p3
  William Z - nd; 2 July 1858 p3
  Wm Beans - 8 Sep 1862; 11 Sep 1862 p3*
  Zachariah B - nd; 29 June 1859 p3
BEALLE, Charles R - nd; 10 Feb 1863 p3
BEAMER, James - 13 May 1906; 31 Dec 1906 p1
BEAN, Culmore - 6 Jan 1860; 9 Jan 1860 p3
  Mrs Edward - 5 Jan 1865; 21 Jan 1865 p2
  Matilda T - 29 Jan 1850; 6 Feb 1850 p3
BEANS, Absolam - 6 Sept 1857; 11 Sept 1857 p3
BEARD, Carolina - 6 Mar 1865; 7 Mar 1865 p3
  Elizabeth - 15 Aug 1803; 23 Aug 1803 p3
  George - 25 Sept 1843; 7 Oct 1843 p3
  James - 7 Mar 1883; 31 Dec 1883 p3
  Lawson G - 15 Feb 1873; 27 Feb 1873 p2
  Margaret E - 13 Jan 1901; 31 Dec 1901 p1
  Matilda H - 10 Dec 1860; 14 Dec 1860 p2
  Thomas W - 6 Feb 1874; 6 Feb 1874 p2
BEASLEY, James M - 1 Aug 1857; 7 Aug 1857 p3
BEATTIE, Annie E - 28 Oct 1911; 30 Dec 1911 p4
BEATTY, Dr Charles A - 13 Oct 1838; 17 Oct 1838 p3
  David - 25 Jun 1902; 31 Dec 1902 p1
BEATY, Mary - nd; 27 Feb 1844 p3
BEAUREGARD, Alexander - 15 Nov 1909; 31 Dec 1909 p1
  Mrs Alexander - 16 Nov 1890; 31 Dec 1890 p1
  Annie Lee - 29 Jul 1862; 31 Jul 1862 p3*
BEAUSY, Mary Ann 28 Feb 1843; 3 Mar 1843 p3
BEAVERS, Edward 25 Feb 1890; 31 Dec 1890 p1
  Frances - 28 Mar 1884; 31 Dec 1884 p3
  George - 7 Dec 1915; 31 Dec 1915 p2
  George W - 29 Dec 1890; 31 Dec 1890 p1
  James - 11 Mar 1899; 30 Dec 1899 p1
  Robert - -- Mar 1878; 22 Mar 1878 p3
BECHTEL, J W - 21 Oct 1899; 30 Dec 1899 p1
BECK, Elizabeth O - 24 Aug 1857; 26 Aug 1857 p3
  Horatio - 11 June 1874; 15 June 1874 p2
  James D- 5 June 1854; 29 June 1854 p3
  Resin - 5 July 1860; 10 July 1860 p3
  Thomas Jefferson - 17 Apr 1867; 2 May 1867 p2
  Virginia - 17 May 1897; 31 Dec 1897 p1

  Washington - 11 Sept 1837; 23 Sept 1837 p3
BECKER, Agnes - 19 July 1867; 22 July 1867 p2
  Louis A - 15 Aug 1882; 16 Aug 1882 p2
  Mary V - 2 Aug 1907; 31 Dec 1907 p1
  Rose - 19 July 1867; 20 July 1867 p2
  Victor - 3 Apr 1904; 31 Dec 1904 p1
BECKETT, Richard - 2 Apr 1855; 6 Apr 1855 p3
BECKHAM, Ann A - 24 Aug 1843; 2 Sept 1843 p3
  Carrie - 15 Dec 1900; 31 Dec 1900 p1
  Frances J - 29 Apr 1852; 11 May 1852 p2
  J T - 13 Dec 1903; 31 Dec 1903 p2
  James - 22 Mar 1860; 26 Mar 1860 p3
  John G - 10 Aug 1905; 30 Dec 1905 p1
  Mary - 13 Mar 1870; 18 Mar 1870 p3
  Mary C - 28 Aug 1881; 3 Sept 1881 p2
  Thomas - nd; 21 Dec 1855 p3
  W H F - 18 Aug 1909; 31 Dec 1909 p1
BECKLEY, Betsey, oldest inhabitant of Alexandria - age 103y, 20 Mar 1849; - 21 Mar 1849 p3
BECKMAN, Susan - 23 Feb 1876; 24 Feb 1876 p2
BECKWITH, Elizabeth M - 22 Dec 1837; 8 Feb 1838 p3
  Isaac Winston - 22 Nov 1857; 2 Dec 1857 p3
  Robenett - 29 Feb 1872; 5 Mar 1872 p2
BEDFORD, Gunning - 20 Sept 1797; 7 Oct 1797 p3 & 10 Oct 1797 p2
BEDINGER, Caroline B - -- Aug 1869; 26 Aug 1869 p2
  Dr Daniel - nd; 31 Dec 1838 p3
  Henry - 14 May 1843; 20 May 1843 p3
  Hon Henry - 26 Nov 1858; 29 Nov 1858 p3
  Henry - funeral 2 Dec 1858 p3
  Katherine H - 28 July 1866; 28 July 1866 p2
  Margaret - 20 May 1843; 26 May 1843 p3
  Sarah - 13 Oct 1840; 26 Oct 1840 p3
  Sarah - nd; 26 July 1844 p3
BEECHMIRE, Gladys - 21 Feb 1908; 31 Dec 1908 p1
BEEDLE, Harriet W - 18 Jan 1871; 25 Jan 1871 p2
BEELER, Catharine E - 26 Dec 1844; 4 Jan 1845 p3
  Frederica Augusta - nd; 12 Dec 1822 p3
  Lewis - nd; 12 Dec 1822 p3
  Louis - 24 Aug 1850; 30 Aug 1850 p3
  Mary - 7 Oct 1850; 9 Oct 1850 p3
BEEN, Sarah - 29 Aug 1867; 30 Aug 1867 p3
BELEW, George R - 27 Aug 1903; 31 Dec 1903 p1

BELEW, Lewis D - 20 July 1902; 31 Dec 1902 p1
BELL, Alexander - nd; 24 May 1859 p3
Andrew - 5 June 1843; 9 June 1843 p3
Annie - 6 Dec 1905; 30 Dec 1905 p1
Beverly W - 13 Nov 1855; 17 Nov 1855 p3
E Harrison - 12 Dec 1903; 31 Dec 1903 p1
Elizabeth - 11 Aug 1860; 14 Aug 1860 p3
Fountain H - 13 Feb 1861; 18 Feb 1861 p3
James - 26 May 1857; 27 May 1857 p3
James Entwisle - 26 Nov 1841; 20 Nov 1841 p3
Jane - 1866; 24 July 1866 p2
Rev John - -- Sept 1887; 19 Sept 1887 p2
John D - 15 Mar 1817; 19 Mar 1817 p3
John D - nd; 14 Nov 1833 p3
John H - nd; 20 Aug 1833 p3
Marcellini - 28 Sept 1844; 1 Oct 1844 p3
Margaret - nd; 30 Nov 1841 p3
Margaret A - 4 Apr 1915; 31 Dec 1915 p2
Margaret Ann - 27 Nov 1841; 30 Nov 1841 p3
Mary Ann - 30 July 1874; 31 July 1874 p2
Mary E - 5 May 1914; 5 May 1914 p2 & 31 Dec 1914 p1
Mary E - 11 Jan 1902; 31 Dec 1902 p1
Mary G - 15 Apr 1891; 31 Dec 1891 p1
Mary Sidney - 7 July 1870; 8 July 1870 p2
Naomi - 16 Sept 1880; 18 Sept 1880 p2
Rebecca - nd; 17 Apr 1852 p3
Rebecca - 23 Nov 1853; 6 Dec 1853 p3
Capt Richard H - 9 May 1835; 15 May 1835 p3
Robert - -- Sept 1784; 30 Sept 1784 p3
Robert - 16 July 1885; 31 Dec 1885 p2
Robert - 7 Mar 1889; 31 Dec 1889 p2
Robert - 18 Nov 1907; 31 Dec 1907 p1
Sarah - 11 Dec 1905; 30 Dec 1905 p1
Sarah L - 10 Mar 1881; 12 Mar 1881 p2
Susan Mary - nd- 19 Nov 1853 p3
Susana - 18 Oct 1838; 29 1838 p3
Thomas S - nd; 6 Oct 1837 p3
William - 18 July 1913; 31 Dec 1913 p1
Wm - 25 Feb 1851; 5 Mar 18 p2
BELLMIRE, Martin - 17 Aug 1869; 20 Aug 1869 p2
BELLOMY, William - 18 Feb 1887; 19 Feb 1887 p2
BELMAIN, Luch - 22 Mar 1841; 19 Apr 1841 p3
BELT, Benj F - nd; 10 Feb 1837 p3
Edward - 15 Mar 1838; 22 Mar 1838 p3
Edward W - 14 May 1868; 16 May 1868 p2
James S - nd; 23 Sept 1834 p3
John S - 14 Sept 1834; 23 Sept 1834 p3
Sarah Eleanor - 9 Oct 1866; 12 Oct 1866 p2

BENDER, Charles H - 19 Dec 1910; 31 Dec 1910 p1
Maj George - 19 Aug 1865; 21 Aug 1865 p4
Jacob A - 7 Feb 1869; 9 Feb 1869 p2
Mary - 19 Apr 1908; 31 Dec 1908 p1
William - 16 Feb 1903; 31 Dec 1903 p1
BENDHEIM, Caroline - 9 Dec 1901; 31 Dec 1901 p1
David - 3 Apr 1904; 31 Dec 1904 p1
Esther - 25 Jan 1901; 31 Dec 1901 p1
Fannie - 20 June 1909; 31 Dec 1909 p1
Leopold - 22 Oct 1903; 31 Dec 1903 p1
Sarah - 11 Feb 1890; 31 Dec 1890 p1
BENEDICT, Julia Smith - 5 Mar 1841; 9 Mar 1841 p3
Julia T Smith - 23 Jan 1841; 2 Feb 1841 p3
William B - 20 June 1853; 27 June 1853 p2
BENEDUM, James H - 16 Apr 1871; 22 Apr 1871 p2
BENISON, Isabella - 15 May 1843; 29 May 1843 p3
BENNETT, Ann M - nd; 28 Apr 1853 p2
Barbara - 10 Feb 1874; 11 Feb 1874 p2
Catharine B - nd; 7 Aug 1871 p3
Francis - 31 Aug 1860; 4 Sept 1860 p3
Jas H - 15 Feb 1852; 18 Feb 1852 p3
John - 31 Dec 1799; 20 Feb 1800 p3
Josiah - 16 July 1872; 27 July 1872 p2
Martha Haines Butt - 9 Feb 1871; 11 Feb 1871 p2
Mary Amelia - nd; 31 Oct 1837 p3
Michael - 2 Mar 1878; 4 Mar 1878 p2
Richard - 8 Oct 1843; 17 Oct 1843 p2
Sarah Elizabeth - 17 July 1845; 28 July 1845 p3
BENSON, C Y - -- July 1873; 24 July 1873 p3
Elijah - 26 Dec 1901; 31 Dec 1901 p1
George - 1 Jan 1894; 31 Dec 1894 p1
George - 9 Jan 1908; 31 Dec 1908 p1
Mary L - 10 May 1910; 31 Dec 1910 p1
BENT, Capt Lemuel - nd; 16 1849 p3
BENTER, Elizabeth - 23 Nov 1848; 1 Dec 1848 p3
Ellen Mark - 16 Aug 1878; 16 Aug 1878 p2
Mary C - 3 Mar 1865; 4 Mar 1865 p2
Susie - -- Mar 1876; 17 Mar 1876 p3
Wm - nd; 24 July 1854 p3
BENTLEY, Annie - 1 Apr 1848; 10 Apr 1848 p3
John - mid Sept ---- ; 4 Oct 1841 p3
Maurice L - 15 Nov 1915; 31 Dec 1915 p2
Nannie C - 6 June 1860; 12 Jul 1860 p3
R M - 28 May 1872; 30 May 1872 p2
Robert - 1867; 26 Sept 1867 p2

BENTLEY, Thomas - 15 Aug 1859; 22 Aug 1859 p3
BENTLY, Elizabeth - 15 Feb 1865; 20 Feb 1865 p2
BENTON, Catharine - 9 Dec 1855; 12 Dec 1855 p3
  Elizabeth - 10 Sept 1854; 13 Sept 1854 p3
  John - nd; 29 Aug 1853 p3
  Margaret - 23 Oct 1882; 31 Oct 1882 p3 & 1 Nov 1882 p3
  Samuel - nd; 3 Feb 1852 p3
  Sarah - 5 Feb 1854; 20 Feb 1854 p3
  Virginia Ann 21 May 1900; 31 Dec 1900 p1
BERGIN, John 17 Mar 1904; 31 Dec 1904 p1
BERKELEY, Carter Nelson - 16 Apr 1842; 7 May 1842 np
  Lavinia H - 1 Sept 1876; 4 Sept 1876 p2
  Lewis - 13 Apr 1853; 18 Apr 1853 p2
BERKENSTEIN, Renhart - 29 Jan 1892; 31 Dec 1892 p2
BERKLEY, Blanche - 27 July 1911; 30 Dec 1911 p4
  Edith - 9 Oct 1879; 10 Oct 1879 p2
  Eliza S - 13 May 1870; 16 May 1870 p2
  Elizabeth W - 5 June 1903; 31 Dec 1903 p1
  Emily W - 7 Aug 1867; 7 Aug 1867 p3
  George Pattison - 14 Nov 1882; 15 Nov 1882 p2
  Harold - nd; 20 Mar 1852 p3
  Rev James - 22 Apr 1841; 24 Apr 1841 p3
  Martha - 10 Aug 1875; 6 Sept 1875 p2
  W H P - 31 Aug 1893; 30 Dec 1893 p2
  Wm N- 20 June 1897; 31 Dec 1897 p1
BERNARD, Dr D M - 4 Sept 1865; 11 Sept 1865 p3
  Edgar - 24 Aug 1855; 27 Aug 1855 p3
  Elizabeth - 20 Nov 1870; 22 Nov 1870 p2
  Mary Ann - 9 Oct 1832; 29 Nov 1832 p3
  Sarah - 1 May 1860; 4 May 1860 p3
  Wm - 27 Nov 1841; 2 Dec 1841 p3
BERNHARD, Casper W - 26 June 1902; 31 Dec 1902 p1
BERNHARDT, Rose F - 21 Sept 1907; 31 Dec 1907 p1
BERNHEIMER, Esther - 15 June 1891; 31 Dec 1891 p1
  Mrs J - 2 Jan 1907; 31 Dec 1907 p1
  Samuel - 16 Dec 1885; 31 Dec 1885 p2
BERREY, Sarah E - 26 Feb 1873; 5 Mar 1873 p2
BERRIAN, Catharine M - 20 Jul 1862; 25 Jul 1862 p3*
BERRY, Abbot - 11 Aug 1857; 17 Aug 1857 p3
  Albert B - 13 Oct 1862; 14 Oct 1862 p3*
  Ann - 16 Jan 1835; 4 Feb 1835 p3
  Ann - nd; 7 Mar 1846 p3
  Ann Louise - 1 June 1860; 8 June 1860 p3
  B H - 10 Jan 1870; 10 Jan 1870 p3
  Benjamin - nd; 17 Sept 1863 p3
  C C - 30 Mar 1891; 31 Dec 1891 p1
  C E - 6 Feb 1854; 18 Feb 1854 p2
  Charles A - 11 Jan 1871; 17 Jan 1871 p2
  Charles E - 6 May 1868; 8 May 1868 p2
  Douglass - 20 Apr 1873; 24 Apr 1873 p2
  Edwin - nd; 30 Oct 1951 p2
  Eliza Frame - 10 Aug 1857; 15 Aug 1857 p3
  Elizabeth - 22 Dec 1813; 25 Dec 1813 p3
  Elizabeth - 26 Sep 1862; 26 Sep 1862 p3*
  Elizabeth - 4 May 1870; 13 May 1870 p3
  Elizabeth - 4 Mar 1892; 31 Dec 1892 p2
  Elizabeth - 24 Mar 1893; 30 Dec 1893 p2
  Mrs Fanny F d/o J P Kelly - 27 Jul 1862; 2 Sep 1862 p3*
  Henry - 15 Feb 1855; 16 Feb 1855 p3
  Henry - nd; 21 Feb 1855 p2
  James F - 19 Mar 1906; 31 Dec 1906 p1
  James Franklin - 12 Aug 1865; 15 Aug 1865 p4
  John - 3 Oct 1843; 12 Oct 1843 p3 & 19 Oct 1843 p3
  John - nd; 16 Jun 1862 p3*
  John E - 21 Apr 1863; 9 May 1863 p2
  Laura G - 17 Oct 1905; 30 Dec 1905 p1
  Lawrence - nd; 11 June 1822 p3
  Lawrence - 23 Feb 1846; 14 Mar 1846 p2
  Lucy Ashton - 26 Dec 1873; 7 Mar 1874 p2
  Martha - nd; 21 July 1825 p3
  Martha - 18 Aug 1838; 25 Aug 1838 p3
  Mary - nd; 15 Mar 1826 p3
  Mary Eliza - nd; 4 Nov 1845 p3
  Mildred W - 26 Feb 1886; 31 Dec 1886 p3
  S Helen - 29 Sept 1875; 30 Sept 1875 p2
  Tholemiah - nd; 12 May 1825 p3
  Thomas - -- Oct 1843; 17 Oct 1843 p2 & 19 Oct 1843 p3
  Thomas - nd; 23 June 1854 p3
  Thomas - 18 Feb 1901; 31 Dec 1901 p1
  Virginia - 7 Feb 1886; 31 Dec 1886 p3
  William J - 4 Dec 1867; 16 Dec 1867 p2
  Capt Wm - nd; 29 Sept 1832 p3
  Wm H - 19 Feb 1859; 22 Feb 1859 p3
BERRYMAN, Celeste L - 19 Apr 1894; 31 Dec 1894 p1
  Elvira D - 22 June 1890; 31 Dec 1890 p1
  Frank C - 29 Mar 1909; 31 Dec 1909 p1
  Gilson - 3 Apr 1892; 31 Dec 1892 p2

BERRYMAN, John S - 9 Apr 1887; 16 Apr 1887 p2
 M A - 7 Feb 1902; 31 Dec 1902 p1
 Martha - 3 Jan 1907; 31 Dec 1907 p1
 Newton - 1 Aug 1838; 4 Aug 1838 p3
 Lt Otway H - 2 Apr 1861; 15 Apr 1861 p3
 William Alexander - nd; 29 Apr 1854 p3
BERTA, Annie R - 2 Jan 1870; 5 Jan 1870 p2
BERVERLEY, William B - 10 Nov 1866; 15 Nov 1866 p2
BESCH, Frances Lane - 6 Nov 1890; 31 Dec 1890 p1
BEST, J J - 27 Jan 1892; 31 Dec 1892 p2
BESTOR, Harvey - 7 Jan 1835; 12 Jan 1835 p3
 Mary Helen - 26 May 1862; 29 May 1862 p3*
BETTS, Royster - 26 Aug 1841; 29 Sept 1841 p3
BETZOLD, David - 28 Dec 1857; 29 Dec 1857 p3
BEVANS, Ellen B - 28 May 1860; 30 May 1860 p2
BEVERIDGE, John - nd; 2 Nov 1840 p3
BEVERLEY, Carter - 10 Feb 1844; 15 Feb 1844 p3
 Robert - 30 May 1843; 8 June 1843 p3
BEVERLY, Bradshaw - nd; 20 June 1853 p3
 Peter R - 5 Apr 1854; 7 Apr 1854 p3
 Robert E - 4 Oct 1835; 7 Oct 1835 p3
 William G - 26 June 1960; 2 July 1860 p3
BIBB, Wm A - 12 Sept 1865; 15 Sept 1865 p2
BIBBY, James Monroe - 3 Mar 1860; 26 Mar 1860 p3
BICKEY, Lewis - 1865; 4 Apr 1865 p2
BIDDELL, Emma - 18 Feb 1895; 31 Dec 1895 p1
BIERS, Sarah - 5 Feb 1882; 6 Feb 1882 p2
BIGELOW, George - recently; 30 Jan 1864 p1
BIGGS, Asa Judge - 6 Mar 1878; 7 Mar 1878 p2
 Charles E - 6 Apr 1905; 30 Dec 1905 p1
 Maggie E - 7 Oct 1886; 31 Dec 1886 p3
BIKBY, Samuel S - 7 June 1854; 12 June 1854 p3
BILLING, William W - 1843; 7 Oct 1843 p3
BILLUPS, Sallie - 1 Feb 1897; 31 Dec 1897 p1
BINGHAM, Maggie E - 16 Mar 1915; 31 Dec 1915 p2
 Rozella - 12 Aug 1870; 13 Aug 1870 p3
BINNS, Anna A - 1867; 12 Dec 1867 p2
 Charles - nd; 14 Mar 1837 p3
 Elizabeth - nd; 15 July 1859 p3
 Hannah - 13 Nov 1843; 14 Nov 1843 p3
 John A - nd; 1 Aug 1837 p3
BIRCH, Maj George - nd; 23 Oct 1837 p3
 Mrs Jenett B - 20 Sept 1811; 21 Sept 1811 p3
 John P - 17 Sept 1841; 21 Sept 1841 p3

 Joseph - 29 Mar 1815; 11 Apr 1815 p3
 Julia A - 3 Mar 1866; 9 Mar 1866 p3
 Maria F - 5 Apr 1872; 8 Apr 1872 p2
 Thomas - nd; 16 Apr 1847 p3
 Wm Young - 2 June 1837; 6 June 1837 p3
BIRD, John - --- Sept 1877; 10 Sept 1877 p2
 Willy - 2 Oct 1866; 6 Oct 1866 p2
BIRKBY, John Major - 18 June 1864; 8 Aug 1864 p2
BIRKETT, William C - 2 Feb 1875; 8 Feb 1875 p2
BIRMINGHAM, Christopher - 1886; 1 Jan 1887 p2
BIRRELL, Edith M - 6 July 1865; 7 July 1865 p3
 John - 22 July 1885; 31 Dec 1885 p2
BISCOE, James B - nd, 12 Nov 1847 p3
 Jane E - 30 Sept 1849; 23 Oct 1849 p3
BISHOP, Herbert S - 24 Apr 1915; 31 Dec 1915 p2
 John Edward - 14 Dec 1841; 20 Dec 1841 p3
BISSON, Catherine - 22 Feb 1884; 31 Dec 1884 p3
 Marantha - 18 July 1907; 31 Dec 1907 p1
 William - 3 Aug 1905; 30 Dec 1905 p1
BITTING, Charlie - 16 Aug 1866; 24 Aug 1866 p2
BITTINGER, Joseph W - 14 Nov 1843; 17 Nov 1843 p2
BITZER, J H - 19 Feb 1898; 31 Dec 1898 p1
BLACK, Andrew - 1 Feb 1873; 11 Feb 1873 p2
 David - nd; 15 Feb 1827 p3
 Capt David - nd; 5 Jan 1831 p3
 Eliza - nd; 20 Feb 1850 p2
 Elizabeth - 6 Aug 1914; 31 Dec 1914 p1
 Capt Furman - 28 Mar 1852; 30 Mar 1852 p3
 Helen A - nd; 18 Nov 1836 p3
 Helen Ann - nd; 3 Oct 1845 p3
 James - 8 July 1841; 2 Aug 1841 p3
 Rev James - 16 Feb 1860; 20 Feb 1860 p3
 James A - 24 Jan 1860; 26 Jan 1860 p3
 Dr Robert - 27 Mar 1803; 28 Mar 1803 p3
 William - 6 Feb 1895; 31 Dec 1895 p1
 William M - 17 Feb 1871; 20 Feb 1871 p1
BLACKBURN, Christian - 16 Jan 1815; 19 Jan 1815 p3
 Easter - --- July 1876; 28 July 1876 p2
 Elijah - 29 Sept 1878; 29 Sept 1878 p2
 John S - 1 Dec 1911; 30 Dec 1911 p4
 John Taylor - 2 Sept 1878; 6 Sept 1878 p2
 Susan B - 22 Sept 1900; 31 Dec 1900 p1
 Thomas - 11 Sept 1813; 15 Sept 1813 p3
 Thomas P - 4 Mar 1834; 6 Mar 1834 p3

BLACKEY, Harriet - 30 Oct 1866; 9 Nov 1866 p2
BLACKFORD, Francis G - nd; 26 Apr 1836 p3
  Isaac - 21 Dec 1859; 3 Jan 1860 p3
  Isabell - 24 Jan 1837; 3 Feb 1837 p3
  Col John - 5 Nov 1839; 18 Nov 1839 p3
  L M - 23 May 1914 - 31 Dec 1914 p1
  Mary B - 15 Sept 1896; 31 Dec 1896 p1
BLACKIE, Joseph - 17 Feb 1864; 19 Feb 1864 p2
BLACKISTONE, William Thomas - 1 Aug 1863; 29 Aug 1863 p3
BLACKLOCK, D S - 13 Jan 1870; 13 Jan 1870 p3
  Dennis Ramsy - 31 July 1866; 31 July 1866 p2
  Dennis Ramsey - 13 Jan 1870; 13 Jan 1870 p2
  Frederick Julian - 8 Dec 1843; 13 Dec 1843 p2
  George McCarty - 8 June 1874; 11 June 1874 p2
  Jane Allen - 5 Mar 1860; 6 Mar 1860 p3
  Jeannie A - 7 Dec ---- ; 11 Dec 1882 p2
  Julia Swann - 6 Oct 1873; 6 Oct 1873 p2
  Mary A - 1 Mar 1870; 1 Mar 1870 p2
  Robert S - nd; 12 Nov 1832 p3
  Sarah A - 13 Feb 1855; 14 Feb 1855 p3
  Sarah F - 14 Mar 1845; 28 Mar 1845 p3
  T Sidney - 6 Jan 1896; 31 Dec 1896 p1
BLACKSTONE , Hopy - 7 Apr 1841; 13 Apr 1841 p3
BLACKWELL, Arthur - nd; 25 June 1852 p2
  Elizabeth Bell - 2 Apr 1861; 5 Apr 1861 p2
  Elizabeth Carter - 7 Apr 1877; 16 Apr 1877 p2
  Ellen - nd; 22 July 1859 p3
  Frances - nd; 30 Nov 1841 p3
  Frances Cordelia - 1 Mar 1860; 5 Mar 1860 p3
  Jane F - 9 Mar 1881; 12 Mar 1881 p2
  John - 10 Feb 1866; 18 Feb 1866 p3
  Lula V - 31 Aug 1886; 31 Dec 1886 p3
  Wm - nd; 14 Jan 1852 p2
BLADEN, Alfred - nd; 3 May 1833 p3
  Charles - 24 Jan 1895; 31 Dec 1895 p1
  Henrietta - nd; 27 June 1851 p2
  Jane - 8 Dec 1898; 31 Dec 1898 p1
  John D - 3 Sept 1897; 31 Dec 1897 p1
  Luther - 10 May 1901; 31 Dec 1901 p1
  Mary - 2 Feb 1881; 8 Feb 1881 p2
  Thomas - nd; 17 July 1832 p3
BLAGROVE, H B 16 Jan 1854; 18 Jan 1854 p3
BLAIR, Caroline 11 Jan 1844; 25 Jan 1844 p3
  Hon James - nd; 3 Apr 1834 p3
  James - 7 Jan 1837; 23 Jan 1837 p3
  John S - 17 Mar 1868; 18 Mar 1868 p2
  W T - 9 May 1878; 10 May 1878 p2
BLAKE, Dr James H - nd; 2 Aug 1819 p2

17

  Col Joseph - 13 July 1843; 28 Aug 1843 p3
  Lucy C - 23 Oct 1860; 2 Nov 1860 p3
  William - 17 Oct 1808; 6 Dec 1808 p3
BLAKEMORE, Ann E - 28 Dec 1857; 4 Jan 1858 p3
  John M - 29 July 1853; 4 Aug 1853 p3
  Robert Mauzie - 2 Nov 1867; 30 Nov 1867 p3
BLAKENEY, Able, Revolutionary War Soldier - 10 Nov 1838; 15 Nov 1838 p3
  John A - 20 Jan 1864; 25 Jan 1864 p2
BLAKISTONE, Wm J - 23 May 1837; 29 May 1837 p3
BLANCHARD, Willie E - 6 Oct 1862; 6 Oct 1862 p3*
BLANCHETTE, Mary A - 29 Nov 1905; 30 Dec 1905 p1
BLAND, Benjamin - nd; 9 Dec 1846 p2
  James - 22 Apr 1914; 31 Dec 1914 p1
  Col Robert - 31 Jan 1871; 2 May 1871 p3
  Virginia - 2 Mar 1866; 8 Mar 1866 p3
BLANKENSHIP, Harriet - -- Sept 1887; 19 Sept 1887 p2
BLINCOE, Martha S - 27 Oct 1849; 5 Nov 1849 p2
  Sybil - 1 Dec 1871; 11 Dec 1871 p2
BLOCKLOCK, George Ramsay - 5 Sept 1870; 5 Sept 1870 p2 & p3
BLONDHEIM, Henry - 25 July 1901; 31 Dec 1901 p1
  Selig - 2 Nov 1881; 2 Nov 1881 p2
  Mrs. Simon - 27 Oct 1890; 31 Dec 1890 p1
BLOODGOOD, Mr F - 1865; 24 Mar 1865 p2
BLOUNT, Dr Thomas Mutter, Jr - 28 Jun 1862; 28 Aug 1862 p4*
BLOUSE, Sefer - 8 Oct 1897; 31 Dec 1897 p1
BLOUT, Willie - 10 Sept 1835; 25 Sept 1835 p3
BLOX, Rev John E, SJ, - 27 Apr 1860; 30 Oct 1860 p3
BLOXHAM, J T - 19 June 1906; 31 Dec 1906 p1
  James - nd; 18 Mar 1858 p3
  John - 13 July 1889; 31 Dec 1889 p2
  Mary - 27 Apr 1883; 31 Dec 1883 p3
  William Preston - 30 Apr 1899; 30 Dec 1899 p1
BLUCK, Mary - 27 May 1858; 28 May 1858 p3
BLUE, Catherine - 26 Jan 1861; 29 Jan 1861 p3
  John J - 13 June 1874; 13 June 1874 p2
BLUNT, Emblem S - 19 Nov 1838; 21 Nov 1838 p3
  Laura E - 22 Nov 1913; 31 Dec 1913 p1
  Samuel - 5 Mar 1860; 14 Mar 1860 p3
  Susan - 9 Jan 1844; 9 Feb 1844 p3
  Washer - 30 Oct 1806; 31 Oct 1806 p3

BLUNT, Mrs Washer - 17 June 1816; 18 June 1816 p3
BOARD, Benjamin F - 19 Mar 1912; 31 Dec 1912 p1
  Robert Walter - 3 Dec 1876; 5 Dec 1876 p2
BOARDMAN, Hattie - 24 Sept 1860; 26 Sept 1860 p3
BOARMAN, Sister Ignatia - 22 Sept 1834; 30 Sept 1834 p3
  Lucy - 16 June 1860; 21 June 1860 p3 & 30 June 1860 p3
BOATWRIGHT, William - 27 Dec 1869; 3 Jan 1870 p3
BODKIN, Catharine - 31 Oct 1887; 31 Oct 1887 p2
BODMER, C A - 20 July 1894; 31 Dec 1894 p1
  Mrs Mary L d/o G W Clifford - 22 Apr 1862; 4 Jun 1862 p3*
BOFFETT, George - 21 Mar 1915; 31 Dec 1915 p2
BOGAN, Sarah - 26 Sept 1867; 27 Sept 1867 p3
BOGGES, Mary Elizabeth - 10 Mar 1844; 15 Mar 1844 p2
BOGGESS, Robert - 21 Mar 1817; 26 Mar 1817 p3
  Robert - nd; 9 Sept 1840 p3
BOHRAUS, Edward - 9 Feb 1901; 31 Dec 1901 p1
  Jacob - 19 July 1888; 31 Dec 1888 p1
BOHRER, Dr Benjamin S - 19 Aug 1862; 21 Aug 1862 p3 & 25 Aug 1862 p1*
  Peter - nd; 4 Jan 1864 p2
  William Preston - 9 June 1865; 17 June 1865 p3
BOISEAU, Elizabeth - 1 Feb 1816; 1 Aug 1816 p3 & 2 Aug 1816 p3 & 3 Aug 1816 p3
BOISSEAU, Benjamin - 1881; 28 Feb 1881 p2
  Dr R W - 1887; 5 May 1887 p2
BOLAND, Richard - 26 Mar 1899; 30 Dec 1899 p1
  Sallie - 7 Aug 1900; 31 Dec 1900 p1
  Sophia - 7 July 1874; 20 July 1874 p2
BOLDEN, Roberta - 28 June 1903; 31 Dec 1903 p1
BOLDIN, Alice - 4 Nov 1877; 6 Nov 1877 p2
BOLEY, Isabelle - 27 Mar 1843; 1 May 1843 p3
BOLLING, Anna D - 19 Mar 1846; 4 Apr 1846 p2
  Jennie Louise - 25 Jan 1882; 23 Feb 1882 p2
  Theodore W - 15 Feb 1913; 31 Dec 1913 p1
  Thomas - nd; 24 Feb 1836 p3
BOLTON, J W - 6 Sept 1896; 31 Dec 1896 p1
  J W - 27 Feb 1899; 30 Dec 1899 p1

  Jonah - 9 May 1904; 31 Dec 1904 p1
  Mary F - 29 Aug 1912; 31 Dec 1912 p1
  William H - 4 Dec 1912, 31 Dec 1912 p1
BONAPARTE, Jerome h/o Miss Elizabeth Patterson - 24 Dec 1803; 29 Dec 1803 p3
BOND, Elizabeth Stabler - 6 Mar 1843; 10 Mar 1843 p3
  John - 15 Mar 1875; 20 Mar 1875 p2
  Lucy - 30 Aug 1860; 10 Sept 1860 p3
  Minnie - 10 Apr 1887; 14 Apr 1887 p2
  William H - 23 Feb 1910; 31 Dec 1910 p1
BONIS, William - 13 June 1796; 16 June 1796 p3
BONIZ, Martha A - 3 Mar 1900; 31 Dec 1900 p1
BONNER, Amanda B - nd; 10 Dec 1850 p3
BONSAL, V - 29 Aug 1811 - 6 Sept 1811 p3
BONTZ, Bettie - 31 Aug 1860; 1 Sept 1860 p3
  Charles R - 30 July 1869; 30 July 1869 p2
  Elizabeth - 11 June 1897; 31 Dec 1897 p1
  Harriet - 1 Mar 1869; 1 Mar 1869 p2
  Henry - 13 Nov 1892; 31 Dec 1892 p2
  Henry A - 2 Jan 1912; 31 Dec 1912 p1
  Jacob - 31 Jan 1860; 1 Feb 1860 p3
  James - 21 July 1907; 31 Dec 1907 p1
  James Leonard - 14 July 1880; 15 July 1880 p2
  John - 17 July 1860; 27 July 1860 p2
  John W - 21 Jan 1891; 31 Dec 1891 p1
  Laura V - 16 Feb 1894; 31 Dec 1894 p1
  Ruth A - 26 Feb 1913; 31 Dec 1913 p1
  Sarah - 26 Oct 1877; 1 Nov 1877 p3
  Susan - 4 May 1883; 31 Dec 1883 p3
  Wm C - 30 Oct 1882; 31 Oct 1882 p3
BOONE, Alexius - 22 May 1860; 1 June 1860 p3
  Arnold - mid July 1857; 1 Aug 1857 p3
  Elizabeth - nd; 9 Aug 1852 p2
  John - 31 Jan 1837; 14 Feb 1837 p3
  John F - 19 Nov 1862; 21 Nov 1862 p3*
  William N - 21 Jan 1854; 3 Feb 1854 p1
BOOTEN, William Broadus - 3 Oct 1857; 1 Oct 1857 p3
BOOTES, Samuel - 13 Apr 1843, 11 Apr 1843 p3
BOOTH, Ann Q - 6 Mar 1870; 1 Mar 1870 p3
  Cynthia Ann . 1 Nov 1870; 7 Nov 1870 p2
  George W - 10 Jan 1869; 13 Jan 1869 p2
  Samuel J - 31 Mar 1889; 31 Dec 1889 p2
BOOTHE, Christiana - 2 Mar 1868; 3 Mar 1868 p2
  Cornelia G - 6 Mar 1915; 31 Dec 1915 p2
  Florence A - 5 Apr 1913; 31 Dec 1913 p1
  Jennie - 27 Feb 1901; 31 Dec 1901 p1
  Mary G - 20 Mar 1914; 31 Dec 1914 p1
  W G - 27 June 1894; 31 Dec 1894 p1

BORROWDALE, John - 22 Mar 1816; 29 Mar 1816 p3
BORROWS, Joseph - nd; 20 Jan 1837 p3
BORST, Addison - 21 Aug 1882; 25 Aug 1882 p2
BOSHER, Ann H - 3 Nov 1843; 16 Nov 1843 p3
BOSS, Elizabeth F - 30 June 1874; 6 July 1874 p2
BOSSART, Amanda - 25 Jan 1900; 31 Dec 1900 p1
  George - 14 Feb 1906; 31 Dec 1906 p1
  George A - 28 June 1877; 29 June 1877 p3
  Mary A - 25 Dec 1881; 27 Dec 1881 p2
  Mary M - 14 Feb 1904; 31 Dec 1904 p1
  Michael - 9 Sept 1889; 31 Dec 1889 p2
BOSSER, James G - -- Mar 1878; 20 Mar 1878 p2
BOSWELL, Annie - 13 Oct 1885; 31 Dec 1885 p2
  Eliza - 7 May 1894; 31 Dec 1894 p1
  Elkanah - 27 May 1842; 10 June 1842 p3
  James - 10 June 1869; 14 June 1869 p3
  Louis - 18 Sept 1911; 30 Dec 1911 p4
  Martha - 25 Sept 1896; 31 Dec 1896 p1
  Peter Keith - 22 July 1870; 28 July 1870 p3
  Robert - 12 Oct 1894; 31 Dec 1894 p1
  Willis - 2 Jan 1842; 21 Jan 1842 p3
BOSWORTH, Emma - 16 Sept 1869; 25 Sept 1869 p2
  J Theodore - 21 Oct 1853; 18 Nov 1853 p3
  Theodore - nd; 22 Oct 1853 p2
BOTELER, Alexander H - nd; 9 Nov 1840 p3
  John D - 12 Nov 1881; 15 Nov 1881 p2
BOTELEY, Angelica - 24 Sept 1835; 1 Oct 1835 p3
BOTT, E Kane - nd; 28 May 1859 p3
  Mary - 20 Sept 1857; 25 Sept 1857 p3
  William H - 2 Sept 1867; 7 Sept 1867 p2
  Wm H - 7 Oct 1841; 3 Dec 1841 p3
BOUCHER, Elizabeth - nd; 4 Mar 1859 p3
  Mrs - 1784; 14 Oct 1784 p3
BOUGE, Mrs George - 24 Feb 1896; 31 Dec 1896 p1
  Joseph Oliver - 19 May 1843; 26 May 1843 p3
BOUGH, Fannie - 5 Feb 1896; 31 Dec 1896 p1
BOUGHAN, Lt James G - 17 Nov 1832 p3
BOUGHTON, Benjamin - 3 June 1842; 9 June 1842 p3
BOULANGER, Jos. 29 Jul 1862; 22 Aug 1862 p3*
BOULDIN, Judge - 11 Feb 1834; 12 Feb 1834 p3
BOULWARE, Cornelia Elizabeth - 20 June 1860; 25 June 1860 p2
BOUSH, Jane - 11 Feb 1903; 31 Dec 1903 p1

Mary Frances - 19 July 1841; 23 July 1841 p3
Nathaniel - 15 Feb 1873; 15 Feb 1873 p2
Nathaniel - 4 Nov 1910; 31 Dec 1910 p1
Capt Samuel C - 14 Aug 1837; 22 Aug 1837 p3
BOUTLER, Henry - nd; 29 Aug 1836 p3
BOWDEN, Lemuel J - 2 Jan 1864; 4 Jan 1864 p1
BOWEN, Burkett - 28 Mar 1852; 14 Apr 1852 p3
  Mrs E S - 16 Mar 1881; 1 Apr 1881 p2
  Eward G - nd; 9 Mar 1840 p3
  James - 26 Aug 1838; 28 Aug 1838 p3
  James - 14 Aug 1853; 18 Aug 1853 p3
  Lizzie - 10 Feb 1860; 18 Feb 1860 p3
  Lydia - 19 Apr 1841; 29 Apr 1841 p3
  Mary - 24 Sept 1843; 2 Oct 1843 p3
  Mary S Briarly - 30 Apr 1843; 22 May 1843 p3
  Dr Peter B - 18 June 1860; 3 July 1860 p3
  Peter V - 18 June 1860; 25 June 1860 p2
  Capt S P - 9 Sept 1867; 14 Sept 1867 p2
  Sarah - nd; 12 Nov 1849 p3
  William A - 2 Feb 1866; 21 Feb 1866 p3
  Wm Ward - 24 Oct 1839; 24 Oct 1839 p3
BOWERS, C Samuel - 6 Aug 1873; 9 Aug 1873 p3 & 14 Aug 1873 p2
  Lucretia - 15 June 1832; 16 June 1832 p3
  N J - nd; 12 Dec 1851 p2
  Mrs. Willie Ellen - 30 Oct 1881; 31 Oct 1881 p2
BOWIE, Allen Thomas - 25 June 1860; 30 June 1860 p3
  Colen - 5 July 1865; 22 July 1865 p2
  Eliza L - nd; 29 Jan 1836 p3
  H C - 14 Apr 1889; 31 Dec 1889 p2
  James T - nd; 10 Aug 1871 p2
  Jno - 3 Jan 1871; 12 Jan 1871 p2
  Lena - 7 Apr 1898; 31 Dec 1898 p1
  Littleton Young - 22 July 1829; 23 July 1829 p3
  Louise - 6 Apr 1897; 31 Dec 1897 p1
  Margaret C - 22 July 1840; 8 Aug 1840 p3
  Mary W - 8 Apr 1862; 20 May 1862 p3*
  Mrs Molly - 22 Mar 1861; 25 Mar 1861 p3
  Mrs - 14 Feb 1871; 16 Feb 1871 p2
  Reuben S - 15 Jan 1870; 17 Jan 1870 p3
  Richard C - nd; 6 Sept 1847 p3
  Robert - 17 Jan 1860; 27 Jan 1860 p3
  Thomas - nd; 1 Feb 1823 np
  W L H - nd; 7 May 1853 p3
BOWLER, Mary E - 4 Dec 1873; 11 Dec 1873 p2
  Sarah Jane - 20 Sept 1867; 20 Sept 1867 p2
  Thomas - 1887; 7 May 1887 p2
  W W - 15 Feb 1873; 1 Mar 1873 p3
BOWLES, Lottie - 28 June 1904; 31 Dec 1904 p1

BOWLING, Aloysus - 3 Jan 1850; 12 Jan
  1850 p3
  Clementina - 25 Jan 1861; 28 Jan 1861 p3
  Joseph Henry - -- July 1876; 27 July 1876 p2
  Mary Rose - -- Oct 1878; 27 July 1878 p3
  Richard H - 25 Oct 1862; 28 Oct 1862 p3*
BOWMAN, Mary Ellen - 3 Sept 1860; 10 Sept
  1860 p3
BOWYER, Charlotte Augusta nd, 7 June 1953 p3
BOYCE, Mary E - 2 Aug 1906; 31 Dec 1906 p1
BOYD, Rev A H H - 1865; 26 Dec 1865 p1
  Archibald - 22 Oct 1821; 5 Nov 1921 p3
  Carrie A - 30 Oct 1858; 13 Nov 1858 p3
  Conrad Hogmire - 12 Mar 1861; 14 Mar 1861 p3
  Delia - 5 Oct 1915; 31 Dec 1915 p2
  Elisha - 24 Oct 1841; 3 Nov 1841 p3
  Hannah C - 6 June 1905; 30 Dec 1905 p1
  Col John - nd; 29 Oct 1833 p3
  John T - 9 Aug 1909; 31 Dec 1909 p1
  John T Jr - 29 June 1904; 31 Dec 1904 p1
  Lemuel W - 16 Jan 1864; 19 Jan 1864 p4
  Lillie - 18 Dec 1896; 31 Dec 1896 p1
  Thomas - nd; 22 Feb 1855 p3
  Wm - nd; 31 Oct 1839 p3
BOYDE, Elizabeth - 13 Feb 1860; 14 Feb
  1860 p2
BOYER, Collosse - nd; 13 Jan 1849 p3
  Frances E - 1 Sept 1855; 6 Sept 1855 p3
  Henry - 7 Mar 1799; nd np (See: Alexandria -
    Churches - Christ Church)
  John - nd; 30 Jan 1863 p3
  John - 18 Nov 1865; 18 Nov 1865 p2
  John T - 8 Feb 1891; 31 Dec 1891 p1
  John T - 17 Dec 1896; 31 Dec 1896 p1
  Joseph - 3 Feb 1841; 4 Feb 1841 p3
  Mary - nd; 2 July 1852 p2
  Siloam - 15 June 1853; 16 June 1853 p3
  Sinorah - 12 Nov 1851; 17 Nov 1851 p2
  Susan - 9 Jan 1866; 10 Jan 1866 p2
  Victoria T- 5 Nov 1889; 31 Dec 1889 p2
  Virgil H -23 Feb 1901; 31 Dec 1901 p1
BOYLE, Frances R - 12 Aug 1869; 16 Aug
  1869 p2
  Hugh - 30 Aug 1834; 3 Sept 1834 p3
  John - 28 Jan 1834; 17 Feb 1834 p3
  John - nd; 26 Jan 1849 p3
  Junius J - -- Nov 1870; 14 Nov 1870 p2
  Thomas J - 31 Jan 1854; 4 Feb 1854 p3
  Zaidee - 10 Feb 1881; 10 Feb 1881 p2
BOZELL, Richard - nd; 4 Feb 1861 p3
  Richard - nd; 11 Feb 1861 p3
BRACKETT, Abby Anna - nd; 28 Jan 1854 p3

  Elizabeth B - 24 Jan 1854; 28 Jan 1854 p3
BRADBURY, Virgie - 21 July 1875; 24 July
  1875 p2
BRADDOCK, Joseph - 29 Sept 1843; 19 Oct
  1843 p3
  Margaret - 15 Sept 1813; 16 Sept 1813 p3
  Robert - 14 Dec 1812; 16 De c 1812 p3
BRADEN, John - nd; 6 Dec 1847 p3
  Mary Ann - 17 Jan 1866; 21 Feb 1866 p3
  Dr Robert - nd; 26 June 1833 p3
  Wm Fenton - 1 June 1832; 19 June 1832 p3
BRADFIELD, C H - 14 Oct 1886; 31 Dec
  1886 p3
  Lewis Klein - 26 July 1860; 18 Aug 1860 p2
  Matilda Ellan. - 7 Feb 1861; 1 Mar 1861 p3
BRADFORD, Alden - 26 Oct 1843; 1 Nov
  1843 p3
  Capt Baldwin - nd; 21 Oct 1848 p3
  Caroline - 2 June 1842; 10 June 1841 p3
  Catharine - 14 Oct 1827; 15 Oct 1827 p3
  Catharine - 11 Oct 1851; 22 Oct 1851 p2
  Charles - 3 Apr 1851; 4 Apr 1851 p2
  Mrs E W - 25 Apr 1863; 21 Apr 1863 p3
  Emily - 16 Mar 1871; 20 Mar 1871 p2
  Emily Elizabeth - 10 July 1834; 21 July 1834 p3
  Henry - - June 1784; 10 June 1784 p3
BRADLEY, Abraham - nd; 10 May 1838 p3
  Alexander - 28 Nov 1862; 2 Dec 1862 p1*
  Andrew - 17 Sept 1914; 31 Dec 1914 p1
  Ann Eliza - 22 Jan 1910; 31 Dec 1910 p1
  C C - 26 Apr 1900; 31 Dec 1900 p1
  Catherin - 25 Jun 1851; 30 June 1851 p2
  Charles W - 25 Mar 1835; 26 Mar 1835 p3
  David - 1 Aug 1884; 31 Dec 1884 p3
  Harrison - 21 Mar 1872; 21 Mar 1872 p2 &
    23 Mar 1872 p3
  James Sr - 14 Aug 1881; 15 Aug 1881 p2
  James - 2 June 1901; 31 Dec 1901 p1 & 3 June
    1901 p3
  James H - 25 Jan 1884; 31 Dec 1884 p3
  James M - 23 Jan 1874; 24 Jan 1874 p2
  John H - 21 Apr 1868; 22 Apr 1868 p2
  Mary - 21 Mar 1877; 23 Mar 1877 p2
  Mary G - 11 Oct 1830; 12 Oct 1830 p3
  Susan Amelia - 19 Dec 1826; 20 Dec 1826 p3
BRADSHAW, Ellen B - 10 Aug 1892; 31 Dec
  1892 p2
  H K - 2 Mar 1894; 31 Dec 1894 p1
  Haberson - 30 Mar 1843; 10 Apr 1843 p3
  Lewis N - 16 Aug 1860; 30 Aug 1860 p3
  Walter R - 13 Jan 1868; 18 Jan 1868 p3
BRADT, Jane E - 18 Jan 1908; 31 Dec 1908 p1

BRADY, Benjamin - 14 Jan 1814; 15 Jan 1814 p3
  Mrs Sarah - 17 Nov 1862; 20 Nov 1862 p3*
  Susan A - 12 Jan 1915; 31 Dec 1915 p2
BRAGER, Charles - 8 Oct 1897; 31 Dec 1897 p1
  Isabella - 8 Mar 1906; 31 Dec 1906 p1
  Joseph - 12 Sept 1886; 31 Dec 1886 p3
BRAGG, Ann - 8 Jan 1873; 13 Jan 1873 p3
BRAHAM, Hannah Isabella - 10 July 1857;
  14 July 1857 p2
BRAMBLER, Miles - 6 Mar 1875; 13 Mar
  1875 p2
BRAMEL, John - 17 Nov 1911; 30 Dec 1911 p4
BRANCH, David H - 19 July 1866; 22 July
  1866 p2
BRANDERS, John - 26 Aug 1890; 31 Dec
  1890 p1
BRANDT, Bettie - 14 Jan 1860; 17 Jan 1860 p3
  Caroline - 19 May 1879; 20 May 1879 p2
  Catherine - 11 Jan 1815; 14 Jan 1815 p3
  Jane V F - 9 Sep 1865; 23 Sep 1865
  Richard B - 10 Feb 1815; 14 Feb 1815 p3
  Richard H - 25 Nov 1831; 29 Nov 1831 p3
BRANNON, James - 7 Sep 1885; 31 Dec 1885 p2
BRANSON, Solomon R - 21 Apr 1872; 26 Apr
  1872 p2
BRASHEAR, Dennis F - 8 Apr 1881; 8 Apr
  1881 p2
  Wm C - nd; 2 Nov 1849 p2
BRASHEARS, Truman - 19 Dec 1819; 4 Jul
  1820 p3
BRAWNER, Amanda D - 15 Sep 1874; 18 Sep
  1874 p3
  Basil - 7 Mar 1837; 9 Mar 1837 p3
  Basil - 14 May 1893; 30 Dec 1893 p2
  Charles P - 27 Aug 1905; 30 Dec 1905 p1
  George W - 18 May 1868; 18 May 1868 p3
  Henry - 9 Aug 1838; 13 Aug 1838 p3
  Henry - 29 Dec 1842; 19 Jan 1843 p3
  Henry G - 22 Sept 1843; 30 Sept 1843 p3
  Henry Middleton - 16 Oct 1836; 26 Oct 1836 p3
  Ida V - 8 Feb 1911; 30 Dec 1911 p4
  James - 18 May 1874; 18 May 1874 p2
  James Thadeus - 8 Oct 1853; 22 Oct 1853 p3
  John P - 9 Feb 1903; 31 Dec 1903 p1
  Lillie - 9 Apr 1902; 31 Dec 1902 p1
  Mrs M H - 26 Dec 1865; 26 Dec 1865 p3
  Maria D - 11 June 1914; 31 Dec 1914 p1
  Mary - 13 Feb 1902; 31 Dec 1902 p1
  Mary E F - 18 Jun 1837; 29 Jun 1837 p3
  Mary Jane - 16 Sep 1851; 25 Sep 1851 p3
  May Julia - 11 Dec 1876; 14 Dec 1876 p2
  Sarah E - 27 July 1877; 27 July 1877 p3

W H - 7 May 1902; 31 Dec 1902 p1
William L - 4 Aug 1881; 9 Aug 1881 p2
Willie Strother - 2 Aug 1878; 5 Aug 1878 p2
BRAXTON, Betty Harrison - 22 Mar 1861; 4 Apr
  1861 p3
  Elizabeth - nd; 15 Dec 1847 p3
  Louisa M - 3 Apr 1855; 6 Apr 1855 p3
  Mary A - 7 Apr 1860; 11 May 1860 p2
  Wm F - nd; 16 Nov 1840 p3
BRAY, Geo W - 23 Nov 1862; 25 Nov 1862 p3*
  Lewis - 2 Aug 1875; 9 Aug 1875 p2
BREATHITT, John - nd; 7 Mar 1834 p3
BRECKENRIDGE, John - 2 May 1841; 8 May
  1841 p3
  M - 16 Aug 1838; 16 Aug 1838 p3
BREEDEN, Enoch - 28 Aug 1841; 30 Sept
  1841 p3
BREEDIN, Lucy P - 18 Dec 1860; 24 Dec
  1860 p2
BREEN, James - 29 Jan 1906; 31 Dec 1906 p1 &
  30 Jan 1906 p3
  Joseph - 29 May 1886; 31 Dec 1886 p3
  Joseph - 29 Mar 1906; 31 Dec 1906 p1
  Margaret - 26 Mar 1888; 27 Mar 1888 p 3 &
  31 Dec 1888 p1
  Margaret - 16 Sept 1902; 17 Sept 1902 p2 &
  31 Dec 1902 p1
  Michael - 14 Aug 1889; 31 Dec 1889 p2
  Patrick - 17 Apr 1890; 17 Apr 1890 p3 &
  18 Apr 1890 p2 & 31 Dec 1890 p1
BREERWOOD, Thomas Henry - 31 Dec 1887;
  31 Dec 1887 p2
BRENGLE, Amanda - 23 Sept 1855; 19 Oct
  1855 p3
  Christopher - 15 Oct 1873; 16 Oct 1873 p2
  Emma J - 3 Nov 1862; 4 Nov 1862 p3*
  Francis - 10 Dec 1846; 15 Dec 1846 p2
  Henry - 9 Jan 1908; 31 Dec 1908 p1
  Minnie - 30 Aug 1894; 31 Dec 1894 p1
  Virginia - 22 Sept 1906; 31 Dec 1906 p1
BRENNER, Fannie C - 12 July 1873; 17 July
  1873 p2
  Mrs John - 28 Dec 1904; 31 Dec 1904 p1
  Joseph - 11 Oct 1857; 17 Oct 1857 p2
  Lillian - 22 Feb 1881; 17 Mar 1881 p2
  Mabel - 5 Aug 1906; 31 Dec 1906 p1
  Peter - 27 Jul 1892; 31 Dec 1892 p2
  Sarah E - 3 Apr 1912; 31 Dec 1912 p1
  Willie A - 23 Mar 1876; 25 Mar 1876 p2
BRENNOR, Nannie - 12 Feb 1899; 30 Dec
  1899 p1
BRENT, Andrew - 25 Dec 1900; 31 Dec 1900 p1

BRENT, Ann Fenton - 25 Apr 1803; 29 Apr 1803 np
 Anna d/o J Magill - 11 Nov 1862; 12 Nov 1862 p1*
 C Neale - nd; 2 Aug 1853 p3
 C Neale - 22 June 1853; 18 Aug 1853 p3
 Catharine - 31 Aug 1877; 6 Sept 1877 p3
 Columbia Virginia - nd; 6 Sept 1825 p3
 Cornelia - nd; 24 Nov 1848 p3
 Daniel - 31 Jan 1841; 27 Feb 1841 p3
 Daniel Carroll - 20 Jan 1815; 24 Jan 1815 p3
 Eleanor M - 4 Sept 1834; 12 Sept 1834 p3
 Elizabeth - 29 Mar 1863; 30 Mar 1863 p3
 Elizabeth - 19 Jan 1874; 20 Jan 1874 p2
 Emily C - nd; 13 Apr 1838 p3
 George - nd; 28 Aug 1838 p3
 George - 7 Apr 1845; 8 Apr 1845 p3
 George - nd; obituary 10 Apr 1845 p3
 George Lee - 4 May 1877; 17 May 1877 p3
 George William - 2 Jan 1872; 3 Jan 1872 p2, p3 & 4 Jan 1872 p2 & p3
 Heath J - 1865; 24 Oct 1865 p2 & 25 Oct 1865 p2
 Heath John - 25 Mar 1865; 10 Apr 1865 p3
 Henry - nd; 5 Feb 1846 p3
 Jennie - 27 Nov 1898; 31 Dec 1898 p1
 Jesse Innis - 6 Apr 1835; 7 Apr 1835 p3
 John - 22 Nov 1899; 30 Dec 1899 p1
 John Heath - 20 Aug 1882; 21 Aug 1882 p2
 Lavina T - 12 Feb 1870; 14 Feb 1870 p2
 Lucy Goode - 22 Feb 1881; 23 Feb 1881 p2
 Lucy P - 15 July 1898; 31 Dec 1898 p1
 Mary Clair - nd; 3 Oct 1849 p2
 Mary Louise - 8 Aug 1885; 31 Dec 1885 p2
 Matilda - 6 Nov 1835; 30 Nov 1835 p3
 Nanniel L - 26 Jan 1868; 1 Feb 1868 p3
 Richard - 2 Jan 1815; 3 Jan 1815 p3
 Robert Carroll - nd; 27 May 1837 p3
 Thomas G - 16 Mar 1896; 31 Dec 1896 p1
 Virginia - nd; 2 May 1852 p2
 Virginius King - 2 May 1871; 2 May 1871 p3
 William C - 13 Sept 1860; 15 Sept 1860 p2
 William G - 7 Nov 1912; 31 Dec 1912 p1
 Winifred - nd; 8 Oct 1833 p3
 Wm L - 31 Dec 1835; 5 Jan 1836 p3
 Wm Thomas - 7 Aug 1859; 12 Aug 1859 p3
BRERETON, Samuel - nd; 18 Mar 1854 p2
BRETT, John - 5 Jan 1815; 28 Jan 1815 p3
 Sarah - nd; 14 Apr 1852 p3
BREWER, Henry - 20 Jan 1860; 30 Jan 1860 p2
 Joseph - 17 Apr 1837; 24 Apr 1837 p3

BREWIS, Thomas Anthony - 27 Apr 1870; 28 Apr 1870 p3
BRIGGS, C Cullin - 1 Aug 1874; 17 Aug 1874 p2
 David - nd; 15 Nov 1836 p3
 Louis Mark - 3 Dec 1873; 10 Dec 1873 p2
 Virginia - 16 Apr 1908; 31 Dec 1908 p1
BRIGHT, John - 16 Jan 1868; 17 Feb 1868 p2
 John - 16 Feb 1868; 17 Mar 1868 p2
 John - 7 Feb 1913; 7 Feb 1913 p1 & 31 Dec 1913 p1
 Lawrence - 25 July 1911; 30 Dec 1911 p4
 Sarah - 23 Mar 1894; 31 Dec 1894 p1
 Thomas J - nd; 3 Feb 1846 p3
 William - 6 Nov 1885; 31 Dec 1885 p2
 William - 13 May 1914; 31 Dec 1914 p1
BRILL, Charles - nd; 30 June 1854 p3
 Elizabeth - 24 Nov 1886; 31 Dec 1886 p3
 Gertrude Blanch - 28 Oct 1865; 11 Nov 1865 p2
 Lizzie Virginia - 22 Dec 1874; 22 Dec 1874 p3
 Louis - 10 June 1890; 31 Dec 1890 p1
 Louis - 23 Feb 1911; 30 Dec 1911 p4
 Louisa Beauregard - 12 Dec 1862; 12 Dec 1862 p3*
 Susan - 7 Mar 1867; 8 Mar 1867 p2
 Willie W - 19 July 1877; 19 July 1877 p2
BRINTNALL, Sylvia - 1 Feb 1860; 3 Feb 1860 p2
BRISBANE, William - 30 Aug 1860; 6 Sept 1860 p3
BRISCOE, Charles - 17 Sept 1886; 31 Dec 1886 p3
 Charles Benham - 13 July 1841; 14 July 1841 p3
 Charles L - nd; 24 Oct 1863 p2
 Edward - 3 May 1860; 19 May 1860 p2
 George - 20 July 1837; 27 July 1837 p3
 Gerrard - nd; 27 Apr 1848 p2
 Gustavus Brown - 24 June 1860; 6 July 1860 p3
 Henry R - 21 Apr 1868; 1 May 1868 p3
 J P - 4 Oct 1898; 31 Dec 1898 p1
 Jane Slacum - 21 Mar 1874; 4 May 1874 p2
 Mary - 3 Jan 1843; 13 Jan 1843 p3
 Richard - 6 Jan 1843; 13 Jan 1843 p3
 Richard - 6 Jan 1896; 31 Dec 1896 p1
 Richard - 24 Feb 1902; 31 Dec 1902 p1
 Samuel W - 26 Oct 1866; 5 Nov 1866 p2
 Sarah - nd; 13 Sept 1871 p2
 Theodore H - 8 Apr 1861; 11 Apr 1861 p2
 Thomas - 16 July 1897; 31 Dec 1897 p1
 Dr William - nd; 16 Dec 1871 p2
BRISSEY, Walter - 17 Dec 1893; 30 Dec 1893 p2
BRITT, Ann - 13 Jan 1857; 19 Jan 1857 p2

BRITTON, Jesse - 18 Nov 1857; 19 Nov 1857 p3
Julia A - 26 July 1877; 30 July 1877 p2
BROADDUS, Rev Andrew - 3 Mar 1868; 7 Mar 1868 p2
John F - -- Feb 1887; 9 Feb 1887 p2
Rev Dr William - 8 Sept 1876; 11 Sept 1876 p2
BROADERS, John James - 31 Aug 1857; 4 Sept 1857 p3
BROADUS, Marcia C - 21 Oct 1857; 23 Oct 1857 p3
Mary O - 18 Feb 1908; 31 Dec 1908 p1
Thomas A - 24 Sept 1910; 31 Dec 1901 p1
BROADWATER, Catharine - 23 Oct 1826; 25 Oct 1826 p3
Maj Charles - nd; nd np
BROADWATUS, Charles L - 18 Sept 1841; 20 Sept 1841 p3
BROCCHUS, Rachael - nd; 24 Oct 1837 p3
Thomas - nd; 2 Nov 1833 p3
Thomas W - 4 Sept 1835; 14 Sept 1835 p3
BROCK, Cadwallader W - 18 Jan 1843; 21 Jan 1843 p3
BROCKENBROUGH, Arthur S - nd; 7 May 1832 p3
Frances - 22 Jun 1867; 9 Jul 1867 p3
Lucy - 29 Nov 1857; 11 Dec 1857 p3
BROCKERS, Mary - 27 June 1894; 31 Dec 1894 p1
BROCKETT, Annabella - 20 Oct 1808; 20 Oct 1808 p3
Caroline E - 23 July 1893; 30 Dec 1893 p2
Elizabeth - nd; 23 Sept 1852 p2
F L - 20 May 1891; 31 Dec 1891 p1
George - 22 Jan 1898; 31 Dec 1898 p1
Henry Addison - 9 June 1845; 10 June 1845 p3
Laura V - 20 Feb 1908; 31 Dec 1908 p1
Lizzie - 5 Dec 1877; 6 Dec 1877 p2
Robert - 29 Mar 1829; 31 Mar 1829 p3
Robert - 1867; 24 June 1867 p3
Walter - 24 May 1816; 25 May 1816 p3
Mrs Walter - -- Apr 1834; 2 May 1834 p3
Walter Burnet - 5 July 1889; 31 Dec 1889 p2
Walter Burnett - 9 July 1875; 10 July 1875 p2
BRODBECK, William 27 Nov 1895; 31 Dec 1895 p1
BRODERS, Alfurna A 7 Dec 1885; 31 Dec 1885 p2
Elizabeth - 9 Apr 1872; 9 Apr 1872 p2
John H - 15 Feb 1860; 17 Feb 1860 p3
Joseph - 22 Mar 1900; 31 Dec 1900 p1
Joseph P - 17 Sept 1886; 31 Dec 1886 p3
Mary E - 13 Feb 1883; 31 Dec 1883 p3

23

Willie - 27 Jan 1858; 28 Jan 1858 p3
BRODNAX, Gen William H - -- Oct 1834; 28 Oct 1834 p3
BROGDEN, Amelia - nd, 28 Dec 1853 p3
BROME, John M - 16 Feb 1835; 20 Feb 1835 p3
BROMLEY, Thomas - 1785; 27 Jan 1785 p2
BRONAUGH, Ann - 14 Jan 1834; 15 Jan 1834 p3
Anne - 6 Jan 1868; 7 Feb 1868 p2 & 8 Feb 1868 p2
Cary - nd; 2 Dec 1853 p2
George W - 31 Oct 1857; 9 Nov 1857 p3
Jane H - 28 Mar 1854; 10 Apr 1854 p3
John W - 17 Mar 1834; 25 Mar 1834 p3
Louise Carter - 19 June 1851; 24 June 1851 p2
Margaret - nd; 29 May 1823 np
Dr P H W - 1 Mar 1846; 9 Mar 1846 p3
Robert - nd; 17 Feb 1847 p2
Sallie - 7 Oct 1869; 14 Oct 1869 p2
Sarah B - 4 Mar 1860; 9 Mar 1860 p3
Thomas Jacob - 23 Jan 1826; 26 Jan 1826 p3 & 27 Jan 1826 p3
William J - 2 Apr 1844; 8 Apr 1844 p3
Wm Carr - 12 Aug 1877; 14 Aug 1877 p3
BROOK, Col Edmond - 2 June 1835; 15 June 1835 p3
Sarah Taliaferro - 22 Dec 1832; 27 Dec 1832 p3
BROOKE, Ann - 4 Sept 1851; 9 Sept 1851 p3
Ann Amelia - 31 July 1876; 7 Aug 1876 p2
E Gay - 11 Aug 1903; 31 Dec 1903 p1
Eliza Jordan - 16 July 186; 22 July 1866 p3
Elizabeth - 26 Apr 1841; 2 June 1841 p3
Garriella Brockenborough - 30 May 1874; 2 June 1874 p2
Henrietta Maria - 20 Apr 1860; 25 Apr 1860 p3
James - 18 Feb 1852; 21 Feb 1852 p3
Jane - 18 Jan 1866; 20 Jan 1866 p3
Jane Ann - 5 Aug 1845; 7 Aug 1845 p3
John L - 20 Feb 1869; 27 Feb 1869 p2
John T - 10 Apr 1821; 12 Apr 1821 p3
Louisa Selden - 29 Sept 1866; 6 Oct 1866 p2
Lucy Ann - 17 July 1853; 19 July 1853 p3
Margaret - 8 May 1851; 1 June 1851 p3
Mary Anne E - nd; 19 July 1844 p3
Mary Elizabeth - nd; 4 Sept 1847 p2
Patrick Henry - nd; 2 Dec 1859 p3
Richard - nd; 4 Nov 1844 p3
Robert - nd; 1 June 1851 p3
Robert C - 27 Apr 1866; 7 May 1866 p2
Robert C Jr - nd; 2 Dec 1859 p3
Samuel L - 28 May 1869; 3 June 1869 p3
BROOKES, Daingerfield - 5 June 1901; 31 Dec 1901 p1

BROOKES, Ellen H - 20 Apr 1843; 3 May 1843 p3
  Esther Jane - 4 Feb 1881; 4 Feb 1881 p2
  W H - 24 Aug 1891; 31 Dec 1891 p1
BROOKS, Ann - 4 Dec 1857; 8 Dec 1857 p3
  Eliza - 31 Aug 1857; 11 Sept 1857 p3
  George - 23 July 1896; 31 Dec 1896 p1
  George - 19 Jan 1915; 31 Dec 1915 p2
  George D - 30 June 1913; 31 Dec 1913 p1
  Hallie Fenton - 3 Nov 1866; 10 Nov 1866 p2
  Jacob - 14 sep 1875; 20 Sep 1875 p2
  John - nd; 4 Oct 1847 p3
  John - 1868; 4 May 1868 p2
  John Henry - nd; 23 Mar 1853 p2
  Mary Ann - 8 Jan 1867; 11 Jan 1867 p2
  Rosabel - -- Jun 1874; 4 Jun 1874 np
  Sarah - nd; -- Oct 1851 p2
  Solomon - 4 Aug 1881; 5 Aug 1881 p2
BROOM, Maj Abraham - 21 Feb 1835; 24 Feb 1835 p3
  Charles R - 14 Nov 1840; 18 Nov 1840 p3
BROUGHTON, Mrs Ann - 28 Jan 1864; 3 Feb 1864 p2
  Wm C - 25 Dec 1875; 11 Jan 1875 p2
BROUN, Edwin C - 10 Aug 1839; 20 Aug 1839 p3
  Elizabeth Ellen - 8 Apr 1847; 4 May 1847 p3
BROWERS, Jane Eliza - 15 Feb 1885; 31 Dec 1885 p2
BROWN, A H - 9 Mar 1895; 31 Dec 1895 p1
  Amanda Berkeley - 1 July 1860; 3 Aug 1860 p3
  Angonetta. - 18 Mar 1910; 31 Dec 1910 p1
  Annie Willie - 2 Oct 1886; 31 Dec 1886 p3
  Arthur - 20 Feb 1860; 2 Mar 1860 p3
  B N - 17 Jan 1869; 18 Jan 1869 p3
  Bedford - 13 Sept 1897; 31 Dec 1897 p1
  C G - 5 June 1872; 8 June 1872 p2
  Caroline - 26 Mar 1843; 29 Mar 1843 p3
  Catharine - 19 Aug 1813; 23 Aug 1813 p3
  Catharine - 4 Jan 1859; 7 Jan 1859 p3
  Catharine S - 23 July 1900; 31 Dec 1900 p1
  Charles A - 11 May 1860; 19 May 1860 p2
  Chas H - 24 Nov 1875; 1 Dec 1875 p2
  Reverend Clark - 12 Jan 1916; 22 Feb 1817 p3
  Coleman - nd; 12 Dec 1929 p3
  David - 1966; 27 Jan 1966 p2
  David - 7 Oct 1906; 31 Dec 1906 p1
  David Barclay - nd; 18 May 1833 p3
  David J - 19 Sept 1904; 31 Dec 1904 p1
  Eliza - 25 June 1860; 29 June 1860 p3
  Elizabeth - 15 July 1881; 16 July 1881 p2
  Elizabeth - 6 Oct 1907; 31 Dec 1907 p1
  Ellen Douglas - 4 Nov 1875; 4 Nov 1875 p3 & 19 Nov 1875 p3
  Evans - 13 June 1903; 31 Dec 1903 p1
  Fenton Taliaferro - 19 Oct 1860; 1 Dec 1860 p3
  Frances C - 24 Nov 1843; 28 Nov 1843 p3
  G A - 14 Apr 1838; 1 May 1838 p3
  George E - 9 Mar 1891; 31 Dec 1891 p1
  George F of Pecatone, Westmoreland County - nd; 29 Oct 1860 p3
  George Frederick - 20 Nov 1860; 1 Dec 1860 p3
  George T - 6 Jan 1843; 31 Jan 1843 p3
  George Whitfield - 21 Mar 1834; 24 Mar 1834 p3
  Georgianna - 15 Feb 1901; 31 Dec 1901 p1
  Gilman - 28 May 1893; 30 Dec 1893 p2
  H Clay - 5 May 1868; 23 May 1868 p3
  Henrietta H - 28 Dec 1860; 10 Jan 1861 p3
  Henry C - 5 Aug 1892; 31 Dec 1892 p2
  Isador - 26 Oct 1906; 31 Dec 1906 p1
  Dr J Conway - 2 Nov 1867; 27 Feb 1868 p2
  Jacob - 20 June 1898; 31 Dec 1898 p1
  James - -- Mar 1835; 11 APT 1835 p3
  James - nd; 23 Sept 1858 p3
  James - 26 Mar 1860; 23 Apr 1860 p2
  Jane C - 5 Mar 1874; 17 Mar 1874 p2
  Jannett - 12 Sept 1879; 13 Sept 1879 p2
  Jesse - 7 Apr 1847; 9 Apr 1847 p3
  John - 8 Dec 1866; 8 Dec 1866 p2
  John D - 30 Apr 1830; 8 May 1830 p3
  John H - nd; 12 Apr 1833 p3
  John M - nd; 1 Aug 1859 p3
  John Marshall - nd; 19 May 1838 p3
  John S - 8 Oct 1886; 20 Oct 1866 p2
  John S - 28 July 1886; 31 Dec 1886 p3
  John Thompson - nd; 28 Nov 1836 p3
  John W - -- Jun 1862; 7 Aug 1862 p3*
  John W - 24 Mar 1909; 31 Dec 1909 p1
  Joseph M - 14 Feb 1871; 14 Feb 1871 p2
  Leonard - 11 Jan 1908; 31 Dec 1908 p1
  Mrs Luther - 3 June 1911; 30 Dec 1911 p4
  Maggie - 5 Feb 1900; 31 Dec 1900 p1
  Marshal - 16 Dec 1881; 17 Dec 1881 p2
  Mary - 27 Oct 1812; 11 Nov 1812 p3
  Mary - 6 Mar 1858; 9 Mar 1858 p3
  Mary - 21 Apr 1874; 23 Apr 1874 p3
  Mary A - 24 Aug 1875; 13 Sept 1875 p2
  Mary A R - nd; 23 Aug 1952 p2
  Mary Emily - 1 Sept 1898; 31 Dec 1898 p1
  Mary G - 8 Jan 1854; -- Jan ---- np
  Mrs. Mary Porter - 28 Mar 1862; 17 May 1862 p3*
  Mary Russell - 20 Jul 1860; 11 Aug 1860 p3

BROWN, Matilda - nd; 24 Apr 1854 p3
  Matthew - 30 Dec 1831; 10 Jan 1832 p3
  Minerva - nd; 31 Oct 1846 p2
  Mr - nd; 28 Oct 1784 p3
  Mrs - 23 June 1860; 16 Aug 1860 p2
  Nannie C - nd; 24 Sept 1859 p3
  Nicholas - yesterday morning; 4 Oct 1841 p3
  Dr Richard - 20 Jan 1810; 5 Feb 1810 p3
  Richard T - 28 Dec 1840; 7 Jan 1841 p3
  Richard T - 28 Dec 1840; 18 Jan 1841 p3
  Robert - --- Aug 1805; public notice 25 Sept 1805 p2
  Rosanna - nd; 5 Feb 1853 p3
  Rosanna - 2 Dec 1899; 30 Dec 1899 p1
  Ruth B - 27 Feb 1909; 31 Dec 1909 p1
  Sanford - 10 Mar 1879; 11 Mar 1879 p2
  Sarah - 24 Dec 1842; 2 Jan 1843 p3
  Sarah A - 12 July 1915; 31 Dec 1915 p2
  Sarah J - 24 Dec 1903; 31 Dec 1903 p1
  Sarah M - 13 Mar 1912; 31 Dec 1912 p1
  Sarah R - 28 July 1908; 31 Dec 1908 p1
  Thomas P - 24 Mar 1885; 31 Dec 1885 p2
  William - 10 June 1834; 12 June 1834 p3
  William - 8 Sept 1872; 10 Sept 1872 p2
  William B - 20 Mar 1900; 31 Dec 1900 p1
  Dr William H - 29 Jul 1862; 30 Jul 1862 p3*
  William N - 30 June 1990; 31 Dec 1990 p1
  Maj Windsor - nd; 9 Jun 1785 p3
BROWNE, Charles H - 11 Jul 1857; 14 Jul 1857 p2
  Elizabeth - 15 May 1840; 19 May 1840 p3
  Margaret Emilly - 3 Sep 1857; 11 Sept 1857 p3
  Dr R T - nd; 8 Dec 1859 p3
  Raleigh Travers - 13 Nov 1836; 1 Dec 1836 p3
  Sarah Eveleth - 4 Apr 1860; 7 Apr 1860 p3
  W H - 29 Apr 1873; 5 May 1873 p2
  William B - 18 Aug 1843; 5 Sept 1843 p2
BROWNELL, Lt Frank E - 15 Mar 1894; 16 Mar 1894 p3
BROWNER, Malinda - 8 Mar 1867; 13 Mar 1867 p3
BROWNING, Ellen - 27 Oct 1857; 15 Dec 1857 p3
  John Isaiah - 22 Jan 1873; 13 Feb 1873 p2
  Mary Lewis - 20 Apr 1869; 27 Apr 1869 p2
  Willis - 26 Apr 1875; 3 May 1875 p2
BROWNLEY, Wm - 23 July 1840; 15 Aug 1840 p3
BRUCE, Dorcas - 13 Mar 1867; 23 Mar 1867 p2
  Eliza Edward - 17 Oct 1860; 19 Nov 1860 p3
  Elvira A - nd; 2 Nov 1858 p2
  James - 13 Feb 1873; 25 Feb 1875 p2

  James C - nd; 7 Apr 1865 p3
  Jno H - 1 May 1898; 31 Dec 1898 p1
  Sarah J - 11 Dec 1839; 16 Jan 1839 p3
  Susan E M - 24 Aug 1873; 9 Sept 1873 p2
BRUFF, James Theodore - nd; 29 Mar 1833 p3
BRUFFEY, Martha - 2 Apr 1914; 31 Dec 1914 p1
BRUFFIE, Thomas J - 7 July 1913; 31 Dec 1913 p1
BRUFFY, G W - 10 Aug 1893; 30 Dec 1893 p2
  Jno. E - 3 Sep 1862; 3 Sep 1862 p3*
  Walter L - 7 Nov 1890; 31 Dec 1890 p1
BRUIN, Emma M - 15 Feb 1892; 31 Dec 1892 p1
  Joseph - nd; 7 Oct 1882 p2
  Martha H - 24 Nov 1886; 31 Dec 1886 p3
  Sidney - 7 Feb 1877; 15 Feb 1877 p2
  W E - 20 Oct 1915; 31 Dec 1915 p2
  Willie - 1 Aug 1878; 9 Aug 1878 p2
BRUNDIDGE, Timothy - 15 Sept 1822; 19 Sept 1822 p3
BRUNER, B F - 19 June 1909; 31 Dec 1909 p1
  Robert Imlay Sloan - 8 Mar 1873; 17 Apr 1873 p2
BRUNET, John B - nd; 4 Dec 1829 p3
BRUSH, Mary - 21 Dec 1907; 31 Dec 1907 p1
BRYAM, Thornton - 21 Apr 1860; 26 Apr 1860 p3
BRYAN, Bernard - 8 Apr 1841; 9 Apr 1841 p3
  Caroline P - 20 Apr 1907; 31 Dec 1907 p1
  Charity - nd; 19 Oct 1812 p3
  Daniel - 22 Dec 1866; 1 May 1868 p2
  David B - 24 Dec 1859; 12 Jan 1859 p3
  Edwards - 17 May 1862; 17 May 1862 p3*
  George - 17 Apr 1873; 17 Apr 1873 p2
  George - 28 Feb 1904; 31 Dec 1904 p1
  J R Sr - 13 Sept 1887; 14 Sept 1887 p2
  John - 18 Nov 1842; 20 Feb 1843 p3
  John - nd; 27 Sept 1854 p3
  John C - 18 May 1860; 24 May 1860 p2
  Mary Eleanor - 25 Oct 1837; 14 Nov 1837 p3
  Richard - 30 June 1853; 8 July 1853 p2
  Mrs William A - nd; 15 Dec 1871 p3
BRYANT, Agnes - 9 May 1875; 14 May 1875 p2
  Augustus - 5 Sept 1885; 31 Dec 1885 p2
  Emma - 20 Dec 1874; 21 Dec 1874 p2
  George W - 1 July 1860; 7 July 1860 p2
  Harriet A B - 11 Oct 1855; 12 Oct 1855 p3
  Herbert - 11 Apr 1914; 31 Dec 1914 p1
  Pauline - 28 Dec 1875; 31 Dec 1875 p2
  Roth C - 25 Oct 1886; 31 Dec 1886 p3
  William - 17 Aug 1911; 30 Dec 1911 p4
BRYARLY, James - 11 Aug 1860; 18 Aug 1860 p2

BRYARLY, Richard - 1887; 30 Nov 1887 p2
BRYCE, John - nd; 13 July 1786 p2
  Rebecca - 11 Oct 1784; 14 Oct 1784 p3
  Roxey Ann - 10 Oct 1871; 23 Oct 1871 p3
BUCHANAN, Amanda M - 6 Oct 1840; 24 Oct 1840 p3
  Edward Robert - 1864; 27 Nov 1865 p3
  Eleanor w/o B Hooe - 14 Jun 1862; 13 Jul 1862 p3*
  J M - 10 Nov 1905; 30 Dec 1905 p1
  James - 2 Feb 1860; 16 Apr 1860 p3
  John - nd; 18 June 1830 p3
  Richard - --- Jan 1871; 12 Jan 1871 p2
  Thomas - 21 Sept 1896; 31 Dec 1896 p1
  William - 2 Apr 1882; 7 Apr 1882 p2
  Wm - 11 Mar 1842; 17 Mar 1842 p3
BUCHLY, Dudolph - 8 Feb 1875; 9 Feb 1875 p2
BUCK, Orville M - 31 Aug 1877; 1 Oct 1877 p2
  Thomas William - 28 Nov 1877; 3 Dec 1877 p3
  William T - 13 Feb 1977; 16 Feb 1877 p2
BUCKINGHAM, Mrs E M - 21 June 1884; 31 Dec 1884 p3
  Mary W - 29 Dec 1885; 31 Dec 1885 p2
  Mrs Sarah E G - 2 Jun 1862; 4 Jun 1862 p3*
  Thomas - 20 May 1884; 31 Dec 1884 p3
BUCKLAND, Ann - 8 Aug 1834; 9 Aug 1834 p3
BUCKLER, Mrs Thomas H S (Fuller) - nd; 8 Jan 1861 p3
BUCKLEY, David - nd; 1 Feb 1872 p2
  George W - 11 Apr 1878; 20 Apr 1878 p3
  James - 10 July 1882; 15 July 1882 p2
  Jane - nd; 31 Mar 1855 p3
  Michael - 3 Apr 1889; 31 Dec 1889 p2
  Patrick - 17 Nov 1912; 31 Dec 1912 p1
  Rebecca - 28 Dec 1903; 31 Dec 1903 p1
  Thomas - 11 May 1913; 31 Dec 1913 p1
  Thomas A - nd; 4 Feb 1964 p1
  Zepheniah - 7 Aug 1875; 14 Aug 1875 p2
BUCKMASTER, Ann Elizabeth - 23 June 1863; 24 June 1863 p3
BUCKNER, Aris - 30 Mar 1847; 27 Apr 1847 p2
  B M - --- Feb ---- ; 9 Feb 1875 p2
  Bernard H - 26 Oct 1860; 6 Nov 1860 p3
  Bernard Pratt - 4 Nov 1851; 3 Dec 1851 p2
  Betty Ann - 20 Apr 1835; 5 May 1835 p3 & 26 May 1835 p3
  Fanny - nd; 21 Oct 1859 p3
  John Thos - 12 Dec 1860; 1 Jan 1861 p3
  Lucy - 6 Feb 1855; 13 Feb 1855 p3
  Susan - --- Apr 1879; 2 Apr 1879 p2
BUDD, Isaac D - 20 Aug 1877; 21 Aug 1877 p3

BUEHLER, Frances Sarah Mahon - 4 Jun 1842; 16 Jun 1842 p3
BUFORD, Capt John - --- June 1874; 10 June 1874 p2
BULGER, Frances - 15 May 1906; 31 Dec 1906 p1
BULL, Anna Margaret - nd; 5 Dec 1853 p3
  J W - 25 Dec 1873; 27 Dec 1873 p2
  Verlinda A - 17 Sept 1909; 31 Dec 1909 p1
BULLEY, Eleanore C - 8 Jan 1860; 10 Jan 1860 p3
BULLITT. Thomas James - nd; 9 Dec 1840 p3
BULLOCK, John - 3 Jan 1876; 4 Jan 1876 p2
  Martha R - 17 Nov 1853; 26 Nov 1853 p3
  Mary Bell - 12 Oct 1877; 13 Oct 1877 p2
BUMGARNER, Jacob Sr - 25 Aug 1857; 16 Sept 1857 p3
BUNNELL, Reuben W - 22 Dec 1860; 27 Dec 1860 p2
BURCH, Benjamin - 5 May 1832; 14 May 1832 p3
  Charles C - 12 Sept 1867; 18 Sept 1867 p2
  Frances Elmira - 25 July 1843; 1 Aug 1843 p3
  Jane Eminer - 19 Oct 1860; 20 Oct 1860 p3
  Mary E - nd; 20 Oct 1855 p3
  William H L - 24 June 1860; 26 June 1860 p2
BURCHELL, Ann - 12 Aug 1860; 27 Aug 1860 p3
  Anna - 23 Aug 1860; 25 Aug 1860 p3
  Edward - 23 Mar 1866; 24 Mar 1866 p3
  John - nd; 16 Dec 1859 p3
  Mary Ann - 18 Oct 1836; 21 Oct 1836 p3
  N W - 28 Jan 1899; 30 Dec 1899 p1
BURDINE, Reuben - 10 Sept 1860; 13 Sept 1860 p3
BURFOOT, Thomas E - 19 Nov 1833; 9 Dec 1833 p2
BURFORD, Hannah - 6 May 1812; 7 May 1812 p3
  William - 13 Jul 1857; 15 Jul 1857 p3
BURGANDINE, L W - 1887; 2 Dec 1887 p2
BURGESS, Pvt - battle on 30 Jun 1862; 8 Jul 1862 p1*
  Mrs E A - 4 Aug 1892; 31 Dec 1892 p2
  Mary P - 16 Feb 1996; 31 Dec 1896 p1
  William F - 30 Sept 1841; 11 Oct 1841 p3
  William H - 26 Dec 1893; 30 Dec 1893 p2
BURGORYE, Alexander - 24 Dec 1895; 31 Dec 1895 p1
  John - 25 Jan 1874; 5 Feb 1874 p2
BURKARDT, Mary Ann - 25 Oct 1870; 27 Oct 1870 p3

27

BURKE, Edmonda - 12 Jan 1915; 31 Dec 1915 p2
  Edmund - 3 Oct 1848; 7 Oct 1848 p3
  Florence Jones - 31 Mar 1860; 7 Apr 1860 p3
  James T - nd; 7 Aug 1855 p3
  John - 16 Feb 1857; 27 Feb 1857 p2
  John W - 8 Nov 1907; 31 Dec 1907 p1
  Jourdan Muse - nd; 8 Apr 1872 p2
  Levi - 17 May 1855; 19 May 1855 p3
  Levi - 1 Feb 1869; 2 Feb 1869 p3 & 25 Feb 1869 p3
  Martha J - 8 Aug 1915; 31 Dec 1915 p2
  Mary - 31 Dec 1866; 8 Feb 1867 p2
  Milly - nd; 28 May 1859 p3
  N P T - 12 Feb 1907; 31 Dec 1907 p1
  Richard S - nd; 26 Apr 1858 p3
  Ric'h S - 20 Mar 1877; 29 Mar 1877 p2
  Silas - nd; 15 Sept 1854 p2 & 16 Sept 1854 p3 & 20 Sept 1854 p3
BURKHOLDER, Martin - 17 Dec 1860; 31 Dec 1860 p3
BURKLEY, Alouies - 12 May 1907; 31 Dec 1907 p1
BURKS, Martin P - 11 Feb 1871; 13 Feb 1871 p2
BURLEY, Catharine - 16 Jan 1900; 31 Dec 1900 p1
  James - 1 Jan 1864; 8 Jan 1864 p2
  William - 20 Aug 1867; 20 Aug 1867 p2
BURNELL, Barker - night before last; 19 June 1843 p3
  Elizabeth A - 23 Feb 1873; 25 Feb 1873 p3
  Jimmie - 31 Aug 1872; 2 Sept 1872 p2
BURNETT, Charles H s/o Charles A, silversmith in Georgetown - nd; 1 Mar 1837 p3
  George - 17 Aug 1900; 31 Dec 1900 p1
  Margaret - 29 July 1911; 30 Dec 1911 p4
BURNLEY, Conway Spilman - nd; 12 Mar 1850 p3
  Mrs Lucy E - 10 Apr 1861; 24 Apr 1861 p3
  Mollie - nd; 25 Feb 1850 p3
BURNS, Agnes - 19 Feb 1840; 9 Mar 1840 p3
  Eliza - 9 Sept 1886; 31 Dec 1886 p3
  Elizabeth - 15 Sept 1886; 31 Dec 1886 p3
  Ellen - nd; 26 Jan 1831 p3
  George - 20 Nov 1862; 22 Nov 1862 p3*
  Isabella - 23 May 1899; 30 Dec 1899 p1
  Margaret - nd; 24 Apr 1847 p3
  Nancy - 28 Sept 1885; 31 Dec 1885 p2
  Theodore - 12 Apr 1870; 13 Apr 1870 p2
  W J - 23 Jan 1871; 23 Jan 1871 p3 & 24 Jan 1871 p2
  William J - 22 Jan 1871; 24 Jan 1871 p2

BURNWELL, Susan R - 24 Dec 1869; 1 Jan 1870 p2
BURR, David H - nd; 4 Aug 1834 p3
  Mary A - 21 Sept 1841; 30 Sept 1841 p3
  P P - 1887; 22 Jan 1887 p2
  Susan C - 1 Aug 1834; 4 Aug 1834 p3
BURRAGE, Edward F - 29 Nov 1872; 29 Nov 1872 p3 & 2 Dec 1872 p3
  Thomas - 8 July 1885; 31 Dec 1885 p2
BURRELL, Julia R - 16 Aug 1884; 31 Dec 1884 p3
BURRESS, Elizabeth - 25 Sept 1870; 30 Sept 1870 p3
BURREUGHS, Erma Ashleigh - 24 Feb 1879; 24 Feb 1879 p2
BURROUGHS, Benton - 26 Apr 1860; 19 May 1860 p2
  Mrs Caroline M - 15 Jun 1862; 19 Jun 1862 p3*
  George - 23 Apr 1860; 19 May 1860 p2
  James - 27 Apr 1860; -- May 1860 p2
  John H - 29 July 1887; 29 July 1887 p2
  Kate - 30 July 1884; 31 Dec 1884 p3
  Major - 25 Jan 1864; 27 Jan 1864 p1
  Marion R - 9 Jan 1899; 30 Dec 1899 p1
  Mary A - 12 Aug 1913; 31 Dec 1913 p1
  Mary Lavina - 4 Feb 1871; 6 Feb 1871 p2
  Mary V - 18 Feb 1890; 31 Dec 1890 p1
  Susan P - 16 July 1847; 19 July 1847 p2
  Thomas F - 12 Mar 1910; 15 Mar 1910 p3 & Tombstone Inscriptions Vol 2
  Violet - 24 May 1905; 30 Dec 1905 p1
  William - 15 Oct 1904; 31 Dec 1904 p1
BURROWS, Edwin R - nd; 11 Jan 1867 p2
BURSON, John W - 19 Aug 1910; 31 Dec 1910 p1
  Mary - 16 Feb 1875; 5 Mar 1875 p2
BURTON, Benjamin - 4 Aug 1814; 6 Aug 1814 p3
  Benjamin M - 24 Jul 1852; 4 Aug 1852 p2
  Charlotte - 13 Nov 1895; 31 Dec 1895 p1
  Curtis - 31 Dec ----; 2 Jan 1872 p3
  Edgar - 17 Sept 1834; 25 Sept 1834 p3
  Isaac - 15 Apr 1843; 22 May 1843 p3
  Isaac - 17 Jan 1890; 31 Dec 1890 p1
  Jane Catharine - 14 Dec 1853; 2 Jan 1854 p3
  Mary - 13 Apr 1843; 22 May 1843 p3
  Nicholas F - 31 Dec 1819; 1 Jan 1820 np
  Robert - 30 Apr 1860; 7 May 1860 p2
  Virginia - 1887; 2 Feb 1887 p2
BURWELL, Elizabeth - 11 June 1850; 24 June 1850 p3
  Lewis - 11 Sept 1838; 18 Sept 1838 p3

BURWELL, Lucy - 18 Nov 1843; 4 Dec 1843 np
  Nathaniel - nd; 8 Nov 1849 p3
  Nathaniel - 21 July 1866; 31 July 1866 p2
  Philip - nd; 14 Feb 1849 p2
  Thomas A - 11 Sept 1841; 1 Oct 1841 p3
  Wm A - 18 Feb 1821; 19 Feb 1821 p2
BURY, James - 4 Feb 1863; 5 Feb 1863 p3
BUSEY, Benj T - 17 Sept 1839; 28 Sept 1839 p3
  Monica - 27 Mar 1843; 29 Apr 1843 p3
BUSH, Mary - nd; 27 July 1855 p3
BUSHBY, Pvt - battle on 30 Jun 1862; 8 Jul 1862 p1*
  Ida Reberta - 12 Aug 1867; 12 Aug 1867 p3
  John Randolph - 5 Dec 1862; 6 Dec 1862 p2*
BUTCHER, Ann - 2 Apr 1826; 3 Apr 1826 p3
  John - 22 Nov 1811; 23 Nov 1811 p3
  Jonathan - 18 Oct 1838; 20 Oct 1838
  Jonathan - 18 Sep 1841; 20 Sep 1841 p3
  Phebe - 27 Feb 1873; 3 Mar 1873 p2
BUTLER, Ann M - 26 Sept 1912; 31 Dec 1912 p1
  Catharine - 15 June 1902; 31 Dec 1902 p1
  Charles - nd; 22 Aug 1836 p3
  Elias Cooper - 11 Mar 1860; 14 Mar 1860 p3
  Elisha J - 3 Jan 1909; 31 Dec 1909 p1
  Elizabeth - 19 Dec 1886; 31 Dec 1886 p3
  Eva S - 30 Jan 1907; 31 Dec 1907 p1
  Frances - 9 Feb 1882; 18 Feb 1882 p2
  Francis Lee (servant at Mt Vernon) - nd; 30 July 1821 p3
  George Henry - nd; 29 Nov 1851 p2
  Harriet - 26 Apr 1858; 31 May 1858 p3
  James - 2 July 1901; 31 Dec 1901 p1
  James T - nd; 14 Apr 1858 p2
  John - 6 Aug 1887; 6 Aug 1887 p2
  John J - 2 Apr 1915; 31 Dec 1915 p2
  Joseph - 15 Feb 1860; 18 Feb 1860 p3
  Mary - 17 Oct 1869; 18 Oct 1869 p3
  Mary F - 11 Oct 1903; 31 Dec 1903 p1
  Mary S - 30 Mar 1911; 30 Dec 1911 p4
  Robert - 6 Mar 1868; 9 Mar 1868 p2
  Robert Q - 3 Apr 1843; 19 Apr 1843 p3
  Sallie - 29 Apr 1914; 31 Dec 1914 p1
  Sarah F - 15 Aug 1851; 30 Aug 1851 p2
  Susan A - nd; 19 June 1848 p3
  Susan M - 25 Oct 1857; 29 Oct 1857 p3
  Susanna - 24 Apr 1886; 31 Dec 1886 p3
  Capt Thomas - 22 May 1862; 22 May 1862 p3*
  William - nd; 2 Dec 1858 p3
  William - 27 Mar 1909; 31 Dec 1909 p1
  Willie - 7 Oct 1865; 13 Oct 1865 p2
BUTT, William P - nd; 9 Nov 1833 p3

BUTTERMAN, Dennis - 21 June 1897; 31 Dec 1897 p1
BUTTON, John - 3 Oct 1857; 14 Oct 1857 p3
BUTTS, Augustus - 9 July 1828; 30 July 1828 p3
  Catharine - 27 July 1821; 28 July 1821 p3
  Elizabeth - 9 June 1833; 14 June 1833 p3
  Frank M - 11 Aug 1910; 31 Dec 1910 p1
  H T- 8 Oct 1910; 31 Dec 1910 p1
  Isabela M - 29 Sept 1906; 31 Dec 1906 p1
  Lewis W - 19 July 1892; 31 Dec 1892 p2
  Margaret E - 2 June 1907; 31 Dec 1907 p1
  Mark - 30 Aug 1843; 31 Aug 1843 p3
  Mark - 5 Jan 1860; 11 Feb 1860 p3
  Mary E - 10 Sept 1899; 30 Dec 1899 p1
  N Augustus - 11 Apr 1909; 31 Dec 1909 p1
  Thomas - nd; 6 Sept 1831 p3
  Wm. S - 22 Nov 1862; 24 Nov 1862 p2*
BUXTON, Gilbert - 18 Mar 1914; 31 Dec 1914 p1
BYARS, James - 14 Apr 1843; 18 Apr 1843 p3
BYERS, Lula - 1 Mar 1904; 31 Dec 1904 p1
  Wayne F - 3 Apr 1913; 31 Dec 1913 p1
BYRD, Ann Harrison - 16 Oct 1841; 23 Oct 1841 p3
  Eliza - 27 Oct 1852; 2 Nov 1852 p2
  Evelyn - --- June 1874; 29 June 1874 p2
  Francis Otway - 2 May 1860; 5 May 1860 p2
BYRNE, Christopher - 21 Feb 1835; 24 Feb 1835 p3
  Eliza Frances - 12 Oct 1850; 15 Oct 1850 p3
  Herbert B - 14 Aug 1882; 14 Aug 1882 p2
  John - 3 Mar 1842; 21 Mar 1842 p3
  John - 14 Dec 1889; 31 Dec 1889 p2
  John S - 29 Apr 1860; 11 May 1860 p2
  Mary F - 4 July 1853; 19 July 1853 p3
  William - 22 Mar 1861; 29 Mar 1861 p3

CABBERY, Sybilla - nd; 8 Apr 1840 p3
CABELL, Cornelia - 1 Jul 1862; 13 Jul 1862 p3*
  John - 7 Aug 1834; 20 Aug 1834 p3
  Landon - 24 Jan 1834; 27 Jan 1834 p3
  Sallie F - 30 Jan 1901; 31 Dec 1901 p1
CABLE, Gertrude E - 28 July 1870; 28 July 1870 p3
CADE, Ezekiel - 27 Jan 1902; 31 Dec 1902 p1
  Lavinia - 26 Apr 1911; 30 Dec 1911 p4
CADEN, James - 28 June 1860; 30 June 1860 p3
CAIN, Alexander - 12 June 1808; 16 June 1808 p3
CALDER, Eudora A - 15 Nov 1878; 21 Nov 1878 p2 & 27 Nov 1878 p2
  Harriet Jenett - 27 June 1859; 29 June 1859 p3

CALDWELL, Annie - 21 Feb 1905; 30 Dec 1905 p1
Augusta T - 14 Jan 1877; 26 Jan 1877 p2
Billy alias Sau-ca-nash - 28 Sept 1841; 6 Nov 1841 p3
Rev David - nd; 29 Nov 1858 p3
James - nd; 19 Apr 1851 p2
Mary - nd; 17 Nov 1851 p2
Wm P - 30 Aug 1875; 10 Sept 1875 p2
CALHOUN, Barbour - 19 Nov 1848; 28 Nov 1848 p3
Catherine - 18 Nov 1872; 26 Nov 1872 p2
John C - nd; 2 Apr 1850 p3
Margaret - 7 Jun 1881; 7 June 1881 p2
CALLAH, Nicholas - 6 July 1844; 9 July 1844 p3
CALLAHAN, Annie E - 26 Dec 1905; 30 Dec 1905 p1
Aubrey - 26 Apr 1893; 30 Dec 1893 p2
Dolly - 19 Oct 1904; 31 Dec 1904 p1
John T - 20 May 1903; 31 Dec 1903 p1
Marguerite R - 14 Mar 1910; 31 Dec 1910 p1
Sarah M - 9 Dec 1910; 31 Dec 1910 p1
CALLAN, Frederick - 23 Oct 1860; 25 Oct 1860 p3
Harry L - 14 Feb 1864; 17 Feb 1864 p2
Henry - 30 Oct 1898; 31 Dec 1898 p1
Lt Jerome - 29 June 1834; 14 July 1834 p3
Mrs - 14 Jan 1884; 31 Dec 1884 p3
CALLENDER, Catharine - 23 Sept 1838; 27 Sept 1838 p3
Maj John - 2 Oct 1797; 5 Oct 1797 p3
Margaret - 11 Mar 1868; 11 Mar 1868 p3
CALLIS, Eleanor H - 9 Oct 1867; 17 Oct 1867 p2
Otho - 6 June 1831; 17 June 1831 p3
CALLUM, M H - 13 Sept 1867; 21 Sept 1867 p3
CALMES, Henrietta C - 23 Dec 1872; 11 Jan 1873 p3
Joseph - 23 Jan 1873; 24 Jan 1873 p2
Philippina - 3 May 1903; 31 Dec 1903 p1
CALVERT, Caroline - 29 Oct 1872; 31 Oct 1872 p2
Mrs. George - --- Apr 1868; 22 Apr 1868 p2
George W - 24 Jul 1906; 31 Dec 1906 p1
John - 20 Jul 1903; 31 Dec 1903 p1
Halls - nd; 31 July 1849 p3
Sarah A - 22 July 1904; 31 Dec 1904 p1
Washington Custis - nd; 16 an 1868 p2
CALVIN, George W - 20 Oct 1862; 22 Oct 1862 p3*
CALWELL, Alfred - nd; 22 Feb 1839 p3
Columbia - 17 Sept 1851; 25 Sept 1851 p3
John Bowyer - 6 May 1875; 19 May 1875 p2
Mary Jane - 28 Feb 1842; 10 Mar 1842 p3
CAMERON, Altona - 25 May 1860; 29 May 1860 p3
Archibald - 5 May 1841; 17 May 1841 p3
CAMM, Dr Edward - 24 Jan 1871; 28 Jan 1871 p2
CAMMACK, Ann - 20 Jan 1860; 1 Feb 1860 p3
CAMMACK, William - 7 Mar 1871; 10 Mar 1871 p3
CAMP, Rachel W - 12 Oct 1877; 15 Oct 1877 p2
CAMPBELL, Carlin F - 31 Jan 1912; 31 Dec 1912 p1
Caroline S - 7 Feb 1831; 8 Feb 1831 p3
Daniel - 28 Aug 1857; 2 Sept 1857 p3
David - 26 Dec 1878; 27 Dec 1878 p2
Elizabeth - 13 May 1839; 21 May 1839 p3
Elizabeth - nd; 8 June 1853 p3
Elizabeth 8 Oct 1857; 12 Oct 1857 p3
Flora B - 11 Jan 1815; 19 Jan 1815 p3
Frances - 24 Oct 1887; 25 Oct 1887 p2
Frank Dame - 22 Nov 1878; 23 Nov 1878 p2
Frank S - 7 Aug 1864; 10 Aug 1864 p2
Geo William - 6 Oct 1849; 11 Oct 1849 p2
George W - nd; 25 May 1843 p2
Dr Gustavus B - 30 Dec 1867; 11 Jan 1868 p2
Hetty - 8 Jan 1834; 9 Jan 1834 p3
Hugh Charles - nd; 31 Aug 1850 p3
James (late of Philadelphia) - 13 Mar 1804; 14 Mar 1804 p3
Capt James - 18 Mar 1821; 20 Mar 1821 p3
John - 22 Feb 1860; 9 Mar 1860 p2
John B - 11 July 1860; 23 July 1860 p3
John Sr - nd; 2 Nov 1865 p1
John Shakes - 4 Oct 1862; 10 Oct 1862 p3*
John W - 5 Apr 1882; 7 Apr 1882 p2
John W - 18 Oct 1911; 30 Dec 1911 p4
Joseph - 14 Aug 1872; 15 Aug 1872 p3
Kennedy - nd; 21 Aug 1855 p3
Laura - 28 June 1858; 1 July 1858 p2
Loudoun - nd; 25 Feb 1837 p3
Loudoun Jr - 12 Sept 1898; 31 Dec 1898 p1
M W - 4 Aug 1882; 7 Aug 1882 p2
Mary A T - 24 Feb 1882; 4 Mar 1882 p2
Mary Ann - nd; 29 Oct 1853 p2
Mrs - 1787; 14 June 1787 p2
Mrs - nd; 12 Oct 1803 p3
Mrs - 22 Mar 1873; 31 Mar 1873 p3
Nancy - 23 Nov 1850; 3 Dec 1850 p3
Samuel E - 17 Feb 1885; 31 Dec 1885 p2
Sarah B - 8 Feb 1841; 15 Feb 1841 p3
Sarah E - 8 Mar 1901; 31 Dec 1901 p1
Virginia - 10 Feb 1905; 30 Dec 1905 p1

CAMPBELL, William - 8 Dec 1857; 16 Dec 1957 p2
William H - 29 June 1898; 31 Dec 1898 p1
CANDLER, Catharine - 10 Jan 1907; 31 Dec 1907 p1
CANNELL, Isaac - 30 Apr 1834; 1 May 1834 p3
CANNON, Mrs Bernard L - 9 Feb 1875; 13 Feb 1875 p2
  Casandra Luvigne - 3 Mar 1868; 5 Mar 1868 p2
  Ira - 4 Jan 1901; 31 Dec 1901 p1
  John B - 12 Feb 1870; 15 Feb 1870 p3
  Newton - nd; 28 Sept 1841 p3
  Penelope - 14 Nov 1841; 29 Nov 1841 p3
CANTER, Marie F - 20 May 1869; 20 May 1869 p2
  Mary E - 7 Oct 1906; 31 Dec 1906 p1
CANVAN, Patrick - 20 Jan 1908; 31 Dec 1908 p1
CAPERTON, Eliza J - 26 May 1873; 27 May 1873 p3
CAPRON, Louisa - 27 Mar 1849; 9 Apr 1849 p3
CARAHER, James - 4 Aug 1867; 5 Aug 1867 p2
CARBERY, Mary H - 8 Nov 1834; 12 Nov 1834 p3
CARDOZA, E S - 1887; 30 Nov 1887 p2
CAREY, Capt - nd; 15 Nov 1838 p3
  Clarence - 5 Sept 1911; 30 Dec 1911 p4
  Cornelius - 20 Apr 1914; 31 Dec 1914 p1
  Matthew - nd; 20 Sept 1839 p3
  Sarah - 19 Jan 1914; 31 Dec 1914 p1
  Wilson M - 9 Jan 1877; 10 Jan 1877 p2
CARLILE, Hannah - 26 Mar 1855; 27 Mar 1855 p3
CARLIN, Catherine - 1 Feb 1861; 6 Feb 1861 p3
  Clarence Wheat - 6 Sept 1852; 10 Sept 1852 p2
  Edwin R - 3 Oct 1885; 31 Dec 1885 p2
  Frances E - 27 Aug 1908; 31 Dec 1908 p1
  G S - 20 Jan 1897; 31 Dec 1897 p1
  George W - 25 Aug 1843; 26 Aug 1843 p3
  James Arthur - 1867; 17 May 1867 p2
  James F - 27 Apr 1882; 28 Apr 1882 p2
  James H - nd; 15 Apr 1845 p2
  Martha J - 3 May 1903; 31 Dec 1903 p1
  Titia - 5 Mar 1866; 6 Mar 1866 p3
  Wallace Marion - 12 June 1860; 14 June 1860 p3
  Wesley - 13 Aug 1875; 14 Aug 1875 p2
  William H - 13 Mar 1870; 14 Mar 1870 p2
  Willie H - 31 Dec 1878; 1 Jan 1879 p2
CARLISLE, Anne Mandeville - 8 Sept 1854; 12 Sept 1854 p3
CARLL, Annie - 15 Dec 1913; 31 Dec 1913 p1
CARLTON, Ambrose - 29 Oct 1878; 30 Oct 1878 p2

Joseph Esq - 11 May 1812; 16 May 1812 p3
CARMIAHAEL, Elizabeth - 30 Dec 1860; 10 Jan 1861 p3
CARMICHAEL, Dr Edward - nd; 28 Apr 1854 p3
  Geo F - 18 Sept 1878; 20 Sept 1878 p2
  George Edward - 16 Nov 1878; 20 Nov 1878 p2
  Madge - 16 Feb 1875; 19 Feb 1875 np
  Mary Carter - 10 Oct 1866; 17 Oct 1866 p2
  Sarah L - 4 Aug 1869; 11 Aug 1869 p2
CARN, John - nd; 26 Jan 1842 p3
CARNDELL, Mary - nd; nd np
CARNE, Cecilia L - 18 Mar 1891; 31 Dec 1891 p1
  Cornelia S - 21 Dec 1912; 31 Dec 1912 p1
  Emma Virginia - 4 Mar 1874; 4 Mar 1874 p3 & 5 Mar 1874 p2
  John Shakes - nd; 20 Dec 1838 p3
  Mary Cecilia - 12 Apr 1863; 13 Apr 1863 p3
  Richard L - 24 Aug 1867; 24 Aug 1867 p3
  Richard L - 18 Feb 1911; 30 Dec 1911 p4
  Richard Libby - 24 June 1872; 24 June 1872 p2
  William F - 20 Dec 1909; 31 Dec 1909 p1
  Wm H - nd; 18 Mar 1836 p3
CAROLIN, Hugh - 26 June 1843; 28 June 1843 p3
CAROTHERS, Rev Andrew G - 20 Oct 1862; 15 Nov 1862 p1*
CARPENTER, Mathew - nd; 14 Mar 1837 p3
CARPER, Georgia - 25 June 1869; 18 Sept 1869 p2
  Martha - 17 Mar 1876; 25 Mar 1876 p2
CARR, Alice - 7 Feb 1910; 31 Dec 1910 p1
  Chloe Lee - 13 Apr 1838; 17 Apr 1838 p3
  Cornelia - 17 Apr 1839; 23 Apr 1839 p3
  Ellen C - 24 Feb 1861; 2 Mar 1861 p3
  James L - 2 Feb 1875; 8 Feb 1875 p2
  James W - 4 May 1908; 31 Dec 1908 p1
  John A - 3 May 1837; 12 May 1837 p3
  Joseph - 21 July 1910; 31 Dec 1910 p1
  Joseph G - 14 Sep 1878; 17 Sep 1878 p2
  Laura E T - 19 Nov 1879; 24 Nov 1979 p2
  Lucinda S - nd; 7 Jan 1850 p3
  Marshall - 15 Apr 1915; 31 Dec 1915 p2
  Mary W - 19 Aug 1853; 5 Sept p3
  Walker Armistead - 14 Jan 1844; 19 Jan 1844 p2
  William - nd; 2 Dec 1790 p3
  William - 3 Oct 1855; 18 Oct 1855 p3
CARRE, Mary Alberta - 6 Aug 1874; 7 Aug 1874 p2
CARRICO, Sarah S - 16 Aug 1908; 31 Dec 1908 p1

CARRINGTON, Col Edward - --- Oct 1809; 16 Nov 1809 p2
Gen Edward C - 7 Mar 1855; 14 Mar 1855 p3
Mattie E - 26 May 1871; 29 May 1871 p2
Richard Adams - 28 June 1869; 28 June 1869 p2
Susan - nd; 11 May 1847 p3
Wm C - nd; 2 Jan 1852 p2
CARROLL, Ann R - nd; 10 Mar 1837 p3
Charles - nd; 29 Nov 1832 p2
Clara - 11 July 1891; 31 Dec 1891 p1
Cora - 10 Apr 1907; 31 Dec 1907 p1
Daniel - nd; 22 Mar 1787 p2
Emeline - 11 Apr 1874; 14 Apr 1874 p2
Francis - 1 Nov 1896; 31 Dec 1896 p1
Dr George A - 22 July 1844; 29 July 1844 p3
George R - 7 Aug 1858; 11 Aug 1858 p3
Jacob - --- Sept 1869; 16 Sept 1869 p3
James Thoms - 10 July 1861; local news 28 Oct 1861 p1
Mary C - 9 Apr 1860; 12 Apr 1860 p3
Michael B - nd; 6 Sept 1851 p3
Owen - 11 May 1875; 13 May 1875 p2 & 14 May 1875 p2
Owen - 26 Dec 1900; 31 Dec 1900 p1
Robert - 22 Oct 1872; 23 Oct 1872 p3 & 2 Nov 1872 p3
Sallie - 7 Dec 1857; 12 Dec 1857 p3
Wm Thomas - 13 July 1863; 14 July 1863 p3
CARRON, Andrew - 24 Jan 1899; 30 Dec 1899 p1
CAMON, Beatty - 24 Oct 1931; 30 Oct 1837 p3
Charles - 21 May 1903; 1 Dec 1903 p1
Elizabeth - 21 Apr 1851; 23 Apr 1851 p2
Elizabeth V - 21 June 1904; 31 Dec 1904 p1
Dr James - nd; 13 Sept 1855 p3
James C - 18 Nov 1860; 23 Nov 1860 p3
Jane - 17 Jan 1828; 18 Jan 1828 p3
John B - 1 Nov 1860; 2 Nov 1860 p3
Joseph C - nd; 30 Sept 1854 p3
Margaret Ann - 12 June 1845; 20 June 1845 p3
Mary E - 10 July 1852; 24 July 1852 p2
Nehemiah - 16 Dec 1860; 9 Jan 1861 p3
Dr Samuel - 25 Jan 1831; 27 Jan 1831 p3
Ursilla - 2 June 1835; 3 June 1835 p3 & 17 June 1835 p3
Wm - 18 Aug 1851; 29 Aug 1851 p2
CARTER, Miss A Grayson - 4 Oct 1867; 19 Oct 1867 p3
Ann B - 7 Mar 1860; 13 Mar 1860 p3
Ann Catharine - 2 Sept 1873; 9 Sept 1873 p2
Annabel - 8 Aug 1860; 15 Aug 1860 p3
Belle - 10 May 1874; 1 June 1874 p3

Bernard M - 3 Mar 1842; 10 Mar 1842 p3
C W - 10 Apr 1904; 31 Dec 1904 p1
Carolina - 25 Sept 1869; 29 Sept 1869 p3
Dr Charles - nd; 27 Sept 1832 p2
Christian A - 17 July 1860; 10 Aug 1860 p3
E L - nd; 18 Jan 1855 p3
Edward - 16 June 1843; 26 June 1843 p3
Ellen - 21 Apr 1860; 24 Apr 1860 p3
George H - nd; 14 July 1852 p2
George W - nd; 17 Mar 1855 p3
Gracie Bell - 22 Oct 1882; 23 Oct 1982 p2
J Lafayette - nd; 24 Jun 1859 p3
Jacob nd; 13 Apr 1844 p3
James C - nd; 1 Nov 1865 p2
James Kemp - 30 Mar 1860; 14 Apr 1860 p3
Jane - 22 Nov 1868; 15 Feb 1869 p2
Jas S - 5 Aug 1882; 15 Aug 1882 p2
Col Jno. F - 19 Sep 1862; 20 Sep 1862 p3*
John - nd; 16 Sept 1833 p3
John - 14 Oct 1841; 25 Oct 1841 p3
John - nd; 24 June 1850 p3
John - 27 Mar 1860; 18 Apr 1860 p2
John - 4 Nov 1873; 6 Nov 1873 p2
John - 24 June 1887; 12 July 1887 p2
John C - 8 Oct 1876; 14 Dec 1876 p2
Jonathan - 12 Sept 1849; 17 Sept 1849 p3
Landon - 20 May 1829; 2 June 1829 p3
Landon - 26 Sept 1847; 1 Oct 1847 p3
Landon - nd; 26 Feb 1850 p2
Landon - nd; 24 Aug 1858 p3
Landon N - 10 Sept 1849; 13 Sept 1849 p3
Lawrence - nd; 4 Mar 1837 p2
Lucy Ball - 18 Nov 1860; 24 Dec 1860 p2
Lucy Lee - 24 Mar 1860; 6 Apr 1860 p3
Luther - 18 July 1910; 31 Dec 1910 p1
Lydia - 5 July 1894; 31 Dec 1894 p1
M T - 22 Nov 1907; 31 Dec 1907 p1
M W - nd; 8 Feb 1849 p2
Madison - 4 Jan 1843; 14 Jan 1843 p3
Main V - 21 Oct 1873; 27 Oct 1873 p2
Maria Champe - 6 Dec 1852; 18 Dec 1852 p3
Martha E - 7 July 1873; 21 July 1873 p2 & 28 July 1873 p2
Mary - 3 Oct 1834; 27 Oct 1834 p3
Mary - 29 July 1835; 14 Aug 1835 p3
Mary - 30 June 1838; 4 July 1838 p3
Mary N - 27 July 1838; 7 Aug 1838 p3
Mary T - 29 June 1849; 16 July 1849 p3
Medora Virginia - 9 Aug 1881; 13 Aug 1881 p2
Mildred - nd; 25 Mar 1854 p3
Mollie - 2 Jan 1875; 7 Jan 1875 p2
Nannie Beale - 27 Nov 1860; 24 Dec 1860 p2

CARTER, Ouder B - 15 Apr 1892; 31 Dec
    1892 p2
  Rebecca S - --- Aug 1874; 7 Aug 1874 p2
  Richardetta - 10 May 1847; 12 May 1847 p2
  Robert A - 10 Sept 1854; 12 Sept 1854 p3
  Spencer - 13 Jan 1825; 22 Jan 1825 p3
  Susan P - 16 Dec 1866; 21 Jan 1867 p2
  Sybil - 22 Aug 1914; 31 Dec 1914 p1
  Thomas N - 18 Apr 1897; 31 Dec 1897 p1
  Thomas Otway - 23 Dec 1858; 27 Jan 1858 p2
  Thomas Otway Byrd - 27 Dec 1840; 12 Jan
    1841 p3
  Thomas T - 6 Sept 1901; 31 Dec 1901 p1
  Wilelmina Langville - 17 Dec 1850; 20 Mar
    1851 p2
  William - 15 July 1907; 31 Dec 1907 p1
  William Champe - 20 June 1834; 30 June 1834
    p3 & 9 July 1834 p3
  Lt Winston - nd; 14 May 1862 p3*
  Winston - --- Jan ----- ; 11 Jan 1875 p2
  Wm - 22 Oct 1838; 29 Oct 1838 p3
  Wm E - --- Oct 1877; 6 Oct 1877
CARTWRIGHT, Elizabeth - nd; 10 Jan 1840 p3
  Jonathan - nd; 15 Nov 1848 p3
CARUSI, Gaetano - 18 June 1843; 20 June
    1843 p3
  Jane Medora - 6 Apr 1867; 17 Apr 1867 p2
CARUTHERS, Franklin - 24 Aug 1840; 3 Sept
    1840 p3
  Sophronia - 17 June 1860; 30 June 1860 p3
CARY, John - 12 Aug 1860; 15 Aug 1860 p3
  Rosamond - 3 July 1882; 6 July 1882 p2
  Samuel - nd; 27 Mar 1861 p3
  Virginia - 2 May 1852; 8 May 1852 p2
CASALL, Frederico - 10 July 1857; 14 July
    1857 p2
CASE, Maude - 18 July 1875; 23 July 1875 p2
CASEY, Lewis - nd; 10 Dec 1859 p3
  Mrs - 1785; 8 Sept 1785 p3
  Patrick - 18 Jan 1865; 20 Jan 1865 p2
  Sarah V - nd; 20 Sept 1854 p3
CASH, Ann - 9 May 1899; 30 Dec 1899 p1
  Charles - 16 Feb 1875; 19 Feb 1875 np
  John A - nd; 21 Feb 1853 p2
  Lucy Y - 7 Apr 1851- 15 Apr 1851 p
  Mr & Mrs - --- Oct 1843; 19 Oct 1843 p3
  Susan J - 4 Feb 1905; 30 Dec 1905 p1
CASKIE, Ellen J - 6 Oct 1870; 12 Oct 1870 p2
CASPER, Elizabeth - nd; 24 Sept 1831 p3
CASS, Mary - 13 Aug 1834; 12 Sept 1834 p3
CASSABONE, Mrs Wm - 25 Nov 1902; 31 Dec
    1902 p1

CASSIDAY, Mary Jane - 11 Aug 1850; 14 Aug
    1850 p3
CASSIN, Joseph - 30 Nov 1826; 4 Jan 1827 p3
  Mary Doloris - 19 Jan 1843; 26 Jan 1843 p3
  Mary Maria Berry - 28 July 1864; 2 Aug 1864 p2
  Mrs Tabitha M - 17 Apr 1861; 19 Apr 1861 p3
CASTLE, Annie Brown - nd; 27 June 1859 p3
  Thomas T - 7 Feb 1861; 5 Mar 1861 p3
CASTLEMAN, George - 3 Aug 1872; 9 Aug
    1872 p3
  Jane - 17 Aug 1860; 20 Aug 1860 p3
  John - 22 July 1840; 15 Aug 1840 p3
  Kate - 18 Jan 1890; 31 Dec 1890 p1
  Margaret Ann Shepherd - 24 Mar 1843; --- Apr
    1843 p2
  Mary - 22 Feb 1860; 3 Mar 1860 p3
  Mary M - 21 Jan 1891; 31 Dec 1891 p1
  William - 10 Apr 1842; 11 Apr 1842 p3
CATHCART, Edward Preble - 14 Feb 1843; 15
    Feb 1843 p3
  Eliza Jane - 19 Aug 1884; 31 Dec 1884 p3
  James - 29 June 1890; 31 Dec 1890 p1
  James Leander - 7 Oct 1843; 10 Oct 1843 p3
  Dr Thomas J - 26 Nov 1860; 28 Nov 1860 p3
CATHERINE, Cecelia - 5 Oct 1865; 7 Oct
    1865 p3
CATLETT, Ann Fairfax - 11 Aug 1809; 11 Aug
    1809 p3
  Charles I - 8 Oct 1845; 10 Oct 1845 p3
  Fairfax - 12 Apr 1843; 8 June 1843 p3
  Margaret M - 15 Nov 1860; 2 Feb 1861 p2
  Mary Patton - nd; 29 Sept 1871 p2
CATON, Annie Coralie - 12 Nov 1879; 13 Nov
    1879 p2 & 15 Nov 1879 p2
  Eva - 2 Feb 1911; 30 Dec 1911 p4
  John R - 16 June 1866; 19 June 1866 p2
  Kate F - nd; 12 Dec 1882 p2
  Margaret B - 23 Mar 1901; 31 Dec 1901 p1
  May Hurst - 23 Mar 1907; 31 Dec 1907 p1
  Patrick - 18 Oct 1881; 18 Oct 1881 p2
  Roberta Estelle - 14 Sept 1873; 15 Sept 1873 p2
  Samuel F - 24 Oct 1862; 27 Oct 1862 p2*
  Samuel F - 11 Aug 1911; 30 Dec 1911 p4
CATOR, Elizabeth P - 3 June 1902; 31 Dec
    1902 p1
CATTS, Annie S - 30 May 1905; 30 Dec 1905 p1
  Elizabeth H - 8 Jan 1881; 10 Jan 1881 p2
  Fannie D - 21 Mar 1883; 31 Dec 1883 p3
  Frances A - 24 July 1909; 31 Dec 1909 p1
  Harry - 16 Sept 1907; 31 Dec 1907 p1
  Henry - 15 July 1863; 15 July 1863 p3
  John E - 21 Oct 1900; 31 Dec 1900 p1

Samuel - 28 July 1863; 29 July 1863 p3
Samuel - 29 Aug 1913; 31 Dec 1913 p1
Samuel H - 18 Oct 1874; 27 Oct 1874 p2
CAUSIN, Hon John M S - 30 Jan 1861; 5 Feb 1861 p2
Nathaniel P - nd; 16 Nov 1849 p3
Nathaniel Pope - 30 June 1860; 3 July 1860 p3
CAVAN, Edward - 10 Mar 1900; 31 Dec 1900 p1
CAVANO, Sophia - 28 Aug 1912; 31 Dec 1912 p1
CAVE, William A - 28 Aug 1888; 31 Dec 1888 p1
CAWOOD, Andrew - 16 Sept 1870; 22 Sept 1870 p2
Betty - 9 Jan 1821; 10 Jan 1821 np
George T - 18 Sept 1857; 29 Sept 1857 p3
James A - 23 Oct 1862; 24 Oct 1862 p3*
John S - nd; 10 June 1848 p3
Joseph - 30 Dec 1891; 31 Dec 1891 p1
Mary - 29 Mar 1888; 31 Dec 1888 p1
Mary J - 6 Sept 1890; 31 Dec 1890 p1
Moses F A - 20 Mar 1853; 23 Mar 1853 p2
Robert - 16 July 1902; 31 Dec 1902 p1
Sally R - 9 Mar 1879; 11 Mar 1879 p2
Thomas - 30 Sept 1887; 3 Oct 1887 p2
William H H - 1 Apr 1904; 31 Dec 1904 p1
CAYNOR, Mrs --- - 18 Jan 1842; 1 Feb 1842 p3
CAYTON, Frank - 2 Apr 1897; 31 Dec 1897 p1
CAZENOVE, A C - 9 Mar 1834; 14 Mar 1834 p3
A C - 3 May 1897; 31 Dec 1897 p1
Ann - 9 July 1843; 11 July 1843 p3
Anne - 25 Jan 1866; 2 Feb 1866 p3
Anthony C - nd; 18 Oct 1852 p2
Frances Eliza - 2 Apr 1847; 8 Apr 1847 p2
Louis A - 7 Mar 1852; 9 Mar 1852 p2
Mary - nd; 2 May 1853 p3
Mary Elizabeth - 14 Nov 1892; 31 Dec 1892 p1
Octavious A - 19 May 1841; 20 May 1841 p3 & 5 June 1841 p3
W G - 8 Aug 1877; 9 Aug 1877 p3 & 10 Aug 1877 p2 & 15 Aug 1877 p2
CECIL, Henry Peters (John Henry Peters) - 5 Aug 1862; 6 Aug 1862 p3*
CHADWELL, Robt B - 28 Aug 1858; 4 Sept 1858 p3
CHAFFEE, Lyman - 23 June 1908; 31 Dec 1908 p1
CHAFFINCH, James W - nd; 28 June 1838 p3
CHALMERS, Algernon C - 28 Mar 1900; 31 Dec 1900 p1
John - 3 June 1833; 7 June 1833 p3

33

CHAMBERLAIN, Ann Cornelia - 31 Jan 1858; 2 Feb 1858 p3
Edward C - 12 Sept 1841; 28 Sept 1841 p3
Ella Jane - 22 Aug 1854; 25 Aug 1854 p3
Jacob - 15 June 1831; 30 June 1831 p3
Lincoln - 20 July 1834; 23 July 1834 p3
Luther - nd; 8 Dec 1828 p3
CHAMBERLAYNE, Edward Pye - 29 Mar 1877; 31 Mar 1877 p2
Lewis - 15 Feb 1867; 18 Feb 1867 p2
CHAMBERS, Jemimah - nd; 10 Oct 1855 p3
Mary Ellen - 16 May 1843; 26 May 1843 p3
William - nd; 1 Feb 1858 p3
CHAMBLIN, Hebe - 7 Jan 1873; 10 Feb 1873 p2
Jane - b 21 Feb 1854; 16 Mar 1854 p3
Joseph M - 11 Sept 1867; 5 Oct 1867 p2
Mary - 14 Sept 1859; 3 Oct 1859 p3
Peyton W - nd; 16 Dec 1859 p3
CHAMPION, Samuel - 24 May 1857; 27 May 1857 p3
CHANCELLOR, Mrs Ann - 31 Dec 1860; 21 Feb 1861 p2
Annie - 12 Nov 1857; 14 Nov 1857 p3
Dr E Livingston - 11 May 1855; 16 May 1855 p3
Elizabeth - nd; 15 Oct 1858 p3
John - 23 Jan 1858; 16 Feb 1858 p3
CHANDLER, Clementina - 11 Oct 1843; 2 Nov 1843 p3
Hannibal - 14 Nov 1865; 5 Feb 1866 p3
Margaret - 1 Apr 1860; 3 Apr 1860 p3
Marie Cooper - 30 Aug 1860; 5 Sept 1860 p3
Mary - 16 Feb 1811; 19 Feb 1811 p2
Mary V - 6 Oct 1865; 13 Oct 1865 p2
CHANEY, James W - 10 July 1876; 12 July 1876 p2
CHANNEY, Julia - 4 May 1901; 31 Dec 1901 p1
CHAPIN, Charles - nd; 15 Oct 1863 p3
Charles Jr - nd; 10 Feb 1853 p3
Guerdon - --- Aug 1875; 25 Aug 1875 p2
Gurdin - 26 June 1811; 27 June 1811 p3
Margaret - nd; 3 Mar 1791 p2 & 31 Mar 1791 p2
Margaret - 22 Nov 1843; 2 Dec 1843 p3
Mrs Mary Ann - 27 May 1872; 31 May 1872 p2
Mary Wize - 5 Jan 1873; 18 Jan 1873 p2
Sadie - 1 July 1877; 10 July 1877 p2
Sarah - nd; 22 July 1854 p3
Stephen - nd; 3 Oct 1845 p2
CHAPMAN, Allan - nd; 4 Oct 1814 p3
Ann - 7 Mar 1842; 22 Mar 1842 p3
Charles T - 25 Oct 1834; 31 Oct 1834 p3
Eleanor Hanson - 20 July 1796; 13 Aug 1796 p3

CHAPMAN, Emily - 3 Mar 1878; 8 Mar 1878 p2
 Frederick - 7 Jan 1842; 10 Jan 1842 p3
 George - 30 Dec 1840; 21 Jan 1841 p3
 George - --- Aug 1877; 16 Aug 1877
 George Henry - 15 May 1848; 19 May 1848 p3
 George P - 12 Oct 1853; 17 Oct 1853 p2
 Henry H - nd; 19 Feb 1833 p3
 James - nd; 3 Sept 1860 p3
 John- 21 Feb 1812; 27 Feb 1812 p3
 John G - nd; 8 Sept 1823 p3
 John S - 4 Dec 1866; 14 Dec 1866 p2
 John S - 10 Sept 1880; 11 Sept 1880 p2
 John Seabury - I Oct 1841; 11 Oct 1841 p3
 Julia G - 26 Dec 1912; 31 Dec 1912 p1
 Katie - 15 Feb 1876; 16 Feb 1876 p2
 Lee - 15 Apr 1887; 23 Apr 1887 p2
 Luckett Mary Elizabeth - 19 Jan 1874; 11 Feb 1874 p2
 Mary Long - 23 Sept 1878; 24 Sept 1878 p2
 Matilda - nd; 19 Feb 1833 p3
 Matilda L A - 25 Mar 1874; 26 Mar 1874 p2
 Nathaniel - nd; 26 Jan 1836 p3
 Pearson - 10 May 1877; 11 May 1877 p2
 Rebecca B - 2 Sept 1870; 4 Oct 1870 p3
 Rebecca Conway - 5 Feb 1861; 9 Feb 1861 p2
 Sallie J - 18 Aug 1867; 28 Aug 1867 p3
 Samuel - 27 Dec 1867; 8 Feb 1868 p2
 Sidney F - 19 Feb 1868; 20 Feb 1868 p2
 Mrs Sigismunda M - 8 June 1870; 18 June 1870 p2
 William Alexander - nd; 17 Oct 1971 p2
CHAPPELL, Jeremiah - 19 Sept 1875; 25 Sept 1875 p2
CHARLES, Annie F - 8 July 1905; 30 Dec 1905 p1
 Henry - 5 June 1892; 31 Dec 1892 p2
CHASE , Dr Edward J - 6 Mar 1871; 6 Mar 1871 p2 & p3
 Eliza - 11 July 1877; 11 July 1877 p2
 George - 13 Jan 1870; 13 Jan 1870 p3
 George E - nd; 13 Apr 1844 p3
 Grace - 2 Nov 1899; 30 Dec 1899 p1
 Samuel - 8 Apr 1841; 12 Apr 1841 p3
CHATHAM, Fanny - nd; 10 Dec 1830 p3
 Henry - 29 Dec 1865; 30 Dec 1865 p2
 James - 8 Apr 1885; 31 Dec 1885 p2
 Martha - 25 Sept 1889 31 Dec 1889 p2
 Sarah - nd; 1 Jan 1851 p3
 William - 21 Aug 1860; 22 Aug 1860 p3
CHAUNCEY, Barbara - 15 Feb 1906; 31 Dec 1906 p1
 Cassie - 23 Oct 1904; 31 Dec 1904 p1

Catharine - 15 Apr 1837; 18 Apr 1837 p3
Catherine - 23 Apr 1913; 31 Dec 1913 p1
Catherine P - 4 Apr 1861; 5 Apr 1861 p2
Emmett - 10 July 1888; 31 Dec 1888 p1
Helen M - 11 Oct 1893; 30 Dec 1893 p2
Isaac - 27 Jan 1840; 29 Jan 1840 p3
James W - 28 Oct 1911; 30 Dec 1911 p4
John F - 4 Mar 1908; 31 Dec 1908 p1
Joseph - 10 Sept 1902; 31 Dec 1902 p1
Mary C - 26 Apr 1867; 26 Apr 1867 p2
Nettie - 30 Dec 1888; 14 Dec 1888 p1
Oscar F - 23 Mar 1891; 31 Dec 1891 p1
Virginia H - 16 Apr 1915; 31 Dec 1915 p2
William E - 12 Mar 1900; 31 Dec 1900 p1
CHESSER, Ephraim - 17 Feb 1907; 31 Dec 1907 p1
CHESSIR, John r. - 7 Mar 1862; 13 May 1862 p4*
CHEESMAN, Mrs Lewis - 26 Feb 1901; 31 Dec 1901 p1
CHESHIRE - Andrew - 17 Oct 1901; 31 Dec 1901 p1
 Andrew J - 27 Sept 1914; 31 Dec 1914 p1
 Annie S - 20 Feb 1884; 31 Dec 1884 p3
 James B - 24 Apr 1895; 31 Dec 1895 p1
 Margaret - --- Feb 1868; 25 Feb 1868 p3
 Margaret - 11 Oct 1883; 31 Dec 1883 p3
 Mary V - 24 Jan 1899; 30 Dec 1899 p1
 Willard - 21 Nov 1888; 31 Dec 1888 p1
 William H - 14 Dec 1870; 14 Dec 1870 p2
CHESLEY, Nora - 14 Apr 1887; 15 Apr 1887 p2
CHESSER, L F - 2 Mar 1914; 31 Dec 1914 p1
CHESSIRE, Archibald - 3 Apr 1837; 6 Apr 1837 p3
CHESTER, Charles - 4 July 1870; 6 July 1870 p2
CHESTNUT, Col William - 3 Jan 1871; 4 Jan 1871 p2
CHESTON, James - 1 June 1843; 2 June 1843 p2
CHEVALLIE, Mrs A G - 8 June 1870; 5 June 1870 p2
 John Augustus - nd; 14 June 1838 p3
CHEVALLLIE [?], Peter J - nd; 27 Feb 1837 p3
CHEVALLY, Clementine - 22 Mar 1890; 31 Dec 1890 p1
 Samuel - 19 May 1900; 31 Dec 1900 p1
CHEW, Elizabeth F - 23 Feb 1842; 28 Feb 1842 p3
 Elsie F - 8 Jul 1862; 9 Jul 1862 p3*
 George F - 2 May 1866; 5 May 1866 p3
 Henry - 4 Jan 1786; 5 Jan 1786 p3
 Hugh Patton - 30 Jan 1873; 1 Feb 1873 p2
 James E - 7 Aug 1841; 16 Aug 1841 p3
 James J - 1 Oct 1857; 9 Oct 1857 p3

CHAPMAN, John - nd; 1 June 1838 p3
John - nd; 27 Nov 1854 p3
John Walter - nd; 16 Dec 1850 p3
Josiah Sprigg - nd; 23 Oct 1849 p3
Leonard H - nd; 18 May 1855 p3
Margaret - 4 June 1837; 20 June 1837 p3
Mrs Maria - 17 Jul 1862; 24 Jul 1862 p3*
Mary B - 30 Jan 1841; 4 Feb 1841 p3
CHEWING, Joseph - 7 July 1872; 23 July 1872 p3
CHEWNING, R T - 21 Apr-1898; 31 Dec 1898 p1
CHICHESTER, C C - 16 Dec 1902; 31 Dec 1902 p1
Catharine - 11 Feb 1872; 26 Feb 1872 p2
Daniel McCarty - 7 Aug 1820; 9 Aug 1820 p2
Dodridge Pitt - 11 July 1833; 16 July 1833 p3
Eliza - 26 Feb 1858; 5 Mar 1858 p3
Elizabeth Marguerite - nd; 10 July 1840 p3
George - 25 Apr 1874; 4 May 1874 p2
George -19 Nov 1894; 31 Dec 1894 p1
George - 13 Dec 1912; 31 Dec 1912 p1
George D - 13 Aug 1850; 21 Aug 1850 p2
Jane - 23 May 1880; 26 May 1880 p2
Marguerite - 22 Aug 1834; 8 Sept 1834 p3
Mary - nd; 25 Aug 1851 p2
Mary - 31 July 1872; 12 Aug 1872 p2
Mary Estelle - 29 Oct 1890; 31 Dec 1890 p1
Mary R - 19 June 1873; 21 June 1873 p3
Martha B - 1867; 26 Mar 1867 p3
Nannie Lee - 25 Dec 1879; 9 Jan 1880 p2
R Virginia - 16 Apr 1861; 17 Apr 1861. p3
Richard - 17 Apr 1834; 21 Apr 1834 p3
Washington Bowie - 3 Nov 1879; 10 Nov 1879 p3
William Dandridge - 10 Apr 1904; 31 Dec 1904 p1
William H - 16 Oct 1844; 4 Nov 1844 p3
William S - nd; 14 Sept 1847 p3
William V - nd; 3 Sept 1849 p3
CHILDS, Ann - 1 Mar 1869; 5 Apr 1869 p2
Benj A - 13 Feb 1840; 24 Mar 1840 p3
David W - 27 July 1826; 15 Aug 1826 p3
Eben S - 30 Oct 1872; 31 Oct 1872 p3
James H - 19 July 1878; 29 July 1878 p2
Susanna H - 23 Sept 1838; 29 Sept 1838 p3
Thomas Carryton nd; 4 June 1830 p3
Wentworth E - 14 Dec 1860; 17 Dec 1860 p3
Wm - 21 Feb 1859; 26 Feb 1859 p3
CHILTON, Alexander W - 8 Jan 1882; 14 Jan 1882 p3
Charles P - 11 Oct 1869; 16 Oct 1869 p3

John Augustine - 31 Jan 1867; 4 Feb 1867 p2
John Ignatius Massie - 2 July 1873; 7 July 1873 p2
John M - nd; 4 Nov 1859 p3
Joseph - 25 Sept 1841; nd np
Sarah H - nd; 29 May 1838 p3
T Adelaide - 21 Apr 1871; 1 May 1871 p3
William - nd; 21 Oct 1848 p3
CHIN, Joseph W - nd; 24 Dec 1840 p3
CHING, Thomas - 25 Sept 1838; 27 Sept 1838 p3
CHINKSCALES, Samuel P - 2 May 1907; 31 Dec 1907 p1
CHINN, Dora - 25 Dec 1903; 31 Dec 1903 p1
John L - nd; 13 Nov 1854 p3
Mary - 5 July 1866; 11 July 1866 p3
Millian E - 17 Jan 1837; 30 Jan 1837 p3
Mrs Rebecca - 19 Mar 1861; 29 Mar 1861 p3
William - 2 June 1871; 20 June 1871 p2
CHIPLEY, Samuel N - 23 Dec 1887; 24 Dec 1887 p2
Sarah M - 18 July 1870; 19 July 1870 p3
CHITTENDEN, Thomas - 25 Aug 1797; 30 Sept 1797 p3
CHRISMOND, Jane - 31 May 1907; 31 Dec 1907 p1
CHRISTIAN, Mrs E D - -- May 1878; 3 May 1878 p2
Dr Edward - 20 Mar 1860; 29 Mar 1860 p2
Edward D - 10 June 1887; 11 June 1887 p2
Elizabeth Marshall - 25 June 1860; 13 July 1860 p3
Wm Armistead - 29 Sept 1852; 6 Oct 1852 p3
CHRISTY. Ellen - 6 Jan 1911; 30 Dec 1911 p4
CHURCH, Annie M - 18 Feb 1909; 31 Dec 1909 p1
Bertha F - 17 May 1897; 31 Dec 1897 p1
Charles - 14 Nov 1862; 15 Nov 1862 p1*
E - 1 Sept 1889; 31 Dec 1889 p2
Eleanor A - 24 Dec 1864; 17 Jan 1865 p2
William - 5 July 1867; 6 July 1867 p2
CHURCHILL, Gen Sylvester - 7 Dec 1862; 9 Dec 1862 p3*
CHURCHMAN, Frederick - 29 Jan 1821; 30 Jan 1821 p2
John - 9 Apr 1865; 10 Apr 1865 p3
John Benjamin - 27 Oct 1875; 28 Oct 1875 p2
Sarah A - 6 Aug 1889; 31 Dec 1889 p2
CISIL, Eleanor - 9 Mar 1843; 24 Mar 1843 p3
CISSEL, Eliza - 23 June 1860; 27 June 1860 p2
CISSON, Sallie - 29 Oct 1875; 20 Nov 1875 p2
CIVALIER, Myra - 3 May 1906; 31 Dec 1906 p1
CLAFLIN, J H - 27 Feb 1869; 3 Mar 1869 p2

CLAGETT, Ann - 29 Jan 1861; 2 Feb 1861 p2
Ann Louisa - nd; 24 Nov 1819 p2
C B - 28 Aug 1843; 5 Sept 1843 p2
Catharine - 3 Dec 1835; 4 Dec 1835 p3
Catharine - 28 Nov 1863; 8 Dec 1863 p2 & obituary 31 Dec 1863 p3
Christiana H - 23 Jan 1841; 1 Feb 1841 p3
Darious - 1 Oct 1860; 3 Oct 1860 p3
Grace H - 1 May 1860; 11 May 1860 p2
Helen - 29 Apr 1866; 7 May 1866 p2
Henry - 20 May 1842; 23 May 1842 p3 & 27 May 1842 p3
Henry - nd; 18 Aug 1845 p3
Horatio - nd; 16 Feb 1844 p3
Jeanie Mary - 5 Oct 1862; 10 Oct 1862 p3*
John H - 24 Apr 1863; 9 May 1863 p2
John Marshall - 21 Jan 1830; 22 Feb 1830 p3
Laura - 5 Oct 1834; 9 Oct 1834 p3
Mattie C - 13 July 1867; 18 July 1867 p2
Richard C - 23 Sept 1866; 26 Sept 1866 p2
Dr Richard H - 24 Jan 1851; 15 Feb 1851 p3
Thomas C - 4 Mar 1870; 9 Mar 1870 p2
Thomas Hawkins - 25 May 1881; 3 June 1881 p2
Rev Dr Thomas John - 2 Aug 1816; 8 Aug 1816 p3 & 19 Aug 1816 p3
Wm - 23 Mar 1852; 26 Mar 1852 p2
Wm B - 1 Aug 1853; 13 Sept 1853 p3
Wm W - nd; 26 Feb 1825 p3
CLAGGET, Olivia - 28 July 1843; 8 Aug 1843 p3
CLAGGETT, Henry B - 27 Jan 1893; 30 Dec 1893 p2
Ida Sophia - nd; 28 July 1853 p3
Thomas H - 18 Oct 1870; 19 Oct 1870 p3
W E N - 7 Apr 1915; 31 Dec 1915 p2
CLAIBORNE, Ferdinand Leigh - 31 Jul 1862; 2 Aug 1862 p3*
CLAIR, Joseph - 18 Apr 1907; 31 Dec 1907 p1
CLAPDORE, Elizabeth - 26 July 1885; 31 Dec 1885 p2
Emma - 10 July 1898; 31 Dec 1898 p1
Frances - 4 Sept 1915; 31 Dec 1915 p2
J H - 10 Dec 1903; 31 Dec 1903 p1
M - 1 Nov 1866; 2 Nov 1866 p2
William H - 22 Dec 1884; 31 Dec 1884 p3
CLAPHAM, Hannah - 12 Aug 1840; 7 Sept 1840 p3
CLAPTON, William E - 1887; 16 Jan 1887 p2
CLARE, Elizabeth - 12 Sept 1872; 13 Sept 1872 p3
Frances A - 25 Apr 1901; 31 Dec 1901 p1
James - 8 Oct 1851; 19 Nov 1851 p2

CLARIDGE, James - 26 Sept 1875; 14 Oct 1875 p2
CLARK, ---- (brakeman) - 24 Sept 1902; 31 Dec 1902 p1
Albert - 18 Oct 1869; 23 Oct 1869 p2
Alexander - 12 Mar 1878; 13 Mar 1878 p3
Benj - nd; 7 Mar 1840 p3
Caroline - -- Mar 1873; 13 Mar 1873 p2
Catherine - 14 Oct 1835; 15 Oct 1835 p3
Charles Wells - 23 May 1875; 29 May 1875 p2
Edward - 28 Mar 1872; 29 Mar 1872 p2
Edward L - 12 Dec 1871; 18 Dec 1871 p2
Emeline - 24 Sept 1902; 31 Dec 1902 p1
H C - 28 Apr 1877; 30 Apr 1877 p2
J C - 28 Apr 1901; 31 Dec 1901 p1
James - 26 Sept 1901; 31 Dec 1901 p1
Jason L - 18 Dec 1860; 24 Dec 1860 p2
Jennie Hume - 15 Nov 1866; 19 Nov 1866 p2
John - 6 Oct 1894; 31 Dec 1894 p1
Joseph - 29 Aug 1894; 31 Dec 1894 p1
Josephine S - 6 Apr 1843; 10 Apr 1843 p3
Lawrence F - 7 Mar 1914; 31 Dec 1914 p1
Lillie J - 30 May 1874; 2 June 1874 p2
Margaret E - 16 Sept 1836; 4 Oct 1836 p3
Mary Catherine - 17 July 1860; 27 July 1860 p2
Mary E - 11 Jan 1871; 19 Jan 1871 p2 & p3
Mary E - 18 Sept 1895; 31 Dec 1895 p1
Matilda A - 6 Mar 1877; 7 Mar 1877 p2
Nathaniel - 11 Nov 1887; 12 Nov 1887 p2
Rosalie - 2 Sept 1893; 30 Dec 1893 p2
Sarah Ann - 4 Dec 1876; 5 Dec 1876 p2
Shelby - 2 May 1872; 3 May 1872 p2
Stephen A - 19 Mar 1871; 3 Apr 1871 p2
Susan W - 6 Mar 1875; 13 Mar 1875 p2
Thomas W - 6 Feb 1906; 31 Dec 1906 p1
William - nd; 19 Apr 1845 p3
William - 1867; 10 Jan 1867 p2
William L - 15 Dec 1914; 31 Dec 1914 p1
William M - 27 July 1907; 31 Dec 1907 p1
William S - 7 Sept 1901; 31 Dec 1901 p1
Wm - 12 Feb 1832; 21 Feb 1832 p3
Wm - nd; 18 Sept 1838 p3
CLARKE, Addison H - nd; 15 Sept 1854 p3
Adeline - 10 July 1888; 31 Dec 1888 np
Dr Benjamin F - 11 Aug 1867; 19 Oct 1867 p3
Charles C - 22 Mar 1906; 31 Dec 1906 p1
Edwin R - 5 Nov 1888; 31 Dec 1888 p1
Henry - 21 Mar 1839; 25 Mar 1839 p3
Ignatius - 13 Apr 1861; 25 Apr 1861 p2
John P - 16 Aug 1902; 31 Dec 1902 p1
Lizzie - 24 Oct 1873; 27 Oct 1873 p2
Lucinda R - 1 Feb 1841; 6 Feb 1841 p3

CLARKE, Martha M - 5 Jan 1860; 13 Jan 1860 p3
  Mary V - 10 Apr 1901; 31 Dec 1901 p1
  Robert - 4 Feb 1836; 8 Feb 1836 p3 & 26 Feb 1836 p3
  Thomas - nd; 24 Dec 1858 p3
CLARKSON, Catherine P - 10 Jan 1870; 11 Jan 1870 p3
  Edward - 3 June 1883; 31 Dec 1883 p3
  Elizabeth - 17 Oct 1914; 31 Dec 1914 p1
  Henry Mazyk - 18 June 1870; 18 July 1870 p3
  James - 17 Nov 1903; 31 Dec 1903 p1
  Louisa - --- Mar 1874; 6 Mar 1874 p2
  Lucy - --- Feb 1878; 12 Feb 1878 p2
  Margarett Regena - 20 July 1881; 20 July 1881 p2
  Martha - 22 June 1913; 31 Dec 1913 p1
  Virginia E - 28 Feb 1888; 31 Dec 1888 p1
CLARRIDGE, James A - 22 July 1903; 31 Dec 1903 p1
  William H - 19 Oct 1900; 31 Dec 1900 p1
CLARVOE, John H - 13 Aug 1865; 15 Aug 1865 p4
  Wm H - nd; 25 Jan 1833 p3
CLARY, Edward F - 17 May 1810; 18 May 1810 p3
CLAUGHTON, H 0 - 30 Aug 1897; 31 Dec 1897 p1
  Hierome Opie - 15 Aug 1870; 16 Aug 1870 p3
  Jane C M B - 15 June 1896; 31 Dec 1896 p1
  Lydia Estelle - 18 Sept 1877; 20 Oct 1877 p2
  P C - nd; 3 Apr 1882 p2
  St Clair - 26 Mar 1858; 27 Mar 1858 p3
CLAUSMAN, Sophia - 5 Apr 1891; 31 Dec 1891 p1
CLAW, Henry Holtz - 17 Apr 1860; 28 Apr 1860 p3
CLAXTON, William R - 15 Aug 1915; 31 Dec 1915 p2
CLAY, Catharine - 3 Jun 1862; 5 Jun 1862 p3*
  Miss Mary - nd; 27 Nov 1860 p3
CLAYTON, Charles M - nd; 1 Feb 1849 p2
CLEARY, Mary Amelia - 5 June 1865; 12 June 1865 p2
  Reuben - 5 July 1835; 14 July 1835 p2
  Wm - 27 Feb 1879; 27 Feb 1879 p2
CLEAVELAND, Johnson - 24 Aug 1834; 2 Sept 1834 p3
CLEMENSON, Jane - 19 Mar 1855; 21 Mar 1855 p3
CLEMENT, Rev Henry - 9 Feb 1880; 12 Feb 1880 p2
  Paul - 4 Oct 1862; 8 Oct 1862 p3*

CLEMENTS, Capt Bede - 19 Aug 1814; 20 Aug 1814 p3
  Blanche - 31 Oct 1904; 31 Dec 1904 p1
  Catherine H - 17 Jan 1860; 27 Jan 1860 p3
  Eleanora - 9 Mar 1843; 16 Mar 1843 p2
  Fannie S - 22 Mar 1889; 31 Dec 1889 p2
  Lucretia - nd; 2 Jan 1823 p2
  Martha - 3 Jan 1892; 31 Dec 1892 p2
  Mary E - 12 Aug 1904; 31 Dec 1904 p1
  Robert H - 19 Jan 1865; 20 Jan 1865 p2
  Thomas C - 6 Apr 1822; 29 Apr 1822 p3
CLEMM, Maria - 16 Feb 1871; 22 Feb 1871 p2
CLEMMENTS, Emma Virginia - 11 Aug 1862; 12 Aug 1862 p3*
CLEMSON, John - 10 Jan 1860; 17 Jan 1860 p2
  Marion Louise - 7 Aug 1857; 10 Aug 1857 p3
CLENDENNING, James - 4 Jan 1903; 31 Dec 1903 p1
CLEVELAND, Arthur - 7 Sept 1910; 31 Dec 1910 p1
  John - 27 July 1882; 31 July 1882 p2
  Margaret - 10 Oct 1904; 31 Dec 1904 p1
  Myrtle M - 14 June 1905; 30 Dec 1905 p1
  Sarah - 23 July 1851; 29 July 1851 p2
  William - 6 Mar 1905; 30 Dec 1905 p1
CLEVENGER, Jane - 21 Apr 1881; 23 Apr 1881 p2
  S V - 28 Sept 1843; 14 Nov 1843 p3
CLIFF, John (? & Family); --- Oct 1843; 19 Oct 1843 p3
CLIFFORD, George W - 30 July 1883; 31 Dec 1883 p3
  Mary Ann - 6 Sept 1886; 31 Dec 1886 p3
  William - 31 Aug 1888; 31 Dec 1888 p1
CLIFT, Edward B - 29 May 1904; 31 Dec 1904 p1
  Elizabeth A - 19 Dec 1907; 31 Dec 1907 p1
  James - 15 July 1896; 31 Dec 1896 p1
  Mary M - nd; 10 June 1847 p2
  William - 16 Aug 1914; 31 Dec 1914 p1
  William A - 24 Dec 1868; 5 Jan 1869 p2
CLIFTON, Alfred - 25 Feb 1852; 6 Mar 1852 p3
  Ann - nd; 9 Sept 1828 p3
  Eleanor Ann - 10 July 1867; 10 July 1867 p3
CLINCH, Elizabeth Bayard - 21 Aug 1838; 6 Sept 1838 p3
CLINE, Alice R - 17 Mar 1915; 31 Dec 1915 p2
  Bernard R - 7 July 1907; 31 Dec 1907 p1
  Marion Virginia - 29 July 1855; 17 Aug 1855 p3
  Robert A - 3 Dec 1895; 31 Dec 1895 p1
  Roberta - 16 Dec 1891; 31 Dec 1891 p1
  Rosanna Newman - 6 Feb 1872; 7 Feb 1872 np
  Selome - 3 May 1872; 4 May 1872 p2

CLINE, William - 4 Feb 1843; 14 Feb 1843 p3
CLINTON, Gen James - nd; 30 Dec 1812 p3
　Wilmer - 4 Oct 1869; 6 Oct 1869 p2
CLOPTON, Dr Nathaniel V - nd 20 Oct 1855 p3
　Mrs S S G - 30 Jan 1881; 3 Feb 1881 p2
CLOSE, James T - 25 July 1867; 30 July 1867 p3
　James T - 31 Aug 1869; 31 Aug 1869 p3
CLOSKEY, John McK - 27 Mar 1860; 29 Mar 1860 p2
CLOSS, Charles T - 11 Feb 1878; 12 Feb 1878 p3
CLOUD, Amelia C - nd; 1 June 1854 p3
　Benj Franklin - nd; 23 Sept 1836 p3
　Martha - 6 June 1867; 15 June 1867 p2
　Sallie - 23 Mar 1873; 14 Apr 1873 p3
CLOUGH, Mary A - 22 Mar 1891; 31 Dec 1891 p1
CLOWES, Maggie Hallowell - 14 Mar 1861; 16 Mar 1861 p3
　Martha d/o J McCormick - 2 Aug 1862; 2 Aug 1862 p3*
　Thomas - 14 Feb 1860; 17 Feb 1860 p3
CLOWS, Thomas - 22 Apr 1868; 22 Apr 1868 p3 & 23 Apr 1868 p2
CLYCE, Jacob - 14 Mar 1868; 20 Mar 1868 p2
CLYMER, George Esq - nd; 3 Feb 1813 p3
　Harriet Wethered - 10 Nov 1857; 12 Nov 1857 p3
COAD, Ann H - nd; 3 July 1828 p3
　Arthur D - 10 May 1843; 19 May 1843 p3
COAKLEY, Catharine - 3 Aug 1863; 3 Sept 1863 p3
　Charles R - 30 July 1873; 4 Aug 1873 p2
　Daniel S - nd; 7 Jan 1863 p3
　Elizabeth - 29 Aug 1853; 22 Sept 1853 p3
　Ernest L - 22 Feb 1904; 31 Dec 1904 p1
　Fannie V - 12 Apr 1911; 30 Dec 1911 p4
　Horace A - 17 June 1896; 31 Dec 1896 p1
　Jemmie - 29 Oct 1865; 4 Nov 1865 p2
　Richard T - 5 Oct 1873; 21 Oct 1873 p2
COALTER, H H - 28 Aug 1857; 1 Sept 1857 p3 & 4 Sept 1857 p3
　Judge John - (died at Chatham) nd; 8 Feb 1838 p3
COATES, Rhody - 15 Aug 1843; 17 Aug 1843 p3
COBB, Alice G - 21 Oct 1907; 31 Dec 1907 p1
　Charles E - 27 Feb 1913; 31 Dec 1913 p1
COCHRAN, Benton - 10 Dec 1870; 12 Jan 1871 p2
　Emma F - 18 Nov 1891; 31 Dec 1891 p1
　George B - 5 Apr 1902; 31 Dec 1902 p1
　George Lowder - 26 Mar 1878; 30 Mar 1878 p2

　Mary Elizabeth Jane - 19 Apr 1841; 21 Apr 1841 p3
　Thomas Benton - 10 Dec 1870; 12 Jan 1871 p2 & 12 Jan 1871 p3
COCHRANE, Anna - 29 July 1860; 31 July 1860 p3
COCKBURN, Ann - 30 Dec 1817; 21 Jan 1818 p3
　Martin - 19 Jan 1820; 25 Jan 1820 np
COCKE, Mrs Courtney - 27 Nov 1872; 5 Dec 1872 p2
COCKERELL, Mrs John - 18 Mar 1872; 1 Apr 1872 p3
COCKERILL, Richard Henry - nd; 27 Sept 1852 p3
　Samuel - 10 Jan 1842; 18 Jan 1842 p3
COCKERILLE, Elmina A - 16 Mar 1875; 22 Mar 1875 p2
　Florida R - 6 June 1872; 15 July 1872 p2
　Hiram - 3 Sept 1886; 31 Dec 1886 p3
　Judith Isabella - nd, 11 Dec 1852 p3
　Martha - 11 Mar 1870; 24 Mar 1870 p2
　Mary Bathurst - 25 Dec 1872; 31 Dec 1872 p2
　Sallie Lee - 7 Nov 1976; 13 Nov 1876 p2
COCKERVILLE, Col Joseph R - -- Jan 1876; 7 Jan 1876 p2
COCKILL, Lucelia A - 1 Oct 1853; 4 Oct 1853 p3
COCKRELL, Charles M - 17 Sept 1901; 31 Dec 1901 p1
　Elizabeth - nd; 27 Nov 1846 p3
　Ellen - 17 May 1888; 31 Dec 1888 p1
　Maria Emma - 4 June 1878; 10 June 1878
　Sarah Ann - 24 Nov 1875; 10 Jan 1876 p2
　Wm - nd; 12 Mar 1850 p2
CODD, Williams H - 1887; 13 June 1887 p2
COE, Ann Margaret - nd; 20 Jan 1852 p3
　Augustus Montgomery - 10 Mar 1843; 16 Mar 1843 p2
　Mrs Elizabeth - 19 Jan 1864; 23 Jan 1864 p2
　Kensey Johns - nd; 10 Jan 1852 p3
　Richard - 3 July 1843; 10 July 1843 p3
COFFER, J Henry - 6 Dec 1857; 12 Dec 1857 p3
　Joshua - 17 Oct 1811; 21 Oct 1811 p3
COFFIN, Cazenau B - nd; 20 Sept 1826 p3
　Solomon - -- Feb 1834; 17 Feb 1834 p3
COFLIN, Emmett - 19 Nov 1902; 31 Dec 1902 p1
COGAN, Mrs John - 4 July 1897; 31 Dec 1897 p1
　John P - 29 Oct 1874; 30 Oct 1874 p3
　John P - 4 Mar 1903; 31 Dec 1903 p1
　Mary - 21 Oct 1865; 21 Oct 1865 p3
　Richard B - 25 Apr 1913; 31 Dec 1913 p1

COGAN, Virginia - 21 Dec 1912; 31 Dec
  1912 p1
  William -18 Oct 1881; 13 Nov 1881 p3
  William - 8 July 1888; 31 Dec 1888 p1
COGGSWELL, John S - 10 July 1889; 31 Dec
  1889 p2
COGHILL, John J - 15 Jan 1901; 31 Dec 1901 p1
COGSWELL, Joseph P - 26 Sept 1860; 29 Sept
  1860 p3
COHAGAN, Alice - 21 Oct 1836; 29 Oct
  1836 p3
  Capt John - 29 Aug 1861; local news 8 Oct
  1861 p1
COHAGEN, Mrs Elizabeth - 15 Apr 1862; 20
  May 1862 p3*
  William - 14 Sept 1824; 18 Sept 1824 p3
COHEN, Edna - 11 May 1915; 31 Dec 1915 p2
  Esther Ann - 9 Sept 1860; 11 Sept 1860 p3
  Kitty - 26 Apr 1837; 4 May 1837 p3
  Sophia - 30 Mar 1875; 31 Mar 1875 p2
  Wm - 17 Oct 1850; 18 Oct 1850 p2
COKE, Richard - 30 Mar 1851; 5 May 1851 p2
  Samuel B - 1 June 1835; 4 June 1835 p3
COLBURN, Ann - 30 Dec 1817; 21 Jan 1818 p3
COLBURT, David - 25 July 1860; 31 July
  1860 p3
COLDEN, Cadwaller - 7 Feb 1834; 11 Feb
  1834 p3
COLE, Anna Mary - 2 Dec 1860; 10 Dec 1860 p3
  Elizabeth - nd; 6 Dec 1853 p3
  Effie Virginia - 15 Apr 1873; 16 Apr 1873 p2
  George W - 20 Nov 1863; 20 Nov 1863 p2
  Horace - 26 July 1878; 3 Aug 1878 p2
  James - nd; 28 Jan 1871 p2
  James J - 27 Jan 1871; 28 Jan 1871 p2
  Jas - 26 Jan 1871; 27 Jan 1871 p3 & 28 Jan
  1871 p2
  Jane A - 13 Apr 1873; 15 Apr 1873 p3
  John H - 19 Oct 1905; 30 Dec 1905 p1
  John M - nd; 16 Jan 1821 np
  John T - 23 Nov 1858; 25 Nov 1858 p3
  Joseph N - 30 Dec 1866; 7 Jan 1867 p2
  Landon C - 22 Nov 1899; 30 Dec 1899 p1
  Laura - 8 June 1860; 3 July 1860 p3
  Leah C H - 5 Aug 1832; 8 Aug 1832 p3
  Lucinda - nd; 16 Oct 1863 np
  Martha - 20 Jan 1863; 27 Jan 1863 p3
  Martha A - 11 Aug 1878; 12 Aug 1878 p3
  Martha Ellen - nd; 21 Jan 1863 p2
  S A - 22 Dec 1905; 30 Dec 1905 p1
  Sarah Jane - 21 July 1852; 24 July 1852 p2
  T Walter - 25 Mar 1902; 31 Dec 1902 p1

Capt Thomas - 1 June 1814; 2 June 1814 p3
  William P - 4 Aug 1857; 9 Sept 1857 p3
COLEMAN, Bridget - 12 Dec 1912; 31 Dec
  1912 p1
  Chester - 10 Dec 1860; 12 Dec 1860 p3 &
  13 Dec 1860 p3
  Clayton G - 15 Feb 1872; 28 Feb 1872 np
  E E - 3 May 1892; 31 Dec 1892 p2
  Elizabeth - 26 July 1844; 27 July 1844 p3
  Frank - 27 Aug 1892; 31 Dec 1892 p2
  Frederick W - 23 Dec 1860; 27 Dec 1860 p2
  George - 25 May 1829; 26 May 1829 p3
  George S - 21 May 1907; 31 Dec 1907 p1
  Hannah - 15 May 1894; 31 Dec 1894 p1
  Dr Henry L - -- Apr 1883; 31 Dec 1883 p3
  James P - 22 Sept 1897; 31 Dec 1897 p1
  Jane - nd; 23 Jan 1854 p3
  Jane E - 6 Aug 1902; 31 Dec 1902 p1
  Maj John - 23 Jan 1861; 4 Feb 1861 p3
  John T - 4 Mar 1876; 18 Mar 1876 p3
  John W - 21 Aug 1857; 25 Aug 1857 p3
  Joseph - 22 Jan 1810; 24 Jan 1810 p3
  Joseph - 16 Feb 1894; 31 Dec 1894 p1
  Mary - 29 Oct 1889; 31 Dec 1889 p2
  Maud M - 4 Oct 1879; 7 Oct 1879 p2
  Patrick - nd; 7 Feb 1863 p3
  Patsey - nd; 18 Apr 1848 p3
  Richard James - nd; 3 Feb 1829 p3
  Robert - 17 Mar 1861; 12 Apr 1861 p2
  Ruth Ann - 27 Jan 1864; 29 Jan 1864 p2
  Samuel S - 26 June 1886; 31 Dec 1886 p3
  Sarah G - 22 Feb 1863; 20 Apr 1863 p3
  Thomas P - 7 Mar 1833; 12 Mar 1833 p3
  Wm - 16 July 1829; 17 July 1829 p3
  William J - 4 June 1870; 8 June 1870 p2
COLLARD, Margaret - nd; 9 Sept 1854 p3
  Samuel - nd; 22 Dec 1785 p3
COLLEY, Capt Wm - 5 Apr 1837; 11 Apr
  1837 p3
COLLIER, Elizabeth - 12 Apr 1835; 1 May
  1835 p3
COLLINGSWORTH, ---- - 22 July 1879; 22 July
  1879 p2
  A D - 4 Dec 1988; 31 Dec 1888 p1
  Harrison F - 17 June 1878; 17 June 1878
  James - 27 Nov 1888; 31 Dec 1888 p1
  Jennie M - 14 Apr 1873; 14 Apr 1873 p2
  Rebecca - 10 Oct 1909; 31 Dec 1909 p1
COLLINS, Mrs C A Lavinia - 3 Nov 1860; 6 Nov
  1860 p3
  C H - 18 Aug 1913; 31 Dec 1913 p1
  Emily - 8 Dec 1883; 31 Dec 1883 p3

COLLINS, Emma F - 13 Nov 1862; 15 Nov 1862 p1*
Francis - 13 Sept 1869; 14 Sept 1869 p3
Harriet Ella - 28 May 1858; 1 June 1848 p3
James - 1 Jan 1868; 4 Jan 1868 p2
Jane - 25 Jan 1857; 31 Jan 1857 p2
Kate - 4 Apr 1899; 30 Dec 1899 p1
Maria Louisa - nd; 8 June 1841 p3
Miranda - 23 Jan 1843; 27 Jan 1843 p3
Patrick - 25 Jan 1871; 26 Jan 1871 p2
Richard Joseph - 23 Dec 1876; 23 Dec 1876 p2
Robert - 11 Nov 1808; 12 Nov 1808 p3
Spindlow - 25 Aug 1874; 4 Sept 1874 p3
Thomas C - 29 Aug 1838; 13 Sept 1838 p3
Thomas Morgan - 27 May 1858; 1 June 1858 p3
William - nd; 12 Oct 1855 p3
COLLINSWORTH, Charles Dixson - 4 Feb 1867; 7 Feb 1867 p3
Laura - -- Sept 1873; 17 Sept 1873 p2
Robert W - 19 Jan 1891; 31 Dec 1891 p1
William H - 3 Dec 1843; 5 Dec 1843 p3
COLOGNE, Christina - 12 July 1849; 31 July 1849 p3
Flora - 17 Nov 1860; 1 Dec 1860 p3
Vincent - 10 Feb 1853; 22 Feb 1853 p2
COLQUHOUN, Elizabeth - 28 Apr 1873; 30 Apr 1873 p2
James A - 4 Apr 1837; 7 Apr 1837 p3
COLQUOHOUN, Alice - 30 Dec 1912; 31 Dec 1912 p1
COLSTON, Carolina - 24 Feb 1854; 25 Feb 1854 p2
Elizabeth - 22 Nov 1846; 27 Nov 1846 p3
Elizabeth C - 18 Aug 1845; 25 Aug 1845 p3
Elizabeth Marshall - 24 Mar 1843; 1 Apr 1843 p3
Lucy - nd; 13 Feb 1826 p3
Lt Col Raleigh T - 23 Dec 1863; 1 Jan 1864 p4
Thomas M - 30 Apr 1841; 10 May 1841 p3
COLT, Frances M - nd; 30 Mar 1849 p3
COLTON, Harriet - 20 Mar 1889; 31 Dec 1889 p2
John Thomas - 10 Oct 1862; 11 Oct 1862 p3*
Joseph - 18 Jan 1873; 20 Jan 1873 p2
Josephine - 17 Nov 1872; 18 Nov 1872 p2
COLVIN, George - 14 Jan 1873; 17 Feb 1873 p2
James Buckhanan - 30 Oct 1873; 24 Nov 1873 p2
John D - 11 Apr 1861; 20 Apr 1861 p3
Lucy M - 1 May 1874; 19 May 1874 p2
Mamie L - 27 Oct 1890; 31 Dec 1890 p1
Mary James - 24 Aug 1858; 31 Aug 1858 p3

COMBER, Thomas - 14 Feb 1882; 15 Feb 1882 p2
COMLY, John - nd; 30 Aug 1850 p3
COMPTON, Ann - 4 Nov 1821; 7 Dec 1821 p3
Dallas - 8 Nov 1905; 30 Dec 1905 p1
Eleanor Ann - 15 Oct 1838; 20 Oct 1838 p3
Emanuel Gustavus - 13 Feb 1845; 17 Feb 1845 p3
Emanuel G - 6 July 1863; 8 July 1863 p3
Henry Trueman - 15 Apr 1820; 18 Apr 1820 p3
Isabella - 16 Apr 1843; 19 Apr 1843 p3
James - 18 Mar 1843; 21 Mar 1843 p3
Richard - 11 Feb 1845; 17 Feb 1845 p3
Verlinda - 7 Oct 1850; 9 Oct 1850 p3
Wm P - nd; 24 Feb 1838 p3
CONARD, Mary - 9 Apr 1868; 14 May 1868 p2
Mary - 12 July 1875; 19 July 1875 p2
CONDIT, Rev R W - 12 Feb 1871; 13 Feb 1871 p3
CONE, Edward W - 23 Jan 1871; 28 Jan 1871 p2
Rev Spencer H - 23 Jan 1871; 28 Jan 1871 p2
CONEY, Dr E N - 15 Sept 1867; 18 Sept 1867 p2
CONKLIN, William - 1 Oct 1905; 30 Dec 1905 p1
CONN, Capt Philip - 5 Dec 1843; 12 Dec 1843 p3
Stephen T - 21 May 1832; 1 June 1832 p3
CONNELLY, Edward - 12 Feb 1868; 19 Feb 1868 p3
John - 20 Sept 1860; 21 Sept 1860 p3
Thomas - 4 Aug 1862; 13 Aug 1862 p2*
CONNER, Charles Edward - 5 Feb 1861; 21 Feb 1861 p2
Ellen - 7 Apr 1896; 31 Dec 1896 p1
H D - 5 Nov 1899; 30 Dec 1899 p1
Isabel - 24 Jan 1898; 31 Dec 1898 p1
Jane Maria - 28 Jan 1873; 4 Feb 1873 p2
John - 27 Jan 1861; 18 Feb 1861 p3
CONNICK, James W - 15 Jun 1862; 26 Jun 1862 p4*
CONNOLLY, Richard - nd; 23 Jan 1853 p3
CONNOR, Catharine - nd; 11 Oct 1852 p3
Elizabeth W - 2 Mar 1861; 7 Mar 1861 p3
Margaret Ellen - 6 Nov 1873; 15 Nov 1873 p2
Margaret W - 13 Feb 1915; 31 Dec 1915 p2
Mary - 2 June 1840; 8 June 1840 p3
Terrence - 16 Dec 1841; 21 Jan 1842 p3
William - 5 Jan 1872; 5 Jan 1872 p3 & 6 Jan 1872 p2 & p3
William - 31 May 1909; 31 Dec 1909 p1
CONRAD, Berry Whiting - 12 July 1872; 18 July 1872 p3

CONRAD, Robert Y Jr - 14 Nov 1857; 19 Nov 1857 p3
CONROY, Dominic - 20 Mar 1860; 22 Mar 1860 p3
Mary - 15 Feb 1861; 18 Feb 1861 p3
CONSTABLE, Mary D - 30 Nov 1859; 1 Dec 1859 p3
CONTEE, Eleanor R - 24 Mar 1847; 25 Mar 1847 p3
Eliza - 18 Dec 1836; 3 Jan 1837 p3
Richard A - nd; 20 Seot 1802 p3
CONWAY, Edwin - nd; 12 Aug 1853 p3
George W - 25 Dec 1879; 30 Dec 1879 p2
James Robert - 20 July 1841; 24 July 1841 p3
Lucy - 2 June 1875; 8 June 1875 p2
McC - 31 Jan 1911; 30 Dec 1911 p4
Margaret - nd; 2 Oct 1832 p3
Margaret - 24 July 1907; 31 Dec 1907 p1
Mary Landon - 3 Sept 1860; 13 Sept 1860 p3
Philip S - 2 June 1874; 6 June 1874 p3
Reuben - 3 Jan 1838; 16 Jan 1838 p3
Richard - 27 Nov 1806; 28 Nov 1806 p3
Robert - 8 May 1874; 15 May 1874 p2
Seneca M - nd; 14 Apr 1848 p3
Dr V Y - 11 Dec 1881; 13 Dec 1881 p2
Walker - 13 Mar 1852; 16 Mar 1852 p2
Wm H - 31 May 1852; 7 June 1852 p2
CONYERS, Charles - 15 Jan 1864; 15 Jan 1864 p2
Luther M - 22 Dec 1860; 27 Dec 1860 p2
COOK, Alexander - 23 Nov 1866; 24 Nov 1866 p2
Benjamin - 3 July 1902; 31 Dec 1902 p1
Christiana - 7 Mar 1851; 8 Mar 1851 p3
David B - 24 Nov 1907; 31 Dec 1907 p1
Eben E - 25 Sept 1870; 26 Sept 1870 p2
Emily Virginia - 11 Oct 1857; 19 Oct 1857 p3
Enoch - 14 Nov 1910; 31 Dec 1910 p1
Georgeanna - 9 Nov 1881; 10 Nov 1881 p3
Henry - 2 Mar 1859; 4 Mar 1859 p3
Henry - 6 Mar 1913; 31 Dec 1913 p1
J Frank - 30 June 1906; 31 Dec 1906 p1
J H - 30 Sept 1897; 31 Dec 1897 p1
James - 15 Sept 1857; 18 Sept 1857 p3
James H - 30 Mar 1900; 31 Dec 1900 p1
James Taylor 21 Nov 1865; 21 Nov 1865 p2
John H - nd; 9 Feb 1852 p2 & 11 Feb 1852 p3
Julia A - nd; 12 Feb 1847 p2
Lemuel - 24 Aug 1913; 31 Dec 1913 p1
Mrs Lemuel - 24 Nov 1896; 31 Dec 1896 p1
Lillie - 16 Oct 1893; 30 Dec 1893 p2
M M - 6 June 1903; 31 Dec 1903 p1

Margaret - 14 May 1901; 31 Dec 1901 p1
Mary - 9 Oct 1808; 14 Oct 1808 p3
Mary - nd; 15 Dec 1863 p2
Minnie - 27 Mar 1899; 30 Dec 1899 p1
Owen - 11 July 1894; 31 Dec 1894 p1
Sarah - 14 Feb 1847; 22 Feb 1847 p3
Susan - 3 Oct 1899; 30 Dec 1899 p1
Tabitha - 4 Nov 1903; 31 Dec 1903 p1
COOKE, Adam - nd; 11 May 1839 p3
Cora Mayre - 16 Jul 1862; 16 Jul 1862 p3*
Elbertine Elizabeth - 23 Aug 1850; 9 Sept 1850 p2
Elizabeth T - 2 July 1870; 6 Aug 1870 p3
John F - 22 Feb 1903; 31 Dec 1903 p1
John G - 15 Nov 1851; 26 Nov 1851 p2
Major John K - 1887; 7 Feb 1887 p2
John T - 12 Oct 1865; 13 Oct 1865 p2
John Thomas - 8 Sept 1873; 8 Sept 1873 p3
Larkin J - 23 Oct 1874; 23 Oct 1874 p2
Margaret - 18 June 1896; 31 Dec 1896 p1
Rebecca Ann - 27 July 1830; 11 Aug 1830 p3
Robert H - 20 Feb 1861; 25 Feb 1861 p3
Sarah E - 23 Sept 1843; 17 Oct 1843 p3
Susan R - 15 June 1902; 31 Dec 1902 p1
COOKSEY, Clara - 19 Apr 1893; 30 Dec 1893 p2
Sarah - 5 Dec 1958; 18 Dec 1858 p3
Thomas S - 5 Oct 1857; 12 Oct 1857 p3
COOKUS, Sarah W - nd; 29 Apr 1839 p3
COOLIDGE, Maj Sidney - Battle of Chickamauga nd; 5 Jan 1964 p1
COOMBES, John - 5 Feb 1906; 31 Dec 1906 p1
COOMBS, Clay - nd; 17 Dec 1838 p3
Enoch - nd; 1 Nov 1826 p3
Henry L - nd; 8 Dec 1838 p3
Henry L - 13 Sept 1840; 23 Sept 1840 p3
Mrs J M - 13 Oct 1897; 31 Dec 1897 p1
James W - 2 Sept 1860; 5 Sept 1860 p3
John - 3 Feb 1897; 31 Dec 1897 p1
Louisa - 3 Aug 1843; 10 Aug 1843 p3 & 16 Aug 1843 p3
Sarah M - 15 Apr 1826; 17 Apr 1826 p3
Thomas P - 22 Apr 1915; 31 Dec 1915 p2
COONEY, Joseph - --- June 1876; 7 June 1876 p3
COONS, James W - 7 Mar 1852; 17 Mar 1852 p2
COOPER, Daniel - nd; 29 Sept 1854 p3
Isaac - 20 June 1841; 22 June 1841 p3
J Robert - 1 Apr 1875; 5 Apr 1875 p2
Jennie - 1 Aug 1857; 4 Aug 1857 p3
John - 15 Nov 1874; 30 Nov 1874 p2
John W - 24 June 1908; 31 Dec 1908 p1
Mary - 20 Apr 1849; 15 May 1849 p2
Matilda - 16 Feb 1863; 17 Feb 1863 p3

COOPER, Mollie E - 16 Oct 1872; 24 Oct 1872 p2
Gen S - 3 Dec 1876; 4 Dec 1876 p2
Samuel - 21 Apr 1860; 5 May 1860 p2
COOTE, Clement T - nd; 6 Sept 1838 p3
COOTS, Joseph C - 21 Aug 1876; 24 Aug 1876 p2
COPELAND, George E - nd; 23 Aug 1872 p3
Richard - 16 Feb 1859; 26 Feb 1859 p3
COPENHAVER, Olive - 15 June 1850; 21 June 1850 p2
COPP, Jacob - nd; 8 Jan 1861 p3
COPPAGE, John Edward - 2 Apr 1860; 7 Apr 1860 p3
COPPER, Cyrus - 1785; 2 June 1785 p2
CORBETT, Brooke - 25 Mar 1895; 31 Dec 1895 p1
Emily - 13 Jan 1880; 13 Jan 1880 p3
F E - 18 May 1897; 31 Dec 1897 p1
Jane A - 9 May 1882; 10 May 1882 p2
Jean Seawall - 1 Mar 1875; 1 Mar 1875 p2 & 3 Mar 1875 p2
L W - 6 Jan 1897; 31 Dec 1897 p1
Virgil P Jr - 25 Jan 1871; 27 Jan 1871 p2
CORBIN, Elizabeth - 24 Dec 1853; 14 Feb 1853 p2
Jane Catharine - nd; 6 July 1855 p3
Mrs - 21 Jan 1899; 30 Dec 1899 p1
R B - 3 Apr 1868; 15 Apr 1868 p2
Mrs R W - 15 Feb 1870; 1 Mar 1870 p2
CORCORAN, Emily - 15 Feb 1854; 18 Feb 1854 p2
General - 29 Dec 1863; 1 Jan 1864 p1
Col James - 10 Dec 1834; 13 Dec 1834 p3
John L - 17 Mar 1867; 19 Mar 1867 p2
Louisa A - nd; 24 Nov 1840 p3
Thomas - 16 Dec 1857; 29 Dec 1857 p3
CORDELL, Christine - 14 Jan 1871; 19 Jan 1871 p2
Dr L C - nd; 19 Jan 1871 p2
Susan - nd; 4 July 1853 p2
CORDER, Fannie - 8 July 1860; 16 July 1860 p3
CORKER, Sallie - 17 May 1884; 31 Dec 1884 p3
CORNELIUS, Elizabeth B - 9 Oct 1866; 7 Nov 1866 p2
Rachel - nd; 7 May 1850 p2
CORNELL, Alice V - 12 June 1901; 31 Dec 1901 p1
Mary V - 10 Jan 1914; 31 Dec 1914 p1
CORNING, Albert W - 13 Jul 1862; 16 Jul 1862 p3*
Asa Alexander - 23 Jan 1857; 25 Feb 1857 p3

Emma B - 22 Oct 1878; 24 Oct 1878 p2
Hanson K - 23 Apr 1878; 24 Apr 1878 p3
CORNWALL, Martha E - 9 Feb 1860; 13 Feb 1860 p2
CORNWELL, Mrs Airy - 29 Apr 1891; 31 Dec 1891 p1
Edward - 3 Mar 1909; 31 Dec 1909 p1
J B - 8 June 1881; 9 June 1881 p2
Julia Annah - 23 May 1872; 24 May 1872 p2
Mary - 8 Mar 1875; 13 Mar 1875 p2
Mary A - 19 Jan 1912; 31 Dec 1912 p1
Mary G - 8 Jan 1909; 31 Dec 1909 p1
CORRELL, Sarah - 4 Sept 1843; 15 Sept 1843 p3
CORRINE, Katie - 4 Sept 1870; 6 Sept 1870 p3
CORSA, Edward S - 17 Apr 1894; 31 Dec 1894 p1
CORSE, Douglass - 3 July 1858; 7 July 1858 p3
Elizabeth B - 30 Dec 1894; 31 Dec 1894 p1
John - nd; 5 Dec 1845 p2
Fitz John - 30 Dec 1874; 2 Jan 1875 p2
John Burr - 4 Aug 1866; 4 Aug 1866 p2
Julia G - 20 July 1845; 28 July 1945 p3
M D - 11 Feb 1995; 31 Dec 1895 p1
M Percival - 3 Apr 1849; 5 May 1849 p3 & 8 May 1849 p3 (tribute)
W D - 27 July 1896; 31 Dec 1896 p1
William B - 8 Apr 1911; 30 Dec 1911 p4
CORSON, Edwin J - 27 Aug 1878; 25 Nov 1878 p2
Eliza - 8 May 1910; 31 Dec 1910 p1
Job - 30 June 1889; 31 Dec 1889 p2
Pamelia - 5 Nov 1886; 31 Dec 1886 p3
CORWIN, Thomas - 18 Dec 1865; 19 Dec 1865 p3
CORYELL, Cornelius - nd; 18 July 1831 p3
George (friend of G. Washington who rowed him across Delaware R. during Revolutionary War)- nd; 22 Feb 1850 p2
CORYTON, Catherine - 29 July 1860; 31 July 1860 p3
Eliza - 1 Oct 1827; 2 Oct 1827 p3
COST, John - 24 Sept 1894; 31 Dec 1894 p1
COSTIGIN, Christopher Ireland Dorsey - nd; 20 Dec 1862 p3*
COSTIN, Virginia - 13 Dec 1843; 16 Dec 1843 p2
COTTOM, Martha Dandridge - 16 Aug 1843; 18 Aug 1843 p3
Richard - nd; 9 Aug 1823 p3
COTTRELL, Emma R - 7 Oct 1907; 31 Dec 1907 p1
COULLING, Mrs - 5 Aug 1855; 7 Aug 1855 p3
Selena Baxter - 19 Feb 1871; 25 Feb 1871 p2

43

COULTER, Elizabeth - nd; 21 Oct 1851 p2
COURTNEY, Sarah - nd; 18 May 1853 p3
  William - 10 Mar 1842; 17 Mar 1842 p3
COURTS, Eleanor C - 10 Sept 1843; 14 Sept 1843 p3
COX, Georgianna - 10 Jul 1862; 11 Jul 1862 p3*
COWAN, David - 7 June 1865; 9 June 1865 p3
COWARD, John - nd; 26 Apr 1831 p3
COWHIG, John T - 2 Feb 1904; 31 Dec 1904 p1
COWING, Joseph - 15 Feb 1826; 16 Feb 1826 p3
COWLING, Alice - 5 July 1889; 3 Dec 1889 p2
  Charles Cornish - 29 Mar 1876; 29 Mar 1876 p2
  Charles H - 17 Jan 1893; 30 Dec 1893 p2
  Edward - 30 Jan 1872; -- Jan 1872 p2
  James - 16 May 1886; 31 Dec 1886 p3
  James Clinton - 24 Mar 1861; 29 Mar 1861 p3
  John - 1882; 11 July 1882 p2
  Marietta - 14 Mar 1861; 22 Mar 1861 p3
  Mary - 31 Mar 1912; 31 Dec 1912 p1
  Penelope - 28 July 1906; 31 Dec 1906 p1
  Richard - 6 June 1893; 30 Dec 1893 p2
  Sarah A - 24 Nov 1895; 31 Dec 1895 p1
  Thomas C - 16 Apr 1871; 17 Apr 1871 p3
  William - 19 Oct 1888; 31 Dec 1888 p1
COWMAN, John P - 23 Sept 1843; 27 Sept 1843 p3
  Mary A - 29 Jan 1869; 30 Jan 1869 p2
COWNE, Lucy Anna - 5 Mar 1872; 9 Mar 1872 p2
COX, A F - 16 Sept 1902; 31 Dec 1902 p1
  Ada - 25 Apr 1860; 4 May 1860 p3
  Ann - 27 Aug 1825; 10 Sept 1825 p3
  Annie - 2 June 1884; 31 Dec 1884 p3
  Bettie R - 29 Jan 1885; 31 Dec 1885 p2
  Caroline - 6 Aug 1891; 31 Dec 1891 p1
  Celelia A - 9 Feb 1900; 31 Dec 1900 p1
  Charles F - 30 Mar 1889; 31 Dec 1889 p2
  Cornelius - nd; 3 Oct 1849 p2
  Cornelius - 12 July 1888; 31 Dec 1888 p1
  Edwin C - 28 Apr 1885; 31 Dec 1885 p2
  Ellen - 29 July 1863; 30 July 1863 p3
  Esther - 28 July 1881; 29 July 1881 p2
  Harriet Ann - 26 May 1853; 2 June 1853 p2
  Henrietta - 23 Mar 1896; 31 Dec 1896 p1
  Ida C - 16 May 1912; 31 Dec 1912 p1
  Mrs J E - 15 Mar 1890; 31 Dec 1890 p1
  John - nd; 17 Dec 1849 p2
  John - 29 July 1870; 3 Aug 1870 p3
  John A - 7 Dec 1853; 9 Dec 1853 p3
  Cpt John G - 6 Apr 1853; 23 Apr 1853 p3
  Julia A - 27 Feb 1878; 1 Mar 1878 p2
  Maria W - 24 Oct 1874; 9 Nov 1874 p2
  Mary Ann d/o John Tatsapaugh - 5 Jan 1847; 6 Jan 1847 p3
  Mary M - 23 Feb 1852; 25 Feb 1852 p2
  Mrs - nd; 13 Jan 1785 p2
  Virginia Caroline - 31 July 1893; 30 Dec 1893 p2
  William - nd; 15 Feb 1858 p3
  William John - 5 June 1867; 17 June 1867 p3
COXE, Richard S - 28 Apr 1865; 29 Apr 1865 p3
  Susan B - 24 Sept 1837; 27 Sept 1837 p3
COXEN, Henry - 8 May 1891; 31 Dec 1891 p1
COYLE, James West - 4 Mar 1842; 11 Mar 1842 p3
  John - 27 June 1838; 29 June 1838 p3
  Mrs John F - 14 June 1869; 14 June 1869 p3
  Randolph - 24 Aug 1869; 28 Aug 1869 p2
CRABB, Elizabeth - nd; 5 Dec 1797 p3
CRABBE, RO H P - 11 Feb 1865; 15 Feb 1865 p2
CRACROFT, Elizabeth O - nd; 18 Aug 1831 p3
CRADDOCK, Bessie - 8 Dec 1907; 31 Dec 1907 p1
CRAGG, Thomas - 11 July 1910; 31 Dec 1910 p1
CRAIG, Hector - 31 Jan 1842; 8 Feb 1842 p3
  Mrs Joanna - 21 Oct 1806; 22 Oct 1806 p3
  John J - 9 Jan 1838; 23 Jan 1838 p3
CRAIK, Anna Randolph; 7 Oct 1806 p3
  George W - 21 Dec 1808; 31 Dec 1808 p3
  Mariamne - 10 Apr 1815; 11 Apr 1815 p3
  William - 9 Feb 1807; 9 Feb 1807 p3
CRAIN, Alexander - nd; 5 Apr 1839 p3
  Eliza Catherine - 7 Nov 1837; 21 Dec 1837 p3
  Elizabeth - nd; 19 June 1833 p3
  Huldah - 24 June 1877; 30 June 1877 p2
  Mary - 27 Oct 1839; 4 Nov 1839 p3
  Peter - nd; 23 Oct 1838 p3
  Robert A - 27 Oct 1852; 23 Nov 1852 p3
  Robert - 2 Nov 1829; 9 Nov 1829 p3
  Dr Robert - nd; 23 Oct 1838 p3
  Robert - 31 Mar 1868; 17 Apr 1868 p2
  Robert Bailey - nd; 20 June 1850 p3
CRAMER, Ambrose - 3 Mar 1843; 21 Mar 1843 p3
  Emily R - 14 Feb 1842; 21 Feb 1842 p3
CRANCH, Ann Allen - 10 Apr 1821; 11 Apr 1821 p3
  Nancy Greenleaf - 16 Sept 1843; 21 Sept 1843 p3 & 23 Sept 1843 p3
  Richard - 27 Aug 1825; 10 Sept 1825 p3
  Judge Wm - 1 Sept 1855; 4 Sept 1855 p2 & 6 Sept 1855 p2
  William (tribute of respect by members of the Bar) - nd; 11 Sept 1855 p2

CRANDELL, Elizabeth Ellen - 4 June 1871;
9 June 1871 p2
George - 21 Nov 1857; 24 Nov 1857 p3
Jane - 16 Mar 1840; 19 Mar 1840 p3
Joseph - 27 Sept 1813; 28 Sept 1813 p3
CRANDLE, Ellen I D - 11 July 1873; 25 July
1873 p3
CRANE, Rebecca V - 7 Jan 1867; 10 Jan 1867 p2
CRANFORD, Elizabeth T - 17 Dec 1852; 22 Dec
1852 p2
Elizabeth T - -- Feb --; 31 Dec 1898 p1
Hattie - 18 July 1893; 30 Dec 1893 p2
Helen - 16 Dec 1907; 31 Dec 1907 p1
CRANSTON, Mary - 24 Nov 1857; 3 Dec
1857 p3
William - 30 Sept 1841; 5 Oct 1841 p3
CRAUFURD, Bushrod W - 24 May 1843; 29 May
1843 p3
CRAVEN, Abigail - 2 Sept 1853; 12 Sept
1853 p3
Albina - 26 July 1860; 4 Aug 1860 p3
Amos William - 31 Oct 1857; 7 Dec 1857 p3
Ethel - 8 Nov 1910; 31 Dec 1910 p1
George B - 9 Feb 1886; 31 Dec 1886 p3
George T - 3 Oct 1915; 31 Dec 1915 p2
Gertrude - 6 Nov 1907; 31 Dec 1907 p1
Isaac - 11 Apr 1835; 16 Apr 1835 p3
John - 2 Jan 1854; 3 Jan 1854 p3
John - 29 Mar 1883; 31 Dec 1883 p3
John - 13 Sept 1900; 31 Dec 1900 p1
John P - 11 Feb 1875; 19 Feb 1875 p2
Maggie M - 10 Sept 1897; 31 Dec 1897 p1
Mary E - 19 July 1904; 31 Dec 1904 p1
Virginia - 18 Apr 1884; 31 Dec 1884 p3
CRAWFORD, Addie d/o R M Young - 19 Feb
1862; 13 Jun 1862 p3*
Col Henry - 24 May 1860; 30 June 1860 p3
Col John - 3 Mar 1833; 14 Mar 1833 p3
D Ross - 26 July 1841; 2 Aug 1841 p3
David - 28 Nov 1834; 24 Dec 1834 p3
Martha A - 4 Aug 1872; 29 Aug 1872 p3
Mary - nd; 13 July 1858 p3
Mary - 20 Nov 1865; 22 Nov 1865 p3
Sarah Corbett - 27 Mar 1861; 30 Mar 1861 p3
Sarah E - 28 Oct 1890; 31 Dec 1890 p1
CREAMER, Daniel - 13 Aug 1840; 22 Aug
1840 p3
CREASE, Anthony - 24 Sept 1820; 26 Sept
1820 np
Anthony - 24 Sept 1839; 24 Oct 1839 p3
Anthony Jr - 12 Feb 1815; 14 Feb 1815 p3
Jane - 29 Mar 1872; 30 Apr 1872 p2

CREASER, Thomas - 16 Aug 1872; 19 Aug
1872 p3
CREBS, Coonrad - 1 Oct 1869; 23 Oct 1869 p2
CREEGAN, Catharine - 4 Oct 1891; 31 Dec
1891 p1
John - 6 Feb 1896; 31 Dec 1896 p1
Michael - 21 Aug 1915; 31 Dec 1915 p2
CREEL, Elizabeth - 15 Mar 1860; 28 Apr
1860 p3
CREIGHTON, Ann - 18 Jan 1868; 20 Jan 1868 p2
Annie Louise - 17 Aug 1866; 20 Aug 1866 p2
Eliza Hamilton - 26 Jan 1877; 16 Feb 1877 p2
Hallie - 18 Sept 1903; 31 Dec 1903 p1
Hattie V - 15 Nov 1905; 30 Dec 1905 p1
J A - 16 Jan 1915; 31 Dec 1915 p2
J C - 27 Mar 1914; 31 Dec 1914 p1
J T - 16 Aug 1896; 31 Dec 1896 p1
John - 17 May 1862; 19 May 1862 p3*
Commodore John O - nd; 18 Oct 1838 p3
Katie - 30 June 1879; 30 June 1879 p2
Mary E - 26 Feb 1895; 3 Dec 1895 p1
Mary E - 9 May 1907; 31 Dec 1907 p1
Mary Elizabeth - 27 July 1863; 27 July 1863 p3
Matilda Vowell - 20 Feb 1877; 20 Feb 1877 p3
Ruth A - 18 Feb 1871; 18 Feb 1871 p2
Sarah Cornelia - 27 Apr 1835; 28 Apr 1835 p3
W F - 2 May 1901; 31 Dec 1901 p1
William - 25 Apr 1842; 7 May 1842 p3
William - 19 Apr 1843; 6 May 1843 p3
CRESMOND, Bettie E - 22 Nov 1912; 31 Dec
1912 p1
CRESS, Newman - 10 July 1889; 31 Dec 1889 p2
CREUZEN, William - nd; 24 June 1843 p2
CREWE, Amy - 22 Oct 1877; 24 Oct 1877 p2
CRIDLER, Augustus M - 26 Feb 1877; 27 Feb
1877 p2
John - 16 Nov 1854; 25 Nov 1854 p3
CRILLY, Rosa - 16 Apr 1906; 31 Dec 1906 p1
CRISSEY, Willie - -- Apr 1868; 9 Apr 1868 p2
CRISTEL, Johnny - 1866; 11 June 1866 p2
CRITCHER, Elizabeth K W - 26 Feb 1904;
31 Dec 1904 p1
John - 27 Sept 1901; 31 Dec 1901 p1
CRITTENDEN, Fannie - 27 Apr 1872; 1 May
1872 p2
Gilman D - 16 Dec 1911; 30 Dec 1911 p4
Mary - nd; 24 Oct 1871 p2
CROCKER, Anna - 9 Mar 1874; 10 Mar 1874 p2
Francis P - 26 Feb 1873; 28 Feb 1873 p2
CROCKETT, Lizzie 21 Apr 1891; 31 Dec
1891 p1
Mary - 14 May 1908; 31 Dec 1908 p1

CROCKETT, William - 17 Apr 1891; 31 Dec 1891 p1
CROCKFORD, Hattie - 19 July 1878; 10 Sept 1878 p2
Hattie B - 22 Mar 1871; 4 Apr 1871 p2
Col John - 15 May 1868; 22 May 1868 p3
CROES, Rev John - 30 July 1832; 6 Aug 1832 p3
CROGGEN, Thomas - nd; 17 Sept 1838 p3
CROGHAN, Charles - 21 Oct 1832; 23 Jan 1833 p3
CROKER, John Wilson - 11 Aug 1857; 1 Sept 1857 p2
CROMWELL, Troy - 16 Apr 1887; 18 Apr 1887 p3
CRONIN, Annie - 24 Feb 1904; 31 Dec 1904 p1
Raymond - 27 Mar 1907; 31 Dec 1907 p1
CRONK, Georgianna - 12 May 1898; 31 Dec 1898 p1
CRONKE, Clarence - 29 Sept 1899; 30 Dec 1899 p1
CROOK, Ann - 8 Nov 1840; 12 Nov 1840 p3
Bernard C - 15 Mar 1873; Tombstone Inscriptions Vol 2
Charles B - 20 Mar 1914; 31 Dec 1914 p1
George - nd; 11 Jan 1832 p3
Joseph - 5 Sept 1855; 20 Sept 1855 p3
Josephine Priscilla - 24 Mar 1870; 24 Mar 1870 p2
Mary - 27 Nov 1845; 29 Nov 1845 p3
Mary - 23 Aug 1857; 27 Aug 1857 p3
Oliver T - 1 Oct 1866; 31 Oct 1866 p2
Robert M - 19 Feb 1914; 31 Dec 1914 p1
Robert W - 14 June 1872; 15 June 1872 np
Susan H - 10 Sept 1885; 31 Dec 1885 p2
CROPLEY, Eleanor - 20 Jan 1867; 26 Jan 1867 p2
George B - 16 Oct 1839; 24 Oct 1839 p3
George Bird - 27 May 1869; 29 May 1869 p2
CROSBY, Enoch - 26 June 1835; 7 July 1835 p3
CROSEN, Ernest R - 19 Aug 1909; 31 Dec 1909 p1
John - 17 Sept 1888; 31 Dec 1888 p1
Julia Ann - 23 Jan 1892; 31 Dec 1892 p1
Mary A - 17 Dec 1896; 31 Dec 1896 p1
Robert - 22 July 1892; 31 Dec 1892 p2
Capt Thomas - 27 Oct 1843; 2 Nov 1843 p3
CROSS, Anne Eliza Ritchie - 10 Sept 1865; 15 Sept 1865 p2
Catharine - 12 Oct 1836, 15 Oct 1836 p3
Charles - 19 Feb 1908; 31 Dec 1908 p1
Elizabeth A - 1 Jan 1868; 2 Jan 1868 p2
Fielder - 22 Sept 1869; 24 Sept 1869 p2

John Reid - 5 Dec 1832; 10 Dec 1832 p3
John Reid - 12 Aug 1910; 31 Dec 1910 p1
Lewis - 8 Jan 1875; 29 Jan 1875 p2
Maria - 4 May 1873; 7 May 1873 p3
Martha - nd; 22 Sept 1836 p3
Matilda A - 21 Feb 1902; 31 Dec 1902 p1
Nancy - nd; 18 Oct 1839 p3
Reid - 16 Feb 1851; 19 Feb 1851 p2
Richard Y - 12 July 1860; 14 July 1860 p3
Sarah W - 9 Oct 1865; 9 Oct 1865 p2
Summerfield - 17 July 1902; 31 Dec 1902 p1
Thomas - 22 Feb 1896; 31 Dec 1896 p1
William G - -- Aug 1873; 7 Aug 1873 p2
CROSSFIELD, Addison - 10 Jan 1860; 12 Jan 1860 p2
Ann Eliza - 5 Mar 1857; 7 Mar 1857 p2
CROSSON, Mrs Mary E - 27 Dec 1862; 29 Dec 1862 p2*
CROTHERS, Wm - 9 Feb 1842; 30 Apr 1842 p3
CROUCH, John - nd; 29 Aug 1853 p3
CROUSE, Col David - nd; 25 Apr 1837 p3
Mary Magdaline - 15 Apr 1843; 3 Aug 1843 p3
CROXALL, Morris - 27 Oct 1841; 2 Nov 1841 p3
CROZIER, R H - 15 June 1854; 17 June 1854 p3
CRUMP, Ada V - 18 Sept 1893; 30 Dec 1893 p2
Alice Elva - 5 May 1882; 5 May 1882 p2
Anna M - 26 Mar 1905; 30 Dec 1905 p1
Charles - 4 Feb 1896; 31 Dec 1896 p1
Charles - 29 July 1896; 31 Dec 1896 p1
Charles W - 31 Nov 1894; 31 Dec 1894 p1
Daniel - 12 Aug 1857; 29 Aug 1857 p3
Emily - 16 Sept 1901; 31 Dec 1901 p1
Emily - 14 Mar 1903; 31 Dec 1903 p1
Mrs F A - 20 Dec 1914; 31 Dec 1914 p1
Fannie May - 15 Apr 1882; 17 Apr 1882 p2
Dr George P - 22 June 1860; 16 July 1860 p3
George W - 28 Dec 1893; 30 Dec 1893 p2
Harriet N - 11 Apr 1899; 30 Dec 1899 p1
Mrs Henry - 5 Feb 1898; 31 Dec 1898 p1
James M - nd; 7 July 1837 p3
James T - 13 Oct 1892; 31 Dec 1892 p2
John - nd; 11 Aug 1847 p3
John R - 5 July 1889; 31 Dec 1889 p2
Julia H - 6 July 1908; 31 Dec 1908 p1
Kern H - 22 July 1904; 31 Dec 1904 p1
Lucy A - 11 July 1908; 31 Dec 1908 p1
Martha - 15 Nov 1883; 31 Dec 1883 p3
Mary A - 5 June 1904; 31 Dec 1904 p1
Nancy - 5 June 1851; 23 June 1851 p3
Sarah S - 28 Mar 1872; 29 Mar 1872 p2
William - 10 Feb 1873; 28 Feb 1873 p2

CRUMP, William - 21 Aug 1904; 31 Dec 1904 p1
Wm H - 14 Sept 1836; 23 Sept 1836 p3
Willie Almen - 13 May 1882; 13 May 1882 p2
CRUMPER, John R - 9 Dec 1857; 9 Jan 1858 p3
CRUPPER, A Boston - 16 May 1891; 31 Dec 1891 p1
Amanda - 15 Oct 1896; 31 Dec 1896 p1
Eli - recently; 2 Feb 1864 p3
Elizabeth - 2 Dec 1882; 6 Dec 1882 p2
Elizabeth A - 4 Apr 1915; 31 Dec 1915 p2
Francis - 19 Oct 1857; 27 Oct 1857 p3
J Q A - 8 Mar 1908; 31 Dec 1908 p1
Robert - 6 Nov 1865; 6 Nov 1865 p2
Rozer - 2 Aug 1908; 31 Dec 1908 p1
Sarah - 15 Feb 1874; 16 Feb 1874 p2
Thos Oscar - 13 Nov 1879; 13 Nov 1879 p2
William A - 10 July 1914; 31 Dec 1914 p1
William E - 29 Sept 1878; 29 Sept 1878 p2
William Henry - 4 Feb 1842; 7 Feb 1842 p3
CRUSE, Ann - 6 Apr 1847; 9 Apr 1847 p3
Thomas Jr - nd; 21 Sept 1811 p3
Thomas - 26 June 1832; 30 June 1832 np
CRUTCHFIELD, Louisa M - nd; 9 Aug 1833 p3
Sally Ann - 1 Aug 1850; 15 Aug 1850 p3
Wm Taylor - 4 Sept 1875; 10 Sept 1875 p2
CRUTTENDEN, Capt H - 7 May 1868; 8 May 1868 np
Mary - 4 Jan 1867; 21 Jan 1867 p2
CRUX, Jane - 12 Sept 1872; 18 Sept 1872 p2
CRYSS, Henry - 18 Aug 1855; 22 Aug 1855 p3
Jane - 28 Nov 1861; Local news 24 Dec 1861 p1
Wm Henry - nd; 29 June 1855 p3
CULBRETH, Thos - 17 Apr 1843; 30 May 1843 p3
CULL, Prof Edwin J - 14 Nov 1862; 15 Dec 1862 p3*
CULLEN, Daniel - 10 Jan 1884; 31 Dec 1884 p3
Dollie F - 27 May 1906; 31 Dec 1906 p1
Harriet C - 17 Mar 1849; 2 Apr 1849 p3
John - 24 Apr 1891; 31 Dec 1891 p1
Mary - 3 Oct 1875; 4 Oct 1875 p2
Thomas A - -- Aug 1877; 6 Aug 1877 p2
CULVER, Henry - nd; 20 Feb 1846 p3
CUMMINGS, Hannah - 31 May 1883; 31 Dec 1883 p3
Norris S - 21 May 1904; 31 Dec 1904 p1
CUMMINS, Ebenezer Harlow - 17 Jan 1834; 21 Jan 1834 p3
John C - 4 Jan 1882; 14 Jan 1882 p2
William - 7 Apr 1843; 28 Apr 1843 p3

CUMMISKEY, Eugene - 6 Nov 1870; 14 Nov 1870 p2
CUMPSTON, Rev E H - 2 Jan 1885; 31 Dec 1885 p2
Wilhelmina Bartleman - 11 June 1878; 11 June 1878 p3
CUNDIFF, John Y - 5 Nov 1874; 7 Nov 1874 p2
CUNNINGHAM, Lillie - 19 Apr 1894; 31 Dec 1894 p1
Floride Calhoun - 14 Aug 1871; 21 Aug 1871 p2
Patrick - 1 Mar 1897; 31 Dec 1897 p1
CURAN, Edward - 1 Sept 1875; 2 Sept 1875 p2
CURLETT, Wm - 19 July 1840; 27 July-1840 p3
CURLEY, Annie V - 22 Dec 1900; 31 Dec 1900 p1
Marietta V - 10 Apr 1871; 11 Apr 1871 p3
CURRAN, Ellen U - nd; 2 June 1853 p2
CURRY, Robert - 5 Aug 1904; 31 Dec 1904 p1
CURTIN, J R N - 13 Mar 1911; 30 Dec 1911 p4
Patrick - 31 Aug 1912; 31 Dec 1912 p1
Wm - nd; 2 Sept 1831 p3
Willie - 29 Nov 1882; 30 Nov 1882 p2
CURTIS, Azubah - 31 Dec 1842; 1 Mar 1843 p3
David - 3 Aug 1847; 6 Aug 1847 p2
Capt E L - 7 Aug 1887; 8 Aug 1887 p2
Eleanor Angela - 18 Feb 1861; 2 Mar 1861 p3
Evelyn E - 19 June 1881; 20 June 1881 p2
George T - 23 Dec 1899; 30 Dec 1899 p1
Jacob - nd; 14 Jan 1852 p2
Rose C - 14 July 1911; 30 Dec 1911 p4
Styles P - 3 Sept 1860; 6 Sept 1860 p3
Willie E - 26 July 1882; 27 July 1882 p2
CURTISS, Mary Jane - 17 Apr 1875; 20 Apr 1875 p2
Nellie - 27 Dec 1904; 31 Dec 1904 p1
CUSHING, Mr - 7 Sept 1796; 10 Sept 1796 p3
Dulcie B - 7 Sept 1874; 12 Sept 1874 p2
Jonathan P - 25 Apr 1835; 4 May 1835 p3
CUSTIS, George Washington Parke - 10 Oct 1857; 12 Oct 1857 p3
Mary Lee - 23 Apr 1853; 26 Apr 1853 p3 & obituary 16 May 1853 p2
CUTLER, H J - 30 Aug 1915; 31 Dec 1915 p2
CUTTING, Dr John Browne (Asst Apothecary General in Revolutionary Army) - 4 Feb 1831; 5 Feb 1831 p3
CUTTS, Dolly Payne Madison - nd; 17 Dec 1838 p3
CUVILLIER, Charles M - 16 Mar 1911; 30 Dec 1911 p4
Jane F - 7 Nov 1872; 8 Nov 1872 p3

CUVILLIER, Jane P - 9 Mar 1872; 9 Mar 1872 p2
  Joseph Franklin - 21 May 1860; 29 May 1860 p3
  Mary L - 30 Aug 1903; 31 Dec 1903 p1

DABNEY, Catherine - 21 May 1866; 23 May 1866 p3
  Col Charles - nd; 24 Oct 1833 p3
  Elizabeth Prosser - 3 May 1878; 4 May 1878 p2
  Rev J Blair - -- Apr 1868; 27 Apr 1868 p2
  Maria H - 24 Apr 1860; 30 Apr 1860 p3
  S A - 14 Dec 1909; 31 Dec 1909 p1
DADE, Amanda M - 6 July 1867; 20 July 1867 p2
  Catherine w/o Walter S Alexander - 5 Feb 1804; 6 Feb 1804 p3
  Charles Edward - 14 Mar 1834; 22 Mar 1834 p3
  Charles L - 17 May 1860; 21 May 1860 p2
  Eliza F - -- Mar 1868; 1 Apr 1868 p2
  Eliza L - 7 Aug 1844; 12 Aug 1844 p3
  Elizabeth - 16 Aug 1828; 19 Aug 1828 p3
  Elizabeth S - nd; 12 Sept 1871 p2
  Elizabeth Westwood - nd; 13 Nov 1852 p3
  Ellen G - -- Oct 1843; 17 Oct 1843 p2 & 19 Oct 1843 p3
  Fanny Byrd - 9 Mar 1874; 13 Mar 1874 p2
  Jane - 23 Jan 1873; 24 Jan 1873 p2
  John B - 3 Sept 1866; 1 Oct 1866 p2
  Julia A - nd; 20 Oct 1847 p3
  Kitty - 1786; 13 July 1786 p2
  Langhorn - 30 Dec 1832; 1 Jan 1933 p3
  Lawrence T - 25 Mar 1842; 4 May 1842 p3
  Lawrence T - 16 Nov 1843; 21 Nov 1943 p3 & 25 Nov 1843 p3
  Lucien - 3 Aug 1854; 30 Aug 1854 p3
  Mary T - 22 Aug 1864; 24 Aug 1864 p2
  Mildred J - 28 Feb 1871; 16 June 1871 p3
  Townsend B - 11 Sept 1841; 16 Sept 1841 p3
  Wm - nd; 18 July 1837 p3
  Wm G - nd; 20 Oct 1829 p3
DAGGETT, Aaron W - 30 July 1859; 4 Aug 1859 p3
DAGGS, John - nd; 17 Feb 1852 p2
DAHLGREN, Col - 1865; 11 Nov 1865 p2
DAILEY, Frances Ann - nd; 7 Mar 1859 p3
  Hannah - 1 Feb 1869; 13 Feb 1869 p2
  Rebecca - 26 Feb 1840; 2 Mar 1840 p3
DAILY, Edward - nd; 11 Nov 1819 p3
  Samuel - 6 June 1860; 22 June 1860 p2
  Walter H - 8 Jan 1892; 31 Dec 1892 p2
DAINGERFIELD, Mrs B - nd; 28 June 1845 p3
  Bathurst - 22 Feb 1827; 24 Feb 1827 p3
  Bettie - nd; 6 July 1871 p2

Bland - 4 Dec 1843; 9 Dec 1843 p3
  Courtenay T - 30 Apr 1872; 7 May 1872 p2
  Edwin - 10 Jan 1842; 17 Jan 1842 p3
  Effie - 7 Jan 1902; 31 Dec 1902 p1
  Eliza R - 28 Dec 1897; 31 Dec 1897 p1
  Eliza R - 2 May 1902; 31 Dec 1902 p1
  George - 25 Jan 1872; 26 Jan 1872 p3
  Harriet - 24 May 1874; 25 May 1874 p2
  Henry - 16 Jan 1866; 18 Jan 1866 p2
  Henry - 21 Aug 1894; 31 Dec 1894 p1
  Dr Henry - 3 Jan 1844; 4 Jan 1844 p2
  J B - 23 Jan 1886; 31 Dec 1886 p3
  John Bathurst - 7 Aug 1879; 8 Aug 1879 p2
  Lucy - -- Nov 1835; 12 Nov 1835 p3 & 23 Nov 1835 p3
  Margaret B - 10 Oct 1887; 11 Oct 1887 p2
  Maria H - 30 June 1860; 3 July 1860 p3
  R J - 17 June 1896; 31 Dec 1896 p1
  Rebecca - nd; 4 July 1853 p2
  Rebecca - 6 July 1870; 6 July 1870 p2
  Rebecca H - 19 July 1885; 31 Dec 1885 p2
  Rosalie A - 22 June 1841; 24 June 1841 p3
  Sadie Chapin - 30 June 1878; 9 Oct 1878 p3
  Susan B - 27 Jan 1837; 30 Jan 1837 p3
  Dr Wm Allen - 19 Nov 1821; 23 Nov 1821 p2
  Col W H - -- Aug 1878; 16 Aug 1878 p2 & 24 Aug 1878 p2
  William Winn 7 Sept 1852; 14 Sept 1852 p3
DAINTY, Frank - 24 Sept 1903; 31 Dec 1903 p1
DALE, Abraham - nd; 23 Sept 1836 p3
  James - 28 July 1871; 31 July 1871 p3
  Jane - 18 Jan 1861; 19 Jan 1861 p2
  Capt John R - nd; 22 Jan 1863 p3
  Robert - 2 June 1834; 5 June 1834 p3
DALEY, Eliza - 19 June 1874; 19 June 1874 p2
  Walter H - 8 Nov 1876; 8 Nov 1876 p2
DALGARN, John W - 9 June 1874; 13 June 1874 p2
DALTON, Catharine - 13 Sept 1844; 18 Sept 1844 p3
DALTON?, Robt Henry - 6 Aug 1862; 9 Aug 1862 p3*
D'ALTON, Margaret F G - 19 Nov 1878; 20 Nov 1878 p2
DALY, Mrs Walter - 9 July 1898; 31 Dec 1898 p1
DAMES, John H - 12 Jan 1873; 16 Jan 1873 p2
DAMON, Leslie - 23 June 1908; 31 Dec 1908 p1
DANA, Capt N G - nd; 6 Feb 1833 p3
  Rev Sylvester - 9 June 1849; 16 June 1849 p3
DANE, Nathan - 15 Feb 1835; 23 Feb 1835 p3

DANDRIDGE, Caroline - 29 Mar 1854; 7 Apr 1854 p3
DANFORD, Joshua - nd; local news 16 Nov 1861 p1
DANFORTH, Abraham - nd; 7 Sept 1839 p3
Jane J - 20 July 1870; 22 July 1870 p3
Julia Harper nd; 12 Feb 1859 p3
Julia Harper obituary nd; 29 Mar 1859 p3
Samuel Adams - 2 Jan 1867; 5 Jan 1867 p2
DANIEL, H V - 28 May 1881; 30 May 1881 p2
Lucy Nelson - nd; 18 Nov 1847 p2
Margaret - nd; 5 Aug 1851 p2
Mary A - 14 Feb 1910; 31 Dec 1910 p1
Ophelia E - 12 Mar 1866; 23 Mar 1866 p3
Sarah T - 20 Nov 1843; 25 Nov 1843 p3
Stephen - 8 Feb 1854; 18 Feb 1854 p2
Walter Raleigh - 19 Nov 1869; 9 Dec 1869 p3
DANIELS, Charles Alfred - 4 Sept 1873; 5 Sept 1873 p2
Nancy - nd; 10 Nov 1871 p2
Mrs Orlando H - 25 May 1896; 31 Dec 1897 p1
DANKWORTH, Cordelia - 22 Apr 1873; 24 Apr 1873 p2
DANNEHOWER, George - 1 Aug 1843; 10 Aug 1843 p3
DANNER, Jacob - nd; 2 July 1850 p4
Mary S - 28 May 1850; 21 June 1850 p2
DARDEN, William J - 17 Feb 1864; 19 Feb 1864 p2
DARE, Mary Elizabeth - 7 Dec 1853; 16 Dec 1853 p3
DARLEY, Charles H - 11 Nov 1914; 31 Dec 1914 p1
Ella - 21 May 1904; 31 Dec 1904 p1
George - 19 Mar 1900; 31 Dec 1900 p1
John - 19 Feb 1885; 31 Dec 1885 p2
Mary - 10 Feb 1864; 10 Feb 1864 p2
Mary - 20 Feb 1898; 31 Dec 1898 p1
Thomas A - 25 Jan 1852 (killed by Indians); 3 May 1852 p3
William - 26 Apr 1912; 31 Dec 1912 p1
DARLING, George - 18 Oct 1813; 19 Oct 1813 p2
John - 24 May 1911; 30 Dec 1911 p4
Sellwood - 28 June 1890; 31 Dec 1890 p1
Tebie E - 14 Apr 1894; 31 Dec 1894 p1
DARLY, William - 4 Oct 1897; 31 Dec 1897 p1
DARNALL, John Sydney - 1 Dec 1862; 1 Dec 1862 p3*
DARNE, Nicholas - 4 Apr 1840; 28 Apr 1840 p3
Nicholas - nd; 5 Sept 1844 p3
Robert - 22 Aug 1873; 1 Sept 1873 p2

DARNELL, Mrs Mary - 26 Jul 1862; 28 Jul 1862 p3*
R L - 6 Jan 1905; 30 Dec 1905 p1
DARNS, Robert B - nd; 30 Apr 1845 p2
DARRAGH, Joseph A - 4 Jan 1870; 11 Jan 1870 p3
DARRELL, Betsy - 24 May 1869; 24 May 1869 p3
Walter L - 23 Aug 1940; 9 Sept 1840 p3
DARST, Florence W - 12 Jan 1914; 31 Dec 1914 p1
DASHIELL, John I - 19 Sept 1905; 30 Dec 1905 p1
John McCobb - 31 Jan 1843; 3 Feb 1843 p3
DASHILL, Richard Parker - nd; 5 Feb 1833 p3
DAUGHERTY, Capt Patrick - nd; 16 Sept 1839 p3
Wm T - 27 Feb 1854; 3 Mar 1854 p3
DAVENPORT, Henry A - 11 June 1893; 30 Dec 1893 p2
Thomas - 17 Nov 1838; 22 Nov 1838 p3
DAVEY, Davey - 17 Jan 1807; 17 Jan 1807 p3
Wm. - 3 Dec 1862; 5 Dec 1862 p3*
DAVID, Harry - 13 Aug 1880; 14 Aug 1880 p2
DAVIDGE, Anna Maria - 2 Mar 1880; 3 Mar 1880 p3
John Beale - 23 July 1829; 26 Aug 1829 p3
DAVIDSON, Mrs - 11 Oct 1803; 12 Oct 1803 p3
Andrew J - nd; 7 Feb 1855 p3
Eva - 19 Aug 1866; 20 Aug 1866 p2
Francis K - 29 July 1888; 31 Dec 1888 p1
Kate S - 24 July 1860; 31 July 1860 p3
Mary - 1 Oct 1803; 4 Oct 1803 p3
Mary A - 6 Feb 1878; 9 Feb 1878 p2
Mary Ellen - nd; 12 Feb 1850 p3
Thomas H - 15 July 1834; 23 July 1834 p2
W - 15 June 1888; 31 Dec 1888 p1
W K - 17 Aug 1914; 31 Dec 1914 p1
W W - 12 June 1869; 19 June 1869 p2
DAVIES, Benjamin - 29 Jan 1821; 30 Jan 1821 p2
Henrian - 23 Feb 1876; 4 Mar 1876 p2
Jane Elizabeth - 23 Jan 1833; 23 Jan 1833 p3
Julia - 19 Aug 1907; 31 Dec 1907 p1
Mary - 30 Sept 1835; 2 Oct 1835 p3
Viola - 26 Oct 1908; 31 Dec 1908 p1
Virginia Kankey - 12 Feb 1843; 22 Feb 1843 p3
DAVIS, A D - 25 July 1911 - 30 Dec 1911 p4
Alice - 24 Apr 1872; 3 May 1872 p2
Alice - 6 Dec 1886; 31 Dec 1886 p3
Alice - 20 Jan 1912; 31 Dec 1912 p1
Alice E - 9 Dec 1915; 31 Dec 1915 p2
Amelia Virginia - nd; 8 Aug 1844 p3

DAVIS, Americus - 19 July 1913; 31 Dec 1913 p1
Andrew J - 29 June 1904; 31 Dec 1904 p1
Ann - 24 June 1898; 31 Dec 1898 p1
Annie - 4 July 1903; 31 Dec 1903 p1
Annie E - 26 Jan 1900; 31 Dec 1900 p1
Aurelia - 13 July 1881; 14 July 1881 p2
Bayliss - nd; 1 Sept 1857 p3
Benjamin H - 13 Oct 1821; 22 Oct 1821 p3
(Brewster) Burton H - 17 Oct 1857; 20 Oct 1857 p3
C L - 20 July 1870; 20 July 1870 p3
C R - 21 May 1913; 31 Dec 1913 p1
Carey - 11 Nov 1907; 31 Dec 1907 p1
Caroline - 23 Mar 1835; 26 Mar 1835 p3
Cecelia - 21 July 1855; 6 Aug 1855 p3
Charles - -- Oct 1879; 22 Oct 1879 p2
Charles - 21 Aug 1905; 30 Dec 1905 p1
Charles E - 11 Mar 1860; 14 Mar 1860 p3
Charles E - 7 July 1903; 31 Dec 1903 p1
Charles M - 20 Mar 1861; 21 Mar 1861 p3
Charles M - 19 Nov 1900; 31 Dec 1900 p1
Charlotte - 4 Mar 1897; 31 Dec 1897 p1
Charlotte - 21 Aug 1857; 24 Aug 1857 p3
Charlotte W - 16 Jan 1853; 18 Jan 1853 p2
Chauncey - 22 Jan 1896; 31 Dec 1896 p1
D W - 29 Nov 1906; 31 Dec 1906 p1
Daniel - 25 May 1841; 7 June 1841 p3
Dayton - -- Mar 1878; 11 Mar 1878 p2
Dianah - 19 Mar 1871; 29 Mar 1871 p3
Edward S - 1 Apr 1914; 31 Dec 1914 p1
Edward W - 3 June 1886; 31 Dec 1886 p3
Eliza K - 18 Mar 1901; 31 Dec 1901 p1
Elizabeth - 6 Aug 1820; 9 Aug 1820 p2
Elizabeth - 1 Sept 1853; 8 Sept 1853 p2
Elizabeth - 3 Feb 1888; 31 Dec 1888 p1
Emeline - 29 June 1890; 31 Dec 1890 np
Emily - 28 Nov 1913; 31 Dec 1913 p1
Emily A - 13 Feb 1871; 29 Mar 1871 p3
Enoch - 6 Aug 1906; 31 Dec 1906 p1
Fannie D - 15 Sept 1901; 31 Dec 1901 p1
Frances Marietta - 1 Sept 1889; 31 Dec 1889 p2
George - 10 Mar 1879; 10 Mar 1879 p2
George - 24 Oct 1897; 31 Dec 1897 p1
George Lynn Lachlan - 24 Dec 1869; 1 Jan 1870 p2
George W - 16 Mar 1870; 23 Mar 1870 p2
George W - 19 Dec 1901; 31 Dec 1901 p1
George W - 8 Dec 1909; 31 Dec 1909 p1
Gideon - 11 Nov 1866; 27 Nov 1866 p2
Hannah Ann - nd; 12 Feb 1845 p3
Hattie - 14 June 1909; 31 Dec 1909 p1
Henrietta - 24 Oct 1884; 31 Dec 1884 p3

Capt Henry - 9 Jan 1871; 12 Jan 1871 p2
Henry - nd; 4 Nov 1872 p3
Henry - 18 Nov 1912; 31 Dec 1912 p1
Henry Clay - 18 Sept 1913; 31 Dec 1913 p1
Henry W - 10 Mar 1897; 31 Dec 1897 p1
Henson - nd; 17 Apr 1854 p3
Hester A - 9 May 1868; 13 May 1868 p3
Hugh - 26 Feb 1843; 1 Mar 1843 p3
J G - 18 Jan 1866; 19 Jan 1866 p2
James T - 19 Jan 1912; 31 Dec 1912 p1
Jannie - 20 Feb 1890; 31 Dec 1890 np
Jefferson - 25 Aug 1865; 25 Aug 1865 p4
Mrs Jesse - 27 Jan 1888; 31 Dec 1888 p1
Jesse W - 24 Sept 1911; 30 Dec 1911 p4
John - nd; 17 Sept 1836 p3
John - 22 July 1867; 23 July 1867 p2
John - 11 Apr 1848; 14 Apr 1848 p3
Mrs John - 13 May 1888; 31 Dec 1888 p1
John - 1906; 31 Dec 1906 np
John - 16 Jan 1913; 31 Dec 1913 p1
John Brazer - nd; 25 Dec 1832 p3
Joseph - 25 Apr 1895; 31 Dec 1895 p1
Joseph W - 20 Mar 1894; 31 Dec 1894 p1
Josiah H., Esq - 1 May 1862; 13 May 1862 p4*
Levi - -- Feb 1875; 11 Feb 1875 p2
Lewis - 4 Sept 1867; 26 Sept 1867 p2
Louisa - 26 July 1888; 31 Dec 1888 p1
Margaret - 16 Mar 1884; 31 Dec 1884 p3
Margaret - 7 Feb 1908; 31 Dec 1908 p1
Martenea - 3 Jan 1886; 31 Dec 1886 p3
Martha E - nd; 4 June 1855 p3
Martha E - 9 Dec 1906; 31 Dec 1906 p1
Mary - 27 Mar 1878; 30 Mar 1878 p2
Mary Allen - 24 Feb 1817; 25 Feb 1817 p3
Mary E - 25 Jan 1884; 31 Dec 1884 p3
Mary Ellen - 4 Sept 1866; 4 Sept 1866 p2
Mary Ellen - 29 Aug 1909; 31 Dec 1909 p1
Mary Ida - 29 Mar 1875; 30 Mar 1875 p2
Mary Imogene - 19 Aug 1880; 19 Aug 1880 p2
Mary J - 20 July 1905; 30 Dec 1905 p1
Mary Jane - 25 June 1873; 26 June 1873 p2
Mary M - 23 July 1910; 31 Dec 1910 p1
Middleton - 19 Jan 1898; 31 Dec 1898 p1
Mrs - 9 May 1803; 10 May 1803 p3 & 11 May 1803 p3
Noah - nd; 30 July 1830 p3
Noble - 19 Nov 1908; 31 Dec 1908 p1
Norman - 15 Nov 1901; 31 Dec 1901 p1
Peter - nd; 7 Jan 1861 p3
Peter - 31 July 1878; 3 Aug 1878 p2
Priscilla Rebecca - 20 Jan 1841; 29 Jan 1841 p3
Richard G - 2 Aug 1860; 7 Aug 1860 p3

DAVIS, Robert T - 16 Apr 1902; 31 Dec 1902 p1
  Robert W - 11 Mar 1889; 31 Dec 1889 p2
  Rosanna - 4 Apr 1840; 7 Apr 1840 p3
  Rufus F - --- Apr 1887; 28 Apr 1887 p2
  S B - 24 Sept 1914; 31 Dec 1914 p1
  Samuel Thomas - 5 Aug 1860; 15 Aug 1860 p3
  Sarah - 27 Jan 1842; 2 Feb 1842 p3
  Sarah - 6 Oct 1890; 31 Dec 1890 p1
  Sarah - 6 Jan 1906; 31 Dec 1906 p1
  Sarah B - nd; 6 Sept 1844 p3
  Sarah E - 13 Feb 1882; 14 Feb 1882 p2
  Sarah M - nd; 25 June 1844 p4
  Sarah Wells - nd; 13 Feb 1861 p3
  Rev Thomas - 3 Dec 1815; 21 Dec 1815 p3
  Thomas (Vet of the Revolutionay War) - 7 May 1841; 12 May 1841 p3
  Thomas J - 27 Feb 1885; 31 Dec 1885 p2
  Thomas Vowell - 10 Jan 1868; 11 Jan 1868 p2
  Upton D - 11 Nov 1914; 31 Dec 1914 p1
  Virginia - 26 Feb 1914; 31 Dec 1914 p1
  Virginia W - 5 Mar 1901; 31 Dec 1901 p1
  Gen W G M - 11 Mar 1898; 31 Dec 1898 p1
  W M - 16 June 1896; 31 Dec 1896 p1
  Wesley - 15 June 1890; 31 Dec 1890 np
  Wm - nd; 17 Jan 1853 p2
  William - 31 Aug 1886; 31 Dec 1886 p3
  William Allen - 15 Oct 1878; 19 Oct 1878 p2
  Wm Henry - nd; 20 Aug 1852 p3
  William H - 11 Nov 1907; 31 Dec 1907 p1
DAVISON, Edward J - nd; 9 Oct 1848 p3
  Elizabeth H - 17 July 1867; 17 July 1867 p3
  Mary E - 2 Feb 1866; 17 Feb 1866 p2
DAVISSON, Hugh H - 9 Feb 1868; 14 Feb 1868 p3
DAVY, Alfred Ingals - 11 June 1851; 14 June 1851 p3
  Susan - 25 Apr 1872; 26 Apr 1872 p2 & 26 Apr 1872 p3
  Thomas - 27 Dec 1876; 28 Dec 1876 p2
DAWE, Mrs P W - nd; 30 Mar 1846 p3
  Philip D - nd; 22 May 1832 p3
DAWES, Elizabeth Eliot - 31 May 1860; 2 June 1860 p2
  Robert Nelson - 2 July 1852; 7 July 1852 p3
DAWSON, Asa - 30 Apr 1914; 31 Dec 1914 p1
  George M - 30 Nov 1860; 19 Dec 1860 p3
  George W - 11 Apr 1911; 30 Dec 1911 p4
  Capt John A - 23 July 1859; 27 July 1859 p3
  Robert - nd; 22 May 1858 p3
  Robert H - 5 Jan 1907; 31 Dec 1907 p1
  Samuel I - nd; 23 Jan 1833 p3
  Thomas J - 19 Dec 1859; 21 Dec 1859 p3

William J - 14 May 1859; 18 May 1859 np
DAY, Andrew J - 8 July 1845; 14 Mar 1846 p3
  Mrs Ann consort of John - 1 Sep 1862; 4 Sep 1862 p3*
  Baldwin - nd; 7 Dec 1852 p3
  Douglas - 27 Jan 1875; 1 Feb 1875 p2
  E H - 9 Feb 1908; 31 Dec 1908 p1
  Edward Clark - 29 July 1867; 30 July 1867 p3
  Elizabeth - 5 Feb 1834; 6 Feb 1834 p3
  James Henry - 24 June 1854; 22 June 1854 p3
  John - nd; 19 Jan 1861 p3
  Margaret - nd; 1 Mar 1836 p3
  Matthias - nd; 2 Jan 1845 p3
  Paul W - 21 Oct 1869; 1 Nov 1869 p2
  Phoebe Chitton - 18 July 1841; 23 Aug 1841 p3
  Sallie P - 6 Sept 1905; 30 Dec 1905 p1
  Susan Ann W - 6 Mar 1877; 26 Mar 1877 p2
DAYTON, Emily - 26 Jan 1868; 28 Jan 1868 p2
D'BELL, Mary E - 13 Apr 1861; 19 Apr 1861 p3
DeLaROCHE, Capt George - 14 Mar 1861; 16 Mar 1861 p3
DEAHL, A W - 3 Mar 1898; 31 Dec 1898 p1
  Addison W, Jr - 30 Aug 1862; 1 Sep 1862 p3*
  Mary Frances - 13 Oct 1914; 31 Dec 1914 p1
  William - 27 Feb 1868; 5 May 1868 p2
  William A - 30 July 1910; 31 Dec 1910 p1
DEAKINS, Barbara - nd; 15 Dec 1838 p3
  Daniel - nd; 4 Feb 1838 p3
  F M - 13 Feb 1912; 31 Dec 1912 p1
  Jane - 2 Aug 1863; 3 Aug 1863 p3
  Margaret - 11 Sep 1862; 12 Sep 1862 p3*
  Mary - 28 Oct 1915; 31 Dec 1915 p2
  Mary Ann - nd; 23 Jan 1852 p3
  Philip - 10 Mar 1838; 20 Mar 1838 p3
  Philip - 2 Mar 1843; 6 Mar 1843 p3
  Philip C - nd; 15 Dec 1843 p2
  Slovina - 21 July 1860; 27 July 1860 p2
DEAN, Catharine - nd; 10 July 1847 p2
  Mrs Edward - 27 Jan 1894; 31 Dec 1894 p1
  Hannah - 6 Feb 1843; 8 Feb 1843 p3
  John - 23 Sept 1877; 25 Sept 1877 p2
  Joseph - --- Apr 1818; 23 Apr 1818 p3
  Joseph - 5 Feb 1834; 5 Mar 1834 p3
  Lucinda A - 2 Mar 1914; 31 Dec 1914 p1
  Mary A - nd; 17 Aug 1854 p3
  Samuel - 6 Dec 1826; 7 Dec 1826 p3
  Sarah - 6 Mar 1904; 31 Dec 1904 p1
  Mrs William - 25 Mar 1834; 26 Mar 1834 p3
  William - 23 Sept 1900; 31 Dec 1900 p1
  Wm Henry - 23 Apr 1851; 26 Apr 1851 p2
DEANE, Dr Francis H - 17 Jan 1870; 27 Jan 1870 p2

DEANE, Margaret E - 30 Jan 1903; 31 Dec
 1903 p1
DEAR, Amos - 7 Aug 1860; 9 Aug 1860 p3
DEARBORN, Benj - 22 Feb 1838; 5 Mar 1838 p3
 Charles J - 4 Feb 1909; 31 Dec 1909 np
 Edward - 22 Apr 1850; 29 Apr 1850 p3
 George M - nd; 6 Dec 1844 p3
 George W - 26 May 1882; 26 May 1882 p2
 Gertrude M - 4 Aug 1891; 31 Dec 1891 p1
 Mary L - 1 Apr 1890; 31 Dec 1890 p1
 Peyton B - 1 July 1906; 31 Dec 1906 p1
 Sallie - 28 Mar 1885; 31 Dec 1885 p2
 Simon - 28 Nov 1846; 1 Dec 1846 p3
DEARING, Mary Ann - 29 Feb 1846; 2 Mar
 1846 p3
DEATHERAGE, Mary Fannie - 17 Nov 1870;
 28 Nov 1870 p2
DEATLEY, Lucy - 25 May 1837; 20 June
 1837 p3
DEATON, Anne E - 1 Dec 1840; 2 Dec 1840 np
 Willie N - 21 Aug 1876; 24 Aug 1876 p2
DEAVERS, Alfred - 18 July 1865; 24 July
 1865 p2
 Lewis - 25 Sept 1860; 28 Sept 1860 p2
 Mary A - 11 Aug 1913; 31 Dec 1913 p1
 Thomas - 8 June 1880; 8 June 1880 p2
DeBELL, Annie - 3 Dec 1860; 5 Dec 1860 p3
DEBLOIS, Dalton - 13 Apr 1854; 21 Apr
 1854 p3
DeBODISCO, Alexander - 2 Sept 1843; 5 Sept
 1843 p2
DeBUTTS, Richard - 5 May 1816; 8 May 1816 p3
DEBUTTS, Samuel - 14 Dec 1814; 22 Dec
 1814 p3
DeCAMP, Mary Augusta - 26 July 1843; 10 Aug
 1843 p3
DECAMP, Sidney - 3 Dec 1862; 5 Dec 1862 p3*
DeCASE TRUGO, Sarah Maria - 4 Jan 1841;
 24 Apr 1841 p3
DECATUR, Susan - nd; 27 Dec 1839 p3
DECHARD, Julia - 5 Mar 1871; 4 Apr 1871 p2
DeCOURCY, Eliza Bond - 13 Nov 1865; 17 Nov
 1865 p2
DEDIER, Frank J - 3 Apr 1906; 31 Dec 1906 p1
DEEBLE, Joseph - 8 Oct 1813; 12 Oct 1813 p3
 Mary Elizabeth - 23 Mar 1843; 27 Mar 1843 p3
 Samuel H - 27 July 1837; 2 Aug 1837 p3
DEETON, Albertus, - 12 Sept 1906; 31 Dec
 1906 p1
 Bettie - 14 Apr 1903; 31 Dec 1903 p1
 Christopher W - 18 Feb 1884; 31 Dec 1884 p3
 James H - 25 June 1902; 31 Dec 1902 p1

 John - 18 Dec 1892; 31 Dec 1892 p2
 Mary A - 29 Dec 1910; 31 Dec 1910 p1
DEFFENBAUGH, Margaret - 18 Sept 1857; 28
 Sept 1857 p3
DEGAN, Henry B - nd; 15 Apr 1826 p3
DEHAVEN, Emma Jane - 14 Nov 1887; 15 Nov
 1887 p2
 Sarah Catharine - 15 Nov 1882; 16 Nov 1882 p2
DeJARNETTE, M E - --- Apr 1871; 13 Apr
 1871 p2
 R E - 29 Nov 1876; 4 Dec 1876 p2
DeKRAFFT, Edward - 27 June 1833; 1 July
 1833 p3
 F C - 29 Jan 1837; 23 Feb 1837 p3
 Harriet - 12 Oct 1839; 4 Nov 1839 p3
DeLAGNEL, Harriet - 28 May 1891; 31 Dec
 1891 p1
 Mrs J A - 16 Aug 1900; nd np
 Julia E - 8 Sept 1881; 8 Sept 1881 p2
 Susan Caroline - 24 May 1869; 2 June 1869 p2
DELAHAY, E H - 9 Apr 1905; 30 Dec 1905 p1
 Edward Thomas - 2 July 1870; 9 July 1870 p3
 Laura M - 11 Apr 1915; 31 Dec 1915 p2
DELANEY D W - 5 Feb 1911; 30 Dec 1911 p4
 Mrs D W - 19 Jan 1912; 31 Dec 1912 p1
DELANO, Augustus - 22 Dec 1867; 21 Jan
 1868 p3
 Edwin J - 28 Jan 1868; 29 Jan 1868 p2
 James S - 14 Apr 1887; 15 Apr 1887 p2
DELAPLANE, D S - 31 May 1883; 31 Dec
 1883 p3
 Mary - 25 July 1870; 5 Aug 1870 p2
DELEHANTY, John - 22 Dec 1895; 31 Dec
 1895 p1
DELEHAY, Allie B - 18 July 1878; 19 July
 1878 p2
DELENE, Nellie - 13 Mar 1902; 31 Dec 1902 p1
DELLA, Andrew - 30 July 1901; 31 Dec 1901 p1
 Elizabeth - 13 Mar 1913; 31 Dec 1913 p1
 James A - 30 Sept 1879; 30 Sept 1879 p2
 Mary - 6 Mar 1885; 31 Dec 1885 p2
 Mary Louisa - 29 July 1860; 31 July 1860 p3
DELLETT, James C - 16 July 1860; 19 July
 1860 p3
DELPHIA, Richard - 10 Jan 1835; 17 Jan
 1835 p3
DELPHY, Ann Rebecca - 28 Jan 1858; 2 Feb
 1858 p3
 Bartholomew - --- Feb 1879; 19 Feb 1879 p2
DEMAINE, Elizabeth - 12 Apr 1876; 13 Apr
 1876 p2
 Julia C - 2 July 1902; 31 Dec 1902 p1

DEMAINE, Oscar - 26 Oct 1884; 31 Dec 1884 p3
  William - 12 Jan 1894; 31 Dec 1894 p1
DEMENT, Benjamin E - 19 Sept 1901; 31 Dec
  1901 p1
  Charles - 14 Nov 1900; 31 Dec 1900 p1
  Charles F - 27 July 1858; 29 July 1858 p3
  Elizabeth - nd; 9 July 1847 p2
  George - 25 Sept 1843; 29 Sept 1843 p3
  George Edward - nd; 17 Oct 1849 p3
  Louisa - 7 Nov 1853; 18 Nov 1853 p3
  Louisa D - 22 Aug 1840; 1 Sept 1840 p3
  Mary - nd; 11 July 1859 p3
  Richard - 17 Oct 1843; 26 Oct 1843 p3 &
    10 Nov 1843 p3
  Samuel H - 24 July 1908; 31 Dec 1908 p1
DEMING, Benjamin F - 11 July 1834; 19 July
  1834 p3
  Chester, Esq - 26 Oct 1862; 27 Oct 1862 p2*
DEMPSEY, Anna - 24 Oct 1913; 31 Dec 1913 p1
  Esther - 19 Apr 1901; 31 Dec 1901 p1
  Esther W - 25 Jan 1899; 30 Dec 1899 p1
  James - 26 Oct 1865; 27 Oct 1865 p2 p3
  Nancy - 18 Jan 1815; 19 Jan 1815 p3
DENEALE, Hugh W - 2 Dec 1815; 8 Dec
  1815 p3
  Mary - 15 June 1841; 16 June 1841 p3
  Sibyl - 27 May 1812; 29 May 1812 p3
  William Esq - 6 Sept 1814; 22 Sept 1814 p3
  William E - 16 Aug 1866; 25 Aug 1866 p2
  Wm W - nd; 2 Oct 1824 p3
DENHAM, Amy E - 28 Feb 1851; 14 Mar
  1851 p2
  David B - --- May 1868; 14 May 1868 p2
  Oliver - 4 Mar 1848; 10 Mar 1848 p2
  Sarah Edmonia - 3 Aug 1858; 9 Aug 1858 p3
DeNICOLA, Berine - 1 Jan 1906; 31 Dec 1906 p1
DENISON, Noyes P - 20 Nov 1874; 28 Nov
  1874 p2
DENMEAD, Adam - 10 Aug 1864; 11 Aug
  1864 p2
DENNETT, John L - 29 Mar 1811; 30 Mar
  1811 p3
DENNEY, C O - --- Jan 1878; 15 Feb 1878 p2
DENNIE, Joseph Esq - 7 Jan 1812; 14 Jan
  1812 p3
DENNIS, Ann Caroline d/o Wm Fowle - 16 Oct
  1844; 18 Oct 1844 p3
  Bettie - nd; 22 Aug 1854 p3
  Hon Littleton P - nd; 16 Apr 1834 p3
  Wm Fowle - 29 Nov 1877; 30 Nov 1877 p2
DENNY, Catharine - 14 July 1902; 31 Dec
  1902 p1

John P - nd; 16 Jan 1833 p3
Richard - nd; 20 Apr 1852 p2
DENOON, Samuel D - 24 Nov 1865; 27 Nov
  1865 p2
DENT, Ann Sophia - 25 Sept 1860; 13 Oct
  1860 p3
  Edward H - 2 Oct 1909; 31 Dec 1909 p1
  Eva R - 18 Mar 1911; 30 Dec 1911 p4
  F T C - 14 Feb 1872; 9 Mar 1872 p2
  George - 27 Mar 1833; 3 Apr 1833 p3
  George - 22 Feb 1835; 2 Mar 1835 p3
  Gracey Ann - 2 Apr 1845; 15 Apr 1845 p3
  John B - 20 Sept 1841; 25 Oct 1841 p3
  John Chapman - 31 Mar 1807; 2 Apr 1807 p2
  Mrs Kate Linthicum - 25 May 1862; 28 May
    1862 p3*
  Laura - 19 Mar 1899; 30 Dec 1899 p1
  Maggie - 26 Mar 1911; 30 Dec 1911 p4
  Mary - nd; 3 Jan 1838 p3
  Nancy M - nd; 19 Nov 1836 p3
  Dr Walter B - 31 July 1867; 23 Aug 1867 p3
DENTINGER, Bessie C - 16 Jan 1880; 17 Jan
  1880 p2
DENTY, Emma Josephine - 17 Oct 1881; 17 Oct
  1881 p2
  James C - 21 Sept 1870; 22 Sept 1870 p2
  Joseph W - 15 July 1884; 31 Dec 1884 p3
DEOLPH, Maj Ezra - 16 Sept 1811; 26 Sept
  1811 p3
DERMOTT, Anne Reed - 20 Aug 1860; 23 Aug
  1860 p4
  William - 31 Jan 1871; 1 Feb 1871 p3
DeRUSSY, Madileine E Bessiere - 24 Dec 1842;
  4 Jan 1843 p3
DeSAULS, Mary Julia - 16 Sept 1860; 18 Sept
  1860 p3
DesBRISAY, Elinor - 14 Feb 1881; 16 Feb
  1881 p2
DeSHAGO, William H - --- Sept 1875; 28 Sept
  1875 p2
DeSILVA, Eunice - 27 Feb 1894; 31 Dec 1894 p1
DESMOND, Honora - 14 Jan 1903; 31 Dec
  1903 p1
  Jeremiah - 1 Aug 1889; 31 Dec 1889 p2
  Maurice - 30 Nov 1896; 31 Dec 1896 p1
  Patrick H - 3 Apr 1908; 31 Dec 1908 p1
DEUEL, Isaac B - 14 Oct 1849; 17 Oct 1849 p3
  S Magruder - 31 Jan 1893; 30 Dec 1893 p2
DeVALANGEN, Dr Charles W - nd; 13 Apr
  1819 p3
DeVAUGHAN, Mrs Annie - 14 Nov 1862; 15
  Nov 1862 p1*

DeVAUGHAN, Caroline Sophia - 11 Oct 1850; 14 Oct 1850 p3
John - 26 Sept 1867; 27 Sept 1867 p3
James Robert - nd; 23 Mar 1863 p3
Judson Mitchell - 3 Sept 1875; 4 Sept 1875 p2
S P - 19 May 1913; 31 Dec 1913 p1
Samuel - 5 July 1867; 6 July 1867 p2
Samuel H - 10 Dec 1913; 31 Dec 1913 p1
Thomas S D - 26 Mar 1863; 28 Mar 1863 p3
DEVAUGHN, Anna Elizabeth - 21 May 1862; 21 May 1862 p3*
DeVAUGHN, Ann - 6 Nov 1890; 31 Dec 1890 p1
David Boyd - nd; 8 Aug 1855 p3
Edgar W - 25 Jan 1859; 26 Jan 1859 p3
Emma - 31 July 1902; 31 Dec 1902 p1
Emma B - 1 June 1863; 1 June 1863 p2
Henry Franklin - nd; 3 Mar 1854 p3
Mrs J T - 24 Aug 1884; 31 Dec 1884 p3
James H - 26 Dec 1899; 30 Dec 1899 p1
John Jr - 28 Sept 1902; 31 Dec 1902 p1
John T - 14 Sept 1851; 16 Sept 1851 np
John T - 8 Aug 1903; 31 Dec 1903 p1
Joseph F - 12 Jan 1890; 31 Dec 1890 p1
Mary - 8 Mar 1846; 10 Mar 1846 p3
Samuel H - 2 Oct 1888; 31 Dec 1888 p1
Samuel P - 1 July 1873; 2 July 1873 p2
Sarah A - 24 Apr 1892; 31 Dec 1892 p2
Susan - 21 Apr 1881; 23 Apr 1881 p2
W F - 15 Sept 1895; 31 Dec 1895 p1
William - 16 Oct 1863; 17 Oct 1863 p2
Wm H - 10 Mar 1897; 31 Dec 1897 p1
DeVAUGN, Benjamin T - 18 Nov 1975; 20 Nov 1875 p2
DEVERS, Wm Henry - 10 Aug 1876; 12 Aug 1876 p2
DEVINE, L McK - 7 Dec 1895; 31 Dec 1895 p1
DEVITT, James - 30 May 1892; 31 Dec 1892 p2
Thomas - 30 Oct 1887; 31 Oct 1887 p2
DEVLIN, John S - nd; 8 Sept 1857 p3
DEWEY, John - 7 Jan 1867; 7 Jan 1867 p2
DeWITT, D - 14 May 1860; 28 May 1860 p2
DICE, John - 31 Jan 1870; 7 Feb 1870 p3
DICK, Hannah - 9 Feb 1843; 18 Feb 1843 p3
Margaret - 17 Nov 1859; 21 Nov 1859 p3
Sarah S - 17 Jan 1842; 1 Feb 1842 p3
DICKENS, Margaret H - 8 Mar 1891; 31 Dec 1891 p1
DICKENSON, John - 14 Feb 1808; 24 Feb 1808 p3
DICKER, Elizabeth - 14 Apr 1877; 16 Apr 1877 p2

53

DICKERSON, Capt Wm - 15 Feb 1881; 19 Feb 1881 p2
DICKEY, Eliza - 14 Sept 1834; 19 Sept 1834 p3
Mason - 8 May 1803; 10 May 1803 p3
DICKINS, Ellen Arrnot - 7 Feb 1855; 17 Feb 1855 p3
DICKINSON, Ann Mason - 25 July 1874; 31 July 1874 p2
Capt Henry H - 28 Feb 1835; 16 Mar 1835 p3
Jane H - 24 Oct 1876; 31 Oct 1876 p2
John - 6 Dec 1835; 11 Dec 1835 p3
Mrs Julia M - 29 Oct 1860; 1 Nov 1860 p3
DICKSON, Eliza - 30 Oct 1836; 25 Nov 1836 p3
DIDSZONEIT, Hermann - 29 Oct 1889; 31 Dec 1889 p2
DIEDEL, Adolph - 26 Mar 1888; 31 Dec 1888 p1
Carrie L - 7 July 1875; 7 July 1875 p2 & 8 July 1875 p2
DIEDRICH, Bernhard - 31 Jan 1913; 31 Dec 1913 p1
Willam - 2 Dec 1913; 31 Dec 1913 p1
DIENELT, Arthur - 27 Mar 1865; 28 Mar 1865 p2
Julius - 10 Feb 1901; 31 Dec 1901 p1
Julius Edward - 21 Feb 1860; 24 Feb 1860 p2
DIETZ, Catherine - 14 July 1859; 16 July 1859 p3
DIEUELT, Laura Virginia - 24 Dec 1862; 26 Dec 1862 p4*
DIEZ, Adam - 13 May 1831; 18 May 1831 p3
DIGGES, Betty B - 26 Apr 1875; 1 May 1875 p2
Catharine - 7 Apr 1835; 10 Apr 1835 p3
Catherine E - nd; 24 Sept 1855 p3
Charles W - 31 Dec 1868; 11 Jan 1869 p2
Daniel C - 21 Apr 1860; 24 Apr 1860 p3
Col Edward - 3 Nov 1841; 8 Nov 1841 p3 & 10 Nov 1841 p2
Francis H - 5 Apr 1866; 7 May 1866 p2
John H - 29 Aug 1859; 24 Sept 1859 p3
Sarah E G - 22 Apr 1859; 14 May 1859 p3
Sarah L - 17 July 1838; 7 Aug 1838 p3
Sarah L - 15 Jan 1867; 1 Feb 1867 p2
Dr Willlam - 21 Oct 1853; 21 Oct 1853 p3
Wilson M - nd; 25 Sept 1838 p3
Zuliema - nd; 22 Feb 1847 p3
DIGGS, Portia L - 13 May 1879; 22 May 1879 p2
Sarah Jane - 11 Dec 1843; 12 Dec 1843 p3
DIKES, Andrew - 1 Mar 1820; 2 Mar 1820 p3
DILGER, Lena - 28 Feb 1890; 31 Dec 1890 p1
DILL, Moses - nd; 3 Jan 1838 p3
DILLET, Tobias D - 26 Sept 1914; 31 Dec 1914 p1

DILLON, John - 3 Apr 1914; 31 Dec 1914 p1
Patrick - 14 Mar 1903; 31 Dec 1903 p1
DIMITRY, Annie Elizabeth Johnston - -- -- 1880; 19 Aug 1880 p2
DIMOCK, Davis - 13 Jan 1842; 21 Jan 1842 p3
DINKLE, Ann E - nd; 10 Oct 1855 p3
Clarence Eugene nd; 31 Jan 1853 p3
DISHMAN, Ann E - 4 Oct 1845; 16 Oct 1845 p3
Henry - 6 Oct 1883; 31 Dec 1883 p3
James T - nd; 15 Dec 1854 p3
John - 25 Sept 1843; 27 Sept 1843 p3
Mary Jane - 12 Nov 1872; 16 Nov 1872 p2
William - 3 Sept 1852; 10 Sept 1852 p2
DITTY Eliza Ann - 29 Jan 1867; 27 Apr 1867 p2
Samuel - 26 Sept 1834; 1 Oct 1834 p3
Sarah Payne - nd; 7 Feb 1853 p2
Thos R - 27 Dec 1876; 23 Jan 1877 p2
DrVINE, James Francis - 22 Nov 1853; 5 Dec 1853 p3
DIX, George W - 1 Apr 1903; 31 Dec 1903 p1
John - 29 Jan 1914; 31 Dec 1914 p1
Noble F - 18 Dec 1877; 28 Dec 1877 p3
Sarah A - 22 Aug 1906; 31 Dec 1906 p1
Sarah Rebecca - 1 Jan 1879; 1 Jan 1879 p2
Thomas - 13 Sept 1907; 31 Dec 1907 p1
DIXION, Emma E - 28 Sept 1839; 4 Oct 1839 p3 & obituary 8 Oct 1839 p3
DIXON, Alice Fitzhugh - nd; 18 Aug 1851 p2
Charles C - 17 May 1841; 15 June 1841 p3
Chatham - nd; 2 Aug 1858 p3
Corissande - 25 June 1855; 9 Aug 1855 p3
E w/o William Dixon - 23 Jan 1858; 20 Feb 1858 p3
Emily - 19 Nov 1903; 31 Dec 1903 p1
Frank - 27 Feb 1906; 31 Dec 1906 p1
Mrs Frank - 8 May 1903; 31 Dec 1903 p1
George B - nd; 17 Dec 1853 p3
Geo Chatham - 26 July 1858; 28 July 1858 p3
George O - 10 Aug 1862; 12 Aug 1862 p3*
George W - 1 June 1914; 31 Dec 1914 p1
Maj Henry T - 11 Nov 1865; 13 Nov 1865 p3
Jacob - 28 May 1839; 1 June 1839 p3
James - 26 Jan 1858; 28 Jan 1858 p3
Jane - nd; 2 Feb 1830 p3
John Jerroe - 23 Mar 1858; 26 Mar 1858 p3
John - 13 Mar 1899; 30 Dec 1899 p1
John - 14 July 1852; 17 Aug 1852 p2
John A - 30 July 1895; 31 Dec 1895 p1
Mary B - nd; 15 Nov 1849 p3
Mary T - 15 Dec 1843; 19 Dec 1843 p3
Mrs J A - 16 Jan 1899; 30 Dec 1899 p1
Turner - 26 July 1864; 16 Aug 1864 p2

Mrs Turner - 11 Jan 1871; 23 Jan 1871 p4
DIXSON, Frank Wood - nd; 23 July 1853 p3
D'LAGNEL, Julius A - 3 June 1912; 31 Dec 1912 p1
DOBBINS, Martha - 2 Apr 1843; 7 Apr 1843 p2
DOBIE, Alfred - 24 Jan 1860; 26 Jan 1860 p3
Ann - 1 Feb 1881; 2 Feb 1881 p2
Charles W - 21 May 1870; 21 May 1870 p3
Mary Jane - 19 June 1884; 31 Dec 1884 p3
Thomas L - 18 Apr 1888; 31 Dec 1888 p1
Thomas W - 14 Dec 1873; 15 Dec 1873 p3
Wm - nd; 27 Aug 1833 p3
William B - 9 Oct 1911; 30 Dec 1911 p4
DOBSON, Charles R - 11 Oct 1905; 30 Dec 1905 p1
John - 30 Dec 1859; 24 Feb 1860 p2
DOBYNS, George H - 27 Sept 1857; 6 Oct 1857 p3
Sarah E - -- -- 1867; 9 Mar 1867 p2
DODD, James - 17 Dec 1907; 31 Dec 1907 p1
Mary - 12 June 1907; 31 Dec 1907 p1
Minnie A - 9 Mar 1915; 31 Dec 1915 p2
Samuel - 18 July 1872; 27 July 1872 p2
DODDRIDGE, J Y - 3 June 1834; 12 June 1834 p3
Hon Philip - nd; 21 Nov 1832 p3
DODDS, Eliza - 19 Mar 1840 p3
Elizabeth P - 16 Feb 1861; 20 Feb 1861 p2
James - nd; 13 Nov 1860 p3
Joseph - 23 May 1835; 27 May 1835 p3
DODGE, Annie W - 13 Mar 1870; 15 Mar 1870 p2
Elizabeth - nd; 17 July 1840 p3
Elizabeth - nd; 4 Sept 1845 p3
Francis - 22 May 1865; 24 May 1865 p2
Mrs Francis - -- Jan 1876; 27 Jan 1876 p2
Thomas Clayton - nd; 24 Apr 1847 p3
DODSON, Julia - 30 Apr 1860; 7 May 1860 p2
Lemuel - 19 July 1894; 31 Dec 1894 p1
Lucy - 3 Apr 1898; 31 Dec 1898 p1
Mary E - 24 Aug 1914; 31 Dec 1914 p1
Sarah Jane - 22 Oct 1898; 31 Dec 1898 p1
Walter - 21 May 1904; 31 Dec 1904 p1
DOGAN, Elizabeth - 19 Jan 1843; 24 Jan 1843 p3
Harriet - 16 Apr 1887; 18 Apr 1887 p3
J D - 2 Aug 1875; 7 Aug 1875 p2
Jane - nd; 17 Oct 1839 p3
Owen - 10 Aug 1883; 31 Dec 1883 p3
Philip - nd; 8 Feb 1851 p2
Wm H - nd; 20 May 1854 p3

DOGGETT, Lemuel - 20 Aug 1870; 24 Aug 1870 p2
DOHERTY, Catharine - 23 July 1892; 31 Dec 1892 p2
 Catherine - 19 July 1914; 31 Dec 1914 p1
 John - 20 Feb 1894; 31 Dec 1894 p1
 John - 19 May 1908; 31 Dec 1908 p1
 Mary - 14 Apr 1876; 15 Apr 1876 p2
DOLE, Betty - 22 Jan 1842; 31 Jan 1842 p3
DOLL, George W - 8 Jan 1901; 31 Dec 1901 p1
 Joseph - 1 June 1805; 12 June 1805 p2
DOLORES, Mary - 5 Aug 1874; 5 Aug 1874 p2
DOMETT, Geo F - 2 Apr 1842; 14 Apr 1842 p3
DONAHOE, Bridget - 15 July 1883; 31 Dec 1883 p3
DONALD, William - 31 Oct 1890; 31 Dec 1890 p1
DONALDSON, Addie - 7 Apr 1881; 8 Apr 1881 p2
 Ann - 5 June 1835; 20 June 1835 p3
 Benjamin - 15 Dec 1871; 18 Dec 1871 p2
 John A - 27 Oct 1838; 29 Oct 1838 p3
 Stephen Fairfax - 5 June 1841; 9 July 1841 p3
DONAVAN, Jos A - 16 Jan 1861; 19 Jan 1861 p3
DONAVIN, John - nd; 11 Feb 1861 p3
DONELSON, Alexander - 23 May 1834; 18 June 1834 p3
DONHOE, George - 7 Feb 1869; 13 Feb 1869 p2
DONIPHAN, Alexander - nd; 16 Jan 1837 p3
 Catherine Reed - 24 Nov 1841; 3 Dec 1841 p3
 Maria E - 6 Dec 1843; 30 Dec 1843 p2
DONN, Milcah - 8 June 1857; 11 June 1857 p3
DONNELLY, Anne - 28 Apr 1894; 31 Dec 1894 p1
 Emma - 30 Jan 1900; 31 Dec 1900 p1
DONOHOO, Jane - 29 Apr 1860; 1 May 1860 p3
DONOHOE, Sarah - 26 Feb 1853; 7 Mar 1853 p2
 Stephen Joseph - 27 Sept 1841; 4 Oct 1841 p3
DONOLDSON, H Flether - 26 June 1877; 27 June 1877 p2
DONNELLY, Harold Regis - 28 July 1879; 28 July 1879 p2
 John T - 24 Jan 1912; 31 Dec 1912 p1
DOOLEY, Maj John - 21 Feb 1868; 24 Feb 1868 p2
DORR, Leonard - 2 Oct 1872; 14 Oct 1872 p3
DORAN, Benjamin J - 4 May 1912; 31 Dec 1912 p1
 Bryan - 22 Jan 1906; 31 Dec 1906 p1
 Mary - 29 Aug 1904; 31 Dec 1904 p1
 Mary A - 22 Nov 1900; 31 Dec 1900 p1
 Michael - 1 Dec 1904; 31 Dec 1904 p1

 Owen - 12 Dec 1892; 31 Dec 1892 p2
 Patrick - 19 Sept 1899; 30 Dec 1899 p1
DORMAN, Dr Albert - 19 Mar 1860; 22 Mar 1860 p3
 Anne C - 15 Aug 1872; 20 Aug 1872 p3
 Susan R - 7 Dec 1879; 10 Dec 1879 p2
DORMIN, Mary F - 8 Apr 1904; 31 Dec 1904 p1
DORNIN, Anne M - 9 Mar 1872; 9 Mar 1872 p2
DORRELL, John Henry - 29 July 1851; 23 Aug 1851 p2
 Thomas S - 2 Feb 1854; 6 Feb 1854 p3
DORSETT, Rebecca - 12 Dec 1835; 30 Dec 1835 p3
DORSEY, Decandia S - nd; 7 Nov 1839 p3
 H Carter - 3 Sept 1863; 3 Sept 1863 p3 & 6 Oct 1863 p2
 Henrietta M - 20 Oct 1835; 21 Oct 1835 p3
 Jane P Robbins - 14 Mar 1843; 16 Mar 1843 p2
 John C - 27 Dec 1891; 31 Dec 1891 p1
 Lellie P - 29 Aug 1876; 5 Sept 1876 p2
 Lucy - 23 Feb 1908; 31 Dec 1908 p1
 Sarah H - 8 Jan 1860; 27 Jan 1860 p3
 Susan M - 31 Mar 1865; 29 Apr 1865 p2
 Trueman - 31 Mar 1865; 29 Apr 1865 p2
DORSTER, Maria - 31 Aug 1873; 1 Sept 1873 p2
DOSSON, George - 7 Oct 1832; 12 Oct 1832 p3
DOUGHERTY, John - 4 Nov 1900; 31 Dec 1900 p1
DOUGHERTY, Martha - 24 Jan 1904; 31 Dec 1904 p1
 Mary - 24 Dec 1851; 30 Dec 1851 p2
 Thomas - nd; 27 Aug 1822 (Clerk of the House of Representatives of the United States)
DOUGHTY, Eleanor - nd; 13 May 1844 p3
DOUGLAS, Anna M - 12 Feb 1864; 12 Feb 1864 p2
 Charles - 14 Oct 1823; 4 Dec 1823 p3
 Charles - 23 Mar 1872; 23 Mar 1872 p3
 Charles - 10 Feb 1881; 12 Feb 1881 p2
 Charles B - nd; 16 Aug 1826 p3
 Eliza - 16 Mar 1876; 16 Mar 1876 p2
 Eliza Randolph - 21 Oct 1851; 31 Oct 1851 p2
 Ellen - 4 June 1860; 7 June 1860 p3
 George A - 3 Oct 1855; 17 Oct 1855 p3
 George Offutt - 8 July 1860; 11 July 1860 p3
 Harriet - 27 Nov 1869; 1 Dec 1869 p2
 Harriet F - 21 Feb 1889; 31 Dec 1889 p2
 Jacob David - nd; 28 Aug 1849 p3
 Jacob D - 1 May 1873; 5 May 1873 p2
 James - 28 July 1843; 2 Aug 1843 p3
 James S - 25 June 1907; 31 Dec 1907 p1
 Maria - 13 June 1876; 17 June 1876 p2

DOUGLAS, Marina J - 8 Aug 1854; 24 Aug 1854 p3
Martha - 19 Jan 1853; 21 Jan 1853 p3
Mary - 26 Sept 1806; 26 Sept 1806 p3
Sara Glen - nd; 22 June 1832 p3
Susanna - 6 Oct 1851; 15 Oct 1851 p2
Rev Sutherland - 6 May 1831; 18 June 1831 p3
Triplet - 12 July 1866; 25 July 1866 p2
William - 2 Sept 1865; 4 Sept 1865 p3
DOUGLASS, Catharine - 10 Dec 1901; 31 Dec 1901 p1
Daniel - 7 Sept 1803; 9 Sept 1803 p3
Eliza C K - 8 Dec 1865; 8 Dec 1865 p3
Eliza Vowell - 5 Mar 1861; 6 Mar 1861 p3
Grace - nd; 3 Apr 1851 p2
J Edwards - 11 Nov 1875; 12 Nov 1875 p2
John M - 24 July 1878; 25 July 1878 p2 & 10 Aug 1878 p2
Robert - 30 May 1874; 2 June 1874 p2
Roseanna L - 21 Apr 1875; 27 Apr 1875 p2
Sarah - 10 Oct 1807; 10 Oct 1807 p3
Sarah - 16 Apr 1892; 31 Dec 1892 p2
Wm - nd; 15 Apr 1839 p3
DOUTHAT, Mary Ambler - 25 Jan 1860; 6 Feb 1860 p3
DOVE, Charles E - 10 Sept 1910; 31 Dec 1910 p1
Eli - 6 Feb 1907; 31 Dec 1907 p1
Elizabeth - 18 June 1857; 20 June 1857 p3
George - 26 Dec 1911; 30 Dec 1911 p4
George H - 21 Feb 1913; 31 Dec 1913 p1
Jilson J - nd; 24 June 1859 p3
William - 1 Sept 1909; 31 Dec 1909 p1
DOW, Lorenzo - 2 Feb 1834; 6 Feb 1834 p3
DOWDEN, Thomas H - 12 Mar 1865; 14 Mar 1865 p3
DOWEL, Jane E - 21 Mar 1866; 27 Mar 1866 p3
DOWELL, George T - nd; 7 Apr 1846 p3
Jesse - 27 Dec 1867; 15 Feb 1868 p3
Malinda - 22 June 1872 - 27 June 1872 p2
DOWER, Maggie - 21 Oct 1902; 31 Dec 1902 p1
DOWLING, Joseph - 6 Nov 1870; 14 Nov 1870 p2
DOWNEY, Alice - 13 Dec 1877; 15 Dec 1877 p2
James - 27 May 1903; 31 Dec 1903 p1
James - 2 Jan 1911; 30 Dec 1911 p4
John - 22 Aug 1855; 29 Aug 1855 p3
John - 5 Oct 1903; 31 Dec 1903 p1
Lawrence - 23 Jan 1901; 31 Dec 1901 p1
Mary - 20 May 1894; 31 Dec 1894 p1
Mary - 7 Dec 1899; 30 Dec 1899 p1
Mary A - 28 July 1903; 31 Dec 1903 p1
Onato H - 23 Mar 1904; 31 Dec 1904 p1

Thomas H - 23 Mar 1914; 31 Dec 1914 p1
Thomas J - 16 Feb 1910; 31 Dec 1910 p1
W Scott - -- Feb 1878; 15 Feb 1878 p2
DOWNHAM, Horace E - 12 Apr 1902; 31 Dec 1902 p1
John B - 23 Nov 1859; 28 Nov 1859 p3
DOWNING, Ariett Ann - 5 Mar 1875; 9 Mar 1875 p2
Bedford Marshall - 6 Apr 1875; 12 Apr 1875 p2
Georgiana - 10 Jan 1860; 12 Jan 1860 p2
J H - 22 Oct 1851; 13 Nov 1851 p2
DOWNMAN, Joseph J - 8 Apr 1873; 14 Apr 1873 p3
DOWNS, Ellen - 11 Mar 1859; 16 Mar 1859 p3
Harvey - 21 Feb 1905; 30 Dec 1905 p1
Mary - 13 Oct 1858; 14 Oct 1858 p3
William - 15 June 1872; 13 July 1872 p3
DOYLE, Ellen - 26 Aug 1832; 29 Aug 1832 p3
Pat. - nd; 16 Jun 1862 p3*
Rose - 11 Nov 1883; 31 Dec 1883 p3
Thomas - 23 Jan 1852; 28 Jan 1852 p2
DOYNE, Jane - 14 Nov 1843; 17 Nov 1843 p2
DRAKE, Julia - nd; 3 Sept 1840 p3
Willard T - 11 Oct 1857; 13 Oct 1857 p3
DRANE, Mrs Robert - 15 Apr 1871; 22 Apr 1871 p2
Robert J - 8 June 1866; 11 June 1866 p2
Samuel C - nd; 7 Feb 1848 p3
DRAPER, Catharine - 26 May 1874; 30 May 1874 p2
Edward - nd; 29 Nov 1831 p3
Joseph - 10 June 1834; 8 July 1834 p3
Julia F - 7 Feb 1860; 10 Feb 1860 p2
Dr Simon - nd; 22 Sept 1832 p3
Mrs Susanna - 29 Nov 1862; 2 Dec 1862 p1*
DREAN, Josiah - nd; 31 Dec 1832 p3
DREIFUS, Caroline - 16 June 1881; 18 June 1881 p2
Joseph - 20 Apr 1910; 31 Dec 1910 p1
Mrs Julius - 6 Mar 1897; 31 Dec 1897 p1
Julius - 5 Sept 1910; 31 Dec 1910 p1
Nellie E - 29 Mar 1907; 31 Dec 1907 p1
Samuel - 12 June 1908; 31 Dec 1908 p1
DREW, Bernard - 25 Aug 1903; 31 Dec 1903 p1
William - -- -- 1785; 3 Nov 1785 p3
DREWRY, Catharine - 15 July 1825; 21 July 1825 p3
DRINKER, George - 1 Feb 1846; 3 Feb 1846 p3
Ruth - 9 July 1857; 11 July 1857 p3
DRISCOLL, Alinda J - 18 July 1906; 31 Dec 1906 p1
C Morgan - 18 Sept 1882; 19 Sept 1882 p2

DRISCOLL, Dennis - 25 Dec 1863; 1 Jan 1864 p4
Fanny Lee - 5 May 1875; 6 May 1875 p2
Florence - 25 July 1873; 25 July 1873 p3
Norvall Wilson - 21 Aug 1864; 24 Aug 1864 p2
DRISH, Elenor - 17 Nov 1835; 24 Nov 1835 p3
Harriet - nd; 2 Nov 1860 p3
Rhodia E - 10 Mar 1854; 10 Apr 1854 p3
Dr Wilson J - 21 Nov 1860; 6 Dec 1860 p3
DRIVER, Henry - 13 May 1843; 22 May 1843 p3
DROMGOOLE, George C - nd; 3 May 1847 p3
DROWNS, Addie - 27 July 1902; 31 Dec 1902 p1
John - 21 Dec 1904; 31 Dec 1904 p1
Robert H - 21 Sept 1913; 31 Dec 1913 p1
DRUGAN - Catherine - 23 Dec 1814; 24 Dec 1814 p3
Philip - 20 Mar 1817; 21 Mar 1817 p3
DRUMMOND, Hugh W - 2 Jul 1836; 28 Jul 1836 p3
Noah - 20 Oct 1862; 23 Oct 1862 p3*
Oliver R - --- --- 1887; 26 Jul 1887 p2
Capt Richard - nd; 30 Nov 1836 p3
DRURY, Mary 2 May 1845; nd np
Rachel - nd; 28 Apr 1852 p2
DRUSILLA, Anna - 18 June 1869; 19 June 1869 p2
D'SYLVIA, ---- - 30 Dec 1876; 1 Jan 1877 p3
DUANE, Catharine - nd; 25 Feb 1836 p3
Col William - 26 Nov 1835; 27 Nov 1835 p3
DUCKETT, Esq, Basil T - 23 Dec 1862; 26 Dec 1862 p4*
Catharine d/o S Onion - 1 Oct 1862; 2 Oct 1862 p3*
Dr Richard - nd; 19 May 1854 p3
Samuel - 22 May 1849; 31 May 1849 p2
Sophia J - 20 Jan 1861; 4 Feb 1861 p3 & 22 Feb 1861 p3
Thomas - nd; 24 Sept 1849 p3
DUCKRELL, William J - 29 July 1894; 31 Dec 1894 p1
DUCKWORTH, Margaret - nd; 1 Oct 1854 p3
DUDLEY, Adeline - 17 June 1878; 24 June 1878 p2
Alexander - 10 Sept 1869; 13 Sept 1869 p2
Mrs B F - 10 Jan 1894; 31 Dec 1894 p1
Benjamin F - 28 Jan 1901; 31 Dec 1901 p1
Elizabeth - 25 Feb 1874; 26 Feb 1874 p2
Ella - 19 July 1914; 31 Dec 1914 p1
Fanny B - 6 Oct 1865; 16 Oct 1865 p3
Mrs James - 1 Sept 1874; 1 Sept 1874 p2
James M - 16 July 1867; 27 July 1867 p2

Virginia F - 21 June 1877; 25 June 1877 p3
Virginia Rowland (inf) - 9 Mar 1874; 10 Mar 1874 p2
DUDLY, Mary C - 19 July 1894; 31 Dec 1894 p1
DUE, Elizabeth Runal - 29 July 1876; 14 Aug 1876 p2
DUFFEY, Annie - 11 Aug 1899; 30 Dec 1899 p1
Charles E - 6 Nov 1907; 31 Dec 1907 p1
George - nd; 18 July 1849 p3
George - 10 July 1896; 31 Dec 1896 p1
George H - 30 Jan 1853; 1 Feb 1853 p2
George N - 31 Aug 1889; 30 Aug 1889 p3 & 31 Aug 1889 p3; 2 Sept 1889 p3 & 31 Dec 1889 p2
James Lucius - 23 Apr 1862; 17 May 1862 p3*
Capt John H - --- Aug 1878; 15 Aug 1878 p3 & 16 Aug 1878 p3
Mary Rosalie - 17 Feb 1873; 18 Feb 1873 p2
Rosina - 12 May 1897; 31 Dec 1897 p1
S P - 18 Feb 1861; 19 Feb 1861 p3
Sarah C - 22 Sept 1890; 31 Dec 1890 p1
Susie V - 18 Oct 1880; 19 Oct 1880 p2
William - nd; 11 Feb 1845 p3
DUFIEF, Mr - 11 Apr 1834; 12 June 1834 p3
DUGAN, Annie F - 25 Mar 1909; 31 Dec 1909 p1
Anthony - --- July 1879; 12 July 1879 p2
Ella - 28 Jan 1888; 31 Dec 1888 p1
Margaret - 22 Oct 1898; 31 Dec 1898 p1
Mrs Michael - 13 June 1896; 31 Dec 1896 p1
DUGGAN, John S - 18 Aug 1912; 31 Dec 1912 p1
DUGGON, John - nd; 25 Dec 1851 p3
DUKE, Alexander - 7 Feb 1860; 14 Feb 1860 p2
Alfred M - 6 Apr 1861; 18 Apr 1861 p3
Evelina K Garrett - 13 May 1843; 19 June 1843 p3
Mary J - 6 May 1868; 14 May 1868 p2
Wm J - 4 Mar 1878; 8 Mar 1878 p2
DULANEY, Job G - 20 July 1880; 21 July 1880 p2
Martha A - 21 Dec 1863; 21 Dec 1863 p3
DULANY, Ann - 7 Apr 1874; 16 Apr 1874 p2
Benjamin Tauker - 11 Oct 1835; 20 Oct 1835 p3
Bladen - 12 Mar 1893; 13 Mar 1893 p3
Daniel - 19 Mar 1797; 30 Mar 1797 p3
Daniel F - 28 Dec 1848; 12 Jan 1849 p3 & 19 Jan 1849 p3
Elizabeth - 17 Mar 1822; 23 Mar 1822 p3
Frances A C - 5 May 1835; 9 May 1835 p3
Gertrude Lowndes 2nd d/o Col Henry Rozier Dulany - 16 Oct 1834; 18 Oct 1834 p3

DULANY, Henry Rozer of Shuter's Hill - nd; 29 Nov 1838 p3
James H - 7 Oct 1821; 11 Oct 1821 p2
John Pendleton - 30 Aug 1873; 4 Sept 1873 p2
Capt John T - 4 Oct 1837; 21 Oct 1837 p3
Mary C - nd; 28 Jan 1839 p3
Randolph - nd; 4 Mar 1844 p2
William - 16 Jan 1866; 17 Jan 1866 p3
William H - 2 May 1870; 3 May 1870 p2 & 3
Wm T Muse - 9 Jan 1841; 30 Jan 1841 p3
DULIN, Alexander F - 25 Nov 1874; 25 Nov 1874 p2
Armsted G - 27 Dec 1843; 30 Dec 1843 p2
Catharine M - 19 Jan 1858; 21 Jan 1858 p3
Edward S - 22 Jan 1872; 12 Feb 1872 p2
James - 25 Mar 1855; 27 Mar 1855 p3
Matilda - 30 Oct 1841; 9 Nov 1841 p3
Samuel G - 16 Mar 1871; 25 Mar 1871 p3
William Y - 6 July 1872; 10 July 1872 p2
DULING, Henry - 28 July 1853; 15 Aug 1853 p2
James - 2 Aug 1853; 15 Aug 1853 p2
DUMONT, George P - 26 May 1904; 31 Dec 1904 p1
DUMRON, E K 10 Jan 1915; 31 Dec 1915 p2
DUNAHOE, Mr 27 Dec 1870; 4 Jan 1871 p2
DUNAWIN, William - 3 Aug 1857; 5 Aug 1857 p3
DUNBAR, Daniel - 17 Feb 1863; 21 Mar 1863 p3
George T - 27 Jan 1843; 1 Feb 1843 p3
Nathalia B - nd; 7 Aug 1855 p3
Peter - nd; 29 June 1821 p3
DUNCAN, Ann - 1882; 26 June 1882 p2
James Jr - 6 May 1882; 6 May 1882 p2
Janet d/o R C Long - 20 Nov 1862; 21 Nov 1862 p3*
John - 13 Aug 1896; 31 Dec 1896 p1
Margaret - 26 May 1912; 31 Dec 1912 p1
Sallie R - 23 Sept 1900; 31 Dec 1900 p1
Capt Silas E - 14 Sept 1834; 1 Oct 1834 p3
Thomas - 31 May 1900; 31 Dec 1900 p1
Virginia - nd; 18 Feb 1854 p2
William - 12 July 1898; 31 Dec 1898 p1
DUNCANSON, John M - 24 Mar 1874; 25 Mar 1874 p2
DUNDAS, Agnes - 23 May 1820; 24 May 1820 p2
Eliza - nd; 18 June 1855 p3
James - nd; 12 Apr 1836 p3
John - 29 Aug 1813; 1 Sept 1813 p4
Mary H - 22 Aug 1845; 27 Aug 1845 p3
Mary Y - 18 July 1863; 20 July 1863 p2
William H - nd; 26 Jan 1861 p2

DUNLAP, James - nd; 1 Sept 1840 p3
Joseph - 7 Dec 1846; 18 Dec 1846 p3
Wm - nd; 5 Oct 1839 p3
Wm - 13 July 1827; 17 July 1827 p3
DUNLOP, Barbara Lucinda - 4 Dec 1872; 6 Dec 1872 p2
Elizabeth Dick - 5 July 1835; 13 July 1835 p3
DUNN, Ann Maria - 1 Mar 1852; 9 Mar 1852 p2
Andrew S - 20 Oct 1896; 31 Dec 1896 p1
Bridget - 13 Oct 1913; 31 Dec 1913 p1
Edward - 18 Dec 1907; 31 Dec 1907 p1
Eliza - 11 Oct 1834; 17 Oct 1834 p3
James - nd; 31 Aug 1840 p3
John T - 16 June 1910; 31 Dec 1910 p1
Laura M - 1882; 1 May 1882 p2
Rose E - 14 Aug 1886; 31 Dec 1886 p3
Wellington - 13 Jan 1909; 31 Dec 1909 p1
DUNNING, Clarence Hyde - 2 Aug 1863; 8 Aug 1863 p3
DUNNINGTON, Elizabeth - 27 Nov 1841; 3 Dec 1841 p3
Francis H - 26 Apr 1827; 1 May 1827 p3
Francis H - nd; 20 Nov 1832 p3
J F - 12 Jan 1867; 18 Feb 1867 p2
Dr James E - 11 Dec 1858; 24 Dec 1858 p3
John F - 25 June 1900; nd np
Mary E - 17 Dec 1910; 31 Dec 1910 p1
Melinda - 16 Sept 1812; 22 Sept 1812 p3
Stephen M - 9 June 1881; 10 June 1881 p2
DUON, John S - 17 Apr 1908; 31 Dec 1908 p1
DURANT, John H - 29 June 1837; 21 Oct 1837 p3
Marie Adele - 31 Dec 1874; 2 Jan 1875 p2
DURKEE, Dr R A - nd; 23 June 1848 p3
DURNIN, Joseph S K - 30 Sep 1862; 29 Oct 1862 p2*
DUSHANE, Addie - 1 Nov 1879; 5 Nov 1879 p2
DUTROW, Mary - 23 Mar 1867; 25 Mar 1867 p2
DUTY, Mrs Jane - 8 Oct 1862; 10 Oct 1862 p3*
William - 29 Oct 1900; 31 Dec 1900 p1
DuVAL, Briella A - 6 Oct 1879; 6 Oct 1879 p2
Marcus - 1 Jan 1873; 9 Jan 1873 p2
DUVALL, Dennis - 18 May 1872; 30 May 1872 p2
Henry Clay - 29 Jan 1860; 7 Feb 1860 p2
James N - 15 Sep 1862; 19 Sep 1862 p3*
Jane - 17 Apr 1834; 28 Apr 1834 p3
Mary H - 19 May 1860; 26 June 1860 p2
Matilda - nd; 25 Feb 1859 p3
R E - 12 Oct 1840; 17 Oct 1840 p3
Sarah - 10 Sept 1844; 16 Sept 1844 p3
Sarah A - 31 Mar 1861; 2 Apr 1861 p3

DUVALL, Mrs Sarah Ann - 12 Jul 1862; 13 Jul 1862 p3*
  Tabith - 19 July 1863; 1 Aug 1863 p3
  William T - nd; 27 Oct 1871 p2
DWYER, Anthony - 11 Jan 1899; 30 Dec 1899 p1
  Catharine - 11 June 1889; 31 Dec 1889 p2
  Margaret - 22 Nov 1896; 31 Dec 1896 p1
  Mary - 1866; 28 Sept 1866 p2
  Mary - 11 June 1911; 30 Dec 1911 p4
  Mary A - 22 June 1911; 30 Dec 1911 p4
  Patrick - 14 Sept 1904; 31 Dec 1904 p1
  Phillip M - 10 June 1897; 31 Dec 1897 p1
  Rebecca - nd; 3 Feb 1836 p3
  Robert W - 29 June 1848; 1 July 1848 p3
  Susan - 30 June 1884; 31 Dec 1884 p3
  Thomas - 5 May 1879; 5 May 1879 p2
DYCE, Robert - 22 Jan 1842; 25 Jan 1842 p3
DYCHE, Sarah E - 26 July 1860; 11 Aug 1860 p3
DYE, John E - nd; 3 Feb 1854 p3
  Capt Reuben - 6 Nov 1815; 7 Nov 1815 p3
DYER, Eleanor - nd; 8 Sept 1849 np
  Elizabeth - nd; 26 July 1853 p3
  Mrs Elizabeth E - 5 Feb 1864; 9 Feb 1864 p2
  Elizabeth - 14 Mar 1880; 16 Mar 1880 p2
  Horatio - 1866; 14 Dec 1866 p2
  John F - 27 July 1890; 31 Dec 1890 p1
  John W - 15 July 1883; 31 Dec 1883 p3
  Margaret M - 1 Feb 1866; 2 Feb 1866 p3
  Maria - 26 Mar 1902; 31 Dec 1902 p1
  Mary Rose - nd; 6 Sept 1836 p3
  Richard M - 4 July 1858; 24 July 1858 p3
  Robert Ignatius - 5 Dec 1860; 11 Dec 1860 p3
  Robert Walter - 14 Sept 1816; 16 Oct 1816 p3
  Rosalie H - 23 Apr 1891; 31 Dec 1891 p1
  Rose - 17 Oct 1862; 18 Oct 1862 p3*
  Thomas B - 4 Dec 1835; 8 Dec 1835 p3
DYKES, Ann - nd; 11 Feb 1790 p3
DYSON, Andrew Bailie - nd; 17 Nov 1832 p3
  Ellen O - nd; 29 July 1839 p3
  James L - 30 Apr 1890; 31 Dec 1890 p1
  Joseph - 9 Sept 1803; 14 Sept 1803 p3
  Margaret - nd; 2 Nov 1855 p2
  S F - 15 June 1903; 31 Dec 1903 p1
  Sarah - 1 Sept 1857; 12 Sept 1857 p3

EACHES, Ann - 4 July 1850; 6 July 1850 p2
  Hector - 2 July 1875; 10 July 1875 p2
  James - nd; 4 Sept 1847 p3
  Joseph - 19 Dec 1857; 8 Jan 1858 p3
  Mary - 2 Jan 1858; 8 Jan 1858 p3

EAGAN, Honora - 18 Aug 1893; 30 Dec 1893 p2
EAKIN, Mathew (Matthew) - 3 Aug 1807; 3 Aug 1807 p3
EARL, Thomas C - 21 Mar 1843; 22 Mar 1843 p3
EARLE, John B - 11 Aug 1860; 18 Aug 1860 p2
  Sally - nd; 17 Aug 1840 p3
EARLY, Eleazer - 30 June 1840; 2 July 1840 p3
  James A - nd; 6 Jan 1854 p3
EARNEST, Col Henry - 3 Mar 1868; 7 Mar 1868 p2
EASBY, Catharine M - nd; 1 Oct 1833 p3
EASTER, Anna H - 18 May 1868; 20 May 1868 p3
  Ewing - 6 Sept 1881; 6 Sept 1881 p2
EASTHAM, George - 4 Jan 1841; 14 Jan 1841 p3
EASTON, Bertha -28 Dec 1897; 31 Dec 1897 p1
  Hannah - nd; 25 Mar 1823
  Laura Virginia - 13 Dec 1843; 15 Dec 1843 p2
  Nicholas Esq - 2 Dec 1811; 17 Dec 1811 p3
EATON, Eleanor - nd; 16 July 1833 p3
  George - 3 June 1913; 31 Dec 1913 p1
  Henry - 1 Aug 1883; 31 Dec 1883 p3
EBB, Mrs - 15 Jan 1815; 17 Jan 1815 p3
EBERT, J W - 12 Nov 1897; 31 Dec 1897 p1
  William - 3 May 1897; 31 Dec 1897 p1
ECCLES, Launcelot Haven (drowned at the foot of Prince St. at the wharf) - 30 Mar 1840; 2 Apr 1840 p2
ECKEL, Charles F - 3 Jan 1851; 7 Jan 1851 p2
ECKHARDT, Frederick - nd; 30 July 1831 p3
  Henry - 11 Nov 1834; 13 Nov 1834 p3
EDD, Ernest C - 25 Sept 1866; 28 Sept 1866 p2
EDDIE, Edward C - 24 Feb 1868; 26 Feb 1868 p2
EDDY, Mrs Mary - 29 Mar 1861; 9 Apr 1861 p3
EDEHN, Agnes Martina - 6 Oct 1869; 6 Oct 1869 p2
EDELEN, Mrs, Consort of George T - nd; 18 Mar 1853 p2
  Ann - 11 July 1863; 17 July 1863 p3
  Benedict - --- --- 1867; 24 Jan 1867 p3
  Elizabeth Grace - 23 July 1881; 25 July 1881 p2
  Ellen - nd; 19 May 1845 p3
  Emma V - 10 Jan 1899; 30 Dec 1899 p1
  Fannie E - 7 June 1910; 31 Dec 1910 p1
  George T - 5 Mar 1853; 18 Mar 1853 p2
  Henry - 28 Mar 1838; 4 Apr 1838 p3
  Henry D - 24 Jun 1862; 26 Jun 1862 p4*
  Lewis - 25 Dec 1911; 30 Dec 1911 p4
  Marion - 16 Oct 1889; 31 Dec 1889 p2
  Mary Eliza - 20 June 1844; 2 Aug 1844 p3
  Mary - 4 Aug 1888; 31 Dec 1888 p1
  Sally Cooper - 24 Apr 1869; 24 May 1869 p2

EDELEN, Staislaus - 23 May 1902; 31 Dec 1902 p1
  Virginia - nd; 10 Dec 1852 p2
EDELIN, Alfred - 21 June 1877; 25 June 1877 p3
  Eleanor C - 11 Jan 1875; 14 Jan 1875 p3
  Florence - 22 June 1852; 23 June 1852 p2
  Mary A - nd; 16 Aug 1847 p2
  James Noble - 13 July 1869; 19 July 1869 p3
  Jane E - 24 Mar 1865; 25 Mar 1865 p2
  John B - nd; 19 Mar 1836 p3
  John Ebsworth Bayne - --- July 1834; 28 July 1834 p3
  Judith - 3 May 1870; 13 May 1870 p3
  Mary Ann - 22 Mar 1833; 1 Apr 1833 p3
  Raphael C - nd; 9 June 1851 p2
  Rebecca M - 13 July 1849; 26 July 1849 p3
  Dr Richard J - 31 Oct 1857; 6 Nov 1857 p3
  Thomas - nd; 1 Nov 1860 p3
  Thomas J - 6 June 1912; 31 Dec 1912 p1
EDEN, Robert - 20 Jan 1867; 4 Feb 1867 p2
EDMONDS, Alice T - 6 Aug 1879; 25 Aug 1879 p2
  Catharine - 11 July 1831; 19 July 1831 p3
  Clement W - 29 Nov 1875; 7 Dec 1875 p2
  Courtney Ann - nd; 2 July 1839 p2
  Edmund - 20 Apr 1824; 22 Apr 1824 np
  Elias - 15 Feb 1845; 24 Feb 1845 p2
  Elias - 5 July 1852; 13 July 1852 p2
  Elias B - 4 Aug 1859; 18 Aug 1859 p3
  Capt Elias - 11 Jan 1871; 17 Jan 1871 p2
  J R - nd; 6 Aug 1855 p3
  Margaret B - 4 Jan 1869; 11 Jan 1869 p2
  Meredith M - 28 Sept 1843; 2 Oct 1843 p3
  Sarah - 16 Dec 1831; 23 Dec 1831 p3
EDMONDSTON, Mary Ann - 28 Oct 1869; 1 Nov 1869 p2
  Ench - 26 June 1832; 30 June 1832 p3
  Sarah - 30 Mar 1847; 5 Apr 1847 p2
EDMUNDS, Lewis - 27 Aug 1857; 18 Sept 1857 p3
  Ruth K - 21 Apr 1914; 31 Dec 1914 p1
EDREN, James - 10 Dec 1813; 14 Dec 1813 p3
EDWARDS, Catherine S - 29 Nov 1872; 5 Dec 1872 p2
  Charles G - 26 Oct 1851; 3 Nov 1851 p2
  Charlotte - 13 Apr 1868; 13 Apr 1868 p2
  Courtney - 30 Aug 1906; 31 Dec 1906 p1
  Deborah - nd; 8 Mar 1852 p2
  Enoch - 12 Sept 1875; 15 Sept 1875 p2
  Frances - 6 June 1845; 16 June 1845 p2
  George L - nd; 23 Sept 1840 p3
  John - 31 Jan 1843; 14 Feb 1843 p3
  John T - 20 Sept 1914; 31 Dec 1914 p1
  Joseph V - 8 Jan 1915; 31 Dec 1915 p2
  Leroy G - 1866; 27 Aug 1866 p2
  Mary E - nd; 15 July 1863 p3
  Mary L - 21 Feb 1878; 8 Mar 1878 p2
  Nellie R - 22 Nov 1915; 31 Dec 1915 p2
  Philip - 13 Oct 1800; 18 Oct 1800 p3
  Dr Samuel M - 3 Jan 1860; 10 Jan 1860 p3
  Sarah E - 25 June 1878; 28 June 1878 p3
  Susan - 24 Jan 1873; 1 Feb 1873 p2
  Thomas Jefferson - 26 Apr 1866; 11 May 1866 p3
  Thompson - 6 Apr 1870; 18 Apr 1870 p2
  Wm - nd; 5 Nov 1840 p3
  William Howard - 18 Oct 1843; 31 Oct 1843 p3
EDWIN, Lawrence - 19 June 1882; 20 June 1882 p2
EFFINGER, Harriet G - 20 Feb 1876; 25 Feb 1876 p2
EGA, Sophia - nd; 4 Jan 1859 p3
EGAN, Eliza - 21 Nov 1899; 30 Dec 1899 p1
  John - 6 May 1835; 9 May 1835 p3
  Margaret - 9 June 1833; 13 June 1833 p3
  Mary Ann - 16 Sept 1849; 21 Sep 1849 p2
  Rev Michael Du Bourg - 29 May 1829; 1 Aug 1829 p3
EGBERT, Florence - 29 June 1870; 29 June 1870 p2
EGGBORN, Perry J - 29 June 1866; 22 July 1866 p2
EGGLESTON, Herbert Adolphe - 19 Aug 1860; 21 Aug 1860 p2
EGLIN, Fannie T - 3 July 1890; 31 Dec 1890 p1
EICHBERG, Isaac - 6 Nov 1914; 31 Dec 1914 p1
EICHELBERGER, James Milton - 15 Sept 1843; 23 Sept 1843 p3
  Louis - nd; 18 Nov 1836 p3
ELAM, Anna - 25 Apr 1885; 31 Dec 1885 p2
  J W - 11 Aug 1857; 20 Aug 1857 p3
ELBREY, Kate - 14 Dec 1891; 31 Dec 1891 p1
ELDER, Rev Father Alexis Joseph - 20 Jan 1871; 24 Jan 1871 p2
ELDERKIN, E F - 12 Sept 1865; 14 Sept 1865 p3
ELDRIDGE, E E - 14 Oct 1893; 30 Dec 1893 p2
  M - 13 June 1899; 30 Dec 1899 p1
  Sibyl - 30 Aug 1899; 30 Dec 1899 p1
ELGAR, John - 6 Dec 1858; 14 Dec 1858 p3
  Joseph - nd; 21 June 1854 p3
ELGIN, Alexander - 21 Apr 1872; 22 Apr 1872 p2
  Eliza - 20 Nov 1902; 31 Dec 1902 p1
  Francis - nd; 23 Jan 1838 p3
  Francis - 31 Dec 1867; 9 Jan 1868 p3

ELGIN, Gustavus A - 25 Feb 1845; 7 Mar 1845 p3
Hamilton T - 14 Apr 1866; 18 June 1866 p2
Pauline - 21 Feb 1867; 1 Mar 1867 p2
Robert - 15 Mar 1844; 2 Apr 1844 p3
Simon - 10 Dec 1873; 18 Dec 1873 p2
Townsend - 23 Apr 1859; 7 May 1859 p3
Wade - 24 July 1891; 31 Dec 1891 p1
Walter - nd; 6 Sept 1836 p3
Wm - 15 Mar 1852; 20 Mar 1852 p3
ELGING, Gustavus - 21 July 1860; 30 July 1860 p2
ELIASON, Sarah C - 9 Jan 1870; 4 Feb 1870 p3
ELIOT, William C - nd; 17 Dec 1853 p3
ELLERY, William E - 24 Aug 1856; 3 Sept 1857 p2
ELLICOTT, Elizabeth - 29 Nov 1853; 9 Dec 1853 p3
Mary Janney - 7 June 1842; 9 June 1842 p3
ELLIOT, Benjamin F - 8 Aug 1838; 21 Aug 1838 p3
Fannie - 8 Mar 1884; 31 Dec 1884 p3
John - 17 Dec 1862; 23 Dec 1862 p3*
Rebecca - --- Oct 1870; 8 Oct 1870 p2
Robert -25 May 1874; 26 May 1874 p2
Sarah - 22 Sept 1831; 10 Nov 1831 p3
Sarah - 13 Nov 1905; 30 Dec 1905 p1
ELLIOTT, Aldridge - 4 Jan 1911; 30 Dec 1911 p4
Alice - 29 Nov 1914; 31 Dec 1914 p1
Anna - 24 Oct 1860; 25 Oct 1860 p3
Charles - 30 Aug 1887; 31 Aug 1887 p2
Elizabeth w/o S McElwee - 9 Aug 1862; 12 Aug 1862 p3*
Ella - 19 Apr 1877; 19 Apr 1877 p2
Florence - 26 Mar 1861; 27 Mar 1861 p3
Frank C - 19 Aug 1914; 31 Dec 1914 p1
Henry R - 12 Apr 1908; 31 Dec 1908 p1
Jane - 25 Nov 1884; 31 Dec 1884 p3
Jonathan - nd; 14 Mar 1846 p3
Julia - 23 May 1897; 31 Dec 1897 p1
Rezin - 28 Mar 1872; 29 Mar 1872 p2
Sallie - 17 Apr 1877; 19 Apr 1877 p2
Warner - 29 June 1860; 19 July 1860 p3
ELLIS, Ann M - 29 Feb 1892; 31 Dec 1892 p2
Benjamin F - 13 June 1909; 31 Dec 1909 p1
Eliza - 30 Apr 1909; 31 Dec 1909 p1
Eliza R - 3 Mar 1835; 10 Mar 1835 p3
Jane - 9 Dec 1860; 11 Dec 1860 p3
John - 1785; 12 May 1785 p3
John - nd; 3 July 1849 p3
Joshua - 24 Oct 1895; 31 Dec 1895 p1
Josiah - 2 Feb 1911; 30 Dec 1911 p4

Mary C - 20 Dec 1910; 31 Dec 1910 p1
William F - 15 Aug 1903; 31 Dec 1903 p1
Wm M - 16 Mar 1868; 17 Mar 1868 p3
ELLISON, Francis Harman - 19 May 1843; 29 May 1843 p3
ELLMORE, John R - 6 Oct 1865; 21 Oct 1865 p3
ELLSWORTH, Martin - 2 Nov 1857; 20 Nov 1857 p3
Hon Oliver - nd; 5 Dec 1807 p3
ELLZEY, Helen E - 27 June 1876; 3 July 1876 p2
Capt Lewis - 17 Oct 1786; 16 Nov 1786 p2
Lewis - 25 July 1841; 2 Aug 1841 p3
Lucy Ellen - 9 July 1860; 12 July 1860 p3 & 13 July 1860 p3
William - 1 Dec 1835; 5 Dec 1835 p3
ELMAR, Harrie - 3 Aug 1872; 12 Aug 1872 p2
Gen Ebenezer - 18 Oct 1843; 26 Oct 1843 p3
ELMORE, Benjamin T - 18 Sept 1841; 30 Sept 1841 p3
E C - 4 July 1857; 18 Aug 1857 p3
ELROY, Thaddeus -6 July 1896; 31 Dec 1896 p1
ELTINGE, Eleanor - 30 May 1871; 31 May 1871 p2
ELTON, John - 1784; 14 Oct 1784 p3
ELVANS, Maby - 25 Dec 1833; 2 Jan 1834 p3
ELYNN, --- - 25 Jan 1870; 3 Feb 1870 p2
EMACK, John Duke - 20 Mar 1840; 23 Mar 1840 p3
EMBREY, William T - 24 Sept 1912; 31 Dec 1912 p1
Winney - 3 Jan 1858; 25 Jan 1858 p3
EMERSON, A - nd; 29 Aug 1859 p3
Alfred D - 29 May 1834; 30 May 1834 p3
Amanda - 23 Dec 1867; 24 Dec 1867 p3
Ann F - nd; 14 Nov 1846 p3
Arthur - 9 June 1842; 10 June 1842 p3
Benjamin F - 30 June 1862; obituary 29 Nov 1865 p2
Bertha - 13 Aug 1892; 31 Dec 1892 p2
Elizabeth - 21 Mar 1898; 31 Dec 1898 p1
Drady - 3 June 1832; 6 June 1832 p3
Edwin - 29 Nov 1857; 1 Dec 1857 p3
Francis Austin - 3 Aug 1854; 7 Aug 1854 p3
Harrison - 4 June 1879; 5 June 1879 p2
Isaiah - 26 Feb 1860; 29 Feb 1860 p3
Jane - 30 June 1861; local news 2 Nov 1861 p2
John P - 10 Feb 1885; 31 Dec 1885 p2
John S - 3 Aug 1860; 6 Aug 1860 p3
John S - 7 Aug 1865; 7 Aug 1865 p2
John S - 19 Dec 1881; 19 Dec 1881 p2
Mrs John S - 24 Dec 1885; 31 Dec 1885 p2
Mary Ann - 8 Oct 1834; 9 Oct 1834 p3

EMERSON, Maud - 8 Feb 1889; 31 Dec 1889 p2
  Prudence - 13 May 1900; 31 Dec 1900 p1
  Richard H - nd; 16 June 1852 p3
  Virginia - 28 Mar 1905; 30 Dec 1905 p1
  Wm D - 17 Sept 1838; 20 Sept 1838 p3
  William Riley - 31 Mar 1885; 31 Dec 1885 p2
  William T - 15 Oct 1915; 31 Dec 1915 p2
EMIGH, Alcina - 24 Apr 1858; 27 Apr 1858 p3
EMMERSON, Eleanor - 27 Feb 1855; 28 Feb 1855 p3
  John Edwin - nd; 15 Oct 1852 p2
EMMERT, J W - 29 July 1911; 30 Dec 1911 p4
EMMONS E J - 12 Feb 1899; 30 Dec 1899 p1
  Dr Richard - 15 Feb 1834; 18 Feb 1834 p3
EMORY, George - 5 Mar 1873; 5 Mar 1873 p2
EMPIE, Rev Adam - nd; 13 Nov 1860 p3
  Ann Eliza - 21 Mar 1843; 23 Mar 1843 p3
ENGEL, Ida L - 4 Feb 1892; 31 Dec 1892 p2
ENGELBRECHT, Anna - 9 June 1886; 31 Dec 1886 p3
  Anne - 5 Oct 1857; 7 Oct 1857 p3
ENGELHARDT, Carrie - 23 Sept 1888; 31 Dec 1888 p1
  Henry - 23 Aug 1898; 31 Dec 1898 p1
ENGLAND, James M - 28 Nov 1870; 29 Nov 1870 p3
  John B - 18 Jan 1883; 31 Dec 1883 p3
  William S - 7 Dec 1888; 31 Dec 1888 p1
ENGLEHART, Louisa Virginia - 29 May 1877; 31 May 1877 p3
ENGLISH, Alcinda B - 31 Jan 1860; 3 Feb 1860 p2
  Ann - nd; 2 Feb 1863 p3
  David - nd; 27 Mar 1850 p2
  David - 4 Sep 1862; 6 Sep 1862 p3*
  Edwin - 13 Oct 1873; 15 Oct 1873 p2
  Fannie - 9 Oct 1905; 30 Dec 1905 p1
  Florence Elizabeth - -- Nov 1878; 5 Nov 1878 p2
  Frank Clifton - nd; 28 Apr 1854 p3
  George Bethune - nd; 24 Sept 1828 p3
  Horace - 27 July 1872; 27 July 1872 p2
  James - 7 Aug 1830; 16 Aug 1830 p3
  James Albert - 26 July 1868; nd np
  John - 6 Oct 1839; 29 Oct 1839 p3
  Juliet G - 10 Feb 1877; 14 Feb 1877 p2
  Laura Virginia - nd; 17 Apr 1833 p3
  Lydia H - nd; 18 Nov 1859 p3
  Lydia S - 4 Mar 1866; 5 Mar 1866 p3
  Maria - nd; 14 Dec 1853 p3
  Maria Louisa - 19 July 1847; 20 July 1847 p3
  Maria Seabury - 13 Dec 1853; nd np
  Mary E - 31 July 1885; 31 Dec 1885 p2
  Samuel M - 23 Feb 1914; 31 Dec 1914 p1
  William - nd; 17 June 1852 p2
  William B R - 22 July 1848; 27 July 1848 p2
ENNIS, Bettie - 2 Feb 1885; 31 Dec 1885 p2
  Mrs. Catherine - 2 Apr 1861; 4 Apr 1861 p3
  Frank - 9 Apr 1900; 31 Dec 1900 p1
  William - 29 Sept 1879; 30 Sept 1879 p2
  William S - 19 Jan 1905; 30 Dec 1905 p1
ENO, Miriam - 5 Aug 1843; 25 Aug 1843 p3
ENSEY, Wm - nd; 23 Jan 1832 p3
ENTWISLE, B F - 1 Mar 1905; 30 Dec 1905 p1
  Beulah - 12 Aug 1900; 31 Dec 1900 p1
  C F - 22 Apr 1907; 31 Dec 1907 p1
  Catharine A - nd; 27 Dec 1850 p3
  Douglas - 1 Jan 1894; 31 Dec 1894 p1
  Edmund - 11 Nov 1911; 30 Dec 1911 p4
  Eliza S - 6 Sept 1886; 31 Dec 1886 p3
  Emily - 11 Feb 1915; 31 Dec 1915 p2
  Eva L - 27 Dec 1909; 31 Dec 1909 p1
  Henry - 18 Mar 1900; 31 Dec 1900 p1
  Ida - 18 Dec 1899; 30 Dec 1899 p1
  Isaac - 11 July 1821; 14 July 1821 p3
  Isaac - 14 July 1866; 14 July 1866 p3
  Isaac - 1 Nov 1886; 31 Dec 1886 p3
  James - 10 Apr 1876; 10 Apr 1876 p2
  James - 30 Mar 1892; 31 Dec 1892 p2
  James - 21 June 1894; 31 Dec 1894 p1
  James Marvin - 23 Feb 1878; 25 Feb 1878 p2
  John W - 16 Dec 1912; 31 Dec 1912 p1
  Mary A - 23 Dec 1897; 31 Dec 1897 p1
  Mary G - 11 May 1913; 31 Dec 1913 p1
  Norton - 13 May 1904; 31 Dec 1904 p1
  Sarah E (Line on the death of Sarah Entwisle) - nd; 13 Aug 1852 p2
  Vivienne F - 19 Feb 1908; 31 Dec 1908 p1
  W J - 15 Aug 1890; 31 Dec 1890 p1
  William - 20 Apr 1902; 31 Dec 1902 p1
  Wilmer - 23 June 1882; 23 June 1882 p2
ENTWISTLE, Mrs Isaac - 3 May 1815; 1 June 1815 p3
  William Edwin - 12 July 1871; 14 July 1871 p3
ERVIN, Charles T - 9 Feb 1891; 31 Dec 1891 p1
  Robert - 8 Feb 1870; 9 Feb 1870 p2
ESCAVILLE, Joseph B - 31 Dec 1870; 3 Jan 1871 p3
ESKRIDGE, Charles K - 21 Aug 1865; 26 Aug 1865 p4
  Dora - 22 May 1904; 31 Dec 1904 p1
  Isabella - 8 Jan 1858; 25 Jan 1858 p3
ESRIDGE, Jane Wall - 5 July 1875; 6 July 1875 p2

ESRIDGE, John - 2 Jan 1900; 31 Dec 1900 p1
  Margaret - 3 Oct 1877; 4 Oct 1877 p2
  Winter - 7 Jan 1858; 25 Jan 1858 p3
ESTES, William T - 15 Dec 1915; 31 Dec 1915 p2
ESTILLE, Emma - 15 May 1881; 10 June 1881 p2
EVANS, Ada - 11 Feb 1860; 18 Feb 1860 p3 &
  20 Feb 1860 p2
  Amanda - 29 Sept 1907; 31 Dec 1907 p1
  Ann R - 21 June 1872; 21 June 1872 p2
  Anna - 8 Aug 1867; 9 Aug 1867 p4
  Caroline - nd; 16 Aug 1851 p3
  Catherine - -- -- 1790; 6 May 1790 p3
  Catharine - nd; 6 May 1790 np
  E J - 5 Dec 1915; 31 Dec 1915 p2
  Elisha By - 15 Apr 1843; 2 May 1843 p3
  Elizabeth - 19 July 1860; 22 July 1860 p3
  Elizabeth - 5 Nov 1871; 6 Nov 1871 p2
  Emma - 11 Jan 1907; 31 Dec 1907 p1
  Ephraim - nd; 25 Jan 1839 p3
  Estwick - 20 Nov 1866; 24 Nov 1866 p2
  Rev French S - 7 Oct 1887; 8 Oct 1887 p2
  Georgiana - nd; 21 Mar 1838 p3
  Hattie - 5 Sept 1912; 31 Dec 1912 p1
  J Lewis - 30 Sept 1904; 31 Dec 1904 p1
  J M - 4 Dec 1913; 31 Dec 1913 p1
  James - 15 July 1907; 31 Dec 1907 p1
  John - 4 Aug 1900; 31 Dec 1900 p1
  Dr John - 13 Apr 1861; 17 Apr 1861 p3
  John - 30 Nov 1911; 30 Dec 1911 p4
  John T - 8 Sept 1875; 9 Sept 1875 p2
  Margaret Henderson - 4 Aug 1854; 18 Aug
    1854 p3
  Mary - 5 Apr 1900; 31 Dec 1900 p1
  Paul R - 28 Dec 1907; 31 Dec 1907 p1
  Robert F - nd; 5 Dec 1854 p3
  Sarah J - 4 Mar 1909; 31 Dec 1909 p1
  Susan - 13 Sept 1860; 17 Sept 1860 p3
  Susan - 22 Aug 1866; 25 Aug 1866 p2
  Thomas - 25 Mar 1914; 31 Dec 1914 p1
  Washington P - nd; 7 Mar 1849 p3
EVELETH, Capt Ebenezer - 23 Apr 1815;
  25 Apr 1815 p3
  Harriet - 18 July 1891; 31 Dec 1891 p1
  James - 29 Mar 1915; 31 Dec 1915 p2
  Julia - 12 July 1894; 31 Dec 1894 p1
  Julia C - 4 Aug 1895; 31 Dec 1895 p1
  Kate - 12 Feb 1886; 31 Dec 1886 p3
  Wm S - 22 July 1852; 14 Aug 1852 p2
  William Sanford - 22 July 1852; 23 July 1852 p2
EVELINA, Rachel - 26 Dec 1867; 18 Jan 1868 p3
EVENS, Mary Ann - 14 Apr 1843; 17 Apr
  1843 p3

EVERETT, Elizabeth - 17 June 1850; 20 June
  1850 p3
  Minnie May - 7 Feb 1875; 9 Feb 1875 p2
  Sarah E - 13 July 1907; 31 Dec 1907 p1
EVERHART, Margaret - 18 Nov 1860; 8 Dec
  1860 p3
  Mary - 18 July 1866; 3 Aug 1866 p2
  Philip - 3 Dec 1849; 24 Dec 1849 p3
EVERSFIELD, Benjamin H - nd; 19 Jan 1861 p3
  Charles - 5 Oct 1873; 6 Oct 1873 p2
  Edward - 14 Nov 1857; 20 Nov 1857 p3
  John - 18 Dec 1857; 23 Dec 1857 p3
  Mathias - 18 July 1860; 27 July 1860 p2
  Perrie W - 9 May 1868; 16 May 1868 p2
EVERSLEY, William - 13 Feb 1834; 17 Feb
  1834 p3
EWALD, Leo J - 13 July 1907; 31 Dec 1907 p1
  Mary - 9 Nov 1890; 31 Dec 1890 p1
EWELL, Alberta - nd; 27 Aug 1853 p3
  Charlotte - 19 Feb 1826; 23 Feb 1826 p3
  Charlotte Mariamne - 29 June 1855; 3 July
    1855 p2
  Jesse - nd; 2 Aug 1847 p2
  Rebecca Lowndes - 9 Aug 1867; 16 Aug
    1867 p3
  Lt Thomas - 2 June 1847 p2
EWEN, Salema - -- Apr 1875; 13 Apr 1875 p2
EWERS, Elizabeth - 16 Mar 1855; 26 Mar
  1855 p3
  L G - 13 Jan 1873; 20 Mar 1873 p2
  William - 4 Apr 1861; 22 Apr 1861 p2
EWING, Eliza Lansdale - 11 Mar 1841; 13 Mar
  1841 p3
EZRA, Richard - 21 Apr 1873; 8 May 1873 p3

FADELEY, Anna M - 1 July 1906; 31 Dec
  1906 p1
  C F - 28 May 1872; 3 June 1872 p3
  Charles W - 25 Dec 1912; 31 Dec 1912 p1
  J H - 5 Aug 1867; 7 Aug 1867 p3
  James - 25 June 1870; 25 June 1870 p3
  Milton M - 16 July 1873; 17 July 1873 p2
FADLEY, Mary - 23 Sept 1851; 29 Sept 1851 p2
FAGEANS, Inez - 9 Apr 1912; 31 Dec 1912 p1
FAGETT, Nancy - 26 Dec 1882; 27 Dec 1882 p2
FAHERTY, Margaret - 1 Aug 1863; 3 Aug
  1863 p3
FAHRNEY, Lizzie - 8 Dec 1907; 31 Dec 1907 p1
FAILL, Kate - 25 Mar 1881; 26 Mar 1881 p2
FAINK, Sarah E - 16 July 1898; 31 Dec 1898 p1

FAIR, A J - 5 June 1910; 31 Dec 1910 p1
  Alice T - 2 Oct 1905; 30 Dec 1905 p1
  Mrs Emsey - 15 June 1873; 24 July 1873 p3
  Lucretia - 11 Oct 1901; 31 Dec 1901 p1
  Sanford - 22 June 1907; 31 Dec 1907 p1
FAIRALL, Charles J - 3 Dec 1860; 6 Dec 1860 p3
  Drucilla - 24 June 1858; 23 July 1858 p2
  Grafton - 27 July 1834; 13 Aug 1834 p3
  John H - nd; 31 July 1848 p3
  Sarah - 21 July 1881; 23 July 1881 p2
  Stephen - nd; 23 July 1858 p2
FAIRFAX, Albert - 9 May 1835; 12 May 1835 p3
  Albert - 23 Oct 1887; 24 Oct 1887 p2
  Archibald Blair - 3 Jan 1867; 24 Jan 1867 p3
  Archibald Carlyle - 4 Aug 1879; 5 Aug 1879 p2
  Carey - 11 Aug 1897; 31 Dec 1897 p1
  Charles Snowden - 4 Apr 1869; 5 Apr 1869 p2
  Edith - nd; 10 Oct 1839 p3
  Eliza - 6 Oct 1852; 12 Oct 1852 p3
  Elizabeth - nd; 11 Nov 1847 p2
  Ethelbert - nd; 6 Nov 1829 p3*
  Eugene - nd; 15 May 1862 p3*
  Ferdinand - 27 Sept 1878; 17 Oct 1878 p2
  Dr Ferdinando - 6 May 1848; 17 May 1848 p2
  Geo W - nd; 13 Jan 1853 p2
  Capt Henry - 6 Oct 1847 at Leesylvania, Prince William Co.; 8 Oct 1847 p1
  Capt Henry - nd; 22 Sept 1847 p2 & 23 Sept 1847 p2 & 24 Sept 1847 p2
  Henry - nd; 14 Sept 1847 p3
  Isaac - 6 Oct 1853; 14 Oct 1853 p3
  Jane - 1 July 1805; 2 July 1805 p3
  Jennie D - 27 Oct 1880; 30 Oct 1880 p2
  John Izzie - 27 Dec 1872; 6 Jan 1873 p2
  Lewellyn - nd; 18 July 1845 p2
  Lucy - nd; 2 Aug 1851 p3
  Margaret (resided at Vaucluse) - 7 Mar 1858; 9 Mar 1858 p3
  Mary Isabelle - 5 July 1851; 5 July 1851 p2
  Mary Randolph - 5 July 1887; 5 July 1887 p3
  Monimia - 14 Sept 1876; 16 Sept 1876 p2
  Nathaniel - 23 Sept 1895; 31 Dec 1895 p1
  Preisilla Fairfax - 16 Oct 1871; 23 Oct 1871 p3
  Sallie E - 21 Feb 1901; 31 Dec 1901 p1
  Susanna L - 19 Nov 1915; 31 Dec 1915 p2
  Thomas - nd; 8 Aug 1853 p3
  Thomas M - 26 May 1912; 31 Dec 1912 p1
  Wm Henry - 4 Aug 1837; 10 Aug 1837 p3
  Willie Emmet - 5 Oct 1853; 14 Oct 1853 p3
  Wilson M C - 8 Aug 1860; 10 Aug 1860 p3
FALLS, Lottie - 11 Apr 1907; 31Dec 1907 p1
  Moor S - 8 Feb 1875; 9 Feb 1895 p2

  Robert W - 4 May 1907; 31 Dec 1907 p1
  William - 7 Mar 1879; 8 Mar 1879 p2
FANNON, Joseph P - 10 July 1892; 31 Dec 1892 p2
  Michael - 25 June 1896; 31 Dec 1896 p1
  Richard T - 18 May 1882; 19 May 1882 p2
  Sallie - 10 June 1893; 30 Dec 1893 p2
  William - 3 Feb 1901; 31 Dec 1901 p1
FANT, Edward L - 21 May 1866; 24 May 1866 p3
  John L - 8 June 1874; 16 June 1874 p2
  Lucy E D - 11 Mar 1875; 15 Mar 1875 p2
FARLEY, Nancy - -- Mar 1868; 9 Mar 1868 p2
  Parke - 23 Oct 1870; 25 Oct 1870 p2
  Parke - 4 Mar 1871; 11 Mar 1871 p3
  Thompson - -- Jan 1876; 5 Jan 1876 p2
FARMER, Al - 13 Feb 1908; 31 Dec 1908 p1
  Caroline Virginia - 11 May 1882; 17 June 1882 p2
FARNSWORTH, Samuel - 2 Mar 1872; 18 Mar 1872 p2
FARQUHAR, Dr Charles - nd; 13 Dec 1844 p2
  Harriet Valinda - 30 Aug 1854; 1 Sept 1854 p3
FARR, Ann M - nd; 27 Apr 1855 p3
  John B - 26 Mar 1871; 28 Mar 1871 p3
FARREL, Caroline - 8 Sept 1866; 10 Sept 1866 p2
  Mary - 4 Dec 1860; 7 Dec 1860 p2
FARRER, Louise - 15 Nov 1909; 31 Dec 1908 p1
FARROW, Benjamin - nd; 24 Nov 1845 p3
  Dorothea - 12 Jan 1843; 26 Jan 1843 p3
  George A - 23 Apr 1867; 8 June 1867 p2
  Lucy - nd; 29 June 1849 p2
  Susan - 27 Feb 1852; 9 Mar 1852 p2
FAULCONER, William E - 14 Aug 1907; 31 Dec 1907 p1
FAULKNER, A G - 1 June 1911; 30 Dec 1911 p4
  Ferdinand G - 9 Sept 1909; 31 Dec 1909 p1
  Jesse - nd; 27 Nov 1838 p3
FAUNTLEROY, Ann H - 1 Feb 1852; 9 Feb 1852 p2
  Mrs Ann MaGill, w/o - 3 Jul 1862; 9 Jul 1862 p3*
  Ann Tucker - nd; 15 Aug 1839 p3
  Annie - 12 Sept 1853; 28 Sept 1853 p3
  Fanny - 2 Sept 1843; 7 Sept 1843 p3
  Janet P (obit) - nd; 11 Sept 1849 p3
  Margaret P - 20 Apr 1855; 21 Apr 1855 p3
  Virginia D - 14 Sept 1853; 28 Sept 1853 p3
FAW, Abraham - nd; 27 June 1828 p3
FAWCETT, E S - 21 Mar 1901; 31 Dec 1901 p1
  Lucy F - 2 Sept 1895; 31 Dec 1895 p1

FAWCETT, Susan - nd; 22 Jan 1852 p2
FAWSETT, Anna - 3 Mar 1872; 18 Mar 1872 p2
FEAGANS, Benjamin - 6 May 1870; 12 May 1870 p2
   Bettie - 27 July 1906; 31 Dec 1906 p1
FEARSON, Elizabeth - 24 July 1887; 25 July 1887 p2
   John - 25 Sept 1908; 31 Dec 1908 p1
   Mary Ann - 2 May 1867; 4 May 1867 p2
   Mrs Samuel - nd; 4 Nov 1819 p3
FEBREY. Robert - 25 Aug 1878; 26 Aug 1878 p2
FEDDEN, John - 6 May 1890; 31 Dec 1890 p1
   Mary Ann - 13 Jan 1879; 13 Jan 1879 p2
FEDDON, Elizabeth - 22 Feb 1878; 23 Feb 1878 p2
   James - 29 June 1843; 3 July 1843 p3
FEETE, Louisa - 8 June 1860; 16 June 1860 p3
FEGAN, Bernard - 5 Mar 1904; 31 Dec 1904 p1
   Ellen - 7 May 1915; 31 Dec 1915 p2
   Owen - 5 Sept 1893; 30 Dec 1893 p2
   Peter - 10 Sept 1886; 31 Dec 1886 p3
   Thomas H - 20 Mar 1914; 31 Dec 1914 p1
FELLIUS, Virginia - 4 Aug 1860; 8 Aug 1860 p3
FENDALL, Arthur A - -- Jan 1878; 28 Jan 1878 p2
   Benjamin (surveyor, port of Alexandria) - nd; 27 Sept 1849 p3
   Dr Edward - 12 Sept 1834; 30 Sept 1834 p3
   Eliza E - 4 Jan 1907; 31 Dec 1907 p1
   Lily - 24 Feb 1910; 31 Dec 1910 p1
   Mary - 10 Nov 1827; 13 Nov 1827 p3
   Mary T - nd; 1 Dec 1852 p2
   Philip R - 16 Feb 1868; 17 Feb 1868 p2 & 18 Feb 1868 p3 & 21 Feb 1868 p2
   Townshend D - 23 July 1893; 30 Dec 1893 p2
   William Y - 14 Nov 1871; 16 Nov 1871 p2
FENDLEA, Pansy - 26 Dec 1912; 31 Dec 1912 p1
FENTON, John G - 13 Aug 1843; 25 Aug 1843 p3
FENWICK, Edward - 21 Aug 1857; 24 Aug 1857 p3
   Robert Washington - nd; 28 Mar 1858 p3
   Mrs Teresa - 29 Nov 1839; 6 Dec 1839 p3
   Thomas - nd; 22 May 1847 p2
FERGUSON, A. Alice - 30 Dec 1862; 30 Dec 1862 p3*
   Alice V - 30 Dec 1862; 6 Jan 1863 p3
   Anna Lillian - 27 Dec 1862; 6 Jan 1863 p3
   Emma - 26 Aug 1852; 28 Aug 1852 p3
   Eno S - 1 Mar 1850; 7 Mar 1850 p2
   George H - 8 Dec 1852; 4 Jan 1853 p2
   Henry D - 31 May 1902; 31 Dec 1902 p1
   James - nd; 3 Mar 1871 p3
   James - 27 Feb 1871; 3 Mar 1871 p3
   John - nd; 8 Sept 1832 p3
   John - 28 Jan 1861; 4 Feb 1861 p3
   John D - 4 June 1860; 11 June 1860 p3
   Josiah - nd; 24 Mar 1836 p3
   Josiah - 14 Dec 1849; 11 Jan 1850 p3
   Lilia - 27 Dec 1862; 30 Dec 1862 p3*
   Linden - 8 Feb 1910; 31 Dec 1910 p1
   Mary - 3 Oct 1859; 1 Nov 1859 p3
   Robert Esq - 1 Oct 1812; 1 Oct 1812 p3
   Robert - 29 Nov 1878; 2 Dec 1878 p3
   Stephen - 18 Nov 1855; 26 Nov 1855 p3
   William - 5 Oct 1869; 6 Oct 1869 p2
   William A - 12 June 1915; 31 Dec 1915 p2
FERRAL, Thomas - 2 July 1840; 4 July 1840 p3
FERRIS, Margaret - 9 Oct 1857; 12 Oct 1857 p3
FEWELL, Pvt - battle on 30 Jun 1862; 8 Jul 1862 p1*
   Elizabeth - 20 Mar 1868; 21 Mar 1868 p2
   Eugene - 3 May 1912; 31 Dec 1912 p1
FICKLIN, Louisa V - 20 Jan 1843; 31 Jan 1843 p3
FIELD, Alice Logan - 22 Mar 1839; 27 Mar 1839 p3
   Catharine L - 7 Dec 1874; 8 Dec 1874 p2
   Consuela - 1 Oct 1875; 1 Oct 1875 p2
   Cora Isabel - 12 Apr 1895; 31 Dec 1895 p1
   E H - 19 Aug 1898; 31 Dec 1898 p1
   Ernest - 18 Sept 1872; 20 Sept 1872 p3
   Genevieve - 26 June 1874; 29 June 1874 p2
   Henry C - 2 May 1906; 31 Dec 1906 p1
   Horace - nd; 11 Feb 1840 p3
   Isabella - 19 Jan 1909; 31 Dec 1909 p1
   J Albert - 19 Oct 1897; 31 Dec 1897 p1
   James G - 15 Apr 1877; 18 Apr 1877 p2
   John A - -- July 1878; 19 July 1878 p2
   John A - 24 June 1893; 30 Dec 1893 p2
   Judith - nd; 11 May 1849 p2
   Lewis Y - 23 Jan 1871; 20 Feb 1871 p3
   Mabelle H - 30 Apr 1882; 1 May 1882 p3
   Pamelia Grata - nd; 2 Feb 1819 p2
   Philippa B - 3 Dec 1860; 5 Dec 1860 p3
   Dr Richard - 23 May 1829; 29 May 1829 p3
   S Frank - 4 Mar 1912; 31 Dec 1912 p1
   S K - 18 Mar 1892; 31 Dec 1892 p2
   Sally E M - 29 Mar 1874; 30 Mar 1874 p2
   Samuel - 23 Jan 1854; 28 Jan 1854 p3
   Sarah E - 1 June 1892; 31 Dec 1892 p2
   William S - 22 Feb 1835; 9 Mar 1835 p3

FIELD, Worth - 6 Aug 1867; 7 Aug 1867 p3
FIELDER, Sarah - nd; 22 Jan 1858 p3
FIELDS, John - 28 Dec 1851; 9 Feb 1852 p2
   Oliver - nd; 6 June 1849 p2
FIGITT, William - 7 Aug 1853; 11 Aug 1853 p2
FILLMORE, Col Calvin - 1865; 1 Nov 1865 p1
FINCH, Adoniram Judson - 14 Oct 1841; 11 Nov 1841 p3
   Alice - 3 May 1908; 31 Dec 1908 p1
FINDLAY, Gen James - nd; 8 Jan 1836 p3
FINLEY, Anne - 31 Oct 1853; 2 Nov 1853 p3
   Charles Seabrook - 6 Dec 1842; 18 Jan 1843 p3
   John - 1785; 13 Jan 1785 p3
   Olivia - 17 Sept 1859; 20 Sept 1859 p3
FINKS, Elsie F - 29 June 1873; 7 July 1873 p2
   Fielding - 3 June 1874; 16 June 1874 p2
   Francis B - 3 Dec 1869; 13 Dec 1869 p2
   J A - 4 Apr 1907; 31 Dec 1907 p1
   Thomas - 14 Aug 1890; 31 Dec 1890 p1
FINNALL, Thomas - 18 July 1872; 19 July 1872 p3
FINNEGAN, Edward E - 25 Sept 1899; 30 Dec 1899 p1
FINNELL, James - 5 Apr 1912; 31 Dec 1912 p1
   Mrs James - 7 Feb 1898; 31 Dec 1898 p1
   Kate - 27 Sept 1914; 31 Dec 1914 p1
   Thomas - 21 Mar 1893; 30 Dec 1893 p2
FINNEY, Grover C - 21 Nov 1911; 30 Dec 1911 p4
FISCHER, Frederick W - 10 Sept 1860; 11 Sept 1860 p3
   Herman - 5 Feb 1901; 31 Dec 1901 p1
   Mary Elizabeth - 23 May 1863; 23 June 1863 p3
FISH, Francis - 19 July 1877; 19 July 1877 p2
   John T - 17 Mar 1860; 22 Mar 1860 p3
   Lucy - 18 July 1865; 19 Aug 1865 p3
   Nicholas - nd; 25 June 1833 p3
FISHBACK, John N - 3 May 1871; 15 May 1871 p2
FISHER, Edward L - 28 Feb 1867; 4 Mar 1867 p3
   Elizabeth - 11 Apr 1860; 14 Apr 1860 p3
   Elizabeth - 9 Sept 1843; 19 Sept 1843 p3
   George W - 26 Aug 1897; 31 Dec 1897 p1
   Henrietta - 29 Nov 1896; 31 Dec 1896 p1
   Henry W - 11 Oct 1901; 31 Dec 1901 p1
   Howard - 3 July 1841; 10 July 1841 p3
   Isaiah - 23 Mar 1892; 31 Dec 1892 p2
   Mrs J A - 21 Oct 1887; 22 Oct 1887 p2
   Jonas - 28 Apr 1890; 31 Dec 1890 p1
   Kate P - 28 May 1887; 30 May 1887 p3
   Margaret - 11 Feb 1888; 31 Dec 1888 p1
   Margaret - 30 June 1888; 31 Dec 1888 p1
   Margaret - 1 June 1909; 31 Dec 1909 p1
   S Rebecca - 9 Mar 1905; 30 Dec 1905 p1
   Robert - nd; 26 June 1850 p3
   Sallie A - 29 Apr 1911; 30 Dec 1911 p4
   Samuel - nd; 30 Nov 1841 p3
   Samuel B - 5 Apr 1875; 14 Apr 1875 p2
   Samuel H - 18 Aug 1860; 20 Aug 1860 p3
   Sarah Jane - 28 Oct 1865; 31 Oct 1865 p2
   Thomas - nd; 8 May 1854 p3
   Dr Thomas H - 20 Apr 1865; 22 Apr 1865 p2
   Virginia F - 31 Aug 1888; 31 Dec 1888 p1
   William Henry - 29 July 1871; 2 Aug 1871 p2
   William - 13 Dec 1893; 30 Dec 1893 p2
FITZGERALD, Edward H - 9 Jan 1860; 6 Feb 1860 p3
   Elizabeth - nd; 12 Oct 1858 p3
   James H - nd; 8 June 1852 p2
   Jane - nd; 20 Sept 1826 p3
   Joseph - 5 June 1884; 31 Dec 1884 p3
   Mary - nd; 12 Sept 1855 p3
   Mary - 2 Jan 1890; 31 Dec 1890 p1
   Mary Ashton - 17 Sept 1860; 19 Sept 1860 p3
   Patrick - 24 May 1899; 30 Dec 1899 p1
   Thomas M - 21 July 1834; 26 July 1834 p3
FITZHIGH, Charlotte - 18 Dec 1812; 8 Jan 1813 p3
FITZHUGH, Abby Mayo - nd; 17 Dec 1859 p3
   Alexander - 15 Jan 1841; 25 Jan 1841 p3
   Dr Alexander - nd; 19 Aug 1847 p2
   Alexander H - 15 Jan 1841; 25 Jan 1841 p3
   Andrew - nd; 7 Oct 1850 p2
   Ann - nd; 13 Feb 1844 p2
   Ann Eliza - 27 Jan 1867; 9 Apr 1867 p2
   Ann Henderson - 22 Jan 1828; 23 Jan 1828 p3
   Anna Maria - 16 Sep 1872; 16 Sep 1872 p2 & 18 Sep 1872 p2
   Anna M - 16 Apr 1874; 17 Apr 1874 p2
   Augustine - 22 May 1875; 1 Jun 1875 p2 & 8 Jun 1875 p2
   Bella - -- Jun 1876; 5 Jun 1876 p2
   Burditt - 23 Oct 1858; 20 Nov 1858 p2
   Caroline P - 26 Dec 1843; 4 Jan 1844 p2
   Cora - nd; 3 Jan 1863 p3
   Daniel - nd; 1 Nov 1836 p3
   David - 11 Feb 1868; 12 Feb 1868 p3
   Eleanor Cooksey - 14 Sep 1872; 23 Sep 1872 p3
   Eliza Ann - 4 Apr 1832; 24 Apr 1832 p3
   Eliza C - nd; 4 Feb 1858 p3
   Elizabeth C - nd; 21 Jan 1852 p2
   Eliza G - nd; 26 Apr 1836 p3
   Frances Anna Maria - nd; 22 Feb 1855 p3
   Frances T - 16 Feb 1878; 20 Feb 1878 p2

FITZHUGH, Francis T - nd; 27 Jul 1854 p3
Giles - nd; 25 Jan 1853 p2
Harriet - 6 Oct 1834; 17 Oct 1834 p3
Harrison - 1 Aug 1845; 13 Aug 1845 p3
Harry M - 29 Jul 1908; 31 Dec 1908 p1
John B - 10 Apr 1879; 15 Apr
  1879 p2
John Rose - 10 Apr 1879; 19 Apr 1879 p2
John T - 25 Oct 1843; 6 Nov 1843 p3
Julia Grant - 24 Jun 1873; 25 Jun 1873 p2
Lucy - 11 Jan 1853; 18 Jan 1853 p2
Lucy B - 3 Feb 1860; 11 Feb 1860 p3
Mrs M M - nd; 11 Dec 1851 p2
McCarty - 15 Nov 1813; 16 Nov 1813 p3
Mary Ann - 23 Nov 1840; 24 Nov 1840 p3
Mary M - 25 May 1870; 17 Jun 1870 p3
Matilda W - 9 Jul 1881; 16 Jul 1881 p2
Meade - 26 Aug 1845; 22 Sep 1845 p3
Mildred - 9 Oct 1841; 14 Oct 1841 p3
Mordecai Cook - 3 Apr 1858; 10 Apr 1858 p3
Hon Nicholas - 31 Dec 1814; 3 Jan 1815 p3
Norman R - 27 Sep 1835; 2 Oct 1835 p3
Philip - 28 Aug 1825; 6 Sep 1825 p3
Rosalie - 20 Aug 1855; 4 Sep 1855 np
Sally E - nd; 4 Apr 1851 p2
Sarah F - nd; 2 Jan 1839 p3
Thomas - 23 Nov 1843; 27 Nov 1843 p3 &
  4 Dec 1843 p3
Thomas Ludwell - 20 Nov 1878; 2 Dec 1878 p3
William H - 15 Apr 1859; 25 Apr 1859 p3
Miss Willie C - 10 Dec 1877; 29 Dec 1877 p2
Col Wm - 27 Dec 1839; 17 Jan 1840 p3
Wm C - nd; 26 Nov 1847 p3
Wm D - nd; 15 May 1838 p3
Wm H - 21 May 1830; 25 May 1830 p3 & (obit)
  5 Jun 1830 p3
Wm M - 9 May 1878; 10 May 1878 p3
Wm W - nd; 4 July 1831 p3
FITSPATRICK, John - 26 Aug 1900; 31 Dec
  1900 p1
FITZPATRICK, John C - nd; 10 Apr 1861 p3
Mrs John - 30 Sept 1909; 31 Dec 1909 p1
Maggie - 13 Apr 1889; 31 Dec 1889 p2
William J - 14 Aug 1857; 18 Aug 1857 p3
FITZSIMMONS, Charles T - 18 Sept 1897; 31 Dec
  1897 p1
FLANIGEN, Joseph R - 11 July 1900; 31 Dec
  1900 p1
FLANNERY, Hattie - 1 0 Jan 1915; 31 Dec
  1915 p2
FLANNIGAN, Patrick - 10 Oct 1841; 12 Oct
  1841 p3

FLECHNOR, Mrs William - 16 Aug 1892;
  31 Dec 1892 p2
FLEISCHMAN, Carl - 27 Mar 1914; 31 Dec
  1914 p1
FLEISCHMANN, Matilda - 5 Feb 1912; 31 Dec
  1912 p1
FLEMING, Andrew J - 3 Apr 1889; 31 Dec
  1889 p2
Archibald - 17 Mar 1889; 31 Dec 1889 p2
Catharine - nd; 27 Mar 1846; p3
Charles - 9 Dec 1860; 17 Dec 1860 p3
Clarissa T - 14 Aug 1878; 23 Aug 1878 p2
Edgar S - 16 June 1904; 31 Dec 1904 p1
Edward - 12 Nov 1908; 31 Dec 1908 p1
Eliza - 10 May 1885; 31 Dec 1885 p2
Margaret - 5 Sept 1873; 9 Sept 1873 p2
Margaret - 29 Apr 1912; 31 Dec 1912 p1
Maria A - 2 Aug 1907; 31 Dec 11907 p1
Mary - 30 July 1863; 31 July 1863 p3
Mary A - 10 Jan 1885; 31 Dec 1885 p2
Mary E - 20 Apr 1902; 31 Dec 1902 p1
Dr Robert - nd; 19 Aug 1871 p2
Ruth - nd; 3 May 1855 p3
Thomas - nd; 20 Apr 1786 p3
William - 16 July 1895; 31 Dec 1895 p1
FLETCHER, infant d/o Capt George - 20 Aug
  1830; 6 Sept 1830 p3
Ann C - 5 July 1866; 6 July 1866 p3
Columbia, d/o Charles - nd; 27 Aug 1840 p3
E C - 30 Apr 1911; 30 Dec 1911 p4
Edmund B - nd; 14 Aug 1833 p3
Edward C - 22 Nov 1876; 22 Nov 1876 p2
Elias W - nd; 27 Mar 1854 p3
Eliza - nd; 14 Jan 1853 p2
Elvira - 8 Mar 1908; 31 Dec 1908 p1
Geo W - 4 Aug 1874; 5 Aug 1874 p2
Harriet - 30 July 1857; 13 Aug 1857 p3
Henry - 16 Nov 1810; 10 Jan 1811 p3
John M E - 29 Sept 1879; 13 Oct 1879 p2
Louisa B - 18 May 1834; 27 May 1834 p3
Lucinda M - 23 July 1857; 24 July 1857 p3
Margaret E - 22 May 1882; 27 May 1882 p2
Marion - 1 July 1881; 19 July 1881 p2
Mary - nd; 6 May 1839 p3
Mary - 14 Mar 1872; 18 Mar 1872 p2
Matilda - 14 Dec 1879; 15 Dec 1879 p2
Sarah M - 18 Apr 1869; 28 Apr 1869 p2
Thomas - nd; 30 Sept 1845 p3
William - 18 July 1857; 28 July 1857 p3
William H - 8 Apr 1841; 13 Apr 1841 p3
William Machall - 2 Apr 1875; 16 Apr 1875 p2
FLINN, Francis V - 19 July 1915; 31 Dec 1915 p2

FLINT, Frances - 20 Dec 1874; 26 Dec 1874 p2
  Phebe - nd; 1 Aug 1849 p3
  Thomas O - 8 June 1866; 11 June 1866 p2
FLIPPO, Mrs O F - 28 Feb 1903; 31 Dec 1903 p1
  Joseph - 28 Feb 1860; 19 Mar 1860 p3
FLOOD, Col. H D - 21 Apr 1872; 24 Apr 1872 p2
FLORENCE, Ida - 23 July 1858; 24 July 1858 p3
  John - nd; 18 Jan 1853 p2
  Sarah - nd; 3 Dec 1857 p3
FLOURNOY, T S - 13 Mar 1883; 31 Dec 1883 p3
FLOWEREE, Abner - nd; 11 Oct 1854 p3
FLOWERREE, Contee - 6 Mar 1854; 10 Mar 1854 p3
  Jane E - 29 May 1878; 17 June 1878 p2
FLOYD, Dr S L - 11 Aug 1834; 22 Aug 1834 p3
FOARD, Edward H - 1 Feb 1903; 31 Dec 1903 p1
  James - nd; 31 Aug 1858 p3
  John A - 28 Dec 1859; 18 Jan 1860 p3
  William F - 4 July 1863; 8 July 1863 p3
FOERTSCH. Koseph - 9 June 1898; 31 Dec 1898 p1
FOGG, Annie S - 4 Jan 1908; 31 Dec 1908 p1
  Julian - 5 Dec 1908; 31 Dec 1908 p1
FOLEY, Catharine - 26 Jan 1884; 31 Dec 1884 p3
  Eliza - 6 Jan 1904; 31 Dec 1904 p1
  James T - 25 June 1871; 5 July 1871 p2
  Jane - 13 Apr 1892; 31 Dec 1892 p2
  Jeremiah - 3 July 1898; 31 Dec 1898 p1
  Maggie A - 12 May 1874; 20 May 1874 p2
  Mary T - 25 Mar 1874; 20 May 1874 p2
  Patrick - 13 Oct 1857; 14 Oct 1857 p3
  Patrick - 4 Aug 1906; 31 Dec 1906 p1
  Thomas - 28 July 1834; 5 Aug 1834 p3
FOLK, Daniel - nd; 13 July 1840 p3
  Rebecca - 22 Mar 1842; 30 Apr 1842 p3
FOLMARE, Christian - 25 Sept 1857; 29 Sept 1857 p3
FOLTZ, George - 12 Apr 1911; 30 Dec 1911 p4
  H M - 20 Mar 1892; 31 Dec 1892 p2
  Lavinia - 23 Apr 1911; 30 Dec 1911 p4
FONES, Charles - 16 Apr 1901; 31 Dec 1901 p1
  Elizabeth - 25 Feb 1892; 31 Dec 1892 p2
  George W - 5 Apr 1883; 31 Dec 1883 p3
  J W - 27 May 1902; 31 Dec 1902 p1
  James - 15 June 1899; 30 Dec 1899 p1
  John - 14 July 1886; 31 Dec 1886 p3
  Laura - 18 Feb 1896; 31 Dec 1896 p1
  Samuel - 7 Mar 1902; 31 Dec 1902 p1
  Sophia - 2 Apr 1899; 30 Dec 1899 p1
  Tabitha - 9 Feb 1900; 31 Dec 1900 p1
  Winnie A - 14 Jan 1900; 31 Dec 1900 p1

FONT, Mary Jane - 13 June 1870; 14 June 1870 p2
FONTAINE, Sarah Louisa - 2 Oct 1857; 9 Oct 1857 p3
FOOTE, Ann - nd; 30 Aug 1858 p3
  Eliza - 20 Apr 1835; 30 Apr 1835 p3
  Esther F - 16 June 1881; 16 June 1881 p2
  George H - 17 Dec 1855; 1 Jan 1856 p3
  George William - --- Sept 1834; 4 Nov 1834 p3
  Lizzie W - 4 May 1868; 9 May 1868 p3
  Mary Marshall - 1880; 25 Oct 1880 p2
  Dr Richard - nd; 25 Feb 1833 p3
  Richard - 10 Feb 1834; 22 Feb 1834 p3
  Virginia - 8 Mar 1874; 23 Mar 1874 p2
  Wm - 3 Apr 1833; 9 Apr 1833 p3
  William H - 20 Nov 1846; 21 Nov 1846 p3
  Wm H - nd; obituary 25 Nov 1846 p3
  Wm H - nd; 31 July 1827 p3
FORBES, Bettie Bastable - 21 Apr 1882; 24 Apr 1882 p2
  Gilbert Bastable - 9 June 1873; 16 June 1873 p2
  Maggie M - 20 Nov 1877; 22 Nov 1877 p2
  Susan Gordon - 25 Dec 1868; 5 Jan 1869 p2
  William G - 12 Apr 1887; 13 Apr 1887 p2
FORBLE, Margaret - 30 Aug 1843; 2 Sept 1843 p3
FORCE, Georgianna - 18 July 1843; 20 July 1843 p3
  Isaac P - 22 Sept 1910; 31 Dec 1910 p1
  Marion E - 30 Jan 1861; 2 Feb 1861 p2
FORD, Anna - 10 Feb 1902; 31 Dec 1902 p1
  Calvin - 31 July 1887; 2 Aug 1887 p2
  Charles F - 24 Jan 1903; 31 Dec 1903 p1
  Daniel W - 17 Sept 1853; 11 Oct 1853 p2
  E R - 26 Nov 1871; 30 Nov 1871 p3
  Edward - 27 June 1901; 31 Dec 1901 p1
  Edward John - 11 Aug 1860; 13 Aug 1860 p3
  Elizabeth - nd; 22 Nov 1859 p3
  Ellen R - 5 Sept 1898; 31 Dec 1898 p1
  John Edward - 23 Mar 1816; 4 Apr 1816 p2
  Josiah - 20 May 1878; 21 May 1878 p2 &3
  Josiah L - 25 Jan 1865; 26 Jan 1865 p2
  Margaret Adelaide - 23 Apr 1850; 6 May 1850 p2
  Mrs Josiah - 22 May 1885; 31 Dec 1885 p2
  Orlando N - 27 Mar 1915; 31 Dec 1915 p2
  Priscilla - nd; 30 Aug 1850 p3
  Susan Ann E - 10 Sept 1845; 15 Sept 1845 p3
  Thos H (Ex Gov) - 29 Feb 1868; 2 Mar 1868 p2
  Walter - nd; 24 Aug 1830 p3
  Capt William - 11 Sept 1834; 17 Sept 1834 p3
  Willie P - 17 July 1853; 23 July 1853 p3

FOREACRE, A D - 9 Nov 1879; 10 Nov 1879 p2
FORESUCH, Entichy - 23 July 1914; 31 Dec 1914 p1
FORNANCE, Joseph - 23 Nov 1853; 3 Dec 1852 p3
FORNSHIL, John Lewis - 8 Oct 1858; 14 Oct 1858 p3
FORNSHILL, Archie - 5 Jan 1910; 31 Dec 1910 p1
  Effie Virginia - 3 Sep 1862; 3 Sep 1862 p3*
  John - 18 Aug 1873; 18 Aug 1873 p2
  Ruth - 21 Feb 1904; 31 Dec 1904 p1
  William Thomas - nd; 14 Oct 1858 p3
FORREST, Andrew - 18 Feb 1844; 21 Feb 1844 p3
  Bladen - 16 Oct 1870; 18 Oct 1870 p3
  F - 14 Dec 1874; 14 Dec 1874 p2
  French - 22 Nov 1866; 24 Nov 1866 p2
  George Plater - 26 Aug 1843; 30 Aug 1843 p3
  Henry - 19 Feb 1860; 22 Feb 1860 p3
  Mrs Jane - 23 Apr 1861; 25 Apr 1861 p2
  James P - 20 May 1903; 31 Dec 1903 p1
  Julia - 17 May 1881; 18 May 1881 p2
  Mary T - 4 May 1869; 15 May 1869 p3
  Rebecca - 4 Sept 1843; 7 Sept 1843 p3
  Richard - nd; 6 Sept 1859 p3
  Samuel - 15 Mar 1860; 24 Mar 1860 p3
  William - 3 Mar 1834; 7 Mar 1834 p3
FORTENEY, Jacob - nd; 19 Jan 1819 p2
FORTNEY, Catharine - 25 May 1814; 28 May 1814 p3
  Elizabeth - 17 June 1814; 21 June 1814 p3
  Jacob - 16 Dec 1816; 17 Dec 1816 p3
  Mary Ann - 29 Aug 1840; 2 Sept 1840 p3
  Susan - 23 Nov 1840; 30 Nov 1840
FOSSETT, Catharine - 14 Mar 1897; 31 Dec 1897 p1
  Henry J - 23 Nov 1863; 16 Jan 1864 p2
  James - 5 Nov 1879; 5 Nov 1879 p2
  John B - 21 Sept 1883; 31 Dec 1883 p3
FOSTER, Catharine - 6 Sept 1907; 31 Dec 1907 p1
  Elizabeth - nd; 13 Aug 1841 p3
  Elizabeth - 21 May 1837; 27 May 1837 p3
  Elizabeth Fairfax - 11 Aug 1841; 13 Aug 1841 p3
  Isaac - 7 Feb 1837; 14 Feb 1837 p3
  James W - 10 Apr 1866; 16 Apr 1866 p3
  Jane - 5 Oct 1893; 7 Oct 1893 p3
  Jones - 1 Mar 1797; 4 Mar 1797 p3
  Letitia Josephine - 6 Mar 1842; 17 Mar 1842 p3
  Mary Ak - 4 Feb 1866; 17 Feb 1866 p2

  Mrs - 1784; 14 Oct 1784 p3
  Redmon - 12 June 1848; 17 June 1848 p3
  Dr Seth B - 27 Jan 1837; 7 Feb 1837 p3
  Theodore - 13 July 1857; 15 July 1857 p3
  Thomas - 4 Nov 1865; 13 Nov 1865 p3
  Col Wm S - nd; 12 Dec 1839 p3
FOUCH, Temple - 8 Nov 1831; 14 Nov 1831 p3
FOUNTAIN, Capt N - 7 Jan 1876; 7 Jan 1876 p2
FOUSHEE, Elizabeth - 2 Jun 1842; 4 June 1842 p3
FOWELL, Susan - 15 Nov 1864; 11 Jan 1865 p2
FOWKE, Dorothea - 2 Oct 1843; 25 Oct 1843 p3
FOWKE, Mary - 27 Oct 1831; 16 Nov 1831 p3
FOWKES, Dorothea - -- Oct 1843; 17 Oct 1843 p2
FOWLE, Ann Eliza - nd; 11 Apr 1943 p3
  Eliza Vivyan - 4 Oct 1844; 5 Oct 1844 p3
  Eliza T - 3 June 1869; 5 June 1869 p3
  Ella Hooe - 20 Aug 1855; 21 Aug 1855 p3
  Ella H - funeral ceremony; 25 Aug 1855 p2
  Ella Hooe - nd; obituary 6 Sept 1855 p3
  Esther D - 13 Sept 1851; 15 Sept 1851 p2
  George D - 18 Feb 1867; 19 Feb 1867 p3
  George D - 14 Oct 1909; 31 Dec 1909 p1
  James H - 15 Apr 1878-17 Apr 1878 p3
  Lt Col John - nd; 12 May 1838 p3
  Col John - nd; 23 Jan 1840 p3
  Linda - 1881; 26 Oct 1881 p2
  Lydia H - 17 Apr 1851; 19 Apr 1851 p2
  Margaretta, - 8 Jan 1852; 10 Jan 1852 p3
  Mary Ellen - 14 July 1832; 23 July 1832 p3
  Mary Eugenie - nd; 8 Dec 1836 p3
  Mary Eugenie - 10 July 1874; 11 July 1874 p2
  Philip - 23 Oct 1909; 31 Dec 1909 p1
  R Rollins - 8 Mar 1873; 8 Mar 1873 p3
  S Ellen - 22 Aug 1882; 22 Aug 1882 p2
  William - 8 Jan 1860; 10 Jan 1860 p3 & 12 Jan 1860 p2
  William H - 4 Oct 1869; 5 Oct 1869 p2
  William H - 6 Dec 1903; 31 Dec 1903 p1
FOWLER, Ann - 18 Mar 1800; 22 Mar 1800 p3
  John S - 11 June 1903; 31 Dec 1903 p1
  Maria Virginia - 31 Jan 1875; 26 Feb 1875 p2
  Martha J - 28 Jan 1904; 31 Dec 1904 p1
  Mary C - nd; 28 Dec 1858 p3
  William - 24 Jan 1843; 14 Feb 1843 p3
  William - nd; 23 Dec 1811 p3
FOX, Amos - 21 Sept 1849; 9 Oct 1849 p3
  Catherine - 22 Oct 1866; 22 Oct 1866 p2
  Charles J Jr - 24 Apr 1878; 26 Apr 1878 p2
  Edmund - 15 Mar 1845; 28 Mar 1845 p3
  Eleanor - 14 Nov 1841; 15 Nov 1841 p3

FOX, Elizabeth - 23 Mar 1891; 31 Dec 1891 p1
  Frances - nd; 5 May 1859 p3
  Gabriel - nd; 4 Sept 1844 p3
  George H - nd; 29 Sept 1871 p2
  George P - 15 Sept 1867; 17 Sept 1867 p2
  Georgiana - 24 Mar 1874; 4 Apr 1874 p2
  James - 28 Oct 1843; 7 Nov 1843 p3
  James William - 4 Feb 1860; 10 Feb 1860 p2
  John - 5 Apr 1877; 14 Apr 1877 p2
  Martha Virginia - 6 Aug 1857; 10 Aug 1857 p3
  Mary Eleanor - nd; 21 Feb 1844 p3
  Mary Otey - 20 Mar 1915; 31 Dec 1915 p2
  L F - 20 Apr 1842; 21 Apr 1842 p3
  Roland Belt - 20 Sept 1860; 27 Sept 1860 p3
  Sydney Eskine - 29 Dec 1841; 31 Dec 1841 p3
  Thomas J - 10 July 1866; 12 July 1866 p3
  Col Vause - 8 Aug 1855; 20 Aug 1855 p3
  William - 6 Jan 1841; 7 Jan 1841 p3
FOXALL, Catharine - nd; 3 Mar 1847 p2
FRANCIS, Sgt Maj - nd; 12 Jun 1862 p3*
  Amanda - 9 June 1910; 31 Dec 1910 p1
  Edward - nd; 21 Nov 1850 p2
  Ella C - 1881; 9 Apr 1881 p2
  Emanuel - 22 Feb 1897; 31 Dec 1897 pl & (obit) 22 Feb 1897
  George W - 6 Apr 1910; 31 Dec 1910 p1
  Hannah A - 19 May 1858; 31 May 1858 p3
  James - 14 Aug 1875; 16 Aug 1875 p2
  John G - 12 Sept 1815; 16 Sept 1815 p3
  Leana - 17 Jan 1852; 9 Feb 1852 p2
  Peter - 11 May 1889; 31 Dec 1889 p2
  Robert - 30 Apr 1872; 6 May 1872 p2
FRANK, Austin B - 26 June 1860; 6 July 1860 p3
  John Walter - 17 June 1876; 21 June 1876 p2
  Lawson - 2 Jan 1853; 12 Jan 1853 p2
  Oscar W - 29 Aug 1867; 30 Aug 1867 p2
  Wm B - nd; 1 Aug 1859 p3
  Wm H - 16 Feb 1842; 10 Mar 1842 p3
FRANKLIN, Clifton - nd; 9 Apr 1859 p3
  Hector -23 Sep 1862; 27 Sep 1862 p3*
  James - 9 Aug 1869; 10 Aug 1869 p2
  Jane F - 20 Sept 1835; 6 Oct 1835 p3
  John - 22 Mar 1857; 26 Mar 1857 p2
  Thomas - 3 Jan 1851; 8 Jan 1851 p3
FRANKS, Jeremiah - 16 Jan 1888; 31 Dec 1888 p1
  Mary E - 21 Jan 1891; 31 Dec 1891 p1
  Pamelia - 8 Oct 1827; 16 Oct 1827 p3
  Susie - 21 Apr 1900; 31 Dec 1900 p1
FRASER, Anthony R - 1 Feb 1891; 2 Feb 1881 p2
  Cornelia - 14 June 1895; 31 Dec 1895 p1

FRAVEL, James G - 22 Aug 1867; 2 Sept 1867 p2
FRAZER, Fanny - 2 June 1878; 10 June 1878 p2
  James - 18 Apr 1826; 24 Apr 1826 p3
  William - nd; 5 June 1841 p3
FRED, Frances E - nd; 8 Nov 1847 p2
FREDERICKS, Mary - nd; 24 Aug 1831 p3
FREELAND, Mrs Priscilla P d/o A O Douglas - 25 Nov 1862; 2 Dec 1862 p3*
FREEMAN, Annie Lee - 7 Oct 1882; 14 Oct 1882 p2
  Col Constant - nd; 2 Mar 1824 p3
  Harris - 16 Nov 1877; 22 Nov 1877 p2
  Mrs Harris - 24 Apr 1901; 31 Dec 1901 p1
  Harris - 15 Feb 1903; 31 Dec 1903 p1
  James H - 18 Dec 1853; 26 Dec 1853 p2
  John - 18 Sept 1865; 21 Sept 1865 p3
  John Douglass - 2 Jan 1854; 7 Jan 1854 p3
  John McGill - 11 Oct 1882; 14 Oct 1882 p2
  Margaret - 16 June 1860; 19 June 1860 p3
  Martha A - 17 Nov 1865; 2 Dec 1865 p3
  Martha S - 15 Sept 1866; 6 Oct 1866 p2
  Nathaniel - 1 Apr 1849; 30 Apr 1849 p3
  Thomas C - 8 Dec 1876; 13 Dec 1876 p2
FRENCH, Mrs A D - 2 Feb 1876; 19 Feb 1876 p2
  Charles - nd; 21 Feb 1844 p3
  Clarence E - 4 Jan 1900; 31 Dec 1900 p1
  D M - 30 Sept 1881; 1 Oct 1881 p2
  Edmund - 17 July 1860; 9 July 1860 p3
  Eliza - 29 Sept 1898; 31 Dec 1898 p1
  Elizabeth H - nd; 4 Mar 1851 p3
  Elizabeth R - 6 May 1861; 8 May 1861 p3
  George - 13 July 1882; 24 July 1882 p2
  George -14 Dec 1834; 18 Dec 1834 p3
  George E - 17 Aug 1890; 31 Dec 1890 p1
  Georgia - 12 Dec 1915; 31 Dec 1915 p2
  Mrs James E - nd; 22 Apr 1841 p3
  James S - 8 Feb 1886; 31 Dec 1886 p1
  Jane C - -- Jan 1875; 23 Jan 1875 p2
  Jane E Somerville - 15 Apr 1841; 22 Apr 1841 p3
  Martha L - nd; 15 Oct 1852 p2
  Mary E - 30 Apr 1892; 31 Dec 1892 p2
  Robert W - 17 Dec 1912; 31 Dec 1912 p1
  Dr Robert - 13 Aug 1835; 17 Aug 1835 p3
  Rufus A Jr - 25 June 1853; 11 July 1853 p3
  Sarah Butler - 9 Apr 1873; 17 Apr 1873 p2
  Miss Sidney T - 10 Dec 1857; 18 Dec 1857 p3
  Mrs V C - 13 Aug 1894; 31 Dec 1894 p1
  W P - 12 Mar 1889; 31 Dec 1889 p2
  Wm - nd; 23 May 1826 p3
FREY, Mrs Mary - 6 Oct 1862; 8 Oct 1862 p3*

FRIEDLANDER, Henry - 22 Nov 1902; 31 Dec 1902 p1
FRINK, Louise - 16 July 1898; 31 Dec 1898 p1
FRISTOE, Silas - 24 Aug 1847; 7 Sept 1847 p2
FRIZZEL, Maria - 26 June 1885; 31 Dec 1885 p2
FROBEL, Mary S - 20 Aug 1857; 25 Aug 1857 p3
  Thomas D - nd; 22 Oct 1832 p3
FROBELL, Anna C - 7 Jan 1869; 8 Jan 1869 p2
FROST, John E - nd; 11 Nov 1839 p3
FRY, John - 17 Oct 1838; 25 Oct 1838 p3
  Col John - nd; 20 Apr 1849 p3
  Lillian - 24 Nov 1904; 31 Dec 1904 p1
  Margaret - nd; 5 June 1854 p3
  Nicholas - nd; 31 Mar 1840 p3
  T T - 29 Jan 1875; 3 Feb 1875 np
FRYE, Andrew - nd; 4 Sept 1854 p3
  Rev Christopher - 15 Sept 1835; 22 Sept 1835 p3
  Margaret - 11 July 1843; 15 July 1843 p3
  Mary - 9 May 1869; 13 May 1869 p2
  Michael - nd; 2 Feb 1847 p3
FUCHS, Katharine - 8 Mar 1910; 31 Dec 1910 p1
FUGETT, Lewis Clark - 30 Mar 1867; 30 Mar 1867 p2
FUGIT, Ann - 7 Mar 1836; 12 Mar 1836 p3
FUGITT, Banjamin - 31 Aug 1892; 31 Dec 1892 p2
  Benjamin - 6 Dec 1888; 31 Dec 1888 p1
  Carrie Louisa - 20 Nov 1857; 28 Nov 1857 p3
  Carrie May - nd; 4 Mar 1859 p3
  Catharine - 31 Dec 1851; 2 Jan 1852 p2
  Frances B - nd; 20 May 1859 p3
  Harriet A - 13 Apr 1915; 31 Dec 1915 p2
  Jeremiah - 9 Dec 1860; 24 Dec 1860 p2
  Jeremiah - nd; 9 Sept 1847 p2
  Joseph - 20 Oct 1844; 22 Oct 1844 p3
  Katie Lee - nd; 18 Dec 1871 p2
  Mary E - 7 Feb 1853; 7 Mar 1853 p2
  Mary Frances - 16 July 1853; 19 July 1853 p3
FULLER, Hiram - nd; 4 Aug 1851 p2
  Hiram - nd; tribute of respect 11 Aug 1851 p3
  Perry - 11 Jan 1871; 12 Jan 1871 p3
  Sarah Linda - 6 July 1851; 14 July 1851 p2
  Susan E - 19 Nov 1905; 30 Dec 1905 p1
  Victorine - 26 July 1855; 21 Aug 1855 p3
  Victorine S - 26 Juy 1855; 4 Aug 1855 p3
  William - 8 Nov 1872; 8 Nov 1872 p3 & 9 Nov 1872 p3
FULMORE, Joseph - nd; 26 Mar 1836 p3
FULLMORE, Mary Ann - 25 Sept 1873; 26 Sept 1873 p2

71

FULMER, George H - nd; 16 Aug 1859 p3
  Mrs - 1787; 22 Mar 1787 p2
FULTON, Emily - 20 July 1869; 20 July 1869 p3
  Jacob C - nd; 21 July 1849 p3
  John A - nd; 16 Feb 1836 p3
  Joseph - 7 Nov 1822; 14 Jan 1823 p3
  Robert - 11 Apr 1841; 19 Apr 1841 p3
  Robert - nd; 12 Aug 1839 p3
  Robert - 11 Apr 1841; 19 Apr 1841 p3
FUNK, Joseph - 4 May 1860; 1 June 1860 p3
FUNKHOUSER, Elizabeth - 24 July 1870; 30 July 1870 p3
FUNSTEN, Daisy - 25 Oct 1869; 28 Oct 1869 p3
  David - 5 Apr 1866; 7 Apr 1866 p3
  Henry Lewis - 31 Dec 1869; 27 Jan 1870 p2
  Margaret - 27 Aug 1843; 15 Sept 1843 p3
  Mary C - nd; 5 Apr 1847 p2
  Oliver - nd; 10 July 1858 p3
  Susan Meade - 9 Apr 1872; 9 Apr 1872 p2 & 18 Apr 1982 p2
FUNSTON, George E - 17 Feb 1891; 31 Dec 1891 p1
FURGESON, Henry - nd; 20 Oct 1808 p3
FURLONG, Henry Bascomb - 27 June 1853; 4 July 1853 p2
  Mary A - 13 Aug 1873; 18 Aug 1873 p2
  Mary J - 9 Apr 1878; 10 Apr 1878 p2
  Mary J - 12 Jan 1888; 31 Dec 1888 p1
FURR, Enoch - nd; 18 Apr 1845 p3
  James - 28 Jan 1895; 31 Dec 1895 p1
  Mary I - 22 Oct 1871; 20 Nov 1871 p2
  Susan E - 13 June 1876; 3 July 1876 p2
FURRER, Carl H - 5 Oct 1899; 30 Dec 1899 p1
  Wilhelmina - 2 Sept 1906; 31 Dec 1906 p1
  William - 30 Nov 1889; 31 Dec 1889 p2
FURTNER, Richard - 20 Aug 1857; 24 Aug 1857 p3

GABAN, Dora Lee - 5 Apr 1885; 31 Dec 1885 p2
GADSBY, George - 29 Jan 1834; 1 Feb 1834 p2
  Jane - 13 Feb 1842; 16 Feb 1842 p3
  John - 15 May 1844; 18 May 1844 p3
  John Jr - nd; 8 July 1834 p3
  Joseph - 3 July 1834; 8 July 1834 p3
  Magaret - 9 Feb 1812; 13 Feb 1812 p3
  Povey w/o John - 9 Feb 1858; 12 Feb 1858 p3
  Virginia - 24 July 1836; 26 July 1836 p3 & obituary 28 July 1836 p2
  William - 2 Aug 1866; 3 Aug 1866 p2
GAFNEY, Patrick - 2 May 1868; 5 May 1868 p3

GAHAN, Jane - 30 Aug 1876; 9 Sept 1876 p2
  Nicholas - 29 Aug 1853; 10 Oct 1853 p3
GAILLARD, R W - 8 Feb 1905; 30 Dec 1905 p1
GAINER, Wilmer - 9 July 1860; 14 July 1860 p3
GAINES, Albert J - 5 Aug 1910; 31 Dec 1910 p1
  Flora - 1 May 1904; 31 Dec 1904 p1
  Foster - 28 Mar 1851; 1 Apr 1851 p2
  J D - 21 July 1904; 31 Dec 1904 p1
  Jasper L - 24 Dec 1907; 31 Dec 1907 p1
  Kalitha A - 9 Aug 1900; 31 Dec 1900 p1
  Nannie - 25 Aug 1876; 4 Sept 1876 p2
  Gen Richard H - nd; 11 Oct 1854 p3
  Thomas - 8 Mar 1875; 13 Mar 1875 p2
GAINEY, Frank - 24 Aug 1914; 31 Dec 1914 np
GAITHER, Greenbury - nd; 6 Mar 1838 p3
  Col Henry - 22 June 1811; 27 June 1811 p3
  John - nd; 17 June 1819 p2
  Sarah B - 13 Apr 1887; 16 Apr 1887 p3
  Virginia - 13 Feb 1876; 14 Feb 1876 p3
GALE, Ann R - 28 Feb 1878; 28 Feb 1878 p2
  Annie - 24 Oct 1911; 30 Dec 1911 p4
  Josiah P Sr - 31 Aug 1875; 3 Sept 1875 p3
GALES, Joseph - 24 Aug 1841; 30 Aug 1841 p3
  Joseph - 24 Aug 1841; 30 Aug 1841 p3
  Julianna M - 15 Oct 1879; 16 Oct 1879 p2
  Seaton - 29 Nov 1878; 30 Nov 1878 p2
GALLAGHER, Dennis - 20 Jan 1858; 22 Jan 1858 p3
  Sarah C - 5 Mar 1857; 7 Mar 1857 p2
GALLAHER, Cornelia Adaline - 9 July 1873; 17 July 1873 p2
  Sallie A - nd; 25 June 1852 p3
GALLAHORNE, Mary - 6 Aug 1911; 30 Dec 1911 p4
GALLAUDET, Peter W - 17 May 1843; 20 May 1843 p3
GALLAWAY, William - 20 Sept 1843; 4 Oct 1843 p3
GALLEHER, David - 15 Sept 1853; 24 Sept 1853 p3
  Francis W - 19 Dec 1849; 24 Dec 1849 p3
GALLIGAN, Ellinor - 1 Feb 1860; 4 Feb 1860 p3
GALLION, Charles G - 4 Dec 1877; 6 Dec 1877 p2
  John - 25 July 1965; 25 July 1865 p2
GALLIS, Henry - nd; 22 Feb 1855 p3
GALPIN, John - 19 Oct 1857; 24 Oct 1857 p2
GALT, Alfred - nd; 14 Dec 1853 p3
  Arthur Grayson - 10 July 1865; 11 July 1865 p2
  Charlotte - 20 Nov 1843; 23 Nov 1843 p3

Eliza - 29 Apr 1875; 29 Apr 1875 p2 & 30 Apr 1875 p2
Eve - 17 July 1813; 19 July 1813 p3
James h/o Miss Eve Resler - 29 Apr 1804; 1 May 1804 p3
Dr Robert - 16 March 1877; 20 March 1877 p2
GAMBILL, Dr Richard H - 19 Dec 1865; 26 Dec 1865 p2
GAMBLE, Mary - 22 May 1840; 22 June 1840 p3
  Maj Wm - nd; 18 Jan 1833 p3
GAMBRILL, Alexander H - 16 Jan 1898; 31 Dec 1898 p1
  Charles A - 20 Feb 1869; 20 Feb 1869 p3
GANNON, James P - 1 June 1849; 4 June 1849 p3
  Mary - 21 Apr 1875; 1 May 1875 p2
GANT, George - 25 July 1898; 31 Dec 1898 p1
  Lucy W - -- Sept 1834; 29 Sept 1834 p3
  Thomas T - 11 May 1818; 12 May 1818 p2
GANTT, Anna Beall - 9 Feb 1860; 18 Feb 1860 p3
  Anna Rose - 1 Sept 1855; 5 Sept 1855 p3
  Mai Ben J - nd; 19 May 1854 p3
GARBER, Sallie Tebbs - 31 May 1866; 14 June 1866 p2
  W H - --- Jan 1876; 5 Jan 1876 p2
GARCIA, Mary Elizabeth - 28 Sept 1849; 11 Oct 1849 p2
GARDEN, E - 1 Apr 1874; 6 Apr 1874 p2
GARDINER, ---- - 1874; 30 May 1874 p2 & 1 June 1874 p3 & 2 June 1874 p3
  Albert Darborow - 20 May 1865; 24 May 1865 p2
  Anne - 5 Sept 1870; 5 Sept 1870 p2
  George - 22 Sept 1873; 6 Oct 1873 p2
  James B - 13 Apr 1837; 25 Apr 1837 p3
  Mary - 1 Apr 1875; 1 Apr 1875 p2
  Thomas - 30 July 1841; 19 Oct 1841 p3
GARDNER, Mrs B A - 7 June 1851; 8 Aug 1851 p2
  Edmund Charles - 6 Nov 1843; 30 Dec 1843 p2
  Eliza - 5 June 1877; 6 June 1877 p2
  Harriet Fowler - 26 Sept 1866; 1 Oct 1866 p3
  James - nd; 17 Sept 1849 p2
  James - nd; 21 Dec 1832 p3
  Julia Ann - nd; 19 Jan 1859 p3
  Lt John M - nd; 1 Dec 1847 p2
  Laura L - 5 July 1871; 27 July 1871 p2
  Maria - 1 Apr 1894; 31 Dec 1894 p1
  Mrs Mary - 5 Feb 1861;16 Feb 1861 p3
  Rachael - 1786 or 7; 4 Jan 1787 p2
  Virginia - 11 July 1915; 31 Dec 1915 p2

GARDNER, Wm C - 27 Oct 1844; 29 Nov 1844 p3
   William H - 17 Apr 1860; 30 Apr 1860 p3
GARGES, Wm - nd; 6 Nov 1855 p3
GARNER, Catherine W - 9 Aug 1857; 11 Aug 1857 p3
   Daniel - 16 Mar 1860; 26 Mar 1860 p3
   Edward Edelin - 9 Mar 1860; 22 Mar 1860 p3
   Capt Hezekiah - 23 Oct 1841; 15 Nov 1841 p3
   Hezekiah - 23 Oct 1841; 15 Nov 1841 p3
   James W - 21 Dec 1876; 22 Dec 1876 p2
   Jane C - 19 May 1900; 31 Dec 1900 p1
   Jane Singleton - 31 Mar 1852; 7 Apr 1852 p2
   Jesse - 23 Feb 1860; 2 Mar 1860 p3
   Margaret - 26 Dec 1847; 28 Dec 1847 p2
   Mary C - 8 Sept 1881; 8 Sept 1881 p2
   Olivia - 7 July 1834; 25 July 1834 p3
   William - nd; 16 Nov 1819 p2
GARNETT, Frank M - 6 Mar 1879; 6 Mar 1879 p2
   James - 12 July 1875; 17 July 1875 p2
   Mary C - --- Aug 1875; 16 Aug 1875 p2
   Mary E D - 11 Apr 1837; 20 Apr 1837 p3
   Muscoe - 12 Mar 1872; 12 Mar 1872 p2
   Muscoe - 10 Apr 1870; 15 Apr 1870 p2
   Robert - nd; 19 Aug 1840 p3
   Rose - 19 Nov 1899; 30 Dec 1899 p1
   Mrs Sallie B - 10 Nov 1915; 31 Dec 1915 p2
   Samuel H - 29 Mar 1910; 31 Dec 1910 p1
   Thos B - 13 Aug 1881; 23 Aug 1881 p2
GARR, Mrs M V - 28 May 1913; 31 Dec 1913 p1
   Wayne L - 25 Mar 1908; 31 Dec 1908 p1
GARRARD, Henry - 20 Mar 1840; 30 Mar 1840 p3
GARREL, Elizabeth - 6 Dec 1855; 11 Dec 1855 p3
GARRETT, Eliza J - 22 Apr 1880; 23 Apr 1880 p2
   Elizabeth - 6 Mar 1904; 31 Dec 1904 p1
   Jos E - 27 Jan 1869; 28 Jan 1869 p3
   Lizzie F - 4 July 1867; 27 July 1867 p2
   Thomas - 25 Jan 1871; 26 Jan 1871 p2
GARRETTSON, George - 24 Nov 1807; 5 Dec 1807
   George - 1 Dec 1807; 5 Dec 1807 p3
GARRISON, Elizabeth - nd; 10 Feb 1854 p2
   James - 10 May 1872; 13 May 1872 p2
   Mary E - 6 Jan 1881; 25 Jan 1881 p2
GARRY, Elizabeth - 18 May 1845; 30 May 1845 p3
GARWOOD, Elizabeth H - 4 Dec 1873; 4 Dec 1873 p2
   Emma D - 17 Apr 1901; 31 Dec 1901 p1

   S N - 22 Jan 1904; 31 Dec 1904 p1
GASKILL, William H - 1 Mar 1913; 31 Dec 1913 p1
GASKINS, Alfred - 22 Jan 1871; --- Jan 1871 p2
   Anne - 27 Apr 1873; 5 May 1873 p2
   Hannah G Beal - 4 Feb 1876; 21 Feb 1876 p3
   James H - 15 June 1876; 19 June 1876 p2
   John - 1867; 22 Mar 1867 p2
   Kate A - 25 Apr 1874; 4 May 1874 p2
   S S - 16 Apr 1866; 17 Apr 1866 p3
GASS, Benjamin - 12 Feb 1855; 26 Feb 1855 p3
   Mrs Melvina - 17 Apr 1865; 18 Apr 1865 p2
GASSAWAY, Catherine B - 18 Oct 1869; 21 Oct 1869 p2
   Henrietta - 2 Dec 1860; 7 Dec 1860 p2
   Kitty E A - 25 Dec 1857; 29 Dec 1957 p3
GASTON, James F - 30 Jan 1860; 1 Feb 1860 p3
   John S - 26 Oct 1915; 31 Dec 1915 p2
   Margaret - nd; 2 Aug 1813 p3
GATCHELL, Hannah Ann - 31 Oct 1878; 31 Oct 1878 p3
GATES, Katie - 19 Jan 1911; 30 Dec 1911 p4
   Capt Lemuel - nd; 27 Aug 1836 p3
   Sallie - 18 Dec 1866; 19 Dec 1866 p2
   Sarah - nd; 15 July 1836 p3
   Sarah - nd; 10 Dec 1855 p3
GATEWOOD, John S - 11 Sept 1857; 14 Sept 1857 p3
   Wright - 19 Jan 1882; 25 Feb 1882 p2
GATHER, Mary Ann - nd; 7 Oct 1844 p3
GATSCHA, John M - 9 Apr 1885; 31 Dec 1885 p2
GATTON, John W - nd; 28 Sept 1839 p3
   Martha W - 23 Nov 1853; 29 Nov 1853 p3
GATTS, Samuel W - 18 Oct 1874; 13 Nov 1874 p2
GAUBERT, John Alphonse - 6 Mar 1860; 8 Mar 1860 p3
GAUNT, Nancy - nd; 27 Apr 1854 p3
GAYLE, Sarah A - 6 Aug 1835; 10 Sept 1835 p3
GEARY, Mary - 13 Mar 1897; 31 Dec 1897 p1
   Mary E - 25 Mar 1881; 26 Mar 1881 p2
   Michael - 16 Apr 1891; 31 Dec 1891 p1
   William - 2 Aug 1903; 31 Dec 1903 p1
GEDDES, Mrs - 6 Nov 1792; 22 Nov 1792 p3
GEDDY, Elizabeth - 7 June 1843; 19 June 1843 p3
GEDNEY, Emma Elizabeth - nd; nd np
GEIB, Cora Purnetia - 22 Mar 1863; 23 Mar 1863 p3
   Harrie - 1 July 1872; 1 July 1872 p3
   Minnie Catherine - 3 Mar 1870; 5 Mar 1870 p2

GEIS, Frank J - 13 Apr 1892; 31 Dec 1892 p2
GEISENDAFFER, Annie - 6 July 1901; 31 Dec 1901 p1
   Francis M - 7 Mar 1873; 8 Mar 1873 p3
GEISENDAFFER, Frederick J - 2 Mar 1914; 31 Dec 1914 p1
   John P - 22 May 1861; 23 May 1861 p3
   Mrs M A F - 22 July 1894; 31 Dec 1894 p1
   Sabine - 13 Nov 1890; 31 Dec 1890 p1
   Sarah Sophia - 31 Aug 1843; 2 Sept 1843 p3
GEISINGER, David - 5 Mar 1860; 8 Mar 1860 p3
GEISLING, Noah - 31 Dec 1892; 31 Dec 1892 p2
GELB, Catherine A - 23 June 1872; 26 June 1872 p2
GEMENY, John - nd; 22 Feb 1850 p3
   John H - 19 Jan 1876; 20 Jan 1876 p2
   Margaret K - 22 June 1888; 31 Dec 1888 p1
   Marion - 2 Aug 1858; 4 Aug 1858 p3
   Matilda - 6 May 1876; 20 May 1876 p2
   Richard - 5 Sept 1899; 30 Dec 1899 p1
   Richard H - 30 Sept 1858; 1 Oct 1858 p3
   Richard H - 7 Feb 1873; 8 Feb 1873 p2
   W H - 12 Dec 1886; 31 Dec 1886 p3
GEMMELL, David - 15 Nov 1905; 30 Dec 1905 p1
GENSBERGER, Lipman - 22 Feb 1883; 31 Dec 1883 p3
GENSEMER, Jeremiah M - 6 Jan 1890; 31 Dec 1890 p1
   Emma V - 26 Dec 1906; 31 Dec 1906 p1
   Jerry - 9 Mar 1915; 31 Dec 1915 p2
GENTHER, Catharie S - 16 Jan 1891; 31 Dec 1891 p1
   Susana Katherina - 17 Aug 1865; 17 Aug 1865 p4
GENTRY, Addison - 10 Mar 1894; 31 Dec 1894 p1
   Alice B - 5 May 1882; 6 May 1882 p2
   John E - 23 Sept 1898; 31 Dec 1898 p1
   Margaret - 7 Jan 1904; 31 Dec 1904 p1
   Mary E - 2 Dec 1909; 31 Dec 1909 p1
   Nannie - 22 May 1887; 23 May 1887 p3
GENZBERGER, Bettie - 17 Aug 1905; 30 Dec 1905 p1
   Hannah - 7 Jan 1909; 31 Dec 1909 p1
   Jennie - 24 Oct 1896; 31 Dec 1896 p1
   Segmond - 28 June 1915; 31 Dec 1915 p2
   Simon S - 1 Oct 1898; 31 Dec 1898 p1
GEORGE, Annie Selden - 20 Apr 1877; 20 Apr 1877 p2
   Isaac - 11 Sep 1862; 12 Sep 1862 p3*
   Col J B - nd; 22 Nov 1854 p3
   Margaret - 13 Oct 1875; 9 Nov 1875 p2
   Mary E - 4 Dec 1873; 9 Dec 1873 p2
   Wm - nd; 31 Dec 1838 p3
GERECKE, John Fredeick - 18 Aug 1860; 21 Aug 1860 p2
GERHAUSER, John A - 7 Dec 1890; 31 Dec 1890 p1
   Margretta - 27 Aug 1876; 28 Aug 1876 p3
GERMAN, Catherine - 16 Jan 1908; 31 Dec 1908 p1
   Daniel - 20 Dec 1887; 21 Dec 1887 p2
GEMANN, Frances D - 8 Jan 1867; 9 Jan 1867 p2
   George - 13 Sept 1914; 31 Dec 1914 p1
   Martin - 8 Sept 1865; 8 Sept 1865 p3
   Michael - 21 Jan 1908; 31 Dec 1908 p1
   William - 24 Feb 1903; 31 Dec 1903 p1
GERMOND, Effie M - 23 Sept 1914; 1 Dec 1914 p1
   Ernest L - 11 Apr 1904; 31 Dec 1904 p1
   James M - 13 Oct 1892; 31 Dec 1892 p2
   John Jacob - 11 Jan 1892; 31 Dec 1892 p2
GETTINGS, Thomas N - 27 Nov 1860; 1 Dec 1860 p3
GETTY, Margaret - 9 Apr 1873; 14 Apr 1873 p3
GETZBERGER, Leopold - 5 Sept 1901; 31 Dec 1901 p1
GHEEN, A H - 8 Sept 1884; 31 Dec 1884 p3
   Charles C - 21 June 1876; 6 July 1876 p2
   Enos - 10 Mar 1878; 11 Mar 1878 p3 & 12 Mar 1878 p2 & 14 Mar 1878 p3
   Malinda W - 1 Feb 1878; 2 Feb 1878 p2
GHEQUIERRE, Bernard - 16 Jan 1814; 20 Jan 1814 p3
GHISELIN, Robert - 26 Aug 1853; 2 Sept 1853 p3
GIBBINS, John - 11 Oct 1873; 21 Oct 1873 p2
GIBBON, Major - 30 June 1835; 4 July 1835 p3
   Elizabeth - 7 July 1839; 20 July 1839 p3
   Henry - nd; 22 Nov 1860 p3
   Thomas B -3 Oct 1860; 29 Mar 1861 p3
   William J - 19 Nov 1860; 30 Nov 1860 p3
GIBBS, Edward C - 25 Mar 1880; 2 Apr 1880 p2
   Frances Elizabeth - 14 Nov 1843; 17 Nov 1843 p2
   Jane - 20 Apr 1838; 25 Apr 1838 p3
   Louisa - 2 Aug 1855; 6 Aug 1855 p3
   Theodore - nd; 6 Feb 1830 p3
GIBERSON, Eliza - 31 Mar 1832; 7 Apr 1832 p3
GIBNEY, Hugh - 1785; 12 May 1785 p3
GIBSON, Mrs - 11 Feb 1873; 15 Feb 1873 p2
   Abe - 2 Nov 1872; 4 Nov 1872 p3
   Basheba - 10 June 1844; 17 June 1844 p3

GIBSON, Carter H - 4 Nov 1849; 25 May 1850 p2
  Dr Charles Bell - 23 Apr 1865; 25 Apr 1865 p2
  Charles M - 6 Dec 1872; 4 Jan 1873 p2
  David Henry - nd; 26 Nov 1830 p3
  Edward R - nd; 21 Sept 1841 p3
  Elizabeth - nd; 19 July 1858 p3
  Francis Sprigg - nd; 22 Dec 1871 p2
  George - 1 Sept 1894; 31 Dec 1894 p1
  Mrs J H - -- Jan 1876; 17 Jan 1876 p2
  James - nd; 22 Oct 1847 p3
  James J - 12 Mar 1875; 13 Mar 1875 p2
  Jane - 5 June 1868; 6 Jan 1868 p2
  Joseph E - 12 Dec 1915; 31 Dec 1915 p2
  Joshua -3 Oct 1865; 3 Oct 1865 p3
  Kate - -- Sept 1876; 6 Sept 1876 p2
  Mahlon - 4 June 1852; 12 June 1852 p3
  Richard - 27 June 1874; 27 June 1874 p2
  Mrs S C - nd; 24 Nov 1840 p3
  Sarah - 25 June 1853; 1 July 1853 p2
  Susie - 15 Jan 1879; 16 Jan 1879 p2
  William - 13 Jan 1892; 31 Dec 1892 p2
  William - 28 Jan 1903; 31 Dec 1903 p1
GIDEON, Jacob - 3 Mar 1841; 8 Mar 1841 p3
  Marshall - 12 Apr 1873; 21 Apr 1873 p2
  Mary - 5 Aug 1853; 8 Aug 1853 p3
GILBERT, Mr F B - 16 Feb 1864; 19 Feb 1864 p3
  George H - 6 May 1869; 7 May 1869 p3
  Mai Jos R - 31 Jan 1830; 10 Feb 1830 p3
  Samuel - 15 Aug 1869; 24 Aug 1869 p3
  Sarah T - 11 Feb 1852; 1 Mar 1852 p2
GILBY, John - 6 July 1813; 2 Aug 1813 p3
GILD, John - 23 Dec 1838; 29 Jan 1839 p3
GILES, Brannon - 14 Apr 1901; 31 Dec 1901 p1
  Frank - 5 Jan 1876; 6 Jan 1876 p2
  Wm B - nd; 11 Dec 1830 p3
GILKERSON, Sallie A - 19 Sept 1903; 31 Dec 1903 p1
GILKESON, Margret C - 6 Apr 1878; 12 Apr 1878 p2
  Sarah D - 21 Nov 1843; 27 Nov 1843 p3
GILL, Beverly T - nd; nd np
  Elizabeth - 20 Feb 1883; 31 Dec 1883 p3
  John L - 8 Mar 1877; 19 Mar 1877 p2
  Sarah - 5 July 1860; 9 Aug 1860 p3
  Reverend T - Apr 1857; 14 July 1857 p2
GILLERSON, Joseph Glass - 6 Jan 1840; 24 Jan 1840 p3
GILLIES, Dr James - 24 Aug 1807; 25 Aug 1807 p3
GILLINGHAM, Chalkley - 22 Jan 1881; 25 Jan 1881 p2

Elizabeth - 6 Nov 1850; 8 Nov 1850 p2
George W - 6 Aug 1864; 9 Aug 1864 p2
Hannah - 2 Aug 1837; 10 Aug 1837 p3
Kezia - 13 Mar 1872; 17 Apr 1872 p2
GILLIS, George - nd; 25 Feb 1857 p3
  Capt J M - 9 Feb 1865; 10 Feb 1865 p3
  Lydia A - 2 Aug 1893; 30 Dec 1893 p2
  W Irving - 4 June 1872; 10 June 1872 p2
GILLISS, Levin I - 30 Apr 1860; 2 May 1860 p2
  Mary M - 26 Feb 1860; 6 Mar 1860 p3
  Thomas H - 14 Feb 1851; 17 Feb 1851 p2
GILMAN, Ann Taylor - 31 Jan 1861; 4 Feb 1861 p3
  Granville - 19 July 1866; 22 July 1866 p2
  Hon Nicholas - 1 May 1814; 7 May 1814 p3
  William - nd; 18 Nov 1872 p2
GILMARTIN, Mrs - 7 Jan 1885; 31 Dec 1885 p2
GILMER, J Harmer - 31 Aug 1869; 2 Sept 1869 p2
  Ellen T - 12 Dec 1857; 22 Dec 1857 p3
GILMOUR, Wm - 17 July 1826; 19 July 1826 p3
GILPIN, Alfred P - 5 Mar 1834; 6 Mar 1834 p3
  Cincinnatus - 29 July 1828; 30 July 1828 p3
  George Esq - 26 Dec 1813; 28 Dec 1813 p3
  Joseph - nd; 6 Apr 1858 p3
  Mary - 18 Mar 1860; 20 Mar 1860 p2
  Samuel - 29 Oct 1805; 31 Oct 1805 p3
  Wm - nd; 12 Nov 1838 p3
GILROY, Elia - 12 Oct 1890; 31 Dec 1890 p1
  Mrs Richard -18 Mar 1898; 31 Dec 1898 p1
GILSON, Amanda - 23 Aug 1853; 29 Aug 1853 p2
GIMBREDE, Thomas - nd; 3 Jan 1833 p3
GIRD, Christopher - 17 June 1819; 18 June 1819 np
  John Henry - nd; 5 Nov 1844 p3
  Sarah - 25 Nov 1834; 26 Nov 1834 p3
GIRSON, William - 10 Oct 1835; 21 Oct 1835 p3
GIVEN, Thomas - 1 May 1835; 4 May 1835 p3
GLACHET, Mrs J E - 13 Oct 1907; 31 Dec 1907 p1
GLAIZE, Harriet A - nd; 18 Aug 1860 p2
  Soloman - -- Mar 1878; 14 Mar 1878 p2
GLASCOCK, Agatha A C - 3 Apr 1859; 12 Apr 1859 p3
  Charles - nd; 22 May 1849 p3
  Margaret - 25 Aug 1878; 29 Aug 1878 p2
  Tabitha - 12 Jan 1849; 26 Jan 1849 p3
GLASGOW, Milton - 4 July 1866; 23 July 1866 p3
  William M - 4 June 1905; 30 Dec 1905 p1

GLASS, Richard Chew Esq - recently; 2 Jan 1864 p1
GLASSCOCK, Ada - 29 June 1853; 4 July 1853 p2
 Bushrod - 18 May 1853; 30 May 1853 p3
 Charles (Fireman run over by an engine) - 30 June 1852; 1 July 1852 p2 & editorial 2 July 1852 p2
 Enoch - 10 Sept 1849; 17 Sept 1849 p3
 Mary Smith - nd; 7 Apr 1858 p3
 Nancy - 17 Nov 1867; 16 Dec 1867 p2
GLASSEL, William - 8 Sept 1801; 11 Sept 1801 p3
GLASSELL, Harriet W - 7 Aug 1878; 12 Aug 1878 p3
 Mai James M - nd; 15 Nov 1838 p3
 Mrs John - 11 Oct 1843; 17 Oct 1843 p2
 Robert A - 10 Nov 1840; 11 Dec 1840 p3
GLEN, Robert - 9 Jan 1839; 29 Jan 1839 p3
GLENDY, Eliza - 30 Apr 1813; 8 May 1813 p3
GLENN, Samuel T - -- Jan 1875; 13 Jan 1875 p2
 W W - -- June 1876; 26 June 1876 p2
GLOUCESTER, Rhoda - 6 Apr 1843; 12 Apr 1843 p3
GLOVER, Charles E Jr - 26 Sept 1909; 31 Dec 1909 p1
 Harry C - 18 June 1880; 21 June 1880 p2
 Henry B - 18 Sept 1912; 31 Dec 1912 p1
 Jane E - 11 Dec 1884; 31 Dec 1884 p3
 Joseph - nd; 28 Oct 1853 p3
 Laura J - 18 Aug 1873; 19 Aug 1873 p2
 Miss Mary - 26 Nov 1860; 28 Nov 1860 p3
 Mary Anna - 7 Sept 1874; 7 Sept 1874 p2
 Mary E - 12 Feb 1913; 31 Dec 1913 p1
 Sarah Eva Lamoine - 22 June 1872; 22 June 1872 p2
 T K - -- Jan 1876; 21 Jan 1876 p2
 Thomas - 21 Feb 1896; 31 Dec 1896 p1
 Walter G - 13 Feb 1893; 30 Dec 1893 p2
 William H - 8 May 1874; 8 May 1874 p2
GLUCK, Charles F - 12 Apr 1894; 31 Dec 1894 p1
 Louisa F - 5 Nov 1914; 31 Dec 1914 p1
GLUYAS, Edwin - 8 Sept 1876; 8 Sept 1876 p2
 George Edward C - 16 Aug 1866; 13 Sept 1866 p2
GLYMPSE, Cornelius - nd; 27 Aug 1855 p3
GLYNN, Anthony G - nd; 3 Apr 1838 p3
GOBEL, Emma Rebecca - 9 Oct 1907; 31 Dec 1907 p1
 Mary - 3 Dec 1893; 30 Dec 1893 p2

GODEY, George W - -- Nov 1870; 14 Nov 1870 p2
 H B - 2 Aug 1910; 31 Dec 1910 p1
GODWIN, Col - nd; local news 9 Jan 1862 p1
 Mrs Elizabeth - 12 Dec 1862; 23 Dec 1862 p3*
 James Langhorne - 28 Jan 1873; 31 Jan 1873 p2 & 1 Feb 1873 p2
 Josephine Virginia - 1 June 1879; 3 June 1879 p2
 Sarah E N - 8 Sept 1870; 12 Sept 1870 p3
GOEBEL, Charles - 8 Mar 1906; 31 Dec 1906 p1
 Walter - 5 Mar 1896; 31 Dec 1896 p1
GOECHNEVER, Elizabeth J - 19 Mar 1875; 16 Apr 1875 p2
GOGGIN, William L - 4 Jan 1870; 5 Jan 1870 p3
GOGGINS, Edward - nd; 6 Oct 1840 p3
GOINGS, Carey - 27 May 1903; 31 Dec 1903 p1
 John - 28 Jan 1873; 29 Jan 1873 p3
GOLDEN, John Aylmer - 29 Oct 1857; 2 Nov 1857 p2
GOLDIN, John - 29 Dec 1857; 31 Dec 1857 p3
GOLDING, Pvt - battle on 30 Jun 1862; 8 Jul 1862 p1*
GOLDRICK, Charles M - 25 Sept 1843; 29 Sept 1843 p3
GOLDSBOROUGH, Caroline - 28 Aug 1873; 9 Sept 1873 p2
 Charles - 14 Dec 1843; 18 Dec 1843 p3
 Charles H - 26 Sept 1836; 5 Oct 1836 p3
 Emma F - 25 July 1870; 30 July 1870 p3
 Henrietta M - 25 Sept 1835; 1 Oct 1835 p3
GOLDSBY, Virginia M - 1866; 31 Oct 1866 p2
GOLDSMITH, Ann Wilson - 4 Dec 1842; 10 Jan 1843 p3
GOMLDMAN, Lunsford - 14 Nov 1857; 24 Nov 1857 p3
GONSOLVE, Mary - 23 July 1854; 27 July 1854 p3
GOOD, William - 28 Aug 1843; 2 Sept 1843 p3
GOODE, John - 10 Aug 1834; 15 Aug 1834 p3
GOODHAND, Almira. - 17 Mar 1913; 31 Dec 1913 p1
 George G - 25 Jan 1892; 31 Dec 1892 p2
 Nathaniel - 24 May 1869; 25 May 1869 p3
 Virginia E - 3 Oct 1876; 5 Oct 1876 p2
GOODHART, John - 28 Feb 1875; 15 Mar 1875 p2
GOODING, Margaret R - 22 Sept 1849; 26 Sept 1849 p3
 Richard - 16 Sept 1910; 31 Dec 1910 p1
 William - nd; 23 Jan 1861 p3

GOODLOE, Mary E - 14 July 1875; 27 July 1875 p2
Paul M - 1 Jan 1908; 31 Dec 1908 p1
GOODRICH, Charles - 4 Feb 1896; 31 Dec 1896 p1
Charles - 30 Sept 1906; 31 Dec 1906 p1
Edwin - 6 Sept 1890; 31 Dec 1890 p1
Ella Virginia - 2 Feb 1870; 2 Feb 1870 p3
Mrs J A - 5 Jan 1888; 31 Dec 1888 p1
John S - 4 Nov 1915; 31 Dec 1915 p2
Julian - 19 Mar 1881; 19 Mar 1881 p2
Kate E - 27 Dec 1895; 31 Dec 1895 p1
Laura A - 29 Aug 1901; 31 Dec 1901 p1
William A - -- Apr 1876; 8 Apr 1876 p2
William W - 11 June 1870; 11 June 1870 p3
GOODRICK, Grover - 28 Nov 1904; 31 Dec 1904 p1
GOODS, Ann Maria - nd; 4 Sept 1845 p3
Benjamin F - 7 Mar 1900; 31 Dec 1900 p1
George Albert 16 Dec 1904; 31Dec 1904 p1
James C - 23 Nov 1877; 14 Dec 1877 p2
Mary E - 17 July 1909; 31 Dec 1909 p1
Mildred P - 12 Aug 1888; 31 Dec 1888 p1
Robert - 18 Mar 1904; 31 Dec 1904 p1
GOODWIN, Clarence - 31 May 1902; 31 Dec 1902 p1
Capt Marble - -- Apr 1868; 6 May 1868 p2
Margaret - 23 June 1844; 28 June 1844 p3
Robert - nd; 25 Nov 1840 p3
Thomas - 14 Jan 1836; 19 Jan 1836 p3
Dr Wm L B - 7 Nov 1859; 19 Nov 1859 p3
GOODWYN, Dr - nd; 11 Nov 1855 p3
GOOLRICK, Ann - nd; 2 Oct 1837 p3
John - 17 Aug 1840; 24 Aug 1840 p3
GORBUTT, Margaret Rebecca - 27 July 1855; 30 July 1855 p3
GORDON, Anna M - 17 Jan 1897; 31 Dec 1897 p1
Basil - 20 Apr 1847; 26 Apr 1847 p3
Capt Edward C - 4 Jan 1865; 9 Jan 1865 p2
Elizabeth - 1 July 1863; 8 July 1863 p3
George D - -- Aug 1887; 30 Aug 1887 p2
James - nd; 21 Oct 1836 p3
Janet - 11 Oct 1875; 18 Oct 1875 p2
John Hampden Pleasants - 8 Dec 1860; 17 Dec 1860 p3
Lucy - 18 Feb 1860; 25 Feb 1860 p3
Lucy - 12 Jan 1871; 20 Jan 1871 p3
Lucy T - 4 Aug 1870; 5 Aug 1870 p2
Martha Turbervile - nd; 2 Nov 1836 p3
Mary T - nd; 27 Jan 1852 p3
Patsy Julia - 23 Feb 1868; 26 Feb 1868 p2

Reuben L - 13 Sept 1887; 16 Sept 1887 p2
Robert - 30 Jan 1860; 4 Feb 1860 p3
Robert - 12 Jan 1861; 19 Jan 1861 p3
Robert E - 10 Jan 1913; 31 Dec 1913 p1
Samuel - 16 Jan 1843; 21 Jan 1843 p3
Virginia - 5 Sept 1885; 31 Dec 1885 p2
Capt William C - 25 May 1834; 28 May 1834 p3
Mrs William D - 24 July 1872; 26 July 1872 p2
Willis - 5 Dec 1870; 8 Dec 1870 p3
Wm - nd; 1 June 1827 p3
GORE, Eliza - nd; 11 Oct 1849 p2
Elizabeth - 20 Mar 1874; 24 Mar 1874 p2
Jonathan - 25 July 1867; 17 Aug 1867 p2
Phebe Ann - nd; 6 Sept 1858 p3
GORHAM, Ada - 1 July 1912; 31 Dec 1912 p1
Annie May - 6 June 1896; 31 Dec 1896 p1
Bessie - 2 Dec 1909; 31 Dec 1909 p1
Kate - 24 Feb 1900; 31 Dec 1900 p1
Roberta - 31 July 1909; 31 Dec 1909 p1
Samuel - 25 Dec 1905; 30 Dec 1905 p1
Thomas E - 12 May 1908; 31 Dec 1908 p1
William - 13 Mar 1904; 31 Dec 1904 p1
GORMAN, Annie - 11 May 1892; 31 Dec 1892 p2
Arthur - 24 Dec 1898; 31 Dec 1898 p1
Bridget - 29 July 1886; 31 Dec 1886 p3
Matthew - nd; 11 Dec 1819 p3
Mildred - 2 July 1914; 31 Dec 1914 p1
GOSS, Mary - 1881; 31 Aug 1881 p2
Mary - 1865; 29 Sept 1865 p2
GOSSER, Edward - nd; 16 Feb 1850 p3
GOSZIER, John - nd; 15 Oct 1838 p3
GOSZLER, George A - 5 Apr 1843; 9 May 1843 p3
GOTT, Richard - 5 Nov 1879; 7 Nov 1879 p2
GOTZEN, Henry - 20 Oct 1896; 31 Dec 1896 p1
GOUGH, Mary - 26 Aug 1852; 30 Aug 1852 p2
GOULD, Elizabeth A - 14 Feb 1873; 15 Feb 1873 p2
Mary - 25 May 1914; 31 Dec 1914 p1
GOULEY, Louis F - 13 May 1870; 15 Mar 1870 p2
GOUNDELOUCH Theo William - 28 Jun 1886; 31 Dec 1886 p2
GOUVERNERU, Maria Hester - 20 June 1850; 25 June 1850 p3
GOVER, Ann Peers - 26 Sept 1851; 6 Oct 1851 p2
Anthony P - 4 May 1869; 5 May 1869 p2
Carey - 26 Oct 1849; 5 Nov 1849 p2
Eliza - nd; 22 Mar 1853 p2
Mary Albina - 24 June 1870; 25 June 1870 p3

GOVER, Robert W - 8 May 1860; 10 May 1860 p3
  Samuel - nd; 1 Apr 1858 p3
  Sarah - 2 July 1840; 3 July 1840 p3
  Susanna - 5 Apr 1854; 14 Apr 1854 p3
  Virginia - 5 Mar 1872; 21 Mar 1872 p2
GOWLAND, Kate D - nd; 27 Jan 1860 p3
GOZLER, Catherine - 15 Aug 1834; 27 Aug 1834 p3
GOZLEY, James - 5 Nov 1870; 14 Nov 1870 p2
GOZZLER, William J - 10 Nov 1860; 19 Nov 1860 p3
GRACE, Rev Wm (once Pastor at St Mary's Church) - 9 Apr 1840; 22 Apr 1840 p3
GRADY, Ellen - 5 Nov 1908; 31 Dec 1908 p1
  Frank T - 19 Sept 1860; 22 Sept 1860 p3
  Frank T - nd; 4 Oct 1860 p3
  Hester - 26 May 1911; 30 Dec 1911 p4
  John - 12 Mar 1906; 31 Dec 1906 p1
  Mary E - 21 Oct 1906; 31 Dec 1906 p1
  Sarah - 29 Feb 1892; 31 Dec 1892 p2
  William E - 20 Jan 1913; 31 Dec 1913 p1
GRAFF, John - 28 Feb 1835; 9 Mar 1835 p3
  William S - 17 July 1891; 31 Dec 1891 p1
GRAFTON, Rozier - 25 July 1855; 28 July 1855 p3
GRAHAM, Adela S - 7 Jan 1860; 12 Jan 1860 p2
  Alice - 27 Jan 1913; 31 Dec 1913 p1
  Alice M - 18 Sept 1898; 31 Dec 1898 p1
  Charles - 4 Dec 1872; 5 Dec 1872 p2
  Charlotte Meade - 16 June 1843; 16 June 1843 p3
  Clementina E J - nd; 19 Jan 1836 p3
  Donald George -.17 Jan 1867; 25 Jan 1867 p3
  Edgar B - 10 Oct 1889; 31 Dec 1889 p2
  Eliza - 18 July 1857; 27 July 1857 p3
  Elizabeth - 21 Mar 1884; 31 Dec 1884 p3
  Esther B - nd; 14 Jan 1836 p3
  George C - 2 Dec 1895; 31 Dec 1895 p1
  George W - 12 July 1863; 16 July 1863 p3
  J C - 8 May 1883; 31 Dec 1883 p3
  James V - 19 Apr 1901; 31 Dec 1901 p1
  Jane L - 21 Dec 1869; 22 Dec 1869 p2
  Dr Jas H - 16 Dec 1846; 27 Feb 1847 p2
  John - nd; 25 Mar 1833 p3
  John - 26 Apr 1852 p2
  John - nd; 1 Feb 1854 p1
  John A - nd; 1 Sept 1841 p3
  Dr John W - 5 June 1863; 6 June 1863 p3
  John Clement - nd; 26 Feb 1838 p3
  Margaret - 5 Nov 1873; 6 Nov 1873 p2
  Marion M - nd; 25 Nov 1844 p3
  Mary - 12 Oct 1803; 17 Oct 1803 p3
  Mary - 5 May 1872; 6 May 1872 p2
  Mary - 12 May 1882; 12 May 1882 p2
  Mary Ann - nd; 22 Nov 1859 p3
  Mary Ann - 27 Jan 1888; 31 Dec 1888 p1
  Peter B - 26 July 1851; 4 Aug 1851 p2
  R H - 15 June 1885; 31 Dec 1885 p2
  Richard - 27 July 1857; 10 Aug 1857 p3
  Sally - 24 July 1859; 26 July 1859 p3
  Sarah - 30 Dec 1851; 7 Jan 1852 p3
  Susanna F - nd; 12 Mar 1833 p3
  Wm - 24 June 1853; 4 July 1853 p2
GRAMMER, John - 20 Oct 1835; 20 Oct 1835 p3
GRANBERY, Jennie Massie - nd; 19 Oct 1859 p3
GRAND LE, Anna Maria - 10 Aug 1855; 24 Aug 1855 p3
GRANDBERRY, Jennie Massey - 26 July 1860; 30 July 1860 p2
GRANDSTAFF, Maj George - --- Apr 1878; 2 May 1878 p2
GRANEY, Ed - 15 Feb 1892; 31 Dec 1892 p2
GRANGER, Mindwell P - 17 Apr 1860; 24 Apr 1860 p3
GRANT, Catharine - 17 Dec 1863; 17 Dec 1863 p2
  George W - 15 Nov 1834; 18 Nov 1834 p3
  Mrs Harry - 14 May 1894; 31 Dec 1894 p1
  John - 27 Jan 1867; 23 Feb 1867 p3
GRAVATT, R W - 4 Feb 1879; 15 Feb 1879 p2
GRAVES, Mr - nd; 16 Dec 1784 p2
  Benjamin F - --- Aug 1887; 22 Aug 1887 p2
  Emily F - 9 Oct 1877; 10 Oct 1877 p2
  Evlyn - 29 June 1877; 30 June 1877 p2
  George Strother - 17 July 1874; 24 July 1874 p2
  John - nd; 30 Dec 1851 p2
  Kitty - 5 May 1860; 24 May 1860 p2
  Lucy M - 26 Feb 1912; 31 Dec 1912 p1
  W P Jr - 20 June 1913; 31 Dec 1913 p1
GRAY, Ann - 15 Feb 1905; 30 Dec 1905 p1
  Catharine - nd; 6 Oct 1829 p3
  Charles B - 8 Oct 1915; 31 Dec 1915 p2
  Cornelia R - 24 Dec 1838; 31 Dec 1838 p3
  Eliza Learned - 25 Apr 1841; 8 May 1841 p3
  Elizabeth - 5 July 1866; 25 Aug 1866 p2
  Eugene - nd; 11 Sept 1871 p2
  Francis W - nd; 6 Aug 1833 p3
  Francis Westwood - nd; 18 Aug 1851 p2
  Galbriel - 25 May 1852; 7 June 1852 p2
  George Lewis - nd; 28 May 1808 p3
  Harry - 2 Jan 1910; 31 Dec 1910 p1
  Henry - 30 Jan 1897; 31 Dec 1897 p1
  James Marion - 21 July 1879; 2 Aug 1879 p2

GRAY, John - nd; 30 Apr 1844 p3
John h/o Miss Anna Marie Hembold - 18 Apr 1804; 19 Apr 1804 p3
John H - 8 Dec 1890; 31 Dec 1890 p1
Laura - 20 Dec 1876; 21 Dec 1876 p2
Lucy A - 7 Apr 1875; 17 Apr 1875 p2
Miss Lucy E - 9 May 1878; 17 May 1878 p3
Lucy Yates - 26 Aug 1860; 3 Sept 1860 p3
Margaret - nd; 29 Apr 1839 p3
Mary - 4 Dec 1831; 10 Dec 1831 p3
Mary - 1 Jan 1896; 31 Dec 1896 p1
Mary Ann - 15 June 1840; 26 June 1840 p3
Mary E - 2 July 1853; 8 July 1853 p2
Maud - 28 Jan 1875; 2 Feb 1875 p2
Nannie - nd; 14 May 1849 p3
Nathaniel N - 7 Apr 1866; 16 Apr 1866 p3
Peter C - (suicide) nd; 21 July 1859 p3
Phebe - 23 Aug 1869; 2 Sept 1869 p2
R A Maude - 30 Jan 1875; 8 Feb 1875 p2
Samuel J - 20 Apr 1875; 10 May 1875 p2
Stephen W - nd; 2 Feb 1837 p3
William K - 11 Mar 1861; 13 Mar 1861 p3
Lt Wm - nd; 12 Jun 1862 p3*
Wm F - 16 Apr 1841; 13 May 1841 p3
GRAYSON, Ann L - 9 July 1860; 16 July 1860 p3
Beverly Robinson - nd; 16 Feb 1844 p3
Elizabeth - 7 Dec 1911; 30 Dec 1911 p4
Ellen R - 19 Jan 1842; 31 Jan 1842 p3
Geo M - 21 Aug 1850; 3 Sept 1850 p2
Margaret - 3 Oct 1841; 11 Oct 1841 p3
Mary - 25 Apr 1843; 27 Apr 1843 p3
Nancy - 23 Oct 1838; 9 Nov 1838 p3
Richard O - 10 Jan 1842; 18 Jan 1842 p3
Robert O - 11 Aug 1841; 14 Aug 1841 p3
Capt Spence - 25 Jan 1816; 29 Jan 1816 p3
GREEGAN, Hugh B - 13 Feb 1898?; 31 Dec 1898 p1
GREEN, Alice - 23 Sept 1895; 31 Dec 1895 p1
Alice Elizabeth - 17 May 1860; 29 Mar 1860 p2
Alverda - 14 Aug 1857; 21 Aug 1857 p3 & 28 Aug 1857 p3
Anna Virginia - nd; 17 June 1853 p3
Annie - 4 Jan 1884; 31 Dec 1884 p3
Augustus - 8 Oct 1915; 31 Dec 1915 p2
Catharine - 14 Jan 1844; 27 Feb 1844 p3
Catharine E - 4 Jan 1901; 31 Dec 1901 p1
Cecelia - 18 May 1902; 31 Dec 1902 p1
Charles - nd; 19 Apr 1845 p3
Duff - 10 Nov 1865; 16 Nov 1865 p1
Edward - 25 Jan 1864; 2 Jan 1864 p2
Fannie McA - 3 Apr 1914; 31 Dec 1914 p1

Fanny - 14 Aug 1841; 6 Sept 1841 p3
Frederick - 10 Dec 1886; 31 Dec 1886 p3
George - nd; 12 Apr 1849 p3
George - 21 Mar 1892; 31 Dec 1892 p2
Hannah - 23 Sept 1865; 30 Sept 1865 p3
Harrison B - 22 Mar 1895; 31 Dec 1895 p1
Henry - 1 May 1897; 31 Dec 1897 p1
Henry - 6 Mar 1813; 26 Mar 1813 p3
Henry Nicholson - nd; 22 Dec 1837 p3
Hopewell Guyther - 30 June 1843; 1 July 1843 p3
J Carson - nd; 21 Nov 1855 p3
James - -- Mar 1878; 27 Mar 1878 p3
James (cabinet maker) - 8 Sept 1880; 9 Sept 1880 p2
Jas C - 28 Jan 1876; 14 Feb 1876 p3
James H - 12 Mar 1903; 31 Dec 1903 p1
James R (printer) - 13 July 1870; 14 July 1870 p3 & 15 July 1870 p3
James W - 28 Sept 1915; 31 Dec 1915 p2
Jane - 9 Jan 1894; 11 Jan 1894 p3
John - 30 July 1843; 1 Aug 1843 p3
John - 11 June 1891; 31 Dec 1891 p1
John Cook - 29 June 1860; 7 July 1860 p2
John W - 19 June 1906; 31 Dec 1906 p1
John W - 25 June 1914; 31 Dec 1914 p1
Jonas - 25 Dec 1868; 1 Jan 1869 p2
Jonas - -- Oct 1873; 6 Oct 1873 p2
Joseph - 4 Jan 1826; 7 Jan 1826 p3
Lavinia - 24 Feb 1841; 9 Apr 1841 p3
Lucy W - nd; 23 Aug 1852 p2
Lucy Y - 6 Nov 1875; 11 Nov 1875 p2
Margaret - 18 Mar 1908; 31 Dec 1908 p2
Margaret J - 6 June 1912; 31 Dec 1912 p1
Margret Ann - 14 Oct 1865; 13 Nov 1865 p3
Martin - 1 Feb 1901; 31 Dec 1901 p1
Mary - 5 Nov 1863; 6 Nov 1863 p2
Mary Ann - 23 Mar 1910; 31 Dec 1910 p1
Mary Anna - 2 June 1869; 3 June 1869 p3
Mary C - 27 July 1877; 1 Aug 1877 p2
Mary E - 21 June 1869; 28 Jan 1869 p3
Mary Ella - 7 Apr 1877; 12 Apr 1877 p3
Mary Tacey - 19 July 1880; 20 July 1880 p2
Matilda E - 29 July 1871; 10 Aug 1871 p3
Michael - 1 Oct 1876; 2 Oct 1876 p2
Moses - 27 Sept 1857; 1 Oct 1857 p3
Oliver M - 17 Nov 1882; 20 Nov 1882 p2
Pauline - 1887; 20 Apr 1887 p2
Mrs Rosina - 15 Sept 1877; 15 Sept 1877 p3
Sarah - 6 Oct 1863; 6 Oct 1863 p3
Sarah - 3 Nov 1835; 12 Nov 1835 p3
Sarah Constance - nd; 15 Aug 1849 p3

GREEN, Sarah H - 24 Jan 1869; 25 Jan 1869 p3
Stephen A - 28 Apr 1894; 31 Dec 1894 p1
Stephen A - 22 June 1894; 31 Dec 1894 p1
Teresa - nd; 29 Nov 1814 p3
Verlinda - 14 Nov 1867; 20 Nov 1867 p2
W McA - 1 Mar 1907; 31 Dec 1907 p1
William P - nd; 7 May 1849 p3
GREENAWAY, Ann - 26 June 1894; 31 Dec 1894 p1
Irene S - 9 Mar 1904; 31 Dec 1904 p1
GREENE, Ann - 21 Feb 1880; 21 Feb 1880 p3
Bridget - 8 Nov 1886; 31 Dec 1886 p3
Edward S - 15 Sept 1913; 31 Dec 1913 p1
Elizabeth Waldo - 28 May 1860; 2 June 1860 p2
Gardiner - nd; 25 Dec 1832 p3
John H - 21 Aug 1899; 30 Dec 1899 p1
John S - 9 Aug 1910; 31 Dec 1910 p1
Louis Edward - 23 June 1871; 24 June 1871 p2
Mary T - 22 May 1900; 31 Dec 1900 p1
Mary T - 5 Mar 1909; 31 Dec 1901 p1
Susan - 18 Feb 1868; 12 Mar 1868 p2
Mrs Susanna - 5 Oct 1867; 12 Mar 1868 p2
GREENFIELD, Benj Truman - 16 Nov 1852; 21 Nov 1852 p3
GREENHOW, Gertrude Lvingston - 17 Mar 1861; 19 Mar 1861 p3
GREENLAW, Wm - 13 Aug 1851; 27 Aug 1851 p3
GREENLEAF, Edith Bell - nd; 12 Feb 1861 p3
James - 17 Sept 1843; 21 Sept 1843 p3
Lucy (s/o Judge Wm Cranch) 18 Feb 1846; 2 Mar 1846 p3
Mary - 21 Feb 1859; 24 Feb 1859 p3
GREENLEES, Mrs Archibald - 19 Dec 1900; 31 Dec 1900 p1
GREENOUGH, Edwin A - 21 Aug 1891; 31 Dec 1891 p1
GREENWAY, Rebecca - 9 Mar 1797; 11 Mar 1797 p3
GREENWELL, Rebecca - 18 July 1901; 31 Dec 1901 p1
W H - 13 Aug 1907; 31 Dec 1907 p1
GREENWOOD, Benjamin - 23 Apr 1850; 24 Apr 1850 p2
Benjamin - 9 Jan 1906; 31 Dec 1906 p1
Charles B - nd; 19 Nov 1847 p3
Charles W - 2 May 1898; 31 Dec 1898 p1
Ella - 5 May 1899; 30 Dec 1899 p1
James - 13 Mar 1854; 15 Mar 1854 p3
Jeanette G - 5 Dec 1905; 30 Dec 1905 p1
John - 8 Jul 1862; 8 Jul 1862 p3*
John B - 14 Dec 1874; 16 Dec 1874 p2

Julia - 8 Nov 1873; 10 Nov 1873 p2
Lulu Lee - 21 June 1890; 31 Dec 1890 p1
Mary - 25 Jan 1867; 25 Jan 1867 p3
Mary Ann - Dec 1873; 4 Dec 1873 p2
Mrs Rebecca - 19 Jan 1864; 19 Jan 1864 p2
GREER, Stephen P - nd; 22 Sept 1859 p3
William - 13 Feb 1861; 16 Feb 1861 p3
GREGG, J Fleetwood - 17 May 1855; 18 May 1855 p3
Mathew - 25 July 1845; nd p3
Capt Thomas - 14 Oct 1821; 21 Oct 1821 p3
GREGORY, A Alonzo - 30 June 1857; 14 July 1857 p2
Alexander B - 1 Aug 1835; 6 Aug 1835 p3
Alice W - 4 Mar 1863; 7 Mar 1863 p3
Douglas S - 22 July 1872; 22 July 1872 p3
E H - 13 Oct 1903; 31 Dec 1903 p1
Mrs E H - 30 June 1904; 31 Dec 1904 p1
Mrs Esther E - 13 Nov 1860; 14 Nov 1860 p3
George - (ae 106y - from London papers) - nd; 31 Mar 1804 p3
Isaac - 1 Nov 1865; 1 Nov 1865 p2
Isabella G - 4 Sept 1910; 31 Dec 1910 p1
Jane - 7 Oct 1865; 7 Oct 1865 p3
Margaret D - nd; 16 July 1833 p3 & obituary 17 July 1833 p3
Mary D - 6 Nov 1896; 31 Dec 1896 p1
Mary S - 28 Oct 1884; 31 Dec 1884 p3
Samuel F - 3 Oct 1882; 4 Oct 1882 p2
William - 13 July 1875; 14 July 1875 p2
Wm - 27 May 1873; 27 May 1873 p3
GREINER, Mary B - 27 May 1901; 31 Dec 1901 p1
GRELAND, John - nd; 24 June 1843 p3
GRESSOM, Betsy - 3 Jan 1877; 10 Jan 1877 p3
GRETTER, Maria - 21 Feb 1872; 23 Feb 1872 p2
GREY, Robert - 11 Aug 1835; 19 Aug 1835 p3
Vincent - nd; 20 Jan 1832 p3
GREYSON, George W - -- Aug 1874; 21 Aug 1874 p3
GRICE, Mrs Margaret N - 11 Jan 1864; 9 Feb 1864 p2
GRIDLEY, Lewis - nd; local news 5 Nov 1861 p1
GRIEB, Henry - 2 Oct 1843; 4 Oct 1843 p3
GRIEG, James Fossett - 17 Dec 1913; 31 Dec 1913 p1
GRIFFEN, Elliza - nd; 2 Nov 1857 p2
GRIFFIN, A B Virginia,, - 26 Aug 1877; 26 Sept 1877 p3
Charles M - 24 Apr 1909; 31 Dec 1909 p1
Cornelius - 26 Oct 1914; 31 Dec 1914 p1

GRIFFIN, Hon Cyrus - 21 Dec 1810; 24 Dec 1810 p3
Dennis - 24 Oct 1885; 31 Dec 1885 p2
Elizabeth E - 26 Dec 1875; 29 Dec 1875 p2
Emma Frances - 10 July 1873; 11 July 1873 p2
Frances B - 5 Jan 1910; 31 Dec 1910 p1
George R - 20 May 1915; 31 Dec 1915 p2
Hancock - 7 Oct 1839; 24 Oct 1839 p3
Honora - 28 Oct 1857; 30 Oct 1857 p2
James Jr - 26 July 1909; 31 Dec 1909 p1
James Harvey - 30 July 1865; 5 Aug 1865 p2
James W - 17 Nov 1912; 31 Dec 1912 p1
Jane - 13 Dec 1851; 19 Dec 1851 p2
Jane - 22 June 1897; 31 Dec 1897 p1
John - nd; 20 May 1854 p3
John - 15 Mar 1891; 31 Dec 1891 p1
John A - 12 Feb 1911; 30 Dec 1911 p4
Mary O - 16 June 1865; 17 June 1865 p2
Mary Olivia - 27 Jan 1873; 27 Jan 1873 p2
Robert I - 7 Mar 1891; 31 Dec 1891 p1
Theodore W - 13 July 1891; 31 Dec 1891 p1
Thomas J - 9 Oct 1857; 26 Oct 1857 p3
William Ignatius - 12 Apr 1863; 13 Apr 1863 p3
GRIFFITH, Mr A H - nd; 17 Feb 1877 p2
Rev Alfred - 15 Apr 1871; 17 Apr 1871 p3
Camillus - nd; 25 June 1839 p3
Colvil - 12 Sept 1812; 24 Nov 1812 p3
Edward Colville - 15 Feb 1861; 26 Feb 1861 p3
Eleanor - 2 Feb 1820; 4 Feb 1820 p4
Elizabeth - 27 Sept 1830; 30 Sept 1830 p3
Elizabeth F - 27 Oct 1872; 31 Oct 1872 p2
Maj Greenbury - 25 Oct 1848; 2 Nov 1848 p2
Greenbury - 30 Apr 1862; 13 May 1862 p4*
Hannah - 22 Nov 1811; 25 Nov 1811 p3
John H - 24 Oct 1870; 27 Oct 1870 p3
Kinzey - 1 Oct 1894; 31 Dec 1894 p1
Mary Ann - 12 Sept 1872; 14 Sept 1872 p2 & 16 Sept 1872 p3
Mary Jane - nd; 25 Oct 1878 p2
Minerva - 8 Sept 1909; 31 Dec 1909 p1
Phoebe - 22 Feb 1896; 31 Dec 1896 p1
Sarah - 22 Dec 1864; 4 Jan 1865 p2
Thomas - nd; 1 June 1833 p3
Wm - nd; 23 July 1839 p2
Wm H - 8 Apr 1877; 9 Apr 1877 p2
GRIFFLING, Susan - 21 Nov 1857; 24 Nov 1857 p3
GRIGG, C B - 24 June 1898; 31 Dec 1898 p1
Caroline - 17 Sept 1853; 30 Sept 1853 p3
H B - 28 Apr 1905; 30 Dec 1905 p1
Helen Virginia - 3 July 1866; 3 July 1866 p2
James - 7 June 1898; 31 Dec 1898 p1

John M - 30 May 1906; 31 Dec 1906 p1
John M Jr - 12 Nov 1909; 31 Dec 1909 p1
Joseph - 6 June 1852; 8 June 1852 p2
Joseph L - 17 Mar 1888; 31 Dec 1888 p1
Joseph L - 28 Oct 1900; 31 Dec 1900 p1
Marian V - 3 July 1889; 31 Dec 1889 p2
Mary - 12 Nov 1893; 30 Dec 1893 p2
Mary A N A - 1 May 1898; 31 Dec 1898 p1
GRIGGS, James - nd; 2 Dec 1853 p2
John - 4 Oct 1857; 12 Oct 1857 p3
GRIGSBY, Enoch - 18 Feb 1851; 25 Feb 1851 p2
Florence Tannar - 12 Mar 1876; 14 Mar 1876 p2
James - nd; 11 June 1822 p3
Julia A - 17 July 1874; 25 July 1874 p2
M L - 13 Jan 1874; 15 Jan 1874 p2
Maria E - 24 Jan 1890; 31 Dec 1890 p1
Mildred - 8 Feb 1845; 14 Feb 1845 p3
Rose - 1 Nov 1870; 12 Nov 1870 p2
Worden - nd; 12 Mar 1850 p2
Wm - nd; 19 Aug 1839 p3
GRILLBORTZER, Catherine - 16 Mar 1905; 30 Dec 1905 p1
F H - 11 Aug 1907; 31 Dec 1907 p1
H F - 14 June 1904; 31 Dec 1904 p1
John A - 31 Dec 1872; 31 Dec 1872 p2
GRILLHERTZER, John G - 3 Mar 1914; 31 Dec 1914 p1
GRIMES, Ann E - 1 Sept 1875; 2 Sept 1875 p2
Aurelia F - 1 Apr 1874; 9 Apr 1874 p2
Mrs Charles - 30 Aug 1896; 31 Dec 1896 p1
Charles R - 2 Oct 1891; 31 Dec 1891 p1
Elizabeth - 27 Jan 1865; 2 Feb 1865 p2
Enoch - 18 Nov 1892; 31 Dec 1892 p2
Flora - 1 May 1882; 2 May 1882 p2
Franklin P - 16 May 1893; 30 Dec 1893 p2
George - 1 Nov 1898; 31 Dec 1898 p1
George D - 29 May 1871; 9 June 1871 p2
James Francis - 23 Feb 1868; 24 Feb 1868 p2
James G - 14 Nov 1893; 30 Dec 1893 p2
John Lee - 12 Jan 1879; 12 Jan 1879 p2
John T - 31 Dec 1858; 10 Jan 1859 p3
John W - 27 Mar 1884; 31 Dec 1884 p3
Lucinda - 17 Feb 1904; 31 Dec 1904 p1
Mary E - 31 Jan 1876; 1 Feb 1876 p3 & 2 Feb 1876 p2
Reynold - 12 Feb 1843; 27 Feb 1843 p3
Rhoda - 25 July 1843; 27 July 1843 p3
Robert T - 4 Nov 1899; 30 Dec 1899 p1
Sallie - 1 Mar 1872; 7 Mar 1872 p2
GRIMSLEY, Chilton - 24 Oct 1870; 7 Nov 1870 p2
Mary G - 21 Sept 1888; 31 Dec 1888 p1

GRIMSLEY, William - 29 Apr 1872; 14 May 1872 p2
GRINER, Mary Emeline Plant - 16 Apr 1843; 19 Apr 1843 p3
GRIMSHA, S - 6 Feb 1866; 17 Feb 1866 p2
GRINNAN, John - 8 Feb 1873; 8 Mar 1873 p3
GRINNELL, Mrs - 27 Jul 1862; 12 Aug 1862 p3*
GRISBY, ---- - 1887; 14 Jan 1887 p2
  Fannie - 5 Mar 1871; 7 Mar 1871 p3
  Florence Tannar - 12 Mar 1876; 15 Mar 1876 p2
GRISWOLD, Alexander Viets - nd; 22 Feb 1843 p3
  Eliza - nd; 6 May 1829 p3
  George - 27 Sept 1829; 5 Oct 1829 p3
GROGGON, William Hewton - 13 Oct 1843; 17 Oct 1843 p2
GROSS, Elizabeth Margaret - 9 Sept 1843; 18 Sept 1843 p3
  Joseph H - 9 Aug 1860; 11 Aug 1860 p3
GROSVENOR, Thomas P - nd; 30 Apr 1817 p3 & 2 May 1817 p3
GROUARD, George M - nd; 4 Apr 1839 p3
  George M - 25 July 1857; 28 July 1857 p3
GROVE, Mary E - 22 Aug 1889; 31 Dec 1889 p2
GROVER, Lillie - 28 June 1892; 31 Dec 1892 p2
  Mary A - 18 Nov 1866; 5 Dec 1866 p2
GROVERMAN, Elizabeth - 13 June 1832; 13 June 1832 p3
  John C - 19 Jan 1825; 25 Jan 1825 p3
GROVES, A J - 26 June 1909; 31 Dec 1909 p1
  Eliza - 22 Apr 1910; 31 Dec 1910 p1
  Eliza J - 23 Aug 1895; 31 Dec 1895 p1
  Howard H - 11 Oct 1901; 31 Dec 1901 p1
  Lucy Ann - 25 Sept 1895; 31 Dec 1895 p1
  T A - 8 Sept 1915; 31 Dec 1915 p2
GRUBB, Eliza W - nd; 3 May 1847 p3
  Elizabeth Mary - nd; 22 May 1845 p3
  James H - 21 Aug 1875; 22 Aug 1875 p2
  John - nd; 10 Mar 1848 p2
  Rachael - 16 May 1853; 30 May 1853 p3
  Rachel - 4 Feb 1874; 13 June 1874 p2
  Samuel E - 1867; 31 Aug 1867 p2
  Thomas Monroe - nd; 10 Oct 1832 p3
  William - 15 May 1874; 13 June 1874 p2
  Wm W - 27 Oct 1840; 29 Oct 1840 p3
GRUBLE, Jane E - 12 May 1906; 31 Dec 1906 p1
GRYMES, Barbara - 31 July 1830; 16 Aug 1830 p3
  Capt Charles - 25 July 1834; 30 July 1834 p3
  Custis - 18 Dec 1873; 19 Dec 1873 p2
  George Nicholas - nd; 18 Nov 1853 p3

  Hannah Fitzhugh - 25 Jan 1876; 31 Jan 1876 p3
  Harriet S - 12 Dec 1870; 17 Dec 1870 p2
  Helen E - 8 May 1879; 13 May 1879 p2
  Mrs James C - 11 Nov 1862; 20 Nov 1862 p3*
  Maggie - 17 Sept 1876; 25 Sept 1876 p2
  Philip M - nd; 27 Oct 1859 p3
  Richard M - 8 Nov 1843; 11 Nov 1843 p3
  Rosalie - 26 Dec 1870; 3 Jan 1871 p2
  Sarah Martha - nd; 16 Feb 1859 p3
  Thomas F I - 1 Oct 1866; 6 Oct 1866 p2
  W F - 5 June 1830; 9 June 1830 p3
  Wm A - nd; 5 June 1841 p3
GUEST, Elizabeth - 2 Sept 1869; 3 Sept 1869 p2
  Rev Job - 15 Dec 1857; 16 Dec 1857 p2
GUIFF, Harry - 5 Nov 1907; 31 Dec 1907 p1
GULICK, Mrs C H - 26 Jan 1864; 26 Jan 1864 p2
  S E - 9 Feb 1911; 30 Dec 1911 p4
GULLATT, Betsey - 23 Apr 1812; 24 Apr 1812 p3
GUNDIE, Lottie - 14 Sept 1911; 30 Dec 1911 p4
GUNNEL, John - 25 June 1874; 27 June 1874 p2
GUNNELL, Ann - 6 May 1822; 16 May 1822 p3
  Ann M - 24 Aug 1851; 8 Sept 1851 p2
  Elizabeth - 2 Apr 1872; 8 Apr 1872 p2
  Eugene - 30 Mar 1873; 7 Apr 1873 p2
  Frank - 14 Feb 1860; 18 Feb 1860 p3
  George T - 25 Dec 1845; 2 Jan 1846 p3
  Maj Henry - 14 Jan 1822; 16 Jan 1822 np
  Ira - 12 Aug 1860; 18 Aug 1860 p2
  James - nd; 8 Jan 1819 p3
  Mrs L - 27 Jan 1835; 30 Jan 1835 p3
  Maggie Mutter - 18 Oct 1852; 19 Oct 1852 p3
  Margaret - 4 Jan 1846; 19 Jan 1846 p3
  Margaret - nd; 12 Jan 1846 p3
  Martha A - 6 Apr 1853; 16 Apr 1853 p3
  Rosa - 1 May 1851; 19 May 1851 p2
  Dr William - 29 Sept 1834; 11 Oct 1834 p3
GUNNEY, Bridges - 21 Dec 1899; 30 Dec 1899 p1
GUNNY, Judith - 16 Dec 1910; 31 Dec 1910 p1
GUNTON, Harriet Ann - nd; 6 Oct 1837 p3
  Thomas - 25 Dec 1853; 28 Dec 1853 p3
GURLEY, Jane - nd; 17 Mar 1853 p2
GUTHRIE, Eliza - 22 Nov 1855; 6 Dec 1855 p3
GUY, Chas - 28 Oct 1874; 28 Oct 1874 p2
  Capt Elias - 1867; 26 July 1867 p2
  Frances - 18 Feb 1900; 31 Dec 1900 p1
  James Francis - nd; 31 May 1851 p2
  Laura Virginia - 23 Nov 1866; 24 Nov 1866 p2
  Mary Adeline - 24 Jan 1851; 29 Jan 1851 p2
  Mary E A - nd; 1 June 1847 p2
  Mary Newton - 25 Oct 1894; 31 Dec 1894 p1

GUY, Stephen C - 20 June 1874; 22 June 1874 p2
Mrs Susan - 10 Jan 1890; 31 Dec 1890 np
William H - 11 July 1843; 18 July 1843 p3
GUYNN, John - 4 July 1857; 10 July 1857 p3
GUYTHER, William H W - 4 Feb 1871; 6 Feb 1871 p2
GWIN, Thomas D - 1 Oct 1857; 2 Oct 1857 p3
GWYNN, Bennett F - 15 Aug 1897; 31 Dec 1897 p1
Ellen V - 6 Apr 1877; 7 Apr 1877 p2
Jane - 14 June 1853; 8 July 1853 p2

HAAS, Babette - 19 Apr 1905; 30 Dec 1905 p1
David - nd; 7 Jan 1871 p3
David - 6 Jan 1871; 7 Jan 1871 p3 & 9 Jan 1871 p3
HACK, Amy - 1887; 24 Jan 1887 p2
HACKLEY, George B - 8 Sept 1875; 20 Sept 1875 p2
Georgia - 20 Oct 1872; 4 Nov 1872 p2
HACON, George - 30 Dec 1863; 9 Jan 1864 p2
HAGAN, Francis - nd; 17 Dec 1830 p3
Jemina T - 10 Dec 1876; 13 Dec 1876 p2
Richard - 15 Aug 1876; 16 Aug 1876 p2
Thomas - 17 Apr 1904; 31 Dec 1904 p1
HAGARD, Clara - 19 Nov 1897; 31 Dec 1897 p1
HAGART, Andrew - 2 Oct 1904; 31 Dec 1904 p1
Sallie J - 30 May 1915; 31 Dec 1915 p2
Victor E - 27 Oct 1904; 31 Dec 1904 p1
HAGARTY, B A - nd; 3 Aug 1849 p3
HAGER, Margaret Ann - 19 Sept 1881; 20 Sept 1881 p2
HAGERT, Oscar - 4 Feb 1896; 31 Dec 1896 p1
HAGNER, Mary S - 26 Apr 1866; 7 May 1866 p2
Peter - 16 July 1850; 18 July 1850 p3
HAILE, Catharine - 9 June 1839; 27 June 1839 p3
HAINES, Hiram - 15 Jan 1841; 20 Jan 1841 p3
Joseph - 16 Feb 1911; 30 Dec 1911 p4
Lillie - 19 Jan 1883; 31 Dec 1883 p3
HAISLIP, Annie - 21 July 1870; 25 July 1870 p3 & 26 July 1870 p3
Henry Franklin - 5 Oct 1873; 6 Oct 1873 p2
Joseph - 28 Jan 1855; 6 Mar 1855 p3
Mary E - 13 Oct 1883; 31 Dec 1883 p3
S Vinnio - 29 Nov 1860; 10 Dec 1860 p3
HALE, P H - 1 Apr 1873; 2 Apr 1873 p2
HALEY, John - 18 Dec 1901; 31 Dec 1901 p1
HALIDAY, Anna D - 11 May 1840; 28 May 1840 p3
HALL, A J - 12 Jan 1896; 31 Dec 1896 p1
Alice M - 16 May 1875; 17 May 1875 p2

Mrs Alverda C - 31 Jan 1861; 4 Feb 1861 p3
Ann - 13 Jan 1885; 31 Dec 1885 p2
Ann Eliza - 20 Sept 1841; 23 Sept 1841 p3
Benoni Richardson - nd; 20 Apr 1849 p3
Caroline B - 5 Apr 1901; 31 Dec 1901 p1
Cassandra - nd; 6 Feb 1854 p3
Catherine - 27 Sept 1894; 31 Dec 1894 p1
Catherine S - 27 June 1843; 3 Aug 1843 p3
Chapman - 27 Feb 1893; 30 Dec 1893 p2
Charles Landon - 27 May 1867; 1 June 1867 p2
Charlie Templeton - 4 Oct 1875; 4 Oct 1875 p2
Chloe A - 18 Aug 1857; 8 Sept 1857 p3
Cornelius - 5 May 1883; 31 Dec 1883 p3
Daniel W - 4 Dec 1860; 6 Dec 1860 p3
Decatur B - 18 Aug 1871; 29 Aug 1871 p2
Edward - 12 Jan 1867; 28 Jan 1867 p2
Elizabeth - 4 Apr 1873; 9 Apr 1873 p2
Frederick - 27 July 1843; 9 Aug 1843 p3
George W - 14 May 1860; 25 May 1860 p2
George W - 25 Dec 1910; 31 Dec 1910 p1
Harriet M - 3 Feb 1884; 31 Dec 1884 p3
Harrietta Waring - 5 July 1860; 13 July 1860 p3
Hobeltt - 17 Apr 1915; 31 Dec 1915 p2
Isaac - 20 Feb 1855; 22 Feb 1855 p3
Isaac - 21 June 1898; 31 Dec 1898 p1
Isabella M - 24 Oct 1866; 5 Nov 1866 p2
James - 20 Oct 1914; 31 Dec 1914 p1
James F - 31 Mar 1895; 31 Dec 1895 p1
James W - 14 Feb 1799; 7 Mar 1799 p3
John - --- Sept 1874; 12 Sept 1874 p2
John H - 26 Feb 1841; 3 Apr 1841 p3
John H - 20 Nov 1897; 31 Dec 1897 p1
John P - 3 Feb 1869; 4 Feb 1869 p3
Joshua - 16 Feb 1872; 17 Feb 1872 np
Louisa - 23 Mar 1850; 26 Mar 1850 p3
Mary - 10 May 1899; 30 Dec 1899 p1
Mary A - 4 Nov 1881; 12 Nov 1881 p3
Mary E - 28 May 1905; 30 Dec 1905 p1
Peter - 18 Aug 1835; 19 Aug 1835 p3
Sarah - 5 Nov 1892; 31 Dec 1892 p2
T - 1 Jan 1843; 2 Jan 1843 p3
Thomas W - nd; 23 Sept 1872 p2
William I - 17 Apr 1810; 18 Apr 1810 p3
William R - 5 Oct 1910; 31 Dec 1910 p1
Wm. H. - recently; 2 Oct 1862 p3*
W R - 3 Feb 1904; 31 Dec 1904 p1
HALLECK, Florence - 6 July 1879; 10 July 1879 p2
Lila - 22 June 1879; 26 June 1879 p2
HALLER, Lydia - 15 July 1843; 31 July 1843 p3
HALLEY, Esther - nd; 30 Sept 1831 p3
Mrs Henry S - 17 July 1869; 24 July 1869 p2

HALLEY, James - 25 Aug 1927; 1 Sept 1827 p3
  Mary - 17 Mar 1830; 26 Mar 1830 p3
HALLEY, Sarah - nd; 23 Apr 1853 p3
HALLOWELL, Anne R - 27 Aug 1877; 29 Aug 1877 p2
  Caleb S - 7 Feb 1870; 10 Feb 1870 p2
  Emma - 26 Feb 1875; 7 Apr 1875 p2
  James S - 13 July 1886; 31 Dec 1886 p3
  Jane - 20 Aug 1847; 24 Aug 1847 p2
  Julia - 1 Sept 1860; 11 Sept 1860 p3
  Margaret E - 1 May 1875; 4 May 1875 p2
  Mary J - 13 Mar 1870; 15 Mar 1870 p2
  Mary Jane - 6 Apr 1831; 7 Apr 1831 p3
  Robert S - nd; 8 Dec 1851 p2
  Thomas R - 3 Apr 1855; 4 Apr 1855 p3
HALLY, Ann M - 31 Mar 1878; 8 Apr 1878 p3
HALPIN, James - 3 Apr 1893; 30 Dec 1893 p2
HALSEY, Mary Jane - nd; 6 Nov 1845 p3
HAMBURGER, Lilly - 7 Aug 1863; 10 Aug 1863 p3
HAMERSLEY, Eleanor 1 July 1834; 30 July 1834 p3
  Eliza - 23 Mar 1910; 31 Dec 1910 p1
  Elizabeth Brent - 22 Feb 1815; 25 Feb 1815 p3
  Helena - nd; 24 Mar 1836 p3
  Henry - 27 May 1833; 1 June 1833 p3
  James F - 1 Feb 1900; 31 Dec 1900 p1
  James F - 10 Oct 1904; 31 Dec 1904 p1
  James F - 25 May 1906; 31 Dec 1906 p1
  Lewis Francis - 7 June 1878; 8 June 1878 p3
  Mary Sprigg - 7 June 1880; 8 June 1880 p2
  MDN Robert - 3 Apr 1815; 7 Mar 1815 p3
  W H - 1 Jan 1897; 31 Dec 1897 p1
HAMERSLYS, Francis Esq - 11 Nov 1810; 13 Nov 1810 p3
HAMILTON, A - nd; 8 Apr 1859 p3
  Alexander - 12 July 1804; 20 July 1804 p3
  Alexander Montgomery - 12 Nov 1857; 17 Nov 1857 p3
  Amanda - 30 Nov 1853; 2 Dec 1853 p2
  Ann - 7 July 1841; 9 July 1841 p3
  Blanche - 10 Nov 1907; 31 Dec 1907 p1
  Charles - 12 Mar 1838; 17 Mar 1838 p3
  Charles - nd; 18 Apr 1853 p2
  Charles B - 25 Jan 1881; 26 Jan 1881 p2
  E W - 19 Dec 1907; 31 Dec 1907 p1
  Edward M - 20 Feb 1861; 22 Feb 1861 p3
  Edward T - 2 May 1875; 10 May 1875 p2
  Eliza - 13 Dec 1860; 17 Dec 1860 p3
  Erasmus G - nd; 15 Oct 1849 p2
  Francis - 11 June 1875; 14 June 1875 p2
  Capt Gavin - 5 Jan 1814; 6 Jan 1814 p3
  Henrietta R - 10 Mar 1861; 12 Mar 1861 p3
  J B - 26 July 1892; 31 Dec 1892 p2
  James - nd; 5 Dec 1833 p2
  Gen James - nd; 27 Oct 1838 p3 & 29 Oct 1838 p3
  James - nd; 3 May 1847 p3
  John - 14 Nov 1837; 5 Dec 1837 p3
  John J - 4 July 1854; 21 July 1854 p3
  John M - 10 Jan 1896; 31 Dec 1896 p1
  Mamie - 26 Mar 1907; 31 Dec 1907 p1
  Margaret - 25 Feb 1906; 31 Dec 1906 p1
  Mary A - 24 June 1902; 31 Dec 1902 p1
  Matilda - 3 May 1875; 18 May 1875 p3
  Matthew G - 19 May 1855; 22 May 1855 p3
  Capt Pliny - 28 Feb 1831; 4 Mar 1831 p3
  Sadie - 27 Nov 1908; 31 Dec 1908 p1
  Samuel - nd; 19 Aug 1839 p3
  Susannah - 20 Oct 1807; 21 Oct 1807 p3
  William H - 4 Feb 1902; 31 Dec 1902 p1
  Willie - 10 Mar 1853; 16 Mar 1853 p2
HAMLIN, Wm H - nd; 9 Oct 1847 p3
HAMMACK, George M - 28 Jan 1869; 2 Feb 1869 p3
HAMMATT, Giles - 30 Dec 1859; 27 Jan 1860 p3
  Mary - 11 Mar 1850; 5 Apr 1850 p2
HAMMERDINGER, Ann - 16 Jan 1870; 17 Jan 1870 p3
  John C - 26 Jan 1863; 31 Jan 1863 p3
  Julia - 12 Oct 1907; 31 Dec 1907 p1
  Mrs William - 9 Aug 1888; 31 Dec 1888 p1
  William A - 24 Aug 1891; 31 Dec 1891 p1
HAMMERLY, J A - 30 Aug 1894; 31 Dec 1894 p1
  Sally - 17 Apr 1843; 24 Apr 1843 p3
HAMMERSLEY, Catharine A - 9 Oct 1877; 10 Oct 1877 p2
  Francis - 25 Feb 1835; 4 Mar 1835 p3
  Lewis R - 12 May 1859; 14 May 1859 p3
HAMMETT, Ann - 1 Feb 1875; 8 Feb 1875 p2
HAMMIL, Henry - 13 June 1890; 31 Dec 1890 p1
HAMMOND, Anne - 16 Sept 1866; 18 Oct 1866 p2
  Charles - nd; 10 Apr 1840 p3
  Eliza A - 25 Mar 1883; 31 Dec 1883 p3
  Elizabeth Pinkney - nd; 8 Sept 1851 p2
  James M - 3 Feb 1890; 31 Dec 1890 p1
  John T - 11 Aug 1881; 12 Aug 1881 p2
  Marian - 2 Oct 1882; 3 Oct 1882 p2
  Sarah E - 26 Jan 1854; 3 Feb 1854 p3
HAMNAT, Elizabeth - 3 Mar 1868; 5 Mar 1868 p2
HAMNER, John C - 9 Apr 1875; 10 Apr 1875 p2

85

HAMNET, A T - 9 Nov 1892; 31 Dec 1892 p2
HAMPSON, Bazil H - 23 July 1828; 31 July 1828 p3
  Bryan - 20 Oct 1834; 21 Oct 1834 p3
  Elizabeth Wade - 26 Mar 1835; 30 Mar 1835 p3
  John L - nd; 7 Oct 1836 p3
  Leanora Wade - 2 Jan 1826; 3 Jan 1826 p3
  Lucy Marbury - 19 Nov 1850; 21 Nov 1850 p2
  Rebecca - nd; 3 Apr 1839 p3
HAMPTON, Frederick - nd; 7 Nov 1849 p3
  James - 11 Dec 1857; 14 Dec 1857 p3
  John - 15 July 1826; 7 Aug 1826 p3
  Katharine - 4 Feb 1847; 12 Feb 1847 p2
  Pickett - 12 Aug 1850; 16 Aug 1850 p2
  Roderick - 10 Apr 1843; 13 Apr 1843 p3
  Thomas R - 10 Dec 1845; 12 Dec 1845 p3
  Gen Wade - 4 Feb 1835; 19 Feb 1835 p3
  Wm - 4 June 1839; 17 June 1839 p3
HAMTRAMCK, Eliza C - 4 Apr 1839; 15 Apr 1839 p3
  J F - nd; nd np
  John F - 11 Apr 1803; 10 May 1803 p3
HANBROUGH, Wm H - -- Jan 1876; 11 Jan 1876 p2
HANCE, Dr Thomas Chesley - 9 Sept 1857; 27 Oct 1857 p3
HANCOCK, H C - 3 Apr 1892; 31 Dec 1892 p2
  John B - 13 Aug 1876; 14 Aug 1876 p2 & p3 & 15 Aug 1876 p3
  Mary - 25 Jan 1866; 25 Jan 1866 p3
  Samuel G - 26 Nov 1860; 18 Dec 1860 p3
  Sarah A - 26 Nov 1865; 12 June 1866 p3
HAND, Caleb (h/o Miss Leah Keen of Philadelphia) - 23 Nov 1807; 30 Nov 1807 p3
HANDING, Noland R - 20 Sept 1865; 30 Sept 1865 p3
HANDY, Charles - 2 Oct 1865; 3 Oct 1865 p3
  Dr John C - 2 Dec 1855; 31 Dec 1855 p3
  Levin - -- Sept 1842; 18 Jan 1843 p3
  Marianna S - 8 July 1876; 14 July 1876 p2
  Mrs Mary Gallego - 23 Nov 1860; 28 Nov 1860 p3
HANES, Mrs Margaret H - 2 Apr 1861; 15 Apr 1861 p3
HANEY, Albert - 28 Feb 1883; 31 Dec 1883 p3
  Albert - 16 Mar 1884; 31 Dec 1884 p3
HANGER, Col. William - 2 Nov 1877; 19 Nov 1877 p3
HANIZMON, Virginia - 5 Oct 1890; 31 Dec 1890 p1
HANLEY, Eugene - -- Aug 1805; Public Notice 24 Sept 1805 p4

HANLY, Edmund - 20 Feb 1843; 22 Feb 1843 p3
HANNA, Virginia - 12 June 1853; 16 June 1853 p3
HANNON, Ann - 21 Dec 1863; 22 Dec 1863 p2
  Ann Fenton - 28 Dec 1839; 15 Jan 1840 p3
  Columba - 11 Feb 1861; 6 Mar 1861 p3
  Elizabeth Harrison - 24 Sept 1861; local news 19 Oct 1861 p2
  Elizabeth Maria - nd; 9 Oct 1822 np
  Julia - nd; 11 Mar 1845 p3
  Walter W - 29 Aug 1838; 8 Sept 1838 p3
HANRAHAN, Bridget - 10 Apr 1891; 31 Dec 1891 p1
  Edward - 16 Aug 1881; 17 Aug 1881 p2
HANRAITY, Peter - 23 Jan 1908; 31 Dec 1908 p1
HANRATTY, Catherine - 1 Apr 1913; 31 Dec 1913 p1
  Lizzie - 20 June 1910; 31 Dec 1910 p1
  Margaret - 26 Oct 1914; 31 Dec 1914 p1
HANSBOROUGH, Ann F - 13 May 1857; 27 June 1857 p3
  Annie - 29 Apr 1906; 31 Dec 1906 p1
  Annie - 29 Aug 1912; 31 Dec 1912 p1
  Calvin - 19 May 1904; 31 Dec 1904 p1
  Peter - 27 July 1857; 1 Aug 1857 p3
  Virginia - 6 Aug 1857; 14 Sept 1857 p3
HANSBROUGH, Peter - 15 Mar 1843; 29 Mar 1843 p3
  Peter - nd; 16 July 1853 p2
  Peter C - 19 Oct 1843; 31 Oct 1843 p3
  Virginia L - 25 Apr 1860; 7 May 1860 p2
HANSFORD, Addison - 8 July 1850; 13 July 1850 p3
  Julia A - 2 Apr 1882; 14 Apr 1882 p2
HANSMAN, Henry - 10 Nov 1862; 13 Nov 1862 p4*
HANSON, Elizabeth - nd; 26 Jan 1837 p3
  Francis R - 21 Oct 1873; 25 Oct 1873 p2
  Isaac K - 4 Mar 1860; 6 Mar 1860 p3
  Samuel P M - 22 Apr 1861; 6 May 1861 p3
HANTZMAN, Jame Lee - 2 July 1865; 3 July 1865 p2
HANTZMON, Edward - 16 June 1888; 31 Dec 1888 p1
  Elizabeth - 26 Aug 1883; 31 Dec 1883 p3
  Mary J - 19 Nov 1905; 30 Dec 1905 p1
  Naomi - 23 Jan 1849; 25 Jan 1849 p3
  Robert - 10 July 1883; 31 Dec 1883 p3
HANVEY, James D - 1867; 30 Nov 1867 p3
HANZMAN, Agnes - 4 July 1911; 30 Dec 1911 p4

HANZMON, W H - 1 Oct 1908; 31 Dec 1908 p1
HANZMON, Mrs W H - 30 Dec 1885; 31 Dec 1885 p2
HAPBURN, Frances Ann - nd; 15 June 1858 p3
HAPSON, Elizabeth - 15 Apr 1872; 15 Apr 1872 p3
HARBAUGH, John Randolph - 6 Dec 1860; 8 Dec 1860 p3
  Joseph - 24 Dec 1862; 26 Dec 1862 p4*
HARBIN, Mary E - 27 May 1860; 1 June 1860 p3
HARDBOWER, Charles - 17 Nov 1890; 31 Dec 1890 p1
HARDEN, Earl - 31 July 19.10; 31 Dec 1910 p1
HARDESTY, Eleanor - 17 Sept 1851; 27 Sept 1851 p2
HARDIN, Anna M - 7 Aug 1845; 9 Aug 1845 p3
  Lauriston - 13 Aug 1841; 16 Aug 1841 p3
HARDING, Edward - 10 Nov 1873; 24 Nov 1873 p2
  Ellen E - 4 Dec 1867; 16 Dec 1867 p2
  Garah - 14 May 1866; 21 May 1866 p2
  John - nd; 11 Sept 1871 p2
  Mary - 2 Feb 1812; 4 Feb 1812 p3
  Tamar - 5 Aug 1860; 3 Sept 1860 p3
  Thomas B - 16 Aug 1853; 2 Sept 1853 p3
HARDISTY, Edward - 1866; 7 May 1866 p2
HARDTNER, J L - 9 July 1875; 13 July 1875 p2
HARDY, Charles - 1887; 3 Oct 1887 p3
  Cora T - 18 Feb 1907; 31 Dec 1907 p1
  Elizabeth J - 20 Feb 1901; 31 Dec 1901 p1
  Elizabeth M - 13 Mar 1901; 31 Dec 1901 p1
  Jane - 19 May 1885; 31 Dec 1885 p2
  Joshua - nd; 29 June 1844 p3
  Priscilla - nd; 2 Apr 1849 p3
  Samuel - 17 Oct 1785; 27 Oct 1785 p3
HARGRAVE, Mary - 3 Apr 1868; 14 May 1868 p2
HARGROVE, James B - 5 July 1865; 12 July 1865 p2
HARKINSON, Eleanor - nd; 28 Apr 1854 p3
HARKNESS, Margaret - nd; 8 Aug 1853 p3
HARLEY, Ann - 17 Apr 1837; 18 May 1837 p3
HARLOW, George H - 28 Sept 1911; 30 Dec 1911 p4
  Helen - 8 Oct 1915; 31 Dec 1915 p2
  Honora - 6 Aug 1907; 31 Dec 1907 p1
  John Bernard - 31 Jan 1890; 31 Dec 1890 p1
HARMAN, Laura E - 28 Nov 1875; 3 Dec 1875 p2
  Pettus - 22 Nov 1843; 24 Nov 1843 p3
HARMER, Jacob - 14 Mar 1868; 21 Mar 1868 p2

HARMON, Aaron - 24 Dec 1875; 27 Dec 1875 p2
  Margaret A - 11 Mar 1901; 31 Dec 1901 p1
  Mary - 5 Jan 1843; 7 Jan 1843 p3
  Mary - 18 Feb 1885; 31 Dec 1885 p2
  Mary B - 13 Feb 1892; 31 Dec 1892 p2
  Mary E Wood - -- Aug 1864; 16 Aug 1864 p2
  Phillipe Ann - 14 July 1832; 16 July 1832 p3
  Rebecca - 12 Dec 1875; 14 Dec 1875 p2
  Thomas D - 18 Oct 1884; 31 Dec 1884 p3
  William - nd; 22 Feb 1837 p3
  Wm True - nd; 12 Jan 1831 p3
HARNEY, George. - -- Jan 1869; 28 Jan 1869 p3
HARPER, ---- - 10 July 1874; 11 July 1874 p2
  Analine L - 29 July 1895; 31 Dec 1895 p1
  Anthony Forest - 28 Dec 1879; 29 Dec 1879 p2
  Catharine - 14 Dec 1858; 15 Dec 1858 p3
  Catharine I - 1 Nov 1907; 31 Dec 1907 p1
  Charles - 9 May 1848; 23 May 1848 p2
  Col Charles - 6 Oct 1863; 8 Oct 1863 p2
  Eliza A - 1 Oct 1890; 31 Dec 1890 p1
  Elizabeth - 1 Apr 1897; 31 Dec 1897 p1
  Ellen - 1866; 21 June 1866 p2
  Ellen A - 22 Dec 1881; 24 Dec 1881 p2
  Emma Danforth - 19 Sept 1866; 19 Sept 1866 p2 & 21 Sept 1866 p2
  F S - 23 June 1910; 31 Dec 1910 p1
  Geneveive O'Neale - 8 Aug 1866; 8 Aug 1866 p3
  George G - 20 Sept 1878; 21 Sept 1878 p2
  George W - 27 Oct 1890; 31 Dec 1890 p1
  Hannah A D - 2 June 1845; 4 June 1845 p3
  Henry - 23 Nov 1909; 31 Dec 1909 p1
  J N - 3 Aug 1907; 31 Dec 1907 p1
  James - nd; 10 Mar 1854 p3
  Jane E - 4 Mar 1891; 31 Dec 1891 p1
  Jane Eliza - 11 Sept 1825; 15 Oct 1825 p3
  John - 1 May 1814; 5 May 1814 p3
  Capt John - 19 Mar 1838 ; 29 Mar 1838 p3
  John - 23 Nov 1907; 31 Dec 1907 p1
  John Lloyd - 22 July 1865; 1 Aug 1865 p2
  John S Jr - 9 Sept 1803; 9 Sept 1803 p3
  Joseph - 31 Nov 1809; 1 Dec 1809 p3
  Julia - nd; 23 Feb 1839 p3
  Kate - 20 June 1883; 31 Dec 1883 p3
  Katherine - 12 Feb 1861; 20 Feb 1861 p2
  Mary - 10 July 1832; 24 July 1832 p3
  Mary - 17 Feb 1841; 18 Feb 1841 p3
  Mary - 10 May 1841; 12 May 1841 p3
  Mary - 21 Feb 1896; 31 Dec 1896 p1
  Mary A - 23 Dec 1870; 5 Jan 1871 p3
  Mary Ann - nd; 15 Jan 1825 p3

HARMON, Mary Ann - 12 Apr 1849; 1 May 1849 p3
Nicholas - 29 Jan 1843; 31 Jan 1843 p3
Robert - ae 20, 11 Mar 1804; 12 Mar 1804 p3
Robert Goodloe - 1834; 12 June 1834 p3
Robert Goodloe - nd; 18 Jan 1825 p3
Robert W - 1 May 1867; 11 May 1867 p2
Samuel - 25 Dec 1834; 31 Dec 1834 p3
Capt Samuel B - nd; 12 Sept 1838 p3
Samuel D - 26 Nov 1875; 27 Nov 1875 p3
Sarah - 1 Feb 1822; 5 Feb 1822 p3
Sarah - 1 Jan 1840; 21 Jan 1840 p3
Sarah - nd; 3 Sept 1849 p3
Sarah - nd; 22 Feb 1863 p3
Sophia - 11 Jan 1807; 12 Jan 1807 p3
Washington - 31 July 1901; 31 Dec 1901 p1
Washington T - 1 Sept 1859; 2 Sept 1859 p3
Washington T - nd; 14 Sept 1859 p3
Wells A - 7 Dec 1876; 7 Dec 1876 p2
Capt William - 18 Apr 1829; 22 Apr 1829 p3
William Harper - 7 Oct 1852; 6 Nov 1852 p2
Wm - nd; 9 Oct 1852 p3
Wm W - 12 Oct 1886; 31 Dec 1886 p3
Zachariah Worth - 17 Oct 1877; 19 Oct 1877 p2
HARRMAN, Caroline Cushing - 25 Aug 1843; 29 Aug 1843 p3
HARRINGTON, David L - 7 Jan 1893; 30 Dec 1893 p2
Kate - 20 Mar 1901; 31 Dec 1901 p1
Mr - 3 Dec 1835; 11 Dec 1835 p3
Pat. - nd; 16 Jun 1862 p3*
Richard H - nd; 9 Aug 1851 p3
HARRIS, Azalia - 17 Mar 1876; 17 Mar 1876 p2
Dr Chapman - nd; 17 Dec 1858 p3
Elizabeth - nd; 17 Aug 1833 p3
Elizabeth - 20 Mar 1868; 24 Mar 1868 p2
Etheldra J - 28 Sept 1867; 11 Oct 1867 p2
George - 16 Aug 1858; 19 Aug 1858 p3
George W - 17 Oct 1886; 31 Dec 1886 p3
Gwynn - nd; 18 Aug 1837 p3
Mrs Henrietta C - 23 Jan 1864; 27 Jan 1864 p2
Jacob B - 27 Sept 1906; 31 Dec 1906 p1
Capt James - 14 Nov 1865; 17 Nov 1865 p2
Jane - nd; 25 Jan 1854 p3
Jane P - 28 June 1834; 2 Aug 1834 p3
John - 24 Sept 1841; 25 Sept 1841 p3
Joseph (body servant to Dr Craik) - nd; 13 Nov 1832 p3
Joseph - nd; 25 Apr 1848 p3
Julia - 4 Oct 1892; 31 Dec 1892 p2
Julian Monroe - 30 July 1854; 3 Aug 1854 p3
Laura W - 6 Nov 1843; 7 Nov 1843 p3

Louisa Ann - 19 Jan 1871; 21 Jan 1871 p2 & p3
Lucy A - 8 Nov 1873; 10 Nov 1873 p2
Mary - 21 Dec 1843; 27 Dec 1843 p2
Mary - nd; 12 June 1851 p2
Mary - 19 Dec 1907; 31 Dec 1907 p1
Mary E - 15 Dec 1874; 1 Jan 1875 p2
Matthias - nd; 13 July 1871 p3
Monroe - 19 Feb 1854; 22 Feb 1854 p3
Orlando - 3 May 1909; 31 Dec 1909 p1
Sarah (served in the Dennis Ramsay family as a faithful servant) - 1 Mar 1852; 4 Mar 1852 p2
Dr Thomas - 4 Mar 1861; 8 Mar 1861 p3
Thomas - nd; 3 July 1865 p2
Thomas H - 23 Jan 1855; 17 Feb 1855 p3
Thompson S - 28 Dec 1842; 4 Jan 1843 p3
Viola - 2 May 1872; 3 May 1872 p2
W T - 14 Feb 1898; 31 Dec 1898 p1
Walter - 1866; 18 Aug 1866 p2
William - 22 Mar 1905; 30 Dec 1905 p1
William J - 23 Feb 1875; 1 Mar 1875 p2
HARRISON, Alice Blackburn - 12 Jan 1870; 20 Jan 1870 p2
Anne Harriotte - 23 Aug 1860; 30 Aug 1860 p3
Annie - 2 Dec 1859; 13 Jan 1860 p3
Burr - 13 Dec 1832; 21 Dec 1832 p3
Bushrod W - 12 Apr 1868; 30 Apr 1868 p2 & 6 May 1868 p2
Carter H - 23 Oct 1843; 3 Nov 1843 p3
Clarissa B - 1 Feb 1837; 27 Feb 1837 p3
Colin P - 9 Feb 1857; 11 Feb 1957? p2
Cora - nd; 14 June 1858 p3
Diana - 27 Mar 1872; 27 Mar 1872 p2
Edward B - nd; 2 Aug 1852 p2
Elias - nd; 14 Feb 1863 p2 &3 & 16 Feb 1863 p2
Elizabeth - nd; 8 May 1824 p3
Elizabeth - 24 Sept 1861; local news 12 Oct 1861 p2
Elizabeth - 2 Mar 1875; 6 Mar 1875 p3
Elizabeth - 26 Nov 1877; 27 Nov 1877 p2
Fannie V - 3 Jan 1890; 31 Dec 1890 p1
Florida Louisa - nd; 7 Apr 1838 p3
Forrest T - 2 June 1903; 31 Dec 1903 p1
Gallatin - 7 Sept 1839; 26 Sept 1839 p3
George - nd; 29 Nov 1850 p2
George D - 17 July 1860; 23 July 1860 p3
Geo E - nd; 25 Jan 1839 p3
George E - nd; 28 Jan 1839 p3
George W - 18 July 1914; 31 Dec 1914 p1
Georgia Murphy - 21 July 1865; 21 July 1865 p2
Mrs Henningham C - 14 Jan 1864; 17 Feb 1864 p2

HARRISON, Hester - 22 Oct 1883; 31 Dec 1883 p3
Ida J - 1 May 1883; 31 Dec 1883 p3
Isabella - 13 Dec 1871; 18 Dec 1871 p2
J T - 7 June 1906; 31 Dec 1906 p1
James - nd; 28 Oct 1871 p2
Jane Elizabeth - 25 June 1837; 29 June 1837 p3
Dr John S - nd; 5 Nov 1838- p3
John W - 2 Apr 1899; 30 Dec 1899 p1
Joseph - 14 Nov 1853; 26 Dec 1853 p2
Joseph - 2 Apr 1894; 31 Dec 1894 p1
Joshua - 20 Nov 1889; 31 Dec 1889 p2
L D - 13 May 1896; 31 Dec 1896 p1
Londie A - 8 Sept 1876; 11 Sept 1876 p2
Luther - 5 Mar 1896; 31 Dec 1896 p1
Mary - nd; 19 Apr 1854 p3
Mary - 19 Sept 1857; 28 Sept 1857 p3
Mary - --- Jan 1874; 5 Jan 1874 p3
Mary - 22 Oct 1894; 31 Dec 1894 p1
Mary - 25 Oct 1902; 31 Dec 1902 p1
Mary - 11 May 1904; 31 Dec 1904 p1
Mary A - 27 Oct 1915; 31 Dec 1915 p2
Mary Ann - 3 Jan 1841; 9 Jan 1841 p3
Mary E - 24 Sept 1874; 28 Sept 1874 p2
Mary Elizabeth - 2 Feb 1879; 3 Feb 1879 p2
Mary M - 15 Mar 1912; 31 Dec 1912 p1
Mary W - 29 Jan 1834; 8 Feb 1834 p3
Nannie Whiting - 16 Sept 1872; 14 Oct 1872 p3
Philip - nd; 7 Jan 1852 p3
Powell - 12 Apr 1878; 12 Apr 1878 p3
Richard - 10 June 1841; 14 June 1841 p3
Robert Wade - nd; 18 Dec 1819 p2
Rosalie - 18 Aug 1869; 25 Aug 1869 p2
Thomas - 11 Sept 1872; 14 Sept 1872 p2
Thomas Smith - 19 Oct 1857; 20 Oct 1857 p3
Judge William A - recently; 7 Jan 1871 p2
William Henry - 4 Apr 1841; 6 Apr 1843 p2
Wm Henry - 6 Apr 1841; 7 Apr 1843 p3 & funeral 9 Apr 1841 p3
HARROLL, Martha - 14 Feb 1866; 17 Feb 1866 p2
HARROVER, Eliza - 19 Sept 1853; 22 Sept 1853 p3
Hiram - 17 Nov 1848; 1 Dec 1848 p3
Lucy E - 26 May 1877; 1 June 1877 p3
Rebecca - 28 Aug 1854; 31 Aug 1854 p3
HARROW, Dr - 1867; 9 Mar 1867 p2
Ellen Seymour - 8 Mar 1881; 15 Mar 1881 p2
James D - nd; 27 Aug 1851 p3
HARRY, Philip - 18 Oct 1867; 19 Oct 1867 p3
HART, Alexander - 19 Jan 1871; 23 Jan 1871 p2
Ann S M - 7 Feb 1860; 24 Feb 1860 p3

Archibald - 13 May 1875; 18 May 1875 p3
Bridget T - 26 Mar 1906; 31 Dec 1906 p1
Capt - nd; 23 Sept 1863 p2
Dennis - 31 Mar 1881; 1 Apr 1881 p2
Frances M - 10 Aug 1914; 31 Dec 1914 p1
George Carmichael - 17 Nov 1860; 22 Nov 1860 p3
Harriet Augusta Anna - nd; 17 Dec 1841 p3
J Marion - 6 Jan 1910; 31 Dec 1910 p1
John - 16 Nov 1884; 31 Dec 1884 p3
John - 6 May 1891; 31 Dec 1891 p1
Joseph - nd; 7 Jan 1854 p3
Julia Ann Stuart - 2 Nov 187 1; 6 Nov 1871 p2
Maria O - 27 Aug 1857; 28 Aug 1857 p3
Mary - 11 Jan 1890; 31 Dec 1890 p1
Mary Lyle - 15 Aug 1865; 19 Aug 1865 p3
Michael A - 18 Nov 1884; 31 Dec 1884 p3
Nannie C - 1 Jan 1896; 31 Dec 1896 p1
Sohyler A - 13 Jan 1882; 14 Jan 1882 p3
Virginia Minor - 3 Sept 1882; 8 Sept 1882 p2
HARTBAUER, Godfried - 6 May 1875; 6 May 1875 p2
HARTBAUER, Margaret I - 21 Mar 1885; 31 Dec 1885 p2
HARTBOWER, Joseph - 6 Mar 1909; 31 Dec 1909 p1
HARTLEY, Catharine - 18 July 1889; 31 Dec 1889 p2
Samuel - 2 Jan 1871; 3 Jan 1871 p2 & p3 & 4 Jan 1871 p3
Thomas - 30 Dec 1877; 31 Dec 1877 p2
HARTMAN, Peter - --- Nov 1879; 6 Dec 1879 p2
HARTSHORNE, Susan - 21 Feb 1821; 23 Feb 1821 p3
William - 13 Dec 1816; 14 Dec 1816 p3
Wm - nd; 18 Nov 1836 p3
Wm - nd; 23 Nov 1836 p3
HARVEY, Annie - 28 Feb 1914; 31 Dec 1914 p1
David - 4 Jan 1873; 8 Jan 1873 p2
Edward - 15 Dec 1860; 4 Jan 1861 p3
Frances - 6 Apr 1842; 11 Apr 1842 p3
George C - 25 Aug 1854; 4 Sept 1854 p3
Mrs Leonard F - 13 Aug 1899; 30 Dec 1899 p1
Mary - 6 May 1847; 25 May 1847 p2
Milton - 15 July 1869; 15 July 1869 p3
Milton A - 16 Jan 1837; 24 Jan 1837 p3
Mr - 1865; 9 June 1865 p1
Wilmer - 3 July 1877; 3 July 1877 p2
HARVIE, John Marshall - 7 Sept 1841; 23 Sept 1841 p3
Mary - 28 Apr 1841; 5 May 1841 p3
HARVIN, Edward - 8 Aug 1840; 24 Aug 1840 p3

HARWOOD, Maria Susan - 31 Aug 1860; 27 Sept 1860 p3
Richard - 14 Apr 1835; 10 Apr 1835 p3
HASKELL, Alexander McDonald - 9 Oct 1866; 18 Feb 1867 p2
HASKIN, Jane Elizabeth - 5 June 1875; 7 June 1875 p2
HASKINS, Mary Jane - 17 Feb 1879; 18 Feb 1879 p2
Orlando C - 19 Mar 1886; 31 Dec 1886 p3
HASLETT, Thomas - 22 Dec 1895; 31 Dec 1895 p1
HASSON, John - nd; 20 Mar 1863 p3
Louisa - 7 Aug 1839; 14 Aug 1839 p3
HASTINGS, H H - 11 Oct 1903; 31 Dec 1903 p1
HATCH, Harriet L - 22 Feb 1881; 23 Feb 1881 p2
HATCHER, Elizabeth - 13 Apr 1874; 16 Apr 1874 p2
Nancy L - 5 Mar 1868; 14 Mar 1868 p3
P A - 27 May 1875; 8 June 1875 p2
Rodney - nd; 16 Dec 1872 p2
S E - --- Aug 1876; 7 Aug 1876 p2
Thomas - 13 June 1842; 27 June 1842 p3
HATHAWAY, Sarah Frances - 12 May 1841; 18 May 1841 p3
HATLEY, George - nd; 11 Aug 1855 p3
HATTERSLEY, Rebecca - 2 Sept 1844; 2 Oct 1844 p3
HATTON, Emily - 21 Oct 1871; 2 Nov 1871 p2
Henry D - 5 Oct 1843; 7 Oct 1843 p3
Peter D - 3 Mar 1849; 22 Mar 1849 p3
HAUFF, Frank - 28 Nov 1897; 31 Dec 1897 p1
HAVENER, R H - 7 May 1904; 31 Dec 1904 p1
HAVENNER, Wm D - 5 Dec 1865; 14 Dec 1865 p3
HAWES, Abram - 20 Oct 1805; 20 Oct 1805 p3
HAWHURST, Phila - 1 Aug 1875; 9 Aug 1875 p2
HAWKINS, Alice - 14 May 1891; 31 Dec 1891 p1
Alice V - 1 May 1913; 31 Dec 1913 p1
Carey B - 22 July 1908; 31 Dec 1908 p1
Caroline A - 5 Apr 1869; 24 Apr 1869 p2
E H - 12 Jan 1899; 30 Dec 1899 p1
Gertrude P - 15 Sept 1867; 19 Sept 1867 p3
John L - nd; 21 May 1849 p3
John T - 5 Apr 1835; 11 Apr 1835 p3
M M P - 3 Aug 1879; 4 Aug 1879 p2
Mary - 17 Apr 1914; 31 Dec 1914 p1
Samuel - 21 Feb 1830; 24 Feb 1830 p3
Susanna - nd; 6 May 1790 p3
HAWKS, F T - 27 June 1883; 31 Dec 1883 p3

Hannah Gaston - 22 Apr 1874; 25 Apr 1874 p2
HAWLEY, H S - 6 Sept 1872; 7 Oct 1872 p3
Thomas - 28 Apr 1853; 18 May 1853 p3
Capt W A - 24 Dec 1863; 28 Dec 1863 p2
Wilhelmina D - 13 Apr 1865; 14 Apr 1865 p2
HAWLING, Isaac H - nd; 29 Sept 1854 p3
Dr John S - 4 Dec 1870; 2 Feb 1871 p3
HAWS, Jennie M - 5 Sept 1907; 31 Dec 1907 p1
HAWSE, W H - 1 Feb 1909; 31 Dec 1909 p1
HAWXHURST, Edward D - 18 May 1860; 4 June 1860 p2
Flora - 4 July 1874; 11 July 1874 p2
John - 17 Apr 1881; 18 Apr 1881 p2
HAXALL. William - 15 July 1834; 29 July 1834 p3
HAXTON, Llewellyn - 28 July 1870; 5 Aug 1870 p2
HAY, Eliza Gwynn - nd; 3 May 1855 p3
Hon George - nd; 28 Sept 1830 p3
Mary Ann Meade - 21 Sept 1841; 1 Oct 1841 p3
Dr William - --- June 1864; 10 Feb 1865 p2
HAYCOCK, John - 29 Feb 1852; 20 Mar 1852 p3
HAYDEN, Edith - 1 Oct 1903; 31 Dec 1903 p1
Georgianna - 23 Mar 1912; 31 Dec 1912 p1
John T - 28 Aug 1907; 31 Dec 1907 p1
HAYES, Ann Eliza - 22 Aug 1861; local news 16 Oct 1861 p1
Charles Johnson - 23 Aug 1861; local news - 16 Oct 1861 p1
Jeremiah - 5 Feb 1883; 31 Dec 1883 p3
Joanna - 3 Feb 1901; 31 Dec 1901 p1
John - 26 Aug 1883; 31 Dec 1883 p3
Margaret - 19 Feb 1900; 31 Dec 1900 p1
Nancy - 17 Feb 1844; 27 Feb 1844 p3
Patrick H - 28 Dec 1914; 31 Dec 1914 p1
Patrick Sr - 25 Jan 1879; 25 Jan 1879 p2
Rose - 4 Oct 1885; 31 Dec 1885 p2
Sidney Miller - 27 Nov 1864; 17 Jan 1865 p2
Thomas - 24 Nov 1901; 31 Dec 1901 p1
William - 19 Dec 1902; 31 Dec 1902 p1
Mrs Winifred A - 29 Oct 1869; 30 Oct 1869 p3
HAYMAN, Capt Caspar Y - 9 Aug 1834; 12 Aug 1834 p3
Juliana - 21 Sept 1843; 7 Oct 1843 p3
Wm - nd; 28 May 1831 p3
HAYNE, Emma - 5 Apr 1907; 31 Dec 1907 p1
Gen Robert Y - nd; 3 Oct 1839 p3
HAYNES, Lucy - 11 July 1914; 31 Dec 1914 p1
Thomas - 22 Aug 1839; 27 Aug 1839 p3
Charles E - 5 Sept 1841; 10 Sept 1841 p3
Herman A - 6 Jan 1912; 31 Dec 1912 p1
Joseph H - 19 Oct 1909; 31 Dec 1909 p1

HAYNES, Margaret A - 16 Aug 1913; 31 Dec 1913 p1
Thomas - 3 Jan 1842; 11 Jan 1842 p3
Rev Thomas C - nd; 5 Oct 1858 p3
William K - 20 Sept 1911; 30 Dec 1911 p4
HAYWARD, Eliza - 19 May 1834; 22 May 1834 p3
George - 3 Sept 1897; 31 Dec 1897 p1
Thomas Bullitt - 3 Feb 1842; 15 Feb 1842 p3
HAYWOOD, MaryJane - 11 June 1892; 31 Dec 1892 p2
Sarah E - 13 Dec 1891; 31 Dec 1891 p1
HAZARD, Geo W - 24 Oct 1830; 8 Nov 1830 p3
Hannah M - 23 July 1860; 28 July 1860 p3
Sarah A - 7 Mar 1863; 26 Mar 1863 p3
HAZELEY, Sarah J - 16 Dec 1858; 18 Dec 1858 p3
HAZLETT, Mrs Thomas - 5 Feb 1909; 31 Dec 1909 p1
HAZZARD, John - 21 Feb 1855; 24 Mar 1855 p3
HCOMES, R A - 5 Aug 1874; 19 Aug 1874 p2
HEAD, Harry - 8 June 1915; 31 Dec 1915 p2
Joseph Lee - 7 Aug 1881; 30 Aug 1881 p2
M V - 27 Jan 1874; 31 Jan 1874 p3
HEADLEY, Priscilla - 13 Dec 1831; 14 Dec 1831 p3
Robert P - nd; 23 Apr 1827 p3
HEALTH, Mary Selden - 5 Oct 1854; 9 Oct 1854 p3
HEATH, Anna - 2 Mar 1908; 31 Dec 1908 p1
Annie - 26 Jan 1902; 31 Dec 1902 p1
Elvira E - 27 Mar 1908; 31 Dec 1908 p1
John - 27 Sept 1896; 31 Dec 1896 p1
John - 20 Oct 1903; 31 Dec 1903 p1
Maria C - 8 Sept 1834; 19 Sept 1834 p3
Gen Richard K - nd; 15 Dec 1821 p2
HEATHCOTE, Mr Esq - 6 Apr 1814; 9 Apr 1814 p3
HEATON, Francis S - 6 Feb 1869; 13 Feb 1869 p2
Louisa M - 28 Mar 1868; 9 Apr 1868 p2
Lydia Virginia - 17 July 1860; 20 July 1860 p2
Mary Priestley - 8 Apr 1860; 12 Apr 1860 p3
Townsend - 25 Nov 1841; 20 Dec 1841 np
HEBB, William H - 1 Aug 1860; 21 Aug 1860 p2
HEDGEMAN, John T - 9 Aug 1857; 1 Sept 1857 p3
HEDGMAN, Benjamin G - 2 Dec 1893; 30 Dec 1893 p2
HEFFLEBOWER, George - 25 Dec 1846; 11 Jan 1847 p3

HEFLEBOWER, Jacob - 29 Oct 1881; 12 Nov 1881 p3
Samuel - 5 Mar 1876; 6 Mar 1876 p2
HEIKELL, John - nd; 2 Dec 1836 p3
HEILEMAN, Anne - 9 Nov 1852; 15 Nov 1852 p2
HEINEMAN, Mary Ann - nd; 1 Apr 1830 p3
HEINZ, John - 3 Sept 1911; 30 Dec 1911 p4
HEIRONIMUS, Susan H - 7 Jan 1890; 31 Dec 1890 p1
HEIRONOMUS, J P - 8 June 1898; 31 Dec 1898 p1
HEISHLEY, Arthur Christian - 13 Nov 1878; 13 Nov 1878 p2
Christian P Jr - -- Feb ---- ; 24 Feb 1874 p2
Jacob M - 26 May 1914; 31 Dec 1914 p1
HEISKEL. Alexander St C - nd; 22 Dec 1851 p2
HEISKELL. Eleanor - 29 Jan 1843; 6 Feb 1843 p3
Esther Fairfax - 18 July 1873; 19 July 1873 p3
Josephine - 28 Dec 1866; 10 Jan 1867 p2
Peter - 18 Nov 1841; 21 Nov 1841 p3 & 24 Nov 1841 p3
Sarah Louisa - 16 Aug 1854; 4 Sept 1854 p3
Sidney M - 15 July 1860; 28 Aug 1860 p3
William King - 21 Mar 1871; 28 Mar 1871 p2
HEISLEY, George W - 1 Feb 1904; 31 Dec 1904 p1
John F - 10 May 1903; 31 Dec 1903 p1
Kate - 19 Nov 1910; 31 Dec 1910 p1
Mary Amelia - 5 Nov 1878; 6 Nov 1878 p2
Phoebe - 19 Jan 1906; 31 Dec 1906 p1
HELLIGLE, John Dopuglass - nd; 11 Sept 1826 p3
HELM, Carter P - 28 Nov 1856; 4 Mar 1857 p2
Frank Meigs - 24 Mar 1872; 1 Apr 1872 p3
Susan L - nd; 26 Feb 1859 p3
Virginia - nd; 30 Jan 1852 p2
William T - 14 Aug 1860; 18 Aug 1860 p2
HELMUTH, Barbara - 9 Mar 1884; 31 Dec 1884 p3
Lena - 16 Sept 1886; 31 Dec 1886 p3
Valentine - 16 June 1872; 17 June 1872 p2
Valentine - 6 Mar 1900; 31 Dec 1900 p1
HEMBOLD, Anna Marie w/o John Gray - 18 Apr 1804; 19 Apr 1804 p3
HEMPHILL, Rev Andrew - 27 Aug 1837; 16 Sept 1837 p3
Joseph - 20 May 1834; 31 May 1834 p3
HENDERSON, Alberta - nd; 27 Feb 1846 p3
Alberta R - 13 Feb 1901; 31 Dec 1901 p1
Alexander - 12 Nov 1828; 14 Nov 1828 p3

HENDERSON, Alexander - 16 Sept 1834;
  17 Sept 1834 p3
Alice V - 19 Dec 1904; 31 Dec 1904 p1
Anna Maria - 19 Oct 1857; 27 Oct 1857 p3
Archibald - 12 July 1803; 7 Oct 1803 p3
Col Archibald - nd; 1 Aug 1833 p3
Archibald - 5 July 1834; 15 July 1834 p3
Gen Archibald - nd; 8 Jan 1859 p2
Catharine - 23 Jan 1868; 24 Jan 1868 p2
Catherine - -- Feb 1868; 4 Feb 1868 p2
Charles A - 25 July 1865; 4 Nov 1865 p2
Eddie - 19 June 1869; 24 June 1869 p2
Eleanora - nd; 25 Nov 1837 p3
Elizabeth - 7 July 1870; 7 July 1870 p2
Elizabeth - 7 July 1870; 11 July 1870 p3
Ella E - 13 Nov 1910; 31 Dec 1910 p1
Mrs Emily - 12 Feb 1864; 12 Feb 1864 p2
George C - -- Oct 1870; 22 Oct 1870 p2
Georgeanna - --- Dec 1875; 1 Dec 1875 p2
India - 30 Apr 1913; 31 Dec 1913 p1
J A - 5 Mar 1909; 31 Dec 1909 p1
Mrs J T - 2 Dec 1907; 31 Dec 1907 p1
James - 13 Oct 1893; 30 Dec 1893 p2
James L - 21 Jan 1854; 23 Jan 1854 p3
Janet - nd; 29 Apr 1844 p3
Janet - 27 Sept 1874; 5 Oct 1874 p2
Jennie - 19 Apr 1897; 31 Dec 1897 p1
Jennie - 1 Mar 1910; 31 Dec 1910 p1
John E - 6 May 1863; 7 May 1863 p3
John T - 3 May 1912; 31 Dec 1912 p1
John W - 19 Sept 1882; 20 Sept 1882 p2
John W - 3 Jan 1894; 31 Dec 1894 p1 .
John W - 26 Apr 1915; 31 Dec 1915 p2
Julia Ann - 10 Nov 1875; 11 Nov 1875 p3
Julian - 16 Feb 1884; 31 Dec 1884 p3
Lizzie - 9 Mar 1909; 31 Dec 1909 p1
Malinda - 24 Sept 1898; 31 Dec 1898 p1
Maria Lee - 23 Oct 1857; 30 Oct 1857 p2
Mary Garnett - 13 Feb 1842; 22 Feb 1842 p3
Octavius C - 2 Sept 1897; 31 Dec 1897 p1
Orlando G - 31 Jan 1879; 12 Feb 1879 p2
Orra M - 13 July 1851; 21 July 1851 p2
Paulina Cazenove - nd; 1 Aug 1833 p3
Peter G - 11 Apr 1874; 11 Apr 1874 p2 & 4 May
  1874 p2
Rev Raymond A - 16 Oct 1839; 1 Nov 1839 p3
Rebecca - 6 Mar 1873; 12 Mar 1873 p2 & 17 Mar
  1873 p2
Richard H - 7 Feb 1841; 11 Feb 1841 p3
Richard H - 8 Feb 1841; 15 Feb 1841 p3
Robert - nd; 9 Feb 1852 p2
Sarah - 4 Dec 1816; 19 Dec 1816 p3

Stephen - 8 Apr 1904; 31 Dec 1904 p1
Tarlton T - 8 May 1874; 11 May 1874 p3
Dr Thomas - nd; 16 Aug 1854 p3
Thomas - 27 Aug 1898; 31 Dec 1898 p1
William - 6 Oct 1877; 6 Oct 1877 p2
William F- 1 Aug 1874; 4 Aug 1874 p2
Willis - 6 Apr 1875; 6 Apr 1875 p2
HENDRICK, David - 10 Oct 1857; 13 Oct
  1857 p3
HENDRICKSON, George G - 6 Dec 1906; 31
  Dec 1906 p1
HENLY, Willie P - 7 Jan 1867; 8 Jan 1867 p2
HENNELL, Sarah Ramsay Cannon - nd; 10 Sept
  1825 p3
HENNING, Mary S - 2 Apr 1850; 23 Apr
  1850 p3
Sarah C - 13 Sept 1887; 14 Sept 1887 p3
HENRAHAN, P H - 20 Mar 1877; 21 Mar
  1877 p2
HENRETTY, Bridget - 18 June 1878; 19 June
  1878 p2
HENRY, Alexander - 6 Nov 1885; 31 Dec
  1885 p2
Alexander - 3 June 1899; 30 Dec 1899 p1
Ann - 24 Nov 1893; 30 Dec 1893 p2
Bryan - 12 Nov 1902; 31 Dec 1902 p2
Caroline Matilda - 17 Sept 1837; 25 Sept
  1837 np
Daniel - 29 Jan 1907; 31 Dec 1907 p1
Edwin - nd; 4 May 1863 p3
Emma Maria - 12 July 1860; 16 July 1860 p3
Ernest - 12 May 1877; 14 May 1877 p3
F F - 10 Sept 1860; 14 Sept 1860 p3
Fitzhugh - 30 June 1851; 14 July 1851 p2
George - 16 June 1883; 31 Dec 1883 p3
George W - 5 Mar 1881; 8 Mar 1881 p2
H F - 30 June 1898; 31 Dec 1898 p1
Hessie - 7 Sept 1893; 30 Dec 1893 p2
Ida E Grant - 19 Apr 1865; 21 Apr 1865 p2
Isadore - 21 Feb 1896; 31 Dec 1896 p1
James - 10 July 1908; 31 Dec 1908 p1
James William - 29 Mar 1881 29 Mar 1881 p3
John - 7 Jan 1868; 20 Jan 1868 p2
John - 9 Jan 1892; 31 Dec 1892 p2
Louisa - 9 July 1843; 21 Jul 1843 p3
Martha H - nd; 26 May 1852 p2
Michael - 19 Sept 1887; 20 Sept 1887 p2
Nancy D - 31 Dec 1840; 11 Jan 1841 p3
Nathaniel - nd; 17 Sept 1851 p3
Robert P - 20 Feb 1852; 25 Feb 1852 p2
Rollo - 23 Dec 1899; 30 Dec 1899 p1
Samuel - 8 Feb 1910; 31 Dec 1910 p1

HENRY, Sophia - 19 Sept 1876; 20 Sept 1876 p3
William George - 15 July 1870; 15 July 1870 p3
William H - 13 Oct 1908; 31 Dec 1908 p1
HENSHAW, Capt Levi - 9 Sept 1843; 23 Sept 1843 p3
HENSON, Catharine - 9 Aug 1873; 18 Aug 1873 p2
George W Sr - 1 Apr 1878; 12 Apr 1878 p2
HENYON, Savila - 21 Aug 1907; 31 Dec 1907 p1
HEON, James - 12 Feb 1911; 30 Dec 1911 p4
HEPBURN, Agnes - 7 June 1814; 9 June 1814 p3
Amanda - 8 Mar 1892; 31 Dec 1892 p2
Anderson (Andrew B), - nd; 7 Jan 1861 p3
Ann - 19 Feb 1843; 22 Feb 1843 p3
Ann - nd; 12 May 1859 p3
Arm Leake - nd; 23 Jan 1833 p3
Charles - 24 Oct 1912; 31 Dec 1912 p1
James - 7 Aug 1900; 31 Dec 1900 p1
James J - 16 Feb 1902; 31 Dec 1902 p1
Jane - 14 Apr 1841; 20 Apr 1841 p3
John - 8 Dec 1787; 13 Dec 1787 p2
John M - 27 Aug 1850; 30 Aug 1850 p3
Maria - nd; 17 Jan 1871 p3
Maria - 17 Jan 1871; 17 Jan 1871 p3
HERALD, Hester Ann - 26 Nov 1858; 22 Dec 1868 p3
HERBERT, Ann E - 28 May 1896; 31 Dec 1896 p1
Eliza - 31 Jan 1865; 2 Feb 1865 p2
Elizabeth E - 27 May 1843; 2 Jun 1843 p2
Eugenia - 12 Mar 1841; 18 Mar 1841 p3
Ida M - 26 Nov 1910; 31 Dec 1910 p1
Jane - nd; 18 Aug 1825 p3
Jean - 24 Mar 1803; 25 Mar 1803 p3
John D - 26 Feb 1835; 28 Feb 1835 p3
Lizzie J - 8 Aug 1891; 31 Dec 1891 p1
Maria - 15 Mar 1833; 16 Mar 1833 p3
Mary - nd; 23 Sep 1857 p3
Mary Lee - 16 Oct 1827; 25 Oct 1827 p3
Maurice - 26 Jul 1830; 27 Jul 1830 p3
Milton - 26 Mar 1863; 26 Mar 1863 p3
Noblet - nd; 18 Aug 1825 p3
Robert - nd; 18 Aug 1825 p3
Sarah - 26 July 1827; 17 Aug 1827 p3
Thomas - nd; 17 Dec 1838 p3
W U - 21 May 1879; 22 May 1879 p2
Maj Waters W - 27 Mar 1870; 4 Apr 1870 p2
William (Pres, Bank of Alexdria) - nd; 27 Feb 1819 p2
William - 10 Mar 1901; 31 Dec 1901 p1

Wm - 12 Mar 1851; 13 Mar 1851 p2
HERBNER, Julia - 23 Jan 1893; 30 Dec 1893 p2
Louisa - 22 May 1897; 3 Dec 1897 p1
HERBUER, Henry - 11 June 1889; 31 Dec 1889 p2
HERD, Aleck - 12 Feb 1868; 13 Feb 1868 p3
HEREFORD, Matilda W - 7 Jan 1877; 11 Jan 1877 p2
Mildred - 24 Sept 1870; 2 Nov 1870 p2
Robert - 27 Jan 1853; 10 Feb 1853 p3
Ruth Moore - 1 July 1875; 22 July 1875 p2
Dr Thomas P - 21 Feb 1867; 27 Feb 1867 p3
Willey Boteler - 25 Jan 1861; 29 Jan 1861 p3
HERFURTH, Gertrude B - 20 1915; 31 Dec 1915 p2
HERIN, Elizabeth - 10 Nov 1843; 27 Nov 1843 p3
HERLIHY, Hannah - 5 July 1841; 8 July 1841 p3
HERMANN, John - nd; 30 Aug 1853 p3
HERNDON, Dabney - 8 May 1912; 31 Dec 1912 p1
Edward, 15 Nov 1837; 24 Nov 1837 p3
Elizabeth A - 28 Feb 1890; 31 Dec 1890 p1
George W - 19 Oct 1840; 17 Nov 1840 p3
James Hervey - 3 Dec 1845; 26 Jan 1846 p2
Rev John C - 6 Dec 1847; 31 Dec 1847 p2
Margaret - 26 Dec 1841; 11 Jan 1842 p3
Richard - 1866; 20 Oct 1866 p2
Samuel Pearce - 9 Nov 1845; 26 Jan 1846 p2
T D - 10 Sept 1854; 12 Sept 1854 p3
Thomas D - 29 Dec 1852; 19 Jan 1853 p3
Mrs W L - -- May 1878; 11 May 1878 p2
HERRICK, Emma N - 1896; 31 Dec 1896 p1
Jane E - 6 Aug 1891; 31 Dec 1891 p1
William T - 12 Mar 1893; 13 Mar 1893 p3 & 30 Dec 1893 p2
HERSANT, Maria Cecilia Thompson - nd; 15 June 1833 p3
HERSEY, Almira W - 18 Aug 1862; 28 Aug 1862 p4*
Carrie Moore - 25 Aug 1862; 28 Aug 1862 p4*
HERWIG, Heinrich - 21 June 1898; 31 Dec 1898 p1
HESSER, Sarah Margaret - 19 Oct 1875; 29 Oct 1875 p2
HESSLER, Frank J - 29 Nov 1902; 31 Dec 1902 p1
HETERICK, Mary Scott - nd; 29 May 1838 p3
HETH, John - 30 Apr 1842; 16 .May 1842 p3
HETZEL, Abraham R - nd; 28 July 1847 p2
HEWES, Elihu - 17 Sept 1813; 23 Sept 1813 p3
Eliza - 23 Jan 1844; 25 Jan 1844 p3

HEWES, Elizabeth - 15 Apr 1812; 16 Apr 1812 p3
George C - 22 Jan 1892; 31 Dec 1892 p2
Lawrence - 12 Apr 1874; 13 Apr 1874 p2
Mary - 14 Apr 1892; 31 Dec 1892 p2
Sarah Ann - 24 Apr 1879; 25 Apr 1879 p2
HEWETT, Blance - 22 Jan 1842; 25 Jan 1842 p3
HEWITT, Margaret Boyd - 24 May 1854; 26 May 1854 p2
Peter - 4 May 1862; 13 May 1862 p4*
Richard - 8 Dec 1807; 10 Dec 1807 p3
Richard L - 2 Oct 1814; 4 Oct 1814 p3
Thomas - nd; 24 Oct 1822 p3
Thomas - nd; obituary 14 Aug 1834 p3
Thomas B - 3 Dec 1907; 31 Dec 1907 p1
Thomas W - 11 Aug 1834; 12 Aug 1834 p3 & 14 Aug 1834 p3
Wm - 23 Dec 1843; 2 Jan 1844 p3
HEYDON, Thomas Ignatius - 18 Aug 1851; 15 Sept 1851 p2
HEYMAN, Robert E - 13 Jan 1909; 31 Dec 1908 p1
HEYMES, Francis B - 29 Dec 1862; 3 Jan 1863 p3
John R - 1881; 14 Nov 1881 p3
Mary - 26 Dec 1851; 6 Mar 1852 p3
Matilda - 3 Apr 1894; 31 Dec 1894 p1
HICHEW, Madorah - 26 Jan 1875; 27 Jan 1875 p2
HICKEY, Catherine - 16 July 1814; 19 July 1814 p3
Eliza T - 13 Dec 1858; 17 Dec 1858 p3
Mary - nd; 18 Aug 1853 p3
William - 5 Jan 1866; 6 Jan 1866 p2
HICKMAN, Kate - 11 Dec 1860; 18 Dec 1860 p3
HICKS, Maj Benjamin A - 22 Apr 1861; 27 Apr 1961 p3
Elizabeth - 15 Mar 1902; 31 Dec 1902 p1
George - 23 Oct 1808; 6 Dec 1808 p3
Georgianna - 11 Dec 1894; 31 Dec 1894 p1
Harper - 13 Oct 1899; 30 Dec 1899 p1
Henny - 1 May 1887; 3 May 1887 p3
Henry B - nd; 10 Jan 1851 p2
Lydia - 31 Mar 1905; 30 Dec 1905 p1
Miss - 28 Dec 1859; 3 Jan 1860 p3
Nehemiah - 17 Dec 1874; 19 Dec 1874 p2
Samuel - 9 Oct 1890; 31 Dec 1890 p1
William A - 22 Jan 1867; 23 Jan 1867 p3
William T - 29 July 1860; 6 Aug 1860 p3
Wm - 1880; 11 June 1880 p3
HIDEN, Joseph - 28 Mar 1869; 19 May 1869 p2

HIETT, Charlotte - 25 Aug 1857; 1 Sept 1857 p3
HIGDON, Charles - 27 Feb 1843; 29 Mar 1843 p3
Gustavus - 25 June 1838; 28 June 1838 p3
H. - nd; 12 Jun 1862 p3*
James - 5 Aug 1865; 12 Aug 1865 p4
John - nd; 27 Feb 1838 p3
John - nd; 12 Dec 1855 p3
John Bernard A - 11 June 1878; 21 June 1878 p2
Julia Ann - 26 Oct 1857; 28 Oct 1857 p3
Rebecca - 6 Feb 1867; 7 Feb 1867 p3
William J - 11 Jun 1862; 1 Jul 1862 p4*
HIGGINS, John - 22 Sept 1857; 28 Sept 1857 p3
John - 4 June 1866; 14 June 1866 p2
John Patrick - 1873; 1 Jan 1873 p2
Sallie - 7 Nov 1896; 31 Dec 1896 p1
HIGGS, Barnett - nd; 3 Mar 1855 p3
Benjamin F - 16 Jan 1835; 4 Feb 1835 p3
HILCORUM, Rosie - 9 July 1902; 31 Dec 1902 p1
HILDRUP, John - 21 Jan 1842; 3 Feb 1842 p3
HILES, Isabella - 10 May 1858; 13 May 1858 p3
HILL, Ann E - 28 Aug 1839; 30 Aug 1839 p3
Ann Elizabeth - nd; 19 July 1847 p2
Mrs Anne S - 2 Dec 1862; 5 Dec 1862 p3*
Augustine H - 7 Nov 1857; 11 Nov 1857 p3
Augustus - 9 Sept 1866; 11 Sept 1866 p2
Bernard - 8 Mar 1868; 11 Mar 1868 p3
Catharine - 22 Aug 1874; 29 Aug 1874 p2
Charles E - nd; 27 May 1851 p2
Clement - 25 Feb 1871; 27 Feb 1871 p3
Clement B - 18 Jan 1870; 20 Jan 1870 p2
Covington - - --- 1867; 27 Apr 1867 p2
Edward Snowden - 9 July 1865; 22 July 1865 p2
Elvira - 6 Nov 1907; 31 Dec 1907 p1
Fanny Russel - 16 June 1853; 27 June 1853 p2
Frances Everline - 18 Feb 1868; 29 Feb 1868 p2
G Powell - 8 Feb 1910; 31 Dec 1910 p1
George - 3 Apr 1873; 14 Apr 1873 p2
George R - 12 Jan 1905; 30 Dec 1905 p1
Henry - 10 Sept 1866; 22 Sept 1866 p2
Ira - nd; 23 June 1838 p3
James C - 2 July 1875; 2 July 1875 p2
Jane - 4 Apr 1832; 7 Apr 1832 p2
John I - 7 May 1874; 8 May 1874 p2
John S - 7 Sept 1874; 9 Sept 1874 p2
John T - 6 Apr 1890; 31 Dec 1890 p1
John W H - 13 Sept 1867; 19 Sept 1867 p3
Joseph A - 16 Sept 1835; 17 Sept 1835 p3
Joseph B - 26 Jan 1864; 19 Feb 1864 p2
Maria - 3 Sept 1866; 8 Sept 1866 p2
Mary - nd; 16 Sept 1837 p3

HILL, Mary K - 8 Oct 1836; 11 Oct 1836 p3
Nancy - nd; 1 June 1851 p3
Philip - 7 Aug 1870; 16 Aug 1870 p2
Robert James - 14 May 1860; 26 May 1860 p3
Roberta C - 19 Sept 1913; 31 Dec 1913 p1
Samuel - nd; 17 Oct 1839 p3
Samuel Lindsay - 24 June 1870; 29 June 1870 p2
Sarah - nd; 16 Oct 1852 p2
T O Lee - 20 Feb 1889; 31 Dec 1889 p2
Thomas Newton - 3 Oct 1891; 31 Dec 1891 p1
Zoro - 4 Mar 1910; 31 Dec 1910 p1
HILLARD, John - nd; 20 May 1826 p3
HILLEARY, William Bowie - 15 Nov 1860; 28 Nov 1860 p3
Augustus - 12 Dec 1867; 19 Dec 1867 p2
HILLEDRY, George H - 27 May 1869; 3 June 1869 p3
HILLERY, Mary Truman - 16 July 1860; 25 Aug 1860 p3
HILLIARD, Ann - 21 Nov 1852; 1 Dec 1852 p3
Elizabeth - 3 May 1839; 15 May 1839 p3
Joseph - nd; 24 Sept 1853 p2
HILLIARY, Irene - nd; 16 Nov 1858 p3
HILLIS; Michael J - 9 June 1874; 15 June 1874 p2
HILLORY, Mrs John - 1 Oct 1896; 31 Dec 1896 p1
Thomas - 20 Dec 1896; 31 Dec 1896 p1
HILLS, Francis James - 11 Jan 1845; 14 Jan 1845 p3
Mrs M A - 9 Aug 1862; 11 Aug 1862 p3*
Samuel Bartlett - nd; 12 Dec 1844 p3
HILLYARD, Nathaniel - 16 June 1835; 27 June 1835 p3
HILSON, Thomas - 23 July 1834; 4 Aug 1834 p3
HILTON, Catharine - 24 Apr 1873; 25 Apr 1873 p3
Hannah - 16 Jan 1843; 18 Jan 1843 p3
Samuel - 23 Feb 1852; 25 Feb 1852 p2
HINCKLEY, Orramel S - 13 Sept 1837; 19 Oct 1837 p3
HINES, Anna Matilda - 25 July 1863; 27 July 1863 p3
John - 8 May 1857; 7 July 1857 p3
Philip - 29 Jan 1860; 1 Feb 1860 p3
HINGSTON, Nicholas - nd; 28 July 1830 p3
HINIKEN, Caroline - 24 Dec 1892; 31 Dec 1892 p2
George H - 28 Sept 1915; 31 Dec 1915 p2
Mattie A - 4 Dec 1909; 31 Dec 1909 p1
HINMAN, Gen Ephraim - 11 Dec 1829; 6 Feb 1830 p3

HINTON, George A - 3 Mar 1860; 6 Mar 1860 p3
Violet A - 6 Apr 1861; 8 Apr 1861 p3
HIPKINS, Julian M - 13 Feb 1872; 14 Feb 1872 p2
Col Lewis - nd; 14 May 1844 p2
Lewis - 18 Mar 1888; 31 Dec 1888 p1
Lewis - 1 Oct 1906; 31 Dec 1906 p1
Orlando Morgan - nd; 11 Oct 1848 p3
Virginia A - 21 Mar 1860; 29 Mar 1860 p2
William C - 11 Sept 1863; 18 Sept 1863 p3
HIRAM, James - 13 Aug 1872; 13 Aug 1872 p2
HIRST, William - nd; 24 Sept 1858 p3
Rev William - 19? Aug 1862; 12 Aug 1862 p3*
HISHLEY, Ferdinand - 23 May 1900; 31 Dec 1900 p1
HITE, Andrew - 3 Oct 1886; 31 Dec 1886 p3
Ann Madison - 23 Jan 1854; 10 Feb 1854 p2
Ann T - 6 Jan 1851; 20 Jan 1851 p2
Debora - 15 July 1843; 22 July 1843 p3
HITE, Hugh - nd; 15 May 1862 p3*
Isaac - nd; 2 Dec 1836 p3
Col James - 3 Mar 1855; 31 Mar 1855 p3
James Madison - 11 Jan 1860; 10 Feb 1860 p2
John - 18 Dec 1860; 31 Dec 1860 p3
John Briscoe - nd; 18 Sept 1838 p3
Lillian M - 7 Nov 1889; 31 Dec 1889 p2
Susan - nd; 5 Mar 1852 p2
Washington Irving - 17 May 1876; 1 June 1876 p2
HITT, Jackson Wirt - 17 May 1849; 19 June 1849 p3
James D - nd; 8 Dec 1858 p3
Reuben - 9 Oct 1854; 13 Oct 1854 p3
HIX, Capt William - 2 Mar 1871; 3 Mar 1871 p2
HIXSON, Jane - 1881; 27 Aug 1881 p2
HOAG, Daniel - nd; 18 Dec 1858 p3
HOBAN, Rev Henry - 7 Apr 1865; 8 Apr 1865 p2
HOBBIE, Drake - 28 Feb 1841; 4 Mar 1841 p3
HOBBS, Christina - nd; 30 Sept 1854 p3
HOBLITZELL, Cora L - 20 July 1915; 31 Dec 1915 p2
HODGE, Moses - 22 Feb 1843; 24 Mar 1843 p3
HODGES, Alice - 23 June 1913; 31 Dec 1913 p1
Benjamin - 1867; 31 July 1867 p2
Carrie M - 3 May 1871; 6 May 1871 p2
J K - -- Apr 1878; 24 Apr 1878 p2
Maria - nd; 30 Sept 1850 p2
William O - nd; 25 Feb 1859 p3
Zulima - nd; 11 Nov 1855 p3
HODGIN, Mary M - 26 Apr 1872; 26 Apr 1872 p2

HODGKIN, Annie - 17 June 1888; 31 Dec 1888 p1
Elizabeth - 26 Dec 1883; 31 Dec 1883 p3
Ida Sophronie - 12 Aug 1865; 14 Aug 1865 p4
John - 25 Aug 1899; 30 Dec 1899 p1
Lizzie Rust - 11 Feb 1877; 12 Feb 1877 p2
Mary E - 3 Apr 1894; 31 Dec 1894 p1
Mary Ellen - 17 Apr 1874; 18 Apr 1874 p2
Robert - 27 Mar 1876; 28 Mar 1876 p2
William H - 22 Dec 1909; 31 Dec 1909 p1
HODGKINS, Thomas - nd; public notice 5 June 1805 p4
HODGKINSON, Anthony - 13 Aug 1849; 18 Aug 1849 p3
HODGSON, John - 15 Nov 1837; 23 Nov 1837 p3
Sydney L - 26 Feb 1870; 24 Mar 1870 p2
William L - 27 Sept 1841; 1 Oct 1841 p3
Wm L - nd; 1 Oct 1841 p3
HODKIN, Robert Edwin - 9 Apr 1878; 10 Apr 1878 p2
HODSON, Jane W - 24 Mar 1860; 29 Mar 1860 p2
HOEFF, B Rosa - 27 Apr 1889; 31 Dec 1889 p2
HOENSTCIN, Christina - 12 July 1915; 31 Dec 1915 p2
HOFF, Abigail - 12 July 1857; 20 July 1857 p3
John - 10 July 1851; 26 July 1851 p2
John J - 20 July 1870; 20 July 1870 p3
Julia Ann - nd; 9 Sept 1836 p3
Mary - 31 May 1850; 21 June 1850 p2
HOFFMAN, Col - 1865; 13 Feb 1865 p2
Elizabeth - nd; local news 18 Jan 1862 p1
George W - 18 Jan 1899; 30 Dec 1899 p1
Jacob - 1 Mar 1835; 7 Mar 1835 p3
James - 7 Aug 1823; 14 Aug 1823 p3
John - nd; 19 July 1837 p3
Mary Elizabeth - 25 Dec 1875; 3 Jan 1876 p2
Paul - 25 Jan 1864; 28 Jan 1864 p1
Peter Sr Esq - 12 Sept 1810; 19 Sept 1810 p3
Phebe - 16 July 1860; 30 July 1860 p2
Sallie - 14 July 1873; 17 July 1873 p2
HOFMAN, Rev Abraham - 5 July 1878; 6 July 1878 p3
HOGAN, John - 4 Apr 1860; 19 Apr 1860 p3
Michael - nd; 29 Mar 1833 p3
William H - 8 Jan 1907; 31 Dec 1907 p1
HOGE, Anna Creighton - 18 Oct 1854; 26 Oct 1854 p3
Emma - 9 Sept 1872; 21 Sept 1872 p2
Rachel Neill - 17 Nov 1874; 23 Nov 1874 p2
HOGELAND, James - nd; 20 March 1849 p3

HOGMIRE, Conrad - 9 July 1850; 13 July 1850 p3
HOKE, George - --- Aug 1805; public notice 29 Aug 1805 np
HOLBROOK, Ann - 2 Mar 1900; 31 Dec 1900 p1
Maj John - nd; 26 Oct 1832 p3
Lizzie - 4 Aug 1888; 31 Dec 1888 p1
Michael - 30 Jan 1888; 31 Dec 1888 p1
HOLCOMB, Betram - 5 Aug 1893; 30 Dec 1893 p2
Matilda L - 17 Mar 1898; 31 Dec 1898 p1
HOLCOMBE, Royall - 1 Aug 1875; 9 Aug 1875 p2
HOLDEN, D W - 15 Aug 1895; 31 Dec 1895 p1
James - 12 Jan 1875; 18 Jan 1875 p2
Joseph - 19 May 1871; 24 May 1871 p2
Joseph W - 21 Jan 1875; 22 Jan 1875 p2
HOLLADAY, Jane - 10 May 1859; 23 May 1859 p3
Dr L L - --- Apr 1868; 1 Mar 1868 p4
HOLLAND, Amos - 1 Aug 1873; 11 Aug 1873 p2
Charles W - 5 Mar 1903; 31 Dec 1903 p1
Fannie - 5 June 1912; 31 Dec 1912 p1
John M - nd; 23 Mar 1861 p3
Littleton - 14 Apr 1846; 16 Apr 1846 p3
Mary D - 14 Oct 1901; 31 Dec 1901 p1
Michael - nd; 9 Mar 1844 p3
Wm - 27 Nov 1839; 3 Dec 1839 p3
HOLLENSBURY, Fannie - 13 Feb 1894; 31 Dec 1894 p1
Harriet - 30 June 1894; 31 Dec 1894 p1
Martha - 2 Apr 1849; 11 Apr 1849 p3
HOLLETT, Jennie - 1 Sept 1883; 31 Dec 1883 p3
HOLLIDAY, James - nd; 30 Aug 1787 p3
HOLLINGSWORTH, Cyrus - 13 Aug 1860; 25 Aug 1860 p3
HOLLINSBURY, J W - 7 Nov 1876; 7 Nov 1876 p2
Julia - 16 Aug 1901; 31 Dec 1901 p1
HOLLIS, James - 19 Dec 1850; 21 Dec 1850 p3
John - nd; 27 May 1829 p3
Rebecca - nd; 11 Aug 1837 p3
HOLLISTER, Dr - 30 Nov 1871; 11 Dec 1871 p2
HOLLYDAY, Mrs James - nd; 6 July 1786 p3
HOLMEAD, Jane J - 8 Mar 1842; 10 Mar 1842 p3
Susanna - 15 June 1860; 18 Jun 1860 p2
HOLMES, E C - 11 May 1888; 31 Dec 1888 p1
Elija T - 12 July 1873; 17 July 1873 p2
James Cunningham - 1785; 8 Sept 1785 p3
HOLT, Anna H - 26 Jan 1896; 31 Dec 1896 p1
Henry - 29 Mar 1898; 31 Dec 1898 p1
Israel - 9 Aug 1895; 31 Dec 1895 p1

HOLT, Julian W - 11 Dec 1889; 31 Dec 1889 p2
  Louisa - 29 Apr 1896; 31 Dec 1896 p1
HOLTZCLAW, Eli - 20 Nov 1848; 28 Nov
  1848 p3
  James M - 30 Nov 1871; 11 Dec 1871 p2
  John Martin - 25 Apr 1871; 1 May 1871 p3
HOLTZMAN, George - 25 Apr 1835; 30 Apr
  1835 p3
HOMES, James T - nd; 26 Apr 1854 p3
  John - nd; 26 Jan 1848 p2
  John M - 24 Oct 1873; 18 Nov 1873 p2
HONE, John - 12 Apr 1832; 17 Apr 1832 p3
HOOE, Abram - 17 June 1841; 23 June 1841 p3
  Bernard - 28 Aug 1825; 6 Sept 1825 p3
  Bernard - 6 Aug 1870; 9 Aug 1870 p3
  Catharine - 30 July 1859; 6 Aug 1859 p3
  Daniel F - 14 Apr 1837; 15 Apr 1837 p3
  Miss E d/o Bernard, w/o James H - 20 Sept 1804;
    1 Oct 1804 p3
  Mrs E T - nd; 13 Sept 1831 p3
  Edward - nd; 25 May 1836 p3
  Eleanor Buchanan, w/o - 14 Jun 1862; 13 Jul
    1862 p3*
  Eliza - 26 May 1871; 29 May 1871 p2
  Eliza - nd; 29 May 1871 p2
  Emilie Seymour - 10 Sept 1877; 13 Sept 1877 p2
  George Mason - nd; 25 Apr 1845 p3
  Georgeanna Seymour - 30 June1881; 12 July
    1881 p2
  Georgianna - 30 May 1849; 4 June 1849 p3
  Howison - 20 Apr 1873; 21 Apr 1873 p2
  James - 10 Nov 1838; 17 Nov 1838 p3
  James H - 26 Jan 1825; 1 Feb 1825 p3
  James H h/o Miss E - 20 Sept 1804; 1 Oct
    1804 p3
  Col John - 19 Sept 1845; 24 Sept 1845 p3
  John D - 3 Sept 1906; obituary 4 Sept 1906 np
    & 31 Dec 1906 p1
  Kate - 18 Feb 1873; 19 Feb 1873 p2
  Louisa - 31 Dec 1851; 20 Jan 1851 p2
  Lucy F - nd; 26 Apr 1852 p2
  McLean - 14 Feb 1882; 4 Mar 1882 p2
  Maria M G - 12 Sept 1834; 18 Sept 1834 p3
  Margaret - 30 May 1831; 17 June 1831 p3
  Mary - 11 Dec 1887; 24 Dec 1887 p2
  Mary D - 18 Sept 1872; 18 Sept 1872 p2
  Mary Dade - 17 Sept 1872; 16 Oct p2
  Mary Helen - 20 Apr 1878; 20 Apr 1878 p3
  Mary S - 24 Apr 1815; 29 Apr 1815 p3
  Philip R - 4 July 1895; 31 Dec 1895 p1
  Richard C - 13 Nov 1810; 15 Nov 1810 p3
  Robert - nd; 13 Nov 1858 p3

Robert Emmett - nd; 29 Sept 1847 p2
Robert Emmett - nd; 25 Oct 1847 p4
Robert H - 24 May 1832; 7 June 1832 p3
Roy Mason - 25 Sept 1866; 27 Sept 1866 p2
Sallie F - 13 Jan 1901; 31 Dec 1901 p1
Sarah Hager - 31 July 1858; 14 Aug 1858 p3
Thomas P - nd; 8 Sept 1836 p3
Wm Fitzhugh - nd; 20 Aug 1833 p3 & obituary
  21 Aug 1833 p2
HOOF, Sen Lawrence - 26 May 1834; 30 May
  1834 p3
Maj Lawrence - 9 Mar 1842; 12 Mar 1842 p3
HOOFF, Charles - 5 Feb 1865; 6 Feb 1865 p2
  Charles R - 28 July 1909; 31 Dec 1909 p1
  Elija M - 16 Sept 1873; 17 Sept 1873 p2
  Elizabeth - 28 Dec 1899; 30 Dec 1899 p1
  Gertrude - 27 Aug 1838; 28 Aug 1838 p3
  J Wallace - 30 Nov 1915; 31 Dec 1915 p2
  James Hammond - 25 Nov 1871; 14 Dec 1871 p2
  Jennett - 30 Oct 1841; 1 Nov 1841 p3
  John - nd; 21 Nov 1859 p3
  John - nd; 23 Nov 1859 p3
  John Vowell - 23 Apr 1874; 12 May 1874 p2
  Julia B - 24 Aug 1869; 2 Sept 1869 p2
  Lawrence -26 May 1834; obituary 30 May
    1834 p3
  Lewis - 6 Jan 1874; 7 Jan 1874 p2
  Lewis - 10 June 1915; 31 Dec 1915 p2
  Lucien B - 6 May 1886; 31 Dec 1886 p2
  Martha J - 3 Oct 1884; 31 Dec 1884 p3
  Mattie - 27 Apr 1877; 28 June 1877 p2
  Philip H - 9 Feb 1888; 31 Dec 1888 p1
  Rebecca - 27 Oct 1882; 28 Oct 1882 p2
  Rebecca C - 13 Sept 1857; 26 Oct 1857 p3
  Victoria - 4 Sept 1838; 8 Sept 1838 p3
  Victoria Scott - 17 Sept 1843; 21 Sept 1843 p3
  Wm - nd; 25 Apr 1850 p3
HOOK, James H - 30 Nov 1841; 2 Dec 1841 p3
  Capt Thomas - 9 Apr 1861; 29 Apr 1861 p3
HOOKER, A J - 27 July 1889; 31 Dec 1889 p2
HOOKES, Mary - 20 Nov 1828; 28 Nov 1828 p2
HOOPER, Lizzie - 23 Nov 1872; 28 Nov
  1872 p2
HOOSE, Bernard - 4 Feb 1869; 4 Feb 1869 p2
HOPE, Elizabeth - 28 Jan 1849; 1 Feb 1849 p2
  Henry - nd; 19 Apr 1811 p3
HOPKINS, Betsy - 28 Jan 1875; 8 Feb 1875 p2
  Elizabeth - 26 Sept 1806; 30 Sept 1806 p3
  Ella M - 3 Dec 1904; 31 Dec 1904 p1
  John - 29 Apr 1841; 22 May 1841 p3
  Joseph - 6 June 1892; 31 Dec 1892 p2
  Kate E - 29 Dec 1895; 31 Dec 1895 p1

HOPKINS, L F - 4 June 1880; 5 June 1880 p2
  Marion F - 10 Oct 1909; 31 Dec 1909 p1
  Dr Page - nd; 21 Dec 1857 p3
  Rigsby - 8 Nov 1912; 31 Dec 1912 p1
  Snowden E - nd; 8 July 1853 p2
  Stephen D - 19 July 1873; 24 July 1873 p3
HOPKINSON, Joanna L - 22 Jan 1843; 25 Jan 1843 p3
HORD, Ambrose - 13 Feb 1869; 19 Feb 1869 p2
HORE, William - nd; 1 Jan 1872 p2
HORNBAKER, Catharine - 4 Mar 1881; 12 Mar 1881 p2
HORNER, Anna Maria - 16 June 1873; 28 July 1873 p2
  Barbara Lucinda - 31 Aug 1853; 6 Sept 1853 p2
  Eliza Burwell - 9 Feb 1850; 12 Feb 1850 p3
  Ella Ashton - 22 Aug 1876; 28 Aug 1876 p3
  Frances H - 27 Nov 1837; 5 Dec 1837 p3
  Mary - 16 June 1837; 28 June 1837 p3
  Mary Ann - 12 Aug 1826; 18 Aug 1826 p3
  Mary E - 3 Apr 1872; 8 Apr 1872 p2
  Mary Eugenia - nd; 26 Mar 1839 p3
  Robert E - nd; 4 June 1851 p2
  Virginia C - 21 Apr 1904; 31 Dec 1904 p1
  William - 17 Apr 1841; 26 Apr 1841 p3
  William -- Sept 1873; 15 Sept 1873 p2
  William E - nd; 16 Mar 1853 p2
HORRIGAN, Mary - 4 July 1883; 31 Dec 1883 p3
HORSBURGH, John - 5 June 1848; 9 June 1848 p3
HORSEMAN, J W - 22 July 1886; 31 Dec 1886 p2
  Joseph A - 13 Jan 1910; 31 Dec 1910 p1
  Sarah - 1 Nov 1883; 31 Dec 1883 p3
HORSMAN, Joseph Ernest - 8 Jan 1865; 10 Jan 1865 p2
HORT, Kate - 17 Dec 1860; 21 Dec 1860 p3
HORTON, Joseph - 6 Nov 1834; 12 Nov 1834 p3
  Mary M - 13 Feb 1823; 22 Feb 1823 p3
HORWELL, Anne - 22 Dec 1814; 24 Dec 1814 p3
  Edward C - 26 Jan 1868; 1 Feb 1868 p3
HOSACK, Dr David - 25 Dec 1835; 28 Dec 1835 p3
HOSKINSON, Thomas L - -- Dec 1875; 3 Dec 1875 p2
HOSPITAL, Charles H - 25 Aug 1876; 28 Aug 1876 p3
HOUCH, Oppell - 11 Sept 1878; 14 Sept 1878 p2
HOUCHINS, Mrs E J - 2 Nov 1888; 31 Dec 1888 p1

HOUCK, Jacob B - 19 Aug 1860; 3 Sept 1860 p3
  Montrose W - 20 Feb 1914; 31 Dec 1914 p1
HOUGH, Aquilla - 26 Mar 1871; 30 Mar 1871 p2
  Charles A - 20 Apr 1885; 31 Dec 1885 p2
  Charles K - 20 Sept 1853; 30 Sept 1853 p3
  Eddie - nd; 13 Feb 1850 p3
  Eddie - nd; poem in his honor 19 Feb 1850 p3
  Mrs G - nd; 28 June 1852 p2
  Gladdys - 28 Sept 1869; 29 Sept 1869 p3
  Harrison - 16 July 1869; 16 July 1869 p3
  Jane - 7 Mar 1860; 23 Apr 1860 p2
  John - 12 Aug 1867; 31 Aug 1867 p2
  Julia - 25 Oct 1867; 25 Oct 1867 p2
  Kate Emma - 4 Mar 1868; 5 Mar 1868 p2
  Margaret B - 9 Dec 1892; 31 Dec 1892 p2
  Robt D - 25 Feb 1873; 13 Mar 1873 p2
  Robinson - nd; 8 Dec 1826 p3
  Sarah Virginia - 24 Nov 1854; 15 Dec 1854 p3
  Susan A - 10 Apr 1886; 31 Dec 1886 p3
  Wm S - 6 June 1886; 31 Dec 1886 p3
HOULSON, Emma - 10 Jan 1908; 31 Dec 1908 p1
  James - 9 Jan 1908; 31 Dec 1908 p1
HOUSE, Ann W - 2 Nov 1864; 20 Jan 1865 p2
  Elizabeth - 27 July 1843; 9 Aug 1843 p3
  Gen James - 17 Nov 1834; 19 Nov 1834 p3
  Janie - 26 July 1870; 27 July 1870 p3
  John R - 19 Sept 1893; 30 Dec 1893 p2
  Louise W - 28 Feb 1913; 31 Dec 1913 p1
  Richard - 18 Nov 1875; 18 Nov 1875 p3
  Sarah J - 29 Mar 1898; 31 Dec 1898 p1
  Violet Agnes - 8 Aug 1869; 9 Aug 1869 p3
HOUSEHOLDER, Hamilton - 24 Feb 1853; 7 Mar 1853 p2
  Jacob - 2 Nov 1866; 17 Nov 1866 p2
HOUSTON, A - nd; 5 Jan 1839 p3
HOWARD, Alice Louise - 21 Aug 1880; 23 Aug 1880 p2
  Amanda F - 1 Nov 1843; 8 Nov 1843 p3
  Ann - nd; 15 Sept 1836 p3
  Annie J - 25 July 1904; 31 Dec 1904 p1
  Arthur - 10 May 1906; 31 Dec 1906 p1
  Catherine - 26 Dec 1859; 13 Jan 1860 p3
  Edward - 30 Sept 1900; 31 Dec 1900 p1
  Eliza W Elgar - 30 Apr 1841; 20 May 1841 p3
  Henrietta M - 11 Dec 1863; 14 Dec 1863 p2
  James - 3 Feb 1868; 6 Feb 1868 p3
  John - 11 May 1868; 14 May 1868 p2
  John C - 28 Jan 1865; 28 Jan 1865 p2
  Joseph - nd; 29 May 1839 p3
  Julia Matilda - nd; 14 May 1844 p2
  Lizzie (Mary Elizabeth) - 6 Jan 1875; 6 Jan 1875 p3 & 7 Jan 1875 p3

HOWARD, Martha Ellen - 10 Feb 1860; 13 Feb 1860 p2
  Martha L - 18 Sept 1894; 31 Dec 1894 p1
  Mary Armstead - 21 Mar 1813; 9 Apr 1813 p3
  Mary E - 30 Jan 1882; 14 Feb 1882 p2
  Matilda - 20 Jan 1874; 26 Jan 1874 p2
  Robert - 27 Apr 1891; 31 Dec 1891 p1
  Rosanna Hassan - 8 Jan 1860; 11 Jan 1860 p3
  Samuel - 18 July 1834; 29 July 1834 p3
  Samuel - 22 July 1860; 24 July 1860 p3
  Sarah - 28 Nov 1884; 31 Dec 1884 p3
  Tresa - 28 Oct 1878; 30 Oct 1878 p2
  Veronica E - 18 Dec 1871; 15 Feb 1872 p2
  W P - 2 Dec 1907; 31 Dec 1907 p1
  William - 25 Aug 1834; 28 Aug 1834 p3
  William - 2 Oct 1863; 3 Oct 1863 p3
  William G - 2 Jan 1877; 4 Jan 1877 p2
  William R - 1 Jan 1875; 1 Jan 1875 p3 & 4 Jan 1875 p3 & 6 Jan 1875 p3
HOWDENSCHEIDT, S - 1887; 7 May 1887 p2
HOWDENSHELL, Jacob - 18 Apr 1875; 26 Apr 1875 p2
HOWDERSHELL, Mattie E - 9 Nov 1871; 13 Nov 1871 p2
HOWE, Ann w/o Dr John Watson - 8 July 1804; 17 July 1804 p3
  Cora L - 28 Feb 1911; 30 Dec 1911 p4
  Robert - nd; 15 Feb 1787 p3
HOWELL, David - 25 June 1871; 30 June 1871 p2
  Elizabeth - 13 June 1891; 31 Dec 1891 p1
  James S - 12 Sept 1843; 3 Nov 1843 p3
  John - 22 Nov 1873; 24 Nov 1873 p2
  Joseph M - 20 Jan 1882; 21 Jan 1882 p2
  Mary J - 21 Feb 1868; 26 Feb 1868 p2
  Samuel - 9 Apr 1903; 31 Dec 1903 p1
HOWERTON, Capt Philip - 5 Sept 1879; 23 Oct 1879 p2
HOWISON, Alice V - 13 Mar 1875; 15 Mar 1875 p2
  Allen - 26 Apr 1876; 29 Apr 1876 p2 & 4 May 1876 p2
  Amanda M - 7 Sept 1866; 10 Sept 1866 p2
  Catherine - 21 Jan 1842; 28 Jan 1842 p3
  Maj E M - -- Feb 1870; 2 Mar 1870 p3
  Elizabeth - 27 Feb 1872; 28 Feb 1872 p2
  Elizabeth W - 11 Apr 1851; 28 Apr 1851 p3
  James - 18 May 1874; 2 June 1874 p2
  Jane M - nd; 12 Apr 1852 p3
  Nannie E - 24 Feb 1874; 24 Feb 1874 p2
  Lt Neil M - 23 Feb 1848; 29 Feb 1848 p3
  S S - 12 Jan 1885; 31 Dec 1885 p2
  Susie Davenport - 6 Apr 1877; 6 Apr 1877 p2 & 7 Apr 1877 p2 & 25 Apr 1877 p2
HOWLAND, David - 26 Aug 1821; 2 Oct 1821 p2
  Eugenia - 8 July 1873; 17 July 1873 p2
  Joseph - nd; 2 Oct 1827 p3
  Sylvia A - 9 July 1865; 11 July 1865 p2
HOWLE, Joanna - 21 June 1854; 23 June 1854 p3
  Parke G - 16 July 1857; 18 July 1857 p3
HOWSON, James - 26 Mar 1907; 31 Dec 1907 p1
  Mrs James - 26 June 1902; 31 Dec 1902 p1
HOXSON, John T - 31 Mar 1866; 19 Apr 1866 p3
HOXTON, Eliza - nd; 21 Mar 1854 p3
  Llewellyn - 12 Feb 1891; 31 Dec 1891 p1
  Lucy - 21 Aug 1878; 29 Aug 1878 p2
  Margarette C - 14 Sept 1870; 23 Sept 1870 p3
  Dr T S - 14 Oct 1854; 24 Oct 1854 p3
  Rev William - 31 May 1876; 2 June 1876 p3
  Dr William W - nd; 24 Aug 1855 p3
  Winslow - 15 Feb 1866; 21 Feb 1866 p3
HOY, Annie - 28 Jan 1907; 31 Dec 1907 p1
  Benjamin - 16 July 1874; 16 July 1874 p2
  Carrie May - 13 July 1872; 13 July 1872 p2
  Frank A - 15 Nov 1913; 31 Dec 1913 p1
  Hubert - 3 Aug 1908; 31 Dec 1908 p1
  Margaret - 1 Feb 1912; 31 Dec 1912 p1
  Michael - 23 Feb 1877; 23 Feb 1877 p2
  Pearl - 5 June 1905; 30 Dec 1905 p1
HOYE, Thomas W - nd; 8 Dec 1852 p2
HUBALL, Capt Wm - nd; 23 Apr 1836 p3
HUBARD, Frances Ann - 19 Mar 1855; 22 Mar 1855 p3
  Jeremiah - 11 Mar 1842; 14 Mar 1842 p3
HUBER, Wade [?] - 16 Sept 1807; 6 Oct 1807 p3
HUBERT, Hermann - 26 May 1859; 7 June 1859 p3
HUCORN, Hester Ann - 3 Apr 1846; 7 Apr 1846 p3
HUDDLESTON, John - 13 Mar 1830; 25 Apr 1860 p3
HUDGINS, Mrs Ann - 10 Sep 1862; 11 Sep 1862 p3*
  John - 30 Aug 1859; 20 Sept 1859 p3
HUDNALL, Albert - nd; 26 July 1851 p2
HUDRY, John - -- Jan 1835; 27 Jan 1835 p3
HUDSON, Andrew J - 26 Apr 1908; 31 Dec 1908 p1
  Augusta S - 29 June 1865; 29 June 1865 p2 & 12 July 1865 p1
  Augustine G - 1 May 1893; 30 Dec 1893 p2
  Georgiana - 20 May 1882; 20 May 1882 p2 & 22 May 1882 p2

HUDSON, Harry B - 26 Mar 1912; 31 Dec 1912 p1
  Lavinia C - 30 Nov 1885; 1 Dec 1885 p3 & 31 Dec 1885 p2
  Mabel T - 12 Oct 1890; 31 Dec 1890 p1
  Sarah Elizabeth - 20 May 1859; 28 May 1859 p3
  T B - 3 Nov 1892; 31 Dec 1892 p2
  Thomas - 20 Feb 1907; 31 Dec 1907 p1
HUFF, Mrs Elizabeth - 13 Feb 1861; 18 Feb 1861 p3
HUFFINGTON, Sarah C - 7 Mar 1890; 31 Dec 1890 p1
HUFFMAN, L W - 1 Sept 1911; 30 Dec 1911 p4
HUFTY, Cecelia - 9 Sept 1914; 31 Dec 1914 p1
  Charles - 22 Dec 1871; 23 Dec 1871 p2
  Jacob - 20 May 1814; 28 May 1814 p3
HUGELY, Hannah Yeats - 17 Dec 1873; 17 Dec 1873 p2
HUGG, John H - 27 Feb 1872; 1 Mar 1872 np
HUGHES, (Archbishop) - 3 Jan 1864; 4 Jan 1864 p1
  Benjamin - 19 Dec 1889; 31 Dec 1889 p2
  Edward - 1906; 31 Dec 1906 p2
  ---- w/o Edward - 8 Apr 1872; 19 Apr 1872 p3
  Elizabeth - 12 Feb 1872; 13 Feb 1872 p2
  Georgeanna, - 9 Dec 1885; 31 Dec 1885 p2
  Isaac - 15 Apr 1852; 18 Oct 1852 np
  Dr John S - 6 Apr 1871; 10 Apr 1871 p2
  Laura Sophia - nd; 13 Oct 1832 p3
  Lydia - 15 June 1853; 20 June 1853 p3
  Margaret - 8 Sept 1826; 16 Sept 1826 p3
  Martha - 31 July 1860; 20 Aug 1860 p3
  Mary E - 17 Nov 1876; 17 Nov 1876 p2
  Susan R - 16 June 1910; 31 Dec 1910 p1
  Thomas - nd; 1 May 1837 p3
  Thomas - 2 Mar 1843; 13 Mar 1843 p3
HUGHLETT, Julius - 4 June 1898; 31 Dec 1898 p1
HUIL, Harriet Winston - 26 Mar 1873; 5 Apr 1873 p2
HULETT, Charles - 20 May 1835; 15 June 1835 p3
HULFISH, LT - battle on 30 Jun 1862; 8 Jul 1862 p1*
HULL, Frances Ann Moncure - 30 Aug 1841; 6 Sept 1841 p3
  John C - 26 Jan 1871; 27 Jan 1871 p3
  John G - 10 Apr 1841; 15 Apr 1841 p3
  Lucy Minor - nd; 2 Dec 1847 p2
  R G May 1870; 3 June 1870 p2
  Robert - 8 Nov 1796; 15 Dec 1796 p3

HULLETT, Joseph - 27 Apr 1911; 30 Dec 1911 p4
HULST, Garret - 30 Sept 1866; 1 Oct 1866 p2
HUME, Benjamin - nd; 11 July 1854 p3
  Elizabeth - 23 July 1860; 7 Aug 1860 p3
  Jacob - 17 Oct 1873; 27 Oct 1873 p2
  Jane - nd; 18 Aug 1847 p3
  Sara B W - 21 Feb 1872; 4 Mar 1872 p2
  Wm M - 3 Aug 1875; 9 Aug 1875 p2
HUMES, George - 14 Aug 1863; 17 Aug 1863 p3
HUMPHREYS, CAPT A. J. "Jack" - nd; 15 May 1862 p3*
  Amelia Catharine - 4 Jan 1833; 23 Jan 1833 p3
  David - nd; 27 Apr 1850 p2
  Margaret - 1 Mar 1881; 3 Mar 1881 p4
  Wm - 27 Mar 1877; 28 Mar 1877 p2
HUMPHRIES, Adelaide - 21 Sept 1861; local news 12 Oct 1861 p3
  Caroline V - 21 Jan 1861; 18 Feb 1861 p3
  Harriet - 23 Jan 1902; 31 Dec 1902 p1
  Capt J D - 18 May 1862; 20 May 1862 p3*
  Melvin Stephenson - 26 Jan 1859; 27 Jan 1859 p3
  Minna Lee - 31 Aug 1867; 31 Aug 1867 p2
  Susan - 9 May 1893; 30 Dec 1893 p2
HUNGERFORD, ---- - 17 Nov 1872; (an item titled Small Pox) 18 Nov 1872 p3
  Henry - 1866; 7 May 1866 p2
  John B - 12 Aug 1853; 5 Sept 1853 p3
  John P - 21 Dec 1833; 3 Jan 1834 p3
  Mary Ann - nd; 9 Jan 1850 p3
HUNNEWELL, James - 2 May 1869; 3 May 1869 p3
HUNT, Caroline - 19 Mar 1852; 29 Mar 1852 p2
  Catharine Piercy - 17 Aug 1877; 18 Aug 1877 p3
  John - 7 Feb 1896; 31 Dec 1896 p1
  John D - nd; 22 Mar 1833 p3
  Louisa - nd; 13 Nov 1850 p2
  Phebe - 8 Mar 1846; 12 Mar 1846 p3
  William - 15 Sept 1857; 18 Sept 1857 p3
  Wilson P - 13 Apr 1842; 30 Apr 1842 p3
  Wm Gibbes - nd; 26 Aug 1833 p3
HUNTER, Alexander - 1 July 1914; 31 Dec 1914 np
  Alfred - nd; 4 Mar 1872 p2
  Bernard Franklin - nd; 2 June 1853 p2
  Bushrod W - nd; 15 Aug 1848 p3
  Charles Sidney - nd; 7 Sept 1853
  Christina - 28 Nov 1809; 29 Nov 1809 p3
  Cordelia Meeks - 21 Sept 1815; 22 Sept 1815 p3
  Elizabeth Ellen - 8 Mar 1873; 22 Mar 1873 p2

HUNTER, Emeline Kownslar - 12 Oct 1841;
23 Oct 1841 p3
Fannie - nd; 14 Aug 1854 p3
Frances E - 18 Oct 1834; 23 Oct 1834 p3
George Edgar - 23 Nov 1838; 29 Nov 1838 p3
George T - 21 Feb 1878; 23 Feb 1878 p2
Georgie - 21 Apr 1868; 27 Apr 1868 p2
J Alton - 29 Mar 1867; 30 Mar 1867 p2
J W - 12 Dec 1841; 15 Dec 1841 p3
James - 15 July 1834; 21 July 1834 p3
James - 9 Feb 1867; 11 Feb 1867 p2
Jane - 2 Jan 1868; 2 Jan 1868 p2
Jane S - 27 May 1880; 5 June 1880 p2
Jennie - 15 Nov 1899; 30 Dec 1899 p1
John - nd; 6 Sept 1826 p3
John B - 4 July 1865; 8 July 1865 p2
John C - 23 Aug 1912; 31 Dec 1912 p1
Gen John Chapman - nd; 22 Feb 1849 p3
Gen John Chapman - nd; tributes 27 Mar
1849 p3
John Chapman - 21 Nov 1881; 23 Nov 1881 p2
John Chapman - -- June 1882; 12 June 1882 p2
John T - 14 June 1905; 30 Dec 1905 p1
Joseph H - 26 Dec 1900; 31 Dec 1900 p1
Julia - nd; 27 Feb 1865 p2
Julia Washington - 16 Aug 1866; 20 Aug
1866 p2
Margaret - 19 Nov 1876; 20 Nov 1876 p2
Margaret - 11 May 1884; 31 Dec 1884 p3
Mary E - -- Jan 1876; 28 Jan 1876 p2
Mary Virginia - 13 Sept 1857; 16 Sept 1857 p3
Mary W - 7 Aug 1840; 22 Aug 1840 p3
Mattie E - 27 July 1881; 30 July 1881 p2
Monimia Fairfax - nd; 15 Jan 1853 p2
Nannie - 4 June 1914; 31 Dec 1914 p1
Nathaniel Chapman - 21 Apr 1812; 30 Apr
1812 p3
Robert - nd; 1 Aug 1845 p3
Robert (shipbuilder in Alexandria) - 22 Sept
1858; 24 Sept 1858 p3
Robert - 16 Mar 1873; 19 Mar 1873 p2
Sally - nd; 28 July 1855 p3
Sarah Ann - nd; 30 Sept 1845 p3
Sarah S - 14 Apr 1865; 6 July 1865 np
Susan Mayo - 21 Mar 1861; 28 Mar 1861 p3
Wilkerson - 12 June 1889; 31 Dec 1889 p2
William - 19 Nov 1792; 22 Nov 1792 p3
William H - 14 Feb 1915; 31 Dec 1915 p2
Wm - nd; 9 Nov 1836 p3
Wm Albert - nd; 26 June 1828 p3
HUNTING, Maj Gen Ebenezer - 17 June 1834; 24
June 1834 p3

HUNTINGTON, Mrs Haven - 28 Sept 1910;
31 Dec 1910 p1
J H - 22 Aug 1896; 31 Dec 1896 p1
J T - 1865; 26 Dec 1865 p3
James W - 22 Nov 1898; 31 Dec 1898 p1
Joseph - 31 Aug 1888; 31 Dec 1888 p1
Sanford T - 30 July 1867; 31 July 1867 p2
Mrs Thomas - 4 Jan 1885; 31 Dec 1885 p2
HUNTON, Ann Eliza - 12 Sept 1860; 20 Sept
1860 p3
Charles - 25 May 1837; 6 June 1837 p3
Charles - nd; 21 June 1853 p3
Charles Henry - 4 Sept 1872; 12 Dec 1872 p2
Eugenia - 25 Apr 1854; 1 May 1854 p3
Hannah B - 24 Mar 1857; 31 Mar 1857 p2
James I - 18 Feb 1875; 22 Feb 1875 p2 & 1 Mar
1875 p2
Mary P - 26 Apr 1860; 14 May 1860 p2
Mary - nd; 5 Apr 1853 p2
Matilda C - 24 Mar 1877; 2 Apr 1877 p2
Thomas - 8 Aug 1872; 13 Aug 1872 p2
HUNTT, Helen M - 18 July 1867; 22 July
1867 p2
HURDLE, A N - 24 July 1886; 31 Dec 1886 p3
Albion - 6 Apr 1861; 8 Apr 1861 p3
Ann E - 26 May 1880; 26 May 1880 p2
Armstead A - 1 Dec 1865; 13 Jan 1866 p2
Armstead U - 1 Dec 1865; 2 Dec 1865 p3
Basil - nd; 23 May 1836 p3
Lawrence (Revolutionary War soldier) - age 98y,
1 Dec 1848; 2 Dec 1848 p3
Lawrence Jr - 2 Oct 1838; 3 Oct 1838 p3
Lawrence H - 24 July 1844; 27 July 1844 p3
Lydia B - 24 Aug 1881; 25 Aug 1881 p2
Mrs Mary Ann - 5 Dec 1862; 8 Dec 1862 p3*
Mary Ann - -- Aug 1875; 30 Aug 1875 p2
Mary Miranda - 9 Mar 1855; 14 Mar 1855 p2
Mary Serena - 25 Dec 1882; 26 Dec 1882 p2
Nancy - 13 Dec 1863; 14 Dec 1863 p2
Mrs Susan - 21 Nov 1862; 2 Dec 1862 p1*
Thomas T - 1 Jan 1891; 31 Dec 1891 p1
Thomas T - 12 Aug 1891; 31 Dec 1891 p1
Dr Truman - 10 Oct 1837; 10 Nov 1837 p3
William - 12 May 1865; 15 May 1865 p2
HURLEY, Ann M - 28 June 1832; 4 July 1832 p3
HURST, Mordecai - 23 Feb 1905; 30 Dec 1905 p1
HURTT, Dr Thos. D - 15 Dec 1862; 18 Dec
1862 p2*
HURXTHAL, John Albert - 3 Nov 1875; 8 Nov
1875 p3
HUSSEY, Fauntleroy - 19 Jan 1866; 19 Jan
1866 p3

HUSSEY, Francis William - 10 Apr 1860; 16 June 1860 p3
Mary - 8 Jan 1883; 31 Dec 1883 p3
Mrs S D - 21 Sept 1865; 22 Sept 1965 p2
HUSTED, Charles T - 7 Jan 1909; 31 Dec 1909 p1
HUTCHERSON, Thos - 10 Apr 1873; 14 Apr 1873 p3
HUTCHINGS, George W - 5 May 1865; 6 May 1865 p2
Mrs William - 15 Apr 1884; 31 Dec 1884 p3
HUTCHINS, Annie L - 9 June 1874; 12 June 1874 p2
Benj. F - 9 Dec 1862; 10 Dec 1862 p2*
Fulton - 9 Oct 1886; 31 Dec 1886 p3
K A - 3 Dec 1866; 4 Dec 1866 p2
William - 14 Mar ----; 31 Dec 1892 p2
HUTCHINSON, Alexander - 24 June 1866; 26 June 1866 p3
Edward Ellsworth - 9 Aug 1864; 9 Aug 1864 p2
Elijah - 13 Jan 1902; 31 Dec 1902 p1
George Thomas - 9 Mar 1850; 18 Mar 1850 p3.
James Laurie - 23 Mar 1861; 26 Mar 1861 p3
John - 18 Feb 1843; 27 Feb 1843 p3
John - 6 June 1844; 14 June 1844 p3
Lucy Burwell - 22 July 1887; 5 Aug 1887 p2
Margaret Ann - 11 Sept 1855; 19 Sept 1855 p3
Melville - 31 Mar 1877; 13 Apr 1877 p2
Thomas - 27 Aug 1875; 6 Sept 1875 p2
Virginia - 6 June 1873; 7 June 1873 p3
HUTCHISON, Elijah - 10 Dec 1846; 12 Jan 1847 p3
Elizabeth G - 28 June 1860; 29 June 1860 p3
Lizzie A - 9 July 1887; 11 July 1887 p2
Lucy - 21 May 1881; 2 June 1881 p2
Martha - 30 Apr 1912; 31 Dec 1912 p1
HUTCHSON, John A - 23 Jan 1871; 25 Jan 1871 p2
HUTTON, Fannie B - nd; 27 Oct 1854 p3
George - 5 Mar 1876; 6 Mar 1876 p2
George - 24 Mar 1886; 31 Dec 1886 p3
Isaac G - nd; 20 May 1858 p3
John V - 23 Dec 1890; 31 Dec 1890 p1
HUXFORD, Hewey - 28 Aug 1857; 2 Sept 1857 p2
HYATT, Alpheus - 6 Mar 1865; 8 Mar 1865 p2
Howard B - 8 Feb 1898; 31 Dec 1898 p1
Margaret - 20 Nov 1841; 13 Dec 1841 p3
Sarah - 20 Jan 1842; 21 Feb 1842 p3
HYDE, Charles K - 4 Nov 1850; nd np
Christopher - 18 Feb 1873; 18 Feb 1873 p2
Eugenia C - 17 Jan 1880; 17 Jan 1880 p2
George A - nd; 11 Feb 1853 p2

George W - 4 July 1910; 31 Dec 1910 p1
Margaret - 22 Sept 1880; 22 Sept 1880 p2
Thomas - 16 Apr 1841; 19 Apr 1841 p3
Uriah Forrest - 5 Sept 1837; 19 Oct 1837 p3

IDEN, George R - 26 Feb 1860; 3 Mar 1860 p3
James - 26 Apr 1885; 31 Dec 1885 p2
Joseph - 23 Feb 1897; 31 Dec 1897 p1
Margaret A - 9 Aug 1914; 31 Dec 1914 p1
IDENSEN, August - 24 Oct 1894; 31 Dec 1894 p1
August J - 16 Dec 1900; 31 Dec 1900 p1
Frederick - 9 May 1901; 31 Dec 1901 p1
IGOE, Elizabeth - 19 Apr 1906; 31 Dec 1906 p1
Michael - 4 Aug 1915; 31 Dec 1915 p2
IKE [?], Albert F G - 16 Nov 1860; 17 Nov 1860 p3
IMBODEN, Edna Paulding - 6 Mar 1870; 9 Mar 1870 p2
Eliza - 23 Dec 1857; 4 Jan 1858 p3
Mary W - 21 Sept 1865; 29 Sept 1865 p2
IMMOHR, Capt Frederick - 26 Feb 1829; 27 Feb 1829 p3
IMMORE, Capt John E - 24 Aug 1862; 25 Aug 1862 p1*
INEZ, Julia - 9 Dec 1878; 10 Dec 1878 p3
INGLE, Joseph - 26 Apr 1863; 27 Apr 1863 p3
Julia P - nd; 13 Sept 1838 p2
Mary - nd; 7 Oct 1844 p3
Susan - nd; 17 Sept 1855 p3
INGLEHART, John - 20 Apr 1869; 13 May 1869 p2
INGLIS, Dr James - nd; 19 Aug 1819 p3
Jane - 5 Sept 1816; 6 Sept 1816 p3
INLE, Mrs John P - nd; 7 Nov 1843 p3
INNIS, Alexander Lemoine - 11 July 1860; 13 July 1860 p3
IRVIN, Mary - 23 Sept 1910; 31 Dec 1910 p1
Sarah - 29 Sept 1841; 30 Sept 1841 p3
IRVINE, James - 7 Sept 1822; 10 Sept 1822 p3
IRWIN, Ann - 1865; 6 May 1865 p2
Ann D - 19 Nov 1873; 24 Nov 1873 p2
Elizabeth - 6 Aug 1847; 9 Aug 1847 p3
Frances S - 19 Mar 1842; 24 Mar 1842 p3
Hester A - 2 June 1853; 4 June 1853 p2
James J - 28 Jan 1892; 31 Dec 1892 p2
Thomas - 28 Jan 1827; 2 Feb 1827 p3
Wm F - 13 Apr 1881; 14 Apr 1881 p2 & 15 Apr 1881 p2
ISAAC, Joseph - 1866; 20 Jan 1866 p3
William W - nd; 29 Oct 1858 p3

ISAACS, Jos C - 4 Apr 1858; 16 Apr 1858 p3
Samuel - nd; 4 Feb 1847 p2
Samuel - nd; 17 May 1848 p2
Sarah - 22 June 1865; 22 June 1865 p2
ISABELL, Wm - 18 Mar 1827; obituary 11 Apr 1827 np
ISETT, George - 27 Oct 1860; 5 Nov 1860 p3
ISH, Susan - 13 Mar 1847; 18 Mar 1847 p2
ISLER, Jacob - nd; 3 Feb 1854 p3
Sarah Warden - 16 Sept 1860; 24 Sept 1860 p3

JACK, John - nd; 9 Oct 1837 p3
Susan - 6 June 1860; 8 June 1860 p3
JACKSEN, M Louisa - 20 Feb 1892; 31 Dec 1892 p2
JACKSON, Alfred - nd; 30 July 1847 p3
Alonzo C - 31 Mar 1853; 3 May 1853 p3
President Andrew - nd; 19 June 1845 p2
Andrew - 28 Nov 1851; 5 Dec 1851 p3
Ann - 12 Feb 1888; 31 Dec 1888 p1
Ann Maria - 25 Oct 1867; 26 Oct 1867 p2
Capt Annas - 16 July 1808; 16 July 1808 p3
Annes h/o Miss Harriet Kirk - 25 Dec 1803; 28 Dec 1803 p3
Annie - 18 Oct 1902; 20 Oct 1902 np & 31 Dec 1902 p1
Annie J - 12 Nov 1887; 12 Nov 1887 p2
Benjamin - 12 Apr 1843; 17 Apr 1843 p3 & 24 Apr 1843 p3
Benjamin Beauregard - 25 June 1865; 3 Nov 1865 p2
Bridget - --- Mar 1835; 4 Mar 1835 p3
Elisha - 2 Sept 1903; 31 Dec 1903 p1
Eliza - 15 Nov 1882; 16 Nov 1882 p2
Elizabeth - nd; 1 June 1852 p3
Ellen F - 1 Oct 1877; 3 Oct 1877 p2
Emeline - 8 Sept 1834; 12 Sept 1834 p3
Geo R - 26 Dec 1855; 31 Dec 1855 p3
George P - 1887; 14 Oct 1887 p2
George W - 19 June 1869; 25 June 1869 p2
Harriet - 29 Mar 1834; 10 Apr 1834 p3
Mrs Harriet - nd; 12 Jan 1861 p3
Henry W - 22 July 1875; 24 July 1875 p2
Maj Jas M - 18 Jan 1871; 25 Jan 1871 p2
James A - 11 Oct 1913; 31 Dec 1913 p1
James Pace - 11 Aug 1887; 13 Aug 1887 p2
Jane - 21 Mar 1872; 1 Apr 1872 p3
Dr John - 1868; 15 Feb 1868 p3
John Andrew - nd; 4 Dec 1846 p3
John H - 2 Dec 1903; 31 Dec 1903 p1
John Wesley - 13 Sept 1849; 24 Sept 1849 p3

Josiah S - 24 June 1915; 31 Dec 1915 p2
Julia - 30 May 1874; 4 June 1874 p2
Lycurgus T - nd; 24 Oct 1838 p3
Margaret - 1865; 17 May 1865 p3
Maria W - 28 Nov 1869; 5 Dec 1869 p2
Mary - nd; 10 July 1854 p3
Mary - 24 Aug 1861; local news 6 Nov 1861 p1
Mary Bettie - 26 Oct 1887; 27 Oct 1887 p2
Mary Matilda - nd; 2 Oct 1832 p3
Pattie J - 14 Jan 1901; 31 Dec 1901 p1
Rebecca T - 6 Mar 1868; 9 Apr 1868 p2
Robert Annis - --- Nov 1877; 26 Nov 1877 p2
Robert E - 26 Feb 1860; 6 Mar 1860 p3
Robert W - 3 July 1872; 5 July 1872 p2
S P - 29 July 1901; 31 Dec 1901 p1
Samuel C - 12 Feb 1877; 16 Feb 1877 p2
Samuel E - 5 Nov 190 1; 5 Nov 1901 p1
Sarah Jane - 21 July 1880; 22 July 1880 p2
Sharack - 21 June 1887; 22 June 1887 p3
Susan J - nd; 20 Nov 1854 p3
Rev Thomas - 3 Nov 1838; 6 Nov 1838 p3
Capt Thomas - 14 Aug 1843; 28 Aug 1843 p3
Capt Thomas E - 28 Dec 1866; 4 Jan 1867 p3
Wallace - 16 Apr 1901; 31 Dec 1901 p1
William - 26 Jan 1812; 4 Feb 1812 p3
William - nd; 4 Mar 1844 p2
Col. William A - 15 Jan 1875; 16 Jan 1875 p2
Willoughby Westel - 16 Feb 1866; 26 Feb 1866 p3
Wm - 19 July 1852; 23 July 1852 p2
JACOB, Cassandra - 8 Sept 1814; 10 Sept 1814 np
Edward W - nd; 16 June 1819 p2
Thomas - 6 Sept 1810; 7 Sept 1810 p3
JACOBS, Alfred - 29 Mar 1897; 31 Dec 1897 p1
Almira - 23 Jan 1881; 25 Jan 1881 p2
Mrs Benjamin - 27 Apr 1892; 31 Dec 1892 np
Betsey - 2 Mar 1860; 7 Mar 1860 p3
Charles W - nd; 27 July 1833 p3
Charlotte - 6 Jan 1875; 7 Jan 1875 p3 & 8 Jan 1875 p3
Rev Cyrus W - 14 Sept 1836; 3 Oct 1836 p3
Edward - 8 Jan 1849; 24 Jan 1849 p3
Elizabeth - 25 Sept 1884; 31 Dec 1884 p3
Emeline - 9 May 1906; 31 Dec 1906 p1
Florence A - 25 June 1915; 31 Dec 1915 p2
Harrison - 19 July 1888; 31 Dec 1888 p1
James T - 10 July 1884; 31 Dec 1884 p3
Lemuel - 27 Sept 1859; 11 Oct 1859 p3
Lillie - 3 Feb 1885; 31 Dec 1885 p2
Maria Louisa - --- Apr 1821; 14 Apr 1821 p3
Mary - nd; 22 Jan 1836 p3

JACOBS, Roger - 6 Dec 1897; 31 Dec 1897 p1
Samuel - 17 July 1826; 18 July 1826 p3
Sarah - nd; 24 Dec 1849 p3
Susan A - 19 Oct 1901; 31 Dec 1910 p1
Thomas - nd; 4 Apr 1855 p3
William F M - 6 Apr 1867; 9 Apr 1867 p2
William H - 8 Jan 1871; 21 Jan 1871 p2 & p3
Wm H - nd; 12 Sept 1859 p3
JAMES, Abigail - 29 July 1844; 9 Aug 1844 p2
Catherine - 18 Nov 1851; 22 Dec 1851 p2
Dean - 5 June 1845; 16 June 1845 p3
Edmund Henri - 16 Mar 1840; 19 Mar 1840 p3
Rev John - nd; 24 Aug 1836 p3
Julia Hobbie - 14 July 1860; 17 July 1860 p3
Leah - 4 Feb 1874; 19 Feb 1874 p2
Marshall K - nd; 30 Oct 1871 p2
Dr Samuel - 12 Feb 1861; 15 Feb 1861 p3
Sue E - 19 Sept 1860; 29 Sept 1860 p3
Dr Thomas C - 5 July 1835; 9 July 1835 p3
Wm - nd; 25 Dec 1832 p3
JAMESON, Jane - 3 Oct 1813; 14 Oct 1813 p3
JAMESSON, Colville A - 18 Mar 1870; 22 Mar 1870 p3
Penelope - nd; 4 Aug 1854 p3
William - 6 Oct 1873; 8 Oct 1873 p2
JAMESTON, Benjamin - 30 Aug 1870; 2 Sept 1870 p3
JAMIESON, Andrew - 18 Sept 1860; 20 Sept 1860 p3
Andrew - 23 Jan 1871; 24 Jan 1871 p2
Andrew - 14 Oct 1901; 31 Dec 1901 p1
Bessie S - 1 Dec 1891; 31 Dec 1891 p1
Bettie W - 5 May 1910; 31 Dec 1910 p1
Catharine - 10 Apr 1843; 11 Apr 1843 p3
Catharine P - 14 Oct 1861; local news 14 Oct 1861 p1
Elizabeth - 30 Sept 1890; 31 Dec 1890 p1
George W - 18 June 1903; 31 Dec 1903 p1
John - 21 Apr 1853; 23 Apr 1853 p3
John J - 21 Jan 1899; 30 Dec 1899 p1
John Mason - 18 Apr 1862; 19 May 1862 p3*
Maria - 22 Sept 1869; 22 Sept 1869 p2
Mary - 12 July 1824; 13 July 1824 p3
Mary - 7 Apr 1898; 31 Dec 1898 p1
Mary S - 3 Sept 1886; 31 Dec 1886 p3
Norman Douglas - 27 Jan 1860; 28 Jan 1860 p3
Robert - 22 Dec 1862; 23 Dec 1862 p3*
Robert - 20 Sept 1899; 30 Dec 1899 p1
Robert Douglass - 22 Dec 1852; 23 Dec 1852 p3
Robt. - 10 Apr 1862; 13 May 1862 p4*
Thos. S - 22 Nov 1862; 22 Nov 1862 p3*
William Murdoch - 28 Jan 1871; 1 Feb 1871 p4

Willis - 5 June 1871; 5 June 1871 p2
Wm - 28 Jan 1871; 1 Feb 1871 p3
JAMISON, Celestia Jane - 12 July 1836; 18 July 1836 p3
JANNEY, Abel - 13 Apr 1812; 14 Apr 1812 p3
Abijah - 15 Jan 1842; 15 Jan 1842 p3
Abijah - 14 Nov 1843; 16 Nov 1843 p3
Alcinda - 4 Oct 1854; 16 Oct 1854 p3
Amos - 24 July 1870; 16 Aug 1870 p2
Anthony Benczet - 24 Apr 1837; .29 Apr 1837 p3
Aquila - 17 Jan 1805; 17 Jan 1805 p3 & 6 June 1805 p3 (notice)
Asa M - 31 May 1877; 1 June 1877 p3
Bessie - 1 Feb 1896; 31 Dec 1886 p1
Caroline - 5 Oct 1847; 15 Dec 1847 p3
Cornelia - nd; 14 Dec 1831 p3
Cornelia A - 8 Apr 1879; 8 Apr 1879 p2
Daniel - 6 Feb 1816; 7 Feb 1816 p3
Dr Daniel - nd; 22 Nov 1859 p3
E H - 16 June 1912; 31 Dec 1912 p1
Edward A - 20 Sept 1838; 3 Oct 1838 p3
Edwin L - 11 Jan 1883; 31 Dec 1883 p3
Elisha - nd; 10 Apr 1838 p3
Elizabeth - 12 Feb 1809; 13 Feb 1809 p3
Elizabeth - 15 Apr 1857; 18 Apr 1857 p3
Elizabeth - 23 Mar 1872; 27 Mar 1872 p2
Elizabeth - 22 Oct 1884; 31 Dec 1884 p3
Elizabeth M - 27 Mar 1843; 29 Mar 1843 p3
Ellen - 29 June 1875; 29 June 1875 p2
Ellen Lisle - 14 July 1874; 15 July 1874 p2
Elridge S - 17 Jan 1876; 27 Jan 1876 p2
Isaac - 17 July 1805; 18 July 1805 p3 & 20 July 1805 p3
Israel - 11 Aug 1823; 26 Aug 1823 p3
Jane W - 10 Mar 1890; 31 Dec 1890 p1
John - nd; 27 May 1823 p3
John - 8 Mar 1858; 12 Mar 1858 p3
John - 5 Jan 1872; 6 Jan 1872 p2 & 8 Jan 1872 p3
John H - nd; 13 Nov 1854 p3
John Ludlow - 11 Feb 1877; 12 Feb 1877 p2
Jonathan - nd; 25 Dec 1838 p3
Joseph - 27 Sept 1866; 29 Sept 1866 p2
Joseph Sr - 22 Nov 1841; 24 Nov 1841 p3
Mahlon H - 8 Sept 1882; 8 Sept 1882 p2
Margaret H - 6 Dec 1874; 7 Dec 1874 p2
Margaret T - nd; 7 Aug 1833 p3
Maria W - 19 Jan 1877; 26 Jan 1877 p2
Mary - 23 May 1857; 27 May 1857 p3
Mary E - 25 May 1843; 30 May 1843 p3
Dr Nathan - 23 Nov 1857; 4 Dec 1857 p3

JANNEY, Phineas - nd; 19 Oct 1852 p3 &
   resolutions of condolence from officers of
   Farmer's Bank 23 Oct 1852 p2
Phineas - 8 Feb 1854; 14 Feb 1854 p3
Rachael - 28 Feb 1835; 17 Mar 1835 p3
Richard M - 12 Dec 1874; 14 Dec 1874 p2 &
   15 Dec 1874 p2
Samuel - nd; 11 Aug 1840 p3
Samuel H - 21 Feb 1887; 21 Feb 1887 p2
Sarah B - 10 Oct 1851; 3 Nov 1851 p2
Sarah E - nd; 15 Dec 1847 p2
Sarah S - 1 May 1853; 3 May 1853 p3
Tamzin - nd; 17 Oct 1836 p3
Thomas - nd; 15 Aug 1831 p3
Willie H - 2 Mar 1882; 3 Mar 1882 p2
JANNIE, Corrie - 31 Oct 1874; 2 Nov 1874 p2
JANUS, Phoebe Theresa - 10 Oct 1874; 19 Oct
   1874 p2
JARBOE, Ann - 7 Sept 1811; 10 Sept 1811 p3
Ann - 27 Apr 1851; 29 Apr 1851 p2
Elizabeth - 20 Mar 1874; 30 Mar 1874 p2
Harriet S - 23 Nov 1846; 27 Nov 1846 p3
JARDINE, Archibald - 26 July 1873; 2 Aug
   1873 p3
JARVINS, Harrison - 1 Sept 1891; 31 Dec
   1891 p1
Sarah E - 5 Dec 1914; 31 Dec 1914 p1
JARVIS, Ellen A - 27 Aug 1872; 27 Aug 1872 p2
JASPER, Bettie F - 9 Nov 1900; 31 Dec 1900 p1
Daniel - 2 Jan 1854; 4 Jan 1854 p3
Eliza S - 2 Aug 1886; 31 Dec 1886 p3
John R - 15 July 1911; 30 Dec 1911 p4
Joseph - 19 Feb 1901; 31 Dec 1901 p1
Sarah E - 1 May 1907; 31 Dec 1907 p1
Thomas E - 10 Sept 1910; 31 Dec 1910 p1
JAVINS, Cassandra - 1 Apr 1860; 3 Apr 1860 p3
Elizabeth - 29 Feb 1908; 31 Dec 1908 p1
Elvira - 31 Aug 1889; 31 Dec 1889 p2
Emily - 10 Oct 1896; 31 Dec 1896 p1
Georgiana - 17 Dec 1863; 1 Feb 1864 p2
Harriet S - 29 Sept 1895; 31 Dec 1895 p1
James A - 25 Mar 1914; 31 Dec 1914 p1
John D - 29 Mar 1892; 31 Dec 1892 p2
Margaretta. - 15 Nov 1886; 31 Dec 1886 p3
Minne Weston - 5 July 1870; 5 July 1870 p2
Nora R - 12 Sept 1909; 31 Dec 1909 p1
Randolph - 16 Sept 1892; 31 Dec 1892 np
Randolph - 31 Jan 1909; 31 Dec 1909 p1
Richard - 26 Mar 1883; 31 Dec 1883 p3
Sarah A - 27 May 1898; 31 Dec 1898 p1
Thomas - 26 Nov 1877; 27 Nov 1877 p2 & 28
   Nov 1877 p2

Thompson - 31 Aug 1866; 31 Aug 1866 p2
Victoria - 24 Dec 1898; 31 Dec 1898 p1
William - 15 Mar 1903; 31 Dec 1903 p1
William T - 27 Feb 1872; 27 Feb 1872 p2 & p3
Willie Cobb - 6 Mar 1870; 9 Mar 1870 p2
JAY, John - nd; 22 May 1829 p3
John Henry - nd; 29 June 1858 p3
JAYNE, Ada Virginia - 31 Aug 1862; 3 Sep
   1862 p3*
Henrx - 20 Aug 1862; 3 Sep 1862 p3*
JEFFERIES, Robert S - 5 June 1865; 7 June
   1865 p2
JEFFERS, (young boy) - -- May 1865; 5 May
   1865 p2
JEFFERSON, Annie - 4 Sept 1898; 31 Dec
   1898 p1
George Esq - 20 July 1812; 1 Aug 1812 p3
Jamuel - 27 July 1898; 31 Dec 1898 p1
Jane - nd; 13 Jan 1831 p3
John T - nd; 2 Feb 1849 p2
Joseph - 3 Dec 1879; 4 Dec 1879 p2
Minerva A - 18 Nov 1886; 31 Dec 1886 p3
Nancy - 30 Oct 1891; 31 Dec 1891 p1
Otis - 11 Nov 1895; 31 Dec 1895 p1
Robert - 7 Jan 1895; 31 Dec 1895 p1
Sarah - 14 Apr 1851; 15 Apr 1851 p2
Thomas - 21 Apr 1816; 22 Apr 1816 p3
Thomas - 13 Dec 1865; 15 Dec 1865 p3
Thomas - 14 Nov 1899; 30 Dec 1899 p1
William C - 20 Nov 1884; 31 Dec 1884 p3
JEFFREY, Capt John - 30 Apr 1829; 1 May
   1829 p3
JEFFRIES, Agatha - 11 June 1854; 21 June
   1854 p3
Cecelia - 8 Aug 1867; 9 Aug 1867 p4
Maj Enoch - 16 Feb 1834; 25 Feb 1834 p2
H - 5 July 1860; 14 July 1860 p3
James - 22 Oct 1896; 31 Dec 1896 p1
John - 22 June 1860; 26 June 1860 p2
Mrs R - 15 Nov 1867; 18 Nov 1867 p3
Susan - 21 Oct 1853; 5 Nov 1853 p3
Thomas T - nd; 14 Feb 1853 p2
William R - 11 July 1915; 31 Dec 1915 p2
JEFFRY, Ann - 10 July 1840; 11 July 1840 p3
JENIFER, Daniel (of St Thomas) - nd; 3 Jan
   1844 p3
Eliza - nd; 14 Aug 1824 p3
Capt J C - 2 Feb 1867; 5 Feb 1867 p2
Walter Hanson - 16 Dec 1785; 29 Dec 1785 p3
JENKINS, Arthus James - 2 Nov 1972; 2 Nov
   1872 p3
B H - 25 Mar 1904; 31 Dec. 1904 p1

JENKINS, Bettie - 1 Dec 1865; 2 Dec 1865 p3
  Deborah - 29 Oct 1836; 5 Nov 1836 p3
  Elisha - 3 Nov 1848; 4 Dec 1848 p3
  Harriet - nd; 13 May 1859 p3
  Harrison - --- Mar 1875; 29 Mar 1875 p2
  Henry - 7 Mar 1872; 18 Mar 1872 p2
  James T - 9 Aug 1866; 18 Aug 1866 p2
  Jeremiah - 18 July 1853; 15 Aug 1853 p2
  Joel R - 14 Dec 1857; 19 Dec 1857 p3
  John - nd; 14 Jan 1845 p3
  Joseph Henry - 17 Nov 1857; 7 Dec 1857 p3
  Martha E - 8 Feb 1905; 30 Dec 1905 p1
  Mary - 8 June 1796; 9 June 1796 p3
  Minnie - 20 Apr 1863; 21 Apr 1863 p3
  Richard L - 18 Feb 1857; 21 Feb 1857 p2 & 27 Feb 1857 p2
  Sally - 12 Jul 1862; 30 Jul 1862 p3*
  Samuel T - 29 Jan 1908; 31 Dec 1908 p1
  Sarah - 20 Feb 1913; 31 Dec 1913 p1
  Tabitha A - 6 May 1860; 12 May 1860 p2
  Theodore - 15 Dec 1866; 19 Dec 1866 p2
  Capt Thomas - 14 Nov 1821; 23 Nov 1821 p2
  Thomas - 20 Sept 1843; 23 Sept 1843 p3
  William - 17 Feb 1872; 17 Feb 1872 p2
  William H - 7 Apr 1859; 9 Apr 1859 p3
  William R - 7 Sept 1887; 8 Sept 1887 p2
JENKS, John - nd; 5 Dec 1797 p3
JENNINGS, Desdemonia - 1866; 12 Nov 1866 p2
  Hattie - 29 June 1898; 31 Dec 1898 p1
  James - 9 Dec 1860; 20 Dec 1860 p3
  Jarvis - --- Mar 1873; 13 Mar 1873 p2
  Jonathan - 26 July 1834; 16 Aug 1834 p3
  Julia A - 31 Jan 1896; 31 Dec 1896 p1
  L A - 29 Apr 1860; 4 May 1860 p3
  Larkin D - 11 Oct 1838; 23 Oct 1838 p3
  Lewis - 1887; 5 May 1887 p2
  Robert C - 4 Nov 1838; 9 Nov 1838 p3
  Robertena - 28 Apr 1858; 1 May 18S8 p3
  Samuel E - 5 Nov 1901; 31 Dec 1901 p1
  Sarah Ann - 3 June 1839; 12 June 1839 p3
  Thomas - 9 Apr 1836; 14 Apr 1836 p3
  Rev Thomas B - 30 Jan 1871; 2 Feb 1871 p2
  William - 15 Oct 1843; 11 Nov 1843 p3
  Wm H - 16 Dec 1859; 24 Dec 1859 p3
JEROME, Mary Roe - 4 Apr 1866; 19 Apr 1866 p3
JERROE, John - nd; 2 Aug 1858 p3
JESSEE, Wm T - 24 Feb 1868; 11 Mar 1868 p3
JESSUP, William Croghan - 14 Nov 1860; 21 Nov 1860 p3
JETER, Mary Catherine - --- Sept 1887; 26 Sept 1887 p2

JETT, Alice - 15 July 1857; 17 July 1857 p3
  Catharine - 15 Nov 1786; 30 Nov 1786 p3
  Francis - 27 Aug 1870; 30 Aug 1870 p2
  Francis M - nd; 13 May 1859 p3
  Harry - 12 Oct 1897; 31 Dec 1897 p1
  Henry - 28 Aug 1905; 30 Dec 1905 p1
  James - 7 Sept 1857; 16 Sept 1857 p3
  James - 13 Mar 1868; 23 Mar 1868 p2
  James - 28 Feb 1878; 5 Mar 1878 p3
  James W - 12 Aug 1867; 12 Sept 1867 p2
  James Leroy - 25 Oct 1860; 5 Nov 1860 p3
  Jesse - 14 Apr 1860; 26 Apr 1860 p3
  John - 1887; 21 Jan 1887 p2
  John W - 2 May 1901; 31 Dec 1901 p1
  Lucy L - nd; 20 Aug 1851 p2
  Sarah Catharine - 27 Feb 1878; 5 Mar 1878 p3
  Virginia J - 5 Mar 1873; 12 Mar 1873 p2
  William Stork - nd; 4 May 1844 p2
JEWELL, Elizabeth - 5 Mar 1866; 5 Mar 1866 p3
  Mildred - 16 Oct 1841; 19 Oct 1841 p3
JEWETT, Joseph - nd; 25 June 1859 p3
  Sarah - nd; 18 May 1854 p3
  Susannah Cushing - 18 July 1848; 19 July 1848 p3
JOHNS, John - --- Apr 1876; 6 Apr 1876 p2 & 7 Apr 1876 p2
  Julia - 12 Dec 1883; 31 Dec 1883 p3
  Kinsy - nd; 27 Dec 1848 p3
  Laura - 17 Mar 1898; 31 Dec 1898 p1
  Maria - 4 Jan 1867; 9 Jan 1867 p2
  Margaret Jane - 22 Nov 1854; 27 Nov 1854 p3
  Montgomery - 28 July 1871; 24 Aug 1871 p2
  Vandyke - 10 Oct 1898; 31 Dec 1898 p1
JOHNSON, Dr Albert - 1 July 1949; nd np
  Alexander M - nd; 9 July 1829 p3
  Amos - 9 Nov 1908; 31 Dec 1908 p1
  Andrew - 26 Jan 1857; 21 Feb 1857 p2
  Ann - 29 Mar 1860; 30 Mar 1860 p3
  Ann - 12 Feb 1880; 13 Feb 1880 p2 & p3
  Anne F - 26 Dec 1834; 27 Dec 1834 p3
  Aquilla - 12 Aug 1852; 15 Sept 1852 p3
  Caroline - 5 Sept 1863; 9 Sept 1863 p3
  Caroline M - 10 Aug 1906; 31 Dec 1906 p1
  Catharine - nd; 17 Apr 1833 p2
  Charlotte P - 29 July 1852; 31 July 1852 p2
  Claudius L - nd; 1 Apr 1850 p3
  Mrs E - nd; 27 July 1847 p3
  Edward - 26 Jan 1842; 2 Feb 1842 p3
  Eleanor - 10 July 1865; 10 July 1965 p2
  Eliza - 2 Sept 1855; 7 Sept 1855 p3
  Eliza - 28 Sept 1879; 10 Oct 1879 p2
  Elizabeth - nd; 19 Sept 1845 p3

JOHNSON, Elizabeth - 30 Aug 1881; 31 Aug 1881 p2
Elizabeth A - 23 Feb 1885; 31 Dec 1885 p2
Elizabeth Attawa - 3 July 1857; 10 July 1857 p3
Fanny - 11 Jan 1886; 31 Dec 1886 p3
Francis - 7 Dec 1860; 11 Dec 1860 p3
Francis Antonio - 20 Apr 1873; 23 Apr 1873 p2
George - 14 Nov 1860; 15 Nov 1860 p3
Gertrude M - 16 Feb 1897; 31 Dec 1897 p1
Harriet Virginia - nd; 3 Aug 1882 p2
Harriett - 25 May 1914; 31 Dec 1914 p1
Henry - 15 Sept 1874; 18 Sept 1874 p3
J B - 17 Jan 1893; 30 Dec 1893 p2
J T - nd; 24 Jan 1857 p2
James - 3 Feb 1865; 3 Feb 1865 p2
James - 1887; 24 Jan 1887 p2
James - 25 Sept 1900; 31 Dec 1900 p1
James Augusta - 26 Sept 1838; 2 Oct 1838 p3
Jane - 1 Dec 1811; 4 Dec 1811 p3
Jane - 2 Aug 1884; 31 Dec 1884 p3
Jane Mildred Washington - 14 Apr 1842; 16 Apr 1842 p3
Jas T - 28 Feb 1877; 2 Mar 1877 p2
John - nd; 5 Dec 1846 p3
John - 15 Mar 1875; 16 Mar 1875 p2
John - 28 Feb 1884; 31 Dec 1884 p3
John - 21 Oct 1898; 31 Dec 1898 p1
John T - 1 Sept 1910; 31 Dec 1910 p1
John Waller - 13 Aug 1860; 6 Sept 1860 p3
Capt Joseph - 1 July 1843; 4 July 1843 p3
Joseph F - 16 Nov 1913; 31 Dec 1913 p1
Lola F - 31 May 1880; 1 June 1880 p2
Louisa - nd; 23 Nov 1846 p3
Mrs Margaret - nd; 12 Mar 1861 p3
Margaret H - 21 June 1869; 23 June 1869 p3
Marian - 13 Dec 1907; 31 Dec 1907 p1
Mary - 22 Jan 1854; 4 Feb 1854 p3
Mary Bernard - 14 June 1841; 18 June 1841 p3
Mary G - 24 Oct 1860; 25 Oct 1860 p3
Mary T - 2 Nov 1874; 17 Nov 1874 p2
Mary W - 12 June 1869; 14 June 1869 p3
Morris - 18 Mar 1903; 31 Dec 1903 p1
Noble - 12 Jan 1906; 31 Dec 1906 p1
Omer Dodgett - 9 Mar 1867; 9 Mar 1867 p2
Page - 5 Dec 1905; 30 Dec 1905 p1
Peter - 31 Jan 1865; 1 Feb 1865 p2
Peter R - nd; 11 Oct 1838 p3
Phillip S - 1 May 1870; 6 May 1870 p2
R C - battle on 30 Jun 1862; 8 Jul 1862 p1*
Rebecca J - 3 May 1874; 4 May 1874 p2
Richard - 10 Aug 1901; 31 Dec 1901 p1
Rut - 30 Sept 1824; 7 Oct 1824 p2

Sallie - 30 July 1896; 31 Dec 1896 p1
Samuel - 10 Sept 1899; 30 Dec 1899 p1
Samuel C - 1881; 29 Sept 1881 p2
Sarah - 7 Dec 1853; 14 Dec 1853 p3
Sarah J - 4 July 1866; 6 July 1866 p3
Tabitha - 27 Nov 1843; 15 Dec 1843 p2
Thomas Baker - 14 Oct 1843; 17 Oct 1843 p2
Thomas J - 20 June 1910; 31 Dec 1910 p1
Virginia L - 2 July 1888; 31 Dec 1888 p1
Walter R - nd; 28 Apr 1852 p2
Maj William - 13 Apr 1815; 15 Apr 1815 p3
William - 6 Mar 1860; 7 Mar 1860 p3
William A - 8 Nov 1879; 8 Nov 1879 p2
Dr William Garrett - 31 Mar 1861; 18 Apr 1861 p2
JOHNSTON, Annie M - 22 Oct 1898; 31 Dec 1898 p1
Ariminta - 18 May 1901; 31 Dec 1901 p1
Charles - nd; 4 Feb 1833 p3
Charles A - 11 Nov 1877; 16 Nov 1877 p2
Charles F M - 30 Sept 1869; 1 Oct 1869 p3
D M - 14 Apr 1866; 14 Apr 1866 p2
Dennis - 22 July 1852; 2 Aug 1852 p2
Dennis - nd; 24 July 1852 p2
Dennis - 28 Feb 1871; 28 Feb 1871 p2
Eliza - 13 Sept 1853; 14 Sept 1853 p3
Elizabeth - nd; 20 Sept 1838 p3
Elizabeth - 26 Sept 1889; 31 Dec 1889 p2
Ellen - 23 July 1869; 23 July 1869 p2
Flora A - 6 July 1854; 15 July 1854 p3
Frances Murphy - 13 Sept 1869; 14 Sept 1869 p2
George - 17 June 1897; 31 Dec 1897 p1
George D - 27 Sept 1912; 31 Dec 1912 p1
J Windsor - 25 Oct 1877; 26 Oct 1877 p2
James - nd; 13 Dec 1825 p3
James - nd; 17 Mar 1840 p3
Jane A - 17 Mar 1876; 18 Mar 1876 p3
John - 11 Mar 1841; 19 Mar 1841 p3
John R - 11 Dec 1862; 12 Dec 1862 p3*
Louisa - nd; 9 July 1849 p3
Margaret - 11 Feb 1854; 14 Feb 1854 p3
Maria S - 19 July 1869; 9 Aug 1869 p3
Mary A - 18 Jan 1876; 18 Jan 1876 p2
Mary E - 27 Oct 1887; 28 Oct 1887 p2
Mary Jane - 31 Jan 1858; 2 Feb 1858 p3
Mary Jennett - 31 Aug 1850; 11 Sept 1850 p2
Mary M - 31 Aug 1854; 5 Sept 1854 p3
Mary W - 3 July 1907; 31 Dec 1907 p1
Capt Morgan - 27 Apr 1871; 13 May 1871 p2
Reuben - 25 Sept 1840; 26 Sept 1840 p3
Reuben - 15 Jan 1881; 17 Jan 1881 p2

JOHNSON, Mrs Reuben - 3 Aug 1884; 31 Dec 1884 p3
Richard - 5 Nov 1834; 7 Nov 1834 p3
Robert - 6 Jan 1905; 30 Dec 1905 p1
Sallie - 12 Mar 1877; 12 Mar 1877 p2
Samuel R - 24 Dec 1899; 30 Dec 1899 p1
Susan Caroline - 2 Apr 1876; 4 Apr 1876 p2
William Bernard - 28 Dec 1842; 5 Jan 1843 p3
William C - nd; 25 Apr 1849 p3
William S - 9 June 1866; 9 June 1866 p3
Wm - 8 Apr 1842; 7 May 1842 p3
JOLIFFE, John - 15 Sept 1860; 19 Sept 1860 p3 & 20 Sept 1860 p3
JOLINE, John - 8 May 1835; 25 May 1835 p3
JOLLY, Christiana A - 25 May 1880; 26 May 1880 p2
James Green - 21 July 1867; 7 Aug 1867 p3
John - -- Feb 1878; 23 Feb 1878 p2
JONES, Anne Lucinda - 15 May 1835; 18 May 1835 p3
Bazil G - 20 Dec 1879; 30 Dec 1879 p2
Bettie K E - 18 Jan 1915; 31 Dec 1915 p2
Catherine Ella - 24 Nov 1863; 17 Feb 1864 p2
Cornelia - 5 Aug 1903; 31 Dec 1903 p1
Edward - 27 Nov 1866; 27 Nov 1866 p2
Dr Elcon - 29 May 1860; 4 June 1860 p2
Eliza - 24 Mar 1915; 31 Dec 1915 p2
Elizabeth - 27 Apr 1874; 2 May 1874 p2
Ellen Cushen - 29 June 1875; 13 July 1875 p2
Ellen E - 7 Feb 1853; 14 Feb 1853 p2
Emmet - 13 Dec 1906; 31 Dec 1906 p1
Eugenia - 16 July 1860; 27 July 1860 p2
Ezekiel S Jr - 23 Dec 1858; 25 Dec 1858 p3
Ezekiel S - 3 July 1879; 3 July 1879 p2
F F - 31 Mar 1904; 31 Dec 1904 p1
Florinda - died at Vaucluse nd; 6 Apr 1846 p2
Frances E L - 12 June 1866; 18 June 1866 p2
George W - 2 Apr 1896; 31 Dec 1896 p1
Gilchrist - 2 Aug 1873; 9 Aug 1873 p3
Harriet - 7 July 1860; 13 July 1860 p3
Henry - 19 Oct 1838; 24 Oct 1838 p3
Henry - 12 Apr 1875; 17 Apr 1875 p2
Henry C - 1 Apr 1874; 2 Apr 1874 p2
J A - 6 July 1900; 31 Dec 1900 p1
Mrs James - 21 Mar 1903; 31 Dec 1903 p1
Jane F - 5 Jan 1869; 30 Jan 1869 p2
Jas Milford - 7 June 1860; 16 July 1860 p3
John - 13 Apr 1869; 24 Apr 1869 p3
John - 11 Dec 1881; 13 Dec 1881 p2
John D - 5 May 1831; 10 May 1831 p3
John L - 19 Feb 1905; 30 Dec 1905 p1
John R - 30 Apr 1860; 7 May 1860 p2

John R - 24 Mar 1872; 25 Mar 1872 p2
Joseph - 26 Oct 1805; 5 Nov 1805 p2
Joseph Anderson - 23 Aug 1854; 26 Aug 1854 p3
Joseph N - 11 Oct 1853; 15 Oct 1853 p3
Joseph T - 7 Aug 1914; 31 Dec 1914 p1
Julia Calvert Stuart - 12 Feb 1861; 14 Feb 1861 p3
Kate Smoot - 25 Aug 1886; 31 Dec 1886 p3
Keasey - 3 Jan 1909; 31 Dec 1909 p1
Letitia C - 24 Jan 1869; 25 Jan 1869 p3
Lucy - 26 Jan 1871; 28 Jan 1871 p3
M Patterson - 11 Apr 1866; 16 Apr 1866 p3
Margaret - 7 Feb 1861; 11 Feb 1861 p3
Mrs Margaret - 7 Feb 1861; 18 Feb 1861 p3
Maria - 21 Dec 1883; 31 Dec 1883 p3
Mary - 15 Apr 1901; 31 Dec 1901 p1
Mary A - 18 July 1872; 23 July 1872 p3
Mary E - nd; 17 Aug 1847 p2
Mary Eliza - 10 Jan 1868; 18 Jan 1868 p3 & 8 Feb 1868 p2
Mattie L - 13 Aug 1909; 31 Dec 1909 p1
Myra - 18 Apr 1900; 31 Dec 1900 p1
Philip ap Catesby - 2 June 1874; 13 June 1874 p2
Priscilla - 28 Sept 1839; 8 Oct 1839 p3
Richard - 11 Jan 1860; 6 Feb 1860 p3
Richard - 24 Jul 1862; 25 Jul 1862 p3*
Rosa - 31 Aug 1903; 31 Dec 1903 p1
Sarah - nd; 10 Jan 1861 np
Sarah Ann - nd; 26 Sept 1843 p3
Sarah E - nd; 13 Feb 1858 p7
Susan - 16 May 1872; 17 May 1872 p2
Tabitha - 9 Sept 1857; 11 Sept 1857 p3
Thomas - 18 Oct 1841; 25 Oct 1841 p3
Cmdr Thomas ap Catesby - nd; 1 June 1858 p2 & 2 June 1858 p2
Tubman - 2 July 1857; 11 July 1857 p3
Gen Walter - nd; local news 15 Oct 1861 p1
William A - 15 Nov 1874; 27 Nov 1874 p3
William I - 22 July 1877; 31 July 1877 p2
William P - 15 Aug 1834; 23 Sept 1834 p3
Williamina S - 10 Dec 1857; 21 Dec 1857 p3
Mrs Winifred - 12 Aug 1877; 17 Aug 1877 p2
Wm H - nd; 5 Nov 1855 p3
Lt Wm Page - nd; 24 Sept 1841 p3
JORDON, Elisha Rush - 21 Feb 1841; 8 Mar 1841 p3
Frank - --- Feb 1887; 18 Feb 1887 p2
Gustie - 14 Dec 1898; 31 Dec 1898 p1
Henrietta - 10 Jan 1866; 12 Jan 1866 p3
James W - 29 Aug 1865; 29 Aug 1865 p2

JORDON, Mary M - 12 Feb 1861; 4 Mar 1861 p2
  Oscar Ulysses - 1 Sept 1876; 4 Sept 1876 p2
  Susan - 3 Jan 1868; 4 Jan 1868 p2
  Zachariah - 3 Oct 1843; 6 Oct 1843 p3
JOSEPH, Mary - 1 Jan 1874; 8 Jan 1874 p2
JOUBERT, James Hector Nicholas - 5 Nov 1843;
  18 Nov 1843 p3
JOYCE, Asha - 25 Mar 1897; 31 Dec 1897 p1
  Charles R. - 10 June 1892; 31 Dec 1892 np
  E C - 9 July 1912; 31 Dec 1912 p1
  Mary - 13 Apr 1899; 30 Dec 1899 p1
JUDKINS, John W - 12 Apr 1855; 16 Apr
  1855 p3
  Wallace Sandford - 11 Apr 1876; 12 Apr
  1876 p2
JUNIUS, Clarence - 17 Oct 1869; 18 Oct 1869 p3

KADERLY, Clara B - 13 Jan 1908; 31 Dec
  1908 p1
KAIN, Mrs Levi - 11 July 1895; 31 Dec 1895 p1
KALB, Susannah - 15 Apr 1873; 8 May 1973 p3
KALTENBACKER, Matilda - 23 Aug 1857;
  29 Aug 1857 p2
KANE, Ada - 11 Sept 1910; 31 Dec 1910 p1
  Alexander - 30 May 1903; 31 Dec 1903 p1
  Charles H - 6 July 1911; 30 Dec 1911 p4
  Elias - 2 Oct 1840; 7 Oct 1840 p3
  Elizabeth - 12 Apr 1915; 31 Dec 1915 p2
  Emma - 16 Mar 1901; 31 Dec 1901 p1
  Mary E - 24 Jan 1885; 31 Dec 1885 p2
KARNEY, Clorinda, - nd; 14 Oct 1836 p3
KAST, Caroline - 6 Mar 1906; 31 Dec 1906 p1
KATZ, Stella - 1 Sept 1911; 30 Dec 1911 p4
KAUFMAN, Rosa - 6 June 1893; 30 Dec 1893 p2
KAUFMANN, Joseph - 5 Nov 1902; 31 Dec
  1902 p1
KAUS, Anna L - 24 Oct 1906; 31 Dec 1906 p1
  Beulah - 4 Oct 1903; 31 Dec 1903 p1
  Sallie - 11 Nov 1895; 31 Dec 1895 p1
KAVAN, Elizabeth F - 13 Jan 1907; 31 Dec
  1907 p1
KAVANAUGH, Charles W - -- Apr 1876; 15 Apr
  1876 p2
  Patrick - 7 July 1870; 8 July 1870 p2
KAY, Mildred - nd; 14 July 1852 p2
KEAGAN, Mrs Patrick - 4 Nov 1883; 31 Dec
  1883 p3
KEAN, Mary S - 17 July 1875; 27 July 1875 p2
KEANE, Stephen - -- Oct 1857; 10 Nov 1857 p3
KEARNEY, Josiah T - 10 Aug 1843; 25 Aug
  1843 p3

KEARON, Ann C - 22 Sept 1857; 24 Sept
  1857 p3
KEAT, Letitia Mary - 22 Aug 1824; 28 Aug
  1824 p3
KEATING, Edward D. - 6 Apr 1862; 13 May
  1862*
  George W - 17 July 1867; 18 July 1867 p2
  James R. - nd; 23 Aug 1836 p3
  Virginia E - 4 Aug 1837; 15 Aug 1837 p3
KEECH, C Smith - -- July 1873; 17 July 1873 p2
  Carrie Fitzhugh - 4 Nov 1860; 12 Nov 1860 p3
  James - 11 Oct 1852; 30 Oct 1852 p2
  Mariannie - 21 May 1882; 23 May 1882 p2
KEECK, John E - 21 May 1860; 24 May 1860 p2
KEEFER, Clemendina - 26 Aug 1862; 28 Aug
  1862 p4*
  Rosalia - 30 July 1854; 1 Aug 1854 p3
KEEGAN, George T - 28 Sept 1915; 31 Dec
  1915 p2
KEELER, Ann - 9 Dec 1860; 17 Dec 1860 p3
  Joseph - 1 June 1855; 14 July 1855 p3
KEEN, Amanda - 20 Mar 1860; 16 Apr 1860 p3
  Jane - 2 Sept 1900; 31 Dec 1900 p1
  Leah m Caleb Hand of Alexandria - 23 Nov
  1807; 30 Nov 1807 p3
  William E G - 20 July 1864; 3 Aug 1864 p2
KEENE, Ella - 16 June 1909; 31 Dec 1909 p1
  Hattie E - 4 Feb 1903; 31 Dec 1903 p1
  John L - 7 July 1911; 30 Dec 1911 p4
  Louise M - 15 Jan 1913; 31 Dec 1913 p1
  Mary - 1 June 1815; 8 June 1815 p3
  Nancy M - 9 Sept 1850; 11 Sept 1850 p2
  Newton - 21 Sept 1841; 23 Sept 1841 p3
  Sarah A - nd; 26 Aug 1819 p2
  Wm H - nd; "to be hanged at Fairfax County" 23
  Jan 1858 p2
  Zelia Ellen - 3 Aug 1863; 4 Aug 1863 p3
KEESLEY, Norfolk - 19 Jan 1905; 30 Dec
  1905 p1
KEEYES, Elizabeth - 4 Nov 1877; 5 Nov
  1877 p2
KEIDING, Christina - 25 Aug 1843; 15 Sept
  1843 p3
KEIGHTLEY, George H - 27 Dec 1850; 22 Jan
  1851 p2
  Sarah - 24 Mar 1862; 19 May 1862 p3*
KEIL, Carrington - 22 Feb 1870; 22 Feb 1870 p3
KEILEY, Margaret - 26 Apr 1887; 27 Apr
  1887 p2
KEITH, Elizabeth - 5 June 1827; 7 June 1827 p3
  Elizabeth S - nd; 21 Dec 1840 p3
  I - recently; 2 Feb 1864 p3

KEITH, Rev Dr Isaac Stocklin - 14 Dec 1813;
  1 Jan 1814 p3
 Isham - 22 July 1874; 27 July 1874 p2
 James - 18 Oct 1824; 19 Oct 1824 p3
 James - c 15 Jan 1864; 16 Jan 1864 p1
 James - 25 June 1874; 29 June 1874 p2
 John - 7 Mar 1843; 10 Mar 1843 p3
 John Contee - 27 Feb 1835; 3 Mar 1835 p3
 Dr John R - 26 Dec 1865; 26 Dec 1865 p3
 Margaret Snowden - 23 Feb 1859; 25 Feb
  1859 p3
 Marietta - 16 Apr 1830; 26 Apr 1830 p3
 Mary - nd; 30 Nov 1813 p3
 Sarah J - nd; 8 Nov 1854 p3
 Thomas R - 9 Aug 1863; 10 Aug 1863 p3
KEITHLEY, Elizabeth May - 24 Aug 1865; 25
  Aug 1865 p4
 John T - 7 June 1893; 30 Dec 1893 p2
KELL, Andrew J - -- Aug 1878; 20 Aug 1878 p3
 Arthur C Jr - 27 Aug 1884; 31 Dec 1884 p3
 Arthur Carrington - 1 Nov 1877; 1 Nov 1877 p3
 Cora Cloud - --- Aug 1873; 18 Aug 1873 p2
 I M - 27 Dec 1897; 31 Dec 1897 p1
 Isaac - 6 Nov 1844; 10 Dec 1844 p2
 Isaac - 1865; 1 Dec 1865 p3
 John - 9 Sept 1853; 10 Sept 1853 p3
 L Isaac - 31 Dec 1872; 31 Dec 1872 p2
 Mary - 30 June 1906; 31 Dec 1906 p1
 Mary Virginia - 1 Apr 1873; 1 Apr 1873 p2
 Minnie May - 19 Apr 1875; 20 Apr 1875 p2
 Thomas - nd; 10 Mar 1846 p3
 Thomas - 20 Nov 1873; 20 Nov 1873 p2
 Thomas - 2 Jan 1902; 31 Dec 1902 p1
KELLER, John - 26 Dec 1812; 30 Dec 1812 p3
 Frederick L - nd; 27 Aug 1852 p2
KELLEY, Ann E - 20 Sept 1861; local news 10
  Oct 1861 p1
 Bridgett - 21 Jan 1903; 31 Dec 1903 p1
 Charles W - 24 Nov 1901; 31 Dec 1901 p1
 George - 10 May 1915; 31 Dec 1915 p2
 James - 22 Oct 1894; 31 Dec 1894 p1
 Thomas - 11 Mar 1906; 31 Dec 1906 p1
KELLEYS, Indiana - 1880; 13 Feb 1880 p3
KELLOG, Allen - 12 Jan 1830; 9 Feb 1830 p3
KELLOGG, Mary L - 31 Aug 1873; 9 Sept
  1873 p2
KELLY, Alexander - 10 May 1869; 15 May
  1869 p2
 Annie J - 5 Jan 1898; 31 Dec 1898 p1
 Bernard - 30 Nov 1907; 31 Dec 1907 p1
 Catharine - 14 Nov 1834; 18 Nov 1834 p3
 Charles - 17 May 1897; 31 Dec 1897 p1

 Clinton - nd; 16 Nov 1844 p3
 Dinah - 19 July 1865; 25 July 1865 p2
 Elizabeth - 28 Apr 1869; 29 Apr 1869 p2
 Ellen - 6 Mar 1886; 31 Dec 1886 p3
 G Frank - 19 Sept 1889; 31 Dec 1889 p2
 Henry H - 18 June 1911; 30 Dec 1911 p4
 James A - 17 July 1857; 25 Aug 1857 p3
 John - 20 June 1865; 22 June 1865 p2
 John - 1866; 6 Oct 1866 p2
 John - 8 Jan 1889; 31 Dec 1889 p2
 John B - 23 Sept 1903; 31 Dec 1903 p1
 John L - 25 July 1895; 31 Dec 1895 p1
 Lucy E - 23 Mar 1908; 31 Dec 1908 p1
 Mary - 16 June 1884; 31 Dec 1884 p3
 Michael - 26 Oct 1888; 31 Dec 1888 p1
 Michael - 22 Feb 1898; 31 Dec 1898 p1
 Thomas P - 17 June 1913; 31 Dec 1913 p1
KEMP, Anna - 17 Sept 1908; 31 Dec 1908 p1
 Arthur - 14 Feb 1900; 31 Dec 1900 p1
 Thomas E - 1880; 27 Mar 1880 p2
KEMPER, Adeline J - 31 Aug 1874; 7 Sept
  1874 p2
 Charles - 31 Jan 1875; 8 Feb 1875 p2
 Charlotte- 10 Dec 1873; 30 Dec 1873 p2
 Delaware - 30 June 1899; 30 Dec 1899 p1
 Elizabeth - 8 June 1860; 11 June 1860 p3
 Helen - -- Nov 1873; 24 Nov 1873 p2
 Hugh T - 8 Aug 1873; 11 Aug 1873 p2
 Ira Ella O - 5 Nov 1896; 31 Dec 1896 p1
 John - 16 Jan 1860; 28 Jan 1860 p3
 John S - 1887; 3 June 1887 p2
 K - 26 Jan 1910; 31 Dec 1910 p1
 Lewis - 18 Aug 1908; 31 Dec 1908 p1
 Sarah R - 5 June 1865; 15 June 1865 p2
 Susan - 31 Oct 1878; 4 Nov 1878 p3
 William S - 17 Aug 1870; 20 Aug 1870 p3
KEMPFF, John C - 18 Dec 1807; 18 Dec 1807 p3
KENAN, Thomas H - nd; 4 Apr 1837 p3
KENDALL, James T - 9 May 1877; 12 May
  1877 p2
 Taliaferro S - 6 Dec 1867; 26 Feb 1868 p2
KENEFICK, J J - 29 Oct 1895; 31 Dec 1895 p1
KENFIELD, Phebe G - 1887; 16 Apr 1887 p3
KENNECUTT, George - 17 Jan 1861; 28 Jan
  1861 p3
KENNEDY, Alexander - 27 Jan 1870; 29 Jan
  1870 p2
 Dennis - 18 Dec 1863; 19 Dec 1863 p2
 Edward - 2 Jan 1897; 31 Dec 1897 p1
 George - nd; 5 Apr 1841 p3
 Dr James - 6 Jan 1816; 8 Jan 1816 p3
 James F - 13 June 1813; 17 June 1813 p3

KENNEDY, Lt John F - nd; 30 May 1837 p3
  M - 3 Feb 1817; 4 Feb 1817 p3
  Michael - 29 Sept 1910; 31 Dec 1910 p1
  Philip Pendleton - 1 Aug 1864; 3 Aug 1864 p2
  Susanna - 30 May 1845; 31 May 1945 p3
  William - -- Jan 1835; 7 Feb 1835 p3
  Wm L - nd; 2 Nov 1829 p3
KENNER, George - 21 June 1822; 27 June 1822 p3
  George - nd; 4 June 1845 p2
  George D - 28 Sept 1890; 31 Dec 1890 p1
  Laura Virginia - nd; 6 May 1864 p3
  William - 6 Oct 1870; 7 Oct 1870 p2
KENNERLY, Augustin - nd; 21 Dec 1857 p3
  Dr Caleb B R - nd; 12 Mar 1861 p3
KENNEY, Elizabeth - 25 June 1857; 10 July 1857 p3
KENNON, Brittle - 22 Mar 1871; 27 Mar 1871 p3
  Lt William H - 13 Dec 1843; 19 Dec 1843 p3
KENT, Ann Maria - 22 Nov 1813; 27 Nov 1813 p3
  Elizabeth D - 20 June 1841; 2 July 1841 p3
  Emanuel - 21 Oct 1835; 24 Oct 1835 p3
  Harriet A - 21 May 1848; 23 May 1848 p2
  John W - 3 Feb 1861; 4 Feb 1861 p3
  Mrs S P - 4 June 1872; 5 June 1872 p2
KEPHART, Margaret - 11 June 1867; 27 July 1867 p2
KEPLER, Mary - 3 Sept 1865; 9 Oct 1865 p2
  Pamela R - 3 Nov 1857; 11 Nov 1857 p3
KERBY, Charlotte - 31 Jan 1905; 30 Dec 1905 p1
  Elizabeth - 14 Sept 1870; 16 Sept 1870 p3
  F A - 16 Apr 1905; 30 Dec 1905 p1
  Mary Eleanor - nd; 18 Sept 1863 p3
  Robert B - 26 Sept 1866; 6 Oct 1866 p2
  Sally Shakes - 2 Sept 1857; 11 Sept 1857 p3
KERCHEVAL, Willis A - 8 June 1870; 10 June 1870 p2
KERFOOT, Mrs Daniel - 4 Dec 1865; 11 Dec 1865 p2
  David S - 14 Jan 1852; 19 Jan 1852 p2
KERNAN, Mrs A M - 1 Jan 1864; 5 Jan 1864 p2
KERNOLL, Julia Ann - 8 Apr 1860; 13 Apr 1860 p3
KERR, Alexander - 10 Nov 1832; 11 Dec 1832 p3
  Alexander - 8 Nov 1871; 9 Nov 1971 p2
  Anthony McLean - nd; 31 Jan 1844 p3
  Charles D - 14 July 1854; 18 July 1854 p3
  Eliza Goldsborough - 14 Dec 1870; 15 Dec 1870 p2

  Henrietta Earle - 26 May 1853; 3 June 1853 p2
  James D - 9 July 1852; 27 July 1852 p2
  James D - 10 Oct 1859; 12 Oct 1859 p3
  James F - nd; 1 Dec 1848 p3
  Julia - 10 Sept 1834; 11 Sept 1834 p3
  Julia M - 28 June 1874; 29 June 1874 p2
  Lucretia McCean - 17 July 1881; 19 July 1881 p2
  Maria - 22 Nov 1881; 22 Nov 1881 p2
  Marianna - 29 June 1875; 30 June 1875 p2
  William D - 23 Aug 1860; 27 Aug 1860 p3
  Wm - nd; 3 Apr 1833 np
KERRICK, J W - 24 Aug 1911; 30 Dec 1911 p4
  Matilda B - 11 Apr 1900; 31 Dec 1900 p1
KERSEY, Alice W - 1 Feb 1901; 31 Dec 1901 p1
  Charles - 8 Jan 1897; 31 Dec 1897 p1
  Hannah P - 28 Mar 1901; 31 Dec 1901 p1
  John - 4 Mar 1881; 4 Mar 1881 p2
  Robert - nd; 27 Sept 1833 p3
KERSTING, William D - 5 Sept 1884; 31 Dec 1884 p2
KERWIN, Martha - 3 Sep 1862; 8 Sep 1862 p3*
KESSLER, John - 13 Jan 1883; 31 Dec 1883 p3
  John - 31 Oct 1895; 31 Dec 1895 p1
KESTERSON, John - 26 Oct 1857; 2 Nov 1857 p2
KETCHUM, Major D - 31 Aug 1828; 24 Sept 1828 p3
KETLAND, William A - 29 Jan 1909; 31 Dec 1909 p1
KEY, Anne - 18 Dec 1834; 24 Dec 1834 p3
  Edmund - 19 Feb 1857; 25 Feb 1857 p3
  John Tayloe [Taylor ?] - 29 Sept 1845; 6 Oct 1845 p3
  Lucy - 8 Feb 1875; 13 Mar 1875 p2
  Margaretta J - 30 June 1866; 13 July 1866 p3
  Marshall - 16 Nov 1860; 27 Nov 1860 p3
  Mary Taylor - 18 May 1859; 21 May 1859 p3
  Col Philip Barton - nd; 12 May 1855 p3
  Wat - 20 Mar 1877; 2 Apr 1877 p2
KEYES, Francis - 18 Oct 1900; 31 Dec 1900 p1
KEYS, Charles - 11 June 1903; 31 Dec 1903 p1
  Charles E - nd; 3 July 1871 p3
  Elizabeth - 5 Feb 1872; 12 Feb 1872 p2
  Esther G - 31 May 1896; 31 Dec 1896 p1
  Henry Francis - 15 Sept 1843; 19 Sept 1843 p3
  Jane Fielter - 12 Sept 1858; 13 Sept 1858 p3
  John - 14 Apr 1877; 23 Apr 1877 p2
  Mary Ann - 10 Mar 1860; 13 Mar 1860 p3
  Mollie - 20 Nov 1904; 31 Dec 1904 p1
  Peyton - 17 Feb 1878; 25 Feb 1878 p2
  Thomas - 6 Oct 1893; 30 Dec 1893 p2

KEYS, W H - -- June 1876; 2 June 1876 p3
KEYSER, Robert - -- May 1875; 11 May 1875 p2
KIBBEY, John B - 19 Nov 1862; 22 Nov 1862 p3*
KIBLER, Abraham - 7 Oct 1902; 31 Dec 1902 p1
KICHENER, Rosina - 19 May 1907; 31 Dec 1907 p1
KICHERER, Frederick - 19 Sept 1910; 31 Dec 1910 p1
  George - 3 June 1914; 31 Dec 1914 p1
  Gottleib - 9 June 1908; 31 Dec 1908 p1
KIDD, Ada E - 11 Sept 1903; 31 Dec 1903 p1
  M S - 5 July 1906; 31 Dec 1906 p1
KIDWELL, Alfred - 31 Aug 1892; 31 Dec 1892 p2
  Alfred William - 12 July 1874; 13 July 1874 p2
  Charles - 21 May 1901; 31 Dec 1901 p1
  Charles E - 2 May 1884; 31 Dec 1884 p3
  Elizabeth - -- May 1871; 16 May 1871 p2
  Elizabeth - 29 Oct 1899; 30 Dec 1899 p1
  George T - 20 Mar 1885; 31 Dec 1885 p2
  George W - nd; 9 Sept 1859 p3
  James - nd; 9 Jan 1855 p3
  John H - 9 June 1889; 31 Dec 1889 p2
  Mrs - 14 Apr 1874; 18 Apr 1874 p2
  Presley - nd; 27 July 1855 p3
  Sarah - 7 July 1874; 7 July 1874 p2
  William - 10 Dec 1858; 18 Dec 1858 p3
  William - 31 July 1873; 1 Aug 1873 p3
  William - 20 Sept 1904; 31 Dec 1904 p1
  Mrs Zedekiah - nd; 12 Mar 1861 p3
KIERNAN, James - nd; 9 Aug 1823 p3
KIGER, Mrs J D - 21 Aug 1914; 31 Dec 1914 p1
KILBY, J H - 26 Dec 1860; 29 Dec 1860 p2
KILGOUR, Annie Stribling - 20 June 1877; 20 June 1877 p2 & 28 June 1877 p2
  Charlotte - 28 Sept 1873; 2 Oct 1873 p2
KILLGORE, Katie Florence - 27 June 1873; 27 June 1873 p2
KILLMON, John T - 22 Dec 1860; 25 Dec 1860 p2
KILPATRICK, (child) - 20 Jan 1864; 26 Jan 1864 p3
KILTON, Elizabeth - 31 Dec 1840; 2 Jan 1841 p3
KIMEL, W S - 15 Sept 1895; 31 Dec 1895 p1
KINCAID, Archibald - 26 July 1811; 27 July 1811 p3
  Geo - nd; 6 Jan 1825 p3
  Isabella - 27 Nov 1857; 28 Nov 1857 p3
  Isabella - 27 June 1877; 27 June 1877 p2
  Jane Richards - 3 July 1834; 8 July 1834 p3
  Lucy - 18 Apr 1842; 19 Apr 1842 p3

  Mary Cornell - 25 Jan 1835; 29 Jan 1835 p3
KINCHELOE, Daniel - nd; 13 Apr 1861 p3
  Hardwick - 14 Nov 1846; 30 Nov 1846 p3
  Jane - 8 Feb 1875; 13 Feb 1875 np
  John Richard - 17 Mar 1870; 23 Mar 1870 p2
  Mary J - nd; 21 Sept 1852 p3
  Philip - nd; 16 July 1853 p2
  William B - -- Feb 1878; 18 Feb 1878 p2
KINCHEY, Paul - 5 Feb 1852; 10 Feb 1852 p2
  Paulmia - nd; 24 Mar 1840 p3
KING, Annie - 21 Aug 1864; 29 Aug 1864 p2
  Annie M - 28 Feb 1903; 31 Dec 1903 p1
  Benj - nd; 8 Mar 1837 p3
  Benjamin - 12 Sept 1840; 22 Sept 1840 p2
  Benjamin S - nd; 3 Nov 1847 p2
  Caroline E - 6 Mar 1901; 31 Dec 1901 p1
  Catharine - 20 Mar 1865; 21 Mar 1865 p2
  Catharine - 8 Nov 1891; 31 Dec 1891 p1
  Charles - nd; 29 June 1838 p3
  Charles - 25 Apr 1843; 28 Apr 1843 p3
  Charles - nd; 12 Nov 1847 p3
  Charles - 26 Dec 1910; 31 Dec 1910 p1
  Charles L - 21 June 1891; 31 Dec 1891 p1
  Charles W - 6 May 1903; 31 Dec 1903 p1
  Dr Daniel - nd; 30 Mar 1854 p3
  Elmira - 3 Nov 1907; 31 Dec 1907 p1
  Enoch - 19 Jan 1861; 23 Jan 1861 p3
  Francis X - nd; 31 July 1847 p3
  J L - 6 Sept 1872; 7 Sept 1872 p2
  James - 22 July 1903; 31 Dec 1903 p1
  James A - 27 Feb 1915; 31 Dec 1915 p2
  James E - 16 June 1914; 31 Dec 1914 p1
  John A - nd; 4 Feb 1854 p3
  John H - 23 Oct 1855; 25 Oct 1855 p3
  Joseph - 4 May 1865; 5 May 1865 p2
  Martha - 21 Feb 1875; 24 Feb 1875 p2
  Mary - 16 May 1877; 17 May 1877 p3
  Mary A - 18 Mar 1915; 31 Dec 1915 p2
  Mildred M - 15 Jan 1867; 16 Jan 1867 p2
  Rev Miles - 17 Sept 1834; 1 Oct 1834 p3
  Nancy - 22 Dec 1851; 30 Dec 1851 p2
  Nancy C - 17 July 1874; 18 July 1874 p2
  Philip - nd; 11 July 1854 p3
  Rebecca - nd; 3 May 1830 p3
  Robert - -- Feb 1868; 29 Feb 1868 p2
  Samuel - 26 May 1890; 31 Dec 1890 p1
  Sarah - 29 Jan 1871; 10 Feb 1871 p2
  Sarah Virginia - 26 Dec 1850; 31 Dec 1850 p2
  Thomas - 5 Aug 1899; 30 Dec 1899 p1
  Thomas Thornton - 23 Feb 1842; 28 Feb 1842 p3
  Virginia - 23 May 1888; 31 Dec 1888 p1
  William M - 30 May 1911; 30 Dec 1911 p4

KING, VP Wm R - nd; 20 Apr 1853 p3
KINGSBURY, LtCol John - nd; 16 Oct 1813 p3
KINGSFORD, Edward - nd; 28 July 1859 p3
KINGSTON, Francis - nd; 20 Nov 1832 p3
 Francis - 9 July 1881; 11 July 1881 p2
 Julia - 22 Oct 1895; 31 Dec 1895 p1
 Samuel - 8 Jan 1899; 30 Dec 1899 p1
 Susannah - 6 Apr 1860; 7 Apr 1860 p3
KINNEY, Dr Wm - nd; 8 Jan 1852 p3
KINSEY, Dr B F - 31 Dec 1870; 3 Jan 1871 p2
 Mary - 22 Dec 1833; 4 Jan 1834 p3
KINSLOW, Kate - 7 Apr 1885; 31 Dec 1885 p2
 Owen - 21 June 1879; 21 June 1879 p2
 Susan - 26 Dec 1885; 31 Dec 1885 p2
 Thomas - 7 Apr 1884; 31 Dec 1884 p3
KINSMAN, Mary A - 20 June 1865; 22 June 1865 p2
KINSOLVING, A R - 2 Aug 1854; 25 Aug 1854 p3
KINZER, Anna Bolling - 22 Apr 1890; 31 Dec 1890 p1
 George M L - 25 Dec 1867; 11 Jan 1868 p2
 J Louis - 13 June 1863; 13 June 1863 p3
 Maggie C - 4 Feb 1885; 31 Dec 1885 p2
 Margaret G - 11 Jan 1888; 31 Dec 1888 p1
 W W - 25 Aug 1899; 30 Dec 1899 p1
KINZEY, Ezra - nd; 2 Apr 1836 p3
KIRBY, Elizabeth - 15 Jan 1849; 22 Jan 1849 p2
 John G - 27 Feb 1873; 3 Mar 1873 p2
 R F - 22 Nov 1865; 23 Nov 1865 p2
 Robert B - 6 Feb 1842; 8 Feb 1842 p3
KIRCHER, Ws Gottlieb - 26 Aug 1883; 31 Dec 1883 p3
KIRCHNER, Rose - 23 June 1910; 31 Dec 1910 p1
KIRK, Bridget - 4 Mar 1797; 7 Mar 1797 p3
 (girl child) - 14 July 1790; 15 July 1790 p3
 George Felix nd; 26 Aug 1847 p2
 Harriet w/o Annes Jackson - 25 Dec 1803; 28 Dec 1803 p3
 Harrison - 17 June 1899; 30 Dec 1899 p1
 Harrison - 23 June 1913; 31 Dec 1913 p1
 James - 1786; 6 Apr 1786 p3
 John A - 16 Sept 1837; 19 Oct 1837 p3
 Margaret A - 1 May 1906; 31 Dec 1906 p1
 Rebecca - nd; 25 May 1824 p3
KIRKLEY, Mary M - 18 Apr 1848; 20 Apr 1848 p3
KIRKMAN, Ann - 1866; 5 Nov 1866 p2
KIRKPATRICK, Hon Andrew - nd; 13 Jan 1831 p3
 Mary E - 8 Aug 1874; 17 Aug 1874 p2

 Thomas - 1785; 20 Jan 1785 p3
KIRKWOOD, Wallace - 8 Sept 1853; 12 Sept 1853 p3
KISSAM, Dr Samuel M - nd; 22 Aug 1822 p3
KISSNER, Mary - 18 Feb 1881; 19 Feb 1881 p2
KISSUCK, Milcha - nd; 14 July 1840 p3
KITCHAM, Jason - 13 Nov 1874; 16 Nov 1874 p2
KITCHEN, Snowden - 28 Apr 1866; 5 May 1866 p3
KITE, David M - 2 Oct 1912; 31 Dec 1912 p1
KITZMILLER, Elizabeth - 12 Mar 1843; 27 Mar 1843 p3
KLEIBER, George - 30 Jan 1849; 1 Feb 1849 p2
KLEIN, Ada V - 4 Oct 1906; 31 Dec 1906 p1
 John M - 7 Aug 1865; 9 Aug 1865 p4
KLEINHOFF, Mrs John - 1784; 2 Sept 1784 p3
KLIM, Lucy Randolph - 31 Jan 1871; 6 Feb 1871 p2
KLIPSTEIN, Lucelina Hunton - 25 Dec 1858; 7 Jan 1859 p3
 Martha J - 21 Nov 1875; 6 Dec 1875 p2
 Mary - 25 Feb 1904; 31 Dec 1904 p1
 Dr Philip A - 15 Sept 1855; 6 Oct 1855 p3
 W B - 17 Sept 1881; 19 Sept 1881 p2
KLIPSTINE, Sarah - 15 Feb 1849; 26 Feb 1849 p2
 Thomas E - 3 June 1860; 9 June 1860 p3
KLOPFER, Rachel - 10 Mar 1860; 13 Mar 1860 p3
KNELLER, Mary Clementina - 13 Dec 1835; 16 Dec 1835 p3
KNIGHT, Rev E A - 18 Sep 1862; 19 Sep 1862 p3*
 Ferdinand - 14 Aug 1894; 31 Dec 1894 p1
 John H - 3 June 1900; 31 Dec 1900 p1
 John H - 24 May 1911; 30 Dec 1911 p4
 John J - 13 Feb 1861; 16 Feb 1861 p3
 Mary V - 12 Mar 1846; 6 Apr 1846 p3
 Mattie - 6 Nov 1891; 31 Dec 1891 p1
 Nellie - 3 Dec 1908; 31 Dec 1908 p1
 William - 22 July 1834; 26 July 1834 p3
 Willie - nd; 6 Feb 1863 p3
KNOTT, Mary - 12 Oct 1857; 15 Oct 1857 p3
 Mary - 2 June 1901; 31 Dec 1901 p1
KNOX, Agnes Threse - 26 June 1875; 1 July 1875 p2
 Anne Baylor - 28 Jan 1861; 29 Jan 1861 p3
 D B S - 1 Nov 1891; 31 Dec 1891 p1
 Elizabeth Selden - 24 Mar 1875; 25 Mar 1875 p2
 Henry M - 9 Jan 1860; 23 Feb 1860 p3
 J S - nd; 25 Jan 1859 p3

KNOX, Janet Gordon - 11 Sept 1875; 2 Nov 1875 p2
Jenet P - nd; 10 Sept 1849 p2
John S - 27 Nov 1873; 27 Nov 1873 p3
Joseph Homer - 23 July 1860; 24 July 1860 p3
Margaret - 17 July 1867; 17 July 1867 p3
Susan F - 12 Aug 1857; 22 Aug 1857 p3
Thomas - 26 Feb 1871; 27 Feb 1871 p2
Dr Thomas F - 25 Sept 1835; 2 Oct 1835 p3
KNOXVILLE, Charles - 21 Feb 1897; 31 Dec 1897 p1
John T - 24 Aug 1891; 31 Dec 1891 p1
Martha - 7 Apr 1895; 31 Dec 1895 p1
KOBLER, Rev John - 26 July 1843; 29 July 1843 p3
KODERLEN, C N - 10 Oct 1898; 31 Dec 1898 p1
KOESLER, Beckmith - 17 July 1805; 18 July 1805 p3
KONIG, Frederick - nd; 3 Apr 1833 p3
KOOLER, Charles - 13 Aug 1904; 31 Dec 1904 p1
KOONES, Frederick . nd; 20 Jan 1836 p3
Rebecca W - 1 Mar 1860; 2 Mar 1860 p3
KOONTZ, Henry - 29 Mar 1821; 12 Apr 1821 p3
KORN, Rosanna - nd; 23 Dec 1831 p3
KOWNSLAR, Mary - 2 Mar 1861; 18 Mar 1861 p3
KRAEMER, Fred - 13 Apr 1894; 31 Dec 1894 p1
KRAFFT, Henry - 20 July 1892; 31 Dec 1892 p2
KRAFT, Jacob M - 9 Nov 1889; 31 Dec 1889 p2
Magdalene - 27 Oct 1872; 28 Oct 1872 p3
KRAIG, Thomas - nd; 13 Feb 1845 p3
KRAMER, Jennie - 17 July 1910; 31 Dec 1910 p1
Jennie E - 20 July 1858; 26 July 1858 p3
KRAMP, Emil - 2 Dec 1909; 31 Dec 1909 p1
KRAUSS, Julius H - 18 July 1908; 31 Dec 1908 p1
KRAUTH, Susan - 18 Nov 1853; 2 Dec 1853 p2
KREBS, Henry - 28 Dec 1834; 1 Jan 1835 p3
KREHMER, George - nd; 28 Oct 1859 p3
KRENER, Jacob - 24 Feb 1821; 26 Mar 1821 p3
KRIEG, Mrs Gottfried - 7 Apr 1871; 8 Apr 1871 p2
KRIGLOE, Mrs E L - 1887; 6 Sept 1887 p2
KRING, G C - 17 Sept 1837; 26 Sept 1837 p3
KROFT, Ahart - 29 Mar 1847; 31 Mar 1847 p3
KROUSE, Amelia - 23 Mar 1860; 24 Mar 1860 p3
Charles - 18 Sept 1865; 18 Sept 1865 p3 & 19 Sept 1865 p3
KUEHLING, Fannie C - 19 Oct 1882; 24 Oct 1882 p2

KUHN, Henry Hargrove - 26 Apr 1841; 29 Apr 1841 p3
Capt Joseph L - nd; 11 Jan 1836 p3
Richard P - 9 May 1904; 31 Dec 1904 p1
KULMAN, Dorothy - 8 Feb 1864; 11 Feb 1864 p2
KULP, Windsor - 1866; 5 Nov 1866 p2
KUMMER, Charles - 31 Mar 1861; 2 Apr 1861 p3
KURTZ, Rev Dr - 1865; 2 Jan 1866 p3
Christy Ann - 8 Aug 1860; 22 Aug 1860 p3
David - 31 Jul 1862; 1 Aug 1862 p3*
Isaac - 3 Feb 1861; 18 Feb 1861 p3
Mrs J D - 13 June 1865; 17 June 1865 p3
Mary - 18 Mar 1841; 23 Mar 1841 p3

LA TRUITTE, Anthony - 1 Dec 1865; 2 Dec 1865 p3
LABILLE, Lizzie - 10 Mar 1906; 31 Dec 1906 p1
Mary - 2 Aug 1864; 2 Aug 1864 p2
LABUZAN, Charlotte - 21 Oct 1843; 8 Nov 1843 p3
LACEY, Mary P - nd; 21 Apr 1845 p3
Matilda - 1 May 1814; 10 May 1814 p3
Richard A - 18 Feb 1912; 31 Dec 1912 p1
Sarah - 30 July 1841; 9 Aug 1841 p3
LACHLIN, John - nd; 21 Oct 1819 p2
LACKEY, Margaret Farmar - --- Oct 1879; 7 Oct 1879 p2
Milton - --- Feb 1878; 9 Feb 1878 p2
LACKLAND, S W - 14 Apr 1857; 18 Apr 1857 p2
LACY, Elizabeth Westwood - 17 May 1810; 30 May 1810 p3
Horace - 10 Jan 1873; 1 Feb 1873 p2
Ida Jane - nd; 3 Jan 1859 p3
Nora F - 14 June 1878; 25 June 1878 p2
LADD, Eliza S - 10 Sept 1837; 21 Sept 1837 p3
Harriott Vaulx - 18 Dec 1874; 19 Dec 1874 p2 & 21 Dec 1874 p2
John G - 4 Jan 1819; 23 Feb 1819 p2
Mary Josephine - nd; 24 Dec 1851 p2
Sarah - 30 Oct 1807; 31 Oct 1807 p2
Sarah - 11 Sept 1844; 17 Sept 1844 p3
William - 3 Dec 1800; 6 Dec 1800 p2
LAFEBETY, Anna - 16 Feb 1840; 2 Mar 1840 p3
LAFLAIN, Ellen - 26 Mar 1912; 31 Dec 1912 p1
LAGNEL, Maria Louisa - 28 Aug 1850; 30 Aug 1850 p3
LAIDLER, John - 28 Sept 1815; 5 Oct 1815 p3
LAIRD, Ariana - nd; 9 June 1838 p3

LAIRD, John - nd; 13 July 1833 p3
LAKE, Ann - 23 Mar 1814; 24 Mar 1814 p3
 Isaac - 26 Mar 1851; 12 Apr 1851 p3
 Ludwell - 17 July 1876; 22 July 1876 p2
LAKE, Mollie P - 16 Nov 1865; 28 Nov 1865 p2
 Susan - 4 Apr 1882; 24 Apr 1882 p2
LAKEMAN, Hannah - 26 Dec 1877; 2 Jan 1878 p2
LAKIN, Rush - 24 June 1835; 27 June 1835 p3
LALLY, Matilda - 21 Aug 1855; 24 Aug 1855 p3
LAMAR, Gaz Way B - --- Nov 1874; 3 Nov 1874 p2
LAMB, George - 13 Aug 1904; 31 Dec 1904 p1
 Junius - 14 Jan 1877; 15 Jan 1887 p2
 Lucie - 30 Apr 1893; 30 Dec 1893 p2
LAMBDEN, Lt - battle on 30 Jun 1862; 8 Jul 1862 p1*
 Charles - 24 Oct 1860; 5 Nov 1860 p3
LAMBDIN, Elizabeth - 11 Nov 1896; 31 Dec 1896 p1
 John R - 28 Apr 1891; 31 Dec 1891 p1
 Sarah J - 22 Mar 1894; 31 Dec 1894 p1
LAMBELL, Sophia - nd; 21 Mar 1838 p3
 Wm - nd; 2 Mar 1836 p3
LAMBERT, Adelaide Jordan - 18 Mar 1838; 21 Mar 1838 p3
 Aldolphus H - 10 Dec 1870; 15 Dec 1870 p2
 Benjamin H - 23 Nov 1873; 24 Nov 1873 p2
 Benjamin H - 1 Feb 1908; 31 Dec 1908 p1
 Charles Edwin - 30 Mar 1838; 31 Mar 1838 p3
 Colin Hunter - 21 July 1877; 13 Aug 1877 p2
 David - 20 July 1841; 3 Aug 1841 p3
 Edgar L - 18 Feb 1901; 31 Dec 1901 p1
 Ernest D - --- May 1915; 31 Dec 1915 p2
 John B - nd; 14 May 1858 p3
 John I - 20 Sept 1869; 25 Sept 1869 p2
 Jordan W - 6 Jan 1889; 31 Dec 1889 p2
 Joseph W - 31 Jan 1898; 31 Dec 1898 p1
 Laura - 2 Aug 1905; 30 Dec 1905 p1
 Leonora I - 25 Nov 1905; 30 Dec 1905 p1
 Louisa - 1 Aug 1860; 6 Aug 1860 p3
 Mary Ellen - 7 Sept 1858; 17 Sept 1858 p3
 Mary Louisa - 19 Nov 1877; 3 Dec 1877 p3
 Phebe E - nd; 8 Nov 1849 p3
 W F - 25 Feb 1907; 31 Dec 1907 p1 & 25 Feb 1907 p3
 William - 20 Oct 1834; 22 Oct 1834 p3
 William H - 7 Dec 1907; 9 Dec 1907 np & 31 Dec 1907 p1
 Willie - nd; 21 Nov 1871 p3
 Wm - nd; 17 Mar 1840 p3

LAMBETH, Fannie W - 20 Aug 1853; 30 Aug 1853 p3
 George Meredith (infant) - 7 Apr 1845; 15 May 1845 p3
 George Slacum - 24 Mar 1845; 15 May 1845 p3
 Mrs Georgiana Slacum - 24 Mar 1845 (buried in Alexandria 13 May 1845); nd np
LAMBRIGHT, Tabitha - 30 Nov 1843; 2 Dec 1843 p3
LAMMOND, Alexander - nd; 24 Oct 1860 p3
LAMOUR, Joseph Harrison - 1 Aug 1854; 2 Aug 1854 p3
LAMPHER, Annie - 4 Apr 1893; 30 Dec 1893 p2
LAMPHIER, William h/o Miss Mary Sexsmith - 2 Feb 1804; 8 Feb 1804 p3
 Wm - 28 Mar 1851; 10 May 1851 p2
LANAGAN, Richard - 17 Jan 1879; 18 Jan 1879 p2
LANAHAN, Eugene - 18 Nov 1857; 19 Nov 1857 p3
LANCASTER, Anne Causin - nd; 12 Jan 1844 p3
 Benj A - 16 Sept 1836 p3
 Edward R - 9 Nov 1853; 19 Nov 1853 p3
 Joseph - 24 Oct 1838; 27 Oct 1838 p3
 Lista - 9 May 1865; 20 May 1865 p2
 Mary C - nd; 12 May 1845 p3
LANDON, Emma - 6 June 1865; 15 July 1865 p2
LANDRAM, William - 28 May 1875; 8 June 1875 p2
LANDSDASLE, Philip May - nd; 2 May 1859 p3
LANE, Ann Elizabeth - 28 Mar 1854; 30 Mar 1854 p3
 Col - --- Mar 1868; 18 Mar 1868 p2
 Dr Edward G - 5 Nov 1862; 8 Nov 1862 p1*
 Elizabeth F - nd; 21 Jan 1836 p3
 Francis Wm - 16 Mar 1877; 19 Mar 1877 p2
 Joseph - nd; 17 Apr 1852 p3
LANG, Mrs F R - 23 July 1865; 25 July 1865 p3
 John - 9 Nov 1870; 14 Nov 1870 p2
LANGDOLF, B J - 9 Nov 1913; 31 Dec 1913 p1
LANGE, Dorothea - 24 Feb 1875; 26 Feb 1875 np
LANGFORD, Helen - 26 Apr 1899; 30 Dec 1899 p1
LANGHORNE, Elizabeth G - 3 Apr 1872; 5 Apr 1872 p2
LANGLOF, Sarah J - 10 Mar 1900; 31 Dec 1900 p1
LANGTREE, Charles - 21 May 1869; 24 May 1869 p3

LANHAM, Benoni - Spring 1859; 1 June 1860 p3
Robert H - nd; 8 Dec 1845 p3
Mrs W G - 16 Nov 1896; 31 Dec 1896 p1
Wm - nd; 17 Apr 1824 p3
LANKFORD, Annie - 20 Feb 1910; 31 Dec 1910 p1
LANNON, Bridget - 2 Feb 1869; 3 Feb 1869 p3
Eddie - 10 Sept 1877; 10 Sept 1877 p2
Johanna V - 30 May 1883; 31 Dec 1883 p3
John - 25 May 1886; 31 Dec 1886 p3
Margaret A - 28 June 1890; 31 Dec 1890 p1
Mary - 4 Apr 1905; 30 Dec 1905 p1
Thomas - 13 July 1901; 31 Dec 1901 p1
LANPHIER, Elizabeth - nd; 7 June 1853 p3
G W - nd; 25 Mar 1845 p3
William B - 26 May 1842; 14 June 1842 p3
Wm - 28 Mar 1851; 11 Apr 1851 p3
LANSDALE, Enoch - 28 Feb 1843; 3 Mar 1843 p3
Violetta - 14 Apr 1865; 21 Apr 1865 p2
Violetta - 23 Aug 1875; 31 Aug 1875 p2
LANSFORD, William - 12 May 1902; 31 Dec 1902 p1
LANUM, Lillie - 23 Mar 1909; 31 Dec 1909 p1
LANZA, Gaetana - 9 Apr 1870; 15 Apr 1870 p2
LAPHEN, Elizabeth - 11 July 1847; 19 July 1847 p2
J J - 22 July 1841; 6 Aug 1841 p3
James - 22 July 1841; 24 July 1841 p3
John P - 3 Apr 1914; 31 Dec 1914 p1
Louis P - 16 June 1885; 31 Dec 1885 p2
Louisa - 25 May 1897; 31 Dec 1897 p1
Patrick - 8 Feb 1828; 9 Feb 1828 p3
Peter - nd; 1 Feb 1853 p2
LARK, Mary H - 5 Apr 1886; 31 Dec 1886 p3
LARKIN, Benj F - 9 Feb 1831; 14 Mar 1831 p3
Hannah - nd; 11 Jan 1844 p2
Dr Henry D - 23 Nov 1875; 29 Nov 1875 p2
LARKINS, Lingnel - nd; 24 Aug 1833 p3
LARMAND, Medora N - 19 Jan 1912; 31 Dec 1912 p1
LARMOND, John W - 25 Apr 1910; 31 Dec 1910 p1
LARMOUR, Samuel B - 3 Feb 1847; 6 Feb 1847 p3
LARNED, Jane Herford nd; 31 Oct 1837 p3
LARUE, Juliet Carter - 5 Dec 1874; 18 Dec 1874 p2
LASH, Joseph - 17 Dec 1897; 31 Dec 1897 p1
LATCHFORD, Wm - 1 Apr 1875; 3 Apr 1875 p2

LATHAM, C Rose - 25 May 1888; 31 Dec 1888 p1
Catharine - 17 Mar 1840; 18 Mar 1840 p3
E W - nd; 4 Mar 1851 p3
Eliza J - 20 Dec 1885; 31 Dec 1885 p2
Frances - 16 Sept 1841; 25 Oct 1841 p3
Franck Pinckney - 1 Aug 1854; 3 Aug 1854 p3
George W - 21 Jan 1847; 4 Feb 1847 p2
Hugh - 25 Oct 1880; 26 Oct 1880 p2
Richard M - 22 July 1915; 31 Dec 1915 p2
Robert Cundiff - 14 Mar 1861; 23 Mar 1861 p3
Rose Ann - nd; 4 Jan 1837 p3
William Eugene - 5 Mar 1850; 15 Apr 1850 p3
LATHRAM, Bettie L - 7 Feb 1860; 22 Mar 1860 p3
LATHROP, Minne - --- Jan 1877; 16 Jan 1877 p3
LATIMER, Maria Louisa - 26 Oct 1857; 9 Nov 1857 p3
LATRUIT, Mrs M M - 9 Dec 1835; 11 Dec 1835 p3
LATTMIER, Alma Augusta - 27 Nov 1858; 17 Dec 1858 p3
Virlinda. - 11 Apr 1841; 26 Apr 1841 p3
LATTIN, Matthew - 18 Feb 1886; 31 Dec 1886 p1
LAUB, Martha - 3 Apr 1836; 5 Apr 1836 p3
LAUCK, Joseph M - 23 Nov 1857; 25 Nov 1857 p3
LAUGHLIN, Mrs David - 7 Sept 1896; 31 Dec 1896 p1
LAUPHEIMER. Michael - 17 June 1903; 31 Dec 1903 p1
LAURIE, Elizabeth B - nd; 8 May 1849 p3
LAW, Thomas - 1 Aug 1834; 2 Aug 1834 p3
LAWLER, Edward - 31 Aug 1883; 31 Dec 1883 p3
Mrs Edward - 16 Mar 1898; 31 Dec 1898 p1
Frances - 10 Sept 1908; 31 Dec 1908 p1
John Jr - 14 May 1898; 31 Dec 1898 p1
John - 22 Nov 1913; 31 Dec 1913 p1
Maggie - 4 July 1877; 5 July 1877 p3
Martin - 10 July 1877; 11 July 1877 p2
Mary - 14 June 1870; 14 June 1870 p2
Mary - 5 July 1904; 31 Dec 1904 p1
William - 22 Sept 1860; 28 Sept 1860 p2
LAWRASON, Alice - 25 Apr 1821; 26 Apr 1821 p3
Elizabeth - 12 July 1819; 13 July 1819 np
Elizabeth - 11 Apr 1851; 23 Apr 1851 p2
James - 18 Apr 1824; 20 Apr 1824 p3
James Jr - 14 Feb 1814; 15 Feb 1814 p3
James Thomas - 8 Feb 1863; 31 Oct 1863 p2

LAWRASON, Samuel C - 14 July 1849; 30 July 1849 p3
Thomas - nd; 10 June 1819 p3
LAWRENCE, Esther R - 19 Nov 1857; 2 Dec 1857 p3
George - nd; 13 Apr 1820 p3
Henry - 15 Dec 1889; 31 Dec 1889 p2
LAWRENCE Mrs James - 25 June 1897; 31 Dec 1897 p1
James - 15 Nov 1901; 31 Dec 1901 p1
Joseph Jr - 27 Feb 1842; 5 Mar 1842 p3
Joseph W - 15 Dec 1835; 25 Dec 1835 p3
Lizzie - 1887; 3 Oct 1887 p2
Lucinda - 17 Jan 1879; 18 Jan 1879 p2
Mary - 16 Feb 1899; 30 Dec 1899 p1
Mary A - 29 May 1897; 31 Dec 1897 p1
Omega - 17 Sept 1890; 31 Dec 1890 p1
Richard - 5 Apr 1911; 30 Dec 1911 p4
William - 7 Jan 1841; 18 Jan 1841 np
Wm W - 11 Jan 1828; 12 Jan 1828 p3
LAWS, Ann - 15 Jan 1861; 2 Feb 1861 p2
Bushrod - 12 May 1899; 30 Dec 1899 p1
Elizabeth - nd; 28 Sept 1824 p3
Newman - 23 Aug 1883; 31 Dec 1883 p3
LAWSON, Drady Ann - --- May 1876; 19 May 1876 p2
Eleanora - 29 Oct 1886; 31 Dec 1886 p3
Elizabeth - 26 Aug 1912; 31 Dec 1912 p1
Elizabeth F - 25 July 1849; 27 July 1849 p3
Ellen - 29 July 1870; 5 Aug 1870 p2
Fabius M - 1 Oct 1857; 28 Oct 1857 p3
Hillery - 7 Oct 1873; 8 Oct 1873 p2
John - nd; 19 Aug 1823 p3
John B - nd; 10 Oct 1851 p2
John C - 14 Aug 1865; 16 Aug 1865 p4
Joseph - 28 Aug 1869; 30 Aug 1869 p2
Josephine - 21 Apr 1904; 31 Dec 1904 p1
Mrs Martha - nd; 22 Mar 1861 p3
Serena - 30 Dec 1876; 1 Jan 1877 p3
LAYCOCK, Albert - 12 July 1897; 31 Dec 1897 p1
Anna M - 5 Dec 1886; 31 Dec 1886 p3
Capt Edward - 7 Feb 1864; 10 Feb 1864 p2
William - 21 Apr 1897; 31 Dec 1897 p1
LAYTON, John - 5 Oct 1834; 6 Oct 1834 p3
LEACH, James B - 20 Oct 1865; 25 Oct 1865 p2
Lizzie - 15 Jan 1873; 29 Jan 1873 p3
LEACHMAN, Ann P - 21 Mar 1860; 29 Mar 1860 p2
William R - nd; 3 Dec 1847 p2
LEADBEATER, Alice - nd; 13 May 1845 p3
Anna - 10 May 1903; 31 Dec 1903 p1

E S - 11 Oct 1899; 30 Dec 1899 p1
Henry - 29 Apr 1854; 4 May 1854 p3
John - 9 Feb 1860; 10 Feb 1860 p2
Lizzie J - 8 July 1875; 10 July 1875 p2
Mary P - 9 Aug 1863; 10 Aug 1863 p3
T Boyd - 14 Sept 1914; 31 Dec 1914 p1
Thomas - 1 June 1895; 31 Dec 1895 p1
LEADBETTER, Henry Lee - 22 June 1870; 10 Aug 1870 p3
LEADMAN, Sallie - 5 Jan 1906; 31 Dec 1906 p1
LEAKE, A P - 28 Dec 1905; 30 Dec 1905 p1
LEAR, James - 22 Apr 1869; 27 Apr 1869 p2
Tobias - 14 Oct 1816; 15 Oct 1816 p3
LEASON, James G - 2 July 1865; 15 July 1865 p2
LEATHERLAND, Claude Leo - 24 Aug 1882; 25 Aug 1882 p2
John - 12 June 1904; 31 Dec 1904 p1
John W - 26 Apr 1909; 31 Dec 1909 p1
Mary - 22 July 1884; 31 Dec 1884 p3
Sarah - 25 Feb 1906; 31 Dec 1906 p1
LEATHERS, John - 10 Apr 1887; 13 Apr 1887 p2
LEAVEL, Harriet E - 17 Apr 1860; 23 Apr 1860 p2
LEAVELL, Mary A E - nd; 2 Dec 1854 p3
LEAVENWORTH, Mrs - 25 June 1841; 3 Aug 1841 p3
LEBO, Jacob - 29 Aug 1865; 1 Sept 1865 p3
LECKIE, Robert - 20 July 1834; 23 July 1834 p3
LEDDY, Agnes Diana - 14 July 1839; 18 July 1839 p3
Malinda E - 17 Jan 1860; 18 Jan 1860 p3
LEDERER, John Leonard - 18 Jan 1874; 31 Jan 1874 p3
LEE, Abner A - 10 Jan 1890; 31 Dec 1890 p1
Alex H - --- Apr 1868; 9 Apr 1868 p2
Alfred - 16 Oct 1865; 20 Oct 1865 p2
Algernon Sydney - 9 Aug 1796; 13 Aug 1796 p3
Alice - 14 Dec 1859; 13 Jan 1860 p3
Alice M - 8 Feb 1875; 23 Feb 1875 p2
Ann d/o Richard Henry Lee, consort of Mr Charles Lee - 9 Sept 1804 ae 33; 13 Sept 1804 p3
Ann H - nd; 28 July 1829 p3
Anne Carter - 20 Oct 1862; 20 Jan 1863 p3
Anne M - 27 Aug 1840; 15 Oct 1840 p3
Annie E - 5 July 1885; 31 Dec 1885 p2
Annie V - 11 Dec 1912; 31 Dec 1912 p1
Archibald - nd; 20 Aug 1839 p3
Arthur s/o Rev Wm F Lee - 6 May 1837; 9 May 1837 p3

LEE, Arthur - 3 Aug 1841; 7 Sept 1841 p3
Dr Benjamin - nd; 24 Oct 1863 p2
Bettie - 4 Mar 1911; 30 Dec 1911 p4
Cassius F - 23 Jan 1890; 31 Dec 1890 p1
Cassius F - 4 Sept 1892; 31 Dec 1892 p2
Cornelia - 25 June 1890; 31 Dec 1890 p1
D McC - battle on 30 Jun 1862; 8 Jul 1862 p1*
Daniel - 4 Apr 1833; 30 Apr 1833 p3
E G - --- Aug 1870; 1 Sept 1870 p3
Edmund I - 30 May 1843; 1 June 1843 p2
Edward - 27 June 1784; 1 July 1784 p3
Eliza - 25 Aug 1833; 30 Aug 1833 p3
Elizabeth - 22 May 1853; 6 June 1853 p3 &
  22 June 1853 p3
Elizabeth - nd; 26 June 1858 p3
Ernest G - 19 Apr 1912; 31 Dec 1912 p1
Ezra commanded submarine in revolution - 29
  Oct 1821; 20 Nov 1821 p2
Fanny - 17 Aug 1859; 5 Sept 1859 p3
Fanny w/o Thomas Ludwell Lee - nd; 1 Jan
  1851 p2
Francis Lightfoot - 13 Apr 1850; 16 Apr
  1850 p3
Dr Francis Lightfoot - nd; 22 May 1855 p3
George - nd; 12 Feb 1858 p3
Greene - 28 July 1790; 5 Aug 1790 p2
Hancock - nd; 5 Feb 1853 p3
Harriette Ellen - 9 Apr 1835; 14 Apr 1835 p3
Harry - 7 June 1878; 8 June 1878 p3
Henry - 15 Aug 1787; 30 Aug 1787 p3
Henry - 25 Mar 1818; 10 Apr 1818 p2
Henry Jr s/o Light Horse Harry - 30 Jan 1837;
  14 Mar 1837 p3
Howard - 31 Aug 1859; 6 Sept 1859 p3
J Arthur s/o Capt Hancock Lee, one of the
  earliest pioneers of the wilds of Kentucky -
  3 Feb 1858; 19 Feb 1858 p3
Jane - 25 July 1816; 3 Aug 1816 p3
Jane S - nd; 12 Aug 1839 p3
John - nd; 12 July 1848 p3
Col John - 17 May 1871; 23 May 1871 p2
John - --- May 1873; 27 May 1873 p3
John B - nd; 6 Dec 1871 p2
John H - nd; 9 July 1832 p3
John H - 2 Sept 1860; 8 Sept 1860 p3
Jousa - 28 June 1851; 1 July 1851 p2
Julia A M - 7 Feb 1886; 31 Dec 1886 p3
Lerty - 23 Oct 1900; 31 Dec 1900 p1
Lottie - 22 Sept 1872; 24 Sept 1872 p3
Louisa S - nd; 13 Oct 1845 p3
Lucy d/o Henry of Leesylvania - 24 May 1837;
  25 May 1837 p3

Ludwell - 25 Mar 1836; 2 Apr 1836 p3
Maria - 11 Jan 1907; 31 Dec 1907 p1
Mary E - 21 Oct 1860; 2 Nov 1860 p3
Mary Elizabeth - nd; 2 Dec 1852 p3
Mary Jacqueline - 11 Dec 1854; 23 Jan 1855 p3
Mary Jones w/o Dr Alfred H - nd; 30 Mar
  1844 p3
Mary W - 19 Mar 1841; 6 Apr 1841 p3
Matilda - 16 Aug 1790; 19 Aug 1790 p3
Nellie - 6 Jan 1876; 21 Jan 1876 p2
Philippa - 24 Dec 1853; 30 Dec 1853 p3
Philippa Ludwell - 25 Jan 1844 (funeral at
  428 N Washington St); 27 Jan 1844 p3
Rebecca - 14 Feb 1882; 21 Feb 1882 p2
Richard Bland - 13 Mar 1827; 14 Mar 1827 p3
Richard Bland - 3 Dec 1873; 3 Dec 1873 p3
Richard Bland - 2 Aug 1875; 2 Aug 1875 p2
Robert - 26 July 1865; 26 July 1865 p2
Robert C - 15 Dec 1903; 31 Dec 1903 p1
Col Roswell - nd; 6 Sept 1833 p3
Sally youngest d/o Richard Henry - 8 May 1837;
  10 May 1837 p3
Sally - 14 Apr 1879; 14 Apr 1879 p2
Samuel - 15 Oct 1859; 18 Oct 1859 p3
Lt Samuel M - 21 Aug 1811; 19 Sept 1811 p3
Sidney Smith - 22 July 1869; 23 July 1869 p2
Sinah E - nd; 29 July 1851 p2
Susan - 26 Jan 1820; 27 Jan 1820 np
Theodoric - 16 Sept 1867; 26 Sept 1867 p2
Theodorick - nd; 12 Apr 1849 p3
Thomas Simm - nd; 22 Nov 1819 p2
William - nd; 27 Apr 1872 p2
William Ludwell - 10 May 1858; 15 May
  1858 p3
Wm - nd; 28 May 1838 p3
Wm - 29 Feb 1840; 24 Mar 1840 p3
Rev Wm Fitzhugh - 19 May 1837; 22 May
  1837 p3 & 29 May 1837 np
Wm Henry (Rooney) - 15 Oct 1891; 16 Oct
  1891 p2 & p3
LEEF, Juliet - 5 Apr 1873; 14 Apr 1873 p2
William - 4 Mar 1877; 5 Mar 1877 p2
William F - 29 Feb 1904; 31 Dec 1904 p1
LEER, Edward H - 2 Sept 1873; 25 Sept 1873 p2
LEFO, Mrs Jacob - 7 Sept 1898; 31 Dec 1898 p1
LEFTWICH, Brenda D - 21 Dec 1860; 1 Jan
  1861 p3
Rev Whitfield - 21 Feb 1868- 27 Feb 1868 p2
LEGARE, Hugh S - 20 June 1843; 23 June 1843
  p3 & 24 June 1843 p2 & 26 June 1843 p2 &
  30 June 1843 p2
Mary - 1 Jan 1843; 5 Jan 1843 np

LEGG, Bruce S - 6 July 1875; 14 July 1875 p2
  Cornelia A - 7 Jan 1907; 31 Dec 1907 p1
  Eli - 17 July 1835; 21 July 1835 p3
  Elias P - 26 Aug 1873; 8 Sept 1873 p2
  James E - 19 July 1915; 31 Dec 1915 p2
  William G - 10 June 1878; 11 June 1878 p3
  Mrs William G - 5 Feb 1880; 5 Feb 1880 p2
LEGGETT, Wm - nd; 3 June 1839 p3
LEGRAND, Charles Washington - 1866; 10 Mar 1866 p3
  Nash - 10 Feb 1838; 20 Feb 1838 p3
  Virginia - 21 Sept 1875; 18 Oct 1875 p2
LEHEW, William G - 11 July 1914; 31 Dec 1914 p1
LEHMANN, Louis - 15 July 1857; 17 July 1857 p3
LEIGH, George S - 15 Apr 1843; 26 Apr 1843 p3
  Sally - nd; 26 Apr 1843 p3
  Sophia L - 4wk ago; 26 Apr 1843 p3
LEITCH, Mary M - 28 Feb 1881; 3 Mar 1881 p4
  Patsey - 21 Aug 1869; 24 Aug 1869 p3
  Sarah - 16 Nov 1843; 28 Nov 1843 p3
LELAND, John D - nd; 1 July 1847 p3
LEMMON, Richard H - 10 Mar 1842; 16 Mar 1842 p3
LENNON, Isabella R - 23 Jan 1898; 31 Dec 1898 p1
LENOX, Margaretta E - 1 Oct 1834; 3 Oct 1834 p3
  Peter - nd; 6 Dec 1832 p3
LENT, Lafayette - 11 Feb 1875; 19 Feb 1875 p2
LEONARD, A F - 27 Dec 1870; 27 Dec 1870 p2
  A F - nd; -- Jan 1871 p3
  Catherine - 21 Nov 1812; 9 Dec 1812 p3
  Juliana W - nd; 23 Oct 1829 p3
LEROY, Herman - 4 Apr 1841; 5 Apr 1841 p3
LESLIE, Joseph - 13 Sept 1853; 30 Sept 1853 p2
LETITIA, Lucy - 22 Aug 1853; 24 Aug 1853 p3
LEVERING, Elizabeth - 16 Sept 1869; 18 Sept 1869 p2
  Mary - 13 Aug 1810; 18 Aug 1810 p3
LEVILLAIN, Jaques - nd; 3 Aug 1803 p3
LEVINS, Thomas C - 5 May 1843; 10 May 1843 p3
LEVY, Jacob - 23 Apr 1878; 24 Apr 1878 p2
LEW, Lucy Kincaid - 6 Aug 1841; 7 Aug 1841 p3
LEWIS, Andrew L - 1 Mar 1908; 31 Dec 1908 p1
  Ann Maria - nd; 15 Apr 1853 p2
  Ann Mercer - 9 Sept 1859; 23 Sept 1859 p3
  Ann N - nd; 18 Apr 1845 p3
  Anna B - nd; 5 Sept 1855 p3

  Anne - 27 Aug 1843; 1 Sept 1843 p3
  B F - 25 June 1878; 26 June 1878 p2
  Benjamin H - 4 July 1834; 8 Aug 1834 p3
  Catherine D - nd; 30 July 1849 p3
  Charles - 6 Apr 1843; 17 Apr 1843 p3
  Charles A - 17 Aug 1834; 29 Aug 1834 p3
  Charles H - 26 Oct 1873; 27 Oct 1873 p2
  Coleman - 21 Dec 1843; 27 Dec 1843 p2
  Cornellia - 21 Dec 1871; 5 Jan 1872 p2
  Daniel W - 12 Nov 1885; 31 Dec 1885 p2
  Edward W - 26 Oct 1841; 29 Oct 1841 p3
  Eleanor A - 6 May 1865; 9 May 1865 p2
  Eleanor Parke - nd; 22 July 1852 p2
  Elizabeth - 7 Jan 1837; 20 Jan 1837 p3
  Elizabeth - 12 Dec 1860; 17 Dec 1860 p3
  Elizabeth T - nd; 23 Sept 1844 p3
  Evelyn - 26 Mar 1915; 31 Dec 1915 p2
  Dr F F - 15 Oct 1883; 31 Dec 1883 p3
  Fielding - 13 June 1834; 20 June 1834 p3
  Frederick J - 26 June 1904; 31 Dec 1904 p1
  Dr George W - recently; 27 Aug 1862 p3*
  Henry M - 9 Dec 1853; 14 Dec 1853 p3
  Howard Clinton - 12 July 1876; 14 July 1876 p2
  James B - 19 Sept 1872; 30 Sept 1872 p3
  James Battaile - 12 Dec 1873; 15 Dec 1873 p2
  James H - 12 June 1860; 14 June 1860 p3
  Jane Eliza - 22 May 1858; 24 May 1858 p3
  John - 9 July 1857; 11 July 1857 p3
  John - nd; 26 Aug 1858 p3
  John - 1866; 11 June 1866 p2
  John A - 11 Apr 1872; 23 Apr 1872 p2
  John Archer - 25 Jan 1850; 8 Feb 1850 p3
  John D - 17 May 1841; 10 June 1841 p3
  Dr John H - nd; 1 Oct 1833 p3
  Joseph - 30 Mar 1834; 5 Apr 1834 p3
  Josephine - 4 July 1854; 22 July 1854 p3
  Lawrence - 14 Mar 1876; 15 Mar 1876 p2
  Lille - 7 July 1869; 20 July 1869 p2
  Lindsay - 19 May 1803; 6 June 1803 p1
  Lorenzo - 27 Aug 1847; 1 Sept 1847 p2
  Lucy B - 3 May 1882; 15 May 1882 p2
  Dr M M - 19 Jan 1884; 31 Dec 1884 p3
  Maria J - 2 Nov 1875; 16 Nov 1875 p3
  Mary - 2 Nov 1857; 20 Nov 1857 p3
  R Byrd - 23 July 1870; 25 July 1870 p3
  Reeve - 27 Mar 1858; 26 June 1858 p3
  Rosa P - 31 Aug 1874; 14 Sept 1874 p2
  Sallie Thomas - 15 Jan 1873; 13 Feb 1873 p2
  Mrs Saloma - 29 Mar 1861; 1 Apr 1861 p2
  Sam'l L - 28 June 1874; 7 July 1874 p2
  Samuel H - 9 Aug 1869; 19 Aug 1869 p2
  Townes - 12 Aug 1887; 13 Aug 1887 p2

LEWIS, Washington E - 20 Dec 1906; 31 Dec 1906 p1
William A - 29 Jan 1873; 30 Jan 1873 p2
Willie - 16 Feb 1868; 18 Feb 1868 p3
Wm - nd; 6 Feb 1854 p3
LIBBEY, James A - 18 June 1903; 31 Dec 1903 p1
Joseph - 24 Aug 1866; 25 Aug 1866 p2
LICKLIDER, Mrs Mary Ann - nd; 26 Feb 1861 p3
LIEBERMAN, Mrs Louisa C - 14 Nov 1860; 16 Nov 1860 p3
LIESH, Jane M - 2 May 1813; 3 May 1813 p3
LIGHT, Maj John - 2 July 1834; 17 July 1834 p3
LIGHTFOOT, Albert Edward - 12 Nov 1874; 16 Nov 1874 p2
Fannie Fielder - 22 Apr 1860; 5 May 1860 p2
Francis T - nd; 11 Apr 1839 p3
Harriet A - 11 June 1871; 14 June 1871 p3
John W - 29 June 1872; 29 June 1872 p2
Mary - 26 Jan 1872; 3 Feb 1872 p2
Roberta - 26 June 1833; 8 July 1833 p3
Sally - 22 Aug 1859; 10 Sept 1859 p3
Thomas Walker - nd; 15 Mar 1831 p3
William B - 5 Feb 1870; 1 Mar 1870 p2
LIGHTNER, Albion Rose - 25 Dec 1872; 17 Jan 1873 p3
LILLEY, Henry A - 19 Jan 1908; 31 Dec 1908 p1
LILLY, Ann - 6 July 1943; 29 July 1843 p3
LIMERICK, E J - 13 May 1907; 31 Dec 1907 p1
LINCOLN, MajGen Benjamin - 16 May 1810; 17 May 1810 p3
LIND, Alice M - 6 Dec 1903; 31 Dec 1903 p1
LINDAY, Opa Esq - 25 Sept 1814; 29 Sept 1814 p3
LINDENBERGER, John Davidge - 24 Sept 1837; 19 Oct 1837 p3
LINDHEIMER, Balitti - 11 Mar 1890; 31 Dec 1890 p1
LINDO, Leander - 1 Oct 1809; 3 Oct 1809 p3
Nancy - 27 Sept 1809; 28 Sept 1809 p3
LINDSAY, Caroline - 10 July 1881; 16 July 1881 p2
Catharine - 9 July 1877; 10 July 1877 p2
George F - 26 Sept 1857; 29 Sept 1857 p3
James - 31 Jan 1864; 1 Feb 1864. p2
Jane W - 4 Mar 1872; 8 Mar 1872 p2
John M - 5 Apr 1873; 7 Apr 1873 p2
Josiah - 22 Feb 1813; 26 Feb 1813 p3
Maria - 2 Oct 1849; 2 Nov 1849 p2
Martha - 21 Dec 1831; 31 Dec 1831 p3
Mary E - 28 Aug 1907; 31 Dec 1907 p1

Robert - 17 July 1805; 18 July 1805 p3
S C - 13 Aug 1869; 23 Aug 1869 p2
Sallie - 17 July 1873; 9 Aug 1873 p3
Sarah - nd; 4 July 1838 p3
Thomas - 14 Sept 1830; 18 Sept 1830 p3
LINDSEY, Ellen - 25 Oct 1913; 31 Dec 1913 p1
Elsie - 26 Sept 1911; 30 Dec 1911 p4
Frances - nd; 15 Oct 1849 p2
Henry C - 19 Mar 1895; 31 Dec 1895 p1
J T - 28 Feb 1906; 31 Dec 1906 p1
John H - 8 Oct 1903; 31 Dec 1903 p1
John O - 9 Oct 1849; 15 Oct 1849 p2
Julia - 9 Feb 1897; 31 Dec 1897 p1
Lewis - 5 Nov 1862; 8 Nov 1862 p1*
Lily May - 22 Sept 1878; 23 Sept 1878 p2
Margaret - 9 Aug 1889; 31 Dec 1889 p2
Melville W - 6 July 1901; 31 Dec 1901 p1
Noble - 25 Dec 1900; 31 Dec 1900 p1
Paul Herbert - 25 Aug 1882; 25 Aug 1882 p2
William - 11 Aug 1900; 31 Dec 1900 p1
LINN, Pamelia C - 7 May 1859; 13 May 1859 p3
LINTER, Capt William - 28 Oct 1810; 29 Oct 1810 p3
LINTHICUM, John - 3 Sept 1860; 14 Sept 1860 p3
LINTON, Jeannette H - 20 Jan 1871; 21 Jan 1871 p2
Sarah - 7 Oct 1870; 10 Oct 1870 p2
William A - 1867; 26 Sept 1867 p2
Mrs Wm A - nd; 18 Apr 1837 p3
LINWOOD, Samuel - 13 Feb 1881; 14 Feb 1881 p3
LIONBERGER, Lavinia - 19 Aug 1857; 27 Aug 1857 p3
LIPPITT, Edw'd Russell - 10 Dec 1862; 18 Dec 1862 p2*
Mary Frances - 9 Mar 1878; 21 Mar 1878 p2
LIPSCOMB, Grace - 26 Apr 1884; 31 Dec 1884 p3
Hattie E - 29 June 1873; 9 Sept 1873 p2
James E - 29 Mar 1876; 30 Mar 1876 p2
Walter S - 29 Nov 1872; 17 Dec 1872 p2
LISLE, Margaret - 3 Feb 1872; 3 Feb 1872 p3
LITLE, Elizabeth - 20 July 1819; 22 July 1819 np
Rebecca Ann - 28 May 1827; 29 May 1827 np
Richard H - 25 Feb 1825; 26 Feb 1825 p3
LITTLE, Col Charles - 20 Mar 1811; 25 Mar 1811 p3
George B - 20 July 1860; 30 July 1860 p2
James - 9 Apr 1860; 11 Apr 1860 p3
Mary Blair - 21 Sept 1857; 8 Oct 1857 p3
Robert H - nd; 22 June 1854 p3

LITTLE, Sarah R - 13 May 1902; 31 Dec 1902 p1
  Seignora P - 26 Nov 1876; 4 Dec 1876 p2
  William - 21 June 1803; 1 July 1803 p3
  William Henry - 9 Dec 1843; 28 Dec 1843 p2
LITTLEFAIR, Frances P S - 29 Oct 1855; 3 Nov 1855 p3
LITTLEFIELD, Susan - 5 Sept 1896; 31 Dec 1896 p1
LITTLEJOHN, Alexander - 30 May 1839; 5 June 1839 p3
LITTLETON, Elizabeth - 8 Feb 1877; 16 Feb 1877 p2
  John - 27 Feb 1859; 7 Mar 1859 p3
  Rebecca - nd; 14 Mar 1853 p2
LIVINGSTON, Brockholst - nd; 20 Mar 1823 p3
LLOYD, E J - 1 Oct 1889; 31 Dec 1889 p2
  Elizabeth - 20 Mar 1839; 23 Mar 1839 p3
  Elizabeth A - 22 Nov 1889; 31 Dec 1889 p2
  Ellis - 24 Sept 1901; 31 Dec 1901 p1
  Francis Love Beckford - 2 Apr 1853; 5 Apr 1853 p2
  George Francis - 1 Oct 1866; 2 Oct 1866 p2
  Harriet - 30 Aug 1875; 30 Aug 1875 p2
  Harriet Mason - nd; 23 Mar 1854 p3
  Henry - 2 Nov 1867; 2 Nov 1867 p2
  Dr Horatia Nelson - 5 Mar 1860; 6 Mar 1860 p3 & 9 Mar 1860 p3
  Isaac S - 23 Nov 1899; 30 Dec 1899 p1
  J T - 29 Apr 1893; 30 Dec 1893 p2
  Hon James - nd; 11 Apr 1831 p3
  James - 3 Oct 1891; 31 Dec 1891 p1
  James R - 23 Dec 1912; 31 Dec 1912 p1
  Jane - 22 Apr 1891; 31 Dec 1891 p1
  Joanna - 27 June 1892; 31 Dec 1892 p2
  John - nd; 25 July 1854 p3
  John - 3 Mar 1907; 31 Dec 1907 p1
  John A - 15 Oct 1855; 18 Oct 1855 p3
  John J - 22 May 1871; 24 May 1871 p3 & 26 May 1871 p2
  Lucy Lee - 19 Feb 1875; 19 Feb 1875 p2
  Marie - 15 Jan 1868; 23 Jan 1868 p2
  Mary A - 7 Jan 1904; 31 Dec 1904 p1
  Mary B - 12 Feb 1867; 13 Feb 1867 p2
  Rebecca - nd; 28 Jan 1819 p2
  Rebecca - 18 July 1877; 19 July 1877 p2
  Richard - 24 Feb 1883; 31 Dec 1883 p3
  Richard B - 19 Feb 1870; 25 Feb 1870 p3
  Sally Scott - nd; 29 May 1854 p2
  Samuel - 24 Feb 1871; 27 Feb 1871 p2
  Mrs Samuel - 29 Sept 1892; 31 Dec 1892 p2
  Samuel - 29 Jan 1903; 31 Dec 1903 p1
  Wm - nd; 29 Oct 1833 p3

LOCHREY, Edward - 23 Dec 1857; 25 Dec 1857 p3
LOCK, Amelia E - 9 Aug 1875; 20 Aug 1875 p2
  Meverly - nd; 5 Feb 1861 p2
  Wm French - nd; 28 Oct 1850 p2
LOCKE, Charles Henry - 9 Jan 1841; 20 Jan 1841 p3
  Mary - 1 July 1834; 4 Aug 1834 p3
  Rebecca - 9 Dec 1867; 26 Dec 1867 p2
  Thomas - 15 Apr 1812; 16 Apr 1812 p3
LOCKETT, Benj F - nd; 20 Sept 1848 p2
LOCKHART, Jane B - 26 Feb 1898; 31 Dec 1898 p1
LOCKWOOD, Aquila - 23 Oct 1869; 25 Oct 1869 p2
  Cassandra - nd; 13 Nov 1833 p3
  Harriet - 27 June 1854; 29 June 1854 p3
  Mrs Samuel - 28 Feb 1875; 6 Mar 1875 p3
LODER, Edith - 10 Apr 1908; 31 Dec 1908 p1
LOEB, George W - 10 Nov 1908; 31 Dec 1908 p1
LOGAN, Fannie - 19 Oct 1812; 20 Oct 1812 p3
  George W - 21 Feb 1868; 21 Feb 1968 p3
LOMAX, Ann C - 17 Jan 1835; 3 Feb 1835 p3
  Eldah - 17 Apr 1852; 7 May 1852 p2
  Elizabeth - 7 May 1867; 13 May 1867 p2
  Ellen - 7 July 1877; 13 July 1877 p2
  Ellen Victoria - 29 Jan 1880; 2 Feb 1880 p2
  Jane E - 23 Apr 1860; 12 May 1860 p2
  John - nd; 25 Jan 1787 p3
  Mann Page - 27 Mar 1842; 4 Apr 1842 p3
  Stuart - 1 June 1869; 4 June 1869 p3
  Susan - 5 June 1854; 17 June 1854 p3
  Thomas Lunsford - 6 May 1850; 11 May 1850 p3
LONERGAN, Mary - 29 June 1881; 29 June 1881 p3
LONERGEN, Michael - 27 Aug 1887; 29 Aug 1887 p2
LONG, Burgess Ball - 30 July 1873; 7 Aug 1873 p2
  Eliza B - 20 Oct 1866; 31 Oct 1866 p2
  Elizabeth - 18 May 1854; 17 June 1854 p3
  James - 27 June 1901; 31 Dec 1901 p1
  Janet Duncan - 20 Nov 1862; 21 Nov 1862 p3*
  Jeremiah - 10 Jan 1895; 31 Dec 1895 p1
  Sarah J - 31 July 1896; 31 Dec 1896 p1
  Virginia - 14 Sept 1860; 18 Sept 1860 p3
  William Thomas - 6 Apr 1860; 20 Apr 1860 p2
LONGACRE, Mrs E J - 17 Dec 1860; 22 Dec 1860 p3
LONGDEN, Elizabeth - 20 July 1826; 21 July 1826 p3

LONGDEN, Emeline - nd; 16 Apr 1838 p3
George C - 12 Mar 1835; 24 Mar 1835 p3
George W - 8 Aug 1865; 9 Aug 1865 p4
John - nd; 1 Apr 1830 p3
Mrs Lucy - 1784; 4 Mar 1784 p3
Nancy - 22 Dec 1814; 24 Dec 1814 p3
Ralph - 22 Dec 1814; 24 Dec 1814 p3
LONGDON, Mr - 3 Feb 1815; 4 Feb 1815 p3
LOOCKERMAN, Jeremiah Townley - nd; 23 Oct 1848 p3
LOOMIS, Julia Ann - nd; 11 Sept 1851 p2
LORDAN, John - 24 Aug 1785; 25 Aug 1785 p3
LORENCO, Julia C - 22 Nov 1887; 23 Nov 1887 p2
LORICK, Chevalier Severin - nd; 14 Mar 1837 p3
LORING, George - 14 Aug 1843; 29 Sept 1843 p3
LOUGHBOROUGH, Anna H - 13 Jan 1875; 18 Jan 1875 p2 & 22 Jan 1875 p2
Lt Harrison - nd; 27 Aug 1836 p3
LOUNT, Col William R - 21 May 1876; 22 May 1876 p2
LOUTHAN, Lydia - 3 Oct 1866; 10 Oct 1866 p2
LOVE, Anna R - 24 Dec 1851; 5 Jan 1852 p2
Anna R - 10 Dec 1866; 15 Dec 1866 p2
Col Charles I - nd; 16 Aug 1837 p3
Charles - 19 Mar 1812; 20 Mar 1812 p3
Eliza Matilda - 22 Jan 1875; 30 Jan 1875 p2
Gabriella - 24 Feb 1892; 31 Dec 1892 p2
Col George - 9 Sept 1853; 6 Oct 1853 p3
Laura Wirt - 14 May 1860; 19 May 1860 p2
Maria - 15 Dec 1881; 15 Dec 1881 p3
Martha - nd; 6 Oct 1853 p3
Susanna C - 15 Aug 1869; 2 Sept 1869 p2
Thomas Sr - 21 Dec 1868; 9 Jan 1869 p2
LOVEGROVE, William - 30 Dec 1860; 3 Jan 1861 p3
LOVEJOY, Francis Harold - 9 Dec 1877; 10 Dec 1877 p2
Francis X - 8 Feb 1904; 31 Dec 1904 p1
LOVEJOY, Mary Elizabeth Gould - 31 Oct 1862; 1 Nov 1862 p3 & 4 Nov 1862 p3*
William E - 20 Mar 1914; 31 Dec 1914 p1
LOVELACE, Cpl A - battle on 30 Aug 1862; 7 Oct 1862 p2*
Charles - 17 Feb 1907; 31 Dec 1907 p1
Charles M - 13 June 1904; 31 Dec 1904 p1
Ida - 12 Apr 1883; 31 Dec 1883 p3
J Luther - --- Mar 1873; 31 Mar 1873 p3
Lucinda - 4 Mar 1896; 31 Dec 1896 p1
Maria - 1 Aug 1889; 31 Dec 1889 p2
May - 10 May 1900; 31 Dec 1900 p1

Robert - --- Jan 1870; 8 Feb 1870 p3
William - 26 Dec 1884; 31 Dec 1884 p3
LOVELL, Allice Troverse - nd; 20 May 1851 p3
LOVER, Samuel - 28 Nov 1841; 6 Dec 1841 p3
LOVETT, Dr David Harrison - nd; 15 July 1836 p3
Mahlon S - 18 July 1858; 26 July 1858 p3
LOVING, George - 24 Mar 1899; 30 Dec 1899 p1
Leland - 4 Apr 1888; 31 Dec 1888 p1
LOW, John - nd; 16 Aug 1859 p3
LOWE, Christian - 23 June 1872; 24 June 1872 p2
D A - 17 Jan 1886; 31 Dec 1886 p3
E M- 11 June 1879; 12 June 1879 p2
Edgar R - 24 Mar 1908; 31 Dec 1908 p1
Elizabeth - 7 June 1850; 11 June 1850 p2
Enoch M - 27 Feb 1823; 4 Mar 1823 p3
Fannie A - 13 Apr 1914; 31 Dec 1914 p1
Fred Rector - 15 Apr 1895; 31 Dec 1895 1p1
Jane Allen - 4 Aug 1874; 5 Aug 1874 p2
John F N - nd; local news 15 Oct 1861 p1
Kate - 19 Aug 1874; 19 Aug 1874 p2
Loyd M - 28 Aug 1849; 29 Aug 1849 p3
Mary - nd; 6 June 1851 p2
Mary J - 25 Feb 1872; 26 Feb 1872 p2
Mercer Lloyd - 7 Mar 1840; 9 Mar 1840 p3
Robert Steed - 3 July 1832; 6 July 1832 p3
Sophia F - 24 July 1870; 25 July 1870 p3
Thomas - 8 Aug 1830; 24 Aug 1830 p3
LOWENBACH, Bertha - 12 July 1906; 31 Dec 1906 p1
LOWDNES, Richard Tasker - 1 Oct 1840; 10 Oct 1840 p3
LOWNDES, Thomas - 8 July 1843; 17 July 1843 p3
LOWNDS, J - 1865; 6 Nov 1865 p2
LOWRY, Ann T - 31 Oct 1843; 18 Nov 1843 p3
Charles W - 25 Oct 1897; 31 Dec 1897 p1
LOZANO, Charles I - 16 June 1903; 31 Dec 1903 p1
LUCAS, Annie E - 28 Oct 1892; 31 Dec 1892 p2
Charles - 9 June 1876; 9 June 1876 p3
Charles D - 21 Jan 1874; 21 Jan 1874 p2
Clinton - 12 Jan 1904; 31 Dec 1904 p I
Capt Edward - 14 Sept 1849; 24 Sept 1849 p3
Edward C - 24 June 1886; 31 Dec 1886 p3
Elizabeth Ellen - 4 Oct 1870; 4 Oct 1870 p3
Fielding - 1 Mar 1841; 8 Mar 1841 p3
Florence - 4 Mar 1898; 31 Dec 1898 p1
Georgianna - 25 Jan 1900; 31 Dec 1900 p1
Mary Jane - 9 July 1874; 11 July 1874 p2
Melvina - 6 Oct 1914; 31 Dec 1914 p1

LUCAS, Peter - 20 Mar 1866; 23 Mar 1866 p3
R R - nd; 9 Nov 1847 p2
Susan - 29 May 1872; 29 May 1872 p2
Virginia - nd; 3 Jan 1838 p3
LUCK, Drucilla Ann - 18 Oct 1860; 26 Oct 1860 p3
LUCKER, Mrs L C - 28 July 1877; 30 July 1877 p2
LUCKETT, Ann C - 14 Nov 1852; 1 Dec 1852 p3
Ann Catharine - 16 Mar 1852; 20 Mar 1852 p3
Arabella - 19 June 1866; 23 June 1866 p2
Craven P - nd; 8 July 1833 p3
Elizabeth - 7 Jan 1843; 18 Jan 1843 p3
Horace - 15 July 1865; 22 July 1865 p2
James - 14 Oct 1892; 31 Dec 1892 p2
James T - 14 June 1895; 31 Dec 1895 p1
John E - 9 Feb 1865; 4 Mar 1865 p2
Kate - nd; 28 Sept 1855 p3
Letitia - 27 Feb 1844; 5 Mar 1844 p2
Louisa A - 2 May 1879; 9 May 1879 p2
Ludwell - 13 May 1875; 3 June 1875 p2
Luther C - 31 May 1844; 18 June 1844 p3
Robert - 24 June 1900; 31 Dec 1900 p1
Thomas - 1867; 4 Mar 1867 p3
LUDLAM, Mrs Jane C - -- Apr 1868; 23 Apr 1868 p2
LUDLOW, Lt Augustus C - 13 June 1813; 30 June 1813 p3
Helen Adela - 5 Mar 1872; 25 Mar 1872 p2
LUDWICK, Sinah B - 8 Dec 1875; 9 Dec 1875 p2
LUE, Frank Slaughter - 20 June 1877; 26 June 1877 p2
LUGENBEEL, Dr J W - 22 Sept 1857; 24 Sept 1857 p3
Mary Emma - 17 Jan 1878; 23 Jan 1878 p2
LUGWIG, Clarence - 14 Dec 1898; 31 Dec 1898 p1
LUKE, John - 3 Jan 1810; 5 Jan 1810 p3
Lucy Cornelia - nd; 3 Sept 1849 p3
LUKENS, Courtland - 8 Apr 1911; 30 Dec 1911 p4
Mary T - 8 Mar 1914; 31 Dec 1914 p1
LUMPKIN, Samuel Augustus - 19 May 1848; 23 May 1848 p3
LUMSDEN, Rev William O - 14 May 1868; 15 May 1868 p3
LUMSDON, Charles Clarke - 27 Nov 1862; 29 Nov 1862 p3*
LUMSLON, Mary Ann - nd; 5 Nov 1828 p3
LUNDY, Mrs M B - 21 Oct 1884; 31 Dec 1884 p3

LUNSFORD, Ann R - 2 July 1873; 7 July 1873 p2
LUNT, Ezra - 17 Dec 1841; 21 Dec 1841 p3
J D H - 4 May 1905; 30 Dec 1905 p1
James - 19 Jan 1867; 25 Feb 1867 p2
Mary H - 29 Apr 1910; 31 Dec 1910 p1
Wm - nd; 12 Jun 1862 p3*
LUPTON, Amos - 1843; 28 Aug 1843 p3
David - 27 Nov 1814; 29 Nov 1814 p3
Elizabeth - 21 Aug 1860; 28 Aug 1860 p3
Hannah - 19 July 1843; 24 July 1843 p3
Joshua - nd; 29 Nov 1845 p3
LUSHBAUGH, George A - 7 Oct 1898; 31 Dec 1998 p1
LUSBY, John - 5 June 1886; 31 Dec 1886 p3
LUTZ, John A - 30 Nov 1878; 2 Dec 1878 p3
LYLE, A Herbert - 23 Jan 1872; 23 Jan 1872 p3
Henrietta - nd; 4 Dec 1832 p3
LYLER, Rebecca - 7 Nov 1860; 1 Dec 1860 p3
LYLES, Alberta V - 29 Oct 1883; 31 Dec 1883 p3
Alexander - 8 Nov 1915; 31 Dec 1915 p2
Alfred T - 22 June 1865; 23 June 1865 p2
Alice M - 18 Sept 1915; 31 Dec 1915 p2
Ann E - 28 May 1900; 31 Dec 1900 p1
Beckie - 22 Apr 1899; 30 Dec 1899 p1
Carrie - 22 July 1915; 31 Dec 1915 p2
Charles - 18 July 1906; 31 Dec 1906 p1
Christopher T - 30 Oct 1908; 31 Dec 1908 p1
Edgar - 30 Oct 1910; 31 Dec 1910 p1
Eleanor F - 7 Nov 1914; 31 Dec 1914 p1
Eliza W - nd; 22 Apr 1823
Elizabeth - 11 May 1895; 31 Dec 1895 p1
Ella - 28 July 1873; 29 July 1873 p2
Enoch H - 17 Nov 1877; 17 Nov 1877 p2
Enoch M - 7 Aug 1805; 8 Aug 1805 p3
George H - 19 Sept 1900; 31 Dec 1900 p1
Henrietta - 11 Apr 1910; 31 Dec 1910 p1
Henry - 4 Apr 1786; 6 Apr 1786 p3
Isabella L - 22 Apr 1870; 22 Apr 1870 p3
Johanna - 20 Feb 1896; 31 Dec 1896 p1
Luther F - 30 July 1886; 31 Dec 1886 p3
Margaret M - 4 May 1907; 31 Dec 1907 p1
Mary Ann - 14 Dec 1812; 15 Dec 1812 p3
Mary E - 12 Sept 1913; 31 Dec 1913 p1
Nancy - 8 May 1875; 10 May 1875,p2
Richard H - 14 Apr 1909; 31 Dec 1909 p1
Samuel - 28 May 1910; 31 Dec 1910 p1
Sarah F - 1 Jan 1898; 31 Dec 1898 p1
Sydnor - 2 Nov 1890; 31 Dec 1890 p1
Thomas C - nd; 18 Aug 1845 p3

LYLES, William - 16 Nov 1835; 17 Nov 1835 p3
  William - 29 Dec 1898; 31 Dec 1898 p1
  William E - 9 Dec 1907; 31 Dec 1907 p1
  William M - 7 June 1865; 8 June 1865 p2
LYMBOURN, William - nd; 27 Mar 1843 p3
LYMBURN, Mary - 6 Aug 1836; 10 Aug 1836 p3
LYNCH, Dr Andrew A - 28 Feb 1872; 7 Mar 1872 p2
  Charles - 13 Apr 1860; 20 Apr 1860 p2
LYNCH, Eliza H - 7 Apr 1861; 15 Apr 1861 p3
  Fanny M - 9 Feb 1904; 31 Dec 1904 p1
  Jeremiah - 16 June 1874; 25 June 1874 p2
  Joanna - 18 Oct 1908; 31 Dec 1908 p1
  John - 3 Nov 1914; 31 Dec 1914 p1
  John T - 20 July 1874; 20 July 1874 p2
  Mary - 18 Aug 1900; 31 Dec 1900 1 p1
  Michael F - 5 June 1892; 31 Dec 1892 p2
  Sarah - nd; 6 Oct 1854 p3
  Sarah E - 3 July 1870; 9 July 1870 p3
  Sohn - 20 May 1898; 31 Dec 1898 p1
  Thomas - 21 May 1903; 31 Dec 1903 p1
  Commodore William F - 17 Oct 1865; 18 Oct 1865 p2 & 19 Oct 1865 p2
  William J - 13 Dec 1910; 31 Dec 1910 p1
  William P - 3 Aug 1854; 7 Aug 1854 p3
LYNDELL, Thomas - 9 Nov 1834; 12 Nov 1834 p3
LYNE, Alice - 8 May 1866; 6 June 1866 p3
LYNN, Adam - 1786; 15 June 1786 p2
  Gen Adam - 19 Dec 1835; 22 Dec 1835 p3
  Augusta - 26 June 1872; 15 July 1872 p2
  Catharine - 8 Jan 1808; 8 Jan 1808 p3
  Mr E - 1881; 5 Feb 1881 p2
  Capt Elijah - 19 Nov 1843; 22 Nov 1843 p3
  George - 23 Jan 1871; 25 Jan 1871 p2
  James B - 19 Sept 1914; 31 Dec 1914 p1
  John T - 3 Aug 1872; 29 Aug 1872 p3
  Lucien B - nd; 19 Sept 1853 p2
  Luther - 1 Dec 1872; 12 Dec 1872 p2
  Mary E - 11 July 1879; 21 July 1879 p2
LYON, Dr Isaac - 8 Sept 1839; 28 Sept 1839 p3
  John L - 14 Apr 1874; 16 Apr 1874 p2
LYONS, Amelia J - 29 Mar 1909; 31 Dec 1909 p1
  Charles - 28 Dec 1862; 30 Dec 1862 p3*
  Evelina - 25 Aug 1860; 29 Aug 1860 p3
  Isaiah - 23 Feb 1871; 23 Feb 1871 p2
  John - 26 Oct 1904; 31 Dec 1904 p1
  Philip - 9 Feb 1895; 31 Dec 1895 p1
  Sarah - 28 Sept 1895; 31 Dec 1895 p1
  Sarah A - 18 July 1883; 31 Dec 1883 p3

LYTLE, John H - 9 Aug 1853; 17 Aug 1853 p3

MACABEE, William - 31 Jan 1859; 5 Feb 1859 p2
McADEN, Henry - 5 Apr 1915; 31 Dec 1915 p2
MCALLISTER, Nathaniel - 19 Dec 1816; 20 Dec 1816 p3
McARTOR, George H - 10 June 1911; 30 Dec 1911 p4
  Joseph W - 18 Jan 1914; 31 Dec 1914 p1
MACAULAY, Daniel - 13 Feb 1882; 14 Feb 1882 p2
MCAVOY, Rosanna - 27 Mar 1852; 30 Mar 1852 p3
McBURNEY, Agnes P - 16 Oct 1893; 30 Dec 1893 p2
  Alexander - 12 Mar 1890; 31 Dec 1890 p1
  Alice - 23 Sept 1877; 24 Sept 1877 p2
  George - 24 Feb 1885; 31 Dec 1885 p2
McCABE, Jane - nd; 23 Jan 1854 p3
  Maria V - 17 July 1867; 22 July 1867 p2
M'CALISTER, Catharine - 25 Dec 1844; 30 Dec 1844 p3
McCALLA , Maria Frances - 17 Sept 1860; 19 Sept 1860 p3
McCANDLESS, George - nd; 26 June 1833 p3
McCANLEY, Anne - 8 July 1910; 31 Dec 1910 p1
McCANN, Catharine - 20 Aug 1894; 31 Dec 1894 p1
McCARDLE, Moses - 4 Mar 1872; 26 Mar 1872 p2
McCARTER, Thomas - 1 Apr 1871; 5 Apr 1871 p2
McCARTHY, F X - 8 July 1900; 31 Dec 1900 p1
  Florence - 22 Nov 1904; 31 Dec 1904 p1
  Maria - 8 June 1878; 10 June 1878 p2
  Mary - 10 Feb 1897; 31 Dec 1897 p1
  Mary J - 23 Apr 1903; 31 Dec 1903 p1
  Samuel H - 16 Sept 1866; 22 Sept 1866 p2
McCARTY, Alice C - nd; 12 May 1837 p3
  Ann - 17 Aug 1873; 18 Aug 1873 p2
  Ann - nd; 17 Oct 1854 p3
  Ann L - nd; 12 July 1854 p3
  Elizabeth - 2 Feb 1878; 2 Feb 1878 p2
  George - 7 Aug 1808; 30 Sept 1808 p3
  Margarert - 29 May 1831; 3 June 1831 p3
  Sarah - 13 Dec 1841; 15 Dec 1841 p3
  Sarah Richardson - 16 Oct 1860; 29 Oct 1860 p3
  Wm T - 28 June 1874; 6 July 1874 p2

McCAULEY, Bridget - 18 Feb 1894; 31 Dec 1894 p1
George - nd; 22 Dec 1819 p2
McCAW, Dr James H - 4 Apr 1887; 6 Apr 1887 p2
Capt T D - --- Jan 1871; 21 Jan 1871 p2
McCLANAHAN, Ann - 28 Oct 1857; 29 Oct 1857 p3
McCLARY, Alvin E . 28 Feb 1907; 31 Dec 1907 p1
McCLEARY Charles L - 10 Feb 1900; 31 Dec 1900 p1
McCLEAN, Mary d/o Rev David Jones, w/o Archibald McClean - 20 June 1804 ae: 38; 28 July 1804 p3
McCLEISH, Ann Elizabeth - nd; 29 Mar 1828 p3
Archibald - 31 May 1886; 31 Dec 1886 p3
McCLELLAN, Jane Josephine - 7 Apr 1855; 10 Apr 1855 p3
Mary L - 17 Nov 1906; 31 Dec 1906 p1
Nancy Anne - 18 Dec 1842; 5 Jan 1843 p3
McCLELLAND, John - 8 May 1845; 10 May 1845 p3
[McCLENACHAN] Clemnachan, Ann - 24 Jan 1815; 4 Feb 1815 p3
John - 3 Feb 1815; 11 Feb 1815 p3
McCLERY, James - 14 Jan 1860; 17 Jan 1860 p2
McCLISH, Elizabeth J - 14 June 1851; 18 June 1851 p2 & tribute 19 June 1851 p2
McCLOSKEY, Michael - nd; 21 Oct 1823 p3
McCLURE, A W - --- Feb 1878; 15 Feb 1878 p2
James b 24 Dec 1853 - 26 July 1856 (buried at Strathblane, w end of Raleigh St near Strathblane St); nd np
William - nd; 6 Sept 1854 p3
McCOBB, Sarah - nd; 9 Mar 1819 p2
McCONCHE, Fannie - 30 July 1906; 31 Dec 1906 p1
McCONCHIE, Mary - 12 Nov 1843; 20 Nov 1843 p3
McCORKLE, Joseph - 4 July 1834; 8 July 1834 p3
McCORMACK, Mary M - 7 July 1866; 14 July 1866 p2
McCORMICK Andrew T - nd; 29 Apr 1841 p3
Ann R - nd; 11 Aug 1853 p2
Araminta - 7 Oct 1869; 20 Oct 1869 p2
Dr Cyrus - 18 Jan 1861; 25 Jan 1861 p3
Daniel - 3 Feb 1834; 4 Feb 1834 p3
Maj Edward - 23 Mar 1870; 31 Mar 1870 p3
Elizabeth - 27 Feb 1882; 4 Mar 1882 p2
Col Frank D - 16 Apr 1872; 19 Apr 1872 p2

Helen Fairfax - 12 June 1860; 6 July 1860 p3
Isabella - 15 May 1838; 22 May 1838 p3
John - 8 Aug 1850; 8 Aug 1850 p4
L B - 25 Dec 1906; 31 Dec 1906 p1
Margaret - 22 May 1841; 21 June 1841 p3
Margaretta, - 26 Nov 1865; 9 Dec 1865 p2
Mary - 11 Jan 1842; 18 Jan 1842 p3
Mary - nd; 21 July 1853 p2
Mary A - 17 June 1878; 19 June 1878 p2
Patrick - 16 Aug 1844; 31 Aug 1844 p3
Province - --- July 1873; 21 July 1873 p2
Samuel J - 19 May 1859; 21 May 1859 p3
Stephen . ... Sept 1876; 4 Sept 1876 p2
Virginia - 29 Sept 1877; 16 Oct 1877 p2
William F - 2 Mar 1871; 16 Mar 1871 p2
William J - 29 Oct 1857; 31 Oct 1857 p3
Wm - nd; 17 Jan 1838 p3
McCOUN, Townsend - --- Sept 1834; 26 Sept 1834 p3
McCOY, Elizabeth - nd; 18 Mar 1859 p3
Elizabeth S - 4 May 1898; 31 Dec 1898 p1
John - 26 Aug 1835; 7 Sept 1835 p3
John Bruce - 13 Oct 1841; 4 Nov 1841 p3
Roberta Lee - 13 May 1882; 15 May 1882 p2
McCRACKEN, James E - 30 Aug 1867; 31 Aug 1867 p2
Jane - 15 Apr 1880; 16 Apr 1880 p2
John C - 27 Sept 1890; 31 Dec 1890 p1
Martha J - --- Aug 1887; 19 Aug 1887 p2
Mary - 3 Feb 1869; 3 Feb 1869 p3
Robert J - 8 Mar 1875; 8 Mar 1875 p2
McCRAE, Edwinna - 24 May 1873; 2 June 1873 p2
James - 24 Apr 1841; 28 Apr 1841 p3
Washington - 15 May 1837; 6 June 1837 p3
McCREARY, Ann - 19 May 1843; 25 May 1843 p2
McCREERY, William T - 15 Feb 1871; 17 Feb 1871 p2
McCRINK, Thomas - 28 Sept 1910; 31 Dec 1910 p1
MacCUBBIN, Ann - 1 Mar 1872; 7 Mar 1872 p2
Dr John M S - --- Dec 1878; 26 Dec 1878 p2
John S - 17 Aug 1834; 12 Sept 1834 p3
MACCUBIN, Moses - 30 Nov 1835; 2 Dec 1835 p3
McCUEN, Agnes - 25 June 1878; 25 June 1878 p2
Albert - 1 Nov 1907; 31 Dec 1907 p1
Elfie L - 27 Oct 1907; 31 Dec 1907 p1
James - 6 Jan 1897; 31 Dec 1897 p1
Janie - 1 Jan 1896; 31 Dec 1896 p1

McCUEN, John F - 13 Dec 1901; 31 Dec 1901 p1
  Lavinia - 22 Feb 1863; 17 June 1863 p2
  Mary A - 12 Aug 1907; 31 Dec 1907 p1
  Mary E - 17 Apr 1863; 17 June 1863 p2
  Mary Jane - 19 Dec 1881; 20 Dec 1881 p2
  Robert - nd; 24 Dec 1887 p2
  Robert John - 25 Mar 1872; 26 Mar 1872 p2
  Susan - 8 May 1863; 17 June 1863 p2
  Thomas - 31 Jan 1869; 1 Feb 1869 p2
McCULLOUGH, Larry - 5 Sept 1865; 8 Sept 1865 p3
McCULLUM, Mrs Mary Ann - 3 Apr 1861; 6 Apr 1861 p2
McCURDY, Agnes - 15 June 1870; 21 June 1870 p2
McCUTCHEN, Mrs Jacobina - nd; 1 Oct 1830 p3
McDANIEL, Calvin - 18 June 1896; 31 Dec 1896 p1
  Capt James - 1 Jan 1868; 4 Feb 1868 p2
  Sallie Y - 7 Oct 1910; 31 Dec 1910 p1
  Sarah Ann - 3 Jan 1871; 11 Jan 1871 p2
McDERMOTT, Dennis - 7 May 1871; 12 May 1871 p3
  John P - 14 Feb 1891; 31 Dec 1891 p1
  Margaret - 21 Nov 1876; 22 Nov 1876 p2
  Maria - 18 Sept 1912; 31 Dec 1912 p1
  Thomas - 6 Nov 1899; 30 Dec 1899 p1
  Mrs Thomas F - 13 Oct 1907; 31 Dec 1907 p1
  William - 12 Mar 1861; 14 Mar 1861 p3
McDONALD, Bettie Jane - nd; 5 Aug 1851 p2
  Byron Stuart - 24 July 1857; 1 Aug 1857 p2
  Clara - 25 Jan 1899; 30 Dec 1899 p1
  Eben W - 23 Feb 1852; 9 Mar 1852 p2
  Ernest L - 15 Nov 1901; 31 Dec 1901 p1
  Frances E K - 16 Dec 1840; 11 Jan 1841 p3
  Mrs James - nd; 13 Sept 1819 p3
  John G - nd; 22 Dec 1836 p3
  John - 3 Mar 1838; 19 Mar 1838 p3
  Joseph - 10 Dec 1866; 21 Jan 1867 p2
  Leacy Ann Naylor - 10 Feb 1843; 14 Feb 1843 p3
  Mary G - 11 Nov 1853; 27 Feb 1854 p3
  Mary Jane - 9 Apr 1843; 12 Apr 1843 p3
  Maj P W - 11 Oct 1851; 23 Oct 1851 p2
McDONNEL, Richard - 13 May 1820; 18 May 1820 p3
McDONOUGH, Francis M - 4 July 1903; 31 Dec 1903 p1
  Harriet - 27 Nov 1907; 31 Dec 1907 p1
M'DOUGALL, Daniel - 31 July 1816; 1 Aug 1816 p3

McDOUGALL, Mary D - 29 Dec 1860; 1 Jan 1861 p3
McDOWALL, James - 24 Aug 1851; 4 Sept 1851 p3
  John - nd; 5 Sept 1833 p3
  John - 27 Aug 1898; 31 Dec 1898 p1
McDOWELL, Margaret - nd; 16 Oct 1838 p3
  Sarah Preston - 1 July 1841; 9 July 1841 p3
McDUELL, John A - 30 Dec 1836; 3 Jan 1837 p3
McDUFFIE, Mary Rebecca - 14 Sept 1830; 27 Sept 1830 p3
McELFRESH, John H - 4 Aug 1841; 17 Aug 1841 p3
McELHENNEY, Rev Dr J - 9 Jan 1871; 10 Jan 1871 p2
McELHINEY, George - 2 May 1841; 11 May 1841 p3
MCELWEE, w/o, Elizabeth Elliott - 9 Aug 1862; 12 Aug 1862 p3*
McENDREE, John H - 20 June 1860; 27 June 1860 p2
  Mary - 16 Jan 1870; 17 Jan 1870 p3
McEVOY, James F - 9 Dec 1862; 11 Dec 1862 p3*
McEWEN, James R - 28 Feb 1873; 1 Mar 1873 p3
McFARLAND, Ellen - 23 July 1895; 31 Dec 1895 p1
  Florence - 20 Feb 1906; 31 Dec 1906 p1
  J N - --- June 1874; 12 June 1874 p2
McFARLANE, John - 17 Jan 1845; 20 Jan 1845 p3
  Margaret - 29 July 1857; 1 Aug 1857 p3
McGABEY, James - 29 Nov 1900; 31 Dec 1900 p1
McGAHEY, Ella - 16 May 1874; 16 May 1874 p2
  John - 3 Feb 1901; 31 Dec 1901 p1
  Mary - 21 Feb 1885; 31 Dec 1885 p2
McGEE, Almeria L - 19 Aug 1872; 2 Oct 1872 np
  Reuben - 1 June 1881; 14 June 1881 p2
McGETTINGAN, Wm - 5 Oct 1826; 6 Oct 1826 p3
McGILL, Elizabeth - 25 Aug 1834; 29 Aug 1834 p3
McGILVRARY, Alexander - 5 Feb 1854; 14 Feb 1854 3
McGLATHERY, Jennie - 26 May 1878; 27 May 1878 p2
McGLUE, John B - nd; 13 Apr 1855 p3
McGOVERN, Agnes - 24 Feb 1873; 28 Feb 1873 p2

McGOWAN, John - nd; 26 Oct 1853 p3
  Thomas F - 11 Feb 1887; 11 Feb 1887 p2
M'GRATH, Eleanor - 29 Oct 1796; 3 Nov
  1796 p3
McGRATH, Rev Owen F - 8 Feb 1810; 9 Feb
  1810 p3
McGRAW, Ada V - nd; 15 July 1848 p3
  Armenia - 13 Feb 1886; 31 Dec 1886 p3
  Esther A - 25 Mar 1912; 31 Dec 1912 p1
  James - 25 Aug 1882; 25 Aug 1882 p2
  James E - 28 Mar 1906; 31 Dec 1906 p1
  John H - 13 Sept 1893; 30 Dec
    1893 p2
  Julia D - 17 Dec 1893; 30 Dec 1893 p2
  Miranda - 3 July 1898; 31 Dec 1898 p1
McGREGOR, Henry - nd; 12 May 1851 p2
  Martha P - 21 Mar 1860; 24 Mar 1860 p3
  Roderick M - 1 Sept 1857; 4 Sept 1857 p3
McGREGORY, Peter - 17 Mar 1817; 18 Mar
  1817 p3 & 21 Mar 1817 p3
McGUIRE, Clara Mason - 7 Nov 1877; 8 Nov
  1877 p2
  J C - -- July 1878; 5 July 1878 p3
  James - 15 Oct 1843; 20 Oct 1843 p3
  Jane Elizabeth - 23 Aug 1879; 2 Sept 1879 p2
  Kate M - 11 Oct 1865; 14 Oct 1865 p3
  Mariette Heber - 22 Mar 1882; 29 Mar 1882 p2
  Mrs - -- May 1874; 7 May 1874 p2
  Dr Robert L - 10 Apr 1876; 13 Apr 1876 p2 &
    15 Apr 1876 p2
McGWINN, John M - 19 Sept 1875; 23 Sept
  1875 p3
McHATTON, Gen Robert - 20 May 1835; 9 June
  1835 p3
MACHEN, Mary - 3 Sept 1870; 7 Sept 1870 p3
  Mary L - 19 Nov 1811; 23 Nov 1811 p3
  Thomas - 9 May 1809; 19 May 1809 p3
McHENRY John H - 26 Oct 1860; 7 Nov
  1860 p3
  Martha E - 25 Mar 1840; 22 May 1840 p3
McILHANY, Ann - 5 July 1882; 10 July 1882 p2
  James - 1 Nov 1867; 12 Dec 1867 p2
  Mollie - nd; 22 Oct 1855 p3
  Mortimer - 23 Oct 1860; 5 Nov 1860 p3
McINTIRE, Alexander - 24 Jan 1860; 27 Jan
  1860 p3
  Elizabeth Edwards Moore - 9 Feb 1843; 14 Feb
    1843 p3
  Polly - -- Jan 1871; 26 Jan 1871 p2
  Sinah - nd; 5 Feb 1847 p2
  Timothy Caldwell - 19 Apr 1861; 27 Apr
    1861 p3

McINTOSH, James H - 1 Jan 1908; 31 Dec
  1908 p1
  Margaret C - 16 Jan 1902; 31 Dec 1902 p1
  Thomas - 14 Dec 1849; 22 Dec 1849 p3
McINTYRE, Ellen - 10 Jan 1874; 22 Jan 1874 p2
  Sarah (Williams) - 18 Nov 1860; 20 Nov
    1860 p3
M'INTYRE, Mary - nd; 17 Sept 1849 p3
McIVER, Rev Colin - 18 Jan 1850; 18 Feb
  1850 p2
MacKALL, Catharine - 15 Dec 1853; 17 Dec
  1853 p3
MACKALL, Leonard - 25 Apr 1843; 26 Apr
  1843 3
  Mary Clinton - 18 June 1850; 25 June 1850 p3
MACKAY, James - 1785; 1 Dec 1785 p3
McKAY, John - 3 Sept 1826; 5 Sept 1826 p3
  Mariah L - 27 Jan 1841; 15 Feb 1841 p3
  Mary Catherine - 30 July 1860; 2 Aug 1860 p3
MACKEN, John Henry - 3 Dec 1882; 9 Dec
  1882 p3
McKENDREE, William - 4 Apr 1873; 5 Apr
  1873 p2
McKENLY, Jacob - 3 Jan 1866; 4 Jan 1866 np
McKENNA, Alicia - nd; 7 Oct 1824 p2
  Ann Cecilia - 9 Apr 1841; 19 Apr 1841 p3
  Paul - 17 Nov 1876; 20 Nov 1876 p2
M'KENNA, Francis - 1 July 1797; 6 July 1797
  p3
McKENNEY, Editha - nd; 10 Oct 1836 p3
  Henry Foxall - nd; 24 Sept 1840 p3
  James E - 16 Oct 1907; 31 Dec 1907 p1
  John W - 17 Feb 1899; 30 Dec 1899 p1
  Margaret - 4 Oct 1912; 31 Dec 1912 p1
  Richard - 24 Mar 1895; 31 Dec 1895 p1
  Col Thomas L - 26 Feb 1859; 9 Mar 1859 p2
  Dr William N - 24 May 1863; 8 June 1863 p3
M'KENNIE, John Harris - 4 Dec 1835; 7 Dec
  1835 p3
McKENNY, Samuel - 21 Feb 1868; 24 Feb
  1868 p2
  William P - 22 May 1869; 12 June 1869 p2
McKENZIE, Alexander - 25 Jan 1834; 30 Jan
  1834 p3
  Alexander - 2 July 1876; 3 July 1876 p2
  Ann - nd; 3 Oct 1849 p2
  Ann R - 21 Oct 1849; 26 Nov 1849 p2
  Bessie - 28 Sept 1860; 8 Oct 1860 p3
  Bettie Rose - 29 July 1864; 1 Aug 1864 p2
  Elizabeth - 23 Jan 1844; 25 Jan 1844 p3
  James - 30 Sept 1859; 4 Oct 1859 p3

James Alexander - nd; 4 Nov 1848 p3
McKENZIE, Dr John P - 14 Jan 1864; 15 Jan 1864 p3
 Lewis - 28 June 1895; 31 Dec 1895 p1
 Margaret - 5 Feb 1859; 8 Feb 1859 p3
 Mary - 26 Mar 1881; 26 Mar 1881 p2
 Ruey - 4 Nov 1866; 6 Nov 1866 p2
 Sarah Eveleth - 23 July 1843; 26 July 1843 p3
McKEOWN, Matthew - 24 Oct 1907; 31 Dec 1907 p1
McKERICHAN, Elizabeth - 25 Jan 1875; 27 Jan 1875 p2
McKEVITT, J T - 1867; 26 Dec 1867 p2
MACKIE, Charles - 5 June 1866; 12 June 1866 p3
MACKEY, Wm - 22 Nov 1839; 25 Nov 1839 p3
McKIM, Harry - 22 June 1877; 22 June 1877 p2
 Hon Isaac - nd; 3 Apr 1838 p3
 Wilson - 5 Mar 1846; 9 Mar 1846 p3
McKRINEY, Mrs John - 30 Nov 1883; 31 Dec 1883 p3
McKNIGHT, Catharine P - 13 Dec 1867; 14 Dec 1867 p2
 Capt Charles - nd; 12 Mar 1853 p3
 Charles Henry - 10 Sept 1828; 16 Sept 1828 p3
 Elizabeth C - 16 Nov 1911; 30 Dec 1911 p4
 George P - 27 Mar 1851; 3 Apr 1851 p2
 John - 7 Feb 1834; 8 Feb 1834 p3
 Margaret - 7 Feb 1888; 31 Dec 1888 p1
 Shelden - 21 July 1860; 25 July 1860 p2
 Susanna - 10 Nov 1836; 11 Nov 1836 p3
 William - 25 July 1812; 27 July 1812 p3
McKOEN, Mrs Joana - 26 Jan 1861; 29 Jan 1861 p3
McLANE, Col Allen - nd; 29 May 1829 p3
McLAREN, M S - 13 July 1909; 31 Dec 1909 p1
McLAUGHLIN, Edward - 2 Oct 1834; 3 Oct 1834 p3 & 7 Oct 1834 p3
 John T - nd; 8 July 1847 p2
 Margaret - nd; 27 Nov 1846 p3
 Mary Ann - 22 June 1860; 26 June 1860 p2
McLEAN, Abigail - nd; 12 Oct 1824 p3
 Annie - 4 Apr 1853; 5 Apr 1853 p2
 Anthony - 20 May 1893; 30 Dec 1893 p2
 Cornelius - 12 Sept 1836; 15 Sept 1836 p3
 Daniel - 12 Sept 1828; 24 Sept 1828 p3
 Donald - 4 Sept 1905; 30 Dec 1905 p1
 Douglas - 16 Sept 1837; 27 Sept 1837 p3
 E P - 14 June 1905; 30 Dec 1905 p1
 Elizabeth - 2 Aug 1884; 31 Dec 1884 p3
 Elvira - 28 Aug 1860; 17 Sept 1860 p3
 James H - 18 Dec 1884; 31 Dec 1884 p3
 Lucy T - 15 Jan 1898; 31 Dec 1898 p1

 Malcolm - 21 June 1884; 31 Dec 1884 p3
 Mattie F A - nd; 20 Oct 1858 p3
 Mrs w/o John - nd; 16 Dec 1841 p3
 Sarah - 15 Feb 1875; 16 Feb 1875 p2
 Susan Wilson - nd; 20 Sept 1852 p2
 Wilmer - 5 June 1882; 6 June 1882 p2
 Wm - 12 Oct 1839; 24 Oct 1839 p3
McLEAREN, Alexander H - 9 Mar 1877; 19 Mar 1877 p2
 Frank - 1 Jan 1913; 31 Dec 1913 p1
 James - 27 Apr 1866; 7 May 1866 p2
M'LEISH, James - 20 Jan 1815; 21 Jan 1815 p3
 Martha - nd; 4 Apr 1832 p3
McLENE, Jeremiah - nd; 22 Mar 1837 p3
MacLEOD, Agnes - 14 Dec 1857; 19 Dec 1857 p3
 Alexander - nd; 26 Feb 1833 p3
 Mrs Daniel - nd; 19 July 1831 p3
 Donald - 27 Aug 1869; 28 Aug 1869 p2
 Emeline Sophia - 19 Oct 1855; 24 Oct 1855 p3
 Jane - 25 Feb 1861; 27 Feb 1861 p3
 John - nd; 29 Dec 1846 p3
 John (last member of military company from Alexandria to attend Washington's funeral) - 28 June 1855; 7 July 1855 p3
 Mary - 9 Apr 1855; 12 Apr 1855 p2
 Mary Ann - nd; 8 Feb 1825 p3
 Rebecca - nd; 22 Nov 1858 p3
 Samuel - 10 Nov 1811; 11 Nov 1811 p3
McLIESH, George - 4 May 1880; 5 May 1880 p2
 George William - 5 June 1875; 7 June 1875 p2
McMAHAN. Michael - nd; 30 Mar 1786 p3
McMAHON, B T - 5 July 1901; 31 Dec 1901 p1
 Katie - 23 Aug 1883; 31 Dec 1883 p3
McMILLEN, Thomas H - 9 June 1872; 10 June 1872 p2
McMORINE, Helen - 24 Mar 1861; 27 Mar 1861 p3
McMULLEN, Thomas - 23 Dec 1857; 24 Dec 1857 p3
McNALLY, John - (buried at Catholic Cemetery) nd; 30 Oct 1852 p3
MacNAMARA, John - 14 June 1852; 18 June 1852 p3
 Winnifred - 14 Aug 1812; 19 Aug 1812 p3
McNAMEE, Catherine - 21 Apr 1860; 24 Apr 1860 p2
McNEAL, James Harrison - 29 Mar 1850; 10 Apr 1850 p3
 Jane Eliza - 19 July 1882; 20 July 1882 p2
 John B - 19 Dec 1886; 5 Jan 1887 p1
 Maria Florence - 28 Oct 1849; 5 Nov 1849 p2

McNEALY, Susan C - 19 Dec 1843; 9 Jan 1844 p3
McNELLIDGE, Mrs - nd; 30 June 1845 p3
McNEMARA, Lucy - 1 Aug 1869; 9 Aug 1869 p3
McNERHAMY, Edward - 30 May 1871; 1 June 1871 p2
McNISH, William - 16 Nov 1854; 20 Nov 1854 p3
McNULTY, Henry - nd; 22 July 1852 p2
 Hugh - 5 Nov 1854; 25 Nov 1854 p3
McNULTY, MaCOMB, Alexander - 19 Jan 1831; 21 Jan 1831 p3
 Alexander - 25 June 1841; 26 June 1841 p3 & 29 June 1841 p3
MACOMBER, Mary C - 21 July 1870; 30 July 1870 p3
MACON, Nathaniel - nd; 6 July 1837 p3
 Sarah - 17 Oct 1843; 3 Nov 1843 p3
MACOUGHTRY, James - 12 Mar 1841; 5 Apr 1841 p3
McPHAIL, Elizabeth M - 1865; 18 Nov 1865 p2
M'PHERSON, Catharine - 23 Mar 1816; 29 Mar 1816 p3
 Daniel - 15 June 1843; 24 June 1843 p2
 Elizabeth - 7 Nov 1843; 10 Nov 1843 p3
 Elizabeth - 3 Feb 1859; 2 Apr 1859 p3
 Elizabeth Mary - 15 Apr 1841; 16 Apr 1841 p3 & 27 Apr 1841 p3
 Henry H - 24 July 1863; 25 July 1863 p2
 Capt James - 1784; 19 Aug 1784 p2
 Jane - 12 Apr 1843; 13 Apr 1843 p3
 Jane Allan - 26 July 1863; 30 July 1863 p3
 Joanna S - 24 Feb 1842; 12 Mar 1842 p3
 Martha - 19 Mar 1885; 31 Dec 1885 p2
 Mary - 4 Nov 1815; 7 Nov 1815 p3
 Richard W - 16 Feb 1834; 22 Feb 1834 p3
 Dr Samuel - 18 Dec 1863; 23 Dec 1863 p2
 Tacy - 16 Mar 1826; 26 Mar 1826 p3
 Thomas - nd; 17 Aug 1849 p3
 Gen William - 5 Dec 1813; 30 Dec 1813 p3
 William Alexander - nd; 2 Apr 1859 p3
McQUINN, Elizabeth - 27 Feb 1863; 28 Feb 1863 p3
McQUIRE, James - 30 Nov 1850; 2 Dec 1850 p3
 Thomas B - 6 Mar 1852; 12 Mar 1852 p2
McRAE, Alexander - 14 Dec 1840; 13 Feb 1841 p3
 Ann D - 13 June 1858; 15 June 1858 p3
 Corbin - 14 May 1860; 29 May 1860 p3
 Cornelia Lee - 26 Dec 1876; 16 Jan 1877 p2
 Westwood - 2 Aug 1847; 17 Aug 1847 p2

McREA, Allen - nd; 1 Aug 1845 p3
 Cornelia Indiana - 21 May 1835; 13 June 1835 p3
 Elizabeth Scott - nd; 20 Sept 1832 p3
 Eliza Wise - 9 June 1865; 17 June 1865 p3
 Janet - 3 Sept 1853; 8 Sept 1853 p2
 Capt John - 6 Aug 1808; 8 Aug 1808 p3
 John Esq - 30 Sept 1812; 2 Oct 1812 p3
 Lydia Lucille - 18 Mar 1853; 23 Mar 1853 p2
McROBERTS, Maury - 1 May 1870; 2 May 1870 p2
 Thomas - 10 July 1873; 14 July 1873 p2
McSHERRY, Rev Wm - nd; 20 Dec 1839 p3
McVEAN, Jane - nd; 1 Nov 1837 p3
McVEIGH, Cynthia Ariel - 13 Mar 1851; 25 Mar 1851 p3
 Elizabeth - 8 July 1872; 15 July 1872 p2
 Elizabeth T - 29 May 1910; 31 Dec 1910 p1
 Frances - 5 Aug 1887; 8 Aug 1887 p2
 Hamilton T - 27 Sept 1873; 3 Nov 1873 p2
 James H - 22 June 1891; 31 Dec 1891 p1
 James Harvey Jr - 31 Mar 1874; 1 Apr 1874 p2
 James M - 13 Feb 1881; 14 Feb 1881 p3
 Jane S - 19 Mar 1890; 31 Dec 1890 p1
 Laura - 21 Dec 1870; 22 Dec 1870 p3
 Lizzie H - -- May 1879; 12 May 1879 p2
 Lucy - nd; 14 July 1849 p3
 Thomas E - 1 Mar 1877; 10 Mar 1877 p2
 Townsend J - 5 Nov 1875; 12 Nov 1875 p2
 Townshend - 3 Aug 1877; 10 Aug 1877 p2
 William N -- 29 July 1889; 31 Dec 1889 p2
 William N - 23 Apr 1906; 31 Dec 1906 p1
 Wm N - 21 Mar 1838; 3 Apr 1838 p3
McWILLIAMS, Daniel - 6 Oct 1870; 7 Oct 1870 p2
 Edward - 24 Jan 1888; 31 Dec 1888 p1
 James - 31 Jan 1892; 31 Dec 1892 p2
 James - 3 Nov 1907; 31 Dec 1907 p1
 Martha E - 9 June 1904; 31 Dec 1904 p1
 Matilda - 1 July 1909; 31 Dec 1909 p1

MADDEN, Rev Samuel W - 28 June 1896; 29 June 1896 np & 30 June 1896 np
MADDEX, Mary Ann - 19 July 1875; 27 July 1875 p2
MADDOX, Alma L - 20 Dec 1909; 31 Dec 1909 p1
 Bennett D - 29 May 1874; 6 June 1874 p3
 Florence - 1 Apr 1874; 6 Apr 1874 p2
 Frances S - 26 July 1855; 31 July 1855 p3
 Gwinn H - 21 Aug 1855; 24 Aug 1855 p3

MADDOX, Joseph - 8 June 1859; 18 June 1859 p3
Joseph H - 4 May 1887; 4 May 1887 p3
Laura L - 19 Feb 1893; 30 Dec 1893 p2
Mary - 19 Sept 1906; 31 Dec 1906 p1
Rosalie A - 30 Oct 1888; 31 Dec 1888 p1
Thomas L - 29 Aug 1839; 3 Sept 1839 p3
William - 15 Aug 1889; 31 Dec 1889 p2
Wm T - 23 May 1838; 30 June 1838 p3
MADDUX, Walter - 5 Nov 1913; 31 Dec 1913 p1
Winter Payne - nd; 30 Oct 1854 p3
Wm F - 1 Sept 1875; 6 Sept 1875 p2
MADISON, Eleanor - 11 Feb 1829; 17 Feb 1829 p3
MADISON, John - nd; 1 June 1833 p3
Gen William - 19 July 1843; 12 Aug 1843 p3
MAFFETT, C W - 25 Mar 1877; 20 Apr 1877 p2
MAFFIT, Samuel - 23 Oct 1813; 30 Oct 1813 p3
MAFFITT, Rev Wm - 2 Mar 1828; 5 Mar 1828 p3
MAGAR, Elizabeth Rebecca - 17 July 1855; 19 July 1855 p3
Mrs L S - 31 Oct 1867; 31 Oct 1867 p3
MAGEE, Wm C - -- Jan 1876; 27 Jan 1876 p3
MAGILL, Ann - 13 Sept 1844; 23 Sept 1844 p3
Mary Ann - 2 Feb 1861; 11 Feb 1861 p3
Mary Jane - nd; 14 Mar 1837 p3
Nicholas - nd; 28 Sept 1839 p3
MAGINNIS, Samuel Jamison - 9 Oct 1805; 16 Oct 1805 np
MAGRATH, Agnes M - 1 Apr 1861; 15 Apr 1861 p3
MAGRUDER, Adeline - 22 Dec 1864; 7 Jan 1865 p2
Daniel - 14 Mar 1842; 28 Mar 1842 p3
Dennis F - 19 Jan 1843; 27 Jan 1843 p3
Edward - 30 Mar 1872; 2 Apr 1872 p2
Eleanor W - 5 Feb 1847; 12 Feb 1847 p2
Fannie Strother - 20 June 1860; 13 July 1860 p3
George Lee - 13 June 1863; 16 June 1863 p3
Isabella Bankhead - 10 Dec 1872; 13 Dec 1872 p2
James - nd; 11 July 1838 p3
John R - 19 Aug 1854; 25 Aug 1854 p3
Lewis - 5 June 1906; 31 Dec 1906 p1
Margaret - nd; 22 June 1853 p3
Margaret - 3 Dec 1890; 31 Dec 1890 p1
Mary - 25 Dec 1857; 29 Dec 1857 p3
Mary Chapman - 9 Mar 1843; 13 Mar 1843 p3
Mary E - 23 Aug 1882; 12 Sept 1882 p2
Oliver B - 17 May 1852; 20 May 1852 p3
Richard Weems - 15 Oct 1836; 22 Nov 1836 p3
Thomas Belt - nd; 1 Apr 1853 p2

William B - 30 May 1869; 31 May 1869 p2
MAGUIRE, Ann Eliza - -- Nov 1878; 7 Nov 1878 p2
Margaret - 13 Nov 1860; 22 Nov 1860 p3
MAHANY, David - 30 Dec 1820; 4 Jan 1821 np
MAHON, Alexander - 18 Apr 1861; 22 Apr 1861 p2
Charley B - 30 Sept 1866; 3 Oct 1866 p2
Joseph - 21 Apr 1860; 25 Apr 1860 p3
Thomas - 18 Sept 1908; 31 Dec 1908 p1
MAHONEY, Henry - 4 Nov 1902; 31 Dec 1902 p1
John - 1887; 12 May 1887 p2
John - 11 Jan 1913; 31 Dec 1913 p1
MAHONY, James - 1 Dec 1855; 11 Dec 1855 p3
MAITER, Sarah - 30 Mar 1909; 31 Dec 1909 p1
MAJOR, Elizabeth H - 25 Jan 1874; 5 Feb 1874 p2
James J - 19 Mar 1868; 27 Mar 1868 p2
Mary Florence - 25 June 1854; 27 June 1854 p3
Priscilla - 19 June 1847; 26 June 1847 p3
MAKEEY, Virginia - 5 May 1906; 31 Dec 1906 p1
MAKELEY, Wesley - 29 Dec 1895; 31 Dec 1895 p1
MAKELY, David A - 18 Feb 1903; 31 Dec 1903 p1
Metrah Courtney - 16 July 1873; 17 July 1873 p2
R Lee - 16 June 1888; 31 Dec 1888 p1
MALCHAR, William - 26 July 1835; 8 Aug 1835 p3
MALEY, Mary A C - 15 Dec 1911; 30 Dec 1911 p4
MALIHAN, Alice - 22 Jan 1860; 25 Jan 1860 p3
MALONE, John L - 14 Nov 1872; 16 Nov 1872 p2 & 25 Nov 1872 p3
MALOY, Hugh - 1 Sept 1857; 5 Sept 1857 p2
MALVIN, Rev Henry - 13 June 1878; 14 June 1878 p2
MANAHAN, Edward - 5 Sept 1885; 31 Dec 1885 p2
MANCOFF, Mrs E - 12 Feb 1867; 12 Feb 1867 p3
MANDELL, Henrietta A - 1882; 4 Dec 1882 p2
Mary - 13 Aug 1834; 15 Aug 1834 p3
Susan S - 2 Mar 1861; 6 Mar 1861 p3
MANDER, B M L - 18 Aug 1872; 27 Aug 1872 p2
MANDEVILLE, Elizabeth - 7 Feb 1825; 8 Feb 1825 p3 & obituary 15 Feb 1825 p3
James - nd; 26 Apr 1854 p3

MANDEVILLE, Jonothan - 27 Sept 1809;
  28 Sept 1809 p3
  Joseph - nd; 26 July 1837 p3
  Julia - nd; 1 Jan 1858 p3
  Julia- 30 Dec 1858; 23 Jan 1858 p3
  Lydia C - 23 Sept 1820; 28 Sept 1820 np
  Mary - nd; 11 Apr 1861 p2
  Miss Mary - 9 Apr 1861; 18 Apr 1861 p3
  Nancy - 20 Jan 1827; 24 Jan 1827 p3
MANERY, John - nd; 28 Nov 1850 p2
  Mary - 31 Oct 1859; 2 Nov 1859 p3
MANGER, George A - 5 Apr 1911; 30 Dec
  1911 p4
MANGIN, Sarah Ann - 21 Dec 1865; 21 Dec
  1865 p2
MANGRUM, J W - 24 Oct 1913; 31 Dec 1913 p1
MANIERE, Mary - 7 Jan 1815; 10 Jan 1815 p3
MANKIN, Barbara Ellen - 8 Apr 1862; 5 Jun
  1862 p3*
  Charles - 15 Oct 1879; 16 Oct 1879 p2
  Mrs Charles - 24 June 1907; 31 Dec 1907 p1
  Charles E - 13 Sept 1903; 31 Dec 1903 p1
  Elizabeth A - 20 Sept 1900; 31 Dec 1900 p1
  Eudora L - 30 Sept 1848; 13 Oct 1848 p3
  George W - 10 June 1914; 31 Dec 1914 p1
  Hester - 9 Jan 1894; 31 Dec 1894 p1
  Mark M - 30 Nov 1865; 2 Dec 1865 p3
  Mary E - nd; 24 Sept 1849 p3
  Mary Elizabeth - 24 Apr 1844; 15 May 1844 p3
  Mary Margarett - 9 Aug 1864; 9 Aug 1864 p2
  Mertie M - 28 July 1881; 29 July 1881 p2
  Motta - 5 Mar 1877; 26 Mar 1877 p2
  Richard - 9 Sept 1838; 1 Oct 1838 p3
  Samuel A - 27 May 1902; 31 Dec 1902 p1
  Woodie - 10 Oct 1882; 10 Oct 1882 p2
MANKINS, George W - 17 Aug 1862; 22 Aug
  1862 p3*
  J W - 11 Mar 1872; 18 Mar 1872 p2
MANLEY, Frank - 5 Apr 1883; 31 Dec 1883 p3
  Helen - 14 Sept 1882; 14 Sept 1882 p3 &
    15 Sept 1882 p2
  Julian - 28 Aug 1890; 31 Dec 1890 p1
  Margaret - 8 Apr 1826; 12 Apr 1826 p3
  Sarah - 1785; 13 Oct 1785 p3
  Susan - 12 Mar 1902; 31 Dec 1902 p1
MANN, Charles W - 22 Aug 1838; 31 Aug
  1838 p3
  George W - 28 Apr 1858; 3 May 1858 p3
  Robert H - 26 June 1876; 26 June 1876 p2
  William M - 16 Mar 1860; 19 Mar 1860 p3
MANNING, Amelia - 15 Nov 1900; 31 Dec
  1900 p1

  Francis Louisa - 18 Aug 1835; 31 Aug 1835 p3
  Juphemia - 10 May 1860; 15 May 1860 p2
  Mary - 14 Aug 1843; 25 Aug 1843 p3
MANSFIELD, David - nd; 20 Nov 1871 p2
  Effie - 12 Mar 1901; 31 Dec 1901 p1
  Lucinda - 24 Dec 1862; 24 Dec 1862 p3*
  Mary Ellen - 14 Mar 1904; 31 Dec 1904 p1
  Mrs P A - 6 Feb 1899; 30 Dec 1899 p1
  Robert - 20 Aug 1866; 3 Sept 1866 p2
MANSON, Henietta E - 2 Nov 1892; 31 Dec
  1892 p2
MANTZ, Caspar - nd; 4 Nov 1839 p3
MANUEL, Martha Jane - 14 July 1844; 30 July
  1844 p3
MARBURY, Alexander H - 6 Dec 1843; 9 Dec
  1843 p3
  Anna - 12 Mar 1897; 31 Dec 1897 p1
  Bettie - nd; 25 Jan 1858 p3
  Cassius - nd; 30 July 1833 p3
  Eliza C - 30 Dec 1862; 10 Jan 1863 p3
  Elizabeth - 17 Mar 1833; 23 Mar 1833 p3
  Ellen L - 5 Jan 1875; 7 Jan 1875 p3
  F A - nd; 29 Aug 1860 p3
  Francis - nd; 21 Dec 1833 p3
  Francis A - 1 Feb 1860; 2 Mar 1860 p3
  James Irwin - 5 Jan 1855; 9 Jan 1855 p3
  John H - 14 June 1854; 29 June 1854 p3
  John - -- June 1876; 30 June 1876 p2
  Capt Joseph Columbus - 1 Sept 1825; 11 Oct
    1825 p2
  Capt Leonard - 29 Oct 1872; local news 29 Oct
    1872 p3 & 30 Oct 1873 p3 & 31 Oct 1872 p3
  Leonard - 14 June 1902; 31 Dec 1902 p1
  Margaret - 24 Sept 1837; 26 Sept 1837 p3
  Mary Elizabeth - nd; 29 Oct 1858 p3
  Mary Elizabeth - 20 Aug 1860; 21 Aug 1860 p2
  Meta - 18 Aug 1870; 20 Aug 1870 p3
  Sophia - 22 Nov 1878; 30 Nov 1878 p2
  Sophia M - 22 June 1872; 27 July 1872 p2
  Susan F - nd; 4 Sept 1871 p2
  Thomas - nd; 12 Jan 1848 p3
  Capt William - 13 Mar 1835; 17 Mar 1835 p3
  William H - 19 Sept 1900; 31 Dec 1900 p1
MARCHER, Grace - 12 Nov 1896; 31 Dec
  1896 p1
MARCHLEY, Joanna - 11 Sept 1866; 11 Sept
  1866 p2
MARDERS, Eliza - 11 June 1849; 18 June
  1849 p3
  Rebecca Kirby - 27 Nov 1882; 28 Nov 1882 p2
  William L - 14 Oct 1867; 15 Oct 1867 p2
MARIA, Jane - 26 June 1870; 30 June 1870 p3

MARINER, William - 9 Nov 1885; 31 Dec 1885 p2
MARING, Annie E - 4 Mar 1909; 31 Dec 1909 p1
MARION, Helen - nd; 31 July 1826 p3
  Josie - 17 Apr 1873; 23 Apr 1873 p2
MARIS, Samuel W - 7 Apr 1890; 31 Dec 1890 p1
MARK, Ann - 8 Apr 1870; 9 Apr 1870 p2
  Ellen - 5 Dec 1891; 31 Dec 1891 p1
  Lydia G - 11 Sept 1891; 31 Dec 1891 p1
  Samuels - 1 Sept 1876; 1 Sept 1876 p3
MARKELL, Elizabeth - 29 Jan 1902; 31 Dec 1902 p1
  Emma B - 5 Aug 1882; 7 Aug 1882 p2
MARKELL, George H - 21 July 1888; 31 Dec 1888 p1
  Henry - 18 Sept 1878; 18 Sept 1878 p2
  John Rain - 10 May 1861; 13 May 1861 p3
  Mary - 30 Oct 1884; 31 Dec 1884 p3
  Mary Ann - 1 Apr 1889; 31 Dec 1889 p3
  Robert - 23 Feb 1915; 31 Dec 1915 p2
  Samuel - nd; 16 May 1851 p2
  Samuel - 6 Aug 1905; 30 Dec 1905 p1
  Samuel W - 14 Nov 1885; 31 Dec 1885 p2
MARKHAM, Joseph - 25 Feb 1885; 31 Dec 1885 p2
  Mrs Joseph - 20 May 1897; 31 Dec 1897 p1
MARKLAND, Ann - 25 Oct 1878; 26 Oct 1878 p3
MARKLE, Elmira - 10 Sept 1843; 23 Sept 1843 p3
MARKS, Emma - 3 May 1913; 31 Dec 1913 p1
  Mrs Julia A - 22 Oct 1860; 25 Oct 1860 p3
  P - 20 June 1885; 31 Dec 1885 p2
MARLL, David - 30 Mar 1827; 10 Apr 1827 p3
  Elizabeth H - 25 Apr 1879; 28 Apr 1879 p2
  Joseph W - 8 Jun 1862; 13 Jun 1862 p3*
  Wm H - nd; 8 Nov 1871 p2
MARLOW, George Fox - 20 Oct 1875; 29 Oct 1875 p2
  Dr Thomas L - nd; 18 Oct 1855 p3
MARMADUKE, Lucie - nd; 26 Dec 1859 p3
  Robert H - 4 Aug 1866; 25 Aug 1866 p2
MARONY, James - 31 Jan 1865; 31 Jan 1865 p2
MARQUETT, Paul - -- Mar 1878; 8 Mar 1878 p2
MARR, Arthur - 17 Jan 1868; 18 Jan 1868 p3
  Cinnie Vallette - 7 Apr 1875; 3 May 1875 p2
  John - 2 June 1848; 20 June 1848 p3
  Marian Wallace - 26 Nov 1844; 3 Dec 1844 p3
MARRIATT, M M - 5 Mar 1870; 5 Mar 1870 p2
MARRIOTT, John - 2 Feb 1882; 2 Feb 1882 p2
MARRON, John C - 25 Dec 1862; 29 Dec 1862 p2*

MARSHALL, Agatha Madison - 29 May 1844; 19 Aug 1844 p3
  Ann Eliza - 18 Nov 1854; 22 Nov 1854 p3 & 2 Dec 1854 p2
  Ann P - 1 Sept 1857; 8 Sept 1857 np
  Dr Ashton A - 23 Feb 1861; 26 Feb 1861 p3
  Bolling Walker - 24 June 1860; 6 July 1860 p3
  C Lewis - 5 July 1857; 15 July 1857 p3
  C M - 6 Oct 1866; 16 Oct 1866 p3
  Caroline - 13 May 1816; 15 May 1816 p3
  Caroline S - 31 Dec 1900; 31 Dec 1900 p1
  Charles B - 1 Aug 1915; 31 Dec 1915 p2
  Edward Carrington - 8 Feb 1882; 14 Feb 1882 p2
  G C - 25 Jan 1890; 31 Dec 1890 p1
  George Francis - 14 May 1877; 14 May 1877 p3
  Harriet Rebecca - nd; 14 Mar 1863 p3
  Humphrey - 28 Mar 1872; 30 Mar 1872 p2
  J - 27 Dec 1872; 6 Jan 1873 p3
  James - nd; 9 Apr 1847 p3
  James K - recently; 2 Feb 1864 p3
  James Markham - 6 Sep 1862; 28 Oct 1862 p3*
  Jane - 3 May 1887; 4 May 1887 p3
  John - nd; 2 Dec 1833 p3
  John - 10 July 1872; 12 July 1872 p3
  John A - 3 May 1913; 31 Dec 1913 p1
  John G - 24 July 1911; 30 Dec 1911 p4
  Lewellyn - 7 Sept 1845; 9 Sept 1845 p3
  Margaret - nd; 3 July 1837 p3
  Margaret - 28 Feb 1908; 31 Dec 1908 p1
  Margaret Lewis - 2 July 1865; 8 July 1865 p2
  Maria B - 11 Feb 1861; 15 Feb 1861 p3
  Maria Louisa - 24 July 1872; 8 Aug 1872 p2
  Mary Francis - nd; 26 Sept 1851 p2
  Mary Jane - 21 Apr 1870; 21 Apr 1870 p3
  Mary M - 18 Jan 1839; 29 Jan 1839 p3
  Rachel L - 16 Dec 1908; 31 Dec 1908 p1
  Rebecca - 22 Nov 1899; 30 Dec 1899 p1
  Rebecca P - 8 Oct 1873; 24 Oct 1873 p2
  Rhuel - 4 Aug 1872; 29 Aug 1872 p3
  Richard H - nd; 21 Oct 1853 p3 & 28 Oct 1853 p3
  Robert - nd; 1 May 1839 p3
  Robert - 24 Feb 1872; 7 Mar 1872 p2
  Robert Morris - 10 Feb 1870; 17 Mar 1870 p3
  Robt. Taylor - 23 Aug 1862; 28 Oct 1862 p3*
  Sue Walker - 21 Jan 1873; 30 Jan 1873 p2
  Susan J - 27 July 1875; 2 Aug 1875 p2
  Thomas - 29 June 1835; 1 July 1835 p3 & 14 July 1835 p3
  Thomas L - 16 Feb 1858; 26 Feb 1858 p3
  Dr William - nd; 30 Oct 1843 p3

MARSON, Susan - 26 Mar 1843; 3 Apr 1843 p3
MARSTELLER, Dr C C - 8 Feb 1871; 9 Feb 1871 p3
  Christiana D - 7 Jan 1815; 10 Jan 1815 p3
  Cyrus C - 8 Feb 1871; 24 Feb 1871 p2
  Elizabeth W - 14 Oct 1841; 24 Nov 1841 p3
  Ferdinand - 17 Feb 1817; 18 Feb 1817 p3
  M E - 25 Sept 1858; 29 Sept 1858 p3
  Martha Ann - 5 Jan 1833; 31 Jan 1833 p3
  Mary M - 6 Dec 1814; 22 Dec 1814 p3
  S Arell - 19 May 1869; 22 May 1869 p3
  V A - nd; 19 Nov 1853 p3
MARSTERSON, Mary Ann - 4 Mar 1882; 4 Mar 1882 p2
MARTIN, Ada - 28 Sept 1866; 28 Sept 1866 p2
  Adam - 30 Mar 1914; 31 Dec 1914 p1
  Charles A - 20 Sept 1879; 20 Sept 1879 p2
  Edward - 11 June 1829; 12 June 1829 p3
  Edward J - 22 Apr 1870; 9 May 1870 p2
  Elizabeth - 4 Apr 1815; 6 Apr 1815 p3
  Elizabeth Jane - 18 Sept 1841; 8 Oct 1841 p3
  Elizabeth Pennington - 27 July 1855; 30 July 1855 p3
  Ellen Francis - 6 July 1893; 30 Dec 1893 p2
  Frances W - 22 Aug 1878; 26 Aug 1878 p2
  G W - nd; 22 Apr 1837 p3
  Henry - 12 Oct 1867; 12 Oct 1867 p2
  Humphrey - 13 Oct 1858; 15 Oct 1858 p3
  J Laurence - 11 Mar 1874; 30 Mar 1874 p2
  James - nd; 6 Aug 1833 p3
  James B - 6 July 1903; 31 Dec 1903 p1
  James Lloyd - 8 Oct 1872; 9 Oct 1872 p2
  Jacob - nd; 26 Mar 1839 p3
  John - nd; 5 July 1852 p2
  John - 4 Mar 1890; 31 Dec 1890 p1
  Joseph - 6 Jan 1915; 31 Dec 1915 p2
  Katie C - 29 Sept 1877; 2 Oct 1877 p2
  Madeline - 3 Sept 1914; 31 Dec 1914 p1
  Mary - 11 May 1907; 31 Dec 1907 p1
  Mary C - 13 Nov 1895; 31 Dec 1895 p1
  Mary Eliza - 20 Sept 1863; 21 Sept 1863 p3
  Robert C - 29 Jan 1871; 7 Feb 1871 p3
  Robert E - 29 Dec 1870; 3 Feb 1871 p2 & 7 Feb 1871 p2
  Sallie - nd; 13 Oct 1855 p3
  Sallie - 13 Jan 1901; 31 Dec 1901 p1
  Sally Maria - 5 July 1860; 20 Aug 1860 p3
  Sampson - 2 Oct 1855; 22 Oct 1855 p3
  Sarah C L - 5 May 1860; 8 May 1860 p3
  Sarah Frances - 5 Oct 1855; 22 Oct 1855 p3
  Saul - 20 Sept 1823; 30 Sept 1823 p3
  Sophia - 8 Sept 1899; 30 Dec 1899 p1
  Terence - 26 Dec 1839; 15 Jan 1840 p3
  Thomas - --- May 1835; 7 May 1835 p3
  Thomas L - 2 Apr 1858; 6 Apr 1858 p3
  Thomas L - 6 May 1835; 9 May 1835 p3
  William Bond - 3 Apr 1835; 10 Apr 1835 p3
MARTON, John - 7 Mar 1902; 31 Dec 1902 p1
MARVIN, Rebecca R - 14 Nov 1874; 10 Dec 1874 p2
MARYE, James B - 20 Sept 1893; 30 Dec 1893 p2
  Jane C - 16 Nov 1896; 31 Dec 1896 p1
  Morton - 22 Dec 1910; 31 Dec 1910 p1
MARYFIELD, John P - 7 Sept 1837; 26 Sept 1837 p3
MASCHETT, Catherine - 26 Nov 1814; 3 Dec 1814 p3
MASI, Mary Louise - 26 June 1860; 30 June 1860 p3
MASON, Adam - 19 Sept 1874; 28 Sept 1874 p2
  Alice E - 5 Dec 1894; 31 Dec 1894 p1
  Angelica - 29 Mar 1873; 5 Apr 1873 p2
  Ann - 20 Sept 1851; 29 Sept 1851 p2
  Ann - 14 Oct 1855; 18 Oct 1855 p3
  Ann - 22 Apr 1912; 31 Dec 1912 p1
  Anna Maria - 29 Nov 1857; 1 Dec 1857 p3 & 2 Jan 1858 p3
  Arthur - 28 May 1835; 30 May 1835 p3
  B C - 7 May 1873; 9 May 1873 p2
  Baynton T - 27 June 1857; 11 July 1857 p3
  Berry - 22 Oct 1852; 28 Oct 1852 p3
  C C - 27 Mar 1875; 29 Mar 1875 p2
  Carroll - --- Apr 1873; 4 Apr 1873 p2
  Charlotte E - nd; 3 Feb 1846 p3
  Clay - 24 Aug 1853; 29 Aug 1853 p3
  E E - 15 July 1907; 31 Dec 1907 p1
  Edgar E - 8 Jan 1835; 14 Jan 1835 p3
  Eilbeck - 28 Jun 1862; 1 Aug 1862 p3*
  Eliza - nd; 5 May 1814 p3
  Eliza B - 24 Nov 1839; 3 Dec 1839 p3
  Emily Ann - 16 July 1843; 15 Aug 1843 p3
  Etta E - 9 Jan 1905; 30 Dec 1905 p1
  Frank - 5 Aug 1895; 31 Dec 1895 p1
  Mrs G E - 24 June 1888; 31 Dec 1888 p1
  George - 14 Oct 1792; 8 Nov 1792 p3
  George - 21 Aug 1834; 23 Aug 1834 p3
  George - 25 Mar 1870; 25 Mar 1870 p2 & p3
  George - 29 Apr 1888; 31 Dec 1888 p1
  Ida Oswald - 16 Dec 1885; 31 Dec 1885 p2
  James M - 14 Feb 1874; 14 Feb 1874 p2
  Jane - nd; 27 Aug 1847 p2
  Gen John - 19 Mar 1849; 21 Mar 1849 p3
  Gen John - nd; 13 Aug 1859 p3
  John Chew - nd; 6 Dec 1847 p3

MASON, John Henry - nd; 17 Aug 1831 p3
  Lucien L - 13 May 1904; 31 Dec 1904 p1
  Lucinda - 24 Sept 1866; 6 Oct 1866 p2
  Lucius - 6 Jan 1845; 29 May 1845 p3
  Lucy S - 20 Feb 1861; 25 Feb 1861 p3
  M Eliza - 2 Feb 1885; 31 Dec 1885 p2
  Marianne - 16 July 1875; 16 July 1875 p2
  Marie Louise - 19 Nov 1832; 22 Nov 1832 p3
  Martha F - 15 Apr 1873; 19 Apr 1873 p2
  Minnie - 3 Nov 1870; 4 Nov 1870 p2
  Murray - nd; 19 Aug 1853 p3
  Capt Murray D - 11 Jan 1875; 11 Jan 1875 p2
  Poinsett - nd; 7 Nov 1838 p3
  R C - 22 July 1869; 30 July 1869 p2
  Richard - -- Aug 1869; 14 Aug 1869 p2
  Richard - 17 May 1877; 23 May 1877 p2
  Richard B - nd; 7 Feb 1842 p3
  Robert T - 20 Apr 1882; 21 Apr 1882 p2
  Sally - 29 Aug 1843; 5 Sept 1843 p2
  Gen Stevens Thomson - 9 May 1803; 13 May
    1803 p3
  Stevens Thomson - 4 Jan 1843; 9 Jan 1843 p3
  Susan Taylor - 6 Feb 1873; 11 Feb 1873 p2
    & 27 Mar 1873 p2
  Temple Anna - 3 June 1849; 11 June 1849 p3
  Thomas H - nd; 6 Feb 1838 p2
  Thomson F - 9 Sept 1841; 13 Sept 1841 p3 &
    22 Oct 1841 p3
  Thomson Francis - 21 Dec 1838; 22 Dec 1838 p3
    & obituary & eulogies 27 Dec 1838 p2
  Virginia - nd; 25 Jan 1838 p3
  Westwood T - 23 Mar 1851; 7 Apr 1851 p3
  William F - 5 July 1906; 31 Dec 1906 p1
  William Ruggles - 15 Mar 1865; 3 Apr 1865 p2
  William T - 12 Sept 1867; 21 Sept 1867 p3
  Wm H - 28 July 1849; 7 Aug 1849 p3
MASSEY, Alice - 13 Apr 1889; 31 Dec 1889 p2
  Alice - 10 Feb 1894; 31 Dec 1894 p1
  Charles - nd; 10 Jan 1837 p3
  George - 26 Sept 1899; 30 Dec 1899 p1
  Henry R - nd; 25 Mar 1839 p3
  John - nd; 30 Nov 1848 p3
  Joseph - 2 Aug 1904; 31 Dec 1904 p1
  Rev Lee - 23 Sept 1814; 29 Sept 1814 p3
  Louisa Love - 26 Aug 1869; 18 Sept 1869 p2
  Maria Catherine - 15 Nov 1857; 30 Nov 1857 p3
  Mrs M E - 10 Apr 1872; 11 Apr 1872 p2
  Mary - 3 Mar 1870; 4 Mar 1870 p2
  Mary E - 8 Apr 1912; 31 Dec 1912 p1
  Mrs - 19 June 1860; 16 Aug 1860 p2
  Richard Daily - 15 June 1874; 15 June 1874 p2
    & 16 June 1874 p2
  Robert - 12 Aug 1862; 12 Aug 1862 p3*
  Robert H - 4 May 1909; 31 Dec 1909 p1
  Rudolph - 7 July 1895; 31 Dec 1895 p1
  Stuart Ashby - 9 Mar 1890; 31 Dec 1890 p1
  Thomas - nd; 18 Feb 1861 p3
  Ursula - 24 Feb 1876; 24 Feb 1876 p2
  William D - 11 Feb 1872; 12 Feb 1872 p2
MASSIE, Henry - 22 Apr 1878; 26 Apr 1878 p2
  Lewis D - 25 Nov 1866; 1 Dec 1866 p2
  John W - 30 July 1840; 1 Aug 1840 p3
  Mary Selina - nd; 10 May 1847 p2
  Mary Stuart - 15 Mar 1878; 15 Mar 1878 p2
    & p3 & 19 Mar 1878 p3
  Miss - -- May 1878; 9 May 1878 p3
  Sigismunda A - nd; 26 Feb 1833 p3
  Susie - 10 Jan 1869; 13 Jan 1869 p2
  Thomas J - nd; 2 Aug 1858 p3
  Thomas J - 3 July 1877; 14 July 1877 p2
  Thomas Nelson - 28 May 1874; 28 May 1874 p2
  William F - 7 Apr 1870; 2 June 1870 p2
MASTERS, Edith - 19 Oct 1858; 20 Oct 1858 p3
  Edith - 16 Aug 1863; 17 Aug 1863 p3
  Edith - 8 May 1874; 8 May 1874 p2
  James - 20 May 1845; 23 May 1845 p3
  Capt John R - 29 Apr 1878; 29 Apr 1878
    p2 & p3
  Joseph - 7 Mar 1865; 18 Mar 1865 p2
  Mrs Louisa - 24 Nov 1840; 2 Dec 1840
  W H M - 6 July 1895; 31 Dec 1895 p1
MASTIN, Capt William - 28 Oct 1867; 29 Oct
    1867 p2
MASTON, Capt James - 28 Feb 1861; 2 Mar
    1861 p2
MATHERS, James Esq - 2 Sept 1811; 7 Sept
    1811 p3
MATHEWS, Miss Eliza Louis - 19 Oct 1860;
    25 Oct 1860 p3
  Rev Lastly - 22 Apr 1813; 23 Apr 1813 p3
  Mary J - 24 June 1904; 31 Dec 1904 p1
MATTHEWS, Sister Ann Teresa - nd; 18 Nov
    1833 p3
  Francis - 14 Jan 1861; 2 Feb 1861 p2
  James - 7 Oct 1830; 15 Oct 1830 p3
  John - 4 May 1854; 12 May 1854 p3
  Maria Stoddert - 8 Nov 1834; 17 Nov 1834 p3
  Mary A - 7 Oct 1913; 31 Dec 1913 p1
  Mary E - 3 Nov 1907; 31 Dec 1907 p1
  Robert - 2 June 1908; 31 Dec 1908 p1
  Squire - nd; 20 July 1871 p3
  Susanna Jane - 17 Mar 1840; 25 Mar 1840 np
  William - 19 Oct 1857; 24 Oct 1857 p2
  Wm Edward - 23 July 1859; 26 July 1859 p3

MATTINGLY, Ann - nd; 12 Mar 1855 p3
James - 20 Apr 1842; 29 Apr 1842 p3
John Edward - 11 Oct 1867; 17 Oct 1867 p2
Mary - 28 Feb 1866; 8 Mar 1866 p3
MATTOON, Gen Ebenezer - 1843; 18 Sept 1843 p3
MAUKIN, Alexander - 21 Aug 1910; 31 Dec 1910 p1
MAULSBY, Benjamin - 19 Dec 1860; 22 Dec 1860 p3
MAURICE, James - 14 Aug 1834; 26 Aug 1834 p3
MAURY, Col Abraham - nd; 1 Apr 1833 p3
Charles F - 31 Mar 1873; 1 Apr 1873 p2
Diana - 27 June 1843; 27 July 1843 p3
Henry - 27 Feb 1869; 3 Mar 1869 p2
John - 25 Feb 1873; 28 Feb 1873 p2
Lucy P H - 13 Feb 1873; 28 Feb 1873 p2
Magruder - 8 May 1877; 15 May 1877 p3
Mary - 23 Sept 1839; 30 Sept 1839 p3
Matthew - 4 Sept 1860; 21 Sept 1860 p3
Richard - 31 Jan 1843; 2 Feb 1843 p3
Roy Mason - 22 Sept 1857; 1 Oct 1857 p2
William G - 9 Feb 1860; 14 Feb 1860 p2
Wm L - 7 Nov 1838; 12 Nov 1838 p3
MAUZY, Fayette - --- Apr 1873; 3 Apr 1873 p2
MAXWELL, Alice - 31 Jan 1902; 31 Dec 1902 p1
G W - 28 Aug 1896; 31 Dec 1896 p1
George - 14 June 1861; local news 7 Oct 1861 p2
Kate - 24 Dec 1853; 26 Dec 1853 p2
R L - 10 Dec 1893; 30 Dec 1893
Virginia - 12 Apr 1895; 31 Dec 1895 p1
MAY, Catherine Hill - 12 Sept 1874; 14 Sept 1874 p2
Edward - 10 Aug 1810; 11 Aug 1810 p3
Effie - 11 Aug 1903; 31 Dec 1903 p1
Ella - 28 Feb 1872; 29 Feb 1872 p2
George W - 20 Jan 1910; 31 Dec 1910 p3
John - nd; 31 Jan 1817 p2
John - nd; 29 June 1854 p3
Julia M - nd; 17 Oct 1822 p3
Mary Louisa - nd; 24 Mar 1843 p3
Mrs - nd; 4 Feb 1861 p3
Sarah S - 7 Feb 1912; 31 Dec 1912 p1
MAYER, Charles F - 2 Jan 1864; 5 Jan 1864 p2
MAYFIELD, Mrs Susanna - 7 Dec 1862; 9 Dec 1862 p3*
MAYHEWE, Maggie - 2 May 1894; 31 Dec 1894 p1

MAYHUGH, Annie - 18 Feb 1899; 30 Dec 1899 p1
Mary Jane - 25 Aug 1881; 12 Sept 1881 p2
Peyton - 18 May 1854; 26 May 1854 p2
Robert L - 29 Mar 1894; 31 Dec 1894 p1
William - 7 Apr 1913; 31 Dec 1913 p1
MAYNADIER, Sarah Scott - 26 Apr 1822; 2 May 1822 p3
MAYO, Abigail - 2 Oct 1843; 9 Oct 1843 p3
C W - 16 June 1888; 31 Dec 1888 p1
John Campbell - 19 Oct 1871; 23 Oct 1871 p3
Joseph - 10 Aug 1872; 10 Aug 1872 p2
Joseph Jr - 24 May 1785; 28 July 1785 p3
Maria - 27 June 1839; 2 July 1839 p3
Rebecca - 15 May 1878; 16 May 1878 p3
Robert - 13 Feb 1861; 19 Feb 1861 p3
Susan S - 7 Dec 1842; 5 Jan 1843 p3
Wm - nd; 18 Aug 1837 p3
MAYS, Samuel L - 6 Aug 1905; 30 Dec 1905 p1
William H - 9 Apr 1910; 31 Dec 1910 p1
MEAD, Catherine - 7 Mar 1863; 21 Mar 1863 p3
Mary E - 2 Oct 1877; 3 Oct 1877 p2
Samuel - 9 Nov 1860; 18 Dec 1860 p3
Rev Stith - 1 Aug 1834; 26 Aug 1834 p3
MEADE, C Edward - 21 Nov 1908; 31 Dec 1908 p1
Catharine Voss - 29 Jun 1862; 6 Aug 1862 p3*
Edward - 6 Oct 1893; 30 Dec 1893 p2
Edwin T - nd; 17 Feb 1849 p3
Ella M - 3 Sept 1882; 8 Sept 1882 p2
Ellen - 2 July 1857; 7 July 1857 p3
George T - 30 Nov 1910; 31 Dec 1910 p1
Harriotte Lee - 14 Feb 1839; 20 Feb 1839 p3
Louisa W - 6 Feb 1858; 23 Feb 1858 p3
Mary - 5 Feb 1840; 18 Feb 1840 p3
N B - 29 May 1888; 31 Dec 1888 p1
Nannie S - 5 Apr 1907; 31 Dec 1907 p1
Philip Nelson - 8 Nov 1873; 13 Nov 1873 p2
Philip Randolph - --- Jan 1876; 13 Jan 1876 p2
Rebecca - 7 June 1867; 12 June 1867 p3
Richard E - 19 Nov 1840; 5 Jan 1841 p3
Richard K. - 4 Mar 1862; 17 May 1862 p3*
Richard Kidder - 26 Feb 1833; 5 Mar 1833 p3
Susan - 24 Jan 1861; 29 Jan 1861 p3
Susie - 24 July 1877; 24 July 1877 p2
Theodore - nd; 14 Dec 1859 p3
Thomasia - nd; 1 Aug 1836 p3
Walter - 8 June 1853; 17 June 1853 p3
William Ludwell - 12 Mar 1875; 16 Mar 1875 p2
Rev Z - 30 Nov 1840; 1 Dec 1840 np

MEADES, Mrs Robert - 2 Apr 1885; 31 Dec 1885 p2
MEAGHER, Elizabeth - 6 Sept 1867; 6 Sept 1867 p3
Mathew - 4 Mar 1860; 6 Mar 1860 p3
T W - 30 May 1874; 16 Nov 1874 p2
MEAKER, Florence - 12 Aug 1874; 13 Aug 1874 p2
MEANS, Maj Archibald - nd; 13 Dec 1836 p3
Jane C - 35 (sic) Aug 1864; 27 Aug 1864 p2
MEARS, Caleb - 1 May 1868; 5 May 1868 p2
MEASE, Robert - 7 Mar 1803; 9 Mar 1803 p3
MECHLIN, Ann - 3 Nov 1862; 6 Nov 1862 p1*
Joseph - 25 Feb 1839; 27 Feb 1839 p3
Margaret - 10 May 1860; 12 May 1860 p2
MEDFORD, Ruth - 2 July 1913; 31 Dec 1913 p1
MEEHAN, John Monington - 8 Nov 1862; 10 Nov 1862 p1*
Margaret Jones - 17 July 1826; 19 July 1826 p3
Mary Elizabeth - nd; 22 Sept 1843 p3
MEEKS, George - 28 Oct 1892; 31 Dec 1892 p2
Hetty - 2 Feb 1800; 8 Feb 1800 p3
Mrs J W - 8 June 1901; 31 Dec 1901 p1
John M - 31 Oct 1884; 31 Dec 1884 p3
Virginia L - 17 Mar 1890; 31 Dec 1890 p1
Walter - 28 July 1903; 31 Dec 1903 p1
MEEM, Nannie C - 21 June 1869; 23 June 1869 p3
MEGEATH, James Toliver - 16 Feb 1875; 1 Mar 1875 p2
Judith - 24 May 1872; 6 June 1872 p2
Samuel A - 10 Feb 1869; 20 Feb 1869 p3
MEHAFFEY. Emily E - 17 Dec 1915; 31 Dec 1915 p2
Susan - 14 June 1877; 14 June 1877 p2
MEIRS, August H - 29 June 1904; 31 Dec 1904 p1
MELCIOR, Karl Ferdinand - 27 June 1881; 28 June 1881 p2
Nannie Lula May - 17 Aug 1880; 17 Aug 1880 p2
Sophie - 13 Oct 1908; 31 Dec 1908 p1
MELLEN, Prentiss - 1 Jan 1841; 5 Jan 1841 p3
MELVILLE, Harry - 1 July 1882; 3 July 1882 p2
MELVIN, Eleanor M - 11 Aug 1860; 15 Aug 1860 p3
Martha A - 15 June 1874; 15 June 1874 p2
MEMCK, Joseph - nd; 21 June 1854 p3
MENEFFEE, Mary E - 16 Apr 1860; 9 June 1860 p2
MENNIS, Robert - 7 Mar 1878; 7 Mar 1878 p3

MERCEIN, Thomas R - 24 Oct 1843; 3 Nov 1843 p3
MERCER, Carey S - --- Nov 1843; 21 Nov 1843 p3 & 25 Nov 1843 p3
Fenton - nd; 1 Dec 1846 p3
George - nd; 16 Mar 1837 p3
George Weedon - nd; 13 Sept 1858 p3
Col Hugh - nd; 5 Dec 1853 p3
John - nd; 29 May 1848 p2
John F - 30 Aug 1821; 11 Sept 1821 p2
Margaret - 25 Sept 1887; 29 Sept 1887 p2
Thomas Hugh - 7 Sept 1865; 21 Sept 1865 p3
Wm - 20 Aug 1839; 13 Sept 1839 p3
MERCHANT, Ada - 22 Nov 1882; 30 Nov 1882 p2
Anti Elizabeth - 14 Feb 1875; 20 Feb 1875 p2
Ann H - 20 Feb 1845; 26 Feb 1845 p3
Bettie - 7 Nov 1898; 31 Dec 1898 p1
Edward Posey - 13 Oct 1853; 28 Oct 1853 p3
Elijah McD - 24 June 1880; 25 June 1880 p2
Francis A - 1 Feb 1866; 1 Feb 1866 p2
Henrietta M - 12 Apr 1871; 20 Apr 1871 p2
Isabel - 9 Aug 1865; 11 Aug 1865 p3
Mary Ann - 18 June 1847; 21 June 1847 p2
Pamelia Ann - 11 Sept 1872; 14 Sept 1872 p2
Robert - 2 Mar 1883; 31 Dec 1883 p3
Sarah - nd; 20 Sept 1844 p3
Thomas - 27 Dec 1865; 28 Dec 1865 p3
MEREDITH, James - 3 Feb 1861; 11 Feb 1861 p3
Robert B - 21 Nov 1860; 8 Dec 1860 p3
Walter - 20 Apr 1843; 29 Apr 1943 p3
MERIFIELD, John - 4 Oct 1843; 7 Oct 1843 p3
MERIKEN, Rev Joseph - 4 Mar 1848; 6 Mar 1848 p2
MERIWEATHER, Nannie W - 26 Dec 1874; 8 Jan 1875 p2
MERRICK, Catharine - 18 Aug 1850; 23 Aug 1850 p3
William D - nd; 30 Dec 1843 p2
MERRIFIELD, Emily - nd; 15 Nov 1849 p3
MERRIKEN, Rev Joseph - nd; 8 Mar 1848 p3
Joseph - 14 Dec 1848; 16 Dec 1848 p2
MERRIMAN, Thomas - 11 Sept 1901; 31 Dec 1901 p1
MERRIWETHER, Eliza Jane - nd; 29 June 1837 p3
MERSHON, William - 6 July 1847; 12 July 1847 p3
MESSERSMITH, Frances - 11 May 1840; 23 May 1840 p3
Samuel - nd; 1 Dec 1840 p3

METCALF, Dwight - 9 Sept 1857; 10 Sept 1857 p3
Lucy Hunton - 12 June 1860; 19 July 1860 p3
METCALFE, Catharine - 11 Aug 1843; 16 Aug 1843 p3
METTA, Sarah - 9 Sept 1872; 30 Sept 1872 p3
Susan - 21 Sept 1872; 28 Sept 1872 p3
METZGER, Albert R - 17 Mar 1914; 31 Dec 1914 p1
MEYER, Anna - 26 Oct 1901; 31 Dec 1901 p1
MICHIE, Isaac Newton - 3 Jan 1843; 14 Jan 1843 p3
MICOU, Richard W - 4 June 1912; 31 Dec 1912 p1
MIDDLETON, Ann B - 27 Jan 1818; 4 Feb 1818 p3
C B - 16 Feb 1886; 31 Dec 1886 p3
Francis - 17 May 1839; 29 May 1839 p3
George - 27 Aug 1841; 17 Sept 1841 p3
James - 28 June 1860; 30 June 1860 p3
James P - 20 Aug 1862; 22 Aug 1862 p3*
Mildred - 11 Dec 1838; 17 Dec 1838 p3
Sophia Weston - 23 June 1834; 26 June 1834 p3
Theodore - 28 Jan 1844; 6 Feb 1844 p3
MIFFLIN, George - nd; 26 Nov 1846 p3
Thomas - nd; 25 Jan 1800 p3
MIFFLETON, A - 3 Oct 1883; 31 Dec 1883 p3
Charles - 3 Jan 1894; 31 Dec 1894 p1
Emma Jane - nd; 8 Oct 1852 p2
George Baley - 3 June 1853; nd np
Henry - 12 Oct 1890; 31 Dec 1890 p1
James - 25 Aug 1905; 30 Dec 1905 p1
MIFFLSTON, Henry - 16 Sept 1900; 31 Dec 1900 p1
MIFLAND, Gracie L - 5 Nov 1877; 6 Nov 1877 p2
MIKENDREE, Bishop - 5 Mar 1835; 28 Mar 1835 p2
MILBOURN, Humphrey - 20 Sept 1841; 18 Oct 1841 p3
MILBURN, Alice - nd; 1 Mar 1833 p3
Ashbury - nd; 9 Apr 1838 p3
Benedict Calvert - 2 Apr 1867; 3 Apr 1867 p3
B Ariel - 20 Apr 1906; 31 Dec 1906 p1
Ethelbert - 26 May 1906; 31 Dec 1906 p1
Eva - 31 Aug 1877; 10 Sept 1877 p2
J G - 9 Sept 1912; 31 Dec 1912 p1
Joseph Parker - 1 Mar 1874; 1 Mar 1874 p2
Kate M - -- Jan 1876; 10 Jan 1876 p3 & 11 Jan 1876 p3
L C - 15 Dec 1909; 31 Dec 1909 p1
Liera - 13 Mar 1915; 31 Dec 1915 p2

Margaret - 28 Nov 1874; 1 Dec 1874 p2
Stephen C - 12 Feb 1896; 31 Dec 1896 p1
Mrs Thirza - 17 Oct 1862; 17 Oct 1862 p3*
Thomas - nd; 16 Nov 1822 p3
W Lewis - 7 Sept 1891; 31 Dec 1891 p1
Washington C - 8 Aug 1891; 31 Dec 1891 p1
Willie L - 25 Mar 1881; 26 Mar 1881 p2
MILBURNE, Joseph - 13 Oct 1821; 17 Oct 1821 p3
MILES, James H - 6 June 1907; 31 Dec 1907 p1
Jane G - 9 Apr 1915; 31 Dec 1915 p2
Rev Sidney - 25 Mar 1874; 30 Apr 1874 p2
MILLAN, Ann - 12 Apr 1902; 31 Dec 1902 p1
Elizabeth - nd; 10 Sept 1831 p3
Nk Frances - 29 May 1865; 9 June 1865 p2
George - nd; 31 Mar 1838 p3
James - 15 Mar 1841; 19 Mar 1841 p3
John L - nd; 17 Sept 1831 p3
John - 15 Oct 1843; 20 Oct 1843 p3
Joseph C - 24 Nov 1876; 1 Dec 1876 p2
Lyle - 14 Jan 1859; 1 Feb 1859 p3
Mary - 18 Oct 1870; 24 Oct 1870 p2
Nancy - nd; 22 Oct 1825 p3
Sarah Ann - nd; 12 Oct 1831 p3
Sarah B - 26 Aug 1890; 31 Dec 1890 p1
Susannah - 4 Nov 1808; 8 Nov 1808 p3
Thomas - 27 Apr 1828; nd np
Thomas - 17 July 1858; 24 July 1858 p3
Capt William - 28 July 1813; 2 Aug 1813 p3
William W - 30 Mar 1845; 5 Apr 1845 p3
Wm - nd; 2 Nov 1852 p2
Wm Thomas - nd; 6 Oct 1831 p3
MILLAR, Catharine - nd; 17 Nov 1849 p3
MILLARD, E J C - 12 Mar 1843; 24 Apr 1843 p3
Mrs Elizabeth - 12 Jan 1864; 21 Jan 1864 p2
John Thomas - 24 May 1860; 1 June 1860 p3
William - nd; 23 July 1863 p2
MILLER, Amy Ann - 19 June 1867; 20 June 1867 p2
Ann Maria - 29 Aug 1875; 6 Sept 1875 p2
Ann Taliaferro - nd; 10 June 1854 p3
Anna - 23 Feb 1885; 31 Dec 1885 p2
Dr Bernard J - 17 Sept 1837; 19 Sept 1837 p3
Catharine - 5 June 1909; 31 Dec 1909 p1
Sen Charles - 9 Oct 1862; 11 Oct 1862 p3*
David - 18 July 1900; 31 Dec 1900 p1
E J - 9 Aug 1895; 31 Dec 1895 p1
Elizabeth - 7 May 1852; 7 June 1852 p2
Elizabeth - 28 Mar 1894; 31 Dec 1894 p1
Emma - 4 May 1901; 31 Dec 1901 p1
Francis - 2 Feb 1888; 31 Dec 1888 p1
George Richards - 5 June 1872; 7 June 1872 p2

MILLER, Gilbert - 28 Feb 1821; 22 Mar 1821 p2
Hannah - nd; 16 Dec 1859 p3
Hannah - 18 Oct 1811; 19 Oct 1811 p3
Harriet - 3 July 1858; 7 July 1858 p3
Helen A - 13 Mar 1898; 31 Dec 1898 p1
Isaac S - 10 Oct 1862; 11 Oct 1862 p3*
Jacob B - 23 Mar 1843; 10 Apr 1843 p3
James H - 26 Sept 1854; 27 Sept 1854 p3
Jeannie - 22 Dec 1900; 31 Dec 1900 p1
John - 30 May 1887; 2 June 1887 p2
John - 18 Jan 1910; 31 Dec 1910 p1
John R - 20 Sept 1915; 31 Dec 1915 p2
John S - 15 Dec 1878; 18 Dec 1878 p2
Julia A - 1867; 2 Sept 1867 p2
Laura E - 6 Aug 1860; 21 Aug 1860 p2
Letitia Randall - 5 May 1885; 31 Dec 1885 p2
Margaret - 22 Feb 1843; 28 Feb 1843 p3
Mary - 14 Aug 1860; 16 Aug 1860 p2
Mary Anna - 17 Apr 1878; 18 Apr 1878 p3
Mary H - 6 Sept 1901; 31 Dec 1901 p1
Mary S - 22 Feb 1867; 7 Mar 1867 p2
Mordecai - 2 Apr 1832; 4 Apr 1832 p3 & obituary 6 Apr 1832 p3
Mordecai (of N Orleans) - 21 Sept 1863; 20 Oct 1863 p3
Orlando - 22 Dec 1900; 31 Dec 1900 p1
Rebecca - 6 Dec 1890; 31 Dec 1890 p1
Rachel Parker - 23 Oct 1854; 1 Nov 1854 p3
Reuben - nd; 12 June 1852 p3
Rhoda A - 21 May 1876; 23 May 1876 p2
Robert - 19 Oct 1875; 29 Oct 1875 p2
Robert H - 10 Mar 1874; 10 Mar 1874 p2 & p3
Royal E - nd; 4 Mar 1872 p2
Samuel - 31 Aug 1843; 9 Sept 1843 p3
Col Samuel - nd; 12 Dec 1855 p3
Samuel - 5 Aug 1876; 5 Aug 1876 p2 & 7 Aug 1876 p2
Sarah A - 22 Jan 1843; 26 Jan 1843 p3
Sarah Ellen - 20 June 1871; 20 June 1871 p2
Susan E - nd; 24 Jan 1837 p3
Susan Earl - 20 Sept 1865; 21 Sept 1865 p3
Major Thomas - 26 Jan 1834; 30 Jan 1834 p3
Thomas - 10 Nov 1841; 15 Nov 1841 p3
Thomas - nd; 11 Nov 1845 p2
Warwick Guion - 24 Feb 1860; 28 Feb 1860 p3
William H - 24 Oct 1870; 25 Oct 1870 p2
William Thomas - 11 Dec 1866; 11 Dec 1866 p2
MILLET, Angela - nd; 5 May 1825 p3
MILLLAN, Stacia - 19 June 1839; 25 June 1839 p3
MILLS, Albert Newton - 9 Aug 1863; 10 Aug 1863 p3

Alonzo - 4 June 1894; 31 Dec 1894 p1
Mrs Alonzo - 5 Feb 1898; 31 Dec 1898 p1
Annie E - 30 Sept 1865; 30 Sept 1865 p3
Benj - 6 Dec 1831; 29 Dec 1831 p3
Bushrod W - nd; 10 Mar 1855 p3
Catharine N - 26 Jan 1868; 28 Jan 1868 p2
Catharine - 28 Sept 1874; 30 Sept 1874 p3
Catherine - 28 Nov 1901; 31 Dec 1901 p1
Clarence - 29 Aug 1910; 31 Dec 1910 p1
Delilah Jane - 10 Oct 1886; 31 Dec 1886 p3
Eliza - 23 Feb 1875; 29 Mar 1875 p2
Eliza - 21 Jan 1886; 31 Dec 1886 p3
Eliza Barnwell d/o Gen J Smith - 17 Sep 1862; 19 Sep 1862 p3*
Ernest Lee - 25 July 1863; 4 Aug 1863 p3
Fannie - 9 Mar 1899; 30 Dec 1899 p1
Gertrude - 10 Apr 1915; 31 Dec 1915 p2
Harriet - 14 Apr 1899; 30 Dec 1899 p1
Harvey O - 1 Mar 1861; 5 Mar 1861 p3
James - 1 May 1888; 31 Dec 1888 p1
James - 27 Apr 1900; 31 Dec 1900 p1
James W - 18 Mar 1909; 31 Dec 1909 p1
John - 25 Dec 1783; 5 Feb 1784 p2
John - 8 July 1874; 11 July 1874 p2
John A - 22 Dec 1901; 31 Dec 1901 p1
John R - nd; 6 Apr 1837 p3
Leonard J - 2 Mar 1867; 16 Mar 1867 p2
Lilly A - 10 Jan 1895; 31 Dec 1895 p1
Maria E - 21 Mar 1875; 3 Apr 1875 p2
Maria Lucinda - 11 Aug 1858; 14 Aug 1858 p3
Marion E - 7 Sept 1865; 6 Sept 1865 p3
Martha - 24 Jan 1834; 29 Jan 1834 p3
Martha - 28 Jan 1842; 2 Feb 1842 p3
Mary Ann - 27 Mar 1886; 31 Dec 1886 p3
Mary F - 28 Nov 1914; 31 Dec 1914 p1
Mary Jane - nd; 16 Feb 1847 p3
Minnie Lee - 7 Aug 1864; 11 Aug 1864 p2
Ophelia - 3 Apr 1905; 30 Dec 1905 p1
Oscelola - nd; 16 Nov 1844 p3
Rebecca - 27 Aug 1834; 2 Sept 1834 p3
Rebecca - 3 Feb 1906; 31 Dec 1906 p1
Robert - 3 Aug 1876; 4 Aug 1876 p3
Samuel - 6 Oct 1903; 31 Dec 1903 p1
Sarah J - 5 Mar 1900; 31 Dec 1900 p1
Thomas M - 14 Nov 1883; 31 Dec 1883 p3
Victoria - 24 July 1897; 31 Dec 1897 p1
William - 23 Jan 1815; 24 Jan 1815 p3
William - 19 Dec 1869; 20 Dec 1869 p2
William - 2 June 1882; 2 June 1882 p2
William J - 21 Nov 1912; 31 Dec 1912 p1
William M - 12 Oct 1886; 31 Dec 1886 p3
William R - 19 Dec 1869; 24 Dec 1869 p2

MILLS, Wm N - nd; 5 Oct 1852 p3
MILLY, Aunt - --- July 1873; 14 July 1873 p2
MILNER, Mary - 27 Jan 1853; 14 Feb 1853 p2
MILNOR, Rev Dr - nd; 14 Apr 1845 p3
MILSTEAD, John H - 29 Oct 1913; 31 Dec 1913 p1
  William - 14 Mar 1914; 31 Dec 1914 p1
MILTENBERGER, Anthony F W - 21 Oct 1869; 23 Oct 1869 p2
MILTON, Albert - 13 Oct 1870; 13 Oct 1870 p2
  Alex R - 2 Sept 1857; 11 Sept 1857 p3
  John - 18 Nov 1860; 1 Dec 1860 p3
MINER, Alura S - 23 Apr 1899; 30 Dec 1899 p1
  Gilbert S - 16 Sept 1870; 17 Sept 1870 p3
  Malivna - 22 Mar 1866; 23 Mar 1866 p3
MINES, Eliza - nd; 29 Oct 1840 p3
  Glorvina Claudine - nd; 4 Aug 1838 p3
  Martha - nd; 6 Aug 1819 p2
MINGE, Dr John - 23 Jan 1871; 27 Jan 1871 p2
MINGEN, Joseph - 13 Jan 1900; 31 Dec 1900 p1
MINGIN, Joseph - 18 Mar 1914; 31 Dec 1914 p1
MINNIGERODE, Charles - 13 Oct 1894; 31 Dec 1894 p1
  Charles G - 25 Jan 1888; 31 Dec 1888 p1
  Mary - 30 Oct 1898; 31 Dec 1898 .PI
  Virginia P - 9 Mar 1899; 30 Dec 1899 p1
MINOR, Albert G - 12 Jan 1896; 31 Dec 1896 p1
  Catharine A - 3 Sept 1873; 5 Sept 1873 p2
  Colville - nd; 6 Oct 1854 p3
  Daniel - 19 Oct 1865; 20 Oct 1865 p2 & p3
  Garrit - nd; 28 June 1832 p3
  Hugh - 31 July 1839; 5 Aug 1839 p3
  Isaac - 29 Dec 1831; 5 Jan 1832 p3
  James M - 5 July 1858; 10 July 1858 p3
  Gen John - 8 June 1816; 17 June 1816 p3
  Lucretia - nd; 20 Nov 1840 p3
  Lucretia Hale - nd; 27 Nov 1840 p3
  Martha M - 25 July 1857; 3 Aug 1857 p3
  Mary - 13 June 1843; 15 June 1843 p3
  Mrs Mary S d/o S Sommers - nd; 10 Jun 1862 p3*
  Mary S - 18 Jan 1876; 20 Jan 1876 p2
  Mildred - 18 May 1813; 19 May 1813 p3
  Philip H - 24 May 1870; 26 May 1870 p3
  Robert M - 24 July 1866; 25 July 1866 p2
  Robert M - 12 July 1883; 31 Dec 1883 p2
  Sally T - nd; 5 May 1836 p3
  Sarah - 12 Sept 1830; 15 Sept 1830 p3
  Thomas - 20 July 1834; 24 July 1834 p3
  Virginia - 24 May 1845; 5 June 1845 p3 & 6 July 1845 p3
  Virginia - 7 June 1901; 31 Dec 1901 p1
  W W - 16 May 1887; 18 May 1887 p2

  West Fairfax - nd; 19 Nov 1840 p3
  Col William - nd; 30 July 1859 p3
  William J - 21 Mar 1880; 24 Mar 1880 p2
MISCALLY, Sylvester - 10 Jan 1857; --- Jan 1857 p2
MISKEL, George W - 6 Mar 1860; 26 Mar 1860 p3
MITCHELL, Albert - 27 Jan 1837; 31 Jan 1837 p3
  Elizabeth - 12 May 1832; 17 May 1832 p3
  George F - nd; 30 June 1832 p3
  Harriet G - nd; 18 Feb 1837 p3
  Hugh - 25 Dec 1837; 1 Jan 1838 p3
  James - nd; 16 May 1822 p3
  James - 19 June 1787; 21 June 1787 p2
  James Jr - 30 Jan 1861; 31 Jan 1861 p3
  James B - nd; 14 Aug 1837 p3
  James C - 17 Aug 1843; 8 Sept 1843 p2
  John - nd; 24 Dec 1851 p3
  John Wm - 8 Feb 1875; 6 Mar 1875 p3
  Judson - nd; 17 Aug 1852 p2
  Judson - 12 Mar 1865; 14 Mar 1865 p3
  Katy - --- Dec 1843; 15 Dec 1843 p2
  Louisa J - 10 Dec 1877; 11 Dec 1877 p2
  Martha - 18 May 1874; 30 May 1874 p2
  Mrs Robert - 15 Nov 1899; 31 Dec 1890 p1
  W - nd; 24 Apr 1844 p3
  William - 16 Nov 1862; 18 Nov 1862 p3*
MIX, Lewis - nd; 29 Apr 1824 p3
MOCK, George W - 10 July 1852; 19 July 1852 p2
MOFFET, Matilda Ann - nd; 7 July 1836 p3
MOFFETT, Ann Roberta - 28 June 1877; 28 June 1877 p2
  Mary F - 23 Sept 1853; 30 Sept 1853 p3
  Robert - 10 May 1853; 16 May 1853 p2
  Wm M - nd; 7 Aug 1838 p3
MOFFITT, George W - 30 Aug 1843; 2 Sept 1843 p3
MOHLER, Catharine - 12 Feb 1882; 13 Feb 1882 p2
MOLAIR, James - nd; 12 Jun 1862 p3*
MOLER, Capt John - 12 Feb 1871; 14 Feb 1871 p2
MONAGHAN, Daniel - 5 Apr 1863; 8 Apr 1863 p3
  Mrs Thomas - 22 Aug 1912; 31 Dec 1912 p1
MONCURE, Allice P - 9 May 1860; 14 May 1860 p2
  John - --- Aug 1876; 7 Aug 1876 p3
  Dr John Edwin - 24 Dec 1874; 22 Jan 1875 p2

MONCURE, Richard Cary Ambler - 7 Sept 1867; 18 Sept 1867 p2
Thomas G - 28 Feb 1836; 24 Mar 1836 p3
MONEY, Nancy - 16 May 1875; 29 May 1875 p2
Nicholas - 4 May 1855; 11 May 1855 p3
MONGOLL, Frederick - 14 Mar 1875; 15 Mar 1875 p2
MONROE, Amanda - 11 Sept 1895; 31 Dec 1895 p1
Clara Virginia - nd; 7 Nov 1859 p3
Clarence - 18 May 1915; 31 Dec 1915 p2
David Steele - 17 Apr 1862; 9 Jun 1862 p3*
Elizabeth - 18 Jan 1799; 21 Jan 1800 p3
Elizabeth - 5 Apr 1872; 6 Apr 1872 p2
Elizabeth - 25 July 1902; 31 Dec 1902 p1
Elizabeth - 22 Jan 1909; 31 Dec 1909 p1
Elizabeth LaFayette - 18 Apr 1854; 21 Apr 1854 p3
George - nd; 29 Dec 1845 p3
George O - 13 Feb 1903; 31 Dec 1903 p1
H T - 20 Feb 1859; 26 Feb 1859 p3
Harrison G - 15 June 1900; 31 Dec 1900 p1
Harrison L - 8 Oct 1899; 30 Dec 1899 p1
Harry T - 15 Oct 1914; 31 Dec 1914 p1
J Harvey - nd; 28 May 1845 p3
Mrs James - 23 Sept 1830; 30 Sept 1830 p3
James H - nd; 19 May 1845 p3
James S - 14 June 1886; 31 Dec 1886 p3
Jane - 18 Oct 1853; 20 Oct 1853 p3
John - 2 June 1851; 5 June 1851 p3
John - nd; 27 May 1853 p2
John H - 17 June 1877; 18 June 1877 p2
Joseph E - 28 Mar 1860; 29 Mar 1860 p2
Julia - 10 Dec 1901; 31 Dec 1901 p1
Julia A - 27 Nov 1911; 30 Dec 1911 p4
Margaret V - 20 June 1900; 31 Dec 1900 p1
Mary C - 26 Sept 1886; 31 Dec 1886 p3
Robert L - 29 Mar 1915; 31 Dec 1915 p2
Robert M - 29 June 1858; 1 July 1858 p2
Sarah - nd; 3 Jan 1859 p3
Sarah A - 25 Mar 1907; 31 Dec 1907 p1
Slighter - 25 May 1853; 27 May 1853 p2
Capt Thomas - 10 Sept 1839; 13 Sept 1839 p3
Thomas Herbert - 9 Nov 1860; 12 Nov 1860 p3
Thomas L - 9 Nov 1891; 31 Dec 1891 p1
Thomas T - 13 Feb 1868; 20 Feb 1868 p2
Ulysses M - 12 Nov 1910; 31 Dec 1910 p1
William H - 29 Oct 1910; 31 Dec 1910 p1
William Harrison - nd; 20 June 1848 p3
Wm T - nd; 7 Nov 1838 p2
MONTAGUE, Rice D - 9 Nov 1877; 19 Nov 1877 p3

MONTAGUSS, Ann Maria - 9 June 1874; 16 June 1874 p2
MONTGOMERY, Claud - 27 Nov 1876; 30 Nov 1876 p2
Frances L - 14 Jan 1842; 20 Jan 1842
James - 31 Aug 1841; 9 Sept 1841 p3
Richard H - 21 Apr 1850; 8 May 1850 p2
MONTIETH, Nellie - 23 Dec 1870; 3 Jan 1871 p2
MOONE, Capt - 1787; 19 Apr 1787 p3
MOONEY, Mary - 27 Feb 1844; 28 Feb 1844 p3
Sarah Ann - nd; 11 Nov 1847 p2
MOORE, A F - 21 July 1879; 21 July 1879 p2
Albert J - 30 June 1865; 22 July 1865 p2
Alexander - 15 May 1843; 17 May 1843 p3
Ann M - 13 Sept 1827; 17 Sept 1827 p3
Ann Margaret - 29 Dec 1819; 3 Jan 1820 np
Anna Teresa - 13 Jan 1854; 16 Jan 1854 p3
Annie Isabel - 18 Dec 1875; 18 Dec 1875 p2
Annie L - 6 Oct 1900; 31 Dec 1900 p1
Bettie - 10 Feb 1881; 10 Feb 1881 p2
Bridget Clare - 17 Feb 1879; 18 Feb 1879 p2
Caroline Cottinger - 7 Aug 1876; 8 Aug 1876 p3
Cecelia A - 27 Feb 1854; 16 Mar 1854 p3
Charles C - 14 Dec 1903; 31 Dec 1903 p1
Charles E - 21 Sept 1908; 31 Dec 1908 p1
Cleon - 16 Sept 1807; 22 Oct 1807 p3
Cleon Esq - 2 Feb 1815; 4 Feb 1815 p3
Cornelia - 29 Mar 1865; 30 Mar 1865 p2
Cornelius A - 11 Mar 1875; 11 Mar 1875 p2
Capt David E - 30 Jan 1875; 8 Feb 1875 p2
Edward C - 16 Jan 1857; 19 Jan 1857 p2
Elizabeth - nd; 10 Jan 1852 p2
Elizabeth L - 16 Dec 1851; 22 Dec 1851 p2
Eugene - 16 May 1875; 17 May 1875 p2
Francis - nd; 29 Aug 1850 p2
Frank - 7 Nov 1893; 30 Dec 1893 p2
G Cottenger - 28 Nov 1884; 31 Dec 1884 p3
George Henry - 20 Jan 1850; 24 Jan 1850 p3
George W - 17 Sept 1860; 20 Sept 1860 p3
Harry B - 29 Mar 1902; 31 Dec 1902 p1
Lieut J Gadsden - 15 Jul 1862; 30 Jul 1862 p3*
James - nd; 28 Sept 1853 p3
James - 30 Nov 1892; 31 Dec 1892 p2
Jan Peck - 2 July 1874; 11 July 1874 p2
Jennie - 16 May 1887; 18 May 1887 p2
Jeremiah - 22 Apr 1878; 23 Apr 1878 p2
Jeremiah - 23 Feb 1815; 25 Feb 1815 p3
Jeremiah - 30 July 1900; 31 Dec 1900 p1
Jesse - nd; 30 Sept 1853 p3
John - 6 Jan 1866; 15 Jan 1866 p3
John M - 21 Apr 1861; 25 Apr 1861 p2

MOORE, John West - 4 Apr 1828; 5 Apr 1828 p3
& obituary 7 Apr 1828 p3
Joseph R - 5 Feb 1861; 18 Feb 1861 p3
Julia A - 3 Nov 1873; 11 Nov 1873 p2
Lewis - 26 Aug 1873; 1 Sept 1873 p2
Lillie E - 23 Apr 1912; 31 Dec 1912 p1
Lucy Keane - 1882; 25 Sept 1882 p2
Lt M A - 9 Oct 1835; 3 Nov 1835 p3
M L - 3 May 1877; 18 May 1877 p2
Maggie J - 6 Dec 1888; 31 Dec 1888 p1
Margaret - 25 July 1834; 29 July 1834 p3
Margaret - 20 Apr 1898; 20 Apr 1898 p3 & 31 Dec 1898 p1
Mary - 9 July 1835; 29 July 1835 p3
Mary A - 14 Oct 1877; 16 Oct 1877 p2
Mary A - 21 Dec 1914; 21 Dec 1914 p1
Mary Alexina - -- June 1875; 3 June 1875 p2
Mary W - 13 Dec 1909; 31 Dec 1909 p1
Maurice - -- Aug 1887; 9 Aug 1887 p2
Mollie - 17 Aug 1909; 31 Dec 1909 p1
Nancy - 19 May 1890; 31 Dec 1890 p1
Narcissa - nd; 31 July 1844 p3
Nathan F H - 25 Apr 1843; 8 May 1843 p3
Nina - 25 June 1874; 11 July 1874 p2
Norman F - 7 Aug 1888; 31 Dec 1888 p1
Ollie - 11 June 1905; 30 Dec 1905 p1
P G Joseph W - 13 June 1860; 14 June 1860 p3
Phebe - nd; 15 Jan 1833 p3
R H - 21 July 1897; 22 July 1897 p3 & 31 Dec 1897 p1
Robert L - nd; 30 Apr 1847 p2
Romulus L - 28 Oct 1837; 1 Nov 1837 p3
Rose - 3 Sept 1906; 31 Dec 1906 p1
Sarah - 23 Aug 1854; 31 Aug 1854 p3
Sarah - 9 Jan 1860; 18 Jan 1860 p3
Sarah O - 15 June 1867; 15 June 1867 p2
Strother - 29 Sept 1860; 17 Nov 1860 p3
Susan K - 4 Apr 1910; 31 Dec 1910 p1
Thomas - 16 May 1818; 18 May 1818 p3
Thomas - 20 Aug 1834; 13 Sept 1834 p3
Thomas H - 31 Oct 1909; 31 Dec 1909 p1
Thomas L - 27 Sept 1869; 4 Oct 1869 p2
William - 15 Nov 1896; 31 Dec 1896 p1
William A - 7 Aug 1906; 31 Dec 1906 p1
William A - 16 May 1909; 31 Dec 1909 p1
William A - 3 Aug 1913; 31 Dec 1913 p1
William E - 13 June 1913; 31 Dec 1913 p1
William H - 11 June 1870; 21 Feb 1871 p2
William S - nd; 25 Jan 1848 p2
William S - 24 Mar 1894; 31 Dec 1894 p1
Willie - 20 Feb 1875; 5 Mar 1875 p2
Wilson D - 20 Sept 1824; 23 Sept 1824 p3
Wm - 24 Oct 1823; 22 Nov 1823 p3
Wm - nd; 3 Nov 1851 p2
Wm S - nd; 10 Sept 1830 p3
MORAN, Annie E - 1 June 1915; 31 Dec 1915 p2
Anthony - 22 Mar 1891; 31 Dec 1891 p1
Sallie M - 9 Mar 1901; 31 Dec 1901 p1
MORDECIA, J D - recently; 11 Feb 1864 p1
MOREHEAD, A H - 8 Jan 1876; 11 Jan 1876 p2
James - 21 Jan 1847; 2 Feb 1847 p3
MORGAN, Ann - 3 July 1816; 6 July 1816 p3
Daniel - --- Apr 1885; 31 Dec 1885 p2
Eliza - nd; 31 Dec 1853 p3
Eliza - 25 Aug 1865; 25 Aug 1865 p4
Elizabeth Bartholomew - 4 Sept 1860; 6 Sept 1860 p3
Emma Caroline - 15 Sept 1848; 18 Sept 1848 np
Francis - 14 July 1878; 15 July 1878 p2
Hannah Ann - nd; 4 Oct 1831 p3
Henry - 25 Nov 1877; 28 Nov 1877 p2
John - nd; 24 July 1832 p3
John - 30 June 1900; 31 Dec 1900 p1
Joseph - 11 Jan 1836; 13 Jan 1836 p3
Julia S - nd; 30 May 1853 p3
Mary - nd; 6 Mar 1865 p2
Mary E - nd; 7 Mar 1833 p3
Mordecai - 22 July 1841; 10 Aug 1841 p3
William J - 28 July 1870; 8 Aug 1870 p3
MORIARTY, James W - 11 Oct 1898; 31 Dec 1898 p1
Perrie M - 29 Dec 1870; 12 Jan 1871 p2
MORRALLEE. Sarah - 5 May 1847; 10 May 1847 p2
MORRARITY, Joanna - 25 Feb 1855; 27 Feb 1855 p3
MORRELL, William - 2 Sept 1843; 5 Sept 1843 p2
MORRILL, Laura Mason - 2 Aug 1887; 3 Aug 1887 p2
Mary Stanwood - 18 Sept 1870; 19 Sept 1870 p3
Virginia - 6 Sept 1861; local news 28 Oct 1861 p1
Virginia - 1865; 22 Dec 1865 p3
William - 1865; 22 Dec 1865 p3
MORRIS, Adolphus - nd; 4 Feb 1871 p2
Charles Armstead - 29 Nov 1839; 5 Dec 1839 p3
Hannah - 7 May 1842; 11 May 1842 p3
Kate - 8 Oct 1873; 8 Oct 1873 p2
Lucy - 16 Apr 1911; 30 Dec 1911 p4
M C - 22 Mar 1908; 31 Dec 1908 p1
Martha - 2 May 1905; 30 Dec 1905 p1
Mary - 23 June 1910; 31 Dec 1910 p1
Nancy - 17 Feb 1879; 7 Mar 1879 p2

141

MORRIS, Sarah - 28 Feb 1890; 31 Dec 1890 p1
MORRISEY, Thomas - 4 Aug 1877; 6 Aug 1877 p2
MORRISON, A B - 30 Oct 1879; 1 Nov 1879 p1
  Esther - 17 Nov 1879; 17 Nov 1879 p2
  George - 16 Aug 1890; 31 Dec 1890 p1
  Thomas J - 1865; 1 Nov 1865 p2
  Virginia Thomas - nd; 9 Nov 1833 p3
  Wm S - 23 Jan 1838; 5 Feb 1838 p3
MORRISS, Anthony - 3 Nov 1860; 7 Nov 1860 p3
MORRISSEY, Elizabeth - 26 Sept 1893; 30 Dec 1893 p2
  John F - 17 Feb 1909; 31 Dec 1909 p1
  Michael - 28 Dec 1886; 31 Dec 1886 p3
MORROW, Mollie - 26 Aug 1902; 31 Dec 1902 p1
MORSE, Julius - 28 June 1865; 30 June 1865 p2
  Orlando - 6 Oct 1850; 11 Dec 1850 p2
  Sally - 26 June 1831; 7 July 1831 p3
MORSELL, Bettie - 13 May 1862; 29 May 1862 p3*
  Jane - 3 June 1834; 7 June 1834 p3
  Mary Ann - nd; 23 Apr 1831 p3
MORSON, Alexander - 13 Jan 1860; 24 Jan 1860 p3
  Susan Seddon - 3 July 1860; 10 July 1860 p3
  William - 26 Nov 1841; 3 Dec 1841 p3
MORTIMER, John Fauntleroy - 1 Nov 1867; 11 Nov 1867 p3
MORTON, C A - nd; 20 Mar 1855 p3
  James - 7 Mar 1860; 19 Mar 1860 p3
  Maj Jas - nd; 8 Feb 1847 p3
  Jane - 7 Nov 1876; 17 Nov 1876 p2
  Mary F - 16 Apr 1909; 31 Dec 1909 p1
  Mary P - 6 July 1834; 11 July 1834 p3
  Sally - nd; 4 June 1849 p3
MOSBY, John W - 20 Dec 1875; 6 Jan 1876 p2
  Prentiss - 17 July 1874; 28 July 1874 p2
  Victoria C - 7 Oct 1866; 19 Oct 1866 p2
MOSELY, Gen William - 28 Sept 1808; 10 Oct 1808 p3
MOSHBACH, George A - 27 Dec 1901; 31 Dec 1901 p1
MOSHER, Col James - nd; 31 Mar 1845 p2
  James - 30 July 1874; 1 Aug 1874 p3
MOSS, Barnett - 10 Sept 1841; 21 Sept 1841 p3
  Charles - 1 July 1872; 8 July 1872 p3
  Dr Edward - 23 Feb 1872; 26 Feb 1872 p2
  George D - 2 Aug 1857; 4 Aug 1857 p3
  John T - 16 Mar 1861; 19 Mar 1861 p3 & 23 Mar 1861 p3

Dr John W - recently; 16 Jan 1864 p3
  Lucy - nd; 11 Aug 1851 p3
  Lucy E - 16 Sept 1883; 31 Dec 1883 p3
  Philemon - nd; 3 June 1837 p3
  Robert - 1 Oct 1812; 3 Oct 1812 p3
  Thomas - 11 Sept 1901; 31 Dec 1901 p1
  Thomas - nd; 19 Oct 1839 p3 & Tributes 26 Oct 1839 p3
  Vincent - 20 Sept 1860; 24 Sept 1860 p3
  William - 21 Jan 1835; 23 Jan 1835 p3
  Wm - 29 Sept 1827; 8 Oct 1827 p3
MOTHERSEAD, C C - 9 Apr 1878; 9 Apr 1878 p3
  Stephen B - 10 Apr 1855; 24 Apr 1855 p3
  Mary - 28 Apr 1899; 30 Dec 1899 p1
MOTLEY, Thomas - 13 July 1860; 16 July 1860 p3
  William H - 30 Aug 1912; 31 Dec 1912 p1
MOTZER, Elizabeth - 7 Aug 1853; 13 Aug 1853 p3
MOULDER, Emily J - 22 Feb 1878; 23 Feb 1878 p2
  John N - nd; 9 Jan 1839 p3
MOUNT, James - 4 Jan 1876; 7 Jan 1876 p2
  John T - 14 July 1866; 22 July 1866 p2
  John W - 20 Feb 1835; 10 Mar 1835 p3
  Mary Clark - 1 Jan 1839; 7 Jan 1839 p3
  Mary E - 10 Sept 1851; 29 Sept 1851 p2
  Mrs - 6 Aug 1860; 10 Aug 1860 p3
  Nina - nd; 13 Sept 1853 p3
  Sarah - nd; 11 Feb 1833 p3
  Sarah E - nd; 27 Aug 1853 p3
  Thomas - nd; 9 Feb 1852 p2
  William - 21 Apr 1816; 23 Apr 1816 p3
MOUNTFORD, Timothy - 2 Mar 1846; 4 Mar 1846 p3
MOUNTJOY, Ascytha - 15 Nov 1911; 30 Dec 1911 p4
  Catharine S - 26 May 1874; 2 June 1874 p2
  Edgar - 17 Jan 1881; 18 Jan 1881 p2
  Samuel - 22 Apr 1896; 31 Dec 1886 p3
  Virginia Butler - 25 Aug 1867; 27 Aug 1867 p2
  William H - 30 Nov 1900; 31 Dec 1900 p1
MOUNTZ, Elizabeth - 14 Mar 1840; 19 Mar 1840 p3
  Jacob - nd; 16 Sept 1833 p3
  John W - nd; 16 Apr 1855 p2
MOXLEY, Benjamin F - 26 Nov 1870; 29 Nov 1870 p3
  Daniel - nd; 4 Jan 1851 p3
  John - nd; 26 Feb 1855 p3

MOXLEY, Margaret - 1 Jan 1812; 2 Jan 1812 p3
  Sally - 6 Sept 1843; 8 Sept 1843 p2
MUDD, Emma - 22 Jan 1912; 31 Dec 1912 p1
  Francis E - nd; 16 Mar 1846 p3
  Robert Ignatius - 1 Feb 1851; 5 Feb 1851 p2
  Theophilus, - 6 Jan 1911; 30 Dec 1911 p4
  Thomas I - 11 Mar 1847; 13 Mar 1847 p2
MUELHAUSER, Paul - 21 Aug 1890; 31 Dec 1890 p1
MUIR, Eliza A - 21 Jan 1861; 23 Jan 1861 p3
  Elizabeth - 1 Mar 1830; 3 Mar 1830 p3
  Elizabeth Love - 30 Oct 1876; 31 Oct 1876 p2
  Helen - 26 Sept 1898; 31 Dec 1898 p1
  Jane W - 19 May 1862; 20 May 1862 p3*
  John - 22 Aug 1865; 22 Aug 1865 p4 & 23 Aug 1865 p3
  James - nd; 6 Mar 1824 p3
  Dr James - 8 Aug 1820; obituary 9 Aug 1820 p2
  John - 29 Mar 1791; Tombstone Inscriptions Vol 3
  John - 14 June 1859; 15 June 1859 p3
  John - 12 Feb 1815; 14 Feb 1815 p3
  Lydia - nd; 30 Apr 1853 p2
  Mary - 24 May 1841; 25 May 1841 p3
  Mary - 10 June 1860; 12 June 1860 p3
  Mrs. Mary - nd; 13 May 1862 p4*
  Nannie Roszel - 5 June 1854; 7 June 1854 p3
  Robert - 21 Dec 1786; Here lieth the body of Robert Muir, son of Hugh Muir merchant of Dumfries, who departed this life 21 Dec 1786, aged about 38 years; 21 Dec 1786 p3
  William - 5 Feb 1861; 7 Feb 1861 p2
  William H - 15 Aug 1891; 31 Dec 1891 p1
MUIRHEAD, Thomas - nd; 16 Apr 1853 p3
  Thomas - nd; 26 May 1853 p3
MULCARR, Mary - 4 Apr 1898; 31 Dec 1898 p1
MULLCAIR, Bridget - 19 Aug 1907; 31 Dec 1907 p1
MULLEN, Jane - 13 Dec 1860; 22 Dec 1860 p3
  John - 31 Jan 1868; 31 Jan 1868 p2 & p3
  John - 27 Apr 1888; 31 Dec 1888 p1
  John Henry - 20 Nov 1853; 26 Nov 1853 p3
  Patrick - 4 Nov 1835; 23 Nov 1835 p3
  Robert H - 20 Dec 1853; 4 Jan 1854 p3
  William H Jr - 16 Sept 1910; 31 Dec 1910 p1
MULLER, William H Sr - 19 Sept 1910; 31 Dec 1910 p1
MULLIGAN, Col - 25 July 1864; 1 Aug 1864 p1
  Joseph - -- Sept 1834; 11 Sept 1834 p3
MULLIKEN, John B - 19 Jun 1862; 26 Jun 1862 p4*
MULLIKIN, Benj H - nd; 14 Oct 1836 p3

  Benjamin - 12 Apr 1870; 14 Apr 1870 p2
  Ellen C - 21 Jan 1867; 26 Jan 1867 p2
  Francis - 21 Oct 1869; 23 Oct 1869 p2
  Jeremiah - nd; 26 Aug 1850 p2
  John Contee - nd; 10 June 1858 p3
  Matilda - 31 Dec 1866; 3 Jan 1867 p3
  Richard B - 1867; 24 Jan 1867 p3
MULLY, Eliza - 21 Apr 1910; 31 Dec 1910 p1
MUMFORD, Elizabeth - 18 Mar 1900; 31 Dec 1900 p1
  Frederick - 6 Jan 1915; 31 Dec 1915 p2
  Capt George - 7 July 1773; Tombstone Inscriptions Vol 3
  Mary - 1 Mar 1876; 2 Mar 1876 p2
  Raymond - 20 Sept 1914; 31 Dec 1914 p1
  Viola M - 16 Sept 1910; 31 Dec 1910 p1
MUMM, Nicholas - 12 Dec 1881; 13 Dec 1881 p2
MUNCASTER, Dr James C - 2 May 1829; 12 May 1829 p3
  John - nd; 8 Oct 1829 p3
  Rachel - 30 Aug 1859; 10 Sept 1859 p3
MUNCH, Henry - 18 Sept 1874; 19 Sept 1874 p3
MUNDAY, Elizabeth - nd; 3 Oct 1850 p3
MUNDELL, Alexander - 18 May 1834; 22 May 1834 p3
  Ann M - 8 Jan 1871; 12 Jan 1871 p2 & p3
MUNDY, Alexander - -- Apr 1868; 6 May 1868 p2
MUNROE, Columbus - 23 Jan 1864; 26 Jan 1864 p2
  Robert - nd; 12 Apr 1852 p3
  Thomas - nd; 16 Apr 1852 p3
  William - 31 May 1813; 3 June 1813 p3
MURDAUGH, Belle - 21 May 1875; 26 May 1875 p2
  James - 1 June 1870; 2 June 1870 p2
  Roberta - 10 Sept 1900; 31 Dec 1900 p1
MURDOCH, William - 28 Jan 1871; 1 Feb 1871 p3
MURDOCK, Margaret - 1 Dec 1895; 31 Dec 1895 p1
  William - 16 Jan 1875; 18 Jan 1875 p2
MURDOUCH, William - 11 Apr 1825; 31 May 1825 p3
MURGATROYD, Daniel - 3 May 1811; 3 May 1811 p3
MURPHY, Alexander - 9 July 1915; 31 Dec 1915 p2
  Ann - nd; 1 Jan 1845 p2
  Annie - 17 Jan 1909; 31 Dec 1909 p1
  Bridget - 1 July 1899; 30 Dec 1899 p1

MURPHY, Bridget Elizabeth - 24 Dec 1885;
  31 Dec 1885 p2
Edward - 24 Oct 1892; 31 Dec 1892 p2
Edward - 30 Dec 1892; 31 Dec 1892 np
Ella A - 21 Sept 1884; 31 Dec 1884 p3
Ellen - 9 Jan 1896; 31 Dec 1896 p1
Ellen - 16 Nov 1901; 31 Dec 1901 p1
Francis James - 24 May 1877; 29 May 1877 p2
Hugh S - 11 Sept 1906; 31 Dec 1906 p1
Jane A - 17 Sept 1888; 31 Dec 1888 p1
John - 18 Jan 1835; 3 Feb 1835 p3
John - 18 July 1895; 31 Dec 1895 p1
John - 30 Jan 1912; 31 Dec 1912 p1
John S - 14 July 1845; 21 Aug 1845 p3
Lloyd - 25 May 1883; 31 Dec 1883 p3
Mary - 18 July 1894; 31 Dec 1894 p1
Mary Ann - 1 Apr 1843; 3 Apr 1843 p3
Mary F - 16 June 1872; 20 June 1872 p2
Miles - 16 Apr 1887; 18 Apr 1887 p3
Nancy - 6 Oct 1894; 31 Dec 1894 p1
Patrick - 15 Dec 1906; 31 Dec 1906 p1
Patrick J - 27 Feb 1915; 31 Dec 1915 p2
Peter J - 10 May 1912; 31 Dec 1912 p1
Peter W - 3 Mar 1872; 12 Mar 1872 p2
Polly - 6 Apr 1908; 31 Dec 1908 p1
Robert Jr - 17 June 1910; 31 Dec 1910 p1
William - 2 May 1907; 31 Dec 1907 p1
William H - 18 May 1860; 21 May 1860 p2
MURRAY, Dr Alfred - 22 May 1860; 4 June
  1860 p2
Catharine - 3 Feb 1893; 30 Dec 1893 p2
Dick - -- Feb 1868; 10 Feb 1868 p3
Eliza - 18 July 1835; 25 July 1835 p3
Elizabeth - 27 Jan 1871; 27 Jan 1871 p2
Elizabeth - 16 Dec 1907; 31 Dec 1907 p1
Ellen - 12 Feb 1859; 19 Feb 1859 p3
Hugh - 28 Jan 1835; 4 Feb 1835 p3
James - 20 July 1843; 24 July 1843 p3
James - 28 Nov 1876; 30 Nov 1876 p2
John - nd; 12 Jun 1862 p3*
John B - 1 Jan 1907; 31 Dec 1907 p1
Josephine E - 11 June 1913; 31 Dec 1913 p1
Kate - 22 Sept 1870; 24 Sept 1870 p3
Levi - 1 Apr 1886; 31 Dec 1886 p3
Lizzie Lewis - 10 Feb 1873; 10 Feb 1873 p2
Margaret - 9 Oct 1815; 10 Oct 1815 p3
Margaret - 8 Aug 1903; 31 Dec 1903 p1
Mary - 22 Aug 1839; 27 Aug 1839 p3
Olivia - 29 July 1793; 1 Aug 1793 p3
Robert Leckie - 5 Sept 1835; 8 Sept 1835 p3
Reuben - nd; 9 June 1845 p3
Stanislaus, - 4 Nov 1860; 6 Nov 1860 p3

William - 30 Aug 1899; 30 Dec 1899 p1
MURREY, Edward - 20 Aug 1841; 21 Aug
  1841 p3
MURRY, Agnes - 30 Nov 1871; 14 Feb 1872 p3
MURTAGH, William - 19 Aug 1890; 31 Dec
  1890 p1
MURTAUGH, Andrew - 28 Aug 1865; 1 Sept
  1865 p3
Ann - 6 July 1885; 31 Dec 1885 p2
Anne - 15 Jan 1914; 31 Dec 1914 p1
Thomas J - 26 Dec 1915; 31 Dec 1915 p2
MUSCHETT, James - 12 June 1807; 15 June
  1807 p3
Dr James M A - 27 Oct 1853; 1 Nov 1853 p2
Mary Matilda - 27 Apr 1866; 7 May 1866 p2
S A - 4 Feb 1859; 19 Feb 1859 p3
Col Walter - 28 Dec 1857; 9 Jan 1858 p3
MUSE, Edwin Smith - 28 July 1812; 7 Aug
  1812 p3
Jane Neomy - 29 July 1812; 7 Aug 1812 p3
Margaret - nd; 28 June 1830 p3
MYERS, Charles F - 26 Nov 1909; 31 Dec
  1909 p1
Charles W - 30 May 1905; 30 Dec 1905 p1
E M - 9 Apr 1887; 11 Apr 1887 p3
Eliza - 4 Oct 1890; 31 Dec 1890 p1
John - 1 Feb 1852; 23 Mar 1852 p3
John H - 16 Aug 1872; 26 Aug 1872 p3
Josiah T - 10 Feb 1880; 18 Feb 1880 p2
Julius A - 1 Dec 1870; 10 Dec 1870 p2
Mary - 31 Mar 1863; 1 Apr 1863 p3
Stella J - 28 Sept 1905; 30 Dec 1905 p1
William - 20 Feb 1902; 31 Dec 1902 p1

NAGEL, Jacob August - 17 Nov 1877; 4 Dec
  1877 p3
Lewis Gustav - 6 Jan 1890; 31 Dec 1890 p1
Mary Augusta - 19 Aug 1873; 20 Aug 1873 p3
NAILOR, William - 2 July 1904; 31 Dec 1904 p1
NALLE, Ann - 27 Oct 1872; 14 Nov 1872 p2
Mildred S - 12 May 1868; 16 May 1868 p2
NALLS, Amelia A - 23 Jan 1887; 24 Jan 1887 p3
Ann E - 22 June 1887; 23 June 1887 p3
Benjamin W - 16 Dec 1908; 31 Dec 1908 p1
Enoch - 2 Sept 1872; 2 Sept 1872 p3
Eugenia - 9 Jan 1852; 10 Jan 1852 p3
Frankie A - 6 May 1904; 31 Dec 1904 p1
Ida M - 2 July 1897; 31 Dec 1897 p1
James Harvey - 11 Dec 1879; 11 Dec 1879 p2
James W - 24 Jan 1888; 31 Dec 1888 p1
James W - 14 Apr 1910; 31 Dec 1910 p1

NALLS, John T - 18 Nov 1912; 31 Dec 1912 p1
John W - 9 July 1903; 31 Dec 1903 p1
Josephine M - 16 Feb 1866; 17 Feb 1866 p2
Maria E - 26 Aug 1904; 31 Dec 1904 p1
Mary - 28 Oct 1894; 31 Dec 1894 p1
Mary Ann - 29 Mar 1852; 31 Mar 1852 p2
N N - 27 Apr 1891; 31 Dec 1891 p1
Nettie - 25 May 1909; 31 Dec 1909 p1
Robert - 16 Feb 1914; 31 Dec 1914 p1
Sadie - 1 Jan 1909; 31 Dec 1909 p1
Sarah A - 23 Mar 1853; 25 Mar 1853 p3
William H - 17 Aug 1901; 31 Dec 1901 p1
NALLY, Mary Philomena - 12 Apr 1860; 16 Apr 1860 p3
NASH, Aline - 20 May 1906; 31 Dec 1906 p1
Charles H - 24 June 1909; 31 Dec 1909 p1
G W - 15 July 1829; 26 Aug 1829 p3
Gertrude - 1 Sept 1906; 31 Dec 1906 p1
Harry M - 9 Sept 1909; 31 Dec 1909 p1
Jane - 26 Oct 1857; 29 Oct 1857 p3
M H - 24 Dec 1898; 31 Dec 1898 p1
Mary - 13 Mar 1867; 15 Mar 1867 p2
Robert - 15 July 1814; 19 July 1814 p3
Travers - 12 Nov 1816; 21 Nov 1816 p3
NAUGHTON, Thomas - -- May 1868; 5 May 1868 p3
NAYLOR, Barbara D - 10 Aug 1874; 10 Aug 1874 p2
Bettie M - 12 Sept 1897; 31 Dec 1897 p1
George - nd; 8 Aug 1839 p3
Henry Young - 15 May 1855; 17 May 1855 p3
Jane E - 4 Aug 1874; 5 Aug 1874 p2
John H - 5 July 1912; 31 Dec 1912 p1
Judson - 20 Jan 1863; 24 Jan 1863 p3
Thomas - 5 Jan 1844; 10 Jan 1844 p3
William S - nd; 1 Nov 1847 p3
NEALE, Ann - 3 Feb 1874; 3 Feb 1874 p2 & 4 Feb 1874 p2
Charles - 9 Feb 1845; 14 Feb 1845 p3
Charles F - 26 Dec 1901; 31 Dec 1901 p1
Charles L - 8 June 1886; 31 Dec 1886 p3
Charles W - nd; 24 Dec 1862 p3*
Charles W - nd; 2 Jan 1863 p3 & 3 Jan 1863 p3 (funeral postponed)
Christopher - 15 Apr 1862; 13 May 1862 p4*
F C - 9 Sept 1894; 31 Dec 1894 p1
Dr Francis - nd; 12 July 1844 p3
Harriet Easton - nd; 26 Feb 1846 p3
Henry A Sr - nd; 13 Mar 1844 p2
Henry C - nd; 5 Apr 1836 p3
Henry C - 30 Sept 1855; 16 Oct 1855 p3
J Stanley - 2 Oct 1905; 30 Dec 1905 p1

James H - 8 July 1881; 8 July 1881 p2
Jeremiah I - 7 Oct 1815; 10 Oct 1815 p3
John - 12 Jan 1847; 8 Feb 1847 p3
Laura - 6 Apr 1887; 6 Apr 1887 p3
Lizzie E - 7 Oct 1878; 7 Oct 1878 p2
Mary A - 21 Mar 1855; 23 Mar 1855 p3
Mary Ellen - nd; 6 July 1855 p3
Dr Robert - --- Jan 1871; 21 Jan 1871 p2
Sydney - 13 Aug 1877; 14 Aug 1877 p3
Thomas - nd; 1 Nov 1853 p3
Thomas S C - 6 Mar 1872; 9 Mar 1872 p2
Virginia - 23 May 1893; 30 Dec 1893 p2
NEESON, Sarah Jane - 1867; 29 Aug 1867 p3
NEHOR, John - 30 Aug 1895; 31 Dec 1895 p1
NEIBER, Peter - 14 Feb 1866; 16 Feb 1866 p3
NEILSON, Edmonia Lee - 21 Dec 1834; 27 Dec 1834 p3
Hall - 29 Nov 1860; 3 Dec 1860 p3
NEISWANER, Catharine - 19 Jan 1853; 14 Feb 1853 p2
NELSON, Charlotte S - nd; 12 Aug 1833 p3
Edward - 30 Nov 1873; 6 Dec 1873 p2
Eliza - 4 June 1834; 20 June 1834 p3
Eliza J - 25 Nov 1869; 30 Nov 1869 p2
Elizabeth - 12 Sept 1873; 15 Sept 1873 p2
Elizabeth - 26 May 1891; 31 Dec 1891 p1
Emma C - 6 Feb 1889; 31 Dec 1889 p2
George - 25 Mar 1860; 31 Mar 1860 p3
George - 27 Jan 1868; 29 Jan 1868 p3
George - 25 July 1895; 31 Dec 1895 p1
George A - 19 Aug 1843; 12 Sept 1843 p3
George W - 8 Jan 1864; 8 Jan 1864 p2
Dr George W - 13 Aug 1867; 16 Aug 1867 p3
Horace - 26 June 1864; 2 Aug 1864 p2
James - 14 Aug 1841; 4 Sept 1841 p3
Dr James - nd; 4 Sept 1841 p3
James E - 26 Nov 1845; 3 Dec 1845 p2
Jane E - 3 July 1878; 25 July 1878 p2
John - 1 June 1897; 31 Dec 1897 p1
Joseph S - 27 Feb 1843; 22 Mar 1843 p3
Julia Carter - 17 Aug 1866; 23 Aug 1866 p2
Julia M - 16 May 1870; 4 June 1870 p2
Lucy - 14 Sept 1830; 27 Sept 1830 p3
Mary A - 7 July 1860; 27 July 1860 p2
Mary A - 30 Jan 1873; 3 Mar 1873 p2
Mary C - 14 Nov 1853; 26 Nov 1853 p3
Mildred W - 11 Apr 1841; 23 Apr 1841 p3
Dr Robert H - 27 Sept 1867; 30 Sept 1867 p2
Rosalia - 24 Dec 1869; 1 Jan 1870 p2
Susan Burwell - 12 Feb 1870; 16 Feb 1870 p2
Thomas C - 8 Nov 1857; 28 Nov 1857 p3
Walter B - 19 Sept 1869; 23 Sept 1869 p2

NELSON, Rev William Meade - 8 July 1876;
    15 July 1876 p2
  Wm M - 22 Oct 1848; 20 Feb 1849 p3
NESBIT, Thomas - 6 Apr 1847; 16 Apr 1847 p3
NESBITT, Alexander - nd; 13 Dec 1838 p3
NESBORG, Peter - 20 Jan 1871; 21 Jan 1871 p2
NETHERLAND, T H - 12 May 1909; 31 Dec
    1909 p1
NEUMAN, Horatio - 13 Jan 1863; 24 Jan
    1863 p3
NEVETT, Ann - 23 Mar 1852; 24 Mar 1852 p2
  Helen M - 22 May 1890; 31 Dec 1890 p1
  Henry J - 27 Feb 1899; 30 Dec 1899 p1
  James C - 26 Sept 1889; 31 Dec 1889 p2
  Joseph - 8 Dec 1853; 9 Dec 1853 p3
  Joseph - 25 Feb 1863; 26 Feb 1863 p3
  Joseph - 28 Oct 1874; 7 Nov 1874 p2
  Nannie - nd; 7 July 1852 p3
  Sarah O - 1 Jan 1899; 30 Dec 1899 p1
NEVILLE, Henry - 20 Apr 1860; 7 May 1860 p2
NEVINS, Mary - 8 Nov 1834; 17 Nov 1834 p3
  Rev William - 17 Sept 1835; 17 Sept 1835 p3
NEVITT, Ann Swann - 23 Sept 1875; 24 Sept
    1875 p2
  Charles W - 31 Jan 1866; 2 Feb 1866 p3
  Martha - 26 July 1813; 23 Aug 1813 p3
  Mary - 8 Jan 1815; 10 Jan 1815 p3
  Rebecca - 24 Dec 1867; 26 Dec 1867 p2
  Richard L - 6 May 1891; 31 Dec 1891 p1
  Sarah E - 7 Oct 1865; 14 Oct 1865 p3
  Dr Thomas - 18 Apr 1875; 20 Apr 1875 p2
  William - 6 Dec 1866; 7 Dec 1866 p2
NEWBY, James - 10 Sept 1866; 25 Sept 1866 p2
  Richard W - 11 Feb 1871; 17 Feb 1871 p2
NEWCOMB, Mrs Almira - 10 Dec 1872; 20 Dec
    1872 p2
  Frances E - 28 July 1857; 10 Aug 1857 p3
NEWEL, Emma - nd; 16 Oct 1855 p3
NEWHAM, Anna - 13 May 1860; 1 June 1860 p3
NEWMAN, Ann E - 3 June 1852; 8 June 1852 p2
  Annie - 12 Dec 1914; 31 Dec 1914 p1
  Charlotte Owens - 3 Dec 1859; 11 Jan 1860 p3
  Ellen P - 23 July 1883; 31 Dec 1883 p3
  Ester E - 22 June 1915; 31 Dec 1915 p2
  Fannie - 6 Nov 1859; 11 Jan 1860 p3
  George R - 14 June 1850; 28 June 1850 p3
  George W - 19 Jan 1861; 25 Jan 1861 p3
  George W - 19 Jan 1861; 8 Feb 1861 p3
  Julia F - 15 July 1866; 19 July 1866 p2
  Lawson - 28 May 1839; 1 June 1839 p3
  Levi H - 2 Feb 1874; 7 Feb 1874 p2
  Mrs Lucy - nd; 29 Mar 1861 p3

  Mamie E - 3 Sept 1872; 4 Sept 1872 p2
  Mary A - 27 Nov 1890; 31 Dec 1890 p1
  Dr Robert - 28 Jan 1843; 6 Feb 1843 p3
  Robert M - 29 Mar 1861; 6 Apr 1861 p2
  Roderfield - 24 Feb 1855; 28 Feb 1855 p3
  Thomas - nd; 13 May 1844 p3
NEWTON, Alice d/o R Atkinson - 10 Apr 1862;
    26 Jun 1862 p4*
  Amelia F - nd; 25 Oct 1832 p3
  Ann - 8 May 1814; 12 May 1814 p3
  Arabella Jane - 5 Sept 1853; 5 Oct 1853 p3
  Augustine - nd; 4 May 1844 p2
  Bessie Lewis - 10 July 1888; 31 Dec 1888 p1
  Chapman - 19 Mar 1840; 24 Mar 1840 p3
  Charles - 2 Mar 1872; 7 Mar 1872 p2
  Frances - nd; 3 Mar 1854 p3
  Isaac - 2 Mar 1838; 12 Mar 1838 p3
  J M - 28 June 1883; 31 Dec 1883 p3
  Jane B - 23 Feb 1815; 25 Feb 1815 p3
  Jane Eliza - 22 Dec 1874; 26 Dec 1874 p3
  John - 20 July 1811; 23 July 1811 p3
  Joseph T - nd; 22 Jan 1839 p3
  Mary - 18 Oct 1887; 19 Oct 1887 p2
  Mary Ann - 18 Mar 1881; 1 Apr 1881 p2
  Mary Brockenbrough - nd; 25 Sept 1851 p3
  Mary Georgie - nd; 21 Dec 1859 p3
  Mary S - 9 Jan 1888; 31 Dec 1888 p1
  Nelly S - 28 Sept 1859; 3 Oct 1859 p3
  Robert - 25 June 1858; 28 June 1858 p3
  Sarah - 4 Feb 1878; 9 Feb 1878 p2
  Sinah Ann - 12 July 1871; 15 July 1871 p2
  Wilhelmina - 19 July 1893; 30 Dec 1893 p2
  William - 25 Dec 1814; 29 Dec 1814 p3
  William Albert - 26 Mar 1860; 29 Mar 1860 p2
  Wm C - 11 Apr 1827; 14 Apr 1827 p3
  Wm S - nd; 1 Apr 1837 p3
NIBBLEIT, Nancy - 8 Feb 1861; 11 Feb 1861 p3
NICE, Isadore Clay - 25 Feb 1874; 26 Feb 1874
    p2 & 27 Apr 1874 p2
NICHELS, Burr P - 22 Aug 1872; 29 Aug
    1872 p3
NICHOLAS, Charles J - 13 Oct 1835; 21 Oct
    1835 p3
  Gen Lewis - 9 Aug 1807; 10 Aug 1807 p3
  Theresa - 9 June 1851; 14 July 1851 p2
  Zachariah - 29 Apr 1842; 30 Apr 1842 p3
NICHOLLS, Mary - 15 Aug 1827; 16 Aug
    1827 p3
  William R - 4 Jan 1860; 9 Jan 1860 p3
  William S - nd; 9 Apr 1861 p3
NICHOLS, Ellen G - 12 June 1865; 13 June
    1865 p2

NICHOLS, Isaac - 21 July 1848; 7 Aug 1848 p3
  Jonah - 11 July 1867; 22 July 1867 p2
  Joshua - 19 Aug 1854; 4 Sept 1854 p3
  Nicholas - 21 June 1787; 28 June 1787 p3
  Samuel - 29 Mar 1873; 14 Apr 1873 p2
  Sarah - 16 Apr 1875; 30 Apr 1875 p2
  Thomas - 7 Dec 1874; 8 Dec 1874 p2
NICHOLSON, Andrew J - 10 Feb 1891; 31 Dec 1891 p1
  Courtensy - 1 June 1865; 15 July 1865 p2
  Eliza - nd; 1 July 1820 p3
  Eliza - nd; 1 Aug 1820 p3
  Fanny D - 21 Sept 1880; 22 Sept 1880 p2
  Henry - 15 Nov 1821; 16 Nov 1821 p3
  Henry - 15 Aug 1828; 16 Aug 1828 p3
  Rev Jessee - 30 Sept 1834; 1 Oct 1834 p3
  John Stricker - nd; 25 May 1852 p2
  John - 6 Dec 1867; 7 Dec 1867 p2
  Joseph Hopper - nd; 10 Mar 1817 p3
  Lt Joseph M - nd; 9 Apr 1833 p3
  Leonall - 10 Oct 1838; 13 Oct 1838 p3
  Louisa V - 9 July 1885; 31 Dec 1885 p2
  Mary - 14 Mar 1821; 16 Mar 1821 p3
  Mary Catharine - 8 May 1879; 9 May 1879 p2
  Mary T - 23 Jan 1893; 30 Dec 1893 p2
  Commodore Samuel - 30 Dec 1811; 9 Jan 1812 p3
NICKENS, William - 7 Apr 1872; 8 Apr 1872 p2
NICKLIN, Carrisa - 14 Oct 1841; 22 Oct 1841 p3
  Clarissa - 14 Oct 1841; 22 Oct 1841 p3
  Joseph M - 28 Mar 1847; 5 Apr 1847 p2
  L O C - --- Aug 1876; 2 Aug 1876 p3
  Susan M - 9 May 1903; 31 Dec 1903 p1
NICKOLAS, Jane Hollins - 25 May 1865; 26 May 1865 p2
NICKOLS, Robert Boucher - nd; 25 Jan 1816 p3
NICOLLET, J N - 11 Sept 1843; 13 Sept 1843 p3
NIGHTINGILL, Alice - 10 Oct 1892; 31 Dec 1892 p2
  Carrie - 2 Feb 1896; 31 Dec 1896 p1
  Isabella B - 14 Nov 1885; 31 Dec 1885 p2
  John - 16 Oct 1865; 16 Oct 1865 p3
  John - 19 Sept 1892; 31 Dec 1892 p2
  John C - 4 Nov 1892; 31 Dec 1892 p2
  Joseph, In charge of digging graves in most city cemeteries - 9 Oct 1861; local news 10 Oct 1861 p1
  Joseph M - 9 Oct 1893; 30 Dec 1893 p2
  Orlando - 17 July 1891; 31 Dec 1891 p1
NILES, Benjamin Franklin - 8 Jan 1871; 13 Jan 1871 p2 & 14 Jan 1871 p3
  Frederick - --- Aug 1784; 19 Aug 1784 p2

  Hezekiah - 16 Nov 1841; 17 Dec 1841
NIMMO, James - nd; 5 Jan 1833 p3
NIXON, Ann - 27 Sept 1841; 4 Oct 1841 p3
  Hannah - 4 Apr 1855; 16 Apr 1855 p3
  John - nd; 1 Sept 1845 p3
  John - 8 Jan 1870; 19 Jan 1870 p2
  Sarah Ann - 24 Feb 1860; 12 Mar 1860 p3
NOBLE, Hon James - nd; 1 Mar 1831 p3
  Joseph M - 20 June 1910; 31 Dec 1910 p1
  Sarah - 25 Aug 1853; 30 Aug 1853 p3
NOEL, Dr James H - nd; 29 Aug 1854 p3
NOKES, James - 2 Sept 1875; 2 Sept 1875 p2
NOLAN, C Lloyd - 23 Apr 1871; 26 Apr 1871 p3 & 1 May 1871 p2
  Callender St George - 24 Sept 1878; 23 Oct 1878 p3
  Catherine - nd; 30 Apr 1849 p3
  Col Charles F - nd; 12 July 1858 p3
  Corrie H - 13 Aug 1876; 16 Aug 1876 p2
  Dade Peyton - 2 Sept 1838; 7 Sept 1838 p3
  Frank Minor - 5 Jan 1873; 8 Jan 1873 p2
  George - nd; 1 Aug 1857 p2
  Helen A - 19 June 1912; 31 Dec 1912 p1
  Jane - 16 Nov 1857; 19 Nov 1857 p3
  Col Lloyd - 23 Apr 1871; 26 Apr 1871 p3 & 1 May 1871 p2
  Louisa - 30 Sept 1859; 3 Oct 1859 p3
  Minnie - 4 Nov 1909; 31 Dec 1909 p1
  Nancy - 21 Sept 1885; 31 Dec 1885 p2
  Noble B - nd; 2 Dec 1858 p3
  Peyton - 19 July 1834; 24 July 1834 p3
  Susan E - 13 June 1866; 13 June 1866 p3
  Susan W - 17 Mar 1872; 21 Mar 1872 p3 & 25 Mar 1872 p2
  Thomas Esq - 5 Apr 1811; 19 Apr 1811 p3
  Thomas Lloyd - 4 July 1834; 9 July 1834 p3
  William - 31 July 1878; 1 Aug 1878 p2 & p3
  Wm - 5 Jan 1855; 16 Jan 1855 p3
NORFOLK, Mrs Delilah - 2 Dec 1872; 3 Dec 1872 p2
  Owen - nd; 1 Dec 1854 p2
NORMAN, David - 27 Dec 1814; 31 Dec 1814 p3
  Frances - --- Sept 1784; 30 Sept 1784 p3
  Margaret - 1 Mar 1843; 16 Mar 1843 p3
NORMILE, Charles M - 8 Nov 1875; 10 Nov 1875 p3
NORMOYLE, Michael - 27 Nov 1881; 28 Nov 1881 p3
  Michael A - 27 Mar 1897; 31 Dec 1897 p1
  Margaret - 11 Jan 1884; 31 Dec 1884 p3
NORNAN, Sally J - 26 Apr 1873; 9 May 1873 p2

NORRIS, A B - 7 Dec 1863; 12 Dec 1863 p3
Ann - 22 Feb 1854; 7 Mar 1854 p3
Catherine - nd; 26 Mar 1847 p3
Charles - nd; 7 Oct 1823 p3
Comfort - 2 July 1818; 6 July 1818 p3
Edgar - 22 Oct 1853; 6 Dec 1853 p3
Edward Carlyle - nd; 31 Aug 1841 p3
Edward Carlyle - 28 Aug 1841; 31 Aug 1841 p3
Ella - 24 Dec 1904; 31 Dec 1904 p1
George - 25 Jan 1904; 31 Dec 1904 p1
George Thomas - 19 Aug 1852; 31 Aug 1852 p2
J E - 1887; 8 Feb 1887 p2
James - 28 Aug 1835; 29 Aug 1835 p3
John Edward - 17 Nov 1890; 31 Dec 1890 p1
Dr P Nelson - nd; 30 Sept 1836 p3
Richard - 8 Oct 1837; 21 Oct 1837 p3
Rosie - 12 June 1851; 17 June 1851 p2
Sarah - nd; 6 July 1854 p3
Mrs Sarah H - 9 Dec 1862; 11 Dec 1862 p3*
Susan P - 9 Sept 1896; 31 Dec 1896 p1
Thomas - 29 Mar 1872; 8 Apr 1872 p2
Wm C Sr - 19 June 1887; 25 June 1887 p2
NORRISS, Cecelia - 24 Feb 1844; 26 Feb 1844 p3
Emeline - 1 Jan 187 1; 2 Jan 1871 p2
NORTH, Eliza - nd; 16 June 1845 p2
George Esq - 29 Dec 1814; 31 Dec 1814 p3
Mary Morrow - 1867; 21 Jan 1867 p3
Sallie - nd; 27 Apr 1854 p3
Samuel - 18 Jan 1813; 3 Feb 1813 p3
Virginia - 26 Mar 1870; 1 Apr 1870 p3
NORTHAM, Nancy - nd; 30 Jan 1854 p3
NORTON, Ann B - 13 Mar 1896; 31 Dec 1896 p1
Charles - 14 Nov 1875; 20 Nov 1875 p2
G Hatley - 25 Aug 1896; 31 Dec 1896 p1
G H - 17 July 1869; 20 July 1869 p2
George H - 15 Sept 1893; 30 Dec 1893 p2
George Hatley - nd; 11 Aug 1855 p3
Juliet - 28 May 1865; 15 July 1865 p2
Mary - 8 July 1821; 11 July 1821 p3
Nannie - 17 Sept 1915; 31 Dec 1915 p2
Richard C - 13 Oct 1821; 16 Oct 1821 p3
Thomas M - 9 Jan 1892; 31 Dec 1892 p2
NORVELL, Lipscomb - 2 Mar 1843; 16 Mar 1843 p2
Margaret R - 19 Mar 1860; 22 Mar 1860 p3
Ruth - 2 Jan 1905; 30 Dec 1905 p1
NORVILL, Aylett H - 8 Mar 1861; 15 Mar 1861 p3
NORVILLE, Lucretia M - nd; 9 June 1845 p3
Peyton - nd; 19 June 1849 p3
Wm - nd; 24 May 1858 p3

NORWOOD, Winfield - 16 July 1851; 19 July 1851 p2
NOSSETT, Peter - 21 June 1882; 23 June 1882 p2
NOURSE, Ada Caroline - 9 Aug 1860; 11 Aug 1860 p3
Mrs James N - 19 June 1914; 31 Dec 1914 p1
Joseph - 1 Sept 1841; 6 Sept 1841 p3
Joseph - nd; 6 Sept 1841 p3
Mary P - 16 Nov 1843; 20 Nov 1843 p3
Michael - 6 Dec 1860; 8 Dec 1860 p3
NOWELL, William H - 14 Mar 1894; 31 Dec 1894 p1
Wm H - 2 Jan 1873; 2 Jan 1873 p2
NOWLAND, C W - 6 Nov 1913; 31 Dec 1913 p1
Catherine - 25 June 1900; 31 Dec 1900 p1
Charles Seaton - 25 Feb 1854; 9 Mar 1854 p3
Edward - 22 Mar 1899; 30 Dec 1899 p1
Elizabeth - 4 June 1869; 5 June 1869 p3
Gilmore - 3 Sept 1874; 5 Sept 1874 p3
James E - 13 Jan 1900; 31 Dec 1900 p1
James W - 15 Jan 1885; 31 Dec 1885 p2
John - 1 Jan 1905; 30 Dec 1905 p1
Kate - 8 Aug 1885; 31 Dec 1885 p2
Kate B - 22 Aug 1901; 31 Dec 1901 p1
Nimrod - 7 July 1896; 31 Dec 1896 p1
Nimrod H - 16 Feb 1849; 3 Mar 1849 p3
Susan C - 21 Dec 1879; 22 Dec 1879 p2
Theophilus - 6 Feb 1854; 10 Feb 1854 p2
Theophilus - 22 July 1857; 30 July 1857 p3
NOYES, Mrs Ellen Elizabeth d/o J S Clark - 16 Oct 1862; 17 Oct 1862 p3*
Fanny H - 4 July 1882; 5 July 1882 p2
Mary - 13 Oct 1866; 25 Oct 1866 p2
NUGENT, Ellen - 8 Oct 1907; 31 Dec 1907 p1
Frank J - 26 June 1904; 31 Dec 1904 p1
John - 18 Feb 1905; 30 Dec 1905 p1
Mary - 10 Sept 1892; 31 Dec 1892 p2
Owen - 13 Mar 1887; 14 Mar 1887 p1
Patrick - 27 July 1885; 31 Dec 1885 p2
Thomas F - 14 Feb 1892; 31 Dec 1892 p2
NUTT, Gemina - 7 Dec 1847; 8 Dec 1847 p2
Richard - 20 Apr 1852; 29 Apr 1852 p2
Major W D - 20 Oct 1888; 31 Dec 1888 p1
Dr William - 26 Dec 1845; 26 Jan 1846 p2
Wm A - 19 Mar 1850; 5 Apr 1850 p2

OAKLEY, John - 4 Dec 1888; 31 Dec 1888 p1
Thomas J - 24 Sept 1854; 5 Oct 1854 p3
O'BANNON, A J - 13 Aug 1860; 18 Aug 1860 p2
Charles - 7 July 1860; 16 July 1860 p3

O'BANNON, Emily - 21 July 1873; 9 Aug 1873 p3
John M - 30 Apr 1870; 30 Apr 1870 p2
Walter - 29 July 1870; 6 Aug 1870 p2
OBERDORE, Joseph Valentine - 21 Apr 1861; 25 Apr 1861 p2
OBERMEYER, Georgie J - 16 July 1881; 16 July 1881 p2
O'BRIAN, Alice - 22 Sept 1865; 25 Sept 1865 p2
Daniel - 17 Feb 1854; 22 Feb 1854 p3
O'BRIEN, Daniel Curtin - 28 Oct 1865; 28 Oct 1865 p2
E J - 16 May 1896; 31 Dec 1896 p1
Emma Alice - 11 Jan 1875; 11 Jan 1875 p2
Emma Jane - nd; 10 Nov 1852 p3
Hannah - 8 Oct 1885; 31 Dec 1885 p2
James - 2 Jan 1860; 5 Jan 1860 p2
William - 9 Nov 1908; 31 Dec 1908 p1
O'BRYON, James - 1 June 1834; 12 June 1834 p3
O'CONNOR, Ellen - 8 Apr 1896; 31 Dec 1896 p1
O'DELL, Alice - 21 Jan 1876; 22 Jan 1876 p3
ODEN, Benj - nd; 10 Sept 1836 p3
Harriet B - 21 May 1840; 25 May 1840 np
Nathaniel S - 18 July 1854; 21 July 1854 p3
ODER, Henry - 15 Feb 1875; 22 Feb 1875 p2
O'DONNELL, Mary - 1881; 28 June 1881 p2
O'DONOGHUE, James - 17 July 1860; 19 July 1860 p2
OECONOMOS, Luke - 9 May 1843; 19 May 1843 p3
OEHLERT, August H - 30 Mar 1914; 31 Dec 1914 p1
OFFAT, Henry - 22 Sept 1869; 30 Sept 1869 p2
OFFLY, Richard Jones - 25 Mar 1842; 28 Mar 1842 p3
OFFUT, Mrs C A - 7 Nov 1870; 14 Nov 1870 p2
OFFUTT, Kate - 30 June 1860; 4 July 1860 p3
Mary E - 1 Aug 1858; 4 Aug 1858 p3
Rezin B - nd; 8 Mar 1837 p3
Z K - 16 July 1857; 18 July 1857 p3
OGDEN, A J - 19 Nov 1881; 19 Nov 1881 p2
Elijah - 7 Oct 1885; 31 Dec 1885 p2
George - 25 Sept 1895; 31 Dec 1895 p1
Hezekiah - 31 Aug 1874; 1 Sept 1874 p2
John W - 20 Oct 1841; 22 Oct 1841 p3
Jonathan - nd; 7 Jan 1833 p3
Lewis - nd; 8 Aug 1803 p3
Martha - 28 Mar 1894; 31 Dec 1894 p1
Mary - 23 Nov 1852; 1 Dec 1852 p3
Mary - 20 Oct 1862; 20 Oct 1862 p3*
Mary - 8 Mar 1873; 20 Mar 1873 p2

Mary E - 21 Jan 1895; 31 Dec 1895 p1
Mary Elizabeth - 6 July 1900; 31 Dec 1900 p1
Mary P - 29 Mar 1872; 16 Apr 1872 p2
Rebecca - 17 Apr 1887; 18 Apr 1887 p2
Sarah - 21 Feb 1861; 22 Feb 1861 p3
Thomas L - nd; 21 Dec 1844 p3
OGG, John D - 12 Jan 1855; 20 Jan 1855 p3
Louisa Virginia - 18 Mar 1842; 26 Apr 1842 p3
Mary Adeline - 15 Apr 1842; 26 Apr 1842 p3
OGILVIE, Elizabeth A - 18 June 1882; 23 June 1882 p2
Matilda - 24 July 1870; 8 Aug 1870 p3
OGLE, Benjamin - 4 Apr 1844; 8 Apr 1844 p3
Priscilla - nd; 26 Aug 1859 p3
William C - 1867; 23 Aug 1867 p3
O'HAGAN, John - nd; 19 Apr 1861 p3
O'HANLON, Miriam C - 6 Jan 1904; 31 Dec 1904 p1
O'HARE, D - 18 May 1860; 22 May 1860 p3
Richard H - 10 Mar 1861; 12 Mar 1861 p3
OKELL, Elizabetha - 4 Apr 1873; 5 Apr 1873 p2
O'KILL, Mary - 21 Jan 1859; 26 Jan 1860 p3
OLDHAM, Edward - 3 Mar 1835; 16 Mar 1835 p3
Kenner - 22 Mar 1835; 24 Mar 1835 p3
Dr Samuel - 15 Nov 1860; 11 Dec 1860 p3
O'LEARY, Cornelius - 10 Nov 1872; 11 Nov 1872 p3
OLINGER, Peter - 3 Sept 1843; -- Oct 1843 p3
OLIVER, B F - 14 July 1912; 31 Dec 1912 p1
James - 8 Dec 1860; 31 Dec 1860 p3
May - 14 Oct 1890; 31 Dec 1890 p1
Nellie - 13 Dec 1876; 14 Dec 1876 p2
Robert - 28 Dec 1834; 1 Jan 1835 p3
O'MARRA, Michael - 21 Dec 1814; 24 Dec 1814 p3
O'MEARA, Sarah C - 11 Oct 1910; 31 Dec 1910 p1
O'NEAL, Ferdinand - nd; 10 May 1855 p3
Francis P - 12 Dec 1895; 31 Dec 1895 p1
Harriet - 28 Aug 1880; 31 Aug 1880 p2
I C - 2 Mar 1899; 30 Dec 1899 p1
Mrs I C - 25 Aug 1894; 31 Dec 1894 p1
Jane - 10 June 1854; 21 June 1854 p3
John - 1 Aug 1904; 31 Dec 1904 p1
Susan - 23 June 1890; 31 Dec 1890 p1
Thomas - 4 Apr 1888; 31 Dec 1888 p1
O'NEALE, Mary Ann - 27 Apr 1841; 29 Apr 1841 p3
O'NEIL, Frances C - 20 Dec 1913; 31 Dec 1913 p1
William - nd; 12 Aug 1848 p3

O'NEILL, James - 1 Feb 1860; 4 Feb 1860 p3
  Sarah - 10 Aug 1857; 11 Aug 1857 p3
ONION, d/o, Catharine consort of J Duckett - 1
  Oct 1862; 2 Oct 1862
OSTERBERG, Frederick - 10 Nov 1862; 11 Nov
  1862 p1
OOLE, Mary R - 4 Nov 1835; 12 Nov 1835 p3
OPIE, Maj Hierome - 4 Oct 1840; 15 Oct 1840 p3
O'RAMAN, Rose L - 9 Nov 1890; 31 Dec
  1890 p1
ORCUTT, Eber - 20 July 1857; 10 Aug 1857 p3
  Ellen M - 24 Nov 1860; 15 Dec 1860 p2
O'REILLY, Abbie - 9 Mar 1912; 31 Dec 1912 p1
ORME, Elizabeth Beth - 18 Aug 1863; 19 Aug
  1863 p3
  George N - 28 May 1867; 6 June 1867 p3
  George W - 21 Dec 1871; 23 Dec 1871 p2
  Geraldine R - 31 Mar 1843; 3 Apr 1843 p3
  Jeremiah - nd; 28 July 1859 p3
ORR, Mrs Orra Lee - 17 Mar 1875; 18 Mar
  1875 p2
  Preston - 13 Sept 1878; 16 Sept 1878 p2
  Sally Moore - nd; 18 Sept 1854 p3
  Thomas Lee nd; 12 Apr 1848 p2
  Willie - nd; 26 Nov 1853 p3
ORRISON, --- (c/o Abel & Nancy) - 8 Sept 1816;
  5 Oct 1816 p3
  America - 24 May 1854; 5 June 1854 p3
  Arthur Fitzhugh - --- July 1870; 29 July 1870 p3
  Laney - 20 Aug 1869; 26 Aug 1869 p2
  Lydia - 29 Nov 1857; 14 Dec 1857 p3
  Margaret - 23 Sept 1913; 31 Dec 1913 p1
  Nancy - 5 Sept 1816; 5 Oct 1816 p3
OSBORN, Emma P - 27 May 1866; 3 Sept
  1866 p2
  James - nd; 8 Oct 1831 p3
  Nicholas C - 23 July 1850; 12 Aug 1850 p3
OSBORNE, Dr Leonard - 5 Oct 1837; 21 Oct
  1837 p3
  Massie - 22 June 1849; 4 July 1849 p3
  William H - 16 Feb 1864; 20 Feb 1864 p4
OSBURN, Craven - nd; 23 Mar 1846 p3
  Dorcas A - nd; 20 Nov 1871 p2
  Edwin C - 5 Jan 1871; 6 Jan 1871 p3
  Elizabeth S - 17 Nov 1864; 9 Jan 1865 p2
  Joel - nd; 16 July 1855 p3
  Joshua - 9 Apr 1849; 16 Apr 1849 p3
OSGOOD, Charles - nd; 22 Aug 1840 p3
  Martha - 16 Aug 1857; 21 Aug 1857 p3
O'SHAUGHNESSY, Margaret - 13 Mar 1912;
  31 Dec 1912 p1

O'SULLIVAN, Daniel - 28 May 1904; 31 Dec
  1904 p1
  Daniel M - 20 Apr 1873; 21 Apr 1873 p2
  Mary - 31 Dec 1890; 31 Dec 1891 p1
  Matthew - 12 May 1844; 3 June 1844 p3
  T J - 5 Mar 1886; 31 Dec 1886 p3
OTEY, Mary - 20 Mar 1915; 31 Dec 1915 p2
OTIS, Samuel A Esq - 22 Apr 1814; 28 Apr
  1814 p3
  Wm - nd; 18 Apr 1837 p3
O'TOOLE, Lawrence - --- Feb 1872; 27 Feb
  1872 p2
  Margaret - 16 Feb 1906; 31 Dec 1906 p1
OTT, John D - 10 Jan 1870; 12 Jan 1870 p2
  John W - 9 May 1860; 11 May 1860 p2
OTTERBACK, Philip - 25 Oct 1869; 28 Oct
  1869 p3
OVERALL, Isaac - 26 Apr 1843; 5 May 1843 p3
  John - nd; 14 Mar 1836 p3
OWEN, Batholornew M - 18 Aug 1866; 29 Aug
  1866 p2
  Ceceilia Peyton Washington - 16 Sept 1841;
  27 Sept 1841 p3
  Ellen C A - 6 Mar 1915; 31 Dec 1915 p2
  Emily A - 22 Oct 1899; 30 Dec 1899 p1
OWENS, Mrs A V - 3 May 1914; 31 Dec 1914 p1
  Cordellia L - 3 Nov 1872; 5 Nov 1872 p2
  Emma - 30 May 1902; 31 Dec 1902 p1
  George T - nd; 1 Dec 1854 p2
  James - 2 Dec 1904; 31 Dec 1904 p1
  John - 5 Feb 1901; 31 Dec 1901 p1
  Mary E - 16 Nov 1866; 8 Dec 1866 p2
  Richard - 29 May 1894; 31 Dec 1894 p1
  Robert Lee - 16 Apr 1865; 17 Apr 1865 p2
  Sydner B - 1881; 18 Oct 1881 p2
  W J - 25 Sept 1899; 30 Dec 1899 p1
  William - --- Jan 1876; 7 Jan 1876 p3
  William - 27 May 1913; 31 Dec 1913 p1

PACKARD, Laura - 28 Sept 1876; 29 Sept
  1876 p2
  Mattie C - 11 Aug 1898; 31 Dec 1898 p1
PADGETT, Ann - 21 Apr 1894; 31 Dec 1894 p1
  Mrs Aubrey - 9 Aug 1915; 31 Dec 1915 p2
  Brooke - 4 May 1898; 31 Dec 1898 p1
  Charity - nd; 12 Mar 1838 p3
  E E - 15 June 1915; 31 Dec 1915 p2
  E E R - 5 Feb 1910; 31 Dec 1910 p1
  Elise Terese Isabel - 27 Oct 1873; 29 Oct
  1873 p2

PADGETT, Elizabeth Ann - 17 July 1854;
  10 Aug 1854 p3
Elizabeth Ann - nd; 18 July 1854 p3
Ellen - 13 Apr 1871; 13 Apr 1871 p2
Eppa H - 1 July 1911; 30 Dec 1911 p4
Eugene B - 5 June 1884; 31 Dec 1884 p3
Geo R - 6 Jan 1863; 26 Jan 1863 p3
Harriet E - 21 Aug 1907; 31 Dec 1907 p1
Henry - 1 Feb 1859; 2 Feb 1859 p3
Henry - 2 Feb 1907; 31 Dec 1907 p1
J G - 10 Jul 1862; 16 Jul 1862 p3*
James - 25 Dec 1860; 27 Dec 1860 p2
James Baker - 6 Sept 1855; 24 Sept 1855 p3
John - 22 Sept 1884; 31 Dec 1884 p3
John - 11 Apr 1892; 31 Dec 1892 p2
John B - 30 Sept 1915; 31 Dec 1915 p2
John W - 29 Apr 1894; 31 Dec 1894 p1
Jonathan T - 9 Feb 1864; 19 Feb 1864 p2
Joseph - 14 Feb 1884; 31 Dec 1884 p3
Mrs Joseph - 4 Mar 1891; 31 Dec 1891 p1
Lee - 10 Oct 1896; 31 Dec 1896 p1
Libby A - 7 Sept 1902; 31 Dec 1902 p1
Lucretia - 21 June 1889; 31 Dec 1889 p2
Margaret - 9 Sept 1904; 31 Dec 1904 p1
Mary E - 6 Jan 1865; 9 Jan 1865 p2
Mary E - 21 Nov 1871; 22 Nov 1871 p2
Minnie L - 10 Apr 1908; 31 Dec 1908 p1
Rachael V - 17 Oct 1906; 31 Dec 1906 p1
Robert A - 7 July 1851; 5 Aug 1851 p2
Samuel M - nd; 12 Aug 1859 p3
Sarah - 2 Feb 1855; 10 Feb 1855 p3
Sarah A - 30 Dec 1862; 31 Dec 1962 p3
Thomas - nd; 15 May 1862 p3*
Walter B - 21 Dec 1845; 23 Dec 1845 p2
William A - 26 July 1906; 31 Dec 1906 p1
William F - 25 June 1900; 31 Dec 1900 p1
William L - 4 Dec 1890; 31 Dec 1890 p1
William M - 19 Apr 1911; 30 Dec 1911 p4
Wilmer H - 26 July 1890; 31 Dec 1890 p1
Wm R - nd; 30 July 1855 p3
PAFF, Frederick - 7 Apr 1903; 31 Dec 1903 p1
Louisa - 15 July 1903; 31 Dec 1903 p1
Lucy T - 1 Aug 1901; 31 Dec 1901 p1
PAGE, Adam - 4 Mar 1867; 9 Mar 1867 p2
Ann - 26 May 1823; 27 May 1823 p3
Ann Byrd - nd; 15 Sept 1858 p3
Ann Randolph - nd; 9 Apr 1838 p3
Anna Lee - 11 Aug 1844; 30 Aug 1844 p2
Anthony C W - 20 June 1851; 27 June 1851 p2
C Craig - 19 Aug 1864; 26 Oct 1864 p2
Charles - 29 Nov 1839; 1 Dec 1839 p3
Mrs Charles - -- Apr 1878; 1 May 1878 p2

Charles Edward - nd; 1 Jan 1849 p3
Charles Grafton - 5 May 1868; 6 May 1868 p2
Charles Henry - nd; 15 Jan 1851 p2
Charles Henry - 20 July 1876; 28 July 1876 p2
Daniel - 24 Jan 1847; 27 Jan 1847 p2
Eliza M - 1887; 27 Jan 1887 p2
Emily S - 2 July 1860; 13 July 1860 p3
Fanny - 16 June 1865; 17 June 1865 p2
Gwyn - 31 Aug 1857; 14 Sept 1857 p3
Helen Margaret - 29 May 1866; 14 June 1866 p2
Helen C - nd; 11 Sept 1858 p3
Henry - 30 Aug 1843; 5 Sept 1843 p2
Irvin C - 24 Sept 1899; 30 Dec 1899 p1
Jane Byrd - 26 June 1828; 27 June 1828 p3
John - 5 July 1855; 24 July 1855 p3
John Ramsay - nd; 27 June 1848 p3
Littleton - 15 Jan 1896; 31 Dec 1896 p1
Lucy Ann - 19 Aug 1877; 24 Aug 1877 p3
Lucy L - 21 Mar 1865; 27 Mar 1865 p2
Lucy Mann - 5 Feb 1875; 17 Feb 1875 p2
Martha - nd; 21 May 1855 p3
Mary - 26 Jan 1835; 5 Feb 1835 p3
Mary - 28 Sept 1863; 6 Oct 1863 p3
Mary - nd; 13 Sept 1871 p2
Mary Imogen - nd; 13 Jan 1847 p3
Mary Matilda - 4 Jan 1854; 23 Jan 1854 p3
Mary W - nd; 29 Nov 1832 p3
Mary W - 24 July 1910; 31 Dec 1910 p1
Nathan - nd; 29 July 1853 p3
O Augustus - nd; 12 June 1813 p3
Octavia N - 25 Dec 1860; 12 Jan 1861 p3
Randolh - 3 Sept 1835; 15 Sept 1835 p3
Robert - 8 Dec 1840; 15 Jan 1841 np
Sallie - 27 Feb 1872; 11 Mar 1872 p2
Sarah - 3 Apr 1843; 10 Apr 1843 p3
Sarah E - -- Jan 1871; 3 Feb 1871 p3
Susan R - 3 July 1858; 28 July 1858 p3
W C - 4 July 1854; 6 July 1854 p3
Walker Y Esq - 8 Oct 1813; 21 Oct 1813 p3
William - 1790; 5 Aug 1790 p2
William Byrd Esq - nd; 27 Feb 1812 p3
William Byrd - nd; 16 Aug 1849 p3 & tribute
  24 Aug 1849 p3 & obituary 30 Aug 1849 p3
Wm - 11 May 1851; 13 May 1851 p3
Wm Henry - nd; 11 Dec 1854 p3
PAINE, Robert Treat Jr Esq - 13 Nov 1811; 21
  Nov 1811 p3
PALMER, Albert G - 6 Mar 1860; 9 Mar 1860 p3
Ausie T - 3 Aug 1870; 4 Aug 1870 p3
David - 30 Aug 1843; 23 Sept 1843 p3
Jerome B - 15 July 1844; 6 Aug 1844 p3
John - nd; 10 Jan 1820 np

PALMER, John - nd; 21 Oct 1859 p3
John D - 1 Jan 1875; 19 Jan 1875 p2
Joseph - 26 Apr 1852; 1 May 1852 p2
Mary D - nd; 24 Jan 1843 p3
Thomas - 1 Nov 1813; 9 Nov 1813 p3
Virgie - 20 Feb 1887; 21 Feb 1887 p2
PANCOAST, John - 27 Dec 1867; 18 Jan 1868 p3
Sarah - 9 May 1819; 12 May 1819 p3
PANNILL, Mary M - 22 May 1866; 8 June 1866 p3
PAPE, Sarah - nd; 15 July 1847 p2
PARADISE, Elizabeth - 20 Mar 1821; 22 Mar 1821 p2
John - 9 Oct 1827; 10 Oct 1827 p3
PARAGORY, Mrs - 17 Jan 1897; 31 Dec 1897 p1
PAREGORY, Walter - 24 Mar 1896; 31 Dec 1896 p1
PARISH, Gen Richard C - nd; 17 Aug 1837 p3
PARK, Catharine - 13 Nov 1895; 31 Dec 1895 p1
Catherine E - 1 Apr 1906; 31 Dec 1906 p1
Fancis - 2 July 1879; 3 July 1879 p2
Janie E - 23 Mar 1908; 31 Dec 1908 p1
Phillip - 7 Oct 1881; 12 Oct 1881 p2
PARKER, Mrs Annie d/o H S Mallory - 11 Jun 1862; 12 Jun 1862 p3*
Daniel - nd; 8 Apr 1846 p3
Elizabeth - 8 Feb 1854; 25 Feb 1854 p2
G A - 1887; 4 May 1887 p3
Hattie - 3 Jan 1901; 31 Dec 1901 p1
Henry T - 22 Nov 1865; 24 Nov 1865 p2
Henson Y - nd; 14 Oct 1823 p3
James Fleming - 31 Jan 1861; 9 Feb 1861 p2
John L - 6 June 1860; 16 June 1860 p3
John L - 19 Nov 1893; 30 Dec 1893 p2
Joseph - 3 June 1853; 17 June 1853 p3
Juliet Octavia - 3 Mar 1834; 15 Mar 1834 p3
Mary - nd; 25 Oct 1844 p3
Mary - 13 Apr 1845; 15 Apr 1845 p3
Mary A - 6 May 1910; 31 Dec 1910 p1
Mary Augusta - 8 Feb 1879; 11 Feb 1879 p2
Robert - 29 Oct 1911; 30 Dec 1911 p4
S J - 23 Mar 1860; 29 Mar 1860 p2
Sarah Elizabeth - 24 Oct 1853; 31 Oct 1853 p2
Thomas - nd; 25 Oct 1844 p3
PARKINS, Eliza H - 26 Aug 1860; 12 Sept 1860 p3
PARKS, Sarah - 5 June 187 1; 6 June 1871 p2
PARR, Effie - 3 Apr 1875; 10 Apr 1875 p2
PARRIS, Samuel nd; 15 Sept 1847 p3
PARRISH, Annie - 24 Sept 1914; 31 Dec 1914 p1
C P - 12 July 1904; 31 Dec 1904 p1

PARROTT, Augusta F - 7 Oct 1914; 31 Dec 1914 p1
Elizabeth E - 16 Apr 1881; 18 Apr 1881 p2
John H - 10 May 1884; 31 Dec 1884 p3
Kate E - 28 Feb 1888; 31 Dec 1888 p1
Nannie M - 11 Sept 1869; 11 Sept 1869 p2
Robert; nd; 2 Aug 1833 p3
Susan E - 15 Oct 1874; 22 Oct 1874 p2
William (Revolutionary soldier who voted for Washington - 100 yrs old) - 20 Aug 1854; 15 Sept 1854 p3
PARRY, Mary Foy - 7 July 1834; 9 July 1834 p3
PARSON, Sarah A - 23 Mar 1900; 31 Dec 1900 p1
PARSONS, Henry - 12 Mar 1894; 31 Dec 1894 p1
Capt James - 1785; 3 Feb 1785 p3
Margaret - nd; 13 Apr 1855 p3
Dr Robert S - --- Oct 1843; 10 Oct 1843 p3
Solomon - nd; 14 July 1830 p3
PARTLOW, T A - battle on 30 Jun 1862; 8 Jul 1862 p1*
PASCOE, Charles - nd; 1 Jan 1844 p3 & 2 Jan 1844 p2
Charles - 16 May 1867; 28 May 1867 p3
Charles David - nd; 3 Aug 1849 p3
Honor - nd; 20 July 1853 p3
John W - 29 Mar 1843; 30 Mar 1843 p3
Philippa - nd; 24 Apr 1854 p3
Wm - nd; 11 June 1833 p3
PASQUALL, Rebecca - 1867; 3 Sept 1867 p3
PATE, Otho K - 6 Feb 1870; 1 Mar 1870 p2
PATERSON, Mitchel - 28 Oct 1879; 28 Oct 1879 p2
PATON, Ann - 28 Nov 1887; 29 Nov 1887 p2
Ann Maria - nd; 24 Nov 1828 p3
Mary J - 1 Dec 1870; 12 Dec 1870 p2
Rebecca - 2 Jan 1816; 5 Jan 1816 p3
PATRAM, John K - 18 Mar 1898; 31 Dec 1898 p1
Capt M A - 6 Mar 1834; 13 Mar 1834 p3
PATRIDGE, Capt - 1 Jan 1875; 2 Jan 1875 p3
PATSEY, servant of Edward Hall - 1 Feb 1843; 11 Feb 1843 p3
PATTEN, Alexander - 9 Nov 1809; 25 Nov 1809 p3
John - 3 Mar 1904; 31 Dec 1904 p1
Thomas - 6 Feb 1820; 29 Mar 1820 p3
PATTERSON, Alexander - nd; 19 Jan 1836 p3
Ann - 16 Apr 1884; 31 Dec 1884 p3
Anna - 17 Mar 1891; 31 Dec 1891 p1

PATTERSON, Catarine Harrison - 23 Mar 1835; 26 Mar 1835 p3
Corrie - 2 Mar 1905; 30 Dec 1905 p1
Daniel - 30 Jan 1904; 31 Dec 1904 p1
Daniel J - 31 May 1892; 31 Dec 1892 p2
Edgar - 3 Jan 1835; 6 Jan 1835 p3
Edgar - 6 Nov 1870; 14 Nov 1870 p2
Edward - 3 Nov 1875; 4 Nov 1875 p3
Edward - 26 May 1899; 30 Dec 1899 p1
Elizabeth, w/o Jerome Bonapart - 24 Dec 1803; 29 Dec 1803 p3
G E - 15 Jan 1837; 26 Jan 1837 p3
George Eastburne - 13 July 1876; 15 July 1876 p2
James - 21 Nov 1837; 29 Nov 1837 p3
James - 1 Oct 1914; 31 Dec 1914 p1
James Potter - -- Feb 1835; 9 Mar 1835 p3
James W - 24 Apr 1888; 31 Dec 1888 p1
Lucinda - 9 July 1882; 15 July 1882 p2
Mary M - 25 Jan 1902; 31 Dec 1902 p1
Nannie - 23 Oct 1899; 30 Dec 1899 p1
Sarah - 31 May 1854; 6 June 1854 p3
Sarah Elizabeth - 31 Dec 1844; 3 Jan 1845 p3
Thomas - 10 Oct 1893; 30 Dec 1893 p2
Thomas - 13 Aug 1901; 31 Dec 1901 p1
William - 7 Feb 1835; 11 Feb 1835 p3
Willie - 27 Apr 1873; 30 Apr 1873 p2
Wm - nd; 10 Jan 1832 p3
PATTIE, Alice L - 9 Feb 1867; 15 Feb 1867 p3
Charles C - 10 Mar 1878; 11 Mar 1878 p2 & p3
John - 3 May 1866; 7 May 1866 p2
Josephine C - 1881; 3 Sept 1881 p2
Junius - 17 June 1860; 16 July 1860 p3
Mary Lou - 6 Aug 1873; 11 Aug 1873 p2
Oscar M - 27 Jan 1873; 3 Feb 1873 p2
Susan C - 3 Dec 1843; 12 Dec 1843 p3
Virginia E - 23 Oct 1857; 10 Dec 1857 p3
Willie - 10 Sept 1860; 21 Sept 1860 p3
Wm A - nd; 25 June 1859 p3
PATTISON, Robert - 16 June 1877; 19 June 1877 p2
PATTON, Alfred Slaughter - 18 July 1873; 9 Aug 1873 p3
Mrs Ferdinand - 5 Sept 1890; 31 Dec 1890 p1
Hezekiah W - 21 Jan 1890; 31 Dec 1890 p1
Indiana - 19 Nov 1850; 21 Nov 1850 p2
James - nd; 27 Apr 1824 p3
Jane Eliza - 28 Sept 1872; 28 Sept 1872 p2
Kate - 17 Dec 1885; 31 Dec 1885 p2
Larkin - 13 July 1891; 31 Dec 1891 p1
Margaret - 22 Mar 1896; 31 Dec 1896 p1
Margaretta - 30 Nov 1878; 3 Dec 1878 p2

Mary - 31 Oct 1808; 1 Nov 1808 p3
Mary - 1 June 1871; 5 June 1871 p2
Mary Ann - 13 Mar 1826; 14 Mar 1826 p3
Mary Catherine - nd; 8 Dec 1847 p2
Mrs P T - 14 Sept 1873; 19 Sept 1873 p2
Sarah E - 3 Apr 1904; 31 Dec 1904 p1
Thorton - 24 July 1869; 28 Aug 1869 p2
Col W T - 21 July 1863; 27 July 1863 p3
William C - 1 Sept 1874; 2 Sept 1874 p2
PAUL, Nannie S - 9 Sept 1869; 10 Sept 1869 p2
Sarah E - 6 Feb 1891; 31 Dec 1891 p1
PAULDING, John - 20 Feb 1818; 3 Mar 1818 p3
PAULI, Benjamin F - 5 Apr 1888; 31 Dec 1888 p1
Mary E - 2 Sept 1878; 3 Sept 1878 p2
Capt William - 5 May 1871; 5 May 1871 p3
William C - 18 May 1890; 31 Dec 1890 p1
Wm - 26 July 1855; 28 July 1855 p3
PAULS, Imogene - 23 Nov 1901; 31 Dec 1901 p1
PAXSON, Edith - 20 Jan 1911; 30 Dec 1911 p4
Jane - 8 Mar 1854; 10 Apr 1854 p3
Sarah F - 18 June 1852; 5 July 1852 p2
William - nd; 11 Jan 1847 p3
PAXTON, Joseph Sr - 1865; 23 June 1865 p1
Samuel - 1 Mar 1871; 8 Mar 1871 p3
PAYNE, Ada Virginia - 31 Aug 1862; 15 Sep 1862 p3*
Alice Ann - 12 Sep 1862; 15 Sep 1862 p3*
Amie Barton - 18 Oct 1873; 10 Nov 1873 p2
Ann V - 13 Feb 1857; 21 Feb 1857 p2
Annie E - 18 Mar 1915; 31 Dec 1915 p2
Bessie - 10 July 1910; 31 Dec 1910 p1
Catharine - 9 Nov 1836; 15 Nov 1836 p3
Charles Borromeo - 25 Sept 1853; 1 Oct 1853 p3
Dr D Preston - -- Oct 1878; 19 Oct 1878 p2
Daniel - 7 Dec 1835; 12 Dec 1835 p3
Daniel - 11 Sept 1860; 21 Sept 1860 p3
Daniel Robey - 25 May 1879; 3 June 1879 p2
Col Duval - nd; 26 July 1830 p3
Edward C - 8 Nov 1873; 10 Nov 1873 p2
Ellen Elizabeth - 19 Apr 1860; 23 Apr 1860 p2
Francis P - 5 Apr 1841; 17 Apr 1841 p3
George H - 29 Oct 1857; 2 Nov 1857 p2
George H - 13 Feb 1877; 14 Feb 1877 p2
Henry - 20 Aug 1862; 15 Sep 1862 p3*
James - 3 Sept 1857; 12 Sept 1857 p3
James H - 15 July 1854; 22 July 1854 p3
Jane C - nd; 6 Oct 1845 p3
Jennie - 2 Dec 1869; 21 Dec 1869 p2
Jessie C - 7 May 1909; 31 Dec 1909 p1
John - 25 July 1892; 31 Dec 1892 p2
John Scott - 19 Jan 1867; 24 Jan 1867 p3

153

PAYNE, Julia - 9 Oct 1894; 31 Dec 1894 p1
Louis E - 26 June 1899; 30 Dec 1899 p1
Maggie - 18 July 1897; 31 Dec 1897 p1
Margaret Lee - 29 June 1873; 7 July 1873 p2
Mrs Marion - 21 Nov 1840; 11 Dec 1840 p3
Mary Louise - 16 July 1879; 26 July 1879 p2
Maud - 5 Sept 1853; 1 Oct 1853 p3
Meredith E - 8 June 1841; 22 June 1841 p3
Rachel Ann - 8 Sept 1877; 10 Sept 1877 p2
Richards - 25 Dec 1871; 2 Jan 1872 p3 & 8 Jan 1872 p2
Robert Alexander - 24 June 1839; 28 June 1839 p3
Samuel - 22 Oct 1903; 31 Dec 1903 p1
Thomas - 18 Aug 1843; 22 Aug 1843 p3
W T - 25 Mar 1902; 31 Dec 1902 p1
Col William - 23 Sept 1813; 29 Sept 1813 p3
William F - 1 Apr 1866; 16 Apr 1866 p3
Capt Wm - 19 Sept 1837; 26 Sept 1837 p3
Wm Winter - 2 Sept 1874; 7 Sept 1874 p2
PAYNTER, Abram - 14 Sept 1860; 18 Sept 1860 p3
PEABODY, Joseph L - 17 Aug 1857; 15 Aug 1857 p3
PEACE, Mary - 9 Oct 1835; 20 Oct 1835 p3
PEACH, Elizabeth - nd; 29 Oct 1833 p3
Mary - nd; 2 July 1844 p3
Rebecca - 3 Oct 1839; 8 Oct 1839 p3
Mrs Rebecca - nd; 30 Sep 1862 p3*
Samuel, killed by a train - nd; 26 Feb 1858 p3 & 27 Feb 1858 p3
PEACHEY, Catharine - 30 Apr 1852; 30 Apr 1852 p3
Mrs E B - 12 June 1878; 14 June 1878 p2
Eliza - 25 July 1843; 31 July 1843 p3
Russell Meem - 29 Dec 1876; 29 Jan 1877 p2
Dr Thomas G - 13 Oct 1878; 15 Oct 1878 p2
Thomas Griffin - 3 May 1867; 7 May 1867 p3
PEACOCK, Ann - 8 Mar 1860; 20 Mar 1860 p2
Nancy Catharine - 25 Jan 1859; 7 Feb 1859 p3
PEAK, Humphrey - 1785; 13 Jan 1785 p3
PEAKE, Ann B - 20 Feb 1873; 11 Mar 1873 p3
Annie J - 28 June 1887; 28 June 1887 p3
Causie - 21 Aug 1877; 27 Aug 1877 p2
Elizabeth - nd; 20 Mar 1844 p3
Frances M - 30 Jan 1835; 10 Feb 1835 p3
Dr John N - 17 Nov 1832; 29 Nov 1832 p3
Laura J - 8 Oct 1899; 30 Dec 1899 p1
Mary C - 25 Apr 1871; 26 Apr 1871 p3
PEARCE, Alfred - 20 May 1860; 22 May 1860 p3
Gideon - 10 Aug 1864; 12 Aug 1864 p2
Hector - 27 July 1865; 18 Aug 1865 p4

Henry - 15 Oct 1843; 1 Nov 1843 p2
Richard - 3 Feb 1843; 8 Feb 1843 p3
PEARSON, Eleanor - 18 Feb 1861; 25 Feb 1861 p3
Joseph - 27 Oct 1834; 7 Nov 1834 p3
Martha - nd; 20 Feb 1839 p3
Robert - nd; 15 Oct 1849 p2
William Gaston - 19 Jan 1861; 18 Feb 1861 p3
PECHIN, Catherine - nd; 5 Aug 1830 p3
PECK, Asa - 21 Nov 1839; 25 Nov 1839 p3
Joseph Chapman - 1 Sept 1857; 4 Sept 1857 p3
Susan E - 4 Dec 1853; 16 Dec 1853 p3
T - nd; 5 Dec 1797 p3
William H - 7 Sept 1913; 31 Dec 1913 p1
PECKWORTH, John Purnell - 7 Apr 1845; 16 Apr 1845 p3
PEED, Susan - 24 Apr 1826; 25 Apr 1826 p3
PEERCE, Elizabeth - 12 Dec 1843; 16 Dec 1843 p2
PEERS, Ann - 25 Sept 1832 p3
Eleanor - nd; 9 Dec 1834 p3
Ellener - 6 Dec 1834; 9 Dec 1834 p3
PELHAM, Agnes - 26 June 1865; 26 June 1865 p3
Helen - 24 June 1865; 26 June 1865 p3
PELTON, E - 30 June 1828; 2 July 1828 p3
Julius - 17 Apr 1915; 31 Dec 1915 p2
Wm - 27 Sept 1823; 2 Oct 1823 p3
PEMBERTON, Joseph N - 20 July 1902; 31 Dec 1902 p1
Louisa - 12 June 1851; 16 June 1851 p2
PENDLETON, Prof A G - 16 Feb 1865; 20 Feb 1865 p2
Ann - 16 Apr 1813; 21 Apr 1813 p3
Benjamin Strother - 5 Aug 1841; 22 Oct 1841 p3
Edmund - 26 Oct 1803; 1 Nov 1803 p3
Eliza B - 2 Feb 1842; 17 Feb 1842 p3
Frances - 29 Apr 1872; 7 May 1872 p2
Lizzie M - --- May 1875; 17 May 1875 p2
Lucy A - 22 June 1872; 22 July 1872 p3
William Armistead - 22 July 1870; 27 July 1870 p3
William F - 13 Sept 1860; 15 Sept 1860 p2
PENICK, Bessie Bruce - 29 May 1878; 29 May 1878 p2 & 4 June 1878 p3
PENMAN, Robert - 29 May 1869; 31 May 1869 p2
PENN, Albert - 24 Dec 1904; 31 Dec 1904 p1
Anna Maria - 1 July 1901; 31 Dec 1901 p1
Arthur H - 26 Dec 1904; 31 Dec 1904 p1
Benjamin T - nd; 25 Nov 1854 p3
Charlotte Pierpoint nd; 7 July 1854 p3

PENN, Charlotte Pierpont - 5 Aug 1860; 9 Aug 1860 p3
  Delila - 13 Sept 1855; 19 Sept 1855 p3
  Eliza - 11 July 1896; 31 Dec 1896 p1
  George - 21 June 1911; 30 Dec 1911 p4
  Harriett - 1 Apr 1914; 31 Dec 1914 p1
  James B - 24 Jan 1903; 31 Dec 1903 p1
  Jesse - 4 Apr 1903; 31 Dec 1903 p1
  Laura - 10 Apr 1911; 30 Dec 1911 p4
  Leonidas Rosser - nd; 11 Oct 1854 p3
  Louisa J - 13 Mar 1904; 31 Dec 1904 p1
  Mark L - 5 Dec 1901; 31 Dec 1901 p1
  Mary Elizabeth - 7 Oct 1880; 8 Oct 1880 p2 & 9 Oct 1880 p2
  R - nd; 28 May 1844 p2
  Rosa A - 8 Dec 1913; 31 Dec 1913 p1
  Sarah B - 8 Apr 1886; 31 Dec 1886 p3
  Susan R - 26 Dec 1902; 31 Dec 1902 p1
  Thomas - 28 Apr 1884; 31 Dec 1884 p3
  Walter L - 1 Apr 1885; 31 Dec 1885 p2
  William - 23 Nov 1879; 24 Nov 1879 p2
  William - 17 Dec 1890; 31 Dec 1890 p1
PENNINGTON, Ann Estelle - 8 Dec 1857; 15 Dec 1857 p3
PERLEY, Nathan - 30 June 1822; 6 July 1822 p2
PERPENER, Sarah - 2 Sept 1881; 2 Sept 1881 p2
PERRAULT, Lt Col - 28 Jan 1834; 30 Jan 1834 p3
PERRIE, Edward Lloyd - 22 Mar 1861; 29 Mar 1861 p3
PERRIN, Mathurin - 3 Nov 1814; 5 Nov 1814 p3
PERRY, Adeline M - 16 Feb 1855; 3 Mar 1855 p3
  Alexander - 6 June 1831; 10 June 1831 p3
  Aquilina - 3 May 1844; 10 May 1844 p3
  Charles A - --- Jan 1871; 17 Jan 1871 p2
  Daniel F - 19 Aug 1808; 20 Aug 1808 p3
  Elisha - nd; 19 Jan 1861 p3
  Elizabeth - 27 June 1874; 27 June 1874 p2
  Emily Granville - 29 Sept 1854; 30 Sept 1854 p2
  Erasmus - 28 Sept 1843; 4 Oct 1843 p3
  Estelle F - 10 Nov 1867; 18 Nov 1867 p3
  Henrietta - 14 Jan 1841; 16 Jan 1841 p3
  Hermon H - nd; 18 Feb 1853 p3
  J T B - 20 Oct 1857; 21 Oct 1857 p3
  James Y - 13 Feb 1861; 15 Feb 1861 p3
  John - 24 Apr 1893; 30 Dec 1893 p2
  Lillian A - 9 Nov 1897; 1 Dec 1897 p1
  Mary Anna - 28 Feb 1895; 31 Dec 1895 p1
  Sarah F - 19 Aug 1857; 25 Aug 1857 p3
  Mrs Susan E - nd; 22 Feb 1861 p3

  Theodore - 29 Oct 1870; 29 Oct 1870 p3
  Theodore H - 10 Aug 1860; 16 Aug 1860 p2
  Thomas - 20 Dec 1907; 31 Dec 1907 p1
  Dr William - 11 Jan 1887; 11 Jan 1887 p2
PESHALL, Sir Charles J - 24 June 1834; 17 July 1834 p3
PETER, James Henderson - 7 Oct 1860; 13 Oct 1860 p3
  Maj John - nd; 15 Mar 1838 p3
  Martha Custis - 13 July 1854; 17 July 1854 p2
  Wm - 4 Jan 1837 p3
PETERKIN, Constance G - 8 Aug 1877; 10 Aug 1877 p2
PETERS, John - nd; 12 Oct 1837 p3
  Lawrence W - 26 Dec 1908; 31 Dec 1908 p1
  Mary - nd; 18 May 1852 p2
PETERSON, James E - 1 May 1914; 31 Dec 1914 p1
  Joseph M - 24 June 1841; 19 July 1841 p3
PETICOLAS, P A - 23 Apr 1876; 10 May 1876 p2
PETIGRU, Lt Charles - 6 Oct 1835; 3 Nov 1835 p3
PETIT, Frank - 10 Mar 1868; 10 Mar 1868 p3
  John - 13 Sept 1836; 16 Sept 1836 p3
PETREY, Henrietta - 24 Mar 1911; 30 Dec 1911 p4
PETTETT, Catharine - 6 July 1900; 31 Dec 1900 p1
PETTEY, Edna V - 28 Feb 1914; 31 Dec 1914 p1
  Mrs Eli - 2 Oct 1898; 31 Dec 1898 p1
  George W - 15 Apr 1911; 30 Dec 1911 p4
  James H - 18 Aug 1911; 30 Dec 1911 p4
  John W - 30 May 1911; 30 Dec 1911 p4
  Margaret - 15 June 1886; 31 Dec 1886 p3
  Mary A - 3 July 1908; 31 Dec 1908 p1
PETTIBONE, George W - 19 July 1841; 2 Aug 1841 p3
PETTIGREW, Samuel - 8 Apr 1841; 15 Apr 1841 p3
PETTIT, Ada Virginia - 23 Aug 1862; 3 Sep 1862 p3*
  Carl - 29 Sept 1911; 30 Dec 1911 p4
  Elias - 13 July 1902; 31 Dec 1902 p1
  Ellen L - 6 Sept 1909; 31 Dec 1909 p1
  J M - 9 Nov 1907; 31 Dec 1907 p1
  James L - 9 Nov 1891; 31 Dec 1891 p1
  Joseph - 31 Oct 1911; 30 Dec 1911 p4
  Nellie - 27 Sept 1904; 31 Dec 1904 p1
  Samuel - 27 Aug 1911; 30 Dec 1911 p4
  Sophie - 7 Feb 1905; 30 Dec 1905 p1
  William G - 15 Mar 1861; 18 Mar 1861 p3

PETTITT, Ernest - 6 May 1889; 31 Dec 1889 p2
  Mary Eliza - 10 Aug 1890; 31 Dec 1890 p1
PETTY, Catharine - 6 Feb 1886; 31 Dec 1886 p3
  Edward W - 28 Apr 1912; 31 Dec 1912 p1
  Capt Eli - 28 Feb 1889; 1 Mar 1889 p3
  Elizabeth - 23 Dec 1859; 17 Jan 1860 p2
  Lewis McK - 13 Feb 1892; 31 Dec 1892 p2
  Mary Elizabeth - 4 Mar 1875; 5 Mar 1875 p2
  Mary Jane - nd; 15 June 1849 p3
  W B - 17 June 1905; 30 Dec 1905 p1
PEVERILL, Ida V - 8 Mar 1896; 31 Dec 1896 p1
  Isaac - 3 June 1870; 4 June 1870 p3
  Mrs Isaac - 6 Jan 1899; 30 Dec 1899 p1
  J Frank - 20 July 1913; 31 Dec 1913 p1
  John - 9 Jan 1861; 11 Jan 1861 p3
PEYTON, nd; 3 Jan 1827 p4
  Alexander McGonegal - 10 Nov 1854; 16 Nov 1854 p3
  Alfred - 18 Nov 1840; 20 Nov 1840 p3
  Benjamin F - 26 Dec 1859; 4 Jan 1860 p2
  Charles - nd; 16 July 1849 p3
  Conrad - 30 May 1898; 31 Dec 1898 p1
  Dallas - 26 Jan 1914; 31 Dec 1914 p1
  Eliza - nd; 18 Feb 1884 p3
  Elizabeth - 11 Sept 1838; 20 Sept 1838 p3
  Elizabeth - 9 Mar 1842; 29 Mar 1842 p3
  Fanny - 16 July 1853; 19 July 1853 p3
  Francis - nd; 30 Sept 1823 p3
  Col Francis - nd; 30 Aug 1836 p3
  Harriet - 26 May 1860; 1 June 1860 p3
  Henry Bradon - 15 Aug 1860; 18 Aug 1860 p2
  Imogene - 2 Aug 1879; 2 Aug 1879 p2
  James - 3 July 1890; 31 Dec 1890 p1
  John F - nd; 5 Nov 1918 p1
  John S - 26 May 1853; 27 May 1853 p2
  John William - nd; 25 Apr 1914 p1
  Johnnie - 28 Apr 1874; 1 May 1874 p1
  Laura - 21 Nov 1851; 22 Nov 1851 p2
  Laura E - 18 Mar 1894; 31 Dec 1894 p1
  Lillie W - 12 Oct 1898 p 31 Dec 1898 p1
  Margaret - 6 Oct 1848; 9 Oct 1848 p3
  Margaret C - 23 July 1881; 25 July 1881 p2
  Mary - 8 Apr 1875; 10 Apr 1875 p2
  Mary - 7 Mar 1883; 31 Dec 1883 p3
  Mary E - --- Nov 1878; 15 Nov 1878 p2
  Nancy - 9 Jan 1842; 11 Jan 1842 p3
  Nannie - nd; 29 Sept 1848 p3
  Pauli - --- Sept 1879; 25 Sept 1879 p2
  Philip - 30 Nov 1909; 31 Dec 1909 p1
  Randolph - nd; 6 Jan 1853 p2
  Thomas J - 30 Dec 1843; 2 Jan 1844 p2
  Townshend D - nd; 7 Oct 1852 p3

  William Henry - nd; 3 Oct 1849 p2
  Col. William M - 15 Feb 1868; 26 Feb 1868 p2
PFAUMANN, Ida - 11 Nov 1899; 30 Dec 1899 p1
PFLOCK, Sophie - 30 Jan 1885; 31 Dec 1885 p2
PHELTON, Col. Edmund M - nd; 9 Aug 1833 p3
PHENIX, William Henry Harrison - 1887; 2 Sept 1887 p2
PHILIPS, Edward B - 10 Sept 1889; 31 Dec 1889 p2
  John Penn - 9 Feb 1860; 18 Feb 1860 p3
  Philip Barten - 16 Dec 1867; 23 Dec 1867 p3
  Rebecca - 10 Feb 1866; 17 Feb 1866 p2
  Thomas - nd; 12 Apr 1841 p3
  Thomas - 3 Apr 1841; 12 Apr 1841 p3
PHILLIPS, Ann - 28 Sept 1912; 31 Dec 1912 p1
  Ann E - 24 Feb 1874; 25 Feb 1874 p2
  Annie - 5 Apr 1875; 6 Apr 1875 p2
  Catherine E - 17 Feb 1887; 18 Feb 1887 p3
  Cornelius - 11 Feb 1884; 31 Dec 1884 p3
  Eleanor Thom - 18 Feb 1873; 26 Feb 1873 p3
  Emma - 11 Dec 1874; 21 Dec 1874 p2
  Frances V - 8 Jan 1894; 31 Dec 1894 p1
  George - 17 June 1901; 31 Dec 1901 p1
  Gustavus F - 25 June 1871; 5 July 1871 p2
  Henry T - 1 May 1842; 4 May 1842 p3
  Isabella B - 22 Feb 1850; 20 Mar 1850 p2
  James - 23 Oct 1896; 31 Dec 1896 p1
  James B - 3 Apr 1876; 4 Apr 1876 p2
  James E - 25 Apr 1909; 31 Dec 1909 p1
  Jeff - 25 Jan 1898; 31 Dec 1898 p1
  John - 30 July 1843; 8 Aug 1843 p3
  John G - 20 July 1893; 30 Dec 1893 p2
  John G Jr - 22 Aug 1899; 30 Dec 1899 p1
  Lawrence Franklin - 13 Apr 1879; 16 Apr 1879 p2
  Mary - 26 June 1887; 2 July 1887 p3
  Mary E - 6 Jan 1914; 31 Dec 1914 p1
  Richard R - 10 Sept 1884; 31 Dec 1884 p3
  Sarah F - 1 Oct 1912; 31 Dec 1912 p1
  Turner - nd; 26 Sept 1836 p3
  William - 20 Feb 1849; 23 Feb 1849 p3
  William - 26 Feb 1879; 27 Feb 1879 p2
  William F - 18 Feb 1869; 1 Mar 1869 p2
PIC, Mary Ann - 6 Nov 1843; 21 Nov 1843 p3
PICKEN, John - 22 Mar 1835; 28 Mar 1835 p3
PICKERING, Timothy - nd; 4 Feb 1829 p3
PICKETT, Asa - nd; 17 Sept 1844 p3
  Charles William - 8 May 1851; 15 May 1851 p2
  Elizabeth - 12 Mar 1873; 24 Mar 1873 p2
  Ellen - nd; 20 Nov 1837 p3
  Capt Jas S - 11 June 1852; 18 June 1852 p2

PICKETT, Kate - 31 Aug 1853; 12 Sept 1853 p3
Mrs Mary - 26 Oct 1860; 1 Nov 1860 p3
Thomas B - nd; 9 Apr 1851 p2
PICKIN, Carrie - 14 May 1901; 31 Dec 1901 p1
Henrietta - 9 Jan 1875; 9 Jan 1875 p2
Jane R - 8 Feb 1881; 9 Feb 1881 p2
PICKRELL, John - 20 Nov 1851; 24 Nov 1851 p2
Virginia E - 20 July 1882; 21 July 1882 p2
PIDGEON, Sarah - 11 Apr 1861; 29 Apr 1861 p3
PIEPENBRING, Emilie - 31 Jan 1873; 3 Feb 1873 p2
PIERCE, Alcinda - 26 Nov 1887; 1 Dec 1887 p2
Graham C - 11 Sept 1875; 17 Sept 1875 p2
Isaac - 26 Mar 1771 (oldest stone in Christ Church); Tombstone Inscriptions Vol 3
Maurice, vet/War of 1812 - nd; 26 Apr 1853 p3
PIERCY, Capt Henry - 17 June 1809; 20 June 1809 p3
PIERPOINT, Catherine R - 7 Jan 1914; 31 Dec 1914 p1
Hannah - nd; 27 Sept 1852 p3
J E - 25 Oct 1895; 31 Dec 1895 p1
J R, Seminary - nd; 25 Aug 1836 p3
Jonathan - 11 June 1900; 31 Dec 1900 p1
Mary H - 15 Oct 1876; 16 Oct 1876 p2
PIERSON, N W - 26 May 1891; 31 Dec 1891 p1
PIGGOT, Burr - 4 Feb 1852; 1 Mar 1852 p2
PILCHER, Mrs Jane - 31 Mar 1861; 4 Apr 1861 p3
PILE, Margaret E H - 14 Jan 1835; 7 Feb 1835 p3
PILES, Frank - 15 Jan 1843; 18 Jan 1843 p3
John - 23 Dec 1866; 3 Jan 1867 p3
Lewis - 20 Jan 1842; 21 Jan 1842 p3
Peter - 2 Dec 1816; 4 Dec 1816 p3
Mrs Rachel E - 10 Aug 1862; 12 Aug 1862 p3*
Sarah - 4 Aug 1899; 30 Aug 1899 p1
PINCKNEY, Gen Charles Cotesworth - nd; 25 Aug 1825 p3
Mary - 4 Jan 1812; 21 Jan 1812 p3
PINE, Margaret - 18 Feb 1884; 31 Dec 1884 p3
PIPER, Col Jacob S - 1 Mar 1871; 3 Mar 1871 p2
Joseph - 3 Sept 1813; 28 Sept 1813 p3
PITCHER, Elijah S - 1 Apr 1891; 31 Dec 1891 p1
PITKIN, Stephen - 30 Nov 1812; 4 Dec 1812 p3
PITMAN, Mai A A - 15 Feb 1887; 16 Feb 1887 p2
PITTMAN, Catharine A - 3 Feb 1875; 6 Feb 1875 p2
PITTS, Andrew J - 27 Jan 1911; 30 Dec 1911 p4
Ann - nd; 14 Nov 1837 p3
Caroline B - 24 June 1911; 30 Dec 1911 p4

Grace Pauline - 17 Oct 1878; 19 Oct 1878 p2
Helen - 10 Aug 1911; 30 Dec 1911 p4
Henry S - 30 May 1911; 30 Dec 1911 p4
Nancy B - 3 Jan 1879; 3 Jan 1879 p3
Robert - 14 Feb 1911; 30 Dec 1911 p4
Sarah - 2 Aug 1911; 30 Dec 1911 p4
PLAIN, Anna Bella - 10 Mar 1881; 11 Mar 1881 p3
Catharine A - 15 Oct 1863; 15 Oct 1863 p3
PLANT, Alice A M - 18 Jan 1876; 18 Jan 1876 p2
PLASKETT, Dinah - 16 June 1896; 31 Dec 1896 p1
W G - 29 Jan 1912; 31 Dec 1912 p1
PLASTER, Michael - 6 Oct 1869; 16 Oct 1869 p2
PLEASANT, Mary L - nd; 24 Apr 1837 p3
PLEASANTS, Caroline Wattles - 16 Oct 1841; 25 Oct 1841 p3
Emlen - nd; 1 Feb 1845 p3
James - 9 Nov 1836; 21 Nov 1836 p3
James B - 25 Feb 1847; 3 Mar 1847 p2
Joseph B - 27 Jan 1861; 31 Jan 1861 p2
Robert - 23 Feb 1843; 26 May 1843 p3
PLEASONTON, Stephen - 31 Jan 1855; 3 Feb 1855 p3
PLUMBER, Lucy Dent - nd; 8 Sept 1852 p3
PLUMMER, Adeline - nd; 27 Oct 1871 p2
Ann - 24 Mar 1881; 26 Mar 1881 p2
Cora - 8 Sept 1878; 13 Sept 1878 p3
Frank Ridgeley - 5 Sept 1878; 10 Sept 1878 p2
Gerrard - nd; 10 Feb 1858 p3
Hiram - recently, nd; 28 Jan 1964 p2
Jerome - 10 Dec 1816; 11 Dec 1816 p3 & 12 Dec 1816 p3
R Hopkins - 11 Sept 1841; 28 Sept 1841 p3
Rebecca A M - 17 Aug 1864; 26 Aug 1864 p2
Samuel - 9 Feb 1843; 10 Feb 1843 p3
Susan - 1867; 26 Dec 1867 p2
POE, Alfred - 22 Aug 1899, 30 Dec 1899 p1
Mrs Emma Maria - 29 Nov 1862; 5 Dec 1862 p3*
POHLMAN, M - 26 Apr 1898; 31 Dec 1898 p1
POHLMANN, Maria - 27 Feb 1897; 31 Dec 1897 p1
POINCEY, Thomas - 1 Oct 1841; 19 Oct 1841 p3
POINDEXTER, Fannie Archer - 2 Apr 1872; 4 Apr 1872 p2
POISAL, John R - recently; 23 Dec 1862 p3*
POLAND, Wallace - 23 Jan 1899; 30 Dec 1899 p1
POLISHLY, Martha - 1 July 1860; 3 July 1860 p3
POLK, President James - nd; 20 June 1849 p2
Josiah F - 9 Sept 1860; 12 Sept 1860 p3

POLK, Hon William - 2 Dec 1812; 15 Dec 1812 p3
POLKINHORN, Charles - nd; 30 Nov 1836 p3
POLLARD, Clementina - nd; 18 Oct 1849 p3
  Edward A - nd; 18 Dec 1872 p2
  Mrs Edward W - 7 July 1860; 10 July 1860 p3
  J Henry - 23 Oct 1885; 31 Dec 1885 p2
  James - 27 Sept 1855; 29 Sept 1855 p3
  Joseph - 2 July 1841; 8 July 1841 p3
  Margaret L - 24 Dec 1877; 29 Dec 1877 p2
  Marion - 26 July 1902; 31 Dec 1902 p1
  Mildred A - 6 May 1870; 9 May 1870 p2
  Thomas - 29 Oct 1852; 26 Nov 1852 np
  Willie H - 21 Oct 1865; 30 Oct 1865 p2
POLLOCK, Clara - 5 Jan 1909; 31 Dec 1909 p1
  Geo - 9 Apr 1839; 23 Apr 1839 p3
  Janet R - 18 Mar 1878; 29 Mar 1878 p2
  Margaret Atchison - 25 Dec 1874; 1 Jan 1875 p2
POMEROY, Elizabeth - 20 Mar 1843; 31 Mar 1843 p3
  Inf dau - 25 Mar 1843; 28 Mar 1843 p3
  John T -24 Nov 1884; 31 Dec 1884 p3
  Margaret T - 25 Mar 1881; 31 Mar 1881 p2
PONNET, Constant - 11 Sept 1913; 31 Dec 1913 p1
PONTON, Grace B - 27 Sept 1911; 30 Dec 1911 p4
POOLE, Edward - 7 June 1911; 30 Dec 1911 p4
  Rebecca Shenck - 25 Sept 1860; 17 Nov 1860 p3
POOR, Alfred - 21 Mar 1873; 22 Mar 1873 p2
  Amelia - 2 May 1874; 6 May 1874 p3
  Charles - 16 Nov 1872; 18 Nov 1872 p2
  Kirkland - nd; 4 Oct 1836 p3
  Mattie Lindsay - 15 Jan 1875; 16 Jan 1875 p2
POPE, Mary L - 29 Mar 1841; 17 Apr 1841 p3
  Sally S - 11 Oct 1838; 25 Oct 1838 p3
  William - 1 Dec 1873; 1 Dec 1873 p2
POPHAM, James Thompson - 30 Dec 1871; 5 Jan 1872 p2
  John - 12 Sept 1837; 21 Sept 1837 p3
  Mrs M A - 12 Feb 1875; 12 Feb 1875 p2
  Wm T - 21 Nov 1862; 31 Dec 1862 p3
POPKINS, Catharine - 6 May 1875; 15 May 1875 p2
PORTER, Ann M - nd; 26 Aug 1833 p3
  Anne Eliza - 16 Apr 1843; 19 May 1843 p3
  Daniel Parker - nd; 19 July 1855 p3
  Eliza C - 9 May 1873; 17 May 1873 p3
  Geo M - 20 Mar 1875; 22 May 1875 p2
  Jeremiah - 9 Apr 1866; 9 Apr 1866 p2
  Capt John - 27 May 1871; 5 June 1871 p2
  John - 11 Mar 1875; 15 Mar 1875 p2
  Marcia Maria - 3 Apr 1834; 7 Apr 1834 p3
  Mary - 4 Dec 1860; 14 Dec 1860 p2
  Mary - 7 Apr 1867; 2 May 1867 p2
  Sarah, d/o Col Wm Ramsay - 23 Oct 1832; 26 Oct 1832 p3
  Sarah R - nd; 18 Sept 1847 p2
  Sinah Ball - nd; 23 Jan 1853 p3
  Thomas - nd; 1 May 1800 p3
  Capt William - nd; 2 Nov 1858 p3
PORTLOCK, Mannie M - 28 Jan 1875; 9 Feb 1875 p2
PORTNER, Edwin - 28 July 1873; 28 July 1873 p2
  Robert F - 23 Jan 1900; 31 Dec 1900 p1
POSEY, Agnes - 12 Feb 1884; 31 Dec 1884 p3
  Cordelia - 6 Jan 1912; 31 Dec 1912 p1
  Elizabeth - 26 Aug 1838; 28 Aug 1838 p3
  Hattie - 13 Dec 1906; 31 Dec 1906 p1
  Henry - 28 Sept 1902; 31 Dec 1902 p1
  Inf d/o Jas & Mary - 3 Aug 1872; 3 Aug 1872 p2
  Isaiah - 5 Dec 1857; 19 Dec 1857 p3
  J C - 22 Feb 1902; 31 Dec 1902 p1
  James H - 18 May 1913; 31 Dec 1913 p1
  James H - 24 Apr 1914; 31 Dec 1914 p1
  Joshua - 14 Feb 1868; 20 Feb 1868 p2
  Julia R - nd; 18 Mar 1854 p2
  Lena - 7 Mar 1905; 30 Dec 1905 p1
  Margaret - 1 Nov 1841; 17 Oct 1841 p3
  Maria - 10 Apr 1905; 30 Dec 1905 p1
  Mary - 23 Feb 1841; 24 Feb 1841 p3
  Mary E - 11 Jan 1910; 31 Dec 1910 p1
  Rebeckah - 13 Nov 1890; 31 Dec 1890 p1
  Robert - 2 Aug 1900; 31 Dec 1900 p1
  Rose - 25 Feb 1900; 31 Dec 1900 p1
  Samuel - 10 Nov 1914; 31 Dec 1914 p1
  Sarah - 13 May 1880; 15 May 1880 p2
  Sue Lee - 13 June 1903; 31 Dec 1903 p1
  Walter - 8 Mar 1906; 31 Dec 1906 p1
  Willie - 22 Oct 1869; 23 Oct 1869 p2
POSS, - - 30 July 1870; 1 Aug 1870 p3
  Alice G - 21 Aug 1915; 31 Dec 1915 p2
  Harriet - 24 Aug 1893; 30 Dec 1893 p2
  Henry B - 12 Aug 1900; 31 Dec 1900 p1
  J W - 6 May 1911; 30 Dec 1911 p4
  John P - 16 June 1888; 31 Dec 1888 p1
  John Philip - 8 May 1873; 9 May 1873 p2
  Margaret F - 27 Aug 1883; 31 Dec 1883 p3
  Mary - 1 Sept 1909; 31 Dec 1909 p1
POST, Arthur Lee Stuart - 8 Jan 1860; 17 Jan 1860 p2
POSTON, Amelia - nd; 19 July 1851 p2
POTTEN, John - 30 Sept 1835; 1 Oct 1835 p3

POTTENGER, Lt William - nd; 13 Feb 1833 p3
POTTER, Charles - 8 Jan 1884; 31 Dec 1884 p3
  Elizabeth - nd; 27 Feb 1944 p3
  Henry - 15 Oct 1843; 17 Oct 1843 p2
  James S - 13 Aug 1865; 17 Aug 1865 np
  John - nd; 15 Nov 1872 p3
  Mildred P - 22 Aug 1877; 22 Aug 1877 p3
  Nathaniel - 3 Jan 1843; 4 Jan 1843 p3
  Rebecca - nd; 24 Sept 1831 p3
  Reuben - nd; 9 May 1845 p3
  Samuel C - 6 July 1835; 7 July 1835 p3
  Samuel J - --- Jan 1805; 17 Jan 1805 p3
  Susan - 10 Sept 1857; 11 Sept 1857 p3
  Tina - 16 July 1900; 31 Dec 1900 p1
POTTS, Edwin H - 22 Dec 1878; 26 Dec 1878 p2
  Hezekiah - 11 Nov 1847; 2 Dec 1847 p2
  Louise E - 22 Mar 1891; 31 Dec 1891 p1
  Mary A - 30 Jan 1860; 23 Jan 1860 p2
  Mary Ann - nd; 31 Oct 1853 p2
  Richard C - 25 June 1867; 29 June 1867 p2
  Samuel J - 27 Oct 1857; 30 Oct 1857 p2
POULTNLY, Evan - 19 Nov 1838; 23 Nov 1838 p3
POWELL, Mrs A M - 20 Dec 1885; 31 Dec 1885 p2
  Alfred H - 5 Apr 1840; 5 May 1840 p3
  Alice - 17 May 1870; 18 May 1870 p3
  Ann Elizabeth - 21 Oct 1862; 27 Nov 1862 p3*
  Ann M - 12 Apr 1873; 15 Apr 1873 p2
  Annie - 10 Aug 1864; 15 Aug 1864 p2
  Benj W - nd; 7 July 1825 p3
  Beverly - 20 Aug 1845; 1 Sept 1845 p3
  Catharine - 18 May 1851; 26 May 1851 p2
  Catharine - 26 Jan 1872; 27 Jan 1872 p2
  Catharine - 28 Nov 1894; 31 Dec 1894 p1
  Charity - 23 June 1855; 28 June 1855 p3
  Charles L - 9 Jan 1896; 31 Dec 1896 p1
  Charles R - 4 Nov 1884; 31 Dec 1884 p3
  Conrad Harrison - nd; 25 Jan 1855 p3
  Cuthbert - 5 Jan 1826; 24 Jan 1826 p3
  Cuthbert - nd; 11 May 1849 p3
  Cuthbert - 6 Mar 1891; 31 Dec 1891 p1
  Mrs D Lee - 9 Mar 1868; 14 Mar 1868 p3
  E O - 25 Mar 1874; 4 Apr 1874 p2
  Edward Burr - 2 Nov 1862; 27 Nov 1862 p3*
  Elizabeth - nd; 2 Dec 1836 p3
  Fannie - 23 Feb 1865; 16 Mar 1865 p2
  George Cuthbert - nd; 6 July 1849 p3
  Grafton - 12 Sept 1865; 13 Sept 1865 p3
  Dr H Brooke - 7 Oct 1854; 8 Nov 1854 p3
  Hezekiah - 4 Mar 1896; 31 Dec 1896 p1
  Humphrey - nd; 16 Apr 1859 p3
  John - 15 July 1888; 31 Dec 1888 p1
  Joseph - 29 Oct 1815; 30 Oct 1815 p3
  L E - 6 July 1898; 31 Dec 1898 p1
  Leven - 20 Sept 1807; 16 Oct 1907 p3
  Col Leven - 23 Aug 1810; 3 Sept 1810 p3
  Levin - nd; 13 July 1833 p3
  Dr Llewelyn - 19 July 1870; 3 Aug 1870 p3
  Lucy P - 31 May 1890; 31 Dec 1890 p1
  Marietta F - 9 Feb 1894; 31 Dec 1894 p1
  Margaret Ann - 17 Apr 1863; 18 Apr 1863 p3
  Mary - 17 July 1865; 22 July 1865 p2
  Mary - 29 Dec 1877; 7 Jan 1878 p2
  Mary Ann - 30 Dec 1875; 1 Jan 1876 p2
  Mary S - 13 June 1869; 15 June 1869 p2
  R C - 9 May 1890; 31 Dec 1890 p1
  Robert G - nd; 6 Nov 1851 p3
  Sarah - 2 Nov 1812; 3 Nov 1812 p3
  Selina - 4 Aug 1871; 14 Sept 1871 p2
  Thomas - 29 Sept 1841; 19 Oct 1841 p3
  Thomas - 10 Aug 1892; 31 Dec 1892 p2
  Thomas Burr - 8 Oct 1844; 11 Oct 1844 p2
  Virginia - 31 Oct 1887; 1 Nov 1887 p2
  Walter - 1 Aug 1855; 4 Aug 1855 p3
  William G - 2 Feb 1900; 31 Dec 1900 p1
  William Lewellyn - --- Aug 1864; 17 Aug 1864 p2
  Wilma - 1 Mar 1881; 3 Mar 1881 p2
  Dr Wm L - 4 Sept 1853; 6 Sept 1853 p2 & commentary, 6 Sept 1853 p3 & 7 Sept 1853 p2
POWER, Ann - 15 Dec 1857; 23 Dec 1857 p3
  Anthony - 21 July 1908; 31 Dec 1908 p1
  F J - 11 Nov 1902; 31 Dec 1902 p1
  Frank - 27 Aug 1881; 27 Aug 1881 p2
  Martin - 28 Jan 1888; 31 Dec 1888 p1
  Thomas B - 10 Aug 1903; 31 Dec 1903 p1
POWERS, Ann R - 22 Aug 1876; 23 Aug 1876 p3
  Emma - 3 June 1878; 17 June 1878 p2
  Emma Bavis - 4 Sept 1857; 15 Sept 1857 p3
  Mary Jay - 11 June 1876; 15 June 1876 p2
  William E - 7 Jan 1893; 30 Dec 1893 p2
POWYS, Arthur L - --- Jan 1876; 8 Jan 1876 p2
PRATHER, Charlotte Crusselle - 31 Dec 1843; 14 Feb 1843 p3
PRATT, Camden - 7 Aug 1850; 12 Aug 1850 p3
  Custis Lee - 2 Oct 1865; 4 Oct 1865 p2
  Elizabeth - 5 Feb 1865; 15 Mar 1865 p2
  John - 18 Jan 1843; 21 Jan 1843 p3
  Mary Eveline - 9 Dec 1843; 12 Dec 1843 p3
  Shubael - 1785; 18 Aug 1785 p3
  William - nd; 3 Dec 1847 p3
PRATYE, Mrs - 25 Aug 1873; 1 Sept 1873 p2

PRENTISS, Joseph - nd; 6 May 1851 p2
PRESCOTT, Wm - nd; 12 Dec 1844 p3
PRESSTMAN, Frances Lewis - 28 Oct 1857; 29 Oct 1857 p3 & 2 Nov 1857 p2
PRESTMAN, Lt Col S W - 1865; 10 Feb 1865 p3 & 11 Feb 1865 p2
PRESTON, Ellen - nd; 7 Feb 1851 p3
  Elisha C D - nd; 5 June 1847 p3
  Harrison - 31 Mar 1837; 10 Apr 1837 p3
  James P - 4 May 1843; 15 May 1843 p3
  John S - 17 Feb 1852; 19 Feb 1852 p2
  Mrs - 17 Sept 1803; 19 Sept 1803 p3
  Thomas - 6 Apr 1834; 8 Apr 1834 p3
  Thomas S - 14 Sept 1825; 20 Sept 1825 p3
  Col William C - 26 May 1835; 8 June 1835 p3
  Col Wilson S - 1865; 14 Dec 1865 p3
PRETLOW, Clara Ashton - 23 Dec 1872; 11 Jan 1873 p2
PRETTYMAN, Ann Lucretia - 18 June 1874; 19 June 1874 p2
  Carrie - 24 June 1912; 31 Dec 1912 p1
  Edith Virginia - 18 July 1885; 31 Dec 1885 p2
  Harriet F - 24 June 1906; 31 Dec 1906 p1
  Harriet Virginia - 7 Oct 1848; 11 Oct 1848 p3
  Harvey F - 3 July 1902; 31 Dec 2 1902 p1
  Margaret Virginia - 13 Mar 1870; 26 Mar 1870 p2
  R F - 26 Jan 1892; 31 Dec 1892 p2
  Thomas G - nd; 16 Dec 1837 p3
PREUSS, Augustus W - 25 Mar 1840; 11 May 1840 p3
  Frederick Renate - 20 July 1841; 3 Aug 1841 p3
PREVOST, Laura - nd; 12 Nov 1851 p2
PRICE, Abner B - 29 Mar 1866; 23 Apr 1866 p3
  Ann E - 11 Aug 1843; 26 Aug 1843 p3
  Annie May - 31 Jan 1862; 1 Feb 1862 p1
  Auburn - 23 July 1906; 31 Dec 1906 p1
  B F - 26 Apr 1894; 31 Dec 1894 p1
  Caroline - 14 Nov 1857; 19 Nov 1857 p3
  Charles - 11 Jan 1884; 31 Dec 1884 p3
  Charles S - 14 Mar 1915; 31 Dec 1915 p2
  Clay Dearborn - nd; 28 Aug 1858 p3
  Elizabeth - 13 Aug 1915; 31 Dec 1915 p2
  Ellen L - nd; 29 Mar 1841 p3
  Ellis L - 14 Nov 1879; 15 Nov 1879 p2
  Emma - 26 Aug 1908; 31 Dec 1908 p1
  Ephy - 14 Oct 1857; 17 Oct 1857 p2
  Esther - 12 Jan 1895; 31 Dec 1895 p1
  Frank - 2 Mar 1906; 31 Dec 1906 p1
  Freeman - 14 July 1860; 17 July 1860 p3
  George - 17 July 1860; 18 July 1860 p3
  George T - 17 Feb 1895; 31 Dec 1895 p1
  Gertrude Jennings - 10 Dec 1862; 10 Dec 1862 p2*
  Harrie C - 5 Aug 1902; 31 Dec 1902 p1
  Herbert - 6 May 1897; 1897 p1
  J Hanson - 26 Dec 1910; 31 Dec 1910 p1
  J T - 2 June 1896; 31 Dec 1896 p1
  James R - 21 Feb 1875; 8 Mar 1875 p2
  John - 30 Oct 1840; 9 Nov 1840 p3
  John Francis - 19 Jan 1852; 21 Jan 1852 p2
  Judith P - 18 Dec 1893; 30 Dec 1893 p2
  Katie E - 1 Dec 1908; 31 Dec 1908 p1
  Ketura - 28 Mar 1865; 15 Apr 1865 p3
  M A - 30 Apr 1890; 31 Dec 1890 p1
  Maggie W - 20 Feb 1897; 31 Dec 1897 p1
  Mary - 26 July 1875; 27 July 1875 p2 & 29 July 1875 p2
  Mary - 9 Mar 1895; 31 Dec 1895 p1
  Mary A - 1 Mar 1867; 11 Mar 1867 p2
  Mary E - --- Jan 1876; 27 Jan 1876 p2
  Mary Virginia - 31 Oct 1854; 2 Nov 1854 p3
  Nancy F - 20 Aug 1870; 20 Aug 1870 p3
  Dr R F - 11 Sept 1865; 21 Oct 1865 p3
  Ruth H - 2 Feb 1874; 19 Feb 1874 p2
  Sallie J - 12 Oct 1877; 12 Oct 1877 p2
  Sarah - 16 Feb 1818; 18 Feb 1818 p3
  Sarah Ann - 3 June 1845; 4 June 1845 p3
  Sarah Catharine - 20 July 1852; 24 July 1852 p2
  Sarah Jane - 6 Sept 1865; 8 Sept 1865 p3
  Sarah P S - 5 Feb 1880; 6 Feb 1880 p2
  Thomas - 27 Mar 1852; 10 Apr 1852 p3
  W H - 30 May 1896; 31 Dec 1896 p1
  William - 27 Mar 1841; 3 June 1841 p3
  William - 26 Feb 1866; 26 Feb 1866 p3
  William - 29 Apr 1903; 31 Dec 1903 p1
  William B - 14 Feb 1884; 31 Dec 1884 p3
PRICHARD, Capt Henry - nd; 21 Apr 1859 p3
  Julia Ada - 23 May 1870; 24 May 1870 p2
PRIEST, James G - 30 Aug 1874; 7 Sept 1874 p2
PRIM, Gen - 31 Dec 1870; 2 Jan 1871 p2
PRINCE, William - 6 Apr 1842; 19 Apr 1842 p3
PRINDLE, Nicholas - nd; 9 May 1863 p3
PRINGLE, John Julius - nd; 23 Mar 1843 p3
PRISCILLA, Mary - 26 Jan 1864; 28 Jan 1864 p2
PRITCHARTT, Lewis S - 21 Nov 1860; 24 Nov 1860 p3
  Roxanna - 1 Apr 1881; 4 Apr 1881 p2
PRITCHETT, Robert L - nd; 3 Oct 1855 p3
PROCTOR, Elizabeth A - 14 Oct 1909; 31 Dec 1909 p1
  Fanny Elizabeth Tubman - 26 Aug 1864; 26 Aug 1864 p2
  Henry Clay - 3 Mar 1862; 13 May 1862 p4*

PROCTOR, Ida Tubman - 2 June 1860; 6 June 1860 p3
James A - 4 Jul 1862; 13 Jul 1862 p3*
John C - 12 July 1876; 14 July 1876 p2
John I - 25 Nov 1898; 31 Dec 1898 p1
John L - nd; 3 Apr 1855 p3
Rosetta - 3 Apr 1885; 31 Dec 1885 p2
PROUT, William - nd; 30 Nov 1847 p3
Wm - 7 Dec 1840; 2 Jan 1841 p3
PRUITT, Nancy Jane - 12 July 1884; 31 Dec 1884 p3
PRYOR, Brazure W - nd; 23 Apr 1827 p3
PUCKETT, John - 2 May 1887; 5 May 1887 p2
John - -- -- 1887; 12 May 1887 p2
PUGH, Mary - 27 Feb 1892; 31 Dec 1892 p2
Milton Ludwig - 14 May 1876; 27 May 1876 p2
Mrs Sidney - 16 May 1868; 25 May 1868 p3
PULLIAM, Ann Gunn - 16 May 1869; 19 May 1869 p2
PULLIN, J C - 2 June 1906; 31 Dec 1906 p1
PULLMAN, Peter J - 24 Oct 1914; 31 Dec 1914 p1
PULMAN, Alice V - 27 July 1890; 31 Dec 1890 p1
Mrs C O - 12 Aug 1897; 31 Dec 1897 p1
Francis - 18 Mar 1902; 31 Dec 1902 p1
Garbott - 5 Mar 1908; 31 Dec 1908 p1
Grace - 30 Sept 1894; 31 Dec 1894 p1
Henry B - 14 Sept 1899; 30 Dec 1899 p1
James - 28 Jan 1899; 30 Dec 1899 p1
Joseph - 23 June 1908; 31 Dec 1908 p1
Lucy - 15 Mar 1884; 31 Dec 1884 p3
Oliver - 31 Oct 1891; 31 Dec 1891 p1
Mrs Oliver - 13 June 1901; 31 Dec 1901 p1
Paul - 30 Mar 1901; 31 Dec 1901 p1
Mrs Paul - 7 Jan 1891; 31 Dec 1891 p1
Mrs Peter - 9 Dec 1898; 31 Dec 1898 p1
Rozler W - 7 July 1901; 31 Dec 1901 p1
Samuel - 25 Dec 1896; 31 Dec 1896 p1
Sarah E - 30 July 1915; 31 Dec 1915 p2
Sidney - 30 Apr 1903; 31 Dec 1903 p1
Thomas - 18 Sept 1883; 31 Dec 1883 p3
Virginia O - 23 Jan 1912; 31 Dec 1912 p1
PURCELL, Bernard P - 12 Sept 1913; 31 Dec 1913 p1
Emma Catharine - 27 Oct 1874; 28 Oct 1874 p2
Harrison Randolph - 17 Dec 1869; 18 Dec 1869 p2
John - 23 June 1897; 31 Dec 1897 p1
John W - 2 Aug 1878; 3 Aug 1878 p2
Joseph B - 16 Apr 1891; 31 Dec 1891 p1
Mrs M F E - 24 Feb 1876; 26 Feb 1876 p2

Margaret D - 6 Mar 1902; 31 Dec 1902 p1
Mary E - 26 Apr 1894; 31 Dec 1894 p1
Matilda - 19 Oct 1838; 31 Oct 1838 p3
Randolph - 13 Dec 1891; 31 Dec 1891 p1
Richard - 6 Oct 1882; 7 Oct 1882 p2
William H - 12 Aug 1864; 6 Sept 1864 p2
 & 20 Sept 1864 p2
PURDY, Rebecca - 2 June 1853; 20 June 1853 p3
PURKIS, Mary - 8 Oct 1828; 9 Oct 1828 p3
PURRIER, Mary J - 17 June 1905; 30 Dec 1905 p1
PURSELL, Elizabeth - 17 Sept 1835; 19 Sept 1835 p3
PURVIS, Albert - 17 Jan 1902; 31 Dec 1902 p1
Sarah - 23 Dec 1913; 31 Dec 1913 p1
Thomas J - 14 Feb 1903; 31 Dec 1903 p1
W R - 1 June 1906; 31 Dec 1906 p1
PUSEL, Jonah - 20 Sept 1865; 29 Sept 1865 p2
PUSEY, Irene - 1 June 1912; 31 Dec 1912 p1
PUTNAM, Howard J - 3 Dec 1904; 31 Dec 1904 p1
Joseph - 27 June 1860; 2 July 1860 p3
PYLES, Sarah - 2 Oct 1908; 31 Dec 1908 p1
Walter - 26 Oct 1883; 31 Dec 1883 p3
PYNE, Mary - 11 July 1893; 30 Dec 1893 p2

QUADE, Frank - 1 Apr 1894; 31 Dec 1894 p1
Lorinda - 6 Jan 1889; 31 Dec 1889 p2
QUARLES, Felecia - 4 Oct 1869; 5 Oct 1869 p2
Mary J - 9 June 1866; 18 June 1866 p2
QUEEN, Elizabeth T - 1 Jan 1843; 4 Jan 1843 p3
Hannah - nd; 31 May 1837 p3
John - nd; 22 June 1841 p3
QUESENBERRY, Augustin - 4 Aug 1857; 8 Aug 1857 p2
Charles - 18 Sept 1837; 25 Sept 1837 p3
George Forrest - 10 Sept 1853; 15 Sept 1853 p3
Lucy A - 9 Nov 1865; 13 Nov 1865 p3
William S - 31 Oct 1834; 13 Nov 1834 p3
QUESENBURG, Ella Thomas - 19 June 1865; 23 June 1865 p2
Mary Ella - 9 June 1865; 23 June 1865 p2
QUICK, Elizabeth - nd; 7 Apr 1837 p3
QUIGLEY, Maria Ann - 25 Aug 1852; 30 Aug 1852 p2
QUINCY, Mary A W - 16 Feb 1859; 19 Feb 1859 p2
QUINN, Edward - 4 July 1908; 31 Dec 1908 p1
Mrs Edward - 27 Aug 1901; 31 Dec 1901 p1
James - 26 May 1897; 31 Dec 1897 p1
Mr - 2 Jan 1868; 4 Jan 1868 p2

QUINN, Nora - 1 Nov 1901; 31 Dec 1901 p1
Thomas - 6 Nov 1885; 31 Dec 1885 p2
Virginia L - 3 Nov 1903; 31 Dec 1903 p1
QUISENBERRY, Betsy - -- Oct 1843; 17 Oct 1843 p2 & 19 Oct 1843 p3
Eliza S - 25 May 1871; 3 June 1871 p2
James M - 28 Jan 1868; 7 Feb 1868 p2
Jane - 5 Nov 1843; 16 Nov 1843 p3
Jane P - 30 Sept 1841; 9 Oct 1841 p3 & 19 Oct 1841 p3
Mary Louise - 28 Sept 1843; 3 Oct 1843 p3
Rebecca - nd; 7 Sept 1850 p3

RABB, Emma - 30 May 1869; 31 May 1869 p2
Mary Emma - 3 Sept 1869; 3 Sept 1869 p2
RACE, Elizabeth - 7 Jan 1852; 9 Jan 1852 p3
William - 15 Sept 1857; 12 Oct 1857 p3
RADCLIFF, Amelia - 12 Mar 1846; 14 Mar 1846 p3
RAFFERTY, Martin J - 18 June 1885; 31 Dec 1885 p2
Matilda J - 16 Nov 1915; 31 Dec 1915 p2
Susan - 10 Oct 1904; 31 Dec 1904 p1
RAGLAND, Virginia Cary - 8 Jan 1878; 12 Jan 1878 p2
RAIHEY, Samuel - 1 Mar 1861; 4 Mar 1861 p2
RAIN, Elizabeth - 6 Feb 1839; 18 Feb 1839 p3
Mary - 9 Mar 1878; 9 Mar 1878 p2
RAINES, Anna - -- July 1860; 26 July 1860 p2
J H - 18 Oct 1898; 31 Dec 1898 p1
RAINEY, Charles A - 16 Dec 1911; 30 Dec 1911 p4
Margaret Ann - nd; 2 Nov 1858 p2
RALLS, Bettie - nd; 7 June 1853
Kenaz - nd; 25 Nov 1845 p3
RAMBO, Grace - 1 Jan 1915; 31 Dec 1915 p2
RAMEY, Bessie - 21 Mar 1910; 31 Dec 1910 p1
Elizabeth - 12 Sept 1869; 30 Sept 1869 p2
George H - 24 Mar 1885; 31 Dec 1885 p2
Horace B - 22 May 1911; 30 Dec 1911 p4
Kate - 30 June 1907; 31 Dec 1907 p1
Lydia - 30 June 1845; 21 July 1845 p3
Maggie - 7 Aug 1881; 8 Aug 1881 p2
RAMMEL, Mrs. Alina - 21 Jan 1876; 21 Jan 1876 p2
Edward - 20 Dec 1901; 31 Dec 1901 p1
Ignatz - 29 Dec 1888; 31 Dec 1888 p1
RAMSAY, A T - 8 Aug 1900; 31 Dec 1900 p1
Amelia - 1791; 24 Nov 1791 p3
Andrew - nd; 22 Dec 1828 p3
Ann - nd; 7 Apr 1785 p3

Anthony - 18 Sept 1814; 22 Sept 1814 p3
Catharine - 19 Dec 1844; 23 Dec 1841 p3
Clarissa - 1 Mar 1850; 6 Mar 1850 p3
Col Dennis - nd; 1 Sept 1810 p3
Douglass Bartleman - nd; 20 May 1858 p3
Elizabeth - 18 May 1810; 19 May 1810 p3
Elizabeth - nd; 4 Apr 1837 p3
Frances W - 23 Apr 1835; 24 Apr 1835 p3
G W D - 2 May 1900; 31 Dec 1900 p1
George W D - nd; 11 Jan 1844 p2
Jane A - nd; 25 Nov 1848 p3
Jesse T - nd; 30 Oct 1855 p3
John - 13 Sept 1821; 14 Sept 1821 p3
Mary - nd; 11 June 1849 p3
Robert T - 24 Dec 1857; 25 Dec 1857 p3
Sally Douglass - 18 Nov 1785; 24 Nov 1785 p2
Wadsworth - 9 July 1863; 11 July 1863 p3
William - 18 June 1876; 19 June 1876 p2
William - 10 Feb 1785; 17 Feb 1785 p2
William - 1787; 22 Nov 1787 p3
RAMSDELL, Henry J - 25 May 1887; 26 May 1887 p4
RAMSEY, Ann - 2 Apr 1785; 7 Apr 1785 p3
Eliza - 26 Jan 1868; 27 Jan 1868 p2
Jane A T - 23 Jan 1867; 23 Jan 1867 p3
Louise - 25 Sept 1886; 31 Dec 1886 p3
Maggie - 7 Mar 1884; 31 Dec 1884 p3
William - 10 Feb 1785; 17 Feb 1785 p2
RANDALL, Ann - 5 Apr 1832; 7 Apr 1832 np
Catharine Wirt - 10 Jan 1853; 21 Jan 1853 p2
Deborah - nd; 2 Dec 1852 p3
John - nd; 27 Feb 1839 p3
Laura H - 17 Dec 1833; 3 Jan 1834 p3
Mary - 7 Feb 1872; 13 Feb 1872 np
Mary Elizabeth - 29 Oct 1849; 1 Nov 1849 p3
Nicholas A - 21 June 1858; 23 June 1858 p3
RANDELL, Theophilus - nd; 14 May 1933 p3
RANDOLH, Ann consort of T Ball - 2 Dec 1862; 3 Dec 1862 p2*
RANDOLPH, Anne - 4 Aug 1876; 4 Aug 1876 p3
Beverly - nd; 27 Aug 1839 p3
Charles - 31 Mar 1875; 5 Apr 1875 p2
Cornelia - 25 Feb 1871; 27 Feb 1871 p3
Cornelia Jefferson - -- Feb 1871; 3 Mar 1871 p2
E Gibbon - nd; 28 Dec 1841 p3
Edmund - 12 Sept 1813; 27 Sept 1813 p3
Eliza Carter - 26 Feb 1844; 4 Mar 1844 p2
Elizabeth - 26 Nov 1832; 5 Dec 1832 p3
James F - 25 Jan 1871; 26 Jan 1871 p2
Jane Hollins - 18 Jan 1871; 25 Jan 1871 p2 & p3

RANDOLPH, John, of Chesterfield, shot by his son - 10 Jan 1804; 12 Jan 1804 p3
  Lavinia - 15 Sept 1869; 23 Sept 1869 p2
  Lewis - 24 Sept 1837; 26 Oct 1837 p3
  Lewis F - 7 Oct 1822; 19 Oct 1822 p3
  Llewelyn Griffith - 19 July 1875; 2 Aug 1875 p2
  Lucy Harrison - 17 June 1865; 23 June 1865 p3
  Capt M Lewis - 1 Feb 1871; 9 Feb 1871 p2
  Martha - nd; 18 Oct 1836 p3
  Mary E - 31 Dec 1872; 4 Jan 1873 p2
  Mary Thurston - 3 Oct 1873; 8 Oct 1873 p2
  Peyton - 15 Dec 1784; 27 May 1784 p2
  Rachel F - 30 Jan 1822; 5 Feb 1822 p3
  Richard - nd; 15 June 1786 p2
  Robert L - 27 Dec 1857; 7 Jan 1858 p3
  Robert Lee - 26 Jan 1858; 28 Jan 1858 p3
  Col Thomas - nd; 25 June 1828 p3
  Thomas Jefferson - 7 Oct 1875; 11 Oct 1875 p2
  Thomas Mann - 20 Aug 1835; 29 Sept 1835 p2
  William Fitzhugh - 16 July 1859; 4 Aug 1859 p3
  Willie - 25 May 1871; 1 June 1871 p2
RANKIN, Mary - 10 Apr 1878; 11 Apr 1878 p3
RANSDALL, Sarah - 3 July 1870; 11 July 1870 p3
RANSDELL, Horace C - 5 Feb 1869; 15 Feb 1869 p2
RANSELL, Andrew - 22 Sept 1817; 29 Sept 1817 p3
RAPLEY, Abr'm - nd; 5 Sept 1854 p3
  Letitia - 16 Dec 1848; 20 Dec 1848 p3
RATCLIFF, Ann D - 1 Jan 1885; 31 Dec 1885 p2
  Richard - 29 Apr 1901; 31 Dec 1901 p1
RATCLIFFE, Elizabeth - nd; 17 Feb 1837 p3
  Hannah S - 29 Jan 1862; 3 Feb 1862 p1
  John S - 24 Oct 1889; 31 Dec 1889 p2
  Lillian M - 13 Apr 1905; 30 Dec 1905 p1
  Lucinda - 24 Oct 1845; 3 Nov 1845 p3
  Mary - 7 Jan 1903; 31 Dec 1903 pl
  Meredith - 14 Sept 1837; 17 Oct 1837 p3
  Richard - 20 Sept 1825; 27 Sept 1825 p3
  Robert - nd; 2 Apr 1851 p2
  Ruth A - 16 July 1877; 18 July 1877 p2 & 21 July 1877 p2
  William - 12 Apr 1894; 31 Dec 1894 p1
  Winifred - nd; 10 Dec 1855 p3
RAUTCHE, Theodore - 31 July 1898; 31 Dec 1898 p1
RAVENSCROFT, Rev John Stark - 5 Mar 1830; 12 Mar 1830 p3
RAWLET, Featherston Whitfield - 22 June 1866; 27 June 1866 p3

RAWLETT, G A - 21 Apr 1897; 31 Dec 1897 p1
  Martha - 15 Feb 1874; 5 Mar 1874 p2
  Mary H - 4 Nov 1874; 7 Nov 1874 p2
  Reuben - 25 Aug 1870; 2 Sep 1870 p2
RAWLINGS, Francis W - nd; 7 Apr 1854 p3
  Marion - 21 Apr 1869; 27 Apr 1869 p2
  Stephen - nd; 1 Nov 1845 p3
  William - nd; 15 Nov 1859 p3
RAWLINS, Eldred - 3 Aug 1855; 6 Aug 1855 p3
RAWLS, Albert - 15 Aug 1887; 15 Aug 1887 p2
RAY, Alexander - -- July 1878; 1 July 1878 p2
  Annie - 19 Jan 1888; 31 Dec 1888 p1
  Raymona Lee - 28 Apr 1875; 29 Apr 1875 p2
RAYMOND, George Washington - 17 Oct 1814; 25 Oct 1814 p3
RAYNER, Amos - 4 May 1843; 2 June 1843 p2
RAYNES, Reuben - -- Sept 1867; 4 Jan 1868 p2
READ, George - nd; 10 Nov 1836 p3
  Icy - 27 Apr 1848; 29 May 1848 p2
  Prof J Willoughby - 26 Jan 1887; 27 Jan 1887 p2
  Mary - nd; 11 Dec 1845 p3
  Sarah - 27 Feb 1870; 16 Mar 1870 p2
READY, Margery - 16 Mar 1894; 31 Dec 1894 p1
REAGAN, Columbus - 14 Dec 1896; 31 Dec 1896 p1
REAMY, Joshua - 5 Nov 1857; 13 Nov 1857 p3
REARDON, Artemesia T - nd; 4 Oct 1831 p3
  Catherine E - 25 Aug 1864; 25 Aug 1864 p2
  John B - 29 June 1852; 3 July 1852 p2
  John T - 1 Oct 1843; 3 Oct 1843 p3
  Mildred - 4 Aug 1828; 6 Aug 1828 p3
  William M Jr - 29 Mar 1911; 30 Dec 1911 p4
RECKER, Fred - 15 July 1872; 15 July 1872 p3 & 16 July 1872 p3
  William Henry - 20 July 1877; 24 July 1877 p2
RECTOR, Charlotte Rebecca - 5 Mar 1873; 13 Mar 1873 p2
  Harriet - 15 Dec 1860; 3 Jan 1861 p3
  Ludwell - nd; 2 Oct 1849 p2
  Robert - 19 July 1874; 28 July 1874 p2
  Robinson - 19 July 1874; 23 July 1874 p2
  Walter - 11 Apr 1876; 13 May 1876 p3
  Wharton - 8 Feb 1842; 8 Mar 1842 p3
  William H - nd; 22 Nov 1854 p3
REDIN, Richard W - nd; 2 Aug 1849 p3
REDMAN, Sallie E - 20 Sept 1878; 2 Oct 1878 p2
REECE, Elizabeth - 6 Jan 1886; 31 Dec 1886 p3
REED, Alfin R - 18 Oct 1867; 26 Nov 1867 p2
  Benjamin Newton - 21 Aug 1857; 2 Sept 1857 p3
  Bertie - 15 May 1907; 31 Dec 1907 p1

REED, Bessie - 10 Aug 1877; 11 Aug 1877 p3
  Bessie - 16 Dec 1914; 31 Dec 1914 p1
  Bushrod Washington - 8 Nov 1875; 9 Nov 1875 p2
  Mrs Catherine L - 21 Apr 1861; 23 Apr 1861 p3
  Edwin M - 16 Feb 1908; 31 Dec 1908 p1
  Eugene Beyer - 3 Aug 1877; 3 Aug 1877 p3
  F A - 23 Aug 1895; 31 Dec 1895 p1
  H L - 25 July 1915; 31 Dec 1915 p2
  James - 23 Jan 1872; 24 Jan 1872 p3
  James - 13 Apr 1887; 14 Apr 1887 p1
  John - 9 Apr 1852; 13 Apr 1852 p3
  John C - nd; 2 June 1848 p2
  Kitty M - 12 June 1849; 20 June 1849 p3
  L W - 26 Nov 1908; 31 Dec 1908 p1
  Mary A - 10 Oct 1857; 13 Oct 1857 p3
  Mary Ann - nd; 2 Sept 1857 p3
  Mary E - 20 Aug 1841; 6 Sept 1841 p3
  Mary Frances - 21 Aug 1857; 2 Sept 1857 p3
  Miranda E - 29 July 1898; 31 Dec 1898 p1
  Nancy - nd; 5 May 1836 p3
  Patrick J - nd; 24 Dec 1851 p3
  Gen Philip - nd; 9 Nov 1829 p3
  Mrs S J - 21 May 1897; 31 Dec 1897 p1
  Samuel J - 27 Sept 1894; 31 Dec 1894 p1
  Sarah A - 27 Oct 1912; 31 Dec 1912 p1
  Mrs Stacie V - 9 July 1876; 12 July 1876 p2
  Thomas - 1887; 12 May 1887 p2
  Virginia - 22 July 1902; 31 Dec 1902 p1
REEDER, Benjamin Franklin - nd; 3 May 1825 p3
  Gourley - 4 Sept 1875; 27 Sept 1875 p2
  Mary Jane - 25 June 1860; 2 July 1860 p3
  Nancy - 21 Jan 1815; 24 Jan 1815 p3
  Thomas - 1792; 13 Dec 1792 p3
REEDY, ---- - 5 Jan 1877; 5 Jan 1877 p2
REEL, Anna Virginia - 1 May 1879; 5 May 1879 p2
REES, Thomas - 14 Sept 1817; 3 Oct 1817 p3
REESE, David - 12 June 1833; 13 June 1833 p3
  David - nd; 14 May 1849 p3
  Ellen - 6 Oct 1900; 31 Dec 1900 p1
  George - 24 July 1882; 26 July 1882 p2
  George H - 4 May 1860; 7 May 1860 p2
  Harriet - 1843; 26 Aug 1843 p3
  John - 6 Mar 1860; 8 Mar 1860 p3
  Martha - -- Sept 1873; 24 Sept 1873 p2
  Mary Virginia - 5 Sept 1860; 7 Sept 1860 p3
  Nancy - 29 Dec 1857; 31 Dec 1857 p3
  Samuel - nd; 18 Feb 1853 p3
REICHMAN, Ernest Charles - 11 Dec 1874; 15 Dec 1874 p2

REID, Beulah S - 14 Oct 1896; 31 Dec 1896 p1
  Burrill - 21 June 1858; 23 June 1858 p3
  Elizabeth - 25 Mar 1845; 15 Apr 1845 p3
  James H - 19 May 1869; 19 May 1869 p3
  John - 1 May 1860; 19 May 1860 p2
  John F - nd; 5 June 1847 p3
  Mary K - 30 Nov 1881; 2 Dec 1881 p2
  Richard - 24 Feb 1843; 25 Feb 1843 p3
  Robert Peyton - 1865; 8 Nov 1865 p2
  Walker - nd; 25 June 1852 p3
  William S - 1 Feb 1864; 2 Feb 1864 p2
REIF, Margaret - 5 May 1905; 30 Dec 1905 p1
REIGNAGLE, Alexander - 21 Sept 1809; 25 Sept 1809 p3
REILEY, Susan Ann - 21 July 1854; 27 July 1854 p3
REILLY, Boyd - 18 Jan 1858; 21 Jan 1858 p3
REILY, Col John H - 19 Aug 1864; 23 Aug 1864 p2
REIN, Henry - 21 Apr 1911; 30 Dec 1911 p4
REINECKER, Gertrude - 11 Dec 1893; 30 Dec 1893 p2
  Gustav - 5 Aug 1904; 31 Dec 1904 p1
  Mrs - nd; 24 Jan 1857 p2
REINHART, E W - 17 May 1841; 22 May 1841 p3
REINTZELL, Dr Henry - nd; 29 Aug 1836 p3
RELF, Samuel - 14 Feb 1823; 22 Feb 1823 p3
REMICK, Mary E - 29 Nov 1857; 5 Dec 1857 p3
REMINGTON, Mrs M V - 8 Aug 1887; 8 Aug 1887 p2
  R H - 14 Feb 1913; 31 Dec 1913 p1
REMMINGTON, Henry - 17 Sept 1876; 18 Sept 1876 p2
RENNARD, Charles - 26 Aug 1911; 30 Dec 1911 p4
RENNOE, Beverly A - 8 Feb 1875; 22 Feb 1875 p2
  John - 30 Mar 1877; 7 Apr 1877 p2
  William A - nd; 27 July 1858 p2
  Wm F - nd; 8 Nov 1851 p2
  Wm W - 11 Sept 1850; 20 Sept 1850 p2
RENO, Jennie - 27 Sept 1911; 30 Dec 1911 p4
RENSHAW, Charles - 13 Sept 1801; 14 Sept 1801 p3
  Maria - 7 Jan 1842; 14 Jan 1842 p3
RENTON, Alfaretta - 15 July 1852; 19 July 1852 p2
REPPERT, William E - 11 Aug 1913; 31 Dec 1913 p1
RESLER, Eve, w/o James Galt - 29 Apr 1804; 1 May 1804 p3

RESLER, Jacob - nd; public notice 14 May 1805 np
RESSLER, Jacob - 10 Oct 1803; 12 Oct 1803 p3
REYNOLD, Elizabeth B - 19 Feb 1842; 25 Feb 1842 p3
REYNOLDS, Annie M - 30 Aug 1896; 31 Dec 1896 p1
Enoch -nd; 16 Oct 1833 p3
Grace - 15 Aug 1864; 16 Aug 1864 p2
Hannah - nd; 27 Feb 1837 p3
Henry S - 27 Sept 1869; 5 Oct 1869 p2
Joseph - 22 Aug 1911; 30 Dec 1911 p4
Louisa - nd; 11 Nov 1833 p3
Margaret - 9 Dec 1857; 11 Dec 1857 p3 & 12 Dec 1857 p3
Mary Elizabeth - 18 Aug 1866; 20 Aug 1866 p2
Phebe Veitch - 13 Feb 1842; 16 Feb 1842 p3
Sarah - 15 Nov 1811; 16 Nov 1811 p3
Wm - nd; 24 Aug 1830 np
Wm C - 24 Sept 1865; 25 Sept 1865 p2
RHEARDON, Matthew L - 12 Feb 1839; 11 Mar 1839 p3
RHEEM, Catharine - 1 Mar 1860; 5 Mar 1860 p3
RHETT, Matilda - 22 Feb 1871; 23 Feb 1871 p2
RHODES, Anna M - nd; 27 Sept 1845 p3
Anthony - nd; 7 Oct 1837 p3
Drucilla - 18 July 1870; 21 July 1870 p3
Elizabeth - 24 Sept 1860; 26 Sept 1860 p3
James - 11 June 1867; 12 June 1867 p3
John H - 1 Jan 1864; 2 Jan 1864 p1
Keziah - nd; 13 Apr 1837 p3
Malinda - 27 July 1843; 31 July 1843 p3
Marion Steward - nd; 30 Jan 1844 p3
Mildred M - nd; 8 Jan 1861 p3
Nancy, w/o Rev Joseph Rowan - 22 Apr 1804; 23 Apr 1804 p3
Peter - nd; 28 June 1831 p3
Randolph - 5 Aug 1857; 12 Aug 1857 p3
Wm - 12 Feb 1828; 13 Feb 1828 p3
RHODIER, Mary E - 17 Mar 1879; 18 Mar 1879 p2
RICE, Augustus H - 29 July 1834; 25 Aug 1834 p3
Charles D - 22 Oct 1876; 23 Oct 1876 p2
Edith - 30 Oct 1857; 13 Nov 1857 p2
Elizabeth - 21 June 1851; 26 June 1851 p2
Elizabeth - 7 Aug 1853; 15 Aug 1853 p2
Elizabeth Ervin - 28 Oct 1857; 13 Nov 1857 p2
Emma Jane - 26 Oct 1857; 13 Nov 1857 p2
James - 2 Oct 1888; 31 Dec 1888 p1
John P - 23 Oct 1888; 31 Dec 1888 p1
John S - 16 Feb 1910; 31 Dec 1910 p1

Lula - 16 Aug 1881; 17 Aug 1881 p2
Robert - 8 Oct 1838; 20 Oct 1838 p3
Thomas - 10 Sept 1875; 11 Sept 1875 p2
Thomas C - 19 Apr 1853; 12 May 1853 p3
RICHARD, Claude Ricard - nd; 9 July 1847 p2
Dustavus - -- June 1805; public notice 4 July 1805 np
John - 30 Oct 1865; 3 Nov 1865 p2
RICHARDS, Addie - 18 Feb 1899; 30 Dec 1899 p1
Addie L - 17 Apr 1888; 31 Dec 1888 p1
Alcinda - 24 Jan 1892; 31 Dec 1892 p2
Catharine - 31 Dec 1874; 9 Jan 1875 p2
Daniel B - 1882; 14 Nov 1882 p3
Emily A - 28 Mar 1909; 31 Dec 1909 p1
Evelyn - 12 June 1859; 14 June 1859 p3
George - nd; 26 Feb 1845 p3
George H - 9 Nov 1906; 31 Dec 1906 p1
James Jr - 18 Feb 1905; 30 Dec 1905 p1
Jane - nd; 1 Sept 1840 p3
John - nd; 30 July 1847 p3
John - 23 Apr 1869; 24 Apr 1869 p2 & p3
Dr John - 23 July 1843; 25 July 1843 p3
Mrs Julia A A - 7 May 1862; 21 May 1862 p3*
Laura - 16 Jan 1864; 6 Feb 1864 p2
Mary A - 20 June 1866; 20 June 1866 p2
Mildred - 13 Nov 1860; 8 Dec 1860 p3
Rebecca - nd; 28 July 1854 p3
Mrs W R - 25 Oct 1884; 1 Dec 1884 p2
William B - 23 Jan 1861; 1 Feb 1861 p3
William C - 7 Sept 1901; 31 Dec 1901 p1
Willie F - 2 Mar 1877; 3 Mar 1877 p2
RICHARDSON, Alice Morris - 8 Aug 1844; 13 Aug 1844 p3
Charles - 22 June 1905; 30 Dec 1905 p1
E W - -- Aug 1876; 2 Sept 1876 p3
Edmonia P - 20 Sept 1878; 25 Oct 1878 p2
Elizabeth - 4 Mar 1829; 6 Mar 1829 p3
Elizabeth M - nd; 7 Dec 1872 p2
Ferdinand Dawson - 5 May 1853; 16 May 1853 p2
Capt Forrest - 9 Aug 1807; 10 Aug 1807 p3
Francis M - 25 Oct 1912; 31 Dec 1912 p1
Heriot T - 14 Apr 1851; 30 Apr 1851 p2
Johanna - 29 Aug 1893; 30 Dec 1893 p2
Jonathan - 2 Apr 1873; 7 Apr 1873 p2
Kattie - 3 May 1887; 5 May 1887 p2
Mary - 23 Dec 1854; 20 Jan 1855 p3
Mary Ann - 22 Nov 1838; 27 Nov 1838 p3
Mary S - 10 Apr 1903; 31 Dec 1903 p1
Sadie - 20 Apr 1908; 31 Dec 1908 p1
Samuel C - 8 July 1857; 11 July 1857 p3

RICHARDSON, Thomas - -- Sept 1784; 9 Sept 1784 p2
  Virginia L - 28 Sept 1878; 25 Oct 1878 p2
  Wm Montalbert - 28 July 1837; 15 Aug 1837 p3
RICHTER, John Esq - 9 Jan 1813; 12 Jan 1813 p3
RICKETTS, Lt Benjamin - 8 Feb 1814; 17 Feb 1814 p3
  Charles - 29 Dec 1811; 31 Dec 1811 p3
  Elizabeth - 8 July 1853; obituary 8 Sept 1853 p2
  Elizabeth - 8 July 1853; 11 July 1853 p3
  John - 28 Mar 1853; 5 Apr 1853 p2
  John T - 26 Nov 1863; 28 Nov 1863 p2
  Louisa S - 19 May 1853; 27 May 1853 p2
  Lucelia - 26 Sept 1873; 2 Oct 1873 p2
  Nannie - 17 Sept 1873; 20 Sept 1873 p2
  Susan L - 16 Aug 1843; 19 Aug 1843 p3
RICKS, John - 13 Sept 1860; 18 Sept 1860 p3
RIDDLE, Ann - 16 July 1812; 23 July 1812 p3
  Charles D - 15 Nov 1857; 1 Dec 1857 p3
  Emily - 20 Dec 1849; 22 Dec 1849 p3
  Emily - 20 Dec 1849; 5 Feb 1850 p3
  Francis Rush - 23 June 1821; 3 July 1821 p3
  Robert - 13 Apr 1841; 8 May 1841 p3
RIDENOUR, N D - 3 Sept 1913; 31 Dec 1913 p1
RIDER, Mary - 10 Feb 1865; 31 Mar 1865 p1
RIDGELY, David Arthur - 3 Dec 1862; 11 Dec 1862 p3*
  Dr John - 5 Nov 1843; 22 Nov 1843 p3
  Lizzie Stewart - 4 Aug 1864; 11 Aug 1864 p2
  Mrs Mary - nd; 15 Mar 1861 p3
  William G - 8 Feb 1861; 11 Feb 1861 p3
RIDGEWAY, John - 13 Sept 1867; 14 Sept 1867 p3
  Joseph - nd; 27 Feb 1837 p3
RIDGWAY, Bessie - 23 Apr 1909; 31 Dec 1909 p1
  Jesse Sr - 21 Apr 1860; 11 May 1860 p2
  John B - 17 Dec 1887; 20 Dec 1887 p2
  Roy C - 29 Aug 1910; 31 Dec 1910 p1
RIDLEY, Mai J C - nd; 29 June 1837 p3
RIGGS, Janet Madelaine - 30 Jan 1861; 4 Feb 1861 p3
  Samuel J - nd; 7 Aug 1847 p3
RIGHTMIRE, C G - 29 Dec 1870; 28 Jan 1871 p2
  Mrs C S - 29 Dec 1871; 27 Jan 1871 p2
RILEY, Ann - nd; 21 Feb 1882 p2
  George - 22 Sept 1873; 4 Oct 1873 p2
  John W - 14 Jan 1912; 31 Dec 1912 p1
  Margaret - 21 Aug 1896; 31 Dec 1896 p1
  Susan - 18 July 1869; 24 July 1869 p2
  William - -- June 1876; 3 June 1876 p2

RILLEY, Dorothea - 23 Dec 1831; 10 Jan 1832 p3
RIND, William A - 4 Mar 1863; 5 Mar 1863 p3
  William Alexander - 19 Mar 1842; 22 Mar 1842 p3
RINDISBACHER, R - 13 Aug 1834; 2 Sept 1834 p3
RINER, Emmett - 3 Oct 1911; 30 Dec 1911 p4
  Jacob - 31 Jan 1895; 31 Dec 1895 p1
RINGE, Claudra - 5 Nov 1843; 8 Nov 1843 p3
RINGGOLD, Eliza Lee - 22 Aug 1849; 3 Sept 1849 p3
  James G - nd; 12 Oct 1831 p3
  James S - nd; 30 Dec 1844 p3
  Tench - 31 July 1844; 2 Aug 1844 p3
  W S - 4 Nov 1843; 13 Nov 1843 p3
RINKER, Caspar Sr - 10 Apr 1861; 29 Apr 1861 p3
  John Vance - 6 May 1860; 1 June 1860 p3
  Susan - 7 Feb 1840; 13 Feb 1840 p3
RIORDAN, Ann - 21 Apr 1834; 23 Apr 1834 p3
  James - 14 July 1867; 15 July 1867 p3
RIPLEY, Abigail O - 14 Feb 1848; 27 Apr 1848 p2
  Eleazor W - nd; 22 Mar 1839 p3
RISDON, Octavia C - 11 Sept 1855; 10 Oct 1855 p3
RISEN, Mrs Franklin - 25 Jan 1875; 8 Feb 1875 p2
RISHEILL, Emma - 6 Nov 1899; 30 Dec 1899 p1
  Rosalie - 17 Oct 1872; 17 Oct 1872 p2
  Thomas V - 29 June 1910; 31 Dec 1910 p1
RISTON, Almond Y - 29 Nov 1860; 30 Nov 1860 p3
  Ann R - 4 Mar 1866; 6 Mar 1866 p3
  Bazil E - 11 July 1852; 14 July 1852 p3
  Dennis W - nd; 27 May 1863 p2
  Ella - 13 Jan 1863; 14 Jan 1863 p3
  James B - 3 Oct 1869; 4 Oct 1869 p2
  James S - 13 Apr 1876; 15 Apr 1876 p2
  Laura Lee - 4 Jan 1876; 8 Jan 1876 p3
  Mary E - 9 Jan 1876; 11 Jan 1876 p2
RITCHIE, Isabella - 20 Jan 1865; 2 Feb 1865 p2
  Robert R - 27 Jan 1866; 2 Feb 1866 p3
RITICOE, Charles A - 14 Feb 1873; 13 Mar 1873 p2
RITTENHOUSE, David - 26 June 1796; 2 July 1796 p2
  Isabel - nd; 9 Feb 1833 p3
RITTENOUR, Grace - 2 Apr 1907; 31 Dec 1907 p1
  Mary - 9 Aug 1904; 31 Dec 1904 p1

RITTER, Francis D - 29 May 1837; 6 June 1837 p3
RIVES, Mrs Alexander - 24 Mar 1861; 29 Mar 1861 p3
  Blair - 3 Apr 1869; 5 Apr 1869 p2
  Fannie - 19 July 1897; 31 Dec 1897 p1
  George - 13 Aug 1874; 19 Aug 1874 p2
  Mary Ann - 31 Mar 1853; 2 Apr 1853 p3
  Roberts - 7 Mar 1845; 17 Mar 1845 p3
  Washington - 10 Aug 1892; 31 Dec 1892 p2
  William - 10 Sept 1834; 13 Sept 1834 p3
RIXEY, Churchill - 17 Nov 1834; 25 Nov 1834 p3
  George B - 2 Feb 1853; 14 Feb 1853 p2
  Lavinia - 13 Nov 1834; 25 Nov 1834 p3
  Penelope - 15 Nov 1834; 25 Nov 1834 p3
ROACH, Bertie - 26 July 1878; 30 July 1878 p3
  Dora Agnes - 21 Mar 1871; 22 Mar 1871 p2
  Elizabeth - 21 Feb 1863; 22 Feb 1863 p3
  Georgiana - 20 Oct 1832; 24 Oct 1832 p3
  James - 29 Jan 1860; 1 Feb 1860 p3
  James - 27 Jan 1865; 27 Jan 1865 p3 & 28 Jan 1865 p2
  James C - 24 Mar 1876; 25 Mar 1876 p2
  John - nd; 16 Sept 1831 p3
  John - 3 Aug 1865; 16 Aug 1865 p4
  John - 10 Jan 1887; 10 Jan 1887 p2
  Lizzie - 26 Mar 1896; 31 Dec 1896 p1
  Mary Ann - 27 July 1903; 31 Dec 1903 p1
  Mary Catherine - 25 Nov 1832; 7 Dec 1832 p3
  Mary Sebina - 5 Sept 1849; 19 Sept 1849 p3
  Philip - nd; 13 June 1838 p3
  William - 26 Feb 1858; 13 Mar 1858 p2
ROANE, John - nd; 26 Nov 1838 p3
  Susan Marie - nd; 23 Apr 1853 p2
  Thomas - 6 Mar 1852; 3 Apr 1852 p2
ROAT, Jennie O'B - 27 Nov 1909; 31 Dec 1909 p1
  Walter A - 18 Aug 1884; 31 Dec 1884 p3
ROATE, Mary G - 29 Aug 1888; 31 Dec 1888 p1
ROBB, Achsah - 31 Jan 1860; 3 Feb 1860 p2
  Cathrine - 31 Jan 1876; 1 Feb 1876 p3
  Jere - 22 Dec 1884; 31 Dec 1884 p3
  Maria - 29 Mar 1871; 12 Apr 1871 p2
  Mary - 23 Jan 1893; 30 Dec 1893 p2
ROBBEY, Richard - nd; 26 Oct 1837 p3
ROBBINS, Mary D - 20 Feb 1855; 9 Mar 1855 p3
  Mary Francis - nd; 25 Sept 1832 p3
  Mary Howell - 26 May 1888; 31 Dec 1888 p1
ROBERDEAU, Isaac - 15 Jan 1829; 17 Jan 1829 p3
  Jean - 3 Sept 1835; 10 Sept 1835 p3

  Susan Shippen - 28 Oct 1843; 4 Nov 1843 p3
ROBERSON, Eliza - 29 Aug 1860; 30 Aug 1860 p3
ROBERTS, Albert T - 24 June 1906; 31 Dec 1906 p1
  Alfred H - 24 Feb 1905; 30 Dec 1905 p1
  Allison - nd; 10 Dec 1844 p2
  Ann - 15 July 1814; 19 July 1814 p3
  Anna - 16 Nov 1913; 31 Dec 1913 p1
  Caleb H - 11 July 1871; 11 July 1871 p3
  David F - 23 Aug 1841; 27 Aug 1841 p3
  Edward - 16 Oct 1865; 18 Oct 1865 p2
  Elizabeth - nd; 31 Oct 1871 p2
  Frank - 13 June 1914; 31 Dec 1914 p1
  George - 5 Aug 1872; 16 Aug 1872 p3
  George W - 12 Jan 1875; 23 Jan 1875 p2
  Georgie - 17 June 1865; 14 July 1865 p2
  Helen L - 22 Mar 1904; 31 Dec 1904 p1
  Helen V - 12 Apr 1870; 14 Apr 1870 p2
  Isaac G - 17 Nov 1860; 20 Nov 1860 p3
  J R - 4 Jan 1889; 31 Dec 1889 p2
  James - 28 Dec 1905; 30 Dec 1905 p1
  James R - 19 Feb 1906; 31 Dec 1906 p1
  James W - 10 July 1914; 31 Dec 1914 p1
  Jefferson - 15 June 1892; 31 Dec 1892 p2
  John - nd; 4 Jan 1853 p2
  John - 29 Mar 1861; 2 Apr 1861 p3
  John - 29 Mar 1861; 5 Apr 1861 p2
  Joseph - 7 Feb 1905; 30 Dec 1905 p1
  Julia A - 22 Sept 1888; 31 Dec 1888 p1
  Margaret - 26 June 1863; 21 July 1863 p3
  Margaret - 3 Apr 1910; 31 Dec 1910 p1
  Mary E - 18 Feb 1910; 31 Dec 1910 p1
  Myrtle - 4 Mar 1912; 31 Dec 1912 p1
  R F - 13 Sept 1884; 31 Dec 1884 p3
  Reuben - 17 Nov 1855; 20 Nov 1855 p3
  Richard - 5 Nov 1834; 17 Nov 1834 p3
  Richard - 17 Feb 1843; 29 Mar 1843 p3
  Rudolph - 6 Mar 1835; 4 Apr 1835 p3
  Ruth Ann - 1 Jan 1897; 31 Dec 1897 p1
  Dr W H - 12 Jan 1871; 12 Jan 1871 p3 & 13 Jan 1871 p3 & 18 Jan 1871 p3 & 19 Jan 1871 p1 & 20 Jan 1871 p3
ROBERTSON, Alexander - nd; 2 June 1841 p3
  Ann F - 30 Jan 1857?; 11 Jan 1858 p3
  Eliza Clark - 18 Apr 1869; 27 Apr 1869 p2
  Elizabeth - nd; 2 Apr 1852 p2
  Hannah - nd; 2 Apr 1852 p2
  Henry B - 4 Apr 1859; 7 Apr 1859 p3
  Hopkins - nd, 19 Nov 1819 p3
  James - 21 July 1866; 22 July 1866 p2
  Jane Byrd - nd; 14 Aug 1854 p3

ROBERTSON John - 20 May 1842; 2 June 1842 p3
John - 25 July 1898; 31 Dec 1898 p1
Joseph - 1786; 18 May 1786 p2
Mary - 22 May 1866; 24 May 1866 p3
Mary E - 29 Sept 1892; 31 Dec 1892 p2
Rebecca - 13 Oct 1872; 28 Oct 1872 p3
Sarah Anna E - 31 July 1867; 17 Aug 1867 p2
William - 26 Jan 1860; 27 Jan 1860 p3
ROBEY, Alice - 1 Mar 1896; 31 Dec 1896 p1
Ann - 10 Jan 1891; 31 Dec 1891 p1
Annie E - 15 Oct 1897; 31 Dec 1897 p1
Clarissa T Brooke - 28 Jan 1843; 2 Feb 1843 p3
Frank - 13 Apr 1915; 31 Dec 1915 p2
Grace Ann - 19 June 1841; 8 July 1841 p3
Jas - 29 May 1872; 1 June 1872 p2
John E - 22 Aug 1872; 29 Aug 1872 p3
John H - 25 Oct 1912; 31 Dec 1912 p1
Jonathan - 24 Mar 1850; 1 Apr 1850 p3
Joshua - 25 June 1851; 27 June 1851 p2
Lemuel - 27 Aug 1894; 31 Dec 1894 p1
Lemuel - 29 Jan 1897; 31 Dec 1897 p1
Malvina - 13 May 1895; 31 Dec 1895 p1
Mary - 14 June 1888; 31 Dec 1888 p1
Mary E - 14 Apr 1835; 20 Apr 1835 p3
Mary H - 18 May 1874; 22 May 1874 p2
Nettie - 22 Nov 1911; 30 Dec 1911 p4
Samuel - 20 Apr 1895; 31 Dec 1895 p1
Sarah A - 20 June 1900; 31 Dec 1900 p1
Townly - nd; 1 Apr 1844 p2
Walter Warren - 20 Aug 1840; 24 Aug 1840 p3
Washington - 1 Jan 1841; 7 Jan 1841 p3
William - 14 Apr 1874; 18 Apr 1874 p2
William - 30 July 1885; 31 Dec 1885 p2
Zeph G - nd; 16 Dec 1859 p3
ROBINSON, Dr A C - nd; 11 Nov 1871 p2
Ann A, consort/ Wm - ae 21y, 12 Sept 1804; 13 Sept 1804 p3
Ann C - nd; 7 Oct 1823 p3
Arthur Antrim - 29 Jan 1859; 1 Feb 1859 p3
Belle - 12 Oct 1890; 31 Dec 1890 p1
Catharine Ann - 16 Dec 1843; 27 Dec 1843 p2
Christopher - 30 Sept 1803; 1 Oct 1803 p3
Edwin W - 8 Nov 1835; 10 Nov 1835 p3
Elizabeth - 9 Oct 1875; 16 Oct 1875 p2
Elizabeth A - 27 Nov 1875; 27 Nov 1875 p3
Elizabeth M - 8 Oct 1838; 25 Oct 1838 p3
Emma - 21 Mar 1915; 31 Dec 1915 p2
Dr Emmett R - 1865; 19 Dec 1865 p1
Francis H P - 20 Dec 1860; 21 Dec 1860 p3
George H - 1882; 19 Dec 1882 p2
Henrietta - 11 Jan 1859; 13 Jan 1859 p3

Isaac E - 12 Sept 1841; 27 Oct 1841 p3
John - 26 Apr 1843; 16 May 1843 p3
John Cotton - 31 May 1784; 3 June 1784 p2
John G - 7 Aug 1857; 13 Aug 1857 p3
John M - 13 Oct 1839; 16 Oct 1839 p3
John P - 9 Dec 1912; 31 Dec 1912 p1
John W - 29 Dec 1864; 3 Jan 1865 p3
Dr Logan H - 29 Aug 1878; 24 Sept 1878 p2
Louise - 13 Sept 1907; 31 Dec 1907 p1
Margaret - nd; 6 Dec 1808 p3
Mary E - 6 May 1877; 14 May 1877 p3
Mary F - 28 Dec 1903; 31 Dec 1903 p1
Mathew - nd; 28 July 1828 p3
R Lee - 20 Apr 1908; 31 Dec 1908 p1
R W - 30 Mar 1878; 30 Mar 1878 p2
ROBINSON, Richard Arthur - 11 Aug 1862; 11 Aug 1862 p3*
Sarah - nd; 12 Apr 1854 p3
Sarah Ann - nd; 23 Nov 1844 p3
Sarah Ella - 29 May 1854; 30 May 1854 p3
Susan C - 31 July 1860; 2 Aug 1860 p3
Susan J - 5 Aug 1859; 12 Aug 1859 p3
Thomas - 28 Oct 1843; 4 Nov 1843 p3
Thomas T - 12 Oct 1857; 23 Oct 1857 p2
W H - 19 Mar 1900; 31 Dec 1900 p1
W R - 20 Aug 1915; 31 Dec 1915 p2
William - 17 Aug 1857; 19 Aug 1857 p3
William R - 27 Sept 1867; 2 Oct 1867 p2
Wm - 9 Dec 1832; 28 Dec 1832 p3
Wm - nd; 19 Oct 1837 p3
ROBISON, Lund - 14 May 1851; 20 May 1851 p3
ROBY, Catharine Amanda - nd; 30 July 1853 p3
Hezekiah - nd; 20 Mar 1844 p3
ROCHE, Winifred A - 1 Feb 1861; 4 Feb 1861 p3
ROCK, George W - 23 Jan 1886; 31 Dec 1886 p1
Margaret - nd; 3 May 1855 p3
Margaret M - 2 Jan 1875; 4 Jan 1875 p2
Richard - 12 Aug 1835; 13 Aug 1835 p3 & 14 Sept 1835 p3
RODBIRD, Mrs Ann - 14 Feb 1864; 17 Feb 1864 p2
Ebenezer S - 25 June 1860; 29 June 1860 p3
RODDY, Ann Eliza - 9 June 1838; 30 June 1838 p3
Mary - nd; 9 Apr 1844 p3
RODEFFER, George W - 1 Aug 1860; 8 Aug 1860 p3
Mrs Jerusha - 8 Nov 1860; 17 Nov 1860 p3
RODERIGUEZ, Peter J - nd; 19 Oct 1838 p3
RODGERS, Daniel B - 3 Sept 1843; 20 Sept 1843 p3

RODGERS, George H - 21 Dec 1910; 31 Dec 1910 p1
James - 22 Aug 1852; 27 Sept 1852 p3
James F - 22 Aug 1852; 30 Aug 1852 p2
James T - 8 Feb 1902; 31 Dec 1902 p1
Lucy Ellen - 15 Apr 1855; 17 Apr 1855 p3
Martha D - 11 Oct 1885; 31 Dec 1885 p2
Mary Ida - nd; 17 June 1848 p3
Parke - 3 Sept 1870; 6 Sept 1870 p3
Gen Thomas J - nd; 4 Dec 1832 p3
William - 22 Jan 1915; 31 Dec 1915 p2
William Henry . 23 May 1868; 23 May 1868 p3
RODIER, John P - 27 Oct 1913; 31 Dec 1913 p1
Kate - nd; 30 Nov 1859 p3
Mary Ann - 30 Nov 1853; 2 Dec 1853 p2
ROE, Henry F - 30 Mar 1868; 9 Apr 1868 p2
ROEMMELLE, John C - 28 Nov 1862; 2 Dec 1862 p1*
ROGERS, Amanda M - 10 Oct 1899; 30 Dec 1899 p1
Charles Hamilton - nd; 3 May 1853 p3
Edw'd C - 20 Jan 1877; 26 Jan 1877 p2
Elizabeth - 19 Mar 1841; 23 Mar 1841 p3
Mrs Elminas - 5 Dec 1878; 16 Dec 1878 p2
Frank A - 6 Oct 1909; 31 Dec 1909 p1
Mrs George - 6 Jan 1904; 31 Dec 1904 p1
Hugh - 30 Sept 1860; 23 Oct 1860 p3
Robert W - 11 Sept 1869; 16 Sept 1869 p2
Sallie - 16 Mar 1861; 28 Mar 1861 p3
Samuel - nd; 1 Nov 1847 p3
Rev Samuel H - 28 Sept 1859; 3 Oct 1859 p3
Sanford Payne - 21 Dec 1874; 11 Jan 1875 p2
Sarah H - 11 Mar 1868; 11 Mar 1868 p3
Thomas - nd; 23 Dec 1853 p3
Thomas Clagett - 16 Aug 1860; 20 Aug 1860 p3
William - 21 Nov 1908; 31 Dec 1908 p1
William H - 2 Feb 1861; 14 Feb 1861 p3
William Hamilton - 22 Apr 1851; 28 Apr 1851 p3
ROGERSON, Mrs - nd; 7 July 1800 p3
ROHR, John - 27 Nov 1857; 14 Dec 1857 p3
Wesley H - nd; 2 Nov 1850 p2
ROLAND, Annie - 26 Dec 1909; 31 Dec 1909 p1
Norris - 23 Mar 1912; 31 Dec 1912 p1
R N - 17 Nov 1913; 31 Dec 1913 p1
ROLES, Andrew J - 25 Aug 1902; 31 Dec 1902 p1
Eliza C - 16 Dec 1893; 30 Dec 1893 p2
Susan - -- Jan 1876; 12 Jan 1876 p2
ROLLINGS, Jas H - 20 Mar 1852; 10 Apr 1852 p3

ROLLINS, Ary Ann - 5 Apr 1873; 14 Apr 1873 p2
Caroline E - 29 Apr 1860; 21 May 1860 p2
John - 31 Mar 1845; nd np
Louis - 21 Aug 1857; 28 Aug 1857 p3
RONALD, M A B - 30 July 1859; 9 Sept 1859 p3
RONALDSON, James - nd; 2 Apr 1841 p3
RONEY, A P - 3 Jan 1892; 31 Dec 1892 p2
ROOD, Catherine - 15 May 1887; 16 May 1887 p2
ROOKER, Britannia America - 7 Jan 1860; 12 Jan 1860 p2
Jabez B - 2 Mar 1853; 4 Mar 1853 p3
Mary C - 15 Oct 1835; 17 Oct 1835 p3
ROON, Michael - 29 Sept 1837; 16 Oct 1837 p3
ROPP, Elizabeth - 11 June 1845; 16 June 1845 p2
RORICK, Michael - 26 Oct 1894; 31 Dec 1894 p1
ROSE, Capt Alexander M - 27 Apr 1834; 17 June 1834 p3
Ann Washington - 26 May 1860; 4 June 1860 p2
Anna Augusta - 14 Sept 1853; 21 Sept 1853 p3
Boyd Smith - 2 Oct 1836; 12 Oct 1836 p3
Edward - 14 Dec 1905; 30 Dec 1905 p1
Eliza - 31 Jan 1821; 11 Feb 1821 p2
Hazelwood - 14 Feb 1913; 31 Dec 1913 p1
Dr Henry - 4 Feb 1810; 6 Feb 1810 p3
Henry B - 1 July 1833; 11 July 1833 p3
Mrs John - nd; 3 Feb 1840 p3
John - nd; 13 Feb 1844 p2
Mary - 28 Oct 1828; 1 Nov 1828 p3
Mary S H - 14 Aug 1853; 29 Aug 1853 p3
Mary W - 5 June 1842; 7 June 1842 p3
Rebecca - 9 Feb 1838; 15 Feb 1838 p3
Ruth - 18 Feb 1854; 13 Mar 1854 p3
Sarah - 11 Oct 1874; 12 Oct 1874 p2
Thomas Marshall - nd; 24 May 1838 p3
Virginia - 25 Nov 1872; 29 Nov 1872 p3
Dr William R - nd; 25 Feb 1861 p3
ROSEBERRY, Caroline M - 24 Jan 1861; 5 Feb 1861 p2
ROSELL, Mrs - 18 Nov 1865; 23 Nov 1865 p2
ROSENBERGER, Silas A - 5 Nov 1860; 17 Nov 1860 p3
ROSENTHAL, Emil - 13 Apr 1900; 31 Dec 1900 p1
Julius - 22 Dec 1888; 31 Dec 1888 p1
ROSS, David T - 9 Nov 1872; 22 Nov 1872 p2
Harriett - nd; 19 May 1854 p3
Hector - 14 Mar 1803; 16 Mar 1803 p3
John S - 26 Aug 1860; 3 Sept 1860 p3

ROSS, Margaret D - 19 May 1872; 5 June 1872 p2
  Mary - 25 May 1834; 29 May 1834 p3
  R L - 23 Jan 1858; 26 Jan 1858 p3
  Thomas - 23 Jan 1893; 30 Dec 1893 p2
  William B - -- Oct 1869; 15 Oct 1869 p2
ROSSEAU, Peter - nd; 18 Sept 1824 p3
ROSSER, Otis - 24 June 1873; 25 June 1873 p2
ROSZEL, Asbury - 20 Feb 1852; 21 Feb 1852 p3
  Caroline Augusta - 28 May 1852; 4 June 1852 p2
ROSZELL, Louisa H D - 8 Mar 1865; 8 Apr 1865 p2
  Stephen George - 9 Sept 1844; 10 Sept 1844 p3
ROTCH, Caroline - nd; 12 Oct 1854 p3
  George - nd; 5 Oct 1826 p3
  Sallie H - 5 May 1881; 6 May 1881 p2
ROTCHFORD, Catherine - 22 Sept 1859; 1 Oct 1859 p3
  Helen Mary - nd; 29 July 1831 p3
  Janipher - nd; 24 Dec 1846 p3
  Mary H B - 21 July 1886; 31 Dec 1886 p3
  Mary J - 26 Aug 1907; 31 Dec 1907 p1
  Pamelia R - 11 Feb 1910; 31 Dec 1910 p1
  Philip - 19 Oct 1878; 19 Oct 1878 p2 & 22 Oct 1878 p2
  Richard - 23 Mar 1893; 30 Dec 1893 p2
  Richard - 7 June 1896; 31 Dec 1896 p1
ROTHROCK, Mary R - nd; 17 Oct 1859 p3
ROTHSTEIN, Mary - 25 Apr 1872; 3 May 1872 p2
ROTTENING, Charles F - 22 Jan 1906; 31 Dec 1906 p1
ROULSTONE, Lavinia - nd; 26 Sept 1811 p3
ROUNSAVELL, Andrew - 12 Oct 1826 p3
ROUSEAU, Beverly C - 15 Jan 1858; 22 Jan 1858 p3
ROUTT, Daniel - nd; 3 July 1849 p3
ROWAN, Ann - nd; 8 Sept 1851 p2
  Rev Joseph, h/o Miss Nancy Rhodes - 22 Apr 1804; 23 Apr 1804 p3
ROWE, George - 18 Jan 1866; 24 Jan 1866 p2
  Rev J - 28 Apr 1880; 28 Apr 1880 p2
  John - 28 Nov 1821; 28 Feb 1822 p3
  Mary Matilda - 6 Sept 1873; 16 Sept 1873 p2
  Richard H - 16 Feb 1875; 17 Feb 1875 p2
  Virginia C - 15 Apr 1873; 25 Apr 1873 p3
ROWLAND, Thomas - 25 Apr 1874; 27 Apr 1874 p2
ROWLES, George W - 16 Dec 1868; 6 Feb 1869 p2
ROWZEE, Edwin - 30 Mar 1874; 4 Apr 1874 p2

ROXBURY, Alice E - 14 Nov 1911; 30 Dec 1911 p4
  Arthur J - nd; 28 June 1858 p3
  Charles - 24 Sept 1853; 27 Sept 1853 p3
  Edward Reese - 31 Mar 1874; 1 Apr 1874 p2
  Elizabeth M - 9 Sept 1901; 31 Dec 1901 p1
  Jacob - 20 Apr 1891; 31 Dec 1891 p1
ROY, A G P - 23 Nov 1873; 23 Dec 1873 p2
  Ann - 9 Sept 1834; 19 Sept 1834 p3
  John S - nd; 22 June 1859 p3
ROYSTER, Mrs Thos H - 15 Dec 1888; 31 Dec 1888 p1
  T H - 1 Mar 1892; 31 Dec 1892 p2
ROYSTON, Marshall K - 9 Sept 1887; 10 Sept 1887 p2
ROZEL, George - 11 Oct 1867; 14 Oct 1867 p2
  Stephen G - 29 May 1838; 31 May 1838 p3
ROZELL, Anne - 29 Oct 1839; 4 Nov 1839 p3
ROZER, Cecilia C - 12 Mar 1838; 14 Mar 1838 p3
  Henrietta F - nd; 11 Oct 1838 p3
  Mary E - 3 Aug 1824; 14 Aug 1824 p3
  Notiey Hall - 8 Nov 1814; 12 Nov 1814 p3
RUBEN, D - 3 Jan 1906; 31 Dec 1906 p1
  Moritz - 5 Nov 1893; 30 Dec 1893 p2
RUCKER, Catharine T - 21 Oct 1895; 31 Dec 1895 p1
RUDD, Albert M - 11 Feb 1872; 19 Feb 1872 p3
  Amanda - 16 Feb 1885; 31 Dec 1885 p2 & 17 Feb 1885 p3
  Benjamin F - 29 Oct 1891; 31 Dec 1891 p1
  Charles D - 25 Feb 1873; 26 Feb 1873 p3 & 27 Feb 1873 p3
  Charles H - 29 Oct 1900; 31 Dec 1900 p1
  Elizabeth - -- Apr 1866; 14 Apr 1866 p2
  Elizabeth - 21 Feb 1870; 22 Feb 1870 p3
  Elizabeth A - 27 Sept 1891; 31 Dec 1891 p1
  Francis T - 30 June 1844; 3 July 1844 p3
  Harriet - 28 Feb 1885; 31 Dec 1885 p2
  Henry - 23 June 1848; 24 June 1848 p2
  Isaac W - 16 Jan 1903; 31 Dec 1903 p1 & 17 Jan 1903 p3
  John A - nd; 27 Nov 1871 p3
  John W - 15 Oct 1869; 16 Oct 1869 p2
  Joseph - 3 Feb 1842; 8 Feb 1842 p3
  Julia E M - 19 Feb 1885; 31 Dec 1885 p2
  Mary - 31 Oct 1915; 31 Dec 1915 p2
  Mary Alice - 20 Dec 1871; 21 Dec 1871 p2
  Mary Frances - nd; 3 Nov 1859 p3
  Minerva Kate - 20 May 1863; 21 May 1863 p3
  Richard A - 24 Sept 1886; 31 Dec 1886 p3 & 25 Sept 1886 p3 & 27 Sept 1886 p3

RUDD, Richard H - 3 Sept 1885; 31 Dec 1885 p2
Robert - 11 Nov 1894; 31 Dec 1894 p1
Thomas - 17 June 1879; 17 June 1879 p2
Thomas - 25 Jan 1900; 31 Dec 1900 p1
William Henry - 1 Aug 1841; 3 Aug 1841 p3
RUFFIN, CaryAnn N - 28 July 1857; 4 Aug 1857 p3
RUGGLES, George Mason Hooe - 13 Aug 1843; 2 Oct 1843 p3
RUMNEY, Charles Bryan McKnight - nd; 13 July 1833 p3
Joseph Edward - 13 Nov 1837; 18 Nov 1837 p3
Martha B - 12 Dec 1891; 31 Dec 1891 p1
RUMSEY, Caroline - 30 Jan 1873; 3 Feb 1873 p2
RUNALDE, James E - 24 Nov 1914; 31 Dec 1914 p1
RUSE, Francis N - nd; 27 Mar 1846 p3
RUSH, Catharine Eliza - 24 Mar 1854; 30 Mar 1854 p3
Charles - 2 Apr 1909; 31 Dec 1909 p1
RUSHMAN, Virginia - 13 Feb 1903; 31 Dec 1903 p1
RUSHMON, Harriet - 4 Mar 1863; 4 Mar 1863 p3
William H - 19 May 1884; 31 Dec 1884 p3
RUSS, Maggie - 13 Feb 1905; 30 Dec 1905 p1
RUSSELL, Andrew - 16 Nov 1841; 30 Nov 1841 p3
Ann Maria - 27 Dec 1860; 10 Jan 1861 p3
Carrie E - 16 Aug 1866; 27 Sept 1866 p2
Charles Allen - --- Jan 1876; 8 Jan 1876 p2
Eliza J - 27 Oct 1875; 28 Oct 1875 p2
James - --- Oct 1843; 27 Oct 1843 p3
James H - 29 Aug 1843; 28 Oct 1843 p3
Margaret - nd; 16 June 1853 p3
Mary A - 2 Oct 1908; 31 Dec 1908 p1
Samuel - nd; 28 Sept 1839 p3
William - 16 July 1872; 27 July 1872 p2
RUSSELLS, John H - nd; 13 Sept 1830 p3
RUST, Benjamin D - 2 Aug 1847; 11 Aug 1847 p3
Bushrod - nd; 14 May 1847 p3
Eliza Southgate - nd; 19 Feb 1858 p3
Fleet - 6 Sept 1860; 24 Sept 1860 p3
George - 17 Sept 1857; 25 Sept 1857 p3
Lizzie - 11 Feb 1877; 10 Mar 1877 p2
Manley - 22 May 1839; 5 June 1839 p3
Margaret C - 5 Mar 1865; 7 Mar 1865 p3
Mary Estelle - 8 Mar 1900; 31 Dec 1900 p1
Susan D Burhart - 27 Mar 1842; 14 Apr 1842 p3
RUTHERFORD, Benjamin - 16 Oct 1838; 29 Oct 1838 p3
Bessie - 16 Sept 1882; 18 Sept 1882 p2

Thomas - 22 July 1870; 27 July 1870 p3
RUTLEDGE, Edward - 23 Jan 1800; 11 Feb 1800 p3
RUTTER, John M - 17 July 1843; 8 Aug 1843 p3
RYAN, Ada L B - 16 Feb 1899; 30 Dec 1899 p1
Eliza Bell - 31 Oct 1860; 8 Nov 1860 p3
Honora - 30 Apr 1903; 31 Dec 1903 p1
Capt James - 29 June 1852; 4 Aug 1852 p2
Jeremiah T - 1 Mar 1910; 31 Dec 1910 p1
John - --- Jan 1871; 10 Jan 1871 p2
John F - 24 Apr 1910; 31 Dec 1910 p1
Capt Joseph - --- --- 1887; 4 Aug 1887 p2
Mary E - 8 July 1902; 31 Dec 1902 p1
Mary E - 25 June 1907; 31 Dec 1907 p1
Rev P - 13 Jan 1887; 13 Jan 1887 p2
Timothy - 29 Nov 1893; 30 Dec 1893 p2
RYE, Jennie - 4 Dec 1891; 31 Dec 1891 p1
RYLAND, Julianna - nd; 15 Jan 1840 p3
William - 14 Feb 1878; 14 Feb 1878 p2
RYON, George W - 16 Mar 1871; 25 Mar 1871 p3
John - 26 Dec 1875; 3 Jan 1876 p2
Robert W - 25 Mar 1861; 29 Mar 1861 p3
Thomas P - 7 Aug 1859; 11 Aug 1859 p3

SABAL, Anna M - 28 June 1872; 22 July 1872 p3
SAFFER, Lucy Jane - 6 Feb 1859; 19 Feb 1859 p3
William - 3 Oct 1841; 19 Oct 1841 p3
SAGE, Henry B - 31 Aug 1860; 4 Sept 1860 p3
SALE, Mary - nd; 18 Feb 1858 p3
SALMON, George - --- Jan 1807; 23 Jan 1807 p3
SALOMON, Louis - 23 Mar 1835; 26 Mar 1835 p3
SAMPSON, Mrs Clarance - 6 Dec 1879; 9 Dec 1879 p2
E J - 9 Jan 1909; 31 Dec 1909 p1
Edward K - 7 Sept 1881; 7 Sept 1881 p2
James - 29 Dec 1889; 31 Dec 1889 p2
Sarah F - 17 Apr 1905; 30 Dec 1905 p1
William - 29 June 1894; 31 Dec 1894 p1
SAMSON, Eleanor H - 28 Oct 1862; 30 Oct 1862 p3*
SANBORN, Robert Wilson - nd; 30 Dec 1871 p2
SANDERS, Addison E - nd; 18 Apr 1865 p3
Calvert - 24 Aug 1843; 29 Aug 1843 p3
Daniel - 27 Aug 1843; 29 Aug 1843 p3
Julia Ann - 15 June 1837; 4 July 1837 p3
William G - 1 Sept 1845; 4 Sept 1845 p3
SANDERSON, James - 5 Dec 1830; 23 Dec 1830 p3
Samuel H - 25 June 1877; 28 June 1877 p2

SANDERSON, Sarah - 30 Oct 1837; 4 Nov 1837 p3
  Sarah Ann - nd; 19 July 1848 p3
SANDFORD, Eliza - 19 June 1878; 19 June 1878 p2
  Susan - nd; 7 Feb 1842 p3
  Thomas - 11 Jan 1852; 30 Jan 1852 p2
SANDMAN, Benjamin - 25 June 1910; 31 Dec 1910 p1
SANDS, Mrs Joseph - 11 Jan 1868; 15 Feb 1868 p3
  Robert - 16 Apr 1835; 10 Sept 1835 p3
SANFORD, Catharine - 2 Aug 1872; 3 Aug 1872 p2
  Edward - 5 June 1814; 9 June 1814 p3
  Elizabeth - nd; 14 July 1848 p2
  Elizabeth - 21 June 1896; 31 Dec 1896 p1
  Esther Leavens - 13 Sept 1852; 14 Sept 1852 p3
  Evelina - 30 Jan 1886; 31 Dec 1886 p3
  Frances Ann - nd; 30 Oct 1840 p3
  Henry C - 7 Jan 1860; 10 Jan 1860 p3
  Joseph - 28 Jan 1871; 1 Feb 1871 p2
  Lucy Y - 13 Nov 1875; 13 Nov 1875 p2
  Millie - 8 Feb 1861; 14 Feb 1861 p3
  Millie - 22 Feb 1861; 27 Feb 1861 p3
  Nathan - 12 Jan 1900; 31 Dec 1900 p1
  Susan - 9 Feb 1857; 21 Feb 1857 p2
  W J - 20 Nov 1911; 30 Dec 1911 p4
  William - 17 July 1813; 21 July 1813 p3
  William Wilson - 5 Feb 1882; 6 Feb 1882 p2
  Wm H - 5 Jan 1875; 18 Jan 1875 p2
SANGSTER, A J - 8 Aug 1875; 24 Aug 1875 p2
  Edward P - 11 Oct 1855; 17 Oct 1855 p3
SANSBURY. Carter A - nd; 22 Feb 1861 p3
SAPPINGTON, Mrs E A - 28 Dec 1860; 24 Jan 1861 p3
SARDO, Michael - 12 Apr 1860; 14 Apr 1860 p3
SASSCER, Ann C - 20 May 1866; 9 June 1866 p2
  Francis Emma - 14 Apr 1872; 3 May 1872 p2
  James G - 16 Feb 1858; 26 Feb 1858 p3
  Zadock - 30 July 1865; 3 Aug 1865 p2
SATERWHITE, Rachel E - 12 June 1840; 27 June 1840 p3
SAULS, William - nd; 6 Nov 1844 p3
SAUNDERS, Alice W - 1 Jan 1867; 5 Jan 1867 p2
  Bersheba - 5 Oct 1843; 10 Oct 1843 p3
  Bert N - 9 Oct 1877; 19 Oct 1877 p2
  Britton - 19 May 1843; 29 May 1843 p3
  Charles Esq - nd; 15 Mar 1811 p3
  Curtis R - 3 Dec 1852; 13 Dec 1852 p2
  Delia - 14 Dec 1843; 27 Dec 1843 p2

Dudley T - 6 Nov 1890; 31 Dec 1890 p1
George - 25 Jan 1843; 9 Feb 1843 p3
George - 2 May 1873; 8 May 1873 p3
George H - 2 June 1860;7 June 1860 p3
George W - 21 June 1875; 26 June 1875 p2 & 30 June 1875 p2
Gunnell - 4 May 1854; 15 May 1854 p3
James - 14 Apr 1837; 25 Apr 1837 p3
James - 10 Mar 1852; 29 Mar 1852 p2
James B - 19 June 1882; 19 June 1882 p2
John - 18 May 1790; 20 May 1790 p3
John - 12 June 1834; 14 June 1834 p3
John A - 12 Oct 1855; 19 Oct 1855 p3
Jourdan M - 19 Mar 1875; 19 Mar 1875 p2
Mattie J - 25 May 1904; 31 Dec 1904 p1
Martha - 17 Mar 1871; 24 Mar 1871 p1
Mary - nd; 27 Oct 1854 p3
Mary - 14 Aug 1855; 21 Aug 1855 p3
Mary - 10 Mar 1859; 18 Mar 1859 p3
Mary A - 22 Dec 1853; 28 Dec 1853 p3
Nettie - 9 Oct 1877; 19 Oct 1877 p2
Patience - 31 Jan 1852; 9 Feb 1852 p2
Peter - nd; 5 Mar 1825 p3
Presley - 8 Nov 1857; 13 Nov 1857 p3
Col R C - nd; 15 May 1865 p1
Robert - 23 May 1835; 25 May 1835 p3
Susan - 10 Mar 1877; 19 Mar 1877 p2
T E - -- Sept 1887; 14 Sept 1887 p2
Capt T M - 20 Jan 1864; 30 Jan 1864 p4
SAUNDERSON, Mrs - -- -- 1787; 30 Aug 1787 p3
SAVAGE, Cora J - 18 Jan 1885; 31 Dec 1885 p2
  John - 6 Feb 1886; 31 Dec 1886 p3
  John W - 9 Jan 1908; 31 Dec 1908 p1
SAVERY, Peter - nd; 6 May 1815 p3
SAWKINS, Mrs Mary G - 10 Jul 1862; 11 Jul 1862 p3*
SAWYER ------ 20 June 1865; 21 June 1865 p2
  Lavinia - 19 June 1848; 23 June 1848 p3
  Lavinia d/o F Peyton - nd; 5 Aug 1862*
SAYER, Harriet - 19 June 1867; 25 June 1867 p2
  T Theophilus - 18 Nov 1872; 14 Jan 1873 p2
SAYRS, John J - nd; 30 Dec 1844 p3
  Matilda E - 8 Mar 1900; 31 Dec 1900 p1
  Sophia - nd; 26 July 1827 p3
SCANLAND, John - 29 Dec 1875; 7 Jan 1876 p2
SCANLON, John - 21 Mar 1914; 31 Dec 1914 p1
SCARCE, William B - 23 Feb 1861; 25 Feb 1861 p3
SCATTERGOOD, Thomas - 24 Apr 1814; 30 Apr 1814 p3
SCEARCE, Mary - 1 Sept 1876; 7 Sept 1876 p2

172

SCHAFE, John - 5 Feb 1915; 31 Dec 1915 p2
  Robert - 15 Dec 1895; 31 Dec 1895 p1
SCHAFER, Alice - 20 June 1903; 31 Dec 1903 p1
  Christian - 28 Apr 1883; 31 Dec 1883 p3
  George W - 20 Apr 1907; 31 Dec 1907 p1
  Mary E - 17 Aug 1877; 18 Aug 1877 p3
  Mary Elton - 15 Sept 1908; 31 Dec 1908 p1
  Susan - 8 May 1898; 31 Dec 1898 p1
SCHAFFER, Charles G - 11 Apr 1906; 31 Dec
  1906 p1
  Ella V - 25 Oct 1893; 30 Dec 1893 p2
  Margaret - 22 Jan 1853; 14 Feb 1853 p2
SCHALL, Annie M - 27 Jan 1861; 31 Jan 1861 p2
SCHELE, Eliza W - nd; 29 July 1851 p2
SCHENAULT, Valentine B - 1 July 1905; 30 Dec
  1905 p1
SCHIEBLER, Andrew - 7 Dec 1860; 10 Dec
  1860 p3
SCHLICHTING, Amelia M - 8 Oct 1901; 31 Dec
  1901 p1
  Annie S - 8 Mar 1908; 31 Dec 1908 p1
SCHMIDT, Francia - 18 Feb 1899; 30 Dec
  1899 p1
  Odilia - 10 May 1877; 12 May 1877 p2
SCHMITT, Dr John G - 4 Jan 1865; 6 Jan 1865 p2
SCHNAEBELE, Henry - 27 Nov 1890; 31 Dec
  1890 p1
SCHNEBLY, Daniel - 12 Sept 1843; 15 Sept
  1843 p3
SCHNEIDER, Justus Frederick George - 16 Jan
  1874; 16 Jan 1874 p2
SCHOELHORN, Louis - 21 May 1915; 31 Dec
  1915 p2
SCHOEN1, A T - 21 June 1910; 31 Dec 1910 p1
  Albert I - 5 June 1907; 31 Dec 1907 p1
SCHOFIELD, Absenius - 2 Aug 1901; 31 Dec
  1901 p1
  Mary J - 24 June 1907; 31 Dec 1907 p1
  Nellie - 30 July 1901; 31 Dec 1901 p1
SCHOLFIELD, Andrew - 11 Oct 1839; 18 Oct
  1839 p3
  Ann - nd; 21 June 1847 p2
  Elizabeth - nd; 20 July 1833 p3
  Mahlon - nd; 5 June 1854 p3
SCHOOLCRAFT, Oliver J - 12 July 1877; 14 July
  1877 p2
SCHOOLER, Thomas E - 9 Apr 1861; 27 Apr
  1861 p3
SCHOOLEY, Emily - 14 Apr 1860; 30 Apr
  1860 p3
  J P - 7 Jan 1871; 10 Jan 1871 p2
  John - nd; 23 Jan 1854 p3

SCHREINER, Charles - 10 Apr 1905; 30 Dec
  1905 p1
SCHRIFGIESSER, Caroline Marie - 10 Apr 1865;
  11 Apr 1865 p2
SCHULER, Ann - 18 Aug 1869; 18 Aug 1869 p2
  Carrie H - 2 Jan 1905; 30 Dec 1905 p1
  Edward - 21 Oct 1888; 31 Dec 1888 p1
  Edward - 9 Apr 1904; 31 Dec 1904 p1
  Magnus - 16 May 1914; 31 Dec 1914 p1
SCHULTZE, Anna R D - 7 Oct 1902; 31 Dec
  1902 p1
  Henry - 21 Mar 1904; 31 Dec 1904 p1
SCHWAB, Adam - 19 Mar 1892; 31 Dec 1892 p2
  Adam - 11 May 1897; 31 Dec 1897 p1
  Adolphine - 7 Feb 1907; 31 Dec 1907 p1
  Fred - 21 Mar 1901; 31 Dec 1901 p1
  Frederick - 18 Mar 1911; 30 Dec 1911 p4
  George - 2 Nov 1888; 31 Dec 1888 p1
  Johannes - 16 May 1891; 31 Dec 1891 p1
  Kate E - 26 Jan 1885; 31 Dec 1885 p2
  Margaret M - 1 Sept 1911; 30 Dec 1911 p4
SCHWARTZ, Emma - 25 Apr 1877; 25 Apr
  1877 p2
  Lena - 24 Feb 1869; 25 Feb 1869 p3
  Louis Philip - 29 July 1844; 2 Aug 1844 p3
SCHARZ, Henry - 30 Apr 1903; 31 Dec 1903 p1
  Isasc - 11 Oct 1898; 31 Dec 1898 p1
  Lena - 9 Dec 1893; 30 Dec 1893 p2
SCHWARZMANN, Andrew - 1 May 1907;
  31 Dec 1907 p1
  William - 28 Apr 1908; 31 Dec 1908 p1
SCHWEICKERT, F J - 19 June 1914; 31 Dec
  1914 p1
SCHWEINITZ, Lewis D - 15 Feb 1834; 17 Feb
  1834 p3
SCOLLAY, Dr Charles L - 12 July 1857; 20 July
  1857 p3
SCOTT, Alexander - nd; 13 Nov 1838 p3
  Alexander B - 15 Nov 1851; 1 Dec 1851 p3
  Ann H - 26 Sept 1860; 28 Sept 1860 p2
  Anna Constance - 7 June 1882; 10 June 1882 p2
  Benjamin - nd; 20 Jan 1852 p3
  Bettie - 7 Oct 1882; 7 Oct 1882 p2
  Charles Francis - 3 Feb 1846; 10 Feb 1846 p2
  Charles R - 29 Dec 1834; 12 Feb 1835 p3
  Dr Charles R - nd; 30 May 1849 p2
  Clarinda - 19 Nov 1830; 1 Dec 1830 p2
  Eleanor Douglass - 26 Jan 1830; 2 Feb 1830 p3
  Eliza Ann - 4 Aug 1910; 31 Dec 1910 p1
  Elizabeth - 28 Mar 1860; 30 Mar 1860 p3
  Elizabeth - 21 Dec 1893; 30 Dec 1893 p2
  Elizabeth - 11 Mar 1898; 31 Dec 1898 p1

SCOTT, Elizabeth B - 4 Nov 1855; 7 Nov
  1855 p3
 Elizabeth I - --- Mar 1834; 13 Mar 1834 p3
 Fannie Carter - 16 Apr 1879; 21 Apr 1879 p2
 Frances Susannah Stone - 4 Jan 1867; 10 Jan
  1867 p2
 Gustavus Hall - 9 Sept 1837; 25 Sept 1837 p3
 Henrietta M - 1 Mar 1868; 5 Mar 1868 p2
 Horatio C - 12 Mar 1860; 14 Mar 1860 p3
 Horatio C Jr - 11 Sept 1857; 15 Sept 1857 p3
 Imogen - 13 July 1879; 17 July 1879 p2
 James Lyons - nd; 23 Oct 1855 p3
 James R - 7 Nov 1898; 31 Dec 1898 p1
 James S - --- --- 1843; 7 Oct 1843 p3
 Jane R - 25 Sept 1887; 27 Sept 1887 p2
 Jesse - 9 July 1826; 12 July 1826 p3
 John - nd; 16 Apr 1861 p2
 Judge John - nd; 21 Jan 1850 p3 & 22 Apr
  1850 p2
 Rev John - --- Aug 1784; 5 Aug 1784 p3
 Capt John D - nd; 31 Oct 1848 p3
 John Eaton - nd; 22 Nov 1847 p2
 John H - 17 Jan 1872; 17 Jan 1872 p2
 John - 6 Nov 1882; 15 Nov 1882 p2
 John F - 6 Feb 1871; 7 Feb 1871 p2
 Lieullen - 30 Dec 1833; 25 Jan 1834 p3
 Lucinda - 17 Aug 1858; 20 Aug 1858 p3
 Mary - 12 Jan 1812; 17 Jan 1812 p3
 Mary - 23 Aug 1895; 31 Dec 1895 p1
 Mary - 2 July 1913; 31 Dec 1913 p1
 Mary A - nd; 16 Jan 1849 p3
 Mary A - 10 Oct 1915; 31 Dec 1915 p2
 Mary Jane - 23 June 1854; 30 June 1854 p3
 Mary Lucinda - nd; 12 Mar 1846 p3
 Richard M - nd; 5 Sept 1833 p3
 Richard M - nd; 13 Oct 1847 p3
 Richard P - 13 July 1834; 23 July 1834 p3
 Robert G - --- Feb 1870; 7 Feb 1870 p2
 Robert J - 20 Jan 1835; 3 Feb 1835 p3
 S A - 10 Feb 1869; 13 Feb 1869 p2
 S E - 9 May 1855; 12 May 1855 p3
 Sally S - 30 Apr 1860; 14 May 1860 p2
 Sarah - 12 Jan 1895; 31 Dec 1895 p1
 Sarah Ann - nd; 18 Feb 1837 p3
 Susan Randolph - 27 May 1847; 31 May
  1847 p3
 Sylvester - 18 June 1865; 3 July 1865 p2
 Thomas - nd; 19 Sept 1854 p3
 Virginia, d/o Gen Winfield - 26 Aug 1845;
  30 Aug 1845 p3
 Walter - 25 Jan 1900; 31 Dec 1900 p1
 William - 18 Oct 1787; 25 Oct 1787 p3

Mrs William - 9 Jan 1890; 31 Dec 1890 p1
 William - 25 Aug 1898; 31 Dec 1898 p1
 Willie S - --- Jan 1876; 27 Jan 1876 p3
 Wm L - nd; 8 May 1830 p3
SCRIPPS, Mrs - 1 Jan 1866; 4 Jan 1866 p4
SCRIVENER, Wm H - 31 Aug 1874; 9 Sept
  1874 p2
SCRIVNER, George W - 13 Mar 1868; 28 Mar
  1868 p2
 Julia - 13 Aug 1907; 31 Dec 1907 p1
SCROGGIN, Elizabeth - 5 Aug 1874; 14 Aug
  1874 p3
SCROGIN, Margaret - nd; 24 Mar 1855 p3
SCRUGGS, John E - 6 June 1858; 8 June 1858 p3
SCUDDER, John A - nd; 25 Nov 1836 p3
SCULL, William - 6 Feb 1813; 9 Feb 1813 p3
SEABROOK, Thomas - nd; 1 Oct 1819 p3
SEACKWELL, Susan Amelia - 28 Nov 1843;
  18 Dec 1843 p3
SEAMAN, C H - 16 Feb 1893; 30 Dec 1893 p2
SEARS, Bertha Lee - 4 Nov 1865; 6 Nov 1865 p2
 Elizabeth - 13 Oct 1823; 25 Oct 1823 p3
 Mary E - 23 May 1879; 26 May 1879 p2
 Rev Oscar T - 29 Oct 1867; 2 Nov 1867 p2
 Rebecca - 26 June 1878; 27 June 1878 p2
 Susan M - 30 July 1860; 1 Aug 1860 p3
 William B - 27 Apr 1818; 3 May 1818 p3
SEATON, Ann - 28 Oct 1809; 31 Oct 1809 p3
 Lt Augustine F - nd; 13 Jan 1836 p3
 Gales - 9 Feb 1857; 11 Feb 1957 p2
 George A - --- --- 1881; 8 June 1881 p2
 George C - 16 June 1873; 16 June 1873 p2
 James P - nd; 22 Dec 1852 p2
 Mrs Jane M - nd; 12 Jan 1861 p3
 Virginia - 14 Sept 1872; 16 Sept 1872 p2
 Wm W - nd; 24 Aug 1831 p3
SEAWELL, Henry - 6 Oct 1835; 17 Oct 1835 p3
 John T - --- --- 1875; 8 Jan 1875 p2
SEAY, Edgar - 17 Feb 1902; 31 Dec 1902 p1
 Virginia - 8 Apr 1893; 30 Dec 1893 p2
SEBASTIAN, Maria - 28 July 1878; 29 July
  1878 p2
 Samuel Cooper - 18 Feb 1850; 23 Feb 1850 p3
SEBASTON, Annie - 18 Aug 1857; 22 Aug
  1857 p3
SEBRELL, Mary Catherine - nd; 12 Aug 1847 p3
SEDDON, John Peyton - 17 Mar 1875; 30 Mar
  1875 p2
 Susan Pearson - 3 June 1845; 9 June 1845 p3
SEDGWICK, Hon Theodore - nd; 3 Feb 1813 p3
SEEDERS, Elizabeth S - 31 Dec 1875; 2 Jan
  1875 p2

SEEGER, Adam - 9 Feb 1864; 10 Feb 1864 p4
SEELY, Rhoda Anna - 24 June 1851; 5 July 1851 p2
SEEMES, Dr B I - 10 Feb 1863; 24 Feb 1863 p3
C C - 25 Mar 1911; 30 Dec 1911 p4
Charles - 19 May 1844; 28 May 1844 p2
Charles D - 24 Oct 1907; 31 Dec 1907 p1
Edwin M - 29 Aug 1870; 31 Aug 1870 p2
John W Jr - 14 Aug 1873; 18 Aug 1873 p2
Sophia W, d/o John Potts - nd; 18 July 1839 p3
Dr Thomas - -- Nov 1835; 2 Dec 1835 p3
Thomas - 16 July 1843; 18 July 1843 p3
William H - nd; 12 Oct 1854 p3
SEEVERS, Mrs - 8 Jan 1843; 16 Jan 1843 p3
SEFTON, John - 30 Sept 1857; 9 Oct 1857 p3
SEGAR, Wm - 15 Sept 1840; 16 Sept 1840 p2
SEIDERS, Edward H - 26 Aug 1891; 31 Dec 1891 p1
Mrs Jacob - 30 Nov 1899; 30 Dec 1899 p1
Jacob - 17 June 1907; 31 Dec 1907 p1
SEISMORE, William - 12 Nov 1902; 31 Dec 1902 p1
SEIVILL, Miss - 8 Feb 1838; 6 Mar 1838 p3
SELBY, ELizabeth - nd; 27 Apr 1855 p3
Thomas S - 12 July 1840; 18 July 1840 p3
Walter B - 9 Nov 1839; 25 Nov 1839 p3
Walter B - 1 Aug 1855; 17 Aug 1855 p3
SELDEN, Ann - 25 July 1844; 31 July 1844 p3
Cary - 26 May 1843; 30 May 1843 p3
Frances - 19 June 1841; 22 June 1841 p3
James Cary - 21 Aug 1864; 23 Aug 1864 p2
James H - 6 Sept 1835; 7 Oct 1835 p3
Lucius Cary - nd; 13 Sept 1850 p3
Mary B - nd; 4 Mar 1846 p3
Mary B, former w/o Charles Alexander, resident of Mt Ida - nd; 6 Mar 1846 p3
Robert F - 31 Oct 1834; 7 Nov 1834 p3
Wilson C - 20 Mar 1843; 24 Mar 1843 p3 & 25 Mar 1843 p3
Dr Wilson Carey - -- Mar 1835; 7 Apr 1835 p3
SELDON, Sarah Ann Carey - 27 Sept 1838; 15 Oct 1838 p3
SELECMAN, Catharine Virginia - 10 Sept 1872; 13 Sept 1872 p3
Harry Clinton - 18 July 1878; 4 July 1878 p2
Henry - 17 Dec 1878; 23 Dec 1878 p2
James Francis - -- July 1869; 19 July 1869 p3
John T - 4 Apr 1848; 7 Apr 1848 p3
Sally - 12 May 1848; 26 May 1848 p3
Sarah R - 28 Nov 1903; 31 Dec 1903 p1
William R - 21 May 1858; 27 May 1858 p3

SELECTMAN, Thomas H - 13 Mar 1893; 13 Mar 1893 p3
SELEGMAN, William - 24 June 1864; 2 Aug 1864 p2
SELF, Bettie - 20 Feb 1901; 31 Dec 1901 p1
Milford B - 17 Aug 1910; 31 Dec 1910 p1
SELIX, Sarah - 16 Oct 1893; 30 Dec 1893 p2
SELLERS, Margaret - nd; 22 Oct 1838 p3
SELLMAN, A E - -- Nov 1875; 8 Nov 1875 p2
SELMAN, Sue - 25 July 1867; 25 July 1867 p2
SEMMES, Alice - 17 May 1862; 11 Jun 1862 p3*
SEMPLE, James - 19 July 1860; 27 Aug 1860 p3
Robert - nd; 2 Jan 1832 p3
SENSENEY, George Edward - 11 June 1875; 14 June 1875 p2
Jacob - 27 Dec 1860; 31 Dec 1860 p3
SERVANT, Samuel B - 6 Jan 1841; 18 Jan 1841 p3
SERVICE, H H - 20 Dec 1886; 31 Dec 1886 p3
SESSFORD, James - nd; 15 Jan 1833 p3
Jefferson - 23 Nov 1835; 27 Nov 1835 p3
SETTLE, Isaac - 7 Dec 1852; 20 Dec 1852 p2
Judith E - 26 Aug 1865; 28 Aug 1865 p4
Lucy Ann - 29 Jan 1860; 1 Mar 1860 p3
Mary A - 12 Dec 1867; 27 Dec 1867 p2
SEWALL, Nicholas Lewis - 3 Aug 1874; 8 Aug 1874 p2
Richard Brent - 19 July 1839; 26 July 1839 p3
Dr Thomas - nd; 12 Apr 1845 p3
SEWELL, Mary Choate - 29 Mar 1855; 2 Apr 1855 p3
SEXSMITH, Elizabeth - nd; 21 Apr 1852 p2
Mary, w/o William Lamphier - 2 Feb 1804; 8 Feb 1804 np
Mrs N - 19 Dec 1840; 22 Dec 1840 p3
SEYMOUR, Felix - nd; 12 Apr 1853 p2
William - 30 Mar 1860; 4 Apr 1860 p2
SHAAF, Arthur - 7 July 1834; 9 July 1834 p3
Mary - 14 Mar 1860; 17 Mar 1860 p3
SHACKELFORD, Charlotte A - 16 Oct 1857; 2 Nov 1857 p2
Mrs J Green - 20 Nov 1877; 22 Nov 1877 p2
James - -- Apr 1875; 15 Apr 1875 p2
James W - 12 Jan 1896; 31 Dec 1896 pl & 13 Jan 1897 p2
John - 7 Dec 1855; 24 Dec 1855 p3
Lyne - nd; 10 Mar 1854 p2
Maria Virginia - nd; 19 June 1847 p2
Lt Musco S - 8 Sept 1847; 23 Nov 1847 p2
SHACKLEFORD, B H - 18 May 1870; 24 May 1870 p2
Martha G - nd; 9 Aug 1865 p4

SHACKLETT, John - 21 Feb 1897; 31 Dec 1897 p1
Susan - 17 May 1880; 2 June 1880 p2
SHAFE, James W - 26 Apr 1867; 27 Apr 1867 p2
Sarah C - 7 Dec 1893; 30 Dec 1893 p2
SHAFER, Frank S - 25 Sept 1910; 31 Dec 1910 p1
Mrs George - 4 Sept 1893; 30 Dec 1893 p2
Joseph - 30 July 1887; 4 Aug 1887 p3
SHAFFE, Kate - 16 July 1873; 18 July 1873 p2
SHAKES, Amanda U R V - 21 Jan 1861; 22 Jan 1861 p3 & 31 Jan 1861 p2
John - 20 Sept 1860; 21 Sept 1860 p3
Kate - 16 July 1873; 17 July 1873 p2
Sarah - nd; 25 July 1845 p3
SHANK, Andrew - 25 Apr 1860; 5 May 1860 p2
C L - 27 Feb 1869; 4 Mar 1869 p2
SHARP, Maria B - 27 July 1892; 31 Dec 1892 p2
Sarah G - 16 Feb 1873; 21 Feb 1873 p2
SHATTUCK, Alice DeK A - 20 Mar 1907; 31 Dec 1907 p1
Lucious Holman - -- June 1877; 29 June 1877 p3
SHAVERS, Celie - 3 Feb 1909; 31 Dec 1909 p1
SHAW, Elizabeth - nd; 14 July 1847 p3
Isabella P - -- Dec 1873; 4 Dec 1873 p2
Jane - 2 Nov 1863; 2 Nov 1863 p2
John - 8 Mar 1812; 9 Mar 1812 p3
John R - 30 Aug 1813; 28 Sept 1813 p3
Mary - nd; 23 Jan 1852 p3
Olive M - 12 Jan 1908; 31 Dec 1908 p1
SHAY, Hervey James - 23 May 1842; 24 May 1842 p3
Jane E - 17 Aug 1861; local news 10 Oct 1861 p1
Mary Jane - nd; 31 Aug 1839 p3
Orlando - 21 Aug 1834; 25 Aug 1834 p3
S King - 10 Jan 1874; 12 Jan 1874 p2
Virginia - 21 Aug 1834; 25 Aug 1834 p3
SHEDD, Harriet O - 4 Oct 1897; 31 Dec 1897 p1
Mrs Joanna - 27 Nov 1862; 29 Nov 1862 p3*
SHEEHEY, Johanna - 19 Dec 1909; 31 Dec 1909 p1
Julia - 25 Jan 1902; 31 Dec 1902 p1
Margaret - 8 Aug 1862; 12 Aug 1862 p3*
SHEEHY, Ann - 11 Feb 1869; 20 Feb 1869 p2
James - 7 Nov 1814; 15 Nov 1814 p3
Regina - 11 Sept 1852; 15 Sept 1852 p3
Robert J - 30 Jan 1858; 1 Feb 1858 p3
SHEID, John - 2 Mar 1860; 10 Mar 1860 p3
SHEKEL, Dedrick - 25 June 1829; 26 June 1829 p3

SHELTON, Mary Susan - 9 Oct 1877; 11 Oct 1877 p2
SHEPARD, Charles - 31 Oct 1843; 4 Nov 1843 p3
Charlotte - 18 Aug 1877; 23 Aug 1877 p3
Charlotte B - nd; 25 Mar 1836 p3
Edward - 27 Nov 1873; 29 Nov 1873 p2 & 2 Dec 1873 p2
SHEPHERD, Eleanor M - -- Feb 1873; 1 Feb 1873 p2
Eliza - 15 Oct 1857; 31 Oct 1857 p3
Elizabeth Conway - 13 Nov 1850; 19 Dec 1850 p2
Maggie - 21 July 1875; 23 July 1975 p2
SHEPPARD, Fannie T - 25 Mar 1866; 18 Apr 1866 p4
Nancy - 9 Mar 1868; 16 Mar 1868 p2
William - 15 Dec 1814; 24 Dec 1814 p3
SHEPPERD, Duanna F - 17 Apr 1843; 1 May 1843 p3
P T - 18 June 1858; 29 June 1858 p3
SHERER, Philip - -- Jan 1876; 13 Jan 1876 p2
SHERIFF, Edwin - 8 Dec 1859; 17 Mar 1860 p3
Dr Lemuel - 10 Aug 1843; 17 Aug 1843 p3
Thomas - 26 Dec 1860; 19 Jan 1861 p3
SHERMAN, Margaret Ann Elgar - 22 Jan 1860; 25 Jan 1860 p3
SHERMANTINE, Ann - 28 Mar 1843; 3 Apr 1843 p2
SHERRARD, Col John - nd; 18 Apr 1837 p3
Robert Baldwin - 26 Aug 1860; 6 Sept 1860 p3
SHERRON, Eleanor - 18 July 1847; 2 Aug 1847 p2
Peter - 8 Jan 1821; 9 Jan 1821 p2
SHERWOOD, Alice Virginia - nd; 17 Aug 1852 p2
Anna May - 3 Nov 1870; 3 Nov 1870 p3
Charlotte Hollensbury - 1 Aug 1864; 27 Aug 1864 p2
Isabella J - 22 Jan 1879; 23 Jan 1879 p2
J T - 3 July 1906; 31 Dec 1906 p1
Janie - 14 Mar 1905; 30 Dec 1905 p1
Jesse - 27 May 1897; 31 Dec 1897 p1
Lucinda - 2 May 1881; 2 May 1881 p2
Mandy Oreler - 21 Feb 1849; 28 Feb 1849 p3
Margaret - 23 Sept 1915; 31 Dec 1915 p2
Samuel - 11 May 1865; 12 May 1865 p2
Senie - 22 Aug 1888; 31 Dec 1888 p1
Susie - 19 July 1881; 19 July 1881 p2
W W - 15 Dec 1907; 31 Dec 1907 p1
SHEVE, Emma - 25 July 1872; 12 Aug 1872 p2

SHIBLE, Kate - 18 Apr 1878; 20 Apr 1878 p3
  Mary - 6 Jan 1883; 31 Dec 1883 p3
SHIELDS, Agnes Somerville - 26 Jan 1861;
  20 Feb 1861 p2
  Mary Ann - 11 Feb 1852; 21 Feb 1852 p3
  Thomas - 11 June 1839; 17 June 1839 p3.
SHILES, Ann B - 19 Feb 1888; 31 Dec 1888 p1
  Wm H - 7 Feb 1879; 12 Feb 1879 p2
SHILLABAR, Jonathan - nd; 24 June 1852 p2
  Johathan - 28 May 1839; 29 May 1839 p3
SHINDLER, Joseph T - nd; 14 Nov 1859 p3
SHINN, Elizabeth - 14 Apr 1896; 31 Dec
  1896 p1
  George R - 19 July 1895; 31 Dec 1895 p1
  James W - 19 Apr 1898; 31 Dec 1898 p1
  John Alexander - nd; 30 Nov 1858 p3; funeral 1
  Dec 1858 p3
  John R - 10 July 1903; 31 Dec 1903 p1
  Mrs M A - 11 May 1894; 31 Dec 1894 p1
  Martha - 5 Jan 1875; 7 Jan 1875 p3
  Sallie - 27 Feb 1875; 5 Mar 1875 p2
  Stephen - 17 July 1863; 18 July 1863 p3
SHIP, John - nd; 28 Nov 1848 p3
SHIPLEY, Eleanor - 19 Nov 1837; 28 Nov
  1837 p3
  Josherwa - 6 Nov 1876; 6 Nov 1876 p2
  Minnie - 4 Jun 1862; 6 Jun 1862 p3*
  Virginia E - 29 Dec 1853; 31 Dec 1853 p3
SHIPMAN, Ann - 3 Apr 1860; 23 Apr 1860 p2
SHIRLEY, Alice V - 12 July 1897; 31 Dec
  1897 p1
  Bettie - 22 June 1852; 24 June 1852 p2
  Charles - 2 Aug 1897; 31 Dec 1897 p1
  J A T - 10 Feb 1906; 31 Dec 1906 p1
  Margaret N - 17 Jan 1850; nd np
  Maria - nd; 9 Oct 1833 p3
  Norvel B - 25 Sept 1886; 31 Dec 1886 p3
  Rachel S - 16 Feb 1866; 17 Feb 1866 p2
  Richard O - 12 Dec 1857; 17 Dec 1857 p3
  Sarah C - 29 Mar 1899; 30 Dec 1899 p1
  Wm - nd; 26 Aug 1833 p3
SHIVELEY, Ann D - 10 Nov 1910; 31 Dec
  1910 p1
SHIVERS, Ann - 22 Apr 1900; 31 Dec 1900 p1
SHOCK, Annie E - 5 Dec 1909; 31 Dec 1909 p1
  Edward B - 27 May 1913; 31 Dec 1913 p1
  William C - 22 Mar 1900; 31 Dec 1900 p1
SHOCKLETTE, Edward - --- May 1874; 9 May
  1874 p2
SHORES, Mr - 1787; 30 Aug 1787 p3
SHORT, John P H - nd; 19 Aug 1850 p2

SHORTILL, Margaret - 18 July 1829; 21 July
  1829 p3
SHOWERS, Emanuel - 16 Aug 1860; 25 Aug
  1860 p3
SHRAKES, James - 21 June 1875; 22 June
  1875 p2
SHREEVES, Susan - 17 Jan 1868; 21 Jan 1868 p3
SHREVE, Benjamin - nd; 30 Jan 1827 p3
  Benjamin - 1 Feb 1853; 7 Feb 1853 p2
  Hannah - 1784; 30 Dec 1784 p3
  Harriet - 30 Dec 1845; 6 Feb 1845 p2
  Mary - 2 July 1793; 11 July 1793 p3
  Mary - nd; 9 July 1837 p3
  Rachel J - 29 Aug 1844; 7 Sept 1844 p3
  Rebecca - 3 July 1793; 11 July 1793 p3
  Thomas - 17 Jan 1847; 30 Jan 1847 p3
  Thomas H - nd; 31 Dec 1853 p2
SHRIVER, ---- - 8 Feb 1864; 9 Feb 1864 p1
SHRIVERS, Elizabeth - 13 Apr 1913; 31 Dec
  1913 p1
SHRYER, Susan Martin - 4 Mar 1875; 5 Mar
  1875 p2
SHUGARS, Martin - 1785; 22 Dec 1785 p3
SHUGERT, John - nd; 20 July 1839 p3
SHUMAN, Bessie - 18 Apr 1887; 18 Apr
  1887 p3
  Charles - 31 Mar 1897; 31 Dec 1897 p1
  Charles Snowden - 16 Oct 1888; 31 Dec
  1888 p1
  Ernest - 17 Mar 1902; 31 Dec 1902 p1
  Francis - 31 Dec 1884; 31 Dec 1884 p3
  Frank D - 10 May 1908; 31 Dec 1908 p1
  James E - 31 Mar 1892; 31 Dec 1892 p2
  Louis Jr - 2 Oct 1912; 31 Dec 1912 p1
  Maggie - 14 Mar 1894; 31 Dec 1894 p1
  Mary - 6 June 1912; 31 Dec 1912 p1
  Matthew - 4 Dec 1907; 31 Dec 1907 p1
  S T - 15 June 1892; 31 Dec 1892 p2
SHUMATE, Elizabeth - nd; 6 May 1854 p3
  Lewis - 24 Dec 1877; 29 Dec 1877 p2 & 7 Jan
  1878 p2
  Sally Ann - 15 Aug 1853; 26 Aug 1853 p3
SHUSTER, Caroline H - 26 Mar 1860; 28 Mar
  1860 p3
  Charles F - 2 July 1890; 31 Dec 1890 p1
SHUTE, Sam L - 16 June 1866; 20 June 1866 p2
SHUTTS, William H - 30 Oct 1860; 1 Nov ---- np
  Wm H - 30 Oct 1862; 1 Nov 1862 p3*
SHYNE, Jane Eliza Mary - 14 Dec 1860; 17 Dec
  1860 p3
  Mary Magdalen - 13 Apr 1843; 17 Apr 1843 p3
  Michael R - 2 Sept 1860; 4 Sept 1860 p3

177

SIBERT, John - -- May 1868; 23 May 1868 p3
SIDEBOTOM, Rose - 4 Dec 1864; 5 Jan 1865 p2
SIDEBOTTOM, Elizabeth Y - 31 Jan 1885; 31 Dec 1885 p2
SIDES, Jennie - 19 Oct 1911; 30 Dec 1911 p4
  Lucy - 6 June 1891; 31 Dec 1891 p1
  W H - 25 Dec 1874; 26 Dec 1874 p2
SIEBER, Delilah - 7 Aug 1855; 17 Aug 1855 p3
  Eleanor - 10 Dec 1860; 18 Dec 1860 p3
SIEDERS, John D - nd; 6 Oct 1854 p3
SIGGERS, Eleanor Frances - 10 Apr 1860; 11 Apr 1860 p3
  Mary Ellenor - 7 Oct 1877; 9 Oct 1877 p3
SIGOURNEY, Andrew - nd; 28 Aug 1823 p3
SILCOTT, Jacob - 17 Jan 1878; 4 Mar 1878 p2
SILLEX, Thomas M - 14 Sept 1880; 31 Dec 1880 p2
SILLIMAN, Emily - 6 Nov 1853; 19 Nov 1853 p3
SILSBEE, Nathaniel - 19 Sept 1835; 28 Sept 1835 p3
SIM, Ariana - 14 Feb 1846; 21 Feb 1846 p3
SIMMERMAN, Rebecca - 20 July 1899; 30 Dec 1899 p1
SIMMONS, Alice - 13 Jan 1866; 18 Jan 1866 p2
  Cephas - 15 Oct 1859; 18 Oct 1859 p3
  Mrs Elizabeth - 23 May 1862; 26 May 1862 p3*
  Jane Eliza - 22 Mar 1852; 9 Apr 1852 p2
  John S - 12 Nov 1915; 31 Dec 1915 p2
  Mrs L - 19 Oct 1894; 31 Dec 1894 p1
  Luther A - 1882; 1 Oct 1882 p2
  Mary C - 10 Oct 1901; 31 Dec 1901 p1
  Richard - 15 Jan 1842; 1 Feb 1842 p3
  Samuel - 18 Oct 1809; 19 Oct 1809 p3
  William T - 1 Nov 1881; 2 Nov 1881 p3
  Wm - 17 June 1843; 24 June 1843 p2
SIMMS, Albert Brent - nd; 17 Jan 1833 p3
  Ann - 27 Oct 1858; 1 Nov 1858 p3
  Anne Fenton - nd; 17 Jan 1833 p3
  Elizabeth - 8 Mar 1861; 11 Mar 1861 p3
  Harriet - 21 Nov 1857; 25 Nov 1857 p3
  James - 3 June 1885; 31 Dec 1885 p2
  John Douglass - 2 Mar 1843; 6 Mar 1843 p3
  John Randolph - 14 Feb 1890; 31 Dec 1890 p1
  Joseph E - 19 July 1855; 30 July 1855 p3
  Mary - 4 Jan 1812; 4 Jan 1812 p3
  Mary Eleanor - 9 Sept 1822; 16 Sept 1822 p2
  Nancy Douglas - 4 July 1835; 14 July 1835 p2
  Noble - 25 July 1885; 31 Dec 1885 p2
  Richard H - 9 July 1851; 22 July 1851 p3
  William Albert - 31 Oct 1860; 2 Nov 1860 p3
  William Douglass - nd; 21 Sept 1822 p3

SIMONS, Susan - 13 Mar 1891; 31 Dec 1891 p1
  Virginia - 10 Feb 1893; 30 Dec 1893 p2
  William A - 7 Sept 1885; 31 Dec 1885 p2
SIMPLE, William S - 30 June 1863; 1 Aug 1863 p3
SIMPSON (of Warren Rifles) - battle on 30 Aug 1862; 7 Oct 1862 p2*
  Addie R - 2 Sept 1875; 15 Sept 1875 p2
  Ann - 11 July 1882; 12 July 1882 p2
  Anne - 2 May 1865; 3 May 1865 p2
  Annie B - 9 Sept 1899; 30 Sept 1899 p1
  Arthur - 30 Jan 1886; 31 Dec 1886 p3
  Arthur - 7 Sept 1915; 31 Dec 1915 p2
  Catharine - nd; 9 July 1855 p3
  Charles - 26 Mar 1900; 31 Dec 1900 p1
  Christina B - 10 Jan 1866; 10 Jan 1866 p2
  E F - 13 July 1909; 31 Dec 1909 p1
  E W - 10 June 1851; 16 June 1851 p2
  Edmund L - 6 Mar 1889; 31 Dec 1889 p2
  Edward Everet - 11 Sept 1857; 17 Sept 1857 p3
  Elizabeth - 22 June 1851; 30 June 1851 p2
  Elizabeth - 25 July 1857; 8 Aug 1857 p3
  Elizabeth - 24 June 1876; 3 July 1876 p2
  Elizabeth - 16 Jan 1895; 31 Dec 1895 p1
  Emma - 11 Oct 1861; local news 12 Oct 1861 p2
  Eva - 9 June 1871; 9 June 1871 p2
  Francis - 12 Jan 1815; 14 Jan 1815 p3
  Francis D - nd; 6 Mar 1844 p3
  French R - 16 Feb 1899; 30 Dec 1899 p1
  French Reid - nd; 20 Nov 1839 p3
  George - 22 Feb 1812; 24 Feb 1812 p3
  George L - 20 Apr 1907; 31 Dec 1907 p1
  George Washington - 21 Aug 1841; 24 Aug 1841 p3
  Gilbert - 29 July 1880; 30 July 1880 p2
  Hannah - 18 May 1898; 31 Dec 1898 p1
  Hanson - 4 Jan 1845; 4 Jan 1845 p3
  Harry - 19 Sept 1900; 31 Dec 1900 p1
  Harry - 6 Mar 1902; 31 Dec 1902 p1
  Henry L - 5 Feb 1877; 6 Feb 1877 p2
  Ionia Monette - 4 Apr 1873; 7 Apr 1873 p2
  James - 23 Aug 1906; 31 Dec 1906 p1
  James H - 16 Feb 1867; 19 Feb 1867 p2
  James H - 19 July 1892; 31 Dec 1892 p2
  James W - 16 Dec 1903; 31 Dec 1903 p1
  John - nd; 3 Aug 1854 p3
  John - 18 July 1901; 31 Dec 1901 p1
  Dr John W - 15 Jan 1871; 2 Feb 1871 p3
  John W - 16 Nov 1914; 31 Dec 1914 p1
  Joseph - 12 Apr 1871; 12 Apr 1871 p3
  Julia A - 1 Apr 1899; 30 Dec 1899 p1
  Lucy - 13 Apr 1886; 31 Dec 1886 p3

SIMPSON, M A - 14 Feb 1894; 31 Dec 1894 p1
  Margaret - 19 Feb 1872; 20 Feb 1872 p2
  Margaret - 1 Dec 1882; 1 Dec 1882 p2
  Margaret E - 22 Sept 1853; 28 Sept 1853 p3
  Marietta - 10 Oct 1878; 10 Oct 1878 p2
  Mary A - 11 Nov 1887; 11 Nov 1887 p2
  Mary Alice - 22 Nov 1862; 22 Nov 1862 p3
    & 25 Nov 1862 p3*
  Mary Elizabeth - nd; 22 June 1850 p2
  Melville S - 23 Nov 1914; 31 Dec 1914 p1
  Nancy - 1887; 8 July 1887 p2
  Peter W - 30 June 1884; 31 Dec 1884 p3
  R H - 29 Aug 1892; 31 Dec 1892 p2
  Samuel Cornelius - 6 July 1833; 11 July 1833 p3
  Sarah E - 25 July 1910; 31 Dec 1910 p1
  Sarah M - 10 Apr 1890; 31 Dec 1890 p1
  Thomas - 21 Dec 1814; 24 Dec 1814 p3
  Thomas J - 25 Aug 1885; 31 Dec 1885 p2
  Thomas Jefferson - 13 Aug 1841; 17 Aug 1841 p3
  Virginia Julia - 3 Feb 1865; 3 Feb 1865 p2
  William Henry - 24 Sept 1857; 5 Oct 1857 p3
  William L - nd; 29 Nov 1872 p3
  Winfield - 11 May 1886; 31 Dec 1886 p3
  Wm F - 29 Oct 1865; 31 Oct 1865 p2
SIMS, Ann - 20 Aug 1870; 30 Aug 1870 p2
  Louisa - 6 May 1897; 31 Dec 1897 p1
  Margaret - 28 Dec 1797; Times 29 Dec 1797 p3
  Margaret - 17 Oct 1900; 31 Dec 1900 p1
SINCLAIR, Archibald - 18 Oct 1847; 26 Oct 1847 p2
  Cmdr Arthur - nd; 14 Feb 1851 p2
  Charles E A - 28 Mar 1870; 1 Apr 1870 p3
  Clagett - nd; 28 June 1847 p2
  Duanna - nd; 12 Aug 1850 p3
  James - 23 Aug 1843; 17 Nov 1843 p2
  James A - 22 June 1910; 31 Dec 1910 p1
  Mary A - 2 May 1904; 31 Dec 1904 p1
  Mary F - 22 Feb 1849; 2 Mar 1849 p3
  Mary Virginia - 14 May 1866; 15 May 1866 p3
  Priscilla - 21 Jan 1881; 22 Jan 1881 p2
  R A - 21 Feb 1904; 31 Dec 1904 p1
  Thomas F - 2 Apr 1886; 31 Dec 1886 p3
SINCOX, Mary - 14 Oct 1873; 15 Oct 1873 p2
  Mary Emma - 4 Oct 1875; 6 Oct 1875 p2
SINGLETON, John Slaughter - nd; 20 May 1853 p3
  Samuel - 15 Dec 1839; 8 Jan 1839 p3
  Washington G - 26 Apr 1866; 5 May 1866 p3
SIPES, Rev Henry N - 20 June 1865; 21 June 1865 p2
SIPPLE, Bettie K - 2 Aug 1891; 31 Dec 1891 p1

John - 17 Feb 1904; 31 Dec 1904 p1
Mary Ann - 6 Aug 1860; 7 Aug 1860 p3
Mary L - 5 July 1910; 31 Dec 1910 p1
Nettie - 4 Feb 1867; 4 Feb 1867 p2
Samuel S - 17 Dec 1910; 31 Dec 1910 p1
SISSON, Bertha - 29 Mar 1901; 31 Dec 1901 p1
  Bessie - 12 Apr 1910; 31 Dec 1910 p1
  Carrie R - 12 Mar 1899; 30 Dec 1899 p1
  Cleveland - 27 Nov 1908; 31 Dec 1908 p1
  Dolly J - 30 Sept 1904; 31 Dec 1904 p1
  George - 6 Sept 1896; 31 Dec 1896 p1
  Grace Brawner - 31 Oct 1890; 31 Dec 1890 p1
  Henry - 12 Dec 1899; 30 Dec 1899 p1
  Ida - 28 Aug 1900; 31 Dec 1900 p1
  John - 25 June 1884; 31 Dec 1884 p3
  John - 1 Nov 1896; 31 Dec 1896 p1
  Lucinda - 16 May 1892; 31 Dec 1892 p2
  Margaret - 22 Mar 1903; 31 Dec 1903 p1
  Mary Jane - 30 Apr 1873; 1 May 1873 p2
  Mary Rebecca - 5 Jan 1900; 31 Dec 1900 p1
  Sarah E - 11 Oct 1898; 31 Dec 1898 p1
  W A - 10 Mar 1892; 31 Dec 1892 p2
  W E - 16 Jan 1910; 31 Dec 1910 p1
  William Jr - 25 Sept 1893; 30 Dec 1893 p2
  Wm H - 10 Dec 1872; 23 Jan 1873 p2
SITLER, Eleanor - 22 Sept 1838; 25 Sept 1838 p3
SKIDMORE, A. F. - nd; 15 May 1862 p3*
  Amelia - 27 Jan 1867; 28 Jan 1867 p2
  Annie A - 29 Feb 1892; 31 Dec 1892 p2
  Elizabeth - 21 Jan 1910; 31 Dec 1910 p1
  Elmer - 21 Mar 1897; 31 Dec 1897 p1
  Emily C - 3 Aug 1911; 30 Dec 1911 p4
  Lewis E - 24 July 1900; 31 Dec 1900 p1
  Maria L - 6 Sept 1893; 30 Dec 1893 p2
  Mary E - 1 Jun 1862; 12 Jun 1862 p3*
  William - 29 Sept 1898; 31 Dec 1898 p1
SKILLMAN, Sarah E - 15 Feb 1907; 31 Dec 1907 p1
  W H - 14 Feb 1892; 31 Dec 1892 p2
SKINKER, M R - 27 June 1847; 12 July 1847 p3
  Peter Keith - 19 May 1843; 31 May 1843 p3
SKINNER, A F - 1 Mar 1883; 31 Dec 1883 p3
  Chapman - 24 Aug 1839; 5 Sept 1839 p3
  Jane - 5 Feb 1848; 22 Feb 1848 p2
  Jane - 30 May 1903; 31 Dec 1903 p1
  John A - 25 Apr 1874; 27 Apr 1874 p2
  Martha Stuart Thornton - 15 Sept 1876; 20 Sept 1876 p2
  Mary - 22 Mar 1843; 1 Apr 1843 p3
  Sarah - 13 May 1843; 17 May 1843 p3
  Sarah E - 3 Feb 1873; 10 Feb 1873 p2
  Capt Theodore - 1 Mar 1815; 2 Mar 1815 p3

SKINNER, Thomas Borgardus - 16 Nov 1872;
  21 Nov 1872 p2
  Thomas L - 23 Sept 1872; 23 Sept 1872 p3
SKIRVING, James - 14 Jan 1865; 16 Jan 1865 p2
SLACK, James H - 17 Apr 1866; 20 Apr 1866 p3
  John H - 2 July 1857; 3 Aug 1857 p3
  Margaret Elizabeth - 28 May 1848; 5 June
  1848 p3
SLACUM, Capt George - 14 Oct 1810; 15 Oct
  1810 p1 & 15 Oct 1810 p3
  George W - 9 Mar 1861; 13 Mar 1861 p3 &
  18 Mar 1861 p3
  Jane H - 18 Jan 1842; 1 Feb 1842 p3
  Wm A - nd; 12 Nov 1839 p3 & 14 Nov 1839 np
SLADE, A O - 31 May 1859; 14 June 1859 p3
  Alexander O - nd; 4 June 1859 p3
  Anna C - 7 Apr 1845; 12 Apr 1845 p3
  Anna Matilda - 24 May 1871; 26 May 1871 p2
  Charles, b Alex, Congressman from Illinois, - nd;
  obituary 26 July 1834 p2
  Charlotte E - 5 Mar 1841; 26 Apr 1841 p3
  Henry C - 7 Sept 1843; 1 Dec 1843 p3
  Mary - 18 Aug 1865; 21 Aug 1865 p4
  Richard - 6 Sept 1835; 23 Sept 1835 p3
  Susannah - 7 Oct 1821; 25 Oct 1821 p3
  Thomas - 10 May 1835; 26 May 1835 p3
  William C - 2 May 1879; 3 May 1879 p2
  William O - 3 May 1873; 16 June 1873 p2
SLATER, George E - 10 Nov 1866; 17 Nov
  1866 p2
  Hannah Serena - 7 Nov 1843; 8 Nov 1843 p3
  John - 1 Feb 1883; 31 Dec 1883 p3
  John W - 17 Jan 1904; 31 Dec 1904 p1
  Matilda - 2 Aug 1879; 4 Aug 1879 p2
  William Y - 30 Nov 1907; 31 Dec 1907 p1
SLAUGHTER, Albert G - 9 Sept 1853; 14 Sept
  1853 p3
  Edmonia - 8 Oct 1870; 12 Oct 1870 p2
  Elija Jane - 2 Dec 1873; 5 Dec 1873 p2
  Emily V - 26 June 1874; 2 July 1874 p3
  Fannie - 26 Oct 1867; 29 Oct 1867 p2
  Haff iet - 30 Aug 1881; 2 Sept 1881 p2
  John - nd; 3 Jan 1859 p3
  Lester - 5 Aug 1874; 10 Aug 1874 p2
  Mary Elizabeth - 28 Jan 1882; 31 Jan 1882 p2
  Capt Philip - nd; 28 Apr 1849 p3
  Philip - 14 Oct 1866; 31 Oct 1866 p2
  R C - 1867; 31 Aug 1867 p2
  Samuel - nd; 21 Dec 1857 p3
SLAVEN, John - 11 Aug 1885; 31 Dec 1885 p2
SLAYMAKER, A H - 3 Dec 1889; 31 Dec
  1889 p2

Amos B - 30 Oct 1894; 31 Dec 1894 p1
Anna L - 15 Feb 1906; 31 Dec 1906 p1
E W - 10 Dec 1897; 31 Dec 1897 p1
Elizabeth J - 18 Mar 1875; 20 Mar 1875 p2
Mrs F M - 30 July 1865; 3 Aug 1865 p2
Henry C - --- Nov 1903; 31 Dec 1903 p1
Isabel - 18 Feb 1894; 31 Dec 1894 p1
Mary E - 20 Apr 1884; 31 Dec 1884 p3
Ruth - 16 July 1912; 31 Dec 1912 p1
S Hannah - 13 Apr 1889; 31 Dec 1889 p2
Willie - nd; 18 Sept 1863 p3
SLICER, Col. Andrew - 20 June 1865; 21 June
  1865 p3
SLIDELL, John - nd; 5 Oct 1832 p3
SUMMER, Jacob - 15 Feb 1811; 19 Feb 1811 p3
SLOAN, Jance C - nd; 19 Aug 1839 p3
  Gen John - nd; 25 Apr 1853 p2
  Robert Imlay - --- Mar 1873; 8 Mar 1873 p3
SLOAT, Rebecca - 18 July 1874; 25 July 1874 p2
SLYE, Robert - nd; 5 Oct 1832 p3
SMALL, John - 19 Oct 1911; 30 Dec 1911 p4
SMALLWOOD, George F - 10 Nov 1860;
  13 Nov 1860 p3
  Nelie - 1 Dec 1908; 31 Dec 1908 p1
  Richard L - 24 Apr 1855; 27 Apr 1855 p3
  Samuel N, mayor of Washington - 1 Oct 1824;
  2 Oct 1824 p3
SMART, John P - 17 July 1865; 22 July 1865 p2
  Mary E - nd; 28 June 1847 p3
SMITH, Dr - --- Jan 1875; 25 Jan 1875 p3
  Sgt - battle on 30 Jun 1862; 8 Jul 1862 p1*
  Dr A C - 9 Oct 1867; 18 Oct 1867 p3
  Abigail - 6 Mar 1843; 24 Mar 1843 p3
  Alexis - 29 July 1915; 31 Dec 1915 p2
  Alfred K - 5 June 1843; 7 June 1843 p3
  Andrew - nd; 6 Nov 1833 p3
  Ann - 17 Dec 1812; 30 Dec 1812 p2
  Ann M - 16 Dec 1887; 22 Dec 1887 p2
  Anna Caroline - 15 Feb 1864; 17 Feb 1864 p2
  Anna Gertrude - 26 Aug 1873; 8 Sept 1873 p2
  Annie - 22 July 1854; 31 July 1854 p3
  Annie Eustace - nd; 27 July 1855 p3
  Col Augustine C - nd; 31 July 1843 p3
  Augustine D - 13 June 1849; 16 July 1849 p3
  Augustine J - Sept 1903; 31 Dec 1903 p1
  Col Austin - 3 Jan 1828; 5 Jan 1828 p3
  Dr Austin - nd; 18 Mar 1848 p2
  Caleb B - 7 Jan 1864; 9 Jan 1864 p1
  Calvin A - 24 Nov 1900; 31 Dec 1900 p1
  Carl - 23 Aug 1875; 10 Sept 1875 p2
  Carrie - 25 Sept 1869; 30 Sept 1869 p2
  Catharine - 2 Nov 1807; 3 Nov 1807 p3

SMITH, Catherine - 6 Sept 1875; 7 Sept 1875 p2
Catherine - 22 Sept 1903; 31 Dec 1903 p1
Catherine - 20 Mar 1910; 31 Dec 1910 p1
Catharine Elizabeth - 15 Aug 1855; 21 Aug 1855 p3
Charles - 7 Nov 1902; 31 Dec 1902 p1
Charles - 22 Mar 1907; 31 Dec 1907 p1
Charles A - 28 Dec 1892; 31 Dec 1892 p2
Charles Magill - 29 Aug 1900; 31 Dec 1900 p1
Charles T - 20 Oct 1906; 31 Dec 1906 p1
Charlotte - nd; 19 Apr 1853 p3
Clement - nd; 12 Mar 1839 p3
Clifton H - 27 Jan 1902; 31 Dec 1902 p1
Courtland H - 22 July 1892; 31 Dec 1892 p2
Daniel S - nd; 31 July 1828 p3
Delia - 9 Apr 1841; 15 Apr 1841 p3
DeWitt Clinton - 27 July 1908; 31 Dec 1908 p1
E A - -- Jan 1876; 8 Jan 1876 p3
E Jaqueline - 28 Oct 1887; 3 Nov 1887 p2
Edith B - 14 Aug 1912; 31 Dec 1912 p1
Edmonia, E - 29 June 1874; 13 July 1874 p2
Effa Virginia - 11 Apr 1860; 12 Apr 1860 p3
Effie - 26 July 1896; 31 Dec 1896 p1
Eleanor E - 30 May 1871; 7 June 1871 p2
Eleanor E - 30 May 1871; 7 June 1871 p2
Eliza - nd; 31 Jan 1833 p3
Eliza - 31 Jan 1841; 9 Feb 1841 p3
Eliza - 26 Jan 1909; 31 Dec 1901 p1
Eliza G - 11 Feb 1840; 18 Feb 1840 p3
Eliza L - 7 Aug 1914; 31 Dec 1914 p1
Eliza S - 24 Dec 1867; 26 Feb 1868 p2
Elizabeth - 13 Mar 1854; 15 Mar 1854 p3
Elizabeth - 3 June 1855; 8 June 1855 p3
Elizabeth - 1 July 1875; 17 July 1875 p2
Elizabeth B - 20 May 1902; 31 Dec 1902 p1
Elizabeth Johnston - 17 Sept 1854; 19 Sept 1854 p3
Ella - 3 Sept 1873; 8 Sept 1873 p2
F E - 1 Jan 1911; 30 Dec 1911 p4
Fannie - 22 Nov 1860; 1 Dec 1860 p3
Fleet - 19 Aug 1851; 10 Sept 1851 p2
Frances - 23 Sept 1898; 31 Dec 1898 p1
Frances A M - 25 Mar 1911; 30 Dec 1911 p4
Francis Lee - 7 July 1877; 9 July 1877 p2
Frank - 14 Jan 1911; 30 Dec 1911 p4
George - 3 Jan 1914; 31 Dec 1914 p1
George A - 28 Jun 1889; 31 Dec 1889 p2
George R - 22 May 1902; 31 Dec 1902 p1
George S - 22 July 1891; 31 Dec 1891 p1
George T - 18 Dec 1908; 31 Dec 1908 p1
George W - 2 July 1841; 19 July 1841 p4
Georgianna - 30 Jan 1912; 31 Dec 1912 p1

Gilbert B M - 22 Sept 1860; 26 Sept 1860 p3
Gladdys - 27 Sept 1869; 30 Sept 1869 p2
H T - 3 Aug 1885; 31 Dec 1885 p2
Henry - 17 Mar 1835; 24 Mar 1835 p3
Henry - nd; 6 June 1839 p3
Henry - 2 Nov 1874; 13 Nov 1874 p2
Henry Hammond - nd; 22 July 1847 p3
Hesselius - 2 Oct 1906; 31 Dec 1906 p1
Mrs Hesselius - 17 Sept 1912; 31 Dec 1912 p1
Hirum - 15 June 1866; 23 June 1866 p2
Hugh - nd; 15 Nov 1848 p3
Hugh - nd; 9 Mar 1853 p2
Hugh - 19 Apr 1883; 31 Dec 1883 p3
Rev Hugh - nd; 28 Mar 1849 p3
Hugh C - 4 Aug 1854; 11 Aug 1854 p3
Ida - 2 Jan 1872; 6 Jan 1872 p2
Isabella - 29 Sept 1853; 1 Oct 1853 p3
Isabella K - 29 Sept 1853; 11 Oct 1853 p2
J A - nd; 6 Sept 1832 p3
J Timothy - 13 Mar 1911; 30 Dec 1911 p4
James - nd; 7 Nov 1845 p3
James - 19 July 1910; 19 July 1910 p3 & 31 Dec 1910 p1
James - 22 Feb 1915; 31 Dec 1915 p2
James Baxter - 15 Apr 1852; 20 Apr 1852 p2
James E - 1 Aug 1878; 1 Aug 1878 p2
James H - 30 Jul 1862; 2 Sep 1862 p3*
James P - 10 Dec 1873; 11 Dec 1873 p2
James Sanford - nd; 10 Aug 1844 p3
James T - 12 Apr 1899; 30 Dec 1899 p1
Jane - 19 June 1870; 27 June 1870 p2
Jane R - 6 Jan 1879; 8 Jan 1879 p3
Janie Sutherlin - 24 Aug 1876; 26 Aug 1876 p2 & 31 Aug 1876 p1
Jas - 16 Nov 1871; 27 Nov 1871 p3
Jeremiah - 29 Jan 1842; 31 Jan 1842 p3
Jesse - nd; 8 Feb 1853 p3
Gen John - nd; 10 Mar 1836 p3
Rev John - nd; 12 Apr 1851 p3
John - 27 Jan 1857; 27 June 1857 p2
John - 22 Feb 1861; 2 Mar 1861 p3
John - 20 Mar 1899; 30 Dec 1899 p1
John Adams - 24 July 1864; 13 Aug 1864 p1
John C - 26 Mar 1842; 30 Apr 1842 p3
John F - nd; 27 Jan 1825 p3
John G - 2 May 1883; 31 Dec 1883 p3
John Hill - 28 Mar 1843; 8 Apr 1843 p3
John L - 30 Dec 1882; 30 Dec 1882 p2
John P - 29 Aug 1838; 4 Sept 1838 p3
John Thomas - nd; 11 Oct 1854 p3
John W - nd; 1 Apr 1853 p2
John W - 25 Dec 1912; 31 Dec 1912 p1

SMITH, Joseph - nd; 9 Sept 1851 p3
Kate L - 16 July 1873; 25 July 1873 p3
Kitty - 7 Aug 1865; 9 Aug 1865 p4
Lavinia - 11 Feb 1902; 31 Dec 1902 p1
L Moore - nd; 20 Mar 1849 p3
Lec - 10 May 1877; 11 May 1877 p2
Lelia - 4 July 1898; 31 Dec 1898 p1
Lena - 9 Mar 1891; 31 Dec 1891 p1
Lewis - 9 Dec 1855; 19 Dec 1855 p3
Louisa - 7 Dec 1814; 8 Dec 1814 p3
Louisa - nd; 31 May 1847 p3
Louisa - 18 Feb 1871; 18 Feb 1871 p2
Lucinda - 19 Feb 1857; 21 Feb 1857 p2
Lucy - 5 Feb 1878; 1 Mar 1878 p2
Lucy - 16 Oct 1879; 25 Oct 1879 p2
Lucy M - 6 Sept 1875; 14 Sept 1875 p2
Lue - 1 Sept 1903; 31 Dec 1903 p1
Lula A - 5 Feb 1878; 9 Feb 1878 p2 & 16 Feb 1878 p2
Maggie - 10 Aug 1901; 31 Dec 1901 p1
Maggie Lee - 7 Mar 1863; 7 Mar 1863 p3
Maranda B - 27 July 1877; 28 July 1877 p3
Margaret - 28 Dec 1842; 4 Jan 1843 p3
Margaret - 11 July 1872; 18 July 1872 p3
Mrs Margaret Clare - 9 Oct 1862; 11 Oct 1862 p3*
Margaret T - 29 Aug 1872; 6 Sept 1872 p2
Martha - nd; 10 Dec 1836 p3
Martha A - 22 Mar 1913; 31 Dec 1913 p1
Mary - 4 Feb 1797; 7 Feb 1797 p3
Mary - nd; 13 July 1858 p3
Mary - 29 July 1878; 15 Aug 1878 p2
Mary - 8 Aug 1880; 9 Aug 1880 p2
Mary - 25 Oct 1882; 28 Oct 1882 p2
Mary - 6 June 1888; 31 Dec 1888 p1
Mary - 13 Feb 1898; 31 Dec 1898 p1
Mary - 4 Feb 1912; 31 Dec 1912 p1
Mary A - 15 Jan 1905; 30 Dec 1905 p1
Mary E - 8 Mar 1903; 31 Dec 1903 p1
Mary J - 7 Sept 1884; 31 Dec 1884 p3
Mary J R - 17 June 1860; 19 June 1860 p3
Mary M - 24 Nov 1912; 31 Dec 1912 p1
Mary Miller - 1 Feb 1875; 9 Feb 1875 p2
Mary R - 27 Jan 1903; 31 Dec 1903 p1
Matthew - 11 July 1865; 12 July 1865 p1
Col Mordecai F - 19 July 1834; 28 July 1834 p3
Nannie I - 29 Sept 1880; 30 Sept 1880 p2
Capt Noble - 29 May 1887; 30 May 1887 p3
Ophelia A - 5 Aug 1879; 6 Aug 1879 p2
Mrs P K - 2 July 1898; 31 Dec 1898 p1
Pembroke - nd; 24 Aug 1852 p2

Peter Bell - 1865; 16 Oct 1865 p3 & 17 Oct 1865 p3
Philip Key - 28 Dec 1867; 26 Feb 1868 p2
Philippa - 13 Oct 1876; 14 Oct 1876 p2
R C - 24 Dec 1897; 31 Dec 1897 p1
Ralph - 9 Feb 1907; 31 Dec 1907 p1
Mrs Raymond W - 26 July 1896; 31 Dec 1896 p1
Rebecca - 4 May 1810; 5 May 1810 p3
Rebecca M - 16 July 1853; 19 July 1853 p3
Rebecca W - nd; 6 Dec 1859 p3
Richard M - 8 Feb 1870; 11 Feb 1870 p3
Robert - 11 Oct 1891; 31 Dec 1891 p1
Robert - 7 Feb 1905; 30 Dec 1905 p1
Robert H - 20 Mar 1873; 8 Apr 1873 p3
Robert W - 6 Aug 1857; 7 Aug 1857 p3
Rosanna J - 2 Feb 1895; 31 Dec 1895 p1
S - 23 Jan 1875; 30 Jan 1875 p2
Sally - 29 Nov 1857; 3 Dec 1857 p3
Sally - 31 Dec 1871; 6 Jan 1872 np
Samuel - nd; 11 Aug 1837 p3
Samuel - 23 Nov 1911; 30 Dec 1911 p4
Samuel E - 18 Nov 1908; 31 Dec 1908 p1
Samuel Harrison - nd; 4 Nov 1845 p3
Sarah - 3 Feb 1843; 14 Feb 1843 p3
Sarah - 22 July 1852; 4 Aug 1852 p2
Sarah G - 16 Mar 1902; 31 Dec 1902 p1
Sarah Sabina - nd; 27 June 1853 p2
Saran V - 16 May 1906; 31 Dec 1906 p1
Dr Scott B - 29 Aug 1860; 1 Sept 1860 p3
Dr Sidney W - nd; 30 Nov 1847 p3
Sophia W - 30 Nov 1860; 3 Dec 1860 p3
Stephen - 27 Jan 1908; 31 Dec 1908 p1
Susana - 19 Dec 1836; 29 Dec 1836 p3
Susanna R - 25 Mar 1901; 31 Dec 1901 p1
Susannah - 10 June 1838; 21 June 1838 p3
Sydney Wishart - 24 Feb 1881; 3 Mar 1881 p2
Dr T W - 11 July 1850; 23 July 1850 p2
Thomas - 26 Aug 1803; 26 Aug 1803 p3
Thomas - 30 July 1859; 6 Aug 1859 p3
Thomas - 14 Jul 1862; 16 Jul 1862 p3*
Thomas - 30 Mar 1886; 31 Dec 1886 p3
Thomas C - 25 July 1843; 31 July 1843 P3 & 5 Aug 1843 p3
Thomas Jefferson - 13 July 1857; 15 July 1857 p3
Thomas Sanford - 16 Jan 1868; 20 Jan 1868 p2
Thomas William - 2 Mar 1869; 3 Mar 1869 p2
Tingey Anna - 16 Dec 1860; 22 Dec 1860 p3
Ulam, Stanhope - 7 June 1860; 27 June 1860 p3
Virginia - 7 Feb 1841; 4 Mar 1841 p3
Virginia - 19 Mar 1860; 20 Mar 1860 p2
W A - 5 Mar 1898; 31 Dec 1898 p1

SMITH, W Mayre - 11 Oct 1881; 18 Oct 1881 p2
Walter A - nd; 4 Nov 1845 p3
William - 1786; 20 Apr 1786 p3
William - 15 May 1816; 17 May 1816 p3
William - nd; 26 June 1847 p3
William - 23 Sept 1857; 29 Sept 1857 p3
William - 16 Nov 1857; 24 Nov 1857 p3
William - 7 Jul 1862; 9 Jul 1862 p3*
Capt William - 19 Aug 1883; 31 Dec 1883 p3
William H - 25 Oct 1904; 31 Dec 1904 p1
William Henry Harrison - 6 May 1865; 17 May 1865 p2
William Loughton - nd; 31 Dec 1812 p3
William M - 9 Jan 1915; 31 Dec 1915 p2
William Prescott - 1 Oct 1872; 2 Oct 1872 p2
William R - 9 June 1857; 11 June 1857 p3
William S - -- Mar 1887; 29 Mar 1887 p1
Willie C - 29 Dec 1880; 1 Jan 1881 p2
Willie L - 6 Aug 1875; 9 Aug 1875 p2
Willoughby N - 4 Mar 1866; 23 Mar 1866 p3
Wm H H - 6 May 1865; 19 May 1865 p2
Wm T - 10 Apr 1900; 31 Dec 1900 p1
Wm Taylor - -- Feb 1875; 9 Feb 1875 p2
SMITHERS, James - nd; 29 Dec 1838 p3
James W - 20 Sept 1905; 30 Dec 1905 p1
SMOOT, Arthur D - 3 July 1858; 24 July 1858 p3
Berta - 4 Apr 1873; 5 Apr 1873 p2
Bettie - nd; 18 Feb 1854 p2
Bettie E - 30 Aug 1869; 30 Aug 1869 p2
C C - 17 May 1884; 31 Dec 1884 p3
Charles C - 31 July 1867; 1 Aug 1867 p3
Charles H - nd; 28 Aug 1845 p3
David - 18 Apr 1873; 19 Apr 1873 p2
David L - 12 Feb 1900; 31 Dec 1900 p1
Edith - 29 Dec 1870; 29 Dec 1870 p2
Elizabeth - nd; 3 Oct 1849 p2
Ella H - 22 May 1862; 22 May 1862 p3*
Emily E - 22 Nov 1889; 31 Dec 1889 p2
Fannie V - 20 May 1863; 21 May 1863 p3
Frances - 23 Oct 1841; 9 Nov 1841 p3
Frances P - 27 Nov 1905; 30 Dec 1905 p1
French - 27 Oct 1897; 31 Dec 1897 p1
Geo H - 11 Mar 1870; 11 Mar 1870 p3
George H - 9 Jan 1871; 9 Jan 1871 p2 & p3
Hannah Lavinia - 26 Apr 1880; 27 Apr 1880 p2
Harriet Lee - 30 June 1870; 1 July 1870 p2
Harriet - 22 Oct 1894; 31 Dec 1894 p1
Hattie Egerton - 6 Aug 1869; 9 Aug 1869 p3
Henry - 28 Dec 1908; 31 Dec 1908 p1
Jacob G - 3 Dec 1875; 6 Dec 1875 p2
James Grimes - 27 Oct 1862; 27 Oct 1862 p2*

James E - nd; 20 June 1849 p3
James H - 6 Mar 1841; 9 Mar 1841 p3
James R - 3 Nov 1902; 31 Dec 1902 p1
Jennie V - 29 Aug 1915; 31 Dec 1915 p2
John William - 23 Aug 1843; 25 Aug 1843 p3
Josiah H D - 8 Jan 1888; 31 Dec 1888 p1
Margaret A - 12 Jan 1838; nd np
Margaret E - nd; 28 July 1849 p3
Maria - 28 Mar 1889; 31 Dec 1889 p2
Marie - 12 May 1868; 16 May 1868 p2
Marshall - 26 Sep 1862; 26 Sep 1862 p3*
Mary - 26 Feb 1840; 2 Mar 1840 p3
Mary Ann - nd; 20 Dec 1838 p3
Phoebe C - 25 July 1867; 25 July 1867 p2
S C - 1866; 1 Oct 1866 p2
Sara A - 12 Mar 1863; 13 Mar 1863 p3
Sarah E - 14 Apr 1868; 15 Apr 1868 p2
Sarah W - nd; 29 Aug 1845 p3
Silas - 6 Jan 1915; 31 Dec 1915 p2
Susan L - 27 Feb 1875; 1 Mar 1875 p2
Thomas H - 5 Aug 1854; 17 Aug 1854 p3
Thomas S - 1867; 21 June 1867 p2
Virginia - nd; 5 Jan 1847 p2
Walter - nd; 27 Feb 1855 p3
William McGuire - 4 Feb 1876; 5 Feb 1876 p2
Wilson - 2 Aug 1823; 7 Aug 1823 p3
Wm - 2 Aug 1823; 7 Aug 1823 p3
Wm - nd; 22 Jan 1839 p3
Wm B - nd; 27 Aug 1852 p2
SMOOTT, George H - 11 Mar 1870; 11 Mar 1870 p2
SMYTH, Abram H - 7 Mar 1899; 30 Dec 1899 p1
Edward - nd; 22 May 1849 p3
Mary M - 4 Nov 1892; 31 Dec 1892 p2
Medora B - 30 Oct 1880; 30 Oct 1880 p2
Susan - 28 June 1879; 30 June 1879 p2
Victoria S - 15 Apr 1873; 16 Apr 1873 p2
William - 26 May 1839; 29 May 1839 p3
SMYTHE, Elizabeth - 13 Sept 1896; 31 Dec 1896 p1
Florence R - 7 Oct 1914; 31 Dec 1914 p1
Samuel - 18 Sept 1904; 31 Dec 1904 p1
SNEAD, Edward K - 25 May 1875; 4 June 1875 p2
SNELLINGS, Gordon W - 25 Mar 1909; 31 Dec 1909 p1
James - 26 June 1860; 19 July 1860 p3
SNETHEN, Charles C - 11 Aug 1853; 18 Aug 1853 p3
SNIDER, Dr S K - 19 Aug 1872; 21 Aug 1872 p2
SNODGRASS, Catharine Elizabeth - 17 Oct 1838; 5 Nov 1838 p3

SNOUFFER, Mary M - 27 Oct 1914; 31 Dec 1914 p1
SNOW, H A - 9 June 1884; 31 Dec 1884 p3
  P W - 14 May 1843; 16 May 1843 p3
SNOWDEN, Arthur - 27 July 1869; 4 Aug 1869 p3
  Cedric - 6 Jan 1911; 30 Dec 1911 p4
  Clarence - 10 Nov 1914; 31 Dec 1914 p1
  David - nd; 25 Aug 1825 p3
  Deborah - 20 Jan 1812; 4 Feb 1812 p3
  Edgar - nd; 21 July 1852 p2
  Edgar - 24 Sept 1875; 25 Sept 1875 p2
  Edgar - 29 July 1892; 31 Dec 1892 p2
  Elizabeth W - 16 Jan 1866; 25 Jan 1866 p3
  Harold - 4 May 1901; 31 Dec 1901 p1
  Hubert - 15 Apr 1912; 31 Dec 1912 p1
  John Brent - 25 Jan 1864; 25 Jan 1864 p2
  Col Jonathan - 25 Dec 1824; 1 Jan 1825 p4
  Louisa - 25 Apr 1897; 31 Dec 1897 p1
  Louisa - 29 July 1907; 31 Dec 1907 p1
  Nancy - 28 July 1872; 29 July 1872 p3
  Newton - 31 May 1874; 1 June 1874 p3
  Osmond - 16 May 1897; 31 Dec 1897 p1
  Samuel C - nd; 18 Nov 1853 p3
  Thomas - nd; 17 Nov 1858 p3
  Maj Thomas - 27 Oct 1803; 1 Nov 1803 p3
  W H - 1 Aug 1908; 31 Dec 1908 p1
  W P - 24 May 1906; 31 Dec 1906 p1
  Wilfred - 18 Nov 1910; 31 Dec 1910 p1
SNYDER, A W - 14 May 1842; 26 May 1842 p3
  Alexander Richmond - 16 Aug 1865; 18 Aug 1865 p4
  Elizabeth - nd; 9 Nov 1853 p3
  Elizabeth Ann - 13 July 1865; 14 July 1865 p2
  Justa - 5 Dec 1876; 20 Dec 1876 p2
  Martin - 21 Aug 1841; 17 Sept 1841 p3
  Matthias - 18 Jan 1850 ; 19 Feb 1850 p2
  Matthias - 27 Sept 1869; 29 Sept 1869 p3
  Sarah L M Chapin - 14 May 1843; 25 May 1843 p2
SODERSTROM, Richard Esq - 5 Apr 1815; 15 Apr 1815 p3
SOLOMON, Samuel - nd; 23 Jan 1851 p3
SOMERS, Daniel - 27 June 1872; 28 June 1872 p2
  Esther Ann - 2 Nov 1834; 4 Nov 1834 p3
SOMERVILLE, John - 10 Feb 1902; 31 Dec 1902 p1
SOMMERS, Charles A - 29 Aug 1843; 5 Sept 1843 p2
  Eliza - 25 Oct 1848; 31 Oct 1848 p3
  Elizabeth - nd; 15 Nov 1831 p3

  Harriet A - -- Apr 1873; 29 Apr 1873 p2
  John - -- Oct 1873; 16 Oct 1873 p2
  John Augustine - 26 Sept 1828; 2 Oct 1828 p3
  Susannah - 18 Mar 1855; 20 Mar 1855 p3
SOPER, Annie - 10 Jan 1905; 30 Dec 1905 p1
  Edward D - 28 Nov 1901; 31 Dec 1901 p1
  Effie - 5 Oct 1904; 31 Dec 1904 p1
  Mrs L - 2 June 1888; 31 Dec 1888 p1
  Nancy - 27 Apr 1860; 4 May 1860 p3
  Sadie Hader - 22 Sept 1900; 31 Dec 1900 p1
SOPHRONIA, Ida - 14 July 1857; 21 July 1857 p3
SORREL, Elizabeth - 23 May 1842; 2 June 1842 p3
  James - 1 Mar 1868; 7 Mar 1868 p3
SORRELL, Mary E - 3 Sept 1915; 31 Dec 1915 p2
  Matilda - 27 Mar 1860; 31 Mar 1860 p3
  Robert - 25 Mar 1914; 31 Dec 1914 p1
  Thomas - 9 Dec 1841; 20 Jan 1842 p3
  William T - 31 May 1894; 31 Dec 1894 p1
SORRILLE, Reuben D - 1 Sept 1857; 28 Sept 1857 p2
SOUTHALL, Albert G - 26 Aug 1862; 4 Sep 1862 p3*
SOUTHARD, Henry - 13 Sept 1858; 15 Sept 1858 p3
  James M - 26 July 1857; 31 July 1857 p3
  Mittie K - 29 Mar 1893; 30 Dec 1893 p2
  Samuel L - 26 June 1842; 28 June 1842 p3
  Virginia - 15 Oct 1892; 31 Dec 1892 p2
SOUTHERLAND, Bettie - 17 Aug 1909; 31 Dec 1909 p1
  Nancy - 12 Mar 1892; 31 Dec 1892 p2
SOUTHGATE, Mrs John - nd; 25 July 1832 p3
SOUTHWARD, Charles - 2 July 1852; 3 July 1852 p2
SOUTHWORTH, Lavinia C - 1 Feb 1873; 11 Feb 1873 p2
SOUTTER, Robert Jr - 4 June 1873; 7 June 1873 p3
  Virginia - 15 Nov 1881; 22 Nov 1881 p2
SOWERS, Daniel A - 20 May 1852; 28 May 1852 p3
  John C - 22 Sept 1843; 9 Oct 1843 p3
  Ruth - -- Mar 1866; 30 Mar 1866 p3
SPALDING, George H - 16 Sept 1820; 20 Sept 1820 p3
  Geo R - 28 Mar 1843; 17 Apr 1843 p3
  Ignatius - 9 Oct 1841; 13 Oct 1841 p3
  John M - 29 Feb 1848; 3 Mar 1848 p3
  Michael Jordan - 30 June 1860; 6 July 1860 p3

SPALDING, Mary T - nd; 30 Mar 1846 p3
SPANGENBERG, Dr Frederick - 1791; 10 Mar 1791 p3
SPARKS, Edward - 24 Feb 1871; 28 Feb 1871 p4
  Joel - 26 May 1834; 27 May 1834 p3
SPARROW, Frances - 17 Feb 1873; 17 Feb 1873 p2 & 19 Feb 1873 p2
  Kate T - 17 Apr 1871; 25 Apr 1871 p3
SPEAKE, Nannie - 25 Apr 1866; 7 May 1866 p2
  Richard - 28 Apr 1842; 6 May 1842 p3
  Thomas Lawson - nd; 27 Apr 1872 p2
SPEARS, Joseph - nd; 8 Apr 1819 p2
SPEED, John M - 1 Nov 1866; 2 Nov 1866 p2
SPEIDEN, Alice - 1 Aug 1887; 2 Aug 1887 p2
  Marian - 28 Oct 1866; 29 Oct 1866 p2
  William Edgar June - --- June 1874; 16 June 1874 p2
SPELLINGS, Eugie W - 28 June 1908; 31 Dec 1908 p1
SPELLMAN, James - 7 Apr 1861; 13 Apr 1861 p3
SPENCE, Alexander - 18 Jan 1858; 27 Jan 1858 p2
  James - nd; 2 Aug 1831 p3
  Mary Foushee - 10 Dec 1867; 18 Dec 1867 p2
  Virginius - 1 Aug 1840; 5 Aug 1840 p3
SPENCER, Bettie - 7 Nov 1893; 30 Dec 1893 p2
  Elizabeth - nd; 20 June 1849 p3
  Elizabeth Wray - 25 June 1833; 8 July 1833 p3
  Ethel - 17 Sept 1893; 30 Dec 1893 p2
  J M B - 29 May 1894; 31 Dec 1894 p1
  John - 24 Sept 1912; 31 Dec 1912 p1
  John A - 30 Dec 1903; 31 Dec 1903 p2
  Sarah A - 27 Oct 1902; 31 Dec 1902 p1
SPERRY, Jacob - 4 Sept 1843; 15 Sept 1843 p3
  Regina M - 24 Sept 1872; 28 Sept 1872 p2
  Sarah Catharine - 25 Mar 1840; 6 Apr 1840 p3
SPICER, Martha E - 6 June 1904; 31 Dec 1904 p1
  Samuel W - 25 Sept 1875; 1 Oct 1875 p2
SPILLER, Archer S - 19 Jan 1874; 20 Jan 1874 p2
SPILLMAN, Catharine - 7 July 1893; 30 Dec 1893 p2
  Katie - 2 June 1884; 31 Dec 1884 p3
  Lucy F - 20 June 1865; 23 June 1865 p2
  Maggie R - 22 June 1893; 30 Dec 1893 p2
  Mary E - 29 Nov 1852; 11 Dec 1852 p3
SPILMAN, Conway - 25 Dec 1860; 3 Jan 1860 np
  Lloyd L - nd; 26 Oct 1839 p3
  Nancy - 11 Jan 1835; 24 Jan 1835 p3
  Peter - 18 Apr 1850; 24 Apr 1850 p2

  Susan R - 2 Mar 1874; 10 Mar 1874 p2
SPINDLE, Adelaide - 30 Dec 1859; 20 Jan 1860 p3
  Elizabeth C - 23 Mar 1860; 2 Apr 1860 p3
SPINKS, Charles - 14 June 1915; 31 Dec 1915 p2
  Charles S - 9 June 1872; 11 June 1872 p3
  Frank C Sr - 22 Jan 1910; 31 Dec 1910 p1
  Frank C - 13 July 1914; 31 Dec 1914 p1
  Julia - 10 July 1902; 31 Dec 1902 p1
  Louisa - 6 Dec 1872; 7 Dec 1872 p2
  Luther - 30 Mar 1907; 31 Dec 3 1907 p1
  Susan E - 2 Nov 1904; 31 Dec 1904 p1
  Thomas - 16 Feb 1906; 31 Dec 1906 p1
SPINNEY, Leslie M - 1 Jan 1912; 31 Dec 1912 p1
SPITTLE, Ann C - 8 Nov 1908; 31 Dec 1908 p1
  Randolph - 28 May 1914; 31 Dec 1914 p1
SPOTSWOOD, Beverly Wellford - 22 Jan 1854; 30 Jan 1854 p3
SPOTTS, James C - 6 June 1857; 10 June 1857 p3
SPRIGG, Benjamin - nd; 1 Oct 1833 p3
  Daniel - nd; 24 Jan 1871 p2
  D F - 12 June 1908; 31 Dec 1908 p1
  Eliza - 5 Oct 1859; 18 Oct 1859 p3
  Elizabeth - 19 Apr 1870; 28 Apr 1870 p3
  Osborn, Esq - 19 Nov 1862; 20 Nov 1862 p3*
SPRIGGS, Catharine - 17 Feb 1873; 18 Feb 1873 p2
SPROSTON, George S - 21 Jan 1842; 25 Jan 1842 p3
SPROUSE, Susan - 8 Jan 1907; 31 Dec 1907 p1
SPROWL, Sabina - 24 Feb 1903; 31 Dec 1903 p1
SPUNAGLE, Banbary - nd; 13 Nov 1824 p3
STABLER, Ann R - 3 May 1882; 4 May 1882 p2
  Bessie - 30 Nov 1898; 31 Dec 1898 p1
  Clinton - 7 July 1860; 14 July 1860 p3
  Edward - 18 Jan 1831; 19 Jan 1831 p3
  Edward F - 2 Feb 1877; 9 Feb 1877 p2
  Francis - 30 June 1885; 31 Dec 1885 p2
  Harriet - 25 July 1847; 27 July 1847 p3
  Herbert - 21 Dec 1877; 22 Dec 1877 p2
  James P - 13 Feb 1840; 19 Feb 1840 p3
  Jane J - 24 Sept 1884; 31 Dec 1884 p3
  Mary - nd; 30 Apr 1853 p2
  Mary C - 11 July 1857; 14 July 1857 p2
  Mary E - 22 Dec 1906; 31 Dec 1906 p1
  Robinson - 11 Apr 1855; 12 Apr 1855 p3
  Robinson - --- Jan 1871; 5 Jan 1871 p3
  Sarah Zalinda - 3 Nov 1834; 6 Nov 1834 p3
  Thomas Snowden - 11 Aug 1860; 15 Aug 1860 p3
  Wm - nd; 25 Sept 1852 p3

STALLARD, Randall - 10 Jan 1873; 31 Mar 1873 p3
  Randolph - 26 Mar 1843; 5 Apr 1843 p3
STALLINGS, Theodore - 1 Aug 1861; local news 30 Oct 1861 p1
STANARD, Eaton - 18 Jan 1860; 28 Jan 1860 p3
  Col John - nd; 25 Sept 1833 p3
  Marcia Louiry - 28 June 1867; 13 July 1867 p3
STANDIFORD, Arthur - 29 Feb 1876; 29 Feb 1876 p3
  J Harvey - 28 Aug 1908; 31 Dec 1908 p1
  John - 4 Aug 1907; 31 Dec 1907 p1
  Josephine - 29 June 1896; 31 Dec 1896 p1
STANFORD, Levin - 5 Mar 1913; 31 Dec 1913 p1
STANGLE, Mary Jane - nd; 5 Sept 1849 np
STANHOPE, William - 15 Dec 1801; 16 Dec 1801 p3
STANLEY, Betsy - 1867; 26 July 1867 p2
  Elizabeth - 30 Aug 1843; 4 Sept 1843 p3
  Thomas - nd; 9 Mar 1813 p3
STANNARD, Brittie Kennon - 22 Mar 1871; 27 Mar 1871 p3
STANSBURY, Edith A - 5 Mar 1907; 31 Dec 1907 p1
  John M - 23 Aug 1862; 23 Aug 1862 p3*
  Joseph S - 15 Apr 1870; 16 Apr 1870 p2
  Linda A - 15 Oct 1881; 17 Oct 1881 p2
  Mary Edna - 14 Apr 1881; 15 Apr 1881 p2
  Mary Elizabeth - 6 Aug 1862; 8 Aug 1862 p3*
  Susan - 20 Feb 1852; 25 Feb 1852 p2
STANTON, Carrie V - 3 June 1902; 31 Dec 1902 p1
  Charles Ewell - 13 Oct 1863; 16 Oct 1863 p2
  Elihu H - 5 Jan 1887; 6 Jan 1887 p2
  Isabella - 1 Jan 1899; 30 Dec 1899 p1
  J D - 21 Jan 1912; 31 Dec 1912 p1
  R H - 30 June 1888; 31 Dec 1888 p1
  Tabitha - 23 Jan 1826; 24 Jan 1826 p3
  Thomas Brocchus - nd; 5 Feb 1833 p3
  Wm Wesley - nd; 3 Mar 1854 p3
STANWOOD, Maria - 9 Aug 1874; 12 Aug 1874 p2
STAPLETON, Joseph K - nd; 4 Apr 1853 p2
STAR, Beulaah - 12 June 1873; 18 June 1873 p2
STARH, Noah - 9 Aug 1862; 15 Aug 1862 p3*
STARK, Col Henry - 24 July 1865; 25 July 1865 p3
  John T - 4 Feb 1873; 13 Feb 1873 p2
  Dr Joseph B - 5 Apr 1854; 10 Apr 1854 p3
STARKE, Wm - nd; 8 Jan 1839 p3

STARNELL, Benjamin - 1 Feb 1889; 31 Dec 1889 p2
STARNELL, John W - 12 July 1900; 31 Dec 1900 p1
  Rosa C L - 25 July 1913; 31 Dec 1913 p1
STARR, William H - 22 Aug 1860; 27 Aug 1860 p3
STATES, Robert B - 8 June 1866; 11 June 1866 p2
STAUB, Bettie P - 21 Apr 1861; 29 Apr 1861 p3
  J H Tegmeyer - 23 June 1860; 28 June 1860 p3
STAUGHTON, Dr James M - nd; 14 Aug 1833 p3
  Rev Wm - nd; 23 Dec 1829 p3
STAUSBURY, Georgianna - 22 Feb 1884; 31 Dec 1884 p3
  Monnie E - 29 June 1895; 31 Dec 1895 p1
STEADMAN, George W - 15 Apr 1904; 31 Dec 1904 p1
  Uriah - 18 July 1845; 28 July 1845 p3
STEARNS, Caroline Virginia - 3 Dec 1877; 4 Dec 1877 p3
  George W - 5 July 1907; 31 Dec 1907 p1
  Sarah - 10 Oct 1892; 31 Dec 1892 p2
STEED, Robert E - 6 Aug 1833; 9 Aug 1833 p3
STEEL, E T Jr - 29 June 1911; 30 Dec 1911 p4
  James C - 30 Apr 1868; 1 May 1968 p3
  John H - nd; 7 Oct 1845 p3
  Julia Ann - nd; 6 Aug 1831 p3
STEELE, Catherine - 6 May 1869; 7 May 1869 p2
  Charles N - 30 May 1913; 31 Dec 1913 p1
  Edwin Alonza - 21 Aug 1865; 21 Aug 1865 p4
  Mrs Elizabeth - 22 Jan 1861; 11 Feb 1861 p3
  Elmer - 25 June 1904; 31 Dec 1904 p1
  Mr H N - 2 Dec 1862; 4 Dec 1862 p3*
  John F - 24 July 1860; 25 July 1860 p2
  Lucy May - 16 Aug 1869; 16 Aug 1869 p2
  Margaret - 26 May 1808; 27 May 1808 p3
  Thomas - 12 Apr 1859; 13 Apr 1859 p3
STEENBERGER, William - 29 Dec 1835; 3 Jan 1835 p2
STEER, Isabella - 29 Dec 1888; 31 Dec 1888 p1
STEIN, Mr C - 27 Sept 1865; 28 Sept 1865 p3
  Elizabeth - 14 Oct 1870; 17 Oct 1870 p2
  John M - 8 Sept 1875; 14 Sept 1875 p2
STEINBERGEN, Wm - 15 July 1839; 9 Aug 1839 p3
STEINER, Chas P S - 19 May 1882; 20 May 1882 p2
  Ettie - -- Feb 1868; 11 Feb 1868 p2
  Geo F - 28 Dec 1875; 29 Dec 1875 p2
  George F - 7 Aug 1903; 31 Dec 1903 p1

STEINER, James B - 19 Oct 1912; 31 Dec 1912 p1
Jonathan - 8 May 1883; 31 Dec 1883 p3
Lillie May - 23 May 1877; 23 May 1877 p2
Martha Ashleigh - 23 Nov 1878; 23 Nov 1878 p2
Sarah A - 21 Sept 1894; 31 Dec 1894 p1
STENART, Amelia R - 11 May 1868; 12 May 1868 p3
STEPHEN, Robert D - 31 Mar 1843; 8 Apr 1843 p3
STEPHENS, Bettie S - 22 Sept 1872; 30 Sept 1872 p3
Elizabeth - 9 July 1895; 31 Dec 1895 p1
Nathan - 25 Jan 1895; 31 Dec 1895 p1
Robert - 5 Mar 1835; 10 Mar 1835 p3
STEPHENSON, Carter L - 3 June 1840; 8 June 1840 p3
Mrs D - 16 Aug 1875; 23 Aug 1875 p3
Huldah F - 27 Aug 1914; 31 Dec 1914 p1
Jane - nd; 24 Sept 1853 p3
John - 6 Apr 1891; 31 Dec 1891 p1
John - 1 Dec 1901; 31 Dec 1901 p1
Mary D - 24 Feb 1887; 1 Mar 1887 p2
Phillippi F - nd; 3 Jan 1838 p3
Sarah A - 12 Nov 1889; 31 Dec 1889 p2
Susan - 25 Jan 1854; 26 Jan 1854 p3
STERLING, Charles - 26 Oct 1877; 27 Oct 1877 p3
Henry - 30 Jan 1884; 31 Dec 1884 p3
Julia - 9 Jan 1890; 31 Dec 1890 p1
Mary E - 17 Apr 1884; 31 Dec 1884 p3
STERNS, Capt William - 11 Jul 1862; 17 Jul 1862 p3*
STERRETT, Lydia H - 30 June 1874; 20 July 1874 p2
W B - 5 June 1871; 12 June 1871 p2
STETSON, Mary Douglas - 8 Dec 1851; 10 Dec 1851 p2
STETTINIUS, Sarah - 10 May 1839; 13 June 1839 p3
STEUART, Elizabeth - 26 Nov 1854; 28 Nov 1854 p3
George C - 16 Aug 1911; 30 Dec 1911 p4
Hugh - nd; 27 June 1831 p3
James Montgomery - 7 Oct 1880; 8 Oct 1880 p2
Lizzie - 28 Feb 1865; 1 Mar 1865 p3
Sarah Ann - 24 Apr 1900; 31 Dec 1900 p1
William - 9 June 1871; 9 June 1871 p2
STEUERNAGEL, George - 11 Mar 1889; 31 Dec 1889 p2
Katharine - 16 Feb 1911; 30 Dec 1911 p4

STEVENS, Charles - 7 May 1869; 11 May 1869 p3
Charlotte Sedgwick - 9 June 1860; 12 June 1860 p3
Cora - 8 July 1904; 31 Dec 1904 p1
Frederick - 14 July 1843; 10 Aug 1843 p3
Henry - 2 Dec 1852; 8 Dec 1852 p2
John B - 27 Aug 1854; 15 Sept 1854 p3
John W - 24 Dec 1860; 4 Jan 1861 p3
Joseph M - 23 Mar 1882; 27 Mar 1882 p2
Martha A E - 4 Oct 1858; 1 Nov 1858 p3
Russell - 25 Sept 1841; 28 Sept 1841 p3
Thomas L - 27 July 1832; 9 Aug 1832 p3
Walter H - Fall 1867; 15 Apr 1868 p2
STEVENSON, Elizabeth - 28 Oct 1850; 20 Nov 1850 p3
Mary Shaaf - 10 July 1865; 11 July 1865 p2
Robert - 12 Feb 1826; 13 Feb 1826 p3
Robert M - 13 Jan 1871; 20 Jan 1871 p3
Wallace C - 12 Dec 1853; 14 Dec 1853 p3
STEVERSON, Robert M - 13 Jan 1871; 20 Jan 1871 p3
STEWARD, Mary Jane - 22 Dec 1857; 24 Dec 1857 p3
STEWART, Benjamin Franklin - nd; 19 Mar 1849 p2
Charles - 20 July 1858; 20 Aug 1858 p3
Charles H - 1866; 27 Oct 1866 p2
Charles J - 4 Sept 1871; 9 Sept 1871 p2
Clement - nd; 11 Aug 1863 p3
Delia - nd; 18 Feb 1852 p3
E - 25 Aug 1857; 28 Aug 1857 p3
Elenor B - 12 Apr 1871; 17 Apr 1871 p3
Eliza Dunlap - 11 July 1860; 12 July 1860 p3
Elizabeth - 8 Apr 1843; 10 Apr 1843 p3
Elizabeth - 30 Aug 1859; 9 Sept 1859 p3
Elizabeth - 11 Oct 1863; 13 Nov 1863 p3
Elizabeth B - nd; 17 Apr 1871 p2
Kate M - nd; 26 Feb 1859 p3
George William - 16 May 1842; 20 May 1842 p3
James - 5 Aug 1892; 31 Dec 1892 p2
James A - 17 Jan 1915; 31 Dec 1915 p2
James E - 6 Sept 1870; 7 Sept 1870 p3
James M - 21 Dec 1890; 31 Dec 1890 p1
John - nd; Gazette 15 Mar 1837 p3
John - 6 Feb 1864; 9 Feb 1864 p1
John M - 30 Jan 1861; 1 Feb 1861 p3
John W - 6 Nov 1885; 31 Dec 1885 p2
Maria - 11 Oct 1860; 23 Oct 1860 p3
Mary Boyd - nd; 21 Oct 1853 p3
Mary J - 1 Apr 1891; 31 Dec 1891 p1
Mary Jane - 18 Nov 1909; 31 Dec 1909 p1

STEWART, Richard - 30 Apr 1868; 1 May 1868 p3
Richard Payne - 8 May 1852; 18 May 1852 p2
Susan - 11 Dec 1878; 12 Jan 1879 p2
Susan A - 28 Mar 1890; 31 Dec 1890 p1
Thomas N - 15 Feb 1881; 19 Mar 1881 p2
William - -- Feb 1818; 26 Feb 1818 p3
William - nd; 5 Aug 1847 p2
William A - 20 Nov 1882; 20 Nov 1882 p2
Wm - 6 Aug 1839; 3 Sept 1839 p3
Wm Dunlop - 29 Sept 1896; 31 Dec 1896 p1
Wm J - 25 Dec 1850; 28 Dec 1850 p3
STHRESHLEY, Helen A - 7 July 1877; 12 July 1877 p2
STICKNEY, Amand - 8 June 1870; 29 June 1870 p2
STILES, Levi B - 28 Jan 1881; 31 Jan 1881 p3
Martin G - 1864; 1 Aug 1864 p2
STILLMAN, Thomas B - 2 Jan 1866; 3 Jan 1866 p3
STILLWELL, Jarrat - 6 May 1843; 10 May 1843 p3
STILSON, Nancy M - 18 Feb 1875; 19 Feb 1875 p2
STINGSON, Mary Ann - 11 Nov 1874; 7 Dec 1874 p2
STINSON, John - 19 July 1869; 23 July 1869 p2
STIRLING, William - 31 Aug 1860; 3 Sept 1860 p3
STITH, Mary D - nd; 21 May 1838 p3
Medora Everard - 13 Oct 1843; 17 Oct 1843 p2 & 19 Oct 1843 p3
Col Robert - 21 Nov 1790; 23 Nov 1790 p3
Sarah Barnes Hooe - 11 Sept 1877; 29 Sept 1877 p2
Thorawgood S - 24 Sept 1843; 7 Oct 1843 p3
STOCKS, Stephen Sands - 8 Aug 1873; 4 Sept 1873 p2
STOCKTON, Francis B - 15 Jan 1858; 18 Jan 1858 p3
STODDARD, Catharine F - nd; 29 Nov 1854 p3
Henry - 1 Nov 1869; 2 Nov 1869 p3
STODDART, Elizabeth - 6 Sept 1863; 15 Sept 1863 p3
John T - 19 July 1870; 1 Aug 1870 p3
STODDERT, Benjamin - 17 Dec 1813; 30 Dec 1813 p3
STOKELY, William - 7 Dec 1863; 4 Jan 1864 p3
STONE, Ann Delia - 12 Jan 1844; 22 Jan 1844 p3
Caleb - nd; 24 Oct 1850 p2
Catharine - 3 Apr 1860; 20 Apr 1860 p2

Hawkin - 7 Mar 1810; 9 Apr 1810 p3 & 10 Apr 1810 p3
Herman - 1881; 1 Feb 1881 p2
James W - 12 Sept 1857; 22 Sept 1857 p3
Dr John R - nd; 7 Jan 1833 p3
John T - 17 Apr 1904; 31 Dec 1904 p1
Joseph F - -- Mar 1868; 24 Mar 1868 p2
Kate Eleanor - 14 July 1860; 1 Aug 1860 p3
Mary A - 12 Dec 1889; 31 Dec 1889 p2
Mary Ann - 16 Dec 1874; 17 Dec 1874 p2
Nancy - 18 Sept 1870; 6 Oct 1870 p2
Oliver - 31 Jan 1910; 31 Dec 1910 p1
Richard - 26 Apr 1842; 6 May 1842 p3
Sarah Frances - 29 Nov 1877; 3 Dec 1877 p3
Thomas - 5 Oct 1787; 11 Oct 1787 p2
William - 14 May 1867; 27 May 1867 p2
William J - 17 Jan 1865; 17 Jan 1865 p3
Wm L - nd; 20 Aug 1844 p3
Rev Wm Murary - nd; 6 Mar 1838 p3
STONELL, Daniel - 5 Feb 1861; 6 Feb 1861 p3 & 9 Feb 1861 p3
STONESTREET, Ann E - 26 Nov 1878; 30 Nov 1878 p2
Nicholas - nd; 29 Dec 1838 p3
STONILL, Mary - 25 Mar 1858; 1 Apr 1858 p3
STONNEL, Vincent - 28 Nov 1873; 29 Nov 1873 p3
STONNILL, William - 24 Jan 1875; 25 Jan 1875 p3
STOOPS, Richard - 22 Sept 1882; 25 Sept 1882 p2
Walter - nd; 31 May 1849 p2
STORKE, John - 11 July 1833; 2 Aug 1833 p3
Seymour H - 31 Aug 1847; 6 Sept 1847 p3
Susan - 14 July 1874; 25 July 1874 p2
Wm - nd; 4 Oct 1833 p3
STORROW, Eliza H F - 17 Apr 1870; 21 Apr 1870 p3
STORY, Nora - 3 Mar 1904; 31 Dec 1904 p1
Sarah L - 8 June 1863; 9 June 1863 p3
STOUT, Betty - 6 Sept 1857; 14 Sept 1857 p3
STOUTENBURG, Emily - nd; 3 Apr 1850 p3
STOUTENBURGH, Amelia T - 7 July 1889; 31 Dec 1889 p2
Cornelia H - 12 Sept 1888; 31 Sept 1888 p1
Ester B - -- Mar 1892; 31 Dec 1892 p2
Esther - 7 Mar 1911; 30 Dec 1911 p4
James A - 24 June 1879; 25 June 1879 p2
Marion M - 26 Mar 1892; 31 Dec 1892 p2
S B - 15 Mar 1892; 31 Dec 1892 p2
T A - 4 Aug 1873; 4 Aug 1873 p2

STOUTSENBERGER, Jacob - nd; 4 Sept 1854 p3
STOVER, Albert F - 26 Dec 1854; 15 Jan 1855 p3
  Charles - 31 Mar 1872; 12 Apr 1872 p3
  E A - 30 July 1854; 14 Aug 1854 p3
  John T - 5 Oct 1911; 30 Dec 1911 p4
  Joseph - nd; 26 Nov 1819 p3
STRAITH, Ellen J - 6 Apr 1868; 10 Apr 1868 p2
  Dr Richard - nd; 1 May 1837 p3
STRANLEY, Mary Alvirdia - nd; 3 June 1859 p3
STRAUSS, Emma - 24 Mar 1906; 31 Dec 1906 p1
  Henry - 10 Oct 1908; 31 Dec 1908 p1
STREET, Alfred - nd; 9 Nov 1833 p2
  Elizabeth D - 17 Jan 1861; 7 Feb 1861 p2
STRESHLEY, John - 8 Oct 1841; 14 Oct 1841 p3
STRIBLING, Dr - recently; 2 Feb 1864 p3
  Mrs Dr - 1868; 17 Feb 1868 np
  Caroline - 1 May 1887; 4 May 1887 p3
  Mary - 15 Apr 1843; 15 May 1843 p3
STRICKLAND, Col John - 23 Aug 1835; 31 Aug 1835 p3
STRICKLIN, Catherine - 22 Mar 1855; 24 Mar 1855 p3
STRIDER, Catherine - 30 Jan 1885; 31 Dec 1885 p2
  Hugh L - 22 Jan 1915; 31 Dec 1915 p2
  James E - 6 Dec 1892; 31 Dec 1892 p2
  Jas S - 15 Apr 1899; 30 Dec 1899 p1
  John Henry - 2 Mar 1861; 4 Mar 1861 p2
  Josephine - 17 Apr 1902; 31 Dec 1902 p1
  Kate Ashby - 30 May 1881; 31 May 1881 p2
  Phoebe - 10 June 1894; 31 Dec 1894 p1
  Richard - 2 Sept 1881; 3 Sept 1881 p2
STRIKER, Margaret A - 2 Sept 1895; 31 Dec 1895 p1
STRINGFELLOW, Elizabeth - 31 Aug 1870; 6 Oct 1870 p2
  Lizzie T - 27 Jan 1861; 2 Feb 1861 p2
  Louisa - 10 July 1847; 24 July 1847 p3
  Mary - nd; 10 Apr 1844 p3
  Mildred Ann - 13 Apr 1835; 14 Apr 1835 p3
  R Rittenhouse - -- Feb 1842; 17 Feb 1842 p3
  Capt William - nd; 14 June 1849 p2
STROBEL, Henrietta - 14 Feb 1880; 31 Dec 1880 p2
  Mary E - 25 Oct 1909; 31 Dec 1909 p1
STROESSNER, Christian - 7 Oct 1865; 7 Oct 1865 p3
STROKE, Bailey W - nd; 14 July 1837 p3
STRONG, Augustus R - 18 Oct 1834; 15 Nov 1834 p3
  David - 20 Sept 1801; 1 Oct 1801 p3

STROTHER, Francis M - 3 Mar 1865; 8 Mar 1865 p2
  George W - 26 Aug 1879; 2 Sept 1879 p2
  Hortense - 7 Nov 1910; 31 Dec 1910 p1
  James - nd; 31 May 1853 p3
  James French - 20 Sept 1860; 25 Sept 1860 p3
  John - nd; 16 Sept 1833 p3
  John - 31 Oct 1851; 24 Nov 1851 p2
  John F - 8 Mar 1841; 11 Mar 1841 p3
  Kate W - 26 Apr 1871; 5 June 1871 p2
  Martha - 9 June 1859; 22 June 1859 p3
  Mary - nd; 22 Sept 1836 p3
  Milley - nd; 23 Sept 1851 p2
  Sarah - 13 Apr 1860; 23 Apr 1860 p2
STRUDER, George - 23 Jan 1891; 31 Dec 1891 p1
  George - 27 Apr 1896; 31 Dec 1896 p1
  Nettie - 9 Oct 1878; 9 Oct 1878 p3
  Phoebe Ellen - 1 Dec 1871; 2 Dec 1871 p2
  R Bernard - 25 Aug 1889; 31 Dec 1889 p2
STUART, Aggie - 10 Sept 1882; 12 Sept 1882 p2
  Albert - 2 Jan 1911; 30 Dec 1911 p4
  Alexander H H Jr - 1867; 13 July 1867 p3
  Ann L - 22 Oct 1871; 23 Oct 1871 p3
  Anna Calvert - nd; 28 Mar 1855 p3
  Charles - 4 Jan 1860; 10 Jan 1860 p3
  Charles B - 6 Feb 1875; 20 Feb 1875 p2
  Charles Calvert - 25 May 1869; 27 May 1869 p2
  Charles E - 25 Dec 1874; 26 Dec 1874 p2
  Charles E - 15 Apr 1889; 31 Dec 1889 p2
  Charles T - 30 Nov 1853; 2 Dec 1853 p2
  Eleanor - nd; 5 Oct 1811 p3
  Eliza - 28 Dec 1873; 7 Jan 1874 p2
  Elizabeth - 12 Apr 1841; 17 May 1841 p3
  F D - 25 Jan 1878; 25 Jan 1878 p3
  Helen - 4 July 1873; 7 July 1873 p2
  Henry L - 27 Jan 1888; 31 Dec 1888 p1
  Hester - 19 July 1877; 19 July 1877 p2
  John G - 27 Dec 1835; 19 Jan 1836 p3
  John Hill - 14 Oct 1838; 22 Oct 1838 p3
  Julia Calvert - 12 Feb 1861; 22 Feb 1861 p3
  Louisa - -- Feb 1871; 28 Feb 1871 p3
  Lucy C - 12 Feb 1895; 31 Dec 1895 p1
  Lucy M - 11 June 1881; 18 June 1881 p2
  Maria - 26 May 1834; 12 June 1834 p3
  Maria - nd; 16 Sept 1847 p3
  Mattie H - 10 June 1869; 23 June 1869 p3
  Oscar - 14 June 1842; 24 June 1842 p3
  Roberta - 12 May 1860; 2 June 1860 p2
  Sarah K - nd; 5 Sept 1848 p3
  Stephen D - nd; 21 Jan 1840 p3

STUART, Virginia - 1 Nov 1866; 7 Nov 1866 p2
W Douglass - 25 Mar 1879; 26 Mar 1879 p2
William - 21 May 1835; 2 June 1835 p3
William Shalto - 6 Apr 1820; 13 Apr 1820 p2
Mrs Wm B - nd; 24 Nov 1836 p3
Wm B - 11 July 1841; 17 July 1841 p3
Wm G - 3 Apr 1840; 7 Apr 1840 p3
STUBBS, Henry - 13 Feb 1872; 14 Feb 1872 p2
Sister Mary Emanuel - 22 Nov 1865; 24 Nov 1865 p2
William - 15 Mar 1857; 26 Mar 1857 p2
STUDDS, Alice L - 15 Mar 1911; 30 Dec 1911 p4
Amanda W - 15 Feb 1874; 14 Feb 1874 p2
Arthur W - 1 July 1914; 31 Dec 1914 p1
Edwin William - 3 Feb 1858; 10 Feb 1858 p3
Frank L - 2 Oct 1893; 30 Dec 1893 p2
George - 28 July 1903; 31 Dec 1903 p1
Henry -1850; (buried at Strathblane, W end of Raleigh St near Strathbland place) 1863 np
Henry - 14 Apr 1863; 16 Apr 1863 p3
Isaac M - 26 Mar 1908; 31 Dec 1908 p1
Isabell D - 2 Oct 1863; 3 Oct 1863 p3
Jacob A - 24 May 1912; 31 Dec 1912 p1
James K - 25 Jan 1900; 31 Dec 1900 p1
John - 12 Nov 1877; 13 Nov 1877 p2
Lucy E - 7 Mar 1913; 31 Dec 1913 pl.
Mary Jane - 1 Oct 1913; 31 Dec 1913 p1
R Clinton - 11 July 1889; 31 Dec 1889 p2
Susan - 29 Feb 1888; 31 Dec 1888 p1
Sarah - 13 Aug 1897; 31 Dec 1897 p1
STULL, Elie Williams - 20 Jan 1843; 26 Jan 1843 p3
STUMP, Sarah Cornelia - 15 July 1857; 4 Aug 1857 p2
STUNKEL, Eddie - 11 May 1887; 13 May 1887 p3
STYLES, Mrs - 7 Jan 1884; 31 Dec 1884 p3
SUBLETTE, Milton G - 15 Apr 1837; 29 June 1837 p3
SUDDATH, Cassander - 25 Mar 1847; 3 Apr 1847 p3
Christianna Cassiah - 12 Oct 1846; 3 Apr 1847 p3
SUDDITH, A J - 9 Mar 1868; 20 Mar 1868 p2
Ann Sophia - 14 Apr 1853; 26 Apr 1853 p3
Benjamin - 30 Apr 1850; 7 May 1850 p3
Mrs Inman A - 25 Oct 1869; 1 Nov 1869 p2
James A - 9 Mar 1870; 16 Mar 1870 p2
SUDDOTH, Edwin G - 14 July 1855; 28 Aug 1855 p3
SUDDUTH, J A - 14 Apr 1892; 31 Dec 1892 p2
Letty - 31 Oct 1837; 7 Nov 1837 p3

SUIT, Bettie - 31 Oct 1862; 20 Nov 1862 p3*
Edward - 19 Aug 1850; 26 Aug 1850 p2
Fielder - 8 Nov 1870; 17 Nov 1870 p3
Fielder B Jr - 20 Mar 1868; 28 Mar 1868 p2
J Smith - 18 June 1869; 25 June 1869 p2
Mr Nathaniel - 9 Apr 1861; 19 Apr 1861 p3
SULLIVAN, Andrew - 26 July 1857; 30 July 1857 p3
Andrew - 13 Mar 1905; 30 Dec 1905 p1
Bridget - 29 Apr 1883; 31 Dec 1883 p3
Catharine - nd; 14 Aug 1848 p3
Mrs Daniel - 17 May 1897; 31 Dec 1897 p1
Edward - 29 Jan 1902; 31 Dec 1902 p1
Mrs Edward - 21 Jan 1889; 31 Dec 1889 p2
Ella V - 22 May 1885; 31 Dec 1885 p2
Ernest - 5 Sept 1906; 31 Dec 1906 p1
Fannie - 13 Aug 1895; 31 Dec 1895 p1
James - 10 Dec 1808; 17 Dec 1808 p3
John - 1887; 7 May 1887 p2
John - 7 Oct 1892; 31 Dec 1892 p2
Leona - 2 June 1912; 31 Dec 1912 p1
Maria - 25 Feb 1893; 30 Dec 1893 p2
Mary - 17 Aug 1860; 22 Aug 1860 p3
Mary - 16 Apr 1885; 31 Dec 1885 p2
Norman - 12 Nov 1902; 31 Dec 1902 p1
Pearl - 17 Aug 1898; 31 Dec 1898 p1
Richard - 22 Nov 1900; 31 Dec 1900 p1
Susan - 12 Dec 1914; 31 Dec 1914 p1
W F - 13 Aug 1893; 30 Dec 1893 p2
SULLY, Lt James R - nd; 3 Feb 1840 p3
SUMMERS, Albinia - nd; 18 Feb 1840 p3
Amanda - 21 Jan 1897; 31 Dec 1897 p1
Ann Smith - 23 July 1843; 7 Aug 1843 p3
Catharine E - 27 Oct 1892; 31 Dec 1892 p2
Caven - nd; 5 Sept 1851 p3
Cora - 18 July 1908; 31 Dec 1908 p1
Edgar - 18 Aug 1861; local news 12 Oct 1861 p2
Ernest - nd; 12 Nov 1855 p3
Francis - nd; 22 Jan 1822 p3
Frank - 10 Mar 1904; 31 Dec 1904 p1
George - 1 Sept 1838; 18 Sept 1838 p3
George T - 29 May 1841; 16 June 1841 p3
H G - 30 Dec 1821; 22 Jan 1822 p3
Isabella - 20 Jan 1821; 26 Jan 1821 p2
John - nd; 9 Dec 1790 p3
John - 24 Mar 1880; 25 Mar 1880 p2
Mrs John W - 16 Dec 1869; 16 Dec 1869 p2
John W - 24 May 1915; 31 Dec 1915 p2
Julia M - 11 Sept 1896; 31 Dec 1896 p1
Laura V - 21 Mar 1879; 22 Mar 1879 p2
Lewis - 27 Aug 1843; 11 Sept 1843 p3

SUMMERS, Judge Lewis - 27 Aug 1843; 4 Sept 1843 np
Margaret Mary - 24 May 1882; 25 May 1882 p2
Maria - nd; 12 Apr 1853 p2
Mary Buckingham - 5 July 1852; 10 July 1852 p2
Mary C - 18 May 1882; 18 May 1882 p2
Priscalla Richards - 24 Jan 1863; 26 Jan 1863 p3
Sallie - 7 Dec 1892; 31 Dec 1892 p2
Sidney - 5 Aug 1862; 6 Aug 1862 p3*
Thomas - 18 Apr 187 1; 5 June 1871 p2
W J - 16 Dec 1905; 30 Dec 1905 p1
Wapello - 2 Jan 1908; 31 Dec 1908 p1
William S - 10 Apr 1834; 23 Apr 1834 p3
SUMNER, James H - 6 Dec 1874; 12 Dec 1874 p2
SUMTER, Col. Thomas - nd; 24 June 1840 p3
SUNDERLAND, Edgar - 28 Dec 1911; 30 Dec 1911 p4
SUNDERLIN, Otis - 13 July 1914; 31 Dec 1914 p1
SURATT, John - 25 Aug 1862; 30 Aug 1862 p3*
SURGHNOR, Sally E - 10 Feb 1843; 14 Feb 1843 p3
SUTER, Alexander Fletcher - 15 Dec 1847; 3 Feb 1848 p3
John - 5 Feb 1826; 6 Feb 1826 p3
Maria - 3 July 1812; 6 July 1812 p3
SUTHARD, Betsy - 3 Aug 1874; 12 Aug 1874 p2
William Henry - 25 Nov 1862; 3 Dec 1862 p2*
SUTHERLAND, D - 10 Oct 1911; 31 30 Dec 1911 p4
Ella V - 30 Sept 1894; 31 Dec 1894 p1
James - 1 Feb 1909; 31 Dec 1909 p1
Sarah E - 12 Sept 1915; 31 Dec 1915 p2
Thomas - 21 Sept 1910; 31 Dec 1910 p1
Thomas T - nd; 12 May 1825 p3
SUTTON, Ann Rebecca - 23 Aug 1860; 24 Aug 1860 p3
Charles W - 2 Apr 1882; 3 Apr 1882 p2
Ellen - 23 June 1910; 31 Dec 1910 p1
Emma Frances - 13 Apr 1877; 13 Apr 1877 p2
Hannah W - 1 May 1860; 24 May 1860 p2
J R - 26 Dec 1857; 29 Dec 1857 p3
James William - 24 June 1869; 24 June 1869 p2
Mrs John - 1784; 2 Sept 1784 p3
Kate - 16 Oct 1910; 31 Dec 1910 p1
Mary C - 5 Sept 1886; 31 Dec 1886 p3
Nancy J - 2 Dec 1897; 31 Dec 1897 p1
Rebecca - 2 Nov 1898; 31 Dec 1898 p1
Samuel W - 9 Sept 1892; 31 Dec 1892 p2
Mrs W H - 27 Dec 1888; 31 Dec 1888 p1
Washington - 23 Oct 1893; 30 Dec 1893 p2

William W - 29 Jan 1892; 31 Dec 1892 p2
SWAGGER, John - 1 Nov 1843; 7 Nov 1843 p2
SWAIN, Edgar H - 8 June 1873; 2 July 1873 p2
Elizabeth - 3 May 1853; 5 May 1853 p3
George - nd; 13 Mar 1871 p2
George - 12 Mar 1871; 13 Mar 1871 p2
Mrs George - 16 Nov 1896; 31 Dec 1896 p1
George - 26 Nov 1896; 31 Dec 1896 p1
L W - 21 Aug 1909; 31 Dec 1909 p1
Louise - 15 Apr 1882; 17 Apr 1882 p2
Mary D - 12 Oct 1910; 31 Dec 1910 p1
Rosina Violett - 27 Apr 1860; 28 Apr 1860 p3
Stephen - 15 Dec 1897; 31 Dec 1897 p1
William W - 20 Nov 1911; 30 Dec 1911 p4
SWAINE, Cora - 24 July 1867; 24 July 1867 p3
F G - 13 June 1914; 31 Dec 1914 p1
Louise - 15 Sept 1901; 31 Dec 1901 p1
SWALLOW, Catharine - nd; 9 May 1872 p3
John - 1 Apr 1903; 31 Dec 1903 p1
SWAN, Sarah S - 17 Feb 1915; 31 Dec 1915 p2
SWANN, Alexander - 17 Mar 1838; 21 Mar 1838 p3
Ann - nd; 11 Sept 1810 p3
Charles A - 27 Sept 1875; 27 Sept 1875 p2
Edward - 25 Dec 1826; 3 Jan 1826 p3
Emma Hunter - 22 Feb 1844; 26 Feb 1844 p3
Frances Alexander - nd; 25 July 1849 p3
George - 26 Oct 1889; 31 Dec 1889 p2
J Chandler - 6 Mar 1847; 9 Mar 1847 p3
James - -- Jan 1871; 9 Jan 1871 p2
James - 11 Oct 1895; 31 Dec 1895 p1
James S - 31 Mar 1846; 1 Apr 1846 p2
Jane - 4 Apr 1858; 6 Apr 1858 p3
Jane Byrd - 8 Oct 1812; 3 Nov 1812 p3
Jane Isabella - nd; 3 May 1855 p3
Jas. Thomas - 20 May 1862;23 May 1862 p3*
John - 1 June 1883; 31 Dec 1883 p2
Margaret E - -- Aug 1835; 31 Aug 1835 p3
Maria Louisa - nd; 11 Aug 1853 p2
Mary - 28 Aug 1872; 28 Aug 1872 p3 & 7 Sept 1872 p3
Mary D B - 22 Dec 1857; 25 Dec 1857 p3
Mary Mason - 29 Aug 1911; 30 Dec 1911 p4
Mrs - 1 Dec 1883; 31 Dec 1883 p3
Robert P - 2 June 1849; 11 June 1849 p3
Russell - 21 Sept 1899; 30 Dec 1899 p1
Sarah - 24 May 1843; 25 May 1843 p2
Sarah G - 11 Jan 1894; 31 Dec 1894 p1
Thomas - nd; 27 Jan 1840 p3
Thomas - nd; 13 Oct 1845 p3
Thomas - nd; 14 Feb 1854 p3
Thomas W - 1 July 1895; 31 Dec 1895 p1

SWANN, Thomas William - 30 July 1852; 3 Aug 1852 p2
　William - 12 Feb 1894; 31 Dec 1894 p1
　William T - 22 June 1860; 23 June 1860 p3
　William T - 25 Aug 1882; 4 Sept 1882 p2
SWANSBERGER, Christopher - nd; 3 Oct 1849 p2
SWANSBURY, Elizabeth - 5 Feb 1890; 31 Dec 1890 p1
SWART, Samuel - 8 Jan 1854; 13 Jan 1854 p3
SWARTZ, Augustus B - 25 Jan 1902; 31 Dec 1902 p1
　Horace A - 16 May 1909; 31 Dec 1909 p1
　Prof J G - 30 Apr 1887; 4 May 1887 p3
　James - 13 Oct 1903; 31 Dec 1903 p1
SWEEDON, Mrs - 24 Sept 1894; 31 Dec 1894 p1
SWEENEY, Eliza D - 18 Sept 1871; 19 Sept 1871 p2
　George - nd; 15 Nov 1849 p3
　Elizabeth - 17 Jan 1854; 18 Jan 1854 p3
　John T - 16 Apr 1907; 31 Dec 1907 p1
　Margaret - 26 May 1883; 31 Dec 1883 p3
　Michael - 16 Oct 1897; 31 Dec 1897 p1
SWEENY, Hugh Bernard - 15 Aug 1869; 16 Aug 1869 p2
　J - 30 Oct 1869; 2 Nov 1869 p3
SWENEY, Jane - 5 Sept 1838; 8 Sept 1838 p3.
SWEENY, Mary S C - 27 May 1834; 31 May 1834 p3
　William - 26 July 1834; 30 July 1834 p3
SWEET, Gen B J - 1 Jan 1874; 2 Jan 1874 p2
SWEETEN, Susan - 7 Dec 1900; 31 Dec 1900 p1
SWIFT, Ann - nd; 31 Jan 1833 p3
　Foster - 16 Jan 1826; 3 Feb 1826 p3
　Foster - 18 Aug 1835; 31 Aug 1835 p3
　George Washington - nd; 9 Aug 1819 p3
SWIGART, John - nd; 4 Nov 1843 p3
SWINK, Tenley S - 4 May 1875; 8 May 1875 p2
SWOOPE, Adam - 29 Mar 1804; 30 Mar 1804 p3
　Eva Sabina - 10 Oct 1803; 12 Oct 1803 p3
SYME, Jenne M - nd; 8 Apr 1846 p3
SYMINGTON, William H - 9 Mar 1861; 12 Mar 1861 p3
SYMONS, Jane - 8 Aug 1900; 31 Dec 1900 p1
SYPHAX, Mr - 8 Oct 1869; 9 Oct 1869 p3

TABB, Eliza C - nd; 31 July 1851 p3
　John L - nd; 20 July 1839 p3
　Martha T - 1 Dec 1878; 3 Dec 1878 p2
　Mary Eliza - nd; 15 Aug 1859 p3
　Philip Edward - 31 Jan 1859; 7 Feb 1859 p3
　Rebecca - 17 July 1873; 24 July 1873 p3
TABLER, Gilmore - 15 May 1868; 16 May 1868 p3
TACEY, Robert B - 15 Mar 1863; 16 Mar 1863 p3
TACKETT, Charles - 26 Nov 1834; 28 Nov 1834 p3
　J E - 19 Feb 1910; 31 Dec 1910 p1
　John F - 30 Mar 1908; 31 Dec 1908 p1
　Sophie - 26 Jan 1899; 30 Dec 1899 p1
TALBERT, Alfred - 17 Aug 1892; 31 Dec 1892 p2
　Constantia - 7 Mar 1815; 9 Mar 1815 p3
　Eleazur - 1 Jun 1862; 19 Jun 1862 p3*
　Elizabeth A - 10 Nov 1907; 31 Dec 1907 p1
　William - nd; 10 Dec 1819 p3
　Wm R- 21 May 1851; 14 July 1851 p2
TALBOT, Elisha - nd; 28 Aug 1832 p3
　Elisha - 16 Jan 1843; 26 Jan 1843 p3
　Elizabeth - 13 July 1857; 16 July 1857 p3
　Elizabeth - 28 Sept 1860; 29 Sept 1860 p3
　Horace - 20 Jan 1913; 31 Dec 1913 p1
　Levi - 15 July 1831; 19 July 1831 p3
　Mary Ann - 28 July 1831; 3 Aug 1831 p3
　McKenzie - nd; 9 Mar 1830 p3
　Capt Silas Esq - nd; 5 July 1813 p3
　Thomas - 9 Apr 1852; 10 Apr 1852 p3
　Winifred Ann - 25 Apr 1852; 26 Apr 1852 p2
TALBOTT, Rebecca - 12 Feb 1832; 14 Feb 1832 p3 & obituary 17 Feb 1832 p2
TALIAFERRO, Alfred - 5 Nov 1881; 12 Nov 1881 p3
　Charles C - 21 Mar 1843; 29 Mar 1843 p3
　Edmonia - 12 Oct 1907; 31 Dec 1907 p1
　Edwin - 1 Sept 1867; 7 Sept 1867 p2
　Eliza H - nd; 2 Apr 1861 p3
　Elizabeth - 19 Jan 1843; 30 Jan 1843 p3
　Ella L - 20 Aug 1875; 26 Aug 1875 p2
　Emma - 12 Jan 1874; 13 Jan 1874 p3
　Fanny - 18 Dec 1865; 22 Dec 1865 p3
　Gustavus S - 9 Mar 1877; 4 Apr 1877 p2
　James Garnett - 25 Jan 1844; 3 Feb 1844 p3
　John C - 11 Apr 1900; 31 Dec 1900 p1
　John S - 28 Nov 1891; 31 Dec 1891 p1
　Louisa G - 27 Jan 1844; 8 Feb 1844 p3
　Lucy M - nd; 5 Apr 1844 p3
　Lucy T - 22 Aug 1832; 8 Sept 1832 p3
　Marian M - 3 Oct 1872; 4 Oct 1872 p2
　Mary F - 4 Oct 1836; 10 Oct 1836 p3
　Mary W - nd; 29 Mar 1837 p3
　Roberta - 10 Apr 1878; 12 Apr 1878 p2
　Sarah F - 5 Dec 1840; 14 Dec 1840 p3
　Susan Seddon - 30 May 1866; 6 June 1866 p3

TALIAFERRO, William F - 9 Dec 1843; 27 Dec 1843 p2
William H - 18 Sept 1872; 2 Oct 1872 p2
Wm F - nd; 19 Oct 1844 p3
TALLENT, Capt Robert L - 12 Jul 1862; 5 Nov 1862 p3*
TALLMADGE, Maj Charles B - nd; 7 Jan 1833 p3
TAMSON, Elizabeth - nd; 5 July 1852 p2
TANCILL, James C - --- Nov 1877; 2 Nov 1877 p2 & 3 Nov 1877 p2
Nellie - 16 Sept 1887; 16 Sept 1887 p2
TANSILL, Annie M - 22 July 1872; 8 Aug 1872 p2
Frances Ann - 1 Mar 1846; 6 Mar 1846 p3
John - nd; 1 June 1849 p3
TANNER, Mary E - 25 July 1853; 28 July 1853 p3
TANNEY, Augustus - nd; 25 Oct 1823 p3
TARBELL, Joseph Esq - 19 Nov 1815; 27 Nov 1815 p3
TARLETON, Jane - 17 Apr 1871; 18 Apr 1871 p3
TARLTON, Henry - 11 Dec 1860; 12 Dec 1860 p3
TARR, William - 16 Jan 1861; 19 Jan 1861 p3
TARRANT, Alice M - 22 Oct 1903; 31 Dec 1903 p1
TASTET, Jane D - 23 Oct 1840; 19 Nov 1840 p3
TATSAPAUGH, Charles R - 8 Aug 1862; 8 Aug 1862 p3*
TATE, Joseph - 27 May 1839; 29 May 1839 p3
Joseph B - nd; 4 Mar 1858 p3
M A S - 2 May 1860; 4 May 1860 p3
TATEM, Howard - 20 July 1855; 21 July 1855 p3
TATTISON, Ellen - 12 Dec 1886; 31 Dec 1886 p3
TAVENER, Pleasant - 30 June 1866; 10 July 1866 p3
TAVENNA, Lanea - 16 Sept 1860; 26 Oct 1860 p3
TAVENNER, Charles H - 29 June 1847; 3 July 1847 p3
Charles H - 22 June 1874; 29 June 1874 p2
TATSAPAUGH, Catharine - 6 Feb 1866; 9 Feb 1866 p3
Charles - 9 May 1883; 31 Dec 1883 p3
Elizabeth - 13 Sept 1834; 16 Sept 1834 p3
J H - 22 Aug 1861; local news 12 Oct 1861 p2
John P - 11 Apr 1860; 12 Apr 1860 p3
Mary E - 12 Nov 1890; 31 Dec 1890 p1
Rebecca Jane - nd; 6 May 1847 p2
Richard F - 30 July 1873; 1 Aug 1873 p3
Susan - 29 Nov 1873; 29 Nov 1873 p2

Susannah - 11 May 1855; 14 May 1855 p3 See: Inquest - 15 May 1855 p3
Susannah - 8 Dec 1883; 31 Dec 1883 p3
William H - 24 Oct 1892; 31 Dec 1892 p2
William - 3 Oct 1908; 31 Dec 1908 p1
TATSPAUGH, Elizabeth - 28 Jan 1847; 29 Jan 1847 p3
George - 20 Oct 1898; 31 Dec 1898 p1
John - nd; 9 Feb 1855 p3
John Henry - 14 Aug 1859; 16 Aug 1859 p3
Laura V - 28 Jan 1913; 31 Dec 1913 p1
Peter - nd; 14 Aug 1830 p3
Rebecca - 17 July 1887; 18 July 1887 p3
TAVENNER, Estell - 19 Jan 1880; 30 Jan 1880 p2
Jane - nd; 3 Apr 1854 p3
Nancy - nd; 23 Aug 1858 p3
TAVERNER, Sarah J - 26 Sept 1874; 28 Sept 1874 p2
TAYLOE, Ann - nd; 15 June 1855 p3
Benjamin Ogle - nd; 10 July 1844 p3
Benjamin Ogle - 25 Feb 1868; 23 Mar 1868 p3
Charles - nd; 16 Nov 1847 p2
Charles - nd; 1 Feb 1853 p2 & 2 Feb 1853 p2
Ella Fowle - 21 Oct 1865; 28 Oct 1865 p2
Eva Spottswood - 30 Aug 1878; 4 Sept 1878 p2
John - 22 Mar 1873; 25 Mar 1873 p2
William H - 10 Apr 1871; 11 Apr 1871 p3
Wilmer - 21 July 1915; 31 Dec 1915 p2
TAYLOR, Alcinda - --- June 1875; 21 June 1875 p2
Ann D - 20 May 1882; 2 June 1882 p2
Anne E Van N - 11 Apr 1891; 31 Dec 1891 p1
Annie - 17 Apr 1887; 18 Apr 1887 p3
Archibald - 3 Mar 1893; 30 Dec 1893 p2
Arina. - 1880; 21 May 1880 p2
Arthur - 21 Dec 1878; 21 Dec 1878 p2
Barney - 3 Mar 1872; 8 Mar 1872 p2
Belle - 7 July 1888; 31 Dec 1888 p1
Benjamin - 20 Aug 1835; 7 Sept 1835 p3
Benj - 10 Sept 1872; 14 Sept 1872 p2
Beverly - 1887; 24 Jan 1887 p2
Caroline M - 8 Feb 1909; 31 Dec 1909 p1
Caroline Silliman - 4 May 1842; 6 May 1842 p3
Catharine Lawrence - 23 Oct 1862; 30 Dec 1862 p3*
Catherine - 24 Apr 1901; 31 Dec 1901 p1
Charles - 24 Aug 1860; 30 Aug 1860 p3
Chas M - 18 Feb 1873; 20 Feb 1873 p2
Charles S - 3 Mar 1895; 31 Dec 1895 p1
Clarence - 15 July 1893; 30 Dec 1893 p2
Cornelious; - 13 Jan 1874; 13 Jan 1874 p3

TAYLOR, Cornellus - 5 Feb 1907; 31 Dec 1907 p1
Dr - -- Oct 1784; 7 Oct 1784 p3
Edward J - 1 May 1894; 31 Dec 1894 p1
Elizabeth - nd; 18 Apr 1848 p3
Elizabeth - 13 Jan 1873; 10 Feb 1873 p2
Elizabeth - 5 Apr 1883; 31 Dec 1883 p3
Elizabeth H - 9 Aug 1870; 17 Aug 1870 p3
Elizabeth T - 15 Apr 1840; 23 Apr 1840 p3
Elizabeth T - 28 Jan 1875; 2 Feb 1875 p2
Esther - 1790; 22 Apr 1790 p3
Esther R - 6 May 1842; 7 May 1842 p3
Evan P - nd; 19 Aug 1824 p3
Eve Catharine - nd; 4 June 1859 p3
Evelyn Harrison - 26 Apr 1843; 6 May 1843 p3
Francis Harwood - nd; 27 May 1854 p3
Frank - 4 Oct 1911; 30 Dec 1911 p4
George - nd; 27 June 1851 p2
George - 2 Jun 1862; 4 Jun 1862 p3*
George - 31 Aug 1870; 3 Sept 1870 p3
George - 11 Apr 1871; 13 Apr 1871 p2
George - 25 Sept 1872; 2 Oct 1872 p2
George - 6 Aug 1893; 30 Dec 1893 p2
George C - 1 Oct 1878; 12 Oct 1878 p2
George W - 10 May 1860; 12 May 1860 p2
H Allen - 10 Aug 1857; 14 Aug 1857 p3
Hannah - 13 Jan 1880; 30 Jan 1880 p2
Hannah E - nd; 10 Oct 1849 p3
Harriet - 28 June 1860; 3 July 1860 p3
Harriet B - 22 Jan 1873; 23 Jan 1873 p2
Harriet C - 15 May 1893; 30 Dec 1893 p2
Harrison - -- Mar 1866; 20 Mar 1866 p3
Henry R - -- June 1834; 11 June 1834 p3
James - nd; 2 June 1848 p2
Lt James H - 17 Oct 1835; 8 Dec 1835 p3
Jane - 13 Sept 1866; 22 Sept 1866 p2
Jannette - 1 Jan 1870; 20 Jan 1870 p2
Jarret - 3 Sept 1838; 6 Sept 1838 p3
Jeanette - nd; 9 Feb 1844 p3
Jesse - 8 Oct 1812; 15 Oct 1812 p3
John L - 6 Sept 1870; 7 Sept 1870 p3
John S - 2 June 1886; 31 Dec 1886 p3
John T - 4 Apr 1869; 5 Apr 1869 p2
Joseph - 14 Feb 1870; 5 Mar 1870 p2
Joshua - 17 Mar 1873; 19 Mar 1873 p2
Julia - 28 May 1874; 30 May 1874 p2
Dr Julian - nd; 12 Jan 1853 p3
Lawrence B - 16 Nov 1873; 17 Nov 1873 p2
Kate - - 26 Mar 1866; 30 Mar 1866 p3
Lewis - nd; 21 Nov 1859 p3
Lizzie Sinclair - 25 Dec 1876; 29 Dec 1876 p2
Love - 18 Nov 1834; 21 Nov 1834 p3

Lucien - 4 Oct 1857; 13 Oct 1857 p3
Lucinda - 25 Jan 1842; 1 Feb 1842 p3
Lucy A - 16 Sept 1859; 17 Oct 1859 p3
Lulu I - 3 Jan 1908; 31 Dec 1908 p1
Lydia B - 29 May 1878; 10 June 1878 p2
Margaret - 6 July 1878; 6 July 1878 p3
Margaret Jacobs - nd; 9 Nov 1832 p3
Margaret R - 9 Aug 1866; 11 Aug 1866 p2
Maria M - 5 Nov 1808; 5 Nov 1808 p3
Marion - 8 Nov 1843; 7 Dec 1843 p2
Maris - 30 June 1877; 30 June 1877 p2
Martha - nd; 27 Oct 1858 p3
Mary - nd; 2 Mar 1820 p3
Mary Louise - 8 Dec 1872; 17 Dec 1872 p2
Mary V - 25 June 1883; 31 Dec 1883 p3
Maryline - nd; 26 Nov 1850 p3
Mrs - 16 July 1857; 21 July 1857 p3
Nancy - 3 May 1847; 22 May 1847 p2
Nannie P - 25 Aug 1897; 31 Dec 1897 p1
Olivia - 31 Aug 1904; 31 Dec 1904 p1
Overton - 24 Feb 1872; 24 Feb 1872 np
Mrs Rebecca - nd; 16 Dec 1872 p2
Col Richard - 19 Jan 1828; 7 Feb 1829 p3
Rev R R - 1887; 12 May 1887 p2
Robert - 19 May 1866; 21 May 1866 p2
Robert - 5 Jan 1871; 6 Jan 1871 p1
Robert Jr - 5 Nov 1833; 7 Nov 1833 p3
Judge Robert B - 13 Apr 1834; 17 Apr 1834 p3
Robert E - nd; 8 Apr 1854 p3
Robert J - 4 Oct 1840; tributes of respect 4 Oct 1840 & 6 Oct 1840 p3 & 7 Oct 1840 p3 & 9 Oct 1840 p2 & Gazette 27 Oct 1840 p3
Rosa Bell - 9 Aug 1877; 10 Aug 1877 p2
Rosalie A - nd; 16 Aug 1847 p2
Ruth Wheeler - 8 Dec 1857; 28 Dec 1857 p3
Samuel Asbury - nd; local news 18 Oct 1861 p1
Sarah - 1 Aug 1851; 5 Aug 1851 p2
Sarah Easton Ladd - 12 Feb 1843; 20 Feb 1843 p3 & 22 Feb 1843 p3
Stewart - 15 Mar 1874; 23 Mar 1874 p2
Susan - 13 Feb 1896; 31 Dec 1896 p1
Susan E - 11 Jan 1884; 31 Dec 1884 p3
Susan Preston - nd; 25 Apr 1849 p3
Theodore A - 17 July 1889; 31 Dec 1889 p2
Thomas - 17 Apr 1861; 19 Apr 1861 p3
Thomas B - 2 July 1877; 5 July 1877 p3
Thos H - 21 Apr 1882; 22 Apr 1882 p2
Thorowgood - 1 Dec 1873; 5 Dec 1873 p2
Timothy - nd; 19 June 1838 p3
V M - 6 Nov 1886; 31 Dec 1886 p3
Mrs Valentine M - 30 June 1885; 31 Dec 1885 p2

TAYLOR, Vincent - 26 July 1835; 29 June 1835 p3
Virginia - "On Friday of Passion Week" nd; 24 Apr 1843 p3
Virginia - nd; 19 Mar 1858 p3
W A - 28 Sept 1883; 31 Dec 1883 p3
W R - 13 Mar 1912; 31 Dec 1912 p1
Lt William - 12 Jan 1835; 19 Jan 1835 p3
William - 9 Oct 1896; 31 Dec 1896 p1
William - 16 May 1901; 31 Dec 1901 p1
William G - 1866; 14 June 1866 p2
Wm - nd; 13 May 1839 p3
TAZEWELL, Littleton - 30 Nov 1865; 1 Dec 1865 p3
TEBBETTS, A G - 28 Nov 1843; 1 Dec 1843 p3
TEBBS, A L - 25 May 1883; 31 Dec 1883 p3
Betsey - 18 Mar 1852; 23 Mar 1852 p3
Caroline M - 20 Apr 1860; 28 Apr 1860 p3
Charles B - nd; 23 Apr 1861 p3 & 24 Apr 1861 p3
Charles B - 26 Sept 1867; 3 Oct 1867 p2
Charles Binn - nd; 31 July 1854 p3
Elizabeth - 17 Dec 1835; 21 Dec 1835 p3
Maria L - 4 Aug 1876; 7 Aug 1876 p2
Mary W - 15 Mar 1897; 31 Dec 1897 p1
Sidney - 18 Aug 1872; 5 Sept 1872 p2
William F - 23 Nov 1872; 30 Nov 1872 p3
Willoughby - nd; 22 Nov 1832 p3
Wm Coleman - 20 Jan 1851; 27 Jan 1851 p2
Wm H - 9 June 1837; 4 July 1837 p3
TEED, Theodore - 3 Jan 1898; 31 Dec 1898 p1
TEMPLAR, James - nd; 15 Nov 1847 p2
TEMPLE, Rev H W L - 13 Feb 1871; 21 Feb 1871 p3
John Taylor - 30 Nov 1870; 6 Dec 1870 p3
TEMPLEMAN, Nancy - nd; 22 Apr 1845 p3
TENNEL, Harriet - nd; 1 Oct 1859 p3
TENNENT, Eleanor - 29 July 1872; 6 Aug 1872 p2
TENNESSON, Charles E - 17 Sept 1960; 18 Sept 1860 p3
Cora E - 25 Aug 1894; 31 Dec 1894 p1
David W - 22 Dec 1895; 31 Dec 1895 p1
Lottie - 13 Feb 1885; 31 Dec 1885 p2
Margaret - 8 Jan 1863; 8 Jan 1863 p4
Margaret - 4 Jan 1901; 31 Dec 1901 p1
Philip P - 19 Nov 1909; 31 Dec 1909 p1
Samuel - 21 Mar 1876; 21 Mar 1876 p2
Samuel - 10 Sept 1886; 31 Dec 1886 p3
Samuel - 19 June 1904; 31 Dec 1904 p1
TENNISON, Joshua - 24 Aug 1832; 3 Sept 1832.p3

TERRELL, Margaret - 22 May 1860; 28 May 1860 p2
TERRETT, Alexander Hunter - end April; 23 Jun 1862 p1*
Geo H - 27 Nov 1875; 30 Nov 1875 p2
J - 8 June 1884; 31 Dec 1884 p3
Julia - 5 Feb 1865; 11 Feb 1865 p2
Washington - nd; 18 Oct 1854 p3
TERRY, General - 22 June 1869; 23 June 1869 p3
Thomas - 27 Sept 1837; 9 Oct 1837 p3
THACKER, Laura B - 17 May 1894; 31 Dec 1894 p1
William - 21 May 1892; 31 Dec 1892 p2
THARP, Narsissa - 23 Jan 1873; 10 Feb 1873 p2
THAW, Joseph - nd; 4 Mar 1840 p3
Joseph - 10 Apr 1855; 13 Apr 1855 p3
THECKER, James - 2 Mar 1860; 5 Mar 1860 p3
THOM, Allan C - 26 Feb 1871; 21 Mar 1871 p2
Eleanor - 20 Nov 1865; 25 Nov 1865 p3
Mrs Ella L - 25 Jan 1861; 28 Jan 1861 p3
Reuben - 7 May 1868; 9 May 1868 p2
Reuben T - 25 Dec 1873; 9 Jan 1874 p2
THOMAS, Mrs Alice C - 16 Oct 1860; 2 Nov 1860 p3
Arm - 6 Feb 1815; 7 Feb 1815 p3
Ann J - 11 Feb 1861; 26 Feb 1861 p3
Arthur - 3 Feb 1870; 14 Feb 1870 p2
Benjamin George - 2 Jan 1849; 6 Jan 1849 p3
Bridget - 27 Nov 1906; 31 Dec 1906 p1
C F - 25 Oct 1904; 31 Dec 1904 p1
Catharine - 6 Dec 1878; 16 Dec 1878 p2
Catharine Ann - nd; 3 Feb 1840 p3
Charles - 25 July 1866; 26 July 1866 p2
Eleanor - 31 Dec 1845; 3 Jan 1846 p3
Elia May - 26 July 1892; 31 Dec 1892 p2
Eleazer - nd; 14 Mar 1853 p2
Ella J - 10 Apr 1904; 31 Dec 1904 p1
Ellen - 8 Jan 1843; 8 Jan 1843 p3
Enoch - 7 Apr 1843; 11 Apr 1843 p3
Eugene - 3 Feb 1870; 14 Feb 1870 p2
Evelina O - 21 Feb 1854; 15 Mar 1854 p3
Fannie G - 8 Feb 1907; 31 Dec 1907 p1
Capt George A - 5 Oct 1876; 11 Oct 1876 p2
Geo A - nd; 13 Nov 1852 p3
George W - 25 June 1851; 30 June 1851 p2
Gordon D - 17 Dec 1914; 31 Dec 1914 p1
Henson - 15 Sept 1873; 18 Sept 1873 p2
Herbert B - 13 May 1912; 13 Dec 1912 p1
Ignatius Loyola - 3 Aug 1844; 6 Aug 1844 p3
James - nd; 12 Jan 1838 p3
James Henry - 5 July 1853; 12 July 1853 p3
Jane - 9 Feb 1896; 31 Dec 1896 p1

THOMAS, Jane V Rosalia - 18 June 1847; 22 June 1847 p2
Jefferson C - 15 Mar 1868; 9 Apr 1868 p2
John - 10 Dec 1857; 28 Dec 1857 p3
John L - 3 Nov 1909; 31 Dec 1909 p1
Joseph - 14 Jan 1815; 17 Jan 1815 p3
Kate S - 19 Aug 1860; 21 Aug 1860 p2
Landonia - 19 Sept 1857; 24 Sept 1857 p3
Laura - 10 May 1881; 11 May 1881 p2
Lottie T - 10 Sept 1906; 31 Dec 1906 p1
Margaret - 27 July 1866; 8 Aug 1866 p3
Mrs Maria G d/o W A Bradley - 27 Nov 1862; 29 Nov 1862 p3*
Maria A - 25 Aug 1890; 31 Dec 1890 p1
Marie Emma - 24 Jan 1861; 8 Feb 1861 p3
Martha T - 11 July 1873; 17 July 1873 p2
Mary C - 4 Nov 1866; 17 Nov 1866 p2
Mary Jemima - 18 May 1839; 21 May 1839 p3
R J - 30 Jan 1903; 31 Dec 1903 p1
Reece Jr - 12 Oct 1887; 12 Oct 1887 p2
Richard - nd; 11 Jan 1859 p3
Robert - 2 July 1821; 14 Aug 1821 np
S W - 23 Sept 1773; 8 June 1874 p3
Sarah - nd; 2 Aug 1853 p3
Silas H - 27 Nov 1860; 8 Dec 1860 p3
Dr William - nd; 15 Oct 1849 p2
William - nd; 18 June 1852 p3
William - 9 Feb 1875; 19 Feb 1875 np
William - 9 Dec 1894; 31 Dec 1894 p1
Willie - 27 Mar 1873; 2 Apr 1873 p2
Wm H - nd; 27 Apr 1854 p3
THOMPKINS, Elizabeth F - 1 Feb 1861; 6 Feb 1861 p3
THOMPSON, Alexander P - nd; 30 Mar 1846 p3
Amos E - 11 Apr 1872; 13 Apr 1872 p3
Angelica - nd; 6 Sept 1831 p3
Ann E - 17 Oct 1905; 30 Dec 1905 p1
Ann Louise - nd; 10 Apr 1841 p3
Annie - 19 Sept 1872; 19 Sept 1872 p2
Dr Benj - nd; 18 Feb 1840 p3
Bushrod - 3 Mar 1903; 31 Dec 1903 p1
Carrie H - 1 Dec 1870; 10 Dec 1870 p2
Catharine F - 26 Mar 1873; 27 Mar 1873 p2
Charles - 5 Feb 1895; 31 Dec 1895 p1
Chas James - 26 Feb 1875; 1 Mar 1875 p2
Christiana - 1881; 26 Sept 1881 p2
Clay - 2 Sept 1907; 31 Dec 1907 p1
D C - 3 Apr 1880; 5 Apr 1880 p2
Elizabeth - 1 Mar 1852; 6 Mar 1852 p3
Elizabeth - 26 Oct 1857; 28 Oct 1857 p3
Elizabeth - -- Jan 1876; 21 Jan 1876 p2
Elizabeth - 22 Dec 1913; 31 Dec 1913 p1
Elizabeth G - nd; 7 Oct 1824 p2
Elizabeth M - 5 Feb 1894; 31 Dec 1894 p1
Emeline - 24 Mar 1905; 30 Dec 1905 p1
Emma J - 3 May 1886; 31 Dec 1886 p3
Emmeline - 14 Nov 1853; 16 Nov 1853 np
Francis - 28 May 1866; 20 June 1866 p2
George H - 13 Feb 1859; 25 Feb 1859 p3
George Howard - 24 Aug 1832; 8 Sept 1832 p3
Henry - 3 May 1837; 6 May 1837 p3
Henry T - 14 Apr 1860; 16 Apr 1860 p3
James - nd; 25 Dec 1845 p3
James Dempsey - 1 Aug 1878; 5 Aug 1878 p3
James R - 24 Apr 1894; 31 Dec 1894 p1
Jane - 22 Dec 1863; 22 Dec 1863 p2
John - nd; 17 Sept 1847 p3
John - nd; 6 Mar 1855 p3
John - 21 Dec 1869; 22 Dec 1869 p2
John F - nd; 10 Aug 1852 p2
John H - 27 Mar 1885; 31 Dec 1885 p2
John M - 1 Sept 1844; 13 Sept 1844 p3
John T - 29 Mar 1880; 30 Mar 1880 p2
Jonah - 21 Jan 1834; 22 Jan 1834 p3
Joseph - nd; 1 Sept 1840 p3
Louis Francis - 24 May 1860; 28 May 1860 p2
Margaret - nd; 17 Aug 1831 p3
Margaret - nd; 12 Nov 1838 p3
Margaret - 18 Sept 1841; 20 Sept 1841 p3
Margaret A - 31 Oct 1876; 1 Nov 1876 p2 & p3
Margaret E - 3 Jan 1841; 18 Jan 1841 p3
Maria - 13 Aug 1834; 16 Aug 1834 p3
Mary - nd; 15 July 1836 p3
Mary - nd; 30 Oct 1839 p3
Mary Ann - 10 July 1857; 14 July 1857 p2
Mary J - 25 May 1905; 30 Dec 1905 p1
Mary Slaughter - 1 Jan 1842; 20 Jan 1842 p3
Matilda - 15 Feb 1878; 21 Feb 1878 p2
Mildred T - 5 May 1854; 16 May 1854 p3
Naomi - 2 Nov 1862; 3 Nov 1862 p4*
Peyton - 13 June 1859; 22 June 1859 p3
Mr Pishey - 25 Oct 1862; 27 Oct 1862 p2*
Richard A - nd; 18 June 1859 p3
Robert T - -- Aug 1887; 15 Aug 1887 p2
Ruth - 28 Dec 1906; 31 Dec 1906 p1
Sabina - 28 Sept 1904; 31 Dec 1904 p1
Saphronia F - 11 Nov 1866; Dec 1866 p2
Susan Caroline - 21 Oct 1853; 19 Nov 1853 p2
Susan R - 30 Nov 1841; 13 Dec 1841 p3
Susana - 12 Dec 1865; 12 Dec 1865 p2
Theron - nd; 5 Jan 1872 p2 (see also 23 Jan 1872 p2)
Thomas J - 19 Mar 1901; 31 Dec 1901 p1

Virginia - 31 Oct 1863; 31 Oct 1863 p2
THOMPSON, Walter Meade - 4 Mar 1843;
   13 Mar 1843 p3
William - 29 Jan 1864; 2 Feb 1864 p2
William Rawlings - 9 Mar 1843; 16 Mar 1843 p2
Wm - nd; 3 June 1823 p2
Wm - 22 July 1833; 2 Aug 1833 p3
Wm H - 11 Sept 1837; 21 Sept 1837 p3
Wm Harrioson - 31 Jan 1859; 5 Feb 1859 p2
Wm H Harris - 27 Sept 1887; 28 Sept 1887 p2
THOMSON, Alfred H - 12 Oct 1915; 31 Dec
   1915 p2
John - 9 Dec 1841; 20 Dec 1841 p3
Julia M - 3 May 1876; 8 May 1876 p3
Robert - nd; 8 Oct 1863 p2
Sarah McK - 29 Aug 1911; 30 Dec 1911 p4
William M - 29 May 1843; 3 June 1843 p2
THORBURN, George C - 19 Nov 1860; 21 Nov
   1860 p3
THORN, Elizabeth - 5 May 1869; 6 May 1869 p2
Henry C - 22 Mar 1872; 3 May 1872 p2
John H - 21 Mar 1861; 23 Mar 1861 p2
THORNBURG, James - nd; 10 Jan 1839 p3
THORNHILL, Artimesa A - 17 Sept 1869; 20 Oct
   1869 p2
Lula - 12 Mar 1912; 31 Dec 1912 p1
Thomas - -- Jan 1878; 30 Jan 1878 p2
THORNTON, Anna - 29 May 1872; 1 June
   1872 p2
Ariana Charlotte - 22 Feb 1867; 25 Feb 1867 p2
Arthur W - 2 Nov 1836; 1 Dec 1836 p3
Austin B - 9 June 1866; 18 June 1866 p2
Butler Brayne - nd; 9 Aug 1833 p3
Caroline Homassel - 10 Feb 1876; 2 Mar
   1876 p2
Charles Edwin - nd; 2 May 1845 p3
Francis - 15 July 1836; 25 July 1836 p3
George F - nd; 1 June 1824 p3
H G - 23 June 1908; 31 Dec 1908 p1
Harry I - 27 Jan 1861; 16 Mar 1861 p3
Howard F - 11 July 1867; 17 July 1867 p3
James B - 29 Mar 1843; 6 Apr 1843 p3
Jane - 4 Oct 1833; 25 Oct 1833 p3
Lacie - 22 Jan 1877; 19 Feb 1877 p2
Maria - 28 Oct 1855; 3 Nov 1855 p3
Mary G - 7 Nov 1832; 11 Dec 1832 p3
Mary H - nd; 2 Apr 1832 p3
Mattie M - 1 Feb 1881; 15 Feb 1881 p3
Philip - 3 Mar 1853; 7 Mar 1853 p2
Phillip - nd; 16 Mar 1853 p2
Rosalie Philippi - 1 Apr 1845; 2 May 1845 p3
Samuel - 21 Aug 1870; 22 Aug 1870 p2

Taylor - nd; 15 Apr 1853 p2
Thomas C - nd; 8 Sept 1837 p3
Willemenina - nd; 28 Oct 1823 p3
Wm Gibson - 15 Oct 1837; 26 Oct 1837 p3
THORNWELL, Lespie - 3 Apr 1863; 4 May
   1863 p3
THORP, Laura - 11 May 1910; 31 Dec 1910 p1
Rachel - 11 Nov 1870; 12 Nov 1870 p2
THORPE, Alice - 30 Apr 1913; 31 Dec 1913 p1
Martha - 22 June 1871; 22 June 1871 p2
THORTON, Alfred A - 23 Dec 1869; 1 Mar
   1870 p2
THRELKELD, John - nd; Gazette 7 Sept 1830 p3
THRIFT, Maj James - 2 Jun 1862; 16 Jun 1862 p3*
Lucretia - nd; 3 Mar 1851 p3
Wm - nd; 18 May 1852 p2
THROCKMORTON, Amelia T - 3 Mar 1860; 8
   Mar 1860 p3 & 10 Mar 1860 p3
Richard McCarty - nd; 11 Aug 1855 p3
Sarah McCarthy - nd; 12 Mar 1850 p2
Thomas B - 3 Jan 1836; 6 Jan 1836 p3
William - 3 Aug 1796; 25 Aug 1796 p2
THROCMORTON, Wm T - 11 June 1841; 27 July
   1841 p3
THROGMORTON, Mathew - nd; 16 Oct 1802 p3
THROOP, Elizabeth - 30 Aug 1836 p3
Mary Gager - -- Oct 1843; 24 Oct 1843 p3
THROP, John Van Ness - 3 July 1860; 6 July
   1860 p3
THRUSTON, Agnes - 23 May 1880; 24 May
   1880 p2
Thomas W - 19 Nov 1862; 20 Nov 1862 p3*
THURMAN, Sanford - 4 June 1858; 4 June
   1858 p3
THURSTON Juian Hughes - 29 Apr 1853; 16
   May 1853 p2
Moses - 6 Apr 1800; 3 May 1800 p3
Mrs Sidney - 3 May 1870; 13 May 1870 p3
Sarah - 14 Aug 1857; 24 Aug 1857 p3
TIBALD, Marie Antoinette - 26 Oct 1875; 13 Jan
   1876 p2
TIBBS, Clement Kenady - 28 Nov 1865; 18 Jan
   1866 p2
John Webb - 25 May 1874; 30 May 1874 p2
TICER, James - 22 Dec 1907; 31 Dec 1907 p1
Louis - 3 Jan 1877; 3 Jan 1877 p2
Matilda - 4 July 1897; 31 Dec 1897 p1
Samuel - 17 July 1908; 31 Dec 1908 p1
W H - 16 Feb 1901; 31 Dec 1901 p1
TICKNOR, George - 26 Jan 1871; 27 Jan 1871 p2
   & 28 Jan 1871 p2

TIDBALL, Rosannah Orrich - 6 Sept 1841; 22 Oct 1841 p3
TIERNAN, Luke - nd; 12 Nov 1839 p3
TILCHMAN, Edward - 6 Dec 1860; 21 Dec 1860 p3
TILDEN, Capt John B - 7 Jan 1876; 8 Jan 1876 p2
John B - nd; 7 Aug 1838 p3
TILGHMAN, Harriet - 4 Apr 1835; 19 May 1835 p3
Rebecca - 4 Nov 1838; 12 Nov 1838 p3
TILLETT, C W F E - 3 Aug 1855; 21 Aug 1855 p3
Elizabeth - 26 Feb 1852; 15 Mar 1852 p2
Elizabeth - nd; 26 Apr 1858 p3
Samuel - 13 Jan 1875; 19 Feb 1875 p2
TILLEY, Deborah - 21 Apr 1860; 24 Apr 1860 p3
TIMBERLAKE, Alexander W - 18 Sept 1872; 27 Sept 1872 p2
James B - 1866; 27 Sept 1866 p2
John W, Esq - 10 Nov 1862; 13 Nov 1862 p4*
Lewis - 4 July 1857; 10 July 1857 p3
Mary Jane - 15 Feb 1861; 25 Feb 1861 p3
Richard M S - 10 Sept 1843; 15 Sept 1843 p3
William B - 27 Jan 1842; 31 Jan 1842 p3
TIMMS, Elizabeth - 24 Dec 1860; 8 Jan 1861 p3
Jesse - nd; 28 Feb 1837 p3
TIMS, Ellen - nd; 9 Dec 1836 p3
Rachael - nd; 4 Mar 1836 p3
TINGEY, Cmdr Thomas - 24 Feb 1829; 25 Feb 1829 p3
TINSLEY, Lizzie - 24 Aug 1874; 25 Aug 1874 p2
TIPPET, Wm - 8 Sep 1862; 10 Sep 1862 p3*
TIPPETT, Charles B - 25 Feb 1867; 27 Feb 1867 p3
TIPPITT, Lucy Ann - 16 Dec 1866; 27 Dec 1866 p2
TOALE, James - 29 Apr 1886; 31 Dec 1886 p3
TOBBS, Willeughby - 22 Oct 1803; 28 Oct 1803 p3
TOBERT, Mary Elizabeth Peyton - 25 May 1860; 29 May 1860 p3
TOD, George - nd; 26 Jan 1837 p3
TODD, Samuel - 6 Apr 1843; 26 May 1843 p3
Seth J - 25 Apr 1841; 27 Apr 1841 p3
Thomas - 8 Feb 1885; 31 Dec 1885 p2
Wm Johnson - nd; 25 Nov 1839 p3
TODSEN, Dr George P - nd; 14 Nov 1859 p3
TOFFLER, Peter - killed crossing the ice nd; Times 23 Dec 1797 p3
TOFTS, Susan A - 29 May 1887; 2 June 1887 p2

TOLER, Mary Ann Frances - 21 Oct 1835; 27 Oct 1835 p3
TOLSON, Edward - 13 Apr 1861; 17 Apr 1861 p3
Eleanor B - 16 July 1863; 18 July 1863 p3
Fannie Stanhope - 3 Oct 1871; 14 Oct 1871 p2
Janet - 1 Sept 1874; 2 Sept 1874 p2
Mary - 14 Aug 1847; 23 Aug 1847 p2
Mary E - 2 June 1885; 31 Dec 1885 p2
Susan H - nd; 6 Feb 1840 p3
Thomas S - 30 Aug 1870; 5 Sept 1870 p2
Valinda E - 12 Apr 1871; 15 Apr 1871 p2
Wilhelmina - 4 May 1842; 18 May 1842 p3
TOMLIN, Edmonia - 21 Aug 1843; 11 Sept 1843 p3
John Thomas - 23 Sept 1849; 27 Sept 1849 p3
Nancy - 16 Dec 1838; 24 Dec 1838 p3
Robert - 16 Apr 1883; 31 Dec 1883 p3
Sarah - 25 May 1906; 31 Dec 1906 p1
TOMLINSON, Rachel - nd; 22 June 1833 p3 & 24 June 1833 p2
TOMS, Thomas - 28 Feb 1909; 31 Dec 1909 p1
TONER, Patrick - 19 Mar 1909; 31 Dec 1909 p1
TONGE, Richard - 14 Nov 1862; 24 Nov 1862 p2*
TONGUE, John R - 10 July 1881; 14 July 1881 p2
William T - 24 Mar 1905; 30 Dec 1905 p1
TOOKE, Home - 4 Oct 1807; 14 Dec 1808 p3
TOOLEY, James - nd; 29 Aug 1844 p3
TOOMEY, Margaret A - 21 Mar 1894; 31 Dec 1894 p1
Mary G - 25 Mar 1911; 30 Dec 1911 p4
TOPPING, Jennie - 19 July 1904; 31 Dec 1904 p1
Nathan H - 9 Mar 1859; 27 May 1859 p3
William R - 1 Jan 1914; 31 Dec 1914 p1
TORBERT, Mrs R Parke - 15 Jan 1914; 31 Dec 1914 p1
TOWELL, Rev Mark - 1887; 4 Aug 1887 p2
TOWERS, Cornelia F - 3 June 1877; 6 June 1877 p2
Elizabeth - nd; 6 Nov 1849 p3
John T - 11 Aug 1857; 12 Aug 1857 p3
Susan B - nd; 28 Sept 1852 p2
Thomas - 11 June 1820; 17 Jun 1820 p3
TOWLES, James B Jr - 7 Oct 1874; 8 Oct 1874 p2
Judy - 25 May 1875; 26 May 1875 p2
TOWNER, Ann R - 3 Aug 1857; 10 Aug 1857 p3
Eva - nd; 25 Feb 1859 p3
John - 2 July 1866; 6 July 1866 p3
Louisa - 22 Feb 1871; 8 Mar 1871 p3

TOWNER, Martha - 18 Oct 1855; 29 Oct 1855 p3
TOWNS, Hannah - 24 Feb 1875; 27 Feb 1875 p2
TOWNSEND, David - 28 Jan 1853; 7 Feb 1853 p2
  Mrs James - 16 Nov 1890; 31 Dec 1890 p1
  Joseph - nd; 4 Oct 1841 p3
  Mary Eleanora - 23 Jan 1843; 28 Jan 1843 p3
  Capt Paul - 18 July 1858; 23 July 1858 p3
  Thomas - nd; 4 Sept 1833 p3
TOWNSHEND, Amelia - 10 Oct 1840; 14 Oct 1840 p3
  Catharine - 9 Nov 1857; 11 Nov 1857 p3
  John - nd; 18 Nov 1859 p3
  Wm - nd; 5 Mar 1849 p3
TOWSON, Minnie - 26 Apr 1891; 31 Dec 1891 p1
TRABAND, Mary - nd; 3 May 1872 p2
TRABOLET, J W - 3 Oct 1909; 31 Dec 1909 p1
TRACEY, Ann J - 13 July 1876; 14 July 1876 p2 & 24 July 1876 p2
  Frances Maria - nd; 17 Nov 1851 p2
  James Francis (Resided at Mt Erin) - 8 June 1830; 11 June 1830 p3
  Susannah - nd; 11 Feb 1833 p3
TRACY, James - nd; 26 Nov 1825 p2
TRAIL, Elizabeth - 14 Feb 1857; 21 Feb 1857 p2
TRAINUM, Willie - 17 Dec 1911; 30 Dec 1911 p4
TRAMMEL, Gerrard - 1786; 6 July 1786 p3
  Sarah - 19 Mar 1858; 20 Mar 1858 p3
TRAMMELL, Gerard - 1 July 1860; 14 July 1860 p3
  Thomas - 24 Apr 1854; 29 May 1854 p2
  Willie - 12 July 1879; 16 July 1879 p2
TRAVERS, Amelia - 20 June 1903; 31 Dec 1903 p1
  Annie - 31 Oct 1911; 30 Dec 1911 p4
  Bridget - 18 June 1891; 31 Dec 1891 p1
  Charles - 12 Feb 1912; 31 Dec 1912 p1
  Ernest - 14 Aug 1902; 31 Dec 1902 p1
  Ferdinand - 9 Oct 1896; 31 Dec 1896 p1
  George - 11 Nov 1896; 31 Dec 1896 p1
  Henrietta A - 2 Oct 1878; 3 Oct 1878 p2
  J C M - 4 Mar 1915; 31 Dec 1915 p2
  John A - 14 Nov 1912; 31 Dec 1912 p1
  John W - 17 Sept 1915; 31 Dec 1915 p2
  Julia - 2 June 1877; 5 June 1877 p2
  Lucretia - 27 Sept 1888; 31 Dec 1888 p1
  Lucy Amelia - 18 Jan 1859; 19 Jan 1859 p3
  Margaret - 1 Jan 1889; 31 Dec 1889 p2
  Marie - 2 Apr 1909; 31 Dec 1909 p1
  Mary A - 26 Aug 1912; 31 Dec 1912 p1
  Mary V - 23 June 1908; 31 Dec 1908 p1
  Robert A - 3 Mar 1910; 31 Dec 1910 p1
  Capt Thomas - 14 Apr 1874; 15 Apr 1874 p2
  William - 24 Jan 1910; 31 Dec 1910 p1
  Wm H - 29 May 1887; 30 May 1887 p2
TRAVERSE, Ann E - 3 Aug 1874; 3 Aug 1874 p2
TRAVIS, A H - 19 Apr 1913; 31 Dec 1913 p1
  Alonzo H - 17 May 1915; 31 Dec 1915 p2
  Jane C - 24 Oct 1869; 25 Oct 1869 p2
  Julia - 19 July 1872; 20 July 1872 p2
  Thomas - 26 Jan 1897; 31 Dec 1897 p1
TRAYHERN, Sally Ann - 18 Sept 1852; 27 Sept 1852 p3
TREAKIE, Elizabeth - 22 Aug 1889; 31 Dec 1889 p2
TREAKLE, Elizabeth - 30 May 1869; 31 May 1869 p2
  Henry C - 21 July 1854; 24 July 1854 p3
  James - 18 Oct 1875; 18 Oct 1875 p2
  James William - 18 Mar 1853; 22 Mar 1853 p1
  Jane - 9 May 1911; 30 Dec 1911 p2
  Mary Elizabeth - 16 Aug 1850; 20 Aug 1850 p2
  William H Jr - 25 Mar 1914; 31 Dec 1914 p1
  Wm H - 24 Mar 1898; 31 Dec 1898 p1
TREAT, Lettice M - 22 Aug 1802; 30 Aug 1802 p3
TREDICK, John - 18 May 1881; 3 June 1881 p2
TREE, Laura M - 3 July 1860; 6 July 1860 p3
TREGO, John D L - 12 Aug 1863; 26 Jan 1864 p2
TREMPER, Lawrence - 15 Jan 1841; 28 Jan 1841 p3
TRESSLER, Peter - 17 May 1862; 19 May 1862 p3*
TRETCHER, Eleanor - 23 Sept 1813; 25 Sept 1813 p3
  Capt Thomas - 15 Oct 1813; 16 Oct 1813 p3
TRIGG, Matilda - 30 June 1859; 18 July 1859 p3
TRIMBLE, James - nd; 1 Feb 1836 p3
  Wm A - 13 Nov 1821; 15 Dec 1821 p2
TRIMYER, Eva - 5 Oct 1898; 31 Dec 1898 p1
TRIPLETT, Dr A V M - 1887; 3 Oct 1887 p2
  Ann L - 26 Feb 1872; 11 Mar 1872 p2
  Eleanor Francis - 27 Dec 1857; 30 Dec 1857 p3
  George - 24 Nov 1852; 26 Nov 1852 p3
  Geo W - 12 Nov 1877; 13 Nov 1877 p2
  J T - 30 May 1870; 8 June 1870 p2
  James F - 12 Sept 1820; 15 Sept 1820 p3
  James Lane - 24 July 1844; 30 July 1844 p3
  Jane R - 24 Oct 1878; 25 Oct 1878 p2
  Jane Richards - 24 July 1839; 29 July 1839 p3
  Mary - 4 Sept 1851; 9 Sept 1851 p3

TRIPLETT, Mary E - 31 July 1882; 2 Aug 1882 p2
Mary Osceola - 24 Feb 1877; 27 Feb 1877 p2
Wm W - nd; 26 Jan 1858 p3
TRIPLETTE, Mandy - 15 Aug 1857; 20 Aug 1857 p3
TRIPPLETT, Dale Caldwell Lizzie - 6 Feb 1880; 7 Feb 1880 p2
TRIMYER, Walter D - 12 Aug 1910; 31 Dec 1910 p1
TRISLER, Peter - 17 May 1862; 9 Jun 1862 p3*
TRIST, Nicholas P - 11 Feb 1874; 12 Feb 1874 p2
Virginia Jefferson gd/o Thomas Jefferson buried in Ivy Hill Cemetery - 26 Apr 1882; 27 Apr 1882 p3
TRONE, Delilah - 22 Dec 1876; 26 Dec 1876 p2
John T - nd; 29 Sept 1859 p3
TROTH, Hannah M - 17 Feb 1879; 18 Feb 1879 p2
Lillie - 5 Sept 1879; 6 Sept 1879 p2 & 13 Sept 1879 p2
TROTT, Benjamin - 27 Nov 1843; 30 Nov 1843 p3
Elizabeth - 19 July 1838; 30 July 1838 p3
Elizabeth J - 16 July 1877; 21 July 1877 p3
Miss H B V - 21 Sept 1872; 30 Sept 1872 p3
Samuel - 1866; 31 Oct 1866 p2
TROUP, --- c/o Hon George M - 22 Nov 1811; 26 Nov 1811 p3
David - 6 Dec 1869; 11 Dec 1869 p3
Isaac - 29 Mar 1873; 19 Apr 1873 p2
Jacob - nd; 24 June 1853 p3
TRUBE, George - 24 Aug 1891; 31 Dec 1891 p1
TRUMBULL, Col John - 10 Nov 1843; 14 Nov 1843 p3
TRUMMELL, John - 3 Mar 1912; 31 Dec 1912 p1
TRUNDLE, Sally - nd; 26 Mar 1855 p3
Mrs Catharine - 19 Nov 1862; 19 Nov 1862 p2*
TRUNNEL, Henry - 16 Mar 1853; 18 Mar 1853 p2
TRUSLOW, John - 6 Nov 1886; 31 Dec 1886 p3
TRUXTON, Thomas - 6 May 1822; 11 May 1822 np
TRYON, Mabel Anna - 7 June 1876; 14 June 1876 p2
TUBIA, Frank - 31 Aug 1913; 31 Dec 1913 p1
Roxanna - 29 Feb 1896; 31 Dec 1896 p1
TUBMAN, George M - 26 Feb 1835; 27 Feb 1835 p3
Mrs James R - 17 Oct 1886; 31 Dec 1886 p3
James - nd; 24 Jan 1863 p2
Julia F - 17 Jan 1908; 31 Dec 1908 p1

Oscar H - 17 Jan 1909; 31 Dec 1909 p1
Peter D - 30 Jan 1860; 4 Feb 1860 p3
Judge R T - 16 May 1878; 28 May 1878 p2
Rose - 10 Aug 1877; 13 Aug 1877 p2
Wm J - nd; 30 Aug 1859 p3
TUCKER, Eliza - 24 Nov 1845; 7 Jan 1846 p3
Mrs Frances M - 7 Jan 1807; 23 Jan 1807 p3
Henry R - 15 Dec 1870; 19 Dec 1870 p3
James - 7 Aug 1865; 9 Aug 1865 p4
Capt John - nd; 9 Nov 1819 p3
John - 17 Feb 1889; 3 Dec 1889 p2
Louis A - 8 Apr 1900; 31 Dec 1900 p1
Matilda - 15 Nov 1904; 31 Dec 1904 p1
Nathaniel Beverley - 26 Aug 1851; 12 Sept 1851 p2
Richard F - 16 Apr 1903; 31 Dec 1903 p1
Samuel - 5 May 1863; 6 May 1863 p3
Gen Starling Tucker - 4 Jan 1834; 30 Jan 1834 p3
Thomas Tuder (Treasurer of the United States) - 4 May 1828; 5 May 1828 p3
William - 9 Sept 1857; 11 Sept 1857 p3
TUDOR, Delia - 17 Sept 1843; 20 Sept 1843 p3
TULLEY, Col Joseph - 17 June 1860; 20 June 1860 p3
TULLOSS, Wm H - nd; 16 Oct 1855 p3
TULY, Mary Ann - nd; 3 Oct 1828 p2
TUNSTALL, Richard C - nd; 5 May 1836 p3
TUPMAN, Louisiana J - 17 Aug 1841; 6 Sept 1841 p3
TURBERVILLE, Martha - 20 Nov 1809; 26 Jan 1810 p3
Wm - nd; 27 Aug 1852 p2
TURLEY, Alexander - 27 Nov 1853; 29 Nov 1853 p3
Ann - 13 Jan 1849; 27 Jan 1849 p3
Ann Caroline - nd; 27 Aug 1855 p3
Ann R - 5 July 1852; 19 July 1852 p2
Fanny B - 7 Feb 1851; 11 Feb 1851 p3
James - 27 Oct 1825; 29 Oct 1825 p3
TURNER, Albert - 29 Oct 1846; 1 Dec 1846 p3
Ann - 29 Oct 1836; 8 Nov 1836 p3
Ann P - nd; 4 Nov 1836 p3
Betsey Cary - 2 Feb 1876; 9 Feb 1876 p3
Caroline Virginia - nd; Gazette 29 Dec 1850 p3
Carolinus - --- July 1875; 5 Aug 1875 p2
Charles C - 6 Mar 1861; 8 Mar 1861 p3
Charles W - 4 May 1845; 21 May 1845 p3
David - 14 May 1900; 31 Dec 1900 p1
Ellen - nd; 11 Apr 1846 p2
Ellen - 13 Mar 1869; 27 Apr 1869 p2
Fenton Wallace - 26 Sept 1841; 11 Oct 1841 p3

TURNER, Fitzhugh, nd; 13 Dec 1852 p2
Franklin - nd; 6 Oct 1860 p3
George - 16 Mar 1843; 22 Mar 1843 p3
George - 27 May 1870; 2 June 1870 p2
George - nd; 18 Apr 1872 p2
George W - 15 Feb 1871; 18 Feb 1871 p2
George W - Killed at Harper's Ferry Insurrection - nd; 8 Nov 1859 p3
Georgianna E - 23 Dec 1859; 27 Jan 1860 p3
Henry A - 19 Aug 1889; 31 Dec 1889 p2
Henry Smith - 18 July 1834; 29 July 1834 p3
Isaac - 27 Mar 1891; 31 Dec 1891 p1
James - nd; 15 May 1838 p3
James A - 22 Mar 1873; 26 Mar 1873 p3
James Seymour - 11 Nov 1851; 13 Nov 1851 p3
Jane - nd; 9 Apr 1847 p3
Jane - 19 Dec 1859; 14 June 1860 p3
Jessie - 6 Nov 1910; 31 Dec 1910 p1
John Adams - nd; 17 Sept 1840 p3
John Beale - nd; 6 Feb 1858 p3
John W - 15 June 1914; 31 Dec 1914 p1
Joseph A - 23 June 1849; 4 June 1849 p3
Kitty - 15 Mar 1817; 29 Mar 1817 p3
Kitty - 3 July 1857; 18 July 1857 p3
Margaret - 1843; 5 Oct 1843 p3
Mary A - 22 Nov 1876; 24 Nov 1876 p2
Mary P - 11 Oct 1857; 16 Oct 1857 p3
Mary Tabb - nd; 14 May 1833 p3
Matilda - 20 Jan 1869; 17 Feb 1869 p2
Panmelia - 26 Jan 1859; 7 Feb 1859 p3
Richard H - 20 Feb 1875; 5 Mar 1875 p2
Dr Samuel - 1 Dec 1860; 13 Dec 1860 p3
Samuel Thomas - nd; 25 Jan 1838 p3
Susan - 14 Mar 1913; 31 Dec 1913 p1
Susan A - 1 May 1887; 4 May 1887 3
Thomas - nd; 14 Apr 1836 p3
Thomas - nd; 9 Jan 1839 p3
Thomas - 7 Jan 1876; 8 Jan 1876 p2
William h/o Miss Kitty West - 29 July 1804; 1 Aug 1804 p3
William H - 13 Jan 1864; 1 Feb 1864 p2
Zephaniah - nd; 29 June 1848 p2
TURNPAW, Nancy - 27 Dec 1815; 28 Dec 1815 p2
TURNSTALL, Simon - 21 May 1869; 24 May 1869 p3
TURPIN, Catherine L - nd; 14 Oct 1848 p3
Wm S - nd; 2 July 1827 p3
TUSTIN, Rev Dr Septimus - 31 Oct 1871 p2
TUTTLE, Francis - 22 Aug 1869; 25 Aug 1869 p2
TUTTS, Louise - 27 Aug 1901; 31 Dec 1901 p1

TUTWILER, Idela - 20 Sept 1860; 24 Sept 1860 p3
TUTZ, Oswald - 30 Dec 1912; 31 Dec 1912 p1
TWIGGS, Marion - 12 Nov 1893; 30 Dec 1893 p2
TYCER, Lewis - 11 Oct 1877; 11 Oct 1877 p2
TYLER, --- - 1 July 1881; 2 July 1881 p2
Alexander H - 1 Oct 1857; 6 Nov 1857 p3
Anna - 1 Oct 1853; 6 Oct 1853 p3
Charles Sr - 6 May 1815; 12 May 1815 p3
Charles G - 21 Apr 1813; 27 Apr 1813 p3
Charles Thornton - 16 Oct 1878; 17 Oct 1878 p2
Dora - 7 Apr 1900; 31 Dec 1900 p1
Edmund - nd; 10 Apr 1844 p3
Fanny - 14 Mar 1878; 14 Mar 1878 p3 & 15 Mar 1878 p2
Frances H - 31 Jan 1903; 31 Dec 1903 p1
George - 26 Mar 1883; 31 Dec 1883 p3
George B - 28 June 1886; 31 Dec 1886 p3
George Wm - 24 Sept 1875; 25 Sept 1875 p2
Grace C - nd; 9 Jan 1852 p3
Grafton - 22 June 1866; 25 June 1866 p3
Harry C - 1 Mar 1910; 31 Dec 11910 p1
Hattie V - 27 Apr 1898; 31 Dec 1898 p1
Henry B - 17 Dec 1879; 24 Dec 1879 p2
James - nd; 16 June 1845 p3
James Mason - 16 Sept 1860; 18 Sept 1860 p3
Jane C - nd; 12 Jan 1844 p3
Jane H - 10 July 1844; 19 July 1844 p3
John - 25 Oct 1869; 27 Oct 1869 p2
John Cooke - 21 Aug 1828; 23 Aug 1828 p3
John S - 17 Jan 1873; 30 Jan 1873 p2
John Thompson - 13 Mar 1876; 14 Mar 1876 p2
Julia A - nd; 31 July 1849 p3
Laura - 9 June 1880; 16 June 1880 p2
Margaret - 26 Feb 1868; 29 Feb 1868 p2
Mary M - 12 July 1876; 14 July 1876 p2
Capt Monroe J - 19 Jan 1868; 6 Feb 1868 p3
Nathaniel - 22 Feb 1835; 3 Mar 1835 p3
Sadie - 22 June 1879; 26 June 1879 p2 & 27 June 1879 p2
Sarah - 21 May 1838; 31 May 1838 p3
Thompson F - 13 Apr 1868; 16 Apr 1868 p2
William Robert - 31 Aug 1857; 8 Sept 1857 p3
Wm - 4 Oct 1852; 12 Oct 1852 p3
Wm Henry - nd; 28 Oct 1853 p3
TYMAN, Sarah T - 2 Apr 1875; 12 Apr 1875 p2
TYRON, Walter Bladen - 7 Sept 1866; 3 Oct 1866 p2
TYSON, Nathan - 30 Jan 1864; 1 Feb 1864 p4
William - 6 Sept 1863; 8 Sept 1863 p2

UHLER, Catharine G - 12 Jan 1896; 31 Dec 1896 p1
Hannie M - 8 July 1872; 10 July 1872 p2
John A Sr - 29 Jan 1843; 31 Jan 1843 p3
Martha A - 25 July 1843; 26 July 1843 p3
Milton F - 18 June 1873; 18 June 1873 p2
P G - 5 Jan 1879; 6 Jan 1879 p2
ULLMAN, Fannie - 1 Aug 1887; 3 Aug 1887 p2
UNDERWOOD, Andrew - 15 July 1907; 31 Dec 1907 p1
Benjamin - 21 Feb 1898; 31 Dec 1898 p1
Elvin - 29 May 1915; 31 Dec 1915 p2
Gertrude Minnie - 20 July 1878; 24 July 1878 p2
Ida V - 8 July 1890; 31 Dec 1890 np
John - 31 Dec 1914; 31 Dec 1914 p1
Margaret - 19 Apr 1866; 14 June 1866 p2
Patsey - 1 June 1905; 30 Dec 1905 p1
Susan B - 24 Feb 1892; 31 Dec 1892 p2
W H - 11 Sept 1914; 31 Dec 1914 p1
UNRUH, Joseph Marion - 24 Oct 1859; 3 Nov 1859 p3
Susan - 1 Oct 1869; 5 Oct 1869 p2
Willie A - 22 Oct 1877; 1 Nov 1877 p3
UPP, Sarah - 11 Nov 1857; 24 Nov 1857 p3
UPPERMAN, Mary A - 17 Dec 1840; 22 Dec 1840 p3
UPSHAW, Dr William - 3 Sept 1811; 3 Oct 1811 p3
UPSHUR, Esther P B - 19 Sept 1843; 23 Sept 1843 p3
Lucy - --- Aug 1876; 4 Aug 1876 p3 & 5 Aug 1876 p3
UPTON, Ellen Augusta - 16 Aug 1857; 24 Aug 1857 p3
Francis Estelle - 17 Apr 1869; 7 May 1869 p2
George - 11 Aug 1883; 31 Dec 1883 p3
George - 27 Mar 1885; 31 Dec 1885 p2
Helen Augusta - 6 Aug 1857; 10 Aug 1857 p3
Jane I - 21 Apr 1898; 31 Dec 1898 p1
Julia - 19 Mar 1902; 31 Dec 1902 p1
Samuel - 3 Mar 1842; 5 Mar 1842 p3
URNBACK, Edward - 4 Jan 1903; 31 Dec 1903 p1
URQUHART, John - 29 July 1843; 8 Aug 1843 p3
USTIC, Stephen C - 11 Nov 1837; 24 Nov 1837 p3
UTTERBACK, John - 1 Nov 1853; 1 Nov 1853 p2
Mary P - 5 Apr 1857; 18 Apr 1857 p3

VACCARI, Frederick - 4 July 1858; 7 July 1858 p3
Rosey - 8 July 1886; 31 Dec 1886 p3
VAIL, Clementine Eleonore - nd; 15 Jan 1833 p3
VALENTINE, Edward - 28 Jan 1876; 29 Jan 1876 p3
Thomas J - 5 Nov 1857; 17 Nov 1857 p3
VALLANDINGHAM, John - 15 Feb 1849; 20 Feb 1849 p3
VAN AESTYN, Cornelius R - 15 Mar 1913; 31 Dec 1913 p1
VANAUKEN, F L - 8 Nov 1911; 30 Dec 1911 p4
Mrs F L - 30 Nov 1884; 31 Dec 1884 p3
VAN COBLE, Aaron - 18 Sept 1834; 22 Sept 1834 p3
VANCE, Mary - 19 Apr 1854; 15 May 1854 p2
VANDEGRIFT, Eliza - 17 Feb 1881; 18 Feb 1881 p2
Henry - 22 Sept 1857; 23 Sept 1857 p3
Joseph - 8 July 1865; 10 July 1865 p3
Mann Page - 31 May 1870; 31 May 1870 p3
Willie - 6 May 1860; 8 May 1860 p3
VANDERBERGH, Sarah - 11 Feb 1876; 14 Feb 1876 p3
VANDERGRIFT, Catherine - 5 Jan 1861; 2 Feb 1861 p2
VANDERHOFF, Gracie - 18 July 1875; 28 July 1875 p2
VANDERPOOL, Mary Frances - 7 Oct 1874; 17 Oct 1874 p2
VANDERVENTER, Mary Ellen - nd; 25 Feb 1861 p3
VANDEVANTER, Cecelia Elizabeth - 25 Aug 1853; 5 Sept 1853 p3
VANDEVENTER, Albert - nd; 27 Sept 1837 p3
Col Christopher - 22 Apr 1838; 8 May 1838 p3
Mary Eliza - nd; 26 Nov 1858 p3
VANDEVILLE, Joseph H Esq - 3 Nov 1813; 4 Nov 1813 p3
VAN DYKE, Henry - 11 Sept 1878; 26 Sept 1878 p2
VANE, Elizabeth E - 24 Dec 1860; 29 Dec 1860 p2
VAN HORN, Archibald - nd; 7 Mar 1817 p3
VAN LEAR, John - nd; 25 Nov 1839 p3
VANMETRE, Jacob - 26 Sept 1866; 10 Oct 1866 p2
VAN NESS, Mrs John P - nd; 11 Sept 1832 p3
Gen John - nd; 10 Mar 1846 p3
VAN NESS, Julia d/o Wm Yeaton of Alexandria - 30 Aug 1848; 8 Sept 1848 p2

VANNESS, Sarah Catharine - 2 .Aug 1966; 3 Aug 1866 p2
VAN RENSELEAR, Courtlandt - 11 Apr 1873; 21 Apr 1873 p2
VANSANT, James - 29 Jan 1866; 30 Jan 1866 p3
James - 24 Dec 1870; 28 Dec 1870 p3
Mary - 15 Feb 1863; 19 Feb 1863 p3
VAN SICKLER, Margaret - 30 Mar 1873; 14 Apr 1873 p2
VAN SWEARINGEN, Julia - 6 Mar 1860; 17 Mar 1860 p3
VARDEN, Elizabeth S - 12 Apr 1837; 18 Apr 1837 p3
Joseph A - 18 June 1840; 19 June 1840 p3
VARICK, Col Richard - nd; 4 Aug 1831 p3
VARNUM, Gen Joseph - 11 Sept 1821; 22 Sept 1821 p2
VASS, Douglass - nd; 15 Jan 1855 p3
Mrs E B - 20 May 1834; 20 June 1834 p3
Henry - 5 July 1866; 13 July 1866 p3
Laura L B - nd; 22 Mar 1850 p2
RC - 11 Jan 1880; 16 Jan 1880 p2
VAUGHAN, A M - 10 Aug 1887; 11 Aug 1887 p2
Joseph - 5 Nov 1860; 3 Dec 1860 p3
VEDDER, Dollie E - 27 July 1905; 30 Dec 1905 p1
VEITCH, Alexander - 11 June 1851; 12 June 1851 p2
Caroline M - 21 Apr 1862; 31 May 1862 p3*
Dr Eldridge R - 20 Jan 1863; 22 Jan 1863 p3
Elizabeth - nd; 7 Nov 1837 p3
Henrietaa K - 20 May 1845; 7 June 1845 p3
Mary M L - 6 July 1857; 7 July 1857 p3 & 10 July 1857 p3
Richard - 6 Apr 1835; 7 Apr 1835 p3
Rachel - nd; 31 Aug 1836 p3
Sarah - 13 June 1812; 15 June 1812 p3
William - 8 Dec 1855; 11 Dec 1855 p3
William J - 25 Apr 1817; 29 Apr 1817 p3
William Thomas - 9 July 1843; 5 Aug 1843 p3
Wm C - 2 Aug 1878; 3 Aug 1878 p3
VENABLE, Ann - 24 Oct 1880; 25 Oct 1880 p2
Canley McDowell - 15 Jan 1874; 27 Jan 1874 p2
Dr Howell A - -- Jan 1871; 17 Jan 1871 p2
Nathaniel E - 21 Sept 1847; 28 Sept 1847 p2
Sarah - nd; 18 Jan 1845 p3
Susan w/o G M Watkins - 3 Jul 1862; 12 Jul 1862 p3*
VERDIER, Paul - nd; 17 Aug 1848 p3
VERDON, Annie - 14 Sept 1896; 31 Dec 1896 p1

VERMILLION, Benjamin - 12 Mar 1843; 27 Mar 1843 p3
Charles - 24 Feb 1873; 27 Feb 1873 p2
John Fendall - 20 Feb 1855; 2 Mar 1855 p3
Lawson - 12 Mar 1860; 13 Apr 1860 p3
Mary E - 27 Nov 1910; 31 Dec 1910 p1
VERNON, Alberta - nd; 5 Aug 1851 p2
James C - 17 July 1872; 19 July 1872 p3
Philip B - 3 Sept 1878; 3 Sept 1878 p2
VERONICA, Celestial - 24 Oct 1866; 25 Oct 1866 p2
VERTS, William - nd; 17 Dec 1853 p3
VIAL, Helen - nd; 12 Apr 1842 p3
VICKERS, Thomas - 1 Nov 1866; 5 Nov 1866 p2
William - 19 Dec 1914; 31 Dec 1914 p1
VICKROY, Marion - 21 Nov 1899; 30 Dec 1899 p1
VILLARD, Thomas - 6 Mar 1873; 13 Mar 1873 p2
VINCENT, Ann E - 23 June 1872; 3 Aug 1872 p2
Joseph - nd; 22 Nov 1832 p3
M P - 29 Nov 1910; 31 Dec 1910 p1
W F - 8 Apr 1899; 30 Dec 1899 p1
Mrs W F - 29 Sept 1906; 31 Dec 1906 p1
VINSON, Cassandra - 27 July 1837; 1 Aug 1837 p3
John E - -- Oct 1859; 27 Jan 1860 p3
Col Thomas F W - 8 Sept 1843; 15 Sept 1843 p3
VIOLET, Thomas - nd; Public Notice 7 May 1805 p4
Wm - nd; 11 June 1822 p3
VIOLETT, Amanda - 31 Aug 1896; 31 Dec 1896 p1
Ann - nd; 13 Apr 1836 p3
Chloe Ann - 4 Jan 1882; 5 Jan 1882 p2
Chloe Ann - 15 Jan 1885; 31 Dec 1885 p2
Edward - 2 Jan 1905; 30 Dec 1905 p1
Franklin - 29 Aug 1815; 1 Sept 1815 p3
Harriet - 17 Apr 1828; 18 Apr 1828 p3
Jane - 26 Sept 1808; 26 Sept 1808 p3
John J - nd; Gazette 14 Aug 1851 p3
John Stewart - 22 Apr 1865; 24 Apr 1865 p2
John W - 21 Sept 1870; 21 Sept 1870 p2
Josephine - 7 Aug 1863; 15 Sept 1863 p3
Louisa E - 11 Mar 1830; 12 Mar 1830 p3
Mary - 20 Mar 1855; 24 Mar 1855 p3
Mary E - 26 Nov 1901; 31 Dec 1901 p1
Nessy M - 23 Nov 1832; 29 Nov 1832 p3
Robert G - 18 Feb 1870; 18 Mar 1870 p3
Thompson Whaley - 8 Feb 1830; 13 Feb 1830 p3
Thomson - 4 Oct 1815; 5 Oct 1815 p3
William - 7 May 1901; 31 Dec 1901 p1
William M - 28 Sept 1900; 31 Dec 1900 p1

VIRTS, Jacob - 13 Feb 1871; 18 Feb 1871 p2
  Leah - 14 Sept 1849; 5 Nov 1849 p2
VOGELGESANG, Daniel - 12 Nov 1863; 12
  Nov 1863 p3
  Henrietta - 10 Sept 1883; 31 Dec 1883 p3
  Philip - 12 Jan 1906; 31 Dec 1906 p1
VOLLENHOOVEN, P Van Beeck - nd; 9 May
  1833 p3
VON DACHENHAUSEN, Adolphus - 14 Feb
  1874; 17 Feb 1874 p2
VOORHEES, John - nd; 31 Oct 1849 p2
VOSBURG, Abram I - 14 Feb 1879; 22 Feb
  1879 p2
VOSS, Catharine d/o D G Meade - 29 Jun 1862;
  6 Aug 1862 p3*
  Mrs - 8 Feb 1800; 11 Feb 1800 p3
  William E - nd; 25 July 1854 p3
VOWEL, Daniel - 15 July 1872; 22 July 1872 p3
VOWELL, Charlotte - 3 Apr 1869; 5 Apr
  1869 p2
  Elizabeth - 1 Jan 1817; 2 Jan 1817 p3
  Elizabeth - 28 Dec 1883; 31 Dec 1883 p3
  John C - nd; 10 Dec 1852 p3 & 11 Dec 1852 p3
    & 20 Dec 1852 p2
  Dr John D - 30 Nov 1862; 13 Dec 1862 p3*
  John Thomas - 20 Feb 1843; 5 Apr 1843 p3
  Margaretta - 25 Nov 1857; 2 Dec 1857 p3
  Sarah - 12 Sept 1875; 13 Sept 1875 p2
  Thomas - 15 Oct 1845; 16 Oct 1845 p3
VOWLES, Jane - 10 Jan 1874; 17 Jan 1874 p2
  Maggie A - 18 Oct 1873; 3 Nov 1873 p2
  Newton - -- Mar 1875; 15 Mar 1875 p2
  Newton F - 30 Mar 1868; 17 Apr 1868 p2
  Richard - 1 Feb 1875; 8 Feb 1875 p2
  Weedon S - 15 Apr 1875; 24 Apr 1875 p2

WADDEY, Amanda A - 12 Oct 1904; 31 Dec
  1904 p1
  James E - 11 Nov 1887; 12 Nov 1887 p2
  Mrs James E - 8 Aug 1910; 31 Dec 1910 p1
  John - 14 Apr 1884; 31 Dec 1884 p3
  Mrs John - 7 Sept 1887; 8 Sept 1887 p2
  John Thomas - 22 Jan 1859; 27 Jan 1859 p3
  Lizzie - 9 Oct 1899; 30 Dec 1899 p1
  Summerfield - 31 Oct 1862; 31 Oct 1862 p3*
  Thomas - 3 May 1885; 31 Dec 1885 p2
  Thomas E - 21 Feb 1885; 31 Dec 1885 p2
  W B - 18 Dec 1903; 31 Dec 1903 p1
WADDY, Annie - 19 Mar 1915; 31 Dec 1915 p2
WADE, Florence - 21 Sept 1907; 31 Dec 1907 p1
  James - 2 May 1854; 4 May 1854 p3

Jane Celestial - 3 Feb 1865; 6 Feb 1865 p2
John - 12 Feb 1872; 17 Feb 1872 p2
John H - nd; 14 Nov 1848 p2
Julia A - 19 May 1897; 31 Dec 1897 p1
Lillie - 9 Oct 1902; 31 Dec 1902 p1
Mary A - 3 Feb 1893; 30 Dec 1893 p2
Mary Ann - 29 Apr 1835; 1 May 1835 p3
Robert - 3 Dec 1883; 31 Dec 1883 p3
Robert H - 12 Feb 1883; 31 Dec 1883 p3
William L - 14 Aug 1915; 31 Dec 1915 p2
Zephaniah - nd; 3 Sept 1836 p3
WADSWORTH, Alex. S - 9 Aug 1862; 12 Aug
  1862 p3*
  Charles - nd; 31 July 1809 p3
WAGNER, Rosie - 11 Apr 1905; 30 Dec 1905 p1
WAGONER, Wilmer - 27 July 1858; 28 July
  1858 p3
WAHL, Conrad - 10 Dec 1903; 31 Dec 1903 p1
WAIGLEY, Ann - 28 Aug 1855; 14 Sept
  1855 p3
WALDEN, Ambrose - 18 Mar 1840; 24 Mar
  1840 np
  Emily - nd; 28 Feb 1837 p3
WAINWRIGHT, R D - 5 Oct 1841; 8 Oct
  1841 p3
WALDRIDGE, William Broaddus - 26 Jan 1875;
  6 Feb 1875 p2
WALKER, Mrs --- - 26 Jan 1875; 30 Jan 1875 p2
  A D - 13 Feb 1913; 31 Dec 1913 p1
  Abraham - 2 Feb 1810; 6 Feb 1810 p3
  Adelaide - 24 Jan 1894; 31 Dec 1894 p1
  Amanda - 2 Feb 1874; 4 Feb 1874 p2
  Catharine Ann - 2 Aug 1872; 2 Aug 1872 p3
  Catherine - 6 June 1860; 7 June 1860 p3
  Charnpe - 21 Oct 1903; 31 Dec 1903 p1
  Charles - 20 June 1880; 21 June 1880 p2
  Charles D - -- Sept 1877; 24 Sept 1877 p2
  Clara Rebecca - 27 Dec 1881; 3 Jan 1882 p2
  Clarence R - 7 June 1909; 31 Dec 1909 p1
  Cora Stewart - 16 Mar 1873; 20 Mar 1873 p2
  Edward - 15 July 1912; 31 Dec 1912 p1
  Eliza - 8 Feb 1904; 31 Dec 1904 p1
  Elizabeth - nd; 26 Apr 1855 p3
  Fanny - 19 Oct 1857; 26 Oct 1857 p3
  Frank M - 5 Apr 1909; 31 Dec 1909 p1
  G W - 22 Nov 1860; 23 Nov 1860 p3
  George - 19 Feb 1901; 31 Dec 1901 p1
  Henry - 5 Oct 1896; 31 Dec 1896 p1
  Houston T - 26 Mar 1913; 31 Dec 1913 p1
  Ida Isabel - 23 Aug 1862; 29 Aug 1862 p3*
  Irene - 8 Nov 1903; 31 Dec 1903 p1
  Isaac - nd; 20 Oct 1851 p2

WALKER, James - 23 Mar 1873; 24 Mar 1873 p2
James - 18 Oct 1878; 2 Nov 1878 p2
James - 9 Feb 1886; 31 Dec 1886 p3
James Buchanan - 21 Oct 1857; 22 Oct 1857 p3
James C - 8 Jan 1870; 12 Jan 1870 p2
James W - 29 Mar 1878; 30 Mar 1878 p2
Jane V - 5 Nov 1908; 31 Dec 1908 p1
Jesse W - 17 June 1910; 31 Dec 1910 p1
John - 9 Dec 1899; 30 Dec 1899 p1
John R, Esq - 11 Jul 1862; 17 Jul 1862 p3*
John S - 22 May 1867; 23 May 1867 p2
Joseph T - nd; 7 May 1855 p3
Kate - 29 Nov 1883; 31 Dec 1883 p3
Laura - 22 Dec 1908; 31 Dec 1908 p1
Laura Rebecca - 23 June 1880; 26 June 1880 p2
Levin P - 18 Aug 1864; 23 Aug 1864 p2
Lilly Jane - 27 Aug 1862; 29 Aug 1862 p3*
Louisa - 10 June 1877; 23 June 1877 p2
M L - 23 Dec 1860; 19 Jan 1861 p3
Margaret - 26 Feb 1850; 7 Mar 1850 p2
Margaret Florence - nd; 19 May 1851 p2
Mrs Martha d/o T Javins - 8 Jul 1862; 10 Jul 1862 p3*
Mary E - 10 June 1907; 31 Dec 1907 p1
Mary Jane - 31 Aug 1855; 3 Sept 1855 p3
Nathan - 28 Dec 1842; 4 Jan 1843p3
Nathan - 29 Jan 1871; 2 Feb 1871 p2 & p3
Octavia - 24 Nov 1915; 31 Dec 1915 p2
Samuel P - 23 July 1834; 26 July 1834 p3
Susan H - 23 Sept 1867; 9 Oct 1867 p3
Timothy - nd; 23 May 1822 p2
William A - nd; 21 May 1863 p3
William B - 23 June 1870; 2 July 1870 p2
William T - 3 Dec 1894; 31 Dec 1894 p1
Maj Wm H - 1 Apr 1833; 12 Apr 1833 p3
Wilson Simon - nd; 19 May 1851 p2
Zachariah - 5 Sept 1857; 8 Sept 1857 p3
WALL, Hunter Julian - 15 Aug 1872; 16 Aug 1872 p3
Dr J W - 26 Feb 1871; 2 Mar 1871 p2
Lavinia L - nd; 18 Jan 1858 p3
Rachel - 26 Aug 1849; 3 Sept 1849 p3
William - 21 Nov 1785; 24 Nov 1785 p2
William - 1 Nov 1865; 1 Nov 1865 p2
WALLAC, John H - nd; 13 July 1872 p2
WALLACE, Capt --- - 24 Jan 1876; 25 Jan 1876 p3
Lt - battle on 30 Jun 1862; 8 Jul 1862 p1*
Pvt - battle on 30 Jun 1862; 8 Jul 1862 p1*
Caroline Hooff - 3 May 1860; 8 May 1860 p3
Eleanor Lee - 11 June 1845; 16 June 1845 p2
Elizabeth - 28 Jan 1868; 1 Feb 1868 p3

Elizabeth - 6 Oct 1877; 9 Oct 1877 p3
Elizabeth Edmunds - 27 Apr 1847; 3 May 1847 p3
Gustavus B - 11 May 1882; 26 May 1882 p2
Horatio Sidney - 20 June 1870; 23 June 1870 p2
Gen John Robert - 9 June 1851 p2
Ida V - 23 Feb 1915; 31 Dec 1915 p2
James Westwood - 1 Sept 1838; 6 Sept 1838 p3
Jane Elizabeth - nd; 9 Oct 1832 p3
Julia M - 28 Aug 1863; 8 Sept 1863 p2
Marion B - 28 Mar 1840; 6 Apr 1840 p3
Mary E - 22 Nov 1837; -- Dec 1837 np
Mary Nicholas - 16 May 1879; 26 June 1879 p2
Richard - nd; 28 Jan 1832 p3
Richard - 1 Apr 1832; 4 Apr 1832 p3
Richard - 3 Dec 1835; 5 Dec 1835 p3
Robert - 3 Oct 1866; 6 Oct 1866 p2
Robert A - 10 Nov 1913; 31 Dec 1913 p1
Robert Redfield - 2 Feb 1838; 12 Feb 1838 p3
Ruby - 25 Feb 1906; 31 Dec 1906 p1
Sarah - nd; 29 Aug 1840 p3
Thomas - 14 May 1868; 16 May 1868 p2
Warren - 2 July 1866; 10 July 1866 p3
WALLACH, Annie D - 17 Mar 1871; 19 Mar 1871 p2
Augustin - 6 Aug 1847; 11 Aug 1847 p3
WALLER, Ann W C - 31 Mar 1895; 31 Dec 1895 p1
Constance - 10 June 1885; 31 Dec 1885 p2
Byrd B - 5 June 1837; 16 June 1837 np
Corbin Griffith - 29 Oct 1841; 4 Nov 1841 p3
George - 19 Apr 1852; 24 Apr 1852 p3
Mrs George - 24 Aug 1869; 3 Sept 1869 p2
Littleton Tazewell - 27 Apr 1870; 3 May 1870 p2
Mary E - 29 Jun 1862; 30 Jun 1862 p4*
W P - 9 Dec 1892; 31 Dec 1892 p2
Withers - 5 Aug 1827; 1 Sept 1827 p3
WALLINGSFORD, Nannie M - 23 May 1881; 10 June 1881 p2
WALLIS, George - 25 Feb 1860; 5 Mar 1860 p3
WALLS, Elizabeth - 10 June 1847; 21 June 1847 p2
Rebecca - nd; 20 May 1844 p3
WALN, Robert - nd; 19 Jan 1836 p3
WALSH, Ann - 11 June 1851; 13 June 1851 p2
Jennie M - 26 Oct 1890; 31 Dec 1890 p1
John - 21 Mar 1892; 31 Dec 1892 p2
John J - 14 Nov 1877; 15 Nov 1877 p2
Margaret J - 27 Oct 1905; 30 Dec 1905 p1
Mary - 26 Apr 1900; 31, Dec 1900 p1
Richard - 30 July 1815; 31 July 1815 p3

WALSH, Thomas - 25 Jan 1905; 30 Dec 1905 p1
WALTER, Annie E - 19 Apr 1915; 31 Dec 1915 p2
WALTERS, Isaac - -- Jan 1878; 30 Jan 1878 p2
  Will C - 21 Sept 1872; 23 Sept 1872 p3
WALTMAN, Emanuel - 2 Dec 1866; 8 Dec 1866 p2
WALTON, David - 25 Jan 1881; 26 Jan 1881 p2
  Edwin M - 23 Jan 1865; 24 Jan 1865 p2
  Wm C - nd; 9 Nov 1837 p3
  William C - -- Mar 1834; 20 Mar 1834 p2
WALWORTHY, William B - 13 Aug 1860; 15 Aug 1860 p3
WAMSLEY, Victoria - 1 Jul 1854; 19 July 1854 p3
WANGER, David - 24 Oct 1880; 25 Oct 1880 p2
WANNALL, Mary - 18 Sept 1824; 23 Sept 1824 p3
WANTON, John S - 5 Oct 1870; 6 Oct 1870 p2
  Mary - nd; 28 Nov 1846 p3
  Mary Elizabeth - 27 Dec 1876; 28 Dec 1876 p2
  Philip - 27 Feb 1832; 28 Feb 1832 p3
  William R - 9 Jan 1873; 9 Jan 1873 p2
  Wm R - 5 Sept 1849; 22 Sept 1849 p3
WARD, Alice - nd; 30 Dec 1844 p3
  Ann - 12 Apr 1855; 16 Apr 1855 p3
  Anna - 6 Jan 1852; 9 Feb 1852 p2
  Berkeley - 5 May 1860; 8 May 1860 p3
  Charles A - 22 Jan 1903; 31 Dec 1903 p1
  Caroline - 18 Dec 1853; 28 Dec 1853 p3
  Francis Ashbury - 14 Apr 1834; 18 Apr 1834 p3
  Hezekiah - 25 Feb 1885; 26 Feb 1885 p3 & 31 Dec 1885 p2
  James M - 12 Jan 1866; 2 Feb 1866 p3
  Mrs Jane E - 19 Jan 1864; 25 Jan 1864 p3
  Joanna Edgar - 2 Feb 1826; 11 Feb 1826 p3
  Joel - nd; 21 Jan 1837 p3
  Mrs John - nd; 24 Dec 1846 p3
  John H - 25 Jan 1914; 31 Dec 1914 p1
  John Thomas - nd; 21 June 1853 p3
  John W - 18 Nov 1853; 2 Dec 1853 p2
  Joyce - 23 Dec 1829; 28 Dec 1829 p3
  L A - -- Aug 1876; 7 Aug 1876 p3
  Louisa - 25 July 1895; 31 Dec 1895 p1
  Maria - 14 Dec 1853; 16 Dec 1853 p3
  Martha T E - 26 May 1858; 12 June 1858 p3
  Mary - nd; 11 July 1855 p3
  Mary - nd; 22 Sept 1825 p3
  Mary E - 27 Mar 1883; 31 Dec 1883 p3
  Minnie - 14 Mar 1903; 31 Dec 1903 p1
  Pattie - nd; 10 Apr 1871 p3
  Pattie - 5 Mar 1871; 10 Apr 1871 p2

W H - 22 Aug 1894; 31 Dec 1894 p1
  Williams - 3 Feb 1865; 6 Feb 1865 p2
  Capt Willie N - 29 Aug 1862; 29 Oct 1862 p2*
WARDELL, Samuel - 31 Aug 1857; 2 Sept 1857 p3
WARDER, B F - 17 Nov 1012; 31 Dec 1912 p1
  Charlotte Melissa - 25 Sept 1873; 6 Oct 1873 p2
  James - 28 Jan 1864; 29 Jan 1864 p3
  Margaret A - 12 Sept 1860; 14 Sept 1860 p3
  Mary A - 17 Jan 1906; 31 Dec 1906 p1
  May - 12 July 1897; 31 Dec 1897 p1
  Richard - 27 Mar 1895; 31 Dec 1895 p1
  Richard H - 2 Apr 1905; 30 Dec 1905 p1
  Vandelia - 2 Aug 1885; 31 Dec 1885 p2
  W H - 30 Aug 1886; 31 Dec 1886 p3
  Wm - 7 Feb 1898; 31 Dec 1898 p1
WARE, Ellen A - 17 Nov 1904; 31 Dec 1904 p1
  Henry Jr - nd; 29 Sept 1843 p3
  N A - 10 Aug 1872; 11 Oct 1872 p3
  Thomas R. - 20 Aug 1892; 31 Dec 1892 p2
  William - 21 Feb 1875; 23 Feb 1875 p2
WARFIELD, Abbie - 25 July 1904; 31 Dec 1904 p1
  Abel D - 1 Apr 1886; 31 Dec 1886 p3
  Catharine V - 7 Mar 1914; 31 Dec 1914 p1
  Elizabeth - 27 Apr 1886; 31 Dec 1886 p3
  Cpl G - battle on 30 Jun 1862; 8 Jul 1862 p1*
  George T - 1862; 6 Dec 1865 p3
  Harry L - 14 Feb 1886; 31 Dec 1886 p3
  M A - 26 Sept 1907; 31 Dec 1907 p1
  Sarah A - 30 June 1904; 31 Dec 1904 p1
WARING, Arthur - 8 Oct 1866; 10 Oct 1866 p2
  Bazil - 28 Dec 1847; 31 Dec 1847 p2
  Carrie Louisa - 18 May 1869; 5 June 1869 p3
  Ellen Frances - 16 Feb 1854; 22 Feb 1854 p3
  Henry - 11 Oct 1835; 14 Oct 1835 p3
  James - 1866; 3 Jan 1867 p3
  Kitty - 12 July 1867; 17 July 1867 p3
  John - 4 Sept 1857; 15 Sept 1857 p3
  John - nd; 2 Feb 1855 p3
  Julia - 22 Apr 1872; 22 Apr 1872 p2
  Margaret M - 22 July 1852; 4 Aug 1852 p2
  Maria E - 8 Apr 1869; 27 Apr 1869 p3
  Marsham - 15 Oct 1860; 23 Oct 1860 p3
  Mary Virginia - 14 Feb 1854; 22 Feb 1854 p3
  Milicent - nd; 22 May 1847 p2
  Robert Bowie - 30 Jan 1863; 31 Jan 1863 p3
  Sarah B - 30 July 1843; 1 Aug 1843 p3
  Violetta Landsdale - 19 Apr 1863; 6 May 1863 p3
  William Francis - 18 Feb 1854; 22 Feb 1854 p3

WARLEY, Emily C W Forrest - nd; 25 Mar 1853 p3
Emily C W F - nd; 7 Apr 1853 p3
WARNER, Ellen M - 18 Dec 1853; 28 Dec 1853 p3
George - --- Mar 1875; 5 Mar 1875 p2
George E - 18 Mar 1884; 31 Dec 1884 p3
George W - 14 Jan 1853; 19 Jan 1853 p3
Hannah E - 13 Feb 1875; 17 Feb 1875 p2
Henry W - 6 Aug 1860; 7 Aug 1860 p3
Jane - 29 Nov 1865; 30 Nov 1865 p3
Laura - 5 Feb 1861; 16 Feb 1861 p3
Mary Euthemia - 29 June 1866; 30 June 1866 p2
Mary Peters -2 Apr 1875; 3 Apr 1875 p2
William - 2 Nov 1875; 4 Nov 1875 p3
William Peters - 26 Oct 1874; 27 Oct 1874 p2
WARNOCK, Emma - 8 May 1909; 31 Dec 1909 p1
WARREH, Mrs Lydia - 23 Oct 1860; 26 Oct 1860 p3
WARREN, Anne, buried in Christ Church cemetery - 39 yrs of age 28 June 1808; nd np
Edward - 10 Dec 1885; 31 Dec 1885 p2
H E - 2 May 1878; 3 May 1878 p2
Julia - 3 Mar 1883; 31 Dec 1883 p3
Louisa - 24 Jan 1877; 25 Jan 1877 p2
Mason - --- Jan 1871; 6 Feb 1871 p2
Thomas - 6 May 1855; 12 May 1855 p3
Wm - nd; 25 Oct 1832 p3
WARRING, Ann - 4 June 1843; 10 June 1843 p3
Basil - 31 Mar 1883; 31 Dec 1883 p3
Henry H - 28 July 1854; 25 Aug 1854 p3
Thomas E - 20 Aug 1885; 31 Dec 1885 p2
WARRINGTON, Margaret Cary - nd; 17 Nov 1832 p3
Mary Cary - 4 Sept 1843; 7 Sept 1843 p3
Mile King - 20 Sept 1860; 10 Dec 1860 p3
WARTERS, Alexander - 28 Mar 1846; 3 Apr 1846 p3
WARTHAN, Mary - 4 Nov 1839; 5 Dec 1839 p3
WARTMAN, Elizabeth A - 21 Apr 1860; 28 Apr 1860 p3
Martha - 28 July 1874; 28 Sept 1874 p2
WARTMANN, Margaret - 10 May 1868; 16 May 1868 p2
WARWICK, Maj Daniel - --- Feb 1868; 2 Mar 1868 p2
WASHINGTON, Mrs ---- - 22 May 1802; 25 May 1802 p3
Alice - nd; 1 Aug 1839 p3
Ann - 28 Nov 1829; 4 Dec 1829 p3
Ann T - 3 Feb 1861; 6 Feb 1861 p3

Anne Maria T - nd; 1 Oct 1833 p3
Ariana - 8 Sept 1857; 17 Oct 1857 p2
Dr Bailey - nd; 7 Aug 1854 p3
Betsey Hough - 21 Nov 1811; 30 Nov 1811 p3
Camelia Lee - 15 July 1873; 11 Aug 1873 p2
Charles Augustine - 5 July 1811; 12 Sept 1811 p3
Charles Augustine - 28 Feb 1861; 2 Mar 1861 p3
Charlie - 4 Sept 1811; 8 Sept 1881 p2
E Clarence - 12 Feb 1885; 31 Dec 1885 p2
Corbin - nd; 28 Nov 1871 p3
Edward - 16 May 1813; 8 June 1813 p3
Effie - nd; 25 Dec 1858 p3
Eleanor Ann - nd; 17 Apr 1849 p3
Eleanor Love - 9 Oct 1860; 11 Oct 1860 p3
Elizabeth B - nd; 30 Oct 1837 p3
Euphan Martha - 17 June 1875; 26 June 1875 p2
George - 16 June 1896; 31 Dec 1896 p1
George - 3 Aug 1910; 31 Dec 1910 p1
George C - 17 July 1854; 19 July 1854 p3
George Corbin - 30 Sept 1843; 9 Oct 1843 p3
George E - 6 Nov 1853; 18 Nov 1853 p3
George F - 1867; 14 Sept 1867 p2
Georgiana - 3 Dec 1860; 31 Dec 1860 p3
Capt Henry - 20 May 1812; 21 May 1812 p3
Henry T - nd; 16 June 1855 p3
James Cunningham - 24 Feb 1865; 2 Mar 1865 p2
James Wallace - 27 Jan 1869; 2 Feb 1869 p3
Jane C - nd; 10 Sept 1855 p3
Maj John - nd; 17 Feb 1840 p3
John - nd; 15 June 1839 p3
John Augustine - nd; 19 June 1832 p3
John T - 11 Oct 1805; 16 Oct 1805 np
John Thornton A - 16 Oct 1841; 19 Oct 1841 p3
Lanny F - 21 Oct 1857; 22 Oct 1857 p3 & 24 Oct 1857 p2
Lund Jr - nd; 23 July 1849 p3
Master Lawrence - 7 Sept 1822; 26 Sept 1822 p3
Lawrence - 15 Mar 1875; 29 Mar 1875 np
Lawrence - 29 May 1905; 30 Dec 1905 p1
Louisa - 14 Feb 1882; 21 Feb 1882 p2
Louisa W - 18 Sept 1879; 3 Oct 1879 p3
Lucinda N - nd; 4 Sept 1871 p2
Maria - 15 Feb 1860; 18 Feb 1860 p3
Maria P - nd; 12 Nov 1847 P3
Mary - --- Nov 1835; 16 Nov 1835 p3
Mary - nd; 12 Dec 1826 p3
Mary D - nd; 29 Nov 1836 p3
Mary D - 12 Oct 1898; 31 Dec 1898 p1
N L - --- Feb 1835; 3 Mar 1835 p3

WASHINGTON, Needham L - 13 Feb 1835; 20 Feb 1835 p3
Perrin - 29 Nov 1857; 2 Dec 1857 p3
Rebecca - 23 Mar 1818; 27 Mar 1818 p3
Richard - 6 July 1863; 15 Aug 1865 p3
Richard C - 24 May 1867; 25 May 1867 p2
Sallie F - 23 July 1907; 31 Dec 1907 p1
Sarah - 22 Dec 1816; 24 Dec 1816 p3
Sarah - nd; 27 July 1831 np
Thomas Bushrod - nd; 8 Aug 1854 p2
Virginia - 21 Jan 1871; 2 Feb 1871 p2 & p3
Dr William - nd; 10 Feb 1853 p3
William - nd; 10 Feb 1853 p3
William - 21 June 1867; 28 June 1867 p2
Col William Augustine - 2 Oct 1810; 10 Oct 1810 p3
William D - 1 Dec 1870; 9 Dec 1870 p1
William S I - 19 Aug 1834; 30 Aug 1834 p3
William Temple - 20 Apr 1877; 27 Apr 1877 p2
WATCHER, George - nd; 2 Nov 1836 p3
WATERHOUSE, Abbey A - 2 Sept 1905; 30 Dec 1905 p1
Alice L - 20 Oct 1830; 21 Oct 1830 p3
WATERMAN, Caroline - 13 Dec 1905; 30 Dec 1905 p1
Simon - 30 Nov 1882; 30 Nov 1882 p2
WATERS, Ann - nd; 8 Nov 1844 p2
Benj - nd; 19 Feb 1825 p3
Benjamin - 31 Oct 1863; 2 Nov 1863 p2
Benjamin F - 10 Nov 1907; 31 Dec 1907 p1
Berq G - nd; 25 May 1847 p2
Catherine S - 10 July 1860; 13 July 1860 p3
Dorothea - 17 Oct 1854; 18 Oct 1854 p3
Hattie - 9 Aug 1900; 31 Dec 1900 p1
Georgie - 10 Aug 1863; 10 Aug 1863 p3
Georgie - 17 July 1872; 27 July 1872 p2
Dr Roberts - nd; 18 Dec 1837 p3
Julia F - 20 Nov 1881; 22 Nov 1881 p2
Mary - 4 Feb 1865; 7 Feb 1865 p2
Mary Louise - 7 Apr 1867; 11 Apr 1867 p3
Mrs Rebecca - 18 Mar 1861; 29 Mar 1861 p3
Sarah - nd; 20 Sept 1833 p3
Sarah A - 17 Aug 1894; 31 Dec 1894 p1
Sarah L - nd; 12 Nov 1845 p3
Thomas A - 20 Oct 1870; 21 Oct 1870 p3
William - 7 Dec 1835; 8 Dec 1835 p3
Wm C - 29 Dec 1839; 8 Jan 1840 p3
WATKINS, Alice Edna - 6 Nov 1872; 8 Nov 1872 p3
Anna Caroline - 20 Apr 1880; 21 Apr 1880 p2
Aurelius Henry - nd; 9 Nov 1844 p3
Bettie - 20 Jan 1900; 31 Dec 1900 p1

Caroline H - nd; 4 Mar 1852 p2
Charles - 1 Mar 1906; 31 Dec 1906 p1
Charles T - 7 Jan 1875; 11 Jan 1875 p2
Clarence - 18 July 1834; 21 July 1834 p3
Clarence M - 6 June 1873; 7 June 1873 p3
David - 24 Feb 1823; 25 Feb 1823 p3
Elizabeth A - 2 Nov 1900; 31 Dec 1900 p1
Eugenie - 22 June 1873; 1 July 1873 p3
Hannah M - 21 Mar 1915; 31 Dec 1915 p2
Ida L - 20 Feb 1899; 30 Dec 1899 p1
Mrs James - 29 Oct 1860; 30 Oct 1860 p3 & 31 Oct 1860 p3
James C - 19 Dec 1892; 31 Dec 1892 p2
James H - 20 Oct 1886; 31 Dec 1886 p3
James H - 26 Oct 1892; 31 Dec 1892 p2
James M - nd; 30 Mar 1853 p2
John H - 11 May 1907; 31 Dec 1907 p1
Mary E - 21 Dec 1906; 31 Dec 3 1906 p1
Mary E - 31 May 1860; 7 June 1860 p3
Mary E - 3 Jan 1894; 31 Dec 1894 p1
Mary Elizabeth - 9 Jan 1851; 21 Jan 1851 p2
Minnie - 3 May 1896; 31 Dec 1896 p1
Peter H - 3 Mar 1906; 31 Dec 1906 p1
Sarah C - 22 Oct 1914; 31 Dec 1914 p1
w/o, Susan Venable - 3 Jul 1862; 12 Jul 1862 p3*
Thomas J - 7 June 1889; 31 Dec 1889 p2
Thomas Marshall - 19 Feb 1878; 20 Feb 1878 p2
Tobias - 14 Nov 1855; 17 Nov 1855 p3
William - 4 Feb 1899; 30 Dec 1899 p1
William Thomas - 1866; 2 Oct 1866 p2
Wm E - 17 Sept 1837; 19 Oct 1837 p3
WATSON, Amelia Jane - nd; 3 May 1833 p3
Andrew - 9 Aug 1805; 10 Aug 1805 p3
Ann Plummer - nd; 17 Nov 1836 p3
Benjamin - 23 Mar 1860; 30 Mar 1860 p3
Egbert R - 7 Sept 1887; 8 Sept 1887 p2
Elizabeth Courts - nd; 20 Dec 1853 p3
James J - 26 Sept 1841; 29 Sept 1841 p3
James R - 24 Mar 1867; 1 Apr 1867 p2
Jane - 7 Nov 1831; 11 Nov 1831 p3
Jane - 30 Aug 1840; 10 Sept 1840 p3
Dr John h/o Miss Ann Howe - 8 July 1804; 17 July 1804 p3
John J - nd; 14 June 1858 p3
Joseph H - 26 Feb 1882; 2 Mar 1882 p2
Josiah - 6 Oct 1844; 17 Oct 1844 p3
Maj Josiah - 5 Feb 1864; 9 Feb 1864 p2
Lemuel - -- Aug 1875; 20 Aug 1875 p2
Samuel L - nd; 27 Apr 1813 p3
Thomas - 2 July 1845; 3 July 1845 p3
Thomas - nd; 27 May 1837 p3

WATSON, Thomas Sterling - 9 Oct 1860; 27 Oct 1860 p3
WATTELL, Alvin - 10 Nov 1911; 30 Dec 1911 p4
WATTERSTON, Eliza - 27 Sept 1857; 30 Sept 1857 p3
George - nd; 7 Feb 1854 p3
WATTLES, Mrs C W - 19 June 1912; 31 Dec 1912 p1
Charles - 23 Feb 1894; 31 Dec 1894 p1
H S - 8 May 1893; 30 Dec 1893 p2
Nannie G - 5 Apr 1914; 31 Dec 1914 p1
Nathaniel - nd; 7 July 1852 p3
Nathaniel- 7 July 1852; 21 July 1852 p2
Sally - nd; 30 Mar 1854 p3
Sarah Catharine - 13 July 1873; 14 July 1873 p2
Sarah S - 15 Dec 1866; 15 Dec 1866 p2
WAUGH, Beverly - 24 July 1853; 26 July 1853 p3
WAUGH(N), John - 14 Nov 1857; .20 Nov 1857 p3 & 24 Nov 1857 p2
Mary - 24 May 1853; 1 July 1853 p2
Rachel - 24 Dec 1869; 30 Dec 1869 p2
Sidney S - 18 July 1827; 9 Aug 1827 p3
Townshend - 26 Nov 1850; 10 Dec 1850 p3
WAY, Andrew - nd; 17 Sept 1833 p3
WAYLAND, J F - 14 June 1887; 15 June 1887 p3
Thomas H - 7 Feb 1906; 31 Dec 1906 p1
WAYMAN, Charles - 26 Sept 1805; 1 Oct 1805 np
WEADON, Carolin - 13 Apr 1910; 31 Dec 1910 p1
F M - 13 Nov 1886; 31 Dec 1886 p3
Fanny - 18 Feb 1875; 1 Mar 1875 p2
Capt John - 15 July 1876; 29 July 1876 p2
Martha C - 7 Sept 1914; 31 Dec 1914 p1
Martin - 26 Sept 1897; 31 Dec 1897 p1
Mary Catherine - 1 Aug 1877; 2 Aug 1877 p2
Philip Henry - 1 June 1899; 30 Dec 1899 p1
Sarah J - 30 Oct 1876; 30 Oct 1876 p2
Walker G - 15 Feb 1905; 30 Dec 1905 p1
WEAVER, Jacob - 18 Sept 1841; 27 Sept 1841 p3
Joseph - 3 Feb 1852; 18 Feb 1852 p3
Margaret A - 18 June 1858; 23 July 1858 p2
Mary F - 22 Nov 1851; 3 Dec 1851 p2
Samuel - 27 Apr 1831; 5 May 1831 p3
William - 21 Sept 1843; 26 Sept 1843 p3 & 10 Oct 1843 p3
William Jackson - 22 Dec 1881; 24 Dec 1881 p2
Wm H - 24 Sept 1851; 26 Sept 1851 p2
Wm S - 24 May 1873; 2 June 1873 p2
WEBB, Alfred - 22 June 1887; 24 June 1887 p3

Ann - -- Mar 1868; 27 Mar 1868 p2
Annie - 29 Sept 1870; 29 Sept 1870 p2
Eliza - 23 June 1905; 30 Dec 1905 p1
Emanuel - 19 Oct 1906; 31 Dec 1906 p1
Fanny - 4 Sep 1862; 6 Sep 1862 p3*
Francis Charlotte - 10 July 1860; 12 July 1860 p3
Lily Elizabeth - 22 Mar 1877; 7 May 1877 p2
Martha Louisa - 6 Mar 1852; 13 Apr 1852 p3
Mary Rose - nd; 18 Aug 1855 p3
Thomas - 26 Feb 1842; 1 Mar 1842 p3
WEBSTER, Amanda - 20 May 1860; 25 May 1860 p2
Catharine A - 1 Mar 1873; 13 Mar 1873 p2
Charles F - 24 Oct 1873; 24 Oct 1873 p2
Clara V - 6 Mar 1895; 31 Dec 1895 p1
Daniel E - 5 Mar 1911; 30 Dec 1911 p4
Elizabeth - 19 Sept 1908; 31 Dec 1908 p1
Francis - nd; 14 Aug 1823 p3
George - 21 Feb 1823; 4 Mar 1823 p3
George Arthur - 29 Feb 1865; 4 Mar 1865 p2
Harry - 8 Nov 1895; 31 Dec 1895 Pi
Hiram - 6 Aug 1884; 31 Dec 1884 p3
James F - 18 Nov 1910; 31 Dec 1910 p1
John B - 2 Sept 1878; 2 Sept 1878 p2
Noah - 28 May 1843; 1 June 1843 p2
Samuel Pleasants - 21 Sept 1841; 21 Oct 1841 p3
Sarah A - 29 Dec 1872; 20 Jan 1873 p2
Susan - 9 Oct 1906; 31 Dec 1906 p1
Willie A - 2 Dec 1877; 6 Dec 1877 p2
WEDDERBURN, Ann - nd; 16 Nov 1836 p3
Sarah A - 10 Oct 1890; 31 Dec 1890 p1
Dr Wm - nd; 15 Aug 1837 p3
WEDDING, M Florence - 1 Nov 1874; 2 Nov 1874 p2
WEDERSTANDT, Dr John Charles - 9 Feb 1864; 12 Feb 1864 p2
WEDLINGER, Alexina - 20 Aug 1875; 23 Aug 1875 p3
WEECH, W T L - 5 Sept 1895; 31 Dec 1895 p1
WEED, Arabella E - 20 Dec 1833; 28 Dec 1833 p3
Maj E J - nd; 8 Mar 1838 p3
Edwin C - nd; 2 Oct 1851 p2
WEEDON, Adelaide - 2 Oct 1853; 4 Oct 1853 p3
Ferdinand A - 17 Feb 1881; 19 Feb 1881 p2
Richard - 12 Dec 1860; 17 Dec 1860 p3
Sarah C E - 14 Sept 1853; 17 Sept 1853 p3
Virginia - 19 June 1877; 26 June 1877 p2
Judge William - 1 May 1887; 5 May 1887 p2
William A - 19 June 1864; 2 Aug 1864 p2

WEEDOTT, Austin B - 24 Aug 1878; 7 Sept 1878 p2
WEEKS, Burr - 13 June 1873; 16 June 1873 p2
James - 27 Nov 1866; 1 Dec 1866 p2
Lucelia G - 30 July 1864; 1 Aug 1864 p2
Rachel - 5 Oct 1857; 7 Nov 1857 p3
WEEMS, Edwin - 8 July 1857; 17 July 1857 p3
Elizabeth - 13 Oct 1839; 31 Oct 1839 p3
Francis - 28 Aug 1843; 2 Sept 1843 p3
WEIGHTMAN, Henry T - 3 Feb 1857; 11 Feb 1857 p2
Richard - 30 Oct 1841; 17 Nov 1841 p3
Richard - 2 Mar 1812; 3 Mar 1812 p3
Gen Roger C - 3 Feb 1876; 3 Feb 1876 p3
WEIMAN, Minna - 29 Apr 1888; 31 Dec 1888 p1
WEINBERG, Jacob - 1867; 1 Apr 1867 p2
WEINGART, Joseph - 9 Oct 1912; 31 Dec 1912 p1
WEIR, C B - 31 Jan 1869; 5 Feb 1869 p2
Harriet Bladen - 14 July 1841; 23 July 1841 p3
John M - 29 May 1852; 10 June 1852 p2
W Tasker - --- May 1866; 14 June 1866 p2
Walter - 11 Aug 1870; 15 Aug 1870 p2
William J - 8 May 1867; 13 May 1867 p3
WELBY, Jessie - 15 Feb 1901; 31 Dec 1901 p1
WELCH, Benjamin - 16 July 1857; 1 Aug 1857 p3
Bettie A - 8 Jan 1910; 31 Dec 1910 p1
Cashery H - 10 Jan 1915; 31 Dec 1915 p2
Edward - 25 Jan 1858; 6 Feb 1858 p3
John - 19 Jan 1907; 31 Dec 1907 p1
Joseph - 25 Feb 1857; 27 Feb 1857 p2
Susie W P - 28 Feb 1872; 7 Mar 1872 p2
Sylvester - nd; 30 Aug 1836 np
WELCOME, Henry - 20 Jan 1871; 28 Jan 1871 p2
WELLER, Susan P - nd; 3 Jan 1849 p3
WELLFORD, Janet H - 3 July 1860; 12 July 1860 p3
Mary - 9 Oct 1878; 11 Oct 1878 p2
Roberta Carter - nd; 1 July 1853 p2
Dr Wm N - 18 July 1872; 23 July 1872 p3 & 3 Sept 1872 p2
WELLING, Mrs Jane H - 15 Nov 1860; 19 Nov 1860 p3
WELLONS, Annie - 23 June 1876; 23 June 1876 p2
WELLS, Arietta - 29 May 1900; 31 Dec 1900 p1
Clarence - 31 May 1902; 31 Dec 1902 p1
Cornelius - 20 Jan 1910; 31 Dec 3 1910 p1
Elijah - 30 Dec 1853; 7 Jan 1854 p3
Elizabeth - 1 Apr 1885; 31 Dec 1885 p2

Frances - 4 Dec 1909; 31 Dec 1909 p1
Frank E - 11 Jan 1914; 31 Dec 1914 p1
John Jr - 18 Jan 1843; 20 Jan 1843 p3
Joseph W - 21 Feb 1906; 31 Dec 1906 p1
Lewis Sommerfield - --- Apr 1866; 9 Apr 1866 p2
Mrs Mary A - 20 Jan 1864; 21 Jan 1864 p2
Peyton - 9 June 1860; 12 June 1860 p3
Richard - nd; 1 May 1837 p3
Samuel Levi - nd; 9 Oct 1850 p3
Thomas Lloyd - 29 Feb 1872; 2 Mar 1872 p2
WELSH, Benjamin W - 4 Nov 1874; 30 Nov 1874 p2
Edward - 15 Oct 1857; 24 Oct 1857 p3
Franklin D - 10 July 1865; 12 Aug 1865 p4
Dr James - 30 July 1883; 31 Dec 1883 p3
John - --- Feb 1868; 25 Feb 1868 p2
WELTER, Everhardt - 13 Jan 1895; 31 Dec 1895 p1
WENNER, Elizabeth Ann - nd; 20 Sept 1847 p3
WENZEL, Frank - 1 Feb 1895; 31 Dec 1895 p1
John - 4 Mar 1906; 31 Dec 1906 p1
Mamie - 8 Jan 1905; 30 Dec 1905 p1
Margaret - 13 July 1899; 30 Dec 1899 p1
Margaret - 7 July 1912; 31 Dec 1912 p1
Mary - 10 Apr 1898; 31 Dec 1898 p1
WERDON, Benjamin F - 2 Feb 1850; 8 Feb 1850 p3
WERKMULLER, Eliza - 24 Jan 1861; 5 Feb 1861 p2
WERNWAG, Lewis - 12 Aug 1843; 19 Aug 1843 p3
WESLEY, Richard - 6 Jan 1865; 7 Jan 1865 p2
WEST, Andrew - 7 Dec 1883; 31 Dec 1883 p3
Benjamin - nd; 30 Aug 1853 p3 & 12 Sept 1853 p2 & 5 Oct 1853 p2
Caroline - 20 May 1898; 31 Dec 1898 p1
Charles S - 28 Nov 1857; 1 Dec 1857 p3
Christine - 3 Feb 1903; 31 Dec 1903 p1
Clarinda H - 25 Sept 1834; 26 Sept 1834 p3
Elizabeth - 18 Apr 1839; 23 Apr 1839 p3
Elizabeth - 1880; 11 June 1880 p3
Col George - 16 Apr 1786; 20 Apr 1786 p3
George M - 17 Aug 1860; 22 Aug 1860 p3
Hugh - 12 May 1807; 12 May 1807 p3
Jacob - 26 May 1912; 31 Dec 1912 p1
James Craik - 29 Jan 1815; 31 Jan 1815 p3
John - 24 Dec 1915; 31 Dec 1915 p2
John S - --- Mar 1878; 11 Mar 1878 p2
Kate - 16 Feb 1875; 20 Feb 1875 p2
Kitty w/o William Turner - 29 July 1804; 1 Aug 1804 p3
Lucinda H - 13 Mar 1906; 31 Dec 1906 p1

WEST, Margaret Elizabeth - 17 July 1882;
    18 July 1882 p2
Mrs - nd; 4 Aug 1785 np
Nancy - 1785; 13 Oct 1785 p3
Mrs Pamela d/o J Robbins - 26 Nov 1862; 27
    Nov 1862 p3*
Rebecca - 13 May 1885; 31 Dec 1885 p2
Robert M - 20 Apr 1887; 21 Apr 1887 p3
Roger - 30 Mar 1814; 31 Mar 1814 p3
Susan A - 19 Apr 1873; 21 Apr 1873 p2
Susanne - 13 July 1787; 26 July 1787 p3
Mrs Sybil - nd; 7 June 1787 p3
Thomas Wade - nd; Times 29 July 1799 p3
WESTCOTT, David M - 26 Apr 1841; 8 May
    1841 p3
John - 24 Nov 1813; 25 Nov 1813 p3
William - 5 Apr 1904; 31 Dec 1904 p1
WESTERFIELD, David - nd; 3 Sept 1859 p3
Esther - 15 Apr 1908; 31 Dec 1908 p1
WESTON, John Esq - 1 May 1812; 11 May
    1812 p3
Rebecca - nd; 25 May 1824 p3
Susie E - 29 July 1911; 30 Dec 1911 p4
William - nd; 8 May 1824 p3
WETHERS, John J - 11 Apr 1861; 24 Apr
    1861 p3
WEVER, Caspar W - 7 Feb 1861; 12 Feb 1861 p3
WEYLIE, John V - 25 Jan 1817; 1 Feb 1817 p3
Martha M J - 28 Apr 1818; 4 May 1818 p2
WHALEN, Annie E - 20 July 1907; 31 Dec
    1907 p1
Roxy - 1 June 1897; 31 Dec 1897 p1
Mrs W A - 15 Aug 1909; 31 Dec 1909 p1
WHALEY, Elizabeth - 29 May 1900; 31 Dec
    1900 p1
George - 23 May 1843; 29 May 1843 p3
George W - 18 Aug 1894; 31 Dec 1894 p1
Gilson Rozier - 10 Oct 1872; 16 Dec 1872 p2
James M - 1887; 6 Apr 1887 p2
John - nd; 23 Oct 1832 p3
Katy Lee - 5 May 1863; 5 May 1863 p3
Lizzie Alice M - 31 Aug 1857; 7 Sept 1857 p2
Rachel R - 20 Apr 1913; 31 Dec 1913 p1
Robert J - 28 Feb 1843; 6 Mar 1843 p3
Robert W - 1 June 1906; 31 Dec 1906 p1
Washington - 8 Oct 1896; 31 Dec 1896 p1
WHARTON, Colman H - 26 Sept 1843; 7 Oct
    1843 p3
Thomas - 28 Apr 1853; 30 Apr 1853 p2
WHEAT, Albert J - 7 Mar 1873; 12 Mar 1873 p2
Benoni - nd; 29 Oct 1852 p2
Bonnie - 24 Feb 1902; 31 Dec 1902 p1

Charlie - 28 Nov 1860; 8 Dec 1860 p3
Clarence - 17 June 1889; 31 Dec 1889 p2
Eliza - 8 Dec 1858; 10 Dec 1858 p3
Harriet H - 14 Jan 1879; 16 Jan 1879 p2
Harry F - 4 Mar 1912; 31 Dec 1912 p1
Mrs Harry F - 28 Mar 1899; 30 Dec 1899 p1
Mr J J - -- Nov 1875; 6 Nov 1875 p2
James Solon - nd; 29 Aug 1850 p2
John - 29 Oct 1843; 1 Dec 1843 p3
Maria - 30 June 1853; 4 July 1853 p2
Matilda T - 2 July 1885; 31 Dec 1885 p2
Milton - 23 Oct 1902; 31 Dec 1902 p1
Rachel - 13 Oct 1854; 23 Oct 1854 p3
Richard W - nd; 7 Nov 1844 p3
Robert Wilson - 22 Apr 1865; 24 Apr 1865 p2
Susan M - 15 Mar 1898; 31 Dec 1898 p1
William Henry - 11 July 1860; 14 July 1860 p3
Wm T - 28 Apr 1847; 24 May 1847 p2
WHEATLEY, Addie Hubbard - 14 Nov 1878;
    15 Nov 1878 p2
B - 8 July 1900; 31 Dec 1900 p1
Catharine - 31 Mar 1842; 19 Apr 1842 p3
Elcon - 4 Aug 1860; 8 Aug 1860 p3
James - nd; 22 Nov 1833 p3
James - 6 Oct 1880; 7 Oct 1880 p2
Marian Virginia - 20 July 1872; 22 July 1872 p3
Martha A - 26 Oct 1915; 31 Dec 1915 p2
William - 12 Aug 1904; 31 Dec 1904 p1
WHEATLY, Garland - nd; 17 Feb 1871 p2
WHEATON, (Mrs) Emma Mason - 16 Jan 1864;
    19 Jan 1864 p2
WHEELER, Adelaides - 31 Oct 1882; 1 Nov
    1882 p2
Cora Nevil - 3 June 1860; 5 June 1860 p2
Creighton Armeruster - 10 Sept 1865; 11 Sept
    1865 p3
Elizabeth - 14 May 1827; 12 June 1827 p3
Hester - 21 Mar 1852; 23 Mar 1852 p3
James H - 14 Sept 1867; 21 Sept 1867 p3
Jane Eliza - nd; 19 Feb 1846 p3
Jane Eliza - 9 Sept 1843; 13 Sept 1843 p3
Julia - 8 Aug 1853; 15 Aug 1853 p2
Luke - nd; 15 Aug 1827 p3
Mary E - nd; 8 Oct 1836 p3
Mary S - 8 June 1873; 11 June 1873 p3
Nellie - 27 Jan 1882; 28 Jan 1882 p2
Robert Sewell - 21 Mar 1861; 22 Mar 1861 p3
    & 27 Mar 1861 p3
Samuel - 3 Apr 1835; 7 Apr 1835 p3
Thomas - 21 Feb 1867; 28 Feb 1867 p2
WHEELWRIGHT, Joseph - 28 Apr 1860; 4 May
    1860 p3

WHETCROFT, Henry - 4 May 1837; 6 May 1837 p3
WHIP, Adam - nd; 16 Mar 1854 p3
WHITAKER, Joseph - -- Dec 1870; 4 Jan 1871 p2
WHITALL, Benjamin G - 14 Nov 1860; 20 Nov 1860 p3
  Joseph Ellis - nd; 18 July 1851 p2
WHITCOMB, Susan V - 23 Dec 1904; 31 Dec 1904 p1
  William H - 27 Feb 1901; 31 Dec 1901 p1
WHITE, Agnes M - 19 Jan 1877; 24 Jan 1877 p2
  Albert R - 21 Jan 1889; 31 Dec 1889 p2
  Ann S - 10 Apr 1882; 11 Apr 1882 p2
  Ann S - 2 Aug 1886; 31 Dec 1886 p3
  Annie - 7 Nov 1910; 31 Dec 1910 p1
  Annie R - 2 Mar 1912; 31 Dec 1912 p1
  Callie - 26 June 1877; 3 July 1877 p2
  Charles O - 4 Jan 1889; 31 Dec 1889 p2
  Crawford K - 3 Dec 1865; 14 Dec 1865 p3
  Edgar D - 10 June 1860; 12 June 1860 p3
  Elizabeth C - 1 Apr 1874; 9 Apr 1874 p2
  Ellen - 16 Feb 1844; 17 Feb 1844 p3
  Emma May - 18 Mar 1860; 31 Mar 1860 p3
  Frank - 23 Feb 1899; 30 Dec 1899 p1
  George - nd; 16 Nov 1859 p3
  Govenor - nd; 3 May 1811 p3
  Mrs H C - 13 Jan 1867; 18 Jan 1867 p2
  J Dickson - 7 Sept 1864; 20 Jan 1866 p3
  J M - 28 Nov 1913; 31 Dec 1913 p1
  Jane - 22 July 1834; 29 July 1834 p3
  Jesse - -- Nov 1875; 20 Nov 1875 p2
  John - 14 June 1843; 19 June 1843 p3
  John - -- Mar 1868; 3 Apr 1868 p2
  John T - 3 Sep 1862; 11 Sep 1862 p3*
  Jonah Henry - 12 Aug 1874; 13 Aug 1874 p2
  Joseph W - 15 Jan 1900; 31 Dec 1900 p1
  Laura J - 15 Dec 1908; 31 Dec 1908 p1
  Levi - 27 July 1857; 31 July 1857 p3
  Lizzie - nd; 20 Nov 1871 p2
  Lucinda - 10 Dec 1874; 15 Dec 1874 p2
  Mary - 25 Mar 1902; 31 Dec 1902 p1
  Mary A - 29 Sept 1875; 29 sept 1875 p2
  Mary A - 16 Apr 1890; 31 Dec 1890 p1
  Mary B - 13 Feb 1865; 20 Jan 1866 p3
  Mary Cecelia - 15 Sept 1860; 27 Sept 1860 p3
  Miss Mary E - 3 Apr 1861; 6 Apr 1861 p2
  Mary H - 28 Dec 1875; 1 Jan 1876 p2
  Mary Ida - 27 May 1881; 28 May 1881 p2
  Mary M - 22 July 1860; 1 Aug 1860 p3
  Nancy - 13 Aug 1860; 18 Aug 1860 p2
  Nathaniel Hunter - 2 Aug 1853; 15 Aug 1853 p2
  Prudence M - 9 Jan 1873; 9 Jan 1873 p2
  R G - 9 Apr 1875; 10 Apr 1875 p2
  Judge Robert - nd; 15 Mar 1831 p3
  Robert L - nd; 8 Mar 1845 p3
  Capt Robert L - 31 July 1831; 3 Aug 1831 p3
  Sister Rose - 25 July 1841; 2 Aug 1841 p3
  Sally A - 9 July 1860; 19 July 1860 p3
  Samuel - 4 Nov 1809; 11 Nov 1809 p3
  Samuel - 20 Aug 1843; 28 Aug 1843 p3
  Sarah Ann - nd; 2 Mar 1839 p3
  Thomas Addison - nd; 3 Aug 1831 p3
  Thomas - nd; 17 Nov 1819 p3
  Thomas Sr - nd; 4 Dec 1857 p2
  Thomas D H - 26 Aug 1864; 29 Aug 1864 p2
  Thomas M - 11 Apr 1879; 11 Apr 1879 p2
  Vachel - 22 Oct 1857; 26 Oct 1857 p2
  W W - 12 Dec 1872; 13 Dec 1872 p2
  Walter C - 28 May 1870; 1 June 1870 p3
  William Augustus - nd; 30 June 1813 p3
WHITEHEAD, Simpson - nd; 10 Oct 1839 p3
WHITEHURST, C H - 21 May 1875; 26 May 1875 p2
  Pattie Hughes - 4 Apr 1897; 31 Dec 1897 p1
WHITEMORE, James Palmer - 3 Nov 1858; 4 Nov 1858 p3
  John - 7 Oct 1865; 18 Oct 1865 p2
  John P - 19 Apr 1865; 20 Apr 1865 p2
  Sarah Frances - 1 Nov 1866; 21 Nov 1866 p2
WHITESCARVER, Maj Robert - 1887; 7 Feb 1887 p2
WHITFIELD, Rev George - nd; 8 Mar 1833 p3
  Rev James - 19 Oct 1834; 22 Oct 1834 p3
WHITING, Beverly - 19 July 1828; 24 July 1828 p3
  D W - 28 Apr 1895; 31 Dec 1895 p1
  Ellen - 27 Sept 1903; 31 Dec 1903 p1
  Francis Beverly - 14 June 1867; 29 June 1867 p2
  G W Carlyle - nd; 13 Jan 1865 p3
  George B - 18 May 1835; 21 May 1835 p3
  Jane - 23 Feb 1898; 31 Dec 1898 p1
  Col John - 4 Sept 1810; 7 Sept 1810 p3
  Louisa - 11 Feb 1869; 11 Feb 1869 p2
  Margaret Douglass - 19 Mar 1867; 30 Mar 1867 p2
  Mary Lee - 26 Nov 1850; 10 Dec 1850 p3
  Matthew Esq - 19 Nov 1810; 1 Dec 1810 p3
  Matthew T - 12 Apr 1847; 30 Apr 1847 p3
  Nannie - 16 Sept 1872; 16 Sept 1872 p2
  Mrs S M - -- Nov 1835; 14 Nov 1835 p3
  Wm H - 18 Sept 1838; 25 Sept 1838 p3
WHITINGTON, Edward F - 7 Dec 1862; 9 Dec 1862 p3*

WHITLEY, S I - 17 Apr 1819; 29 Apr 1819 p2
WHITLOCK, J E - 5 Sept 1911; 30 Dec 1911 p4
WHITLOCK, Sarah - 19 Sept 1869; 30 Sept 1869 np
WHITLOCKE, George - 22 July 1857; 25 Aug 1857 p3
WHITMORE, George - 26 Aug 1850; 2 Sept 1850 p3
WHITNEY, P S - nd; 3 May 1855 p3
R M - nd; 17 May 1845 p3
Sophie - 5 Aug 1860; 10 Aug 1860 p3
WHITTAKER, Wm T - nd; 1 Oct 1855 p3
WHITTINGTON, Ann - 17 Oct 1854; 18 Oct 1854 p3
Ann - 17 Oct 1854; 18 Nov 1854 p3
Cora Cowling - 1 Jan 1880; 5 Jan 1880 p3
Elizabeth - 4 Jan 1880; 5 Jan 1880 p3
Mrs G T - 1 Feb 1896; 31 Dec 1896 p1
George W - 3 July 1894; 31 Dec 1894 p1
H B - 25 Sept 1884; 31 Dec 1884 p3
Henry - 17 Nov 1849; 20 Nov 1849 p2
Monroe - nd; 12 Jun 1862 p3*
Sarah - 6 Sept 1910; 31 Dec 1910 p1
Simon H - 13 Sept 1849; 27 Sept 1849 p3; poem in his honor 8 Oct 1849 p1
Thomas - 22 Oct 1875; 23 Oct 1875 p2
WHITTLE, Mary - nd; Gazette 9 July 1830 p3
Mary Ann - 31 Dec 1869; 12 Jan 1870 p2
Stephen D - 14 Oct 1869; 18 Oct 1869 p3
Thomas - 14 July 1851; 26 July 1851 p2
Cmdr Wm C - 6 Mar 1878; 7 Mar 1878 p2
WHITTLESEY, Asaph - 17 Mar 1842; 9 Apr 1842 p3
Charles - 9 Dec 1874; 9 Dec 1874 p2
George B - 27 Mar 1861; 4 Apr 1861 p3
Helen M - 11 Apr 1900; 31 Dec 1900 p1
O C - 23 Feb 1901; 31 Dec 1901 p1
WHITWELL, Alice Mary Wise - 22 Sept 1865; 3 Oct 1865 p3
Augusta Newton - 2 June 1860; 5 June 1860 p2
Jeannie S - 14 May 1865; 16 May 1865 p2
WHYTE, Joseph - 29 Nov 1857; 1 Dec 1857 p3
Mrs Wythe - 22 July 1902; 31 Dec 1902 p1
WIATT, D - 1 Aug 1866; 25 Aug 1866 p2
Capt Samuel I - 5 Apr 1868; 6 Apr 1868 p2
WIBERT, Mrs Isaac - nd; 10 Mar 1855 p3
WICKMAN, Anne C - 25 Feb 1868; 4 Mar 1868 p2
WICKHAM, Edmund Fanning - 25 Sept 1832; 29 Sept 1843 p3
WIESENTHALL, Thomas V - nd; 28 Mar 1833 p3
WIGFIELD, Mrs - 26 Jan 1868; 27 Jan 1868 p3

Blanche - 5 July 1897; 31 Dec 1897 p1
James A - 25 July 1914; 31 Dec 1914 p1
Mrs James A - 27 June 1901; 31 Dec 1901 p1
Mary - 17 Jan 1897; 31 Dec 1897 p1
WIGG, Emily W - 27 July 1865; 28 July 1865 p2
WIGGONTON, Susan - 21 Sept 1872; 30 Sept 1872 p3
WIGHT, Hattie R - 19 Sept 1869; 28 Sept 1869 p3
WIGLESWORTH, Warren A - 27 Oct 1843; 30 Nov 1843 p3
WILBAR, Henry - nd; 17 Feb 1837 p3
John T O - 18 Jan 1872; 20 Feb 1872 p2
WILBURN, Alice - 2 Jan 1885; 31 Dec 1885 p2
Charles L - nd; 11 Apr 1859 p3
Charles M - 30 Jan 1914; 31 Dec 1914 p1
Fred - 11 Oct 1896; 31 Dec 1896 p1
Lucinda E - 3 Sept 1878; 9 Sept 1878 p2
Mary J - 18 Oct 1904; 31 Dec 1904 p1
Resin - 20 Dec 1860; 28 Dec 1860 p2
WILCOX, Samuel - 28 May 1853; 2 June 1853 p2
Sophia - 4 Sept 1865; 4 Sept 1865 p3
WILCOXON, Elizabeth - 26 Sept 1845; 30 Sept 1845 p3
WILD, Rev - 10 Feb 1868; 11 Feb 1868 p3
WILDMAN, C G - 1865; 30 Mar 1865 p2
Elizabeth Ellen - 2 Dec 1854; 8 Dec 1854 p3
William - -- Oct 1875; 7 Oct 1875 p2
WILDT, Mrs H W - 18 Dec 1911; 30 Dec 1911 p4
WILENSKI, Ivanhoff - 24 Jan 1865; 25 Jan 1865 p3 & 26 Jan 1865 p3
WILEY, Francis Marion - 23 Jan 1843; 30 Jan 1843 p3
Hiram - 24 Dec 1834; 9 Jan 1835 p3
John G - 27 Aug 1909; 31 Dec 1909 p1
WILGUS, Albert C - 12 Feb 1892; 31 Dec 1892 p2
WILKERSON, Cornelia - 15 July 1886; 31 Dec 1886 p3
Elizabeth - 16 Nov 1903; 31 Dec 1903 p1
Eugenia C - 5 Oct 1881; 5 Oct 1881 p2
George W - 13 Mar 1896; 31 Dec 1896 p1
James W - 1 Feb 1894; 31 Dec 1894 p1
Mrs m/o James - nd; 30 May 1872 p3
Joseph - 15 July 1888; 31 Dec 1888 p1
Nicholas - 15 Feb 1871; 18 Feb 1871 p2
William - 14 Feb 1893; 30 Dec 1893 p2
WILKES, ---- - 21 Nov 1786; 23 Nov 1786 p2
Colston Tucker - 8 Nov 1834; 12 Nov 1834 p3
WILKESBARRE, James H - 23 Mar 1911; 30 Dec 1911 p4

WILKINS, George C - 23 Feb 1913; 31 Dec 1913 p1
James W - 25 Jan 1876; 27 Jan 1876 p2
WILKINS, James Walter - 2 June 1881; 4 June 1881 p2
John - 9 Jan 1912; 31 Dec 1912 p1
John T - 16 Jan 1908; 31 Dec 1908 p1
Mary E - 9 Mar 1884; 31 Dec 1884 p3
Nannie Virginia - 15 Feb 1887; 15 Feb 1887 p2
Sarah W - 12 Jan 1889; 31 Dec 1889 p2
William - 16 Feb 1901; 31 Dec 1901 p1
WILKINSON, Elizabeth - 1786; 26 Jan 1786 p2
Jane - 11 Dec 1811; 19 Dec 1811 p3
Margaret - 18 Aug 1883; 31 Dec 1883 p3
Susan - 23 June 1873; 30 June 1873 p2
Thomas C - 23 Nov 1903; 31 Dec 1903 p1
Thomasine - 16 Dec 1860; 20 Dec 1860 p3
William - 19 Jan 1871; 23 Jan 1871 p2 & p3
WILKS, Peter - nd; 29 Sept 1819 p2
WILKUS, Mrs - 18 Oct 1886; 31 Dec 1886 p3
WILLCOX, Miss Sidney A - 29 Jul 1862; 30 Jul 1862 p3*
WILLCOXEN, Rezin - 28 Nov 1855; 1 Dec 1855 p3
WILLET, Sarah - 4 Apr 1914; 31 Dec 1914 p1
WILLETT, Beniah - 25 June 1809; 28 June 1809 p3
Elizabeth Ann - 27 Jan 1861; 16 Feb 1861 p3
Olivia - 7 Aug 1907; 31 Dec 1907 p1
WILLEY, Elizabeth - 5 Sept 1857; 28 Sept 1857 p3
WILLIA, George - 19 Apr 1861; 20 Apr 1861 p3
WILLIAM, Elizabeth - 30 May 1883; 31 Dec 1883 p3
WILLIAMS, Alfred N - 26 Mar 1860; 28 Apr 1860 p3
Alice - 3 Apr 1852; 10 Apr 1852 p3
Ann - 24 Feb 1859; 4 Mar 1859 p3
Annie E - 1 Jan 1878; 4 Jan 1878 p3
Annie L - 8 Dec 1909; 31 Dec 1909 p1
Mrs Bazil - 26 June 1841; 30 June 1841 p3
Brooke - 1 Sept 1843; 4 Sept 1843 p3
Catherine - -- Aug 1907; 31 Dec 1907 p1
Charles W - 24 June 1891; 31 Dec 1891 p1
Chas Z - 26 Feb 1859; 12 Mar 1859 p3
David - 19 Jan 1899; 30 Dec 1899 p1
Edgar - nd; 11 July 1845 p2
Eleanor Augusta - 18 Sept 1891; 31 Dec 1891 p1
Elisha W - nd; 12 Sept 1854 p3
Elizabeth - 5 Jan 1869; 6 Jan 1869 p2

Elizabeth Griffin - 13 June 1834; 23 July 1834 p3
Ellen Douglas - 11 Oct 1865; 19 Oct 1865 p2
Fannie - 4 Dec 1889; 31 Dec 1889 p2
Fanny - 17 Feb 1855; 22 Feb 1855 p3
Frances - 12 May 1843; 7 June 1843 p3
George - 4 July 1884; 31 Dec 1884 p3
H C - 15 Feb 1877; 16 Feb 1877 p2
Hampton - 28 May 1875; 10 June 1875 p3
Harvey B - 4 Mar 1861; 6 Mar 1861 p3
Henry - 3 Dec 1852; 8 Dec 1852 p2
Hiram Open - 13 June 1854; 17 June 1854 p3
Ida Jane - 6 Sept 1867; 14 Sept 1867 p2
James - 5 Sept 1873; 25 Sept 1873 p2
James C - 7 Oct 1843; 31 Oct 1843 p3
James E - 22 Feb 1875; 27 Feb 1875 p2 & 4 Mar 1875 p3
James L - 9 Oct 1869; 23 Oct 1869 p2
Jeremiah - 8 Feb 1857; 11 Feb 1857 p2
John A - 13 Sept 1891; 31 Dec 1891 p1
John L - 9 Nov 1903; 31 Dec 1903 p1
John R - 27 Jul 1862; 28 Jul 1862 p3*
Kate - 12 Jan 1908; 31 Dec 1908 p1
Capt Lemuel D - 31 July 1865; 2 Aug 1865 p3
Louise - 29 May 1883; 31 Dec 1883 p3
Lucy - 28 Dec 1839; 25 Jan 1840 p2
Lucy - 6 Apr 1865; 7 Apr 1865 p3 & 8 Apr 1865 p2
Lucy - 30 Aug 1906; 31 Dec 1906 p1
Lucy C - 15 Jan 1866; 19 Jan 1866 p3
Magdalena - 17 June 1860; 30 June 1860 p3
Margaret D - 16 Mar 1911; 30 Dec 1911 p4
Martha Ann - 4 Oct 1862; 15 Oct 1862 p3*
Mary E - 12 Apr 1875; 19 Apr 1875 p2
Mary E - 25 Feb 1888; 31 Dec 1888 p1
Mary Gibbons - 6 Mar 1843; 24 Mar 1843 p3
Mary M - 14 Feb 1875; 17 Feb 1875 p2 & 18 Feb 1875 p2
Mary Virginia - nd; 11 Feb 1854 p3
Mildred - 7 Feb 1875; 27 Feb 1875 p2
Pauline - 6 June 1851; 13 June 1851 p2
Philip - nd; 13 Dec 1836 p3
Philippa - 4 June 1866; 11 June 1866 p2
Rennes - nd; 31 July 1831 p3
Robert - 15 Dec 1891; 31 Dec 1891 p1
Robert - nd; 28 June 1848 p2
Robert - 22 Feb 1892; 31 Dec 1892 p2
Robert Lee - 16 Sept 1887; 17 Sept 1887 p2
Samuel - 8 Feb 1873; 10 Feb 1873 p2
Sanford - 6 Jan 1870; 6 Jan 1870 p3
Mrs Sarah A - 10 Dec 1862; 12 Dec 1862 p3*
Sarah Elizabeth - 13 Apr 1843; 17 Apr 1843 p3

WILLIAMS, Thomas - 20 Mar 1833; 26 Mar 1833 p3
Thomas - -- Mar 1784; 25 Mar 1784 p3
Thomas - 31 Oct 1895; 31 Dec 1895 p1
Wilkerson G - 10 May 1868; 12 May 1868 p3
William L - 18 Sept 1911; 30 Sept 1911 p4
Wm H - 18 Apr 1858; 20 Apr 1858 p3
WILLIAMSON, Elizabeth Ann - nd; 14 Dec 1837 p3
Janette - nd; 9 Dec 1858 p3
Mary - 12 Sept 1857; 28 Sept 1857 p3
Sally F - 25 Aug 1843; 5 Sept 1843 p2
Dr Philip Dodridge - nd; 26 Sept 1831 p3
Robert Page - 22 Oct 1853; 23 Oct 1853 p2
Sarah Brooke - 11 Feb 1841; 23 Feb 1841 p3
Thomas - nd; 3 June 1833 p3
WILLIS, Albert - nd; 30 Mar 1850 p3
Mary Jane - 18 July 1858; 7 Aug 1858 p3
Mrs Byrd - 8 Oct 1834; 28 Oct 1834 p3
Rev Edward J - 1865; 6 June 1865 p1
Jane - -- Aug 1887; 19 Aug 1887 p2
John - 29 Feb 1848; 21 Mar 1848 p3
John W - nd; 15 Aug 1833 p3
Col Lewis - 2 Feb 1813; 11 Feb 1813 p3
Madison Lucy - 16 Feb 1868; 25 Feb 1868 p3
Maria - 5 Oct 1835; 20 Oct 1835 p3
Moreau Lemoine - 1 Oct 1865; 10 Oct 1865 p2
Nancy - 27 Oct 1812; 8 Oct 1812 p3
Nellie - 27 Apr 1882; 2 May 1882 p2
Virginia A - -- Jan 1875; 16 Jan 1875 p3
WILLITT, Joseph W - 19 Nov 1860; 21 Nov 1860 p3
WILLS, John - nd; 19 Feb 1859 p3
William Sheldon - 1 Nov 1867; 18 Nov 1867 p3
Wm X - 7 June 1865; 19 June 1865 p2
WILLSON, Leah Summers - 27 July 1852; 2 Aug 1852 p2
WILMER, Anne B - 25 Dec 1854; 6 Jan 1855 p3
WILMER, Georgie - 16 Apr 1887; 18 Apr 1887 p3
Mary T - 27 Aug 1873; 10 Sept 1873 p2
Richard - nd; 21 Apr 1853 p3
Rev Simon - 23 May 1840; 15 June 1840 p3
Rev Wm - nd; poem "Lines on the Death of the Rev'd Wm H Wilmer" Gazette 27 Aug 1827 p2
Wm H - 24 July 1827; 1 Aug 1827 p3
Rev H - nd; obituary poem 6 Aug 1827 p2
WILSON, Agnes - nd; 22 July 1854 p3
Dr Alexander - 25 Oct 1786; 18 Jan 1787 p3
Amelia - 31 Oct 1843; 2 Nov 1843 p3
Ann - 4 Sept 1834; 2 Oct 1834 p3
Ann E - 1 Aug 1879; 4 Aug 1879 p2

Anna - 5 Dec 1867; 7 Dec 1867 p2
Annie - 4 Nov 1903; 31 Dec 1903 p1
Benjamin H - nd; 6 Dec 1860 p3
Campbell - 27 July 1802; 28 July 1802 p3
Catherine - -- Apr 1834; 2 Apr 1834 p3
Mrs Charles - 30 Oct 1883; 31 Dec 1883 p3
Charlotte - 15 Mar 1871; 16 Mar 1871 p2
Charlotte F - 3 Oct 1874; 9 Oct 1874 p2
Cornelia L - 18 Apr 1873; 26 Apr 1873 p2
Eliel S - 21 Sept 1860; 29 Sept 1860 p3
Eliza - 25 Mar 1839; 26 Mar 1839 p3
Eliza J - 4 Jan 1877; 4 Jan 1877 p2
Elizabeth - 10 Oct 1859; 21 Oct 1859 p3
Elizabeth N - 15 May 1874; 28 May 1874 p2
Elizabeth T - 9 Sept 1874; 12 Sept 1874 p2
Eugenia - 15 Oct 1859; 19 Oct 1859 p3
Mrs Frances - 25 Oct 1860; 1 Nov 1860 p3
Frderick - -- Oct 1834; 6 Oct 1834 p3
George Washington - nd; 13 Jan 1845 p3
Hannah - 7 Jan 1861; 10 Jan 1861 p3
Hannah - 4 May 1875; 4 May 1875 p2 & 5 May 1875 p2
Henningham - -- July 1887; 3 Aug 1887 p2
Henry Clay - 26 Dec 1859; 26 Jan 1860 p3 & 27 Jan 1860 p3
Henry G - 25 Jan 1860; 3 Feb 1860 p2
Jacob H - nd; 2 Dec 1852 p3
James - 9 July 1805; 10 July 1805 p2
James C - 20 Mar 1860; 21 Mar 1860 p3
John - 19 Aug 1853; 5 Sept 1853 p3
John - 13 Mar 1861; 15 Mar 1861 p3
John A - 14 Sept 1841; 16 Sept 1841 p3
John H - 13 July 1889; 31 Dec 1889 p2
John K - 19 Oct 1841; 23 Oct 1841 p3
John S - 21 June 1869; 26 June 1869 p2
Joseph H - 22 Dec 1857; 29 Dec 1857 p3
Julia A - 30 May 1842; 6 June 1842 p3
Lavinia - 14 July 1870; 14 July 1870 p2
Louisa - 27 Sept 1839; 7 Oct 1839 p3
Louisa E - 3 Aug 1874; 11 Aug 1874 p2
Margaret - 18 Feb 1827; 19 Feb 1827 p3
Margaret - 1 Apr 1899; 30 Dec 1899 p1
Margaret - 27 Mar 1904; 31 Dec 1904 p1
Mary - 4 Nov 1851; 6 Nov 1851 p3
Mary Anne E - nd; 24 Aug 1855 p3
Mary Bankson - 30 Nov 1837; 5 Dec 1837 p3
Mary E - 16 Apr 1878; 16 Apr 1878 p2
Mary E - 2 Jan 1910; 31 Dec 1910 p1
Mary Gilpin - nd; 11 Mar 1843 p3
Mrs - 2 June 1891; 31 Dec 1891 p1
Oliver - 19 Oct 1815; 20 Oct 1815 p3
Pearl B - 11 May 1894; 31 Dec 1894 p1

WILSON, Priscilla - nd; 27 May 1859 p3
Robert L T - 22 Dec 1875; 22 Dec 1875 p2
Rebecca - nd; 12 Nov 1855 p3
Dr. Robert Taylor - 9 Dec 1857; 11 Dec 1857 p3
Sarah Louise - nd; 19 Aug 1852 p2
Thomas - -- Feb 1796; 1 Mar 1796 p3
Virginia - 26 Jan 1864; 28 Jan 1864 p2
William A - 29 Feb 1876; 1 Mar 1876 p2
William Ramsey - -- June 1805; public notice 28 June 1805 p2
WILT, Cora G - 1882; 27 Nov 1882 p2 & 28 Nov 1882 p2
WIMSATT, Elizabeth - nd; 9 Mar 1844 p3
J S - 18 Dec 1911; 30 Dec 1911 p4
Samuel - 8 Nov 1837; 11 Nov 1837 p3
William H - nd; 21 Sept 1847 p3
WINBORNE, Micajah T - 3 Oct 1843; 7 Oct 1843 p3
WINCH, Minnie A - 15 Feb 1894; 31 Dec 1894 p1
WINDER, Gen Wm H - nd; 25 May 1824 p4
WINDSOR, Ann M - 28 June 1875; 28 June 1875 p3
Annie - 27 Aug 1876; 28 Aug 1876 p3
Behethelon - 25 Dec 1833; 2 Jan 1834 p3
David A - 6 Mar 1892; 31 Dec 1892 p2
Edgar - 23 Nov 1849; 1 Dec 1849 np
Elizabeth - 19 June 1851; 30 June 1851 p2
Elizabeth C - 7 Aug 1898; 31 Dec 1898 p1
Emeline - 30 May 1843; 31 May 1843 p3
Florence - 24 July 1860; 27 July 1860 p2
Fredrick R - 28 Oct 1893; 30 Dec 1893 p2
George W - 18 Oct 1906; 31 Dec 1906 p1
James - 18 Mar 1889; 31 Dec 1889 p2
Malinda J - 5 Oct 1881; 5 Oct 1881 p2
Milton - 28 Feb 1873; 1 Mar 1873 p3
Nannie W - 23 Apr 1895; 31 Dec 1895 p1
Dr Norman - 26 June 1860; 27 July 1860 p2
Richard - 28 Mar 1850; 2 Apr 1850 p2
Richard - 19 June 1876; 19 June 1876 p2
Richard W - 22 Mar 1850; 25 Mar 1850 p3
Richard Warden - 23 July 1852; 24 July 1852 p2
Robert N - 21 Feb 1852; 25 Feb 1852 p2
Sarah - 25 Jan 1812; 27 Jan 1812 p3
Sarah H - nd; 21 Aug 1848 p3
William - 13 June 1875; 7 July 1875 p2
William H - 16 Jan 1901; 31 Dec 1901 p1
Wm Boothe - 4 Aug 1862; 8 Aug 1862 p3*
WINE, Patsy - 16 July 1882; 14 Aug 1882 p2
WINEFRED, Mary - 15 Oct 1869; 16 Oct 1869 p2

WINGERD, Abraham - 20 Feb 1858; 25 Feb 1858 p3
WINGFIELD, Madore E - 24 Jan 1910; 31 Dec 1910 p1
Rebecca A - 27 Apr 1875; 7 May 1875 p2
Samuel - 9 Aug 1905; 30 Dec 1905 p1
WINSTON, Dorothy - nd; 4 Mar 1831 p3
Isaac - nd; 31 May 1838 p3
Dr Isaac - 27 Nov 1867; 30 Nov 1867 p3
Sally Ann - 21 Nov 1872; 3 Dec 1872 p2
Maj Samuel J - nd; 27 Feb 1839 p3
Susan F - 2 Feb 1853; 10 Feb 1853 p3
Susan F - nd; 31 Dec 1859 p3
Mrs W H - 2 Sept 1896; 31 Dec 1896 p1
W H - 21 Mar 1901; 31 Dec 1901 p1
WINTER, Christina - 13 Mar 1868; 16 Mar 1868 p2
Elizabeth - nd; 28 Mar 1855 p3
John - 2 Apr 1821; 3 Apr 1821 p3
WINTERBERRY, John - 21 Nov 1810; 23 Nov 1810 p3
John - 3 Oct 1821; 4 Oct 1821 p2
Mary - 18 Sept 1827; 24 Sept 1827 p3
WINTERS, Elizabeth - 16 Apr 1895; 31 Dec 1895 p1
WIRE, Margaret - nd; 15 Mar 1852 p2
WIRT, John L - nd; 20 Nov 1857 p3
Richard Lloyd - 25 July 1873; 26 July 1873 p2
Richard W - 2 June 1902; 31 Dec 1902 p1
William - 18 Feb 1834; 19 Feb 1834 p3
WISE, Alice A N - 13 Nov 1905; 30 Dec 1905 p1
Ann - nd; 24 Jan 1859 p3
Ann E - 4 May 1837; 23 May 1837 p3
Charles J - 9 May 1898; 31 Dec 1898 p1
Claude Newton - 29 Nov 1887; 29 Nov 1887 p2
Frank A - 3 Mar 1912; 31 Dec 1912 p1
John s/o ---- - 1790; 8 July 1790 p3
Dr John R - nd; 7 Feb 1837 p3
Maggie - 22 Jan 1893; 30 Jan 1893 p2
Martha - 19 Sept 1810; 26 Sept 1810 p3
Mary - 6 July 1858; 8 July 1858 p3
Mary Ann - 3 Dec 1830; 11 Dec 1830 p3
Dr Peter - 10 Oct 1808; 11 Oct 1808 p3
Peter - 9 Apr 1893; 30 Dec 1893 p2
Spencer Sergeant - nd; 21 June 1851 p3
Virginia F - 25 Dec 1852; 18 Jan 1853 p2
WISEMILLER, Jacob - Saturday last; 9 Feb 1820 p3
WISHART, A E M - nd; 13 Dec 1833 p3
WITBECK, Annie - 20 July 1882; 21 July 1882 p2
Isadore - 14 June 1894; 31 Dec 1894 p1

WITBECK, Pamela - nd; 26 Apr 1855 p3
 S Elizabeth - 15 Aug 1889; 31 Dec 1889 p2
WITCHER, Col W A - 1887; 2 Feb 1887 p2
WITHERS, Catharine - nd; 22 June 1841 p3
 Horace C - 20 May 1840; 26 May 1840 p3
WITHERS, J Betty - 5 Apr 1874; 20 Apr 1874 p3
 James - nd; 18 Mar 1861 p3 & 20 Mar 1861 p2
 James O - 10 Nov 1862; 14 Nov 1862 p4*
 John - nd; local news 11 Nov 1861 p1
 Margaret H - 10 Apr 1876; 12 Apr 1876 p2
 Margaret M - nd; 14 Dec 1838 p3
 Martin - 28 May 1870; 1 June 1870 p2
 Mary Thron - 21 Oct 1874; 21 Oct 1874 p2
 Sophia - 28 Jan 1842; 7 Feb 1842 p3
WITMAN, John H - 25 Mar 1871; 27 Mar 1871 p2
WITMER, E F - 1 Feb 1891; 31 Dec 1891 p1
 E F - 15 Oct 1904; 31 Dec 1904 p1
 George K - 6 Mar 1901; 31 Dec 1901 p1
 Zabella - 1 Jan 1901; 31 Dec 1901 p1
WITTLESEY, Sarah J C - 14 Feb 1896; 31 Dec 1896 p1
WIZE, Margaret D P - 22 Feb 1866; 1 Mar 1866 p3
WOLCOTT, Oliver - 1 June 1833; 6 June 1833 p3
WOLF, George W - 12 Jan 1915; 31 Dec 1915 p2
 Margaret - 26 Aug 1888; 31 Dec 1888 p1
 Mrs William - 20 Apr 1883; 31 Dec 1883 p3
 William - 12 Nov 1891; 31 Dec 1891 p1
 William - 29 Oct 1906; 31 Dec 1906 p1
WOLFE, Robert B - 17 Mar 1871; 25 Mar 1871 p3
 Susan Amanda - 5 Apr 1873; 7 Apr 1873 p2
WOLFORD, Charles - 20 Apr 1875; 10 May 1875 p2
WOLLBERG, Nathan - 12 May 1909; 31 Dec 1909 p1
WOOD, Mrs A A - 2 Dec 1875; 17 Jan 1876 p2
 Alexander - 1887; 27 Jan 1887 p2
 Alfred Griffith - 26 Apr 1854; --- May ---- np
 Mrs Ann C - 27 Jan 1861; 31 Jan 1861 p2
 Araminta - 10 Jan 1837; 7 Feb 1837 p3
 Ann - 5 Feb 1816; 6 Feb 1816 p3
 Ann - 28 Oct 1886; 31 Dec 1886 p3
 Annie E - 21 Nov 1913; 31 Dec 1913 p1
 Artemesia B - 20 Apr 1888; 31 Dec 1888 p1
 Asa D - 26 Jan 1868; 28 Jan 1868 p2
 Bennie - 15 Sept 1877; 15 Sept 1877 p3
 Charles E - 30 July 1900; 31 Dec 1900 p1
 Betsey - 28 Dec 1812; 29 Dec 1812 p3
 Charles F - --- Aug 1875; 10 Aug 1875 p2
 D R - 22 July 1875; 23 July 1875 p2

Rev David - 27 Mar 1851; 12 Apr 1851 p3
 Douglas - 6 Jan 1880; 6 Jan 1880 p2
 Elizabeth Montgomery - 24 Nov 1866; 30 Nov 1866 p2
 Fanny - 27 Apr 1888; 31 Dec 1888 p1
 Ferdinand - nd; 15 Dec 1836 p3
 Francis M - 25 Feb 1907; 31 Dec 1907 p1
 Henry - 6 Dec 1867; 7 Dec 1867 p2
 Mrs Henry - 11 Feb 1887; 11 Feb 1887 p2
 Herbert - 3 June 1907; 31 Dec 1907 p1
 Hiram A - 25 Nov 1905; 30 Dec 1905 p1
 Capt Isaac - 25 Sept 1865; 25 Sept 1865 p2
 James F - nd; local news 16 Nov 1861 p1
 James F - 19 Oct 1904; 31 Dec 1904 p1
 John - 9 Dec 1858; 14 Dec 1858 p3
 John - 3 Aug 1860; 4 Aug 1860 p3
 John - 30 Nov 1894; 31 Dec 1894 p1
 John H - 14 Aug 1843; 22 Aug 1843 p3
 Joshua - 11 Nov 1850; 14 Nov 1850 p2
 Juliana - 13 Nov 1836; 17 Nov 1836 p3
 Laura Gertrude - --- Oct 1876; 19 Oct 1876 p2
 Lizzie - 21 Dec 1913; 31 Dec 1913 p1
 M E - 5 Sept 1908; 31 Dec 1908 p1
 Mamie - 14 Feb 1907; 31 Dec 1907 p1
 Margaret B - 23 July 1866; 25 Aug 1866 p2
 Mary - 1 Sept 1867; 7 Sept 1867 p2
 Matilda A L - 1 Feb 1876; 4 Feb 1876 p3
 May - 31 May 1909; 31 Dec 1909 p1
 Melissa A - 15 June 1911; 30 Dec 1911 p4
 Nannie - 21 Aug 1907; 31 Dec 1907 p1
 Orlando - 8 Mar 1889; 31 Dec 1889 p2
 Sarah J - 23 Apr 1890; 31 Dec 1890 p1
 Thomas - nd; 23 June 1854 p2
 Thomas - nd; 19 Mar 1840 p3
 Thomas D - --- Jan 1871; 21 Jan 1871 p2
 Walter - 24 Apr 1873; 17 May 1873 p2
 William - nd; 9 May 1822 p3
 William - 4 Aug 1895; 31 Dec 1895 p1
 William D - 23 Sept 1869; 30 Sept 1869 p2
 William S - 4 July 1875; 19 July 1875 p2
WOODBURY, Mrs - 9 June 1873; 10 June 1873 p3
 John T - 22 Apr 1822; 30 Apr 1822 p3
 Mary Louisa - 5 Dec 1862; 6 Dec 1862 p2*
WOODEN, William - 30 Jan 1870; 3 Feb 1870 p3
WOODFIELD, Mary A - 2 June 1910; 31 Dec 1910 p1
 William H - 12 Feb 1878; 13 Feb 1878 p2
WOODHAM, George Frederick - 21 Mar 1808; 28 Mar 1808 p3
WOODHOUSE, Anna Maria - 17 Nov 1859; 19 Nov 1859 p3

WOODHOUSE, Lillian C - 20 Mar 1901; 31 Dec 1901 p1
WOODS, Benjamin F - 28 Aug 1870; 29 Aug 1870 p2
Helen - nd; 28 Sept 1854 p3
WOODSIDE, James Duthie - 1 Apr 1842; 4 May 1842 p3
WOODSON, Clara - 14 May 1888; 31 Dec 1888 p1
George A - 10 Feb 1858; 15 Feb 1858 p3
Janet G - 24 Feb 1904; 31 Dec 1904 p1
WOODVILLE, John - 11 Jan 1834; 17 Jan 1834 p3
WOODWARD, Amos S - 16 July 1899; 30 Dec 1899 p1
Esther Amelia - 9 Oct 1857; 14 Oct 1857 p3
F M - 18 Dec 1907; 31 Dec 1907 p1
John - nd; 25 Oct 1837 p3
Lottie - 22 Aug 1902; 31 Dec 1902 p1
Martha S - 21 Mar 1891; 31 Dec 1891 p1
Octavia O - 3 Feb 1861; 5 Feb 1861 p2
Rachel - 22 Apr 1860; 26 May 1860 p3
WOODWORTH, Cyrenius - 9 Dec 1858; 18 Dec 1858 p3
WOODY, J P - 21 June 1910; 31 Dec 1910 p1
Judith - nd; 11 Jan 1847 p3
Ruth - 7 Sept 1853; 12 Sept 1853 p3
Ruth - 25 Jan 1899; 30 Dec 1899 p1
W R - 1 Sept 1901; 31 Dec 1901 p1
WOODYARD, John - nd; 1 Oct 1855 p3
William - 4 Apr 1860; 13 Apr 1860 p3
WOOLFOLK, Col John - nd; 29 Jan 1859 p2
WOOLLS, George - 8 July 1866; 20 July 1866 p3
James M - 14 June 1900; 31 Dec 1900 p1
James W - 29 Jan 1909; 31 Dec 1909 p1
Mary - 23 Dec 1885; 31 Dec 1885 p2
Stephen Jr - 26 Jan 1850; 1 Feb 1850 p3
Stephen - 10 June 1865; 12 June 1865 p3
Stephen - 12 May 1905; 30 Dec 1905 p1
Stephen J - 11 Dec 1902; 31 Dec 1902 p1
Mrs William - 22 Nov 1899; 30 Dec 1899 p1
William - 10 Nov 1898; 31 Dec 1898 p1
William P - 13 Dec 1909; 31 Dec 1909 p1
WOOLS, Pvt - battle on 30 Jun 1862; 8 Jul 1862 p1*
Maria - nd; 19 Oct 1850 p3
William - -- July 1805; public notice 16 Aug 1805 p3
WORCHESTER, Hattie - 25 Aug 1915; 31 Dec 1915 p2
WORD, C P Jr - 29 Jan 1876; 31 Jan 1876 p3

WORMLEY, Landon - 1 June 1871; 2 June 1871 p3
Nancy - 29 June 1837; 4 July 1837 p3
Owen - -- 10 Sept 1834; 12 Sept 1834 p3
WORNAL, Rachael - nd; 7 Dec 1840 p3
WORRELL, Ezekiel - 8 Nov 1860; 21 Nov 1860 p3
WORSHAM, Sallie A - 19 Jan 1908; 31 Dec 1908 p1
WORSLEY, Col Wm - 24 Aug 1853; 29 Aug 1853 p3
WORSTER, Eliza - 15 Jan 1874; 17 Jan 1874 p2
Capt Tapley - nd; 26 June 1858 p3
WORTCHE, Henry - 10 May 1871; 10 May 1871 p2
WORTHAM, Lillie - 9 May 1887; 12 May 1887 p2
Mary C - 25 July 1858; 17 Aug 1858 p3
WORTHINGTON, Annie D - 15 Jan 1871; 2 Feb 1871 p3
Catharine - 12 Jan 1871; 14 Jan 1871 p2
Dr Charles - nd; 14 Sept 1836 p3
Elizabeth T - 26 Apr 1898; 31 Dec 1898 p1
George A - 2 Mar 1889; 31 Dec 1889 p2
George Y - 31 Jan 1888; 31 Dec 1888 p1
John G - 16 Sept 1875; 17 Sept 1875 p2
Israel Griffith - 21 Sept 1871; 22 Sept 1871 p2
Landon T - 17 Mar 1850; 25 Mar 1850 p3
Louisa - 7 Sept 1858; 9 Sept 1858 p3
Mary - 12 July 1834; 18 July 1834 p3
Nellie D - 15 Jan 1871; 2 Feb 1871 p2
Perry - 25 Dec 1837; 26 Jan 1838 p3
Robert - 30 May 1854; 12 June 1854 p2
Sarah M - nd; 1 Dec 1854 p3
Thomas J - nd; 12 Jan 1858 p3
William - 22 Feb 1842; 26 Feb 1842 p3
Wm B - 2 Sept 1858; nd np
WORTHMOBLEY, Emma - -- May 1868; 15 May 1868 p3
WOTTON, William Turner - 18 June 1863; 1 Aug 1863 p3
WREN, Eleanor w/o Daniel Wren m/o John William Renwick & Dinah Eleanor Wren, This stone was placed over her by Order of her disconsolate Husband, who was left with two children to lament her loss - John William Renwick, her son, being only three years old when his Mother departed this Life and Dinah Eleanor Wren, their Daughter, Aged only 7 days - 1798; nd np
John - 2 Sept 1821; 5 Sept 1821 p3
Mary Y - nd; 29 Oct 1845 p3

WRENN, Anzelia - nd; 6 Mar 1851 p3
Catharine Eleanor - 5 June 1882; 16 June 1882 p2
James - 30 Sept 1843; 9 Oct 1843 p3
WRENN, James Oscar - nd; 21 Aug 1871 p2
Mrs Leak - -- Apr 1875; 10 Apr 1875 p2
Wm H - nd; 17 Sept 1855 p3
WRIGHT, Miss --- - -- Jan 1871; 31 Jan 1871 p2
Albert S - 12 Jan 1872; 15 Jan 1872 p2
Ann - 19 Mar 1842; 21 Mar 1842 p3
Catharine - 10 July 1843; 21 July 1843 p3
Chas Fenton - 22 Nov 1852; 1 Dec 1852 p3
Edward Charles - 3 June 1853; 7 June 1853 p3
Elizabeth - 2 Jan 1861; 4 Jan 1861 p3
Emma - 27 Dec 1909; 31 Dec 1909 p1
Harriet J C - 20 May 1852; 24 May 1852 p2
Harriet M - nd; 29 May 1849 p3
Mrs Harrison - 3 Apr 1869; 5 Apr 1869 p3
James - 21 Jan 1861; 23 Jan 1861 p3
Jane - 15 Mar 1870; 15 Mar 1870 p2
Jane - 25 July 1897; 31 Dec 1897 p1
John - 31 July 1858; 23 Aug 1858 p3
John - 16 July 1892; 31 Dec 1892 p2
John W - nd; 16 Apr 1855 p3
Judith - nd; 31 July 1843 p3
Leroy A - 20 Feb 1904; 31 Dec 1904 p1
Lucy C - 16 Apr 1908; 31 Dec 1908 p1
Margaret - 7 Nov 1908; 31 Dec 1908 p1
Mary - 23 Nov 1890; 31 Dec 1890 p1
Mary Ann - nd; 12 Sept 1853 p3
Mary Elizabeth - 12 July 1865; 22 July 1865 p2
Mary Josephene - 30 Jan 1838; 3 Feb 1838 p3
Nancy - 13 Aug 1843; 16 Aug 1843 p3
Penelope - 24 Jan 1854; 11 Feb 1854 p3
Rebecca - nd; 31 May 1839 p3
Mrs Robert - nd; 2 Apr 1849 p3
Robert L - 8 July 1865; 15 July.1865 p2
Sarah - nd; 22 Feb 1847 p3
Silas - 13 May 1843; 31 May 1843 p3
Teresa - 4 July 1875; 14 July 1875 p2
Maj Thomas - 9 Nov 1834; 13 Dec 1834 p3
Thomas - 8 Jan 1866; 10 Jan 1866 p2
Thomas A - nd; 22 Dec 1836 p3
Thomas C - 24 July 1841; 26 July 1841 p3
William - 8 Mar 1877; 10 Mar 1877 p2
Wm B - 26 May 1855; 26 June 1855 p3
WROE, Mary Lizzie - 15 Feb 1873; 21 Feb 1873 p2
Capt Samuel - 13 Feb 1861; 15 Feb 1861 p3
WROTH, Hester Maria - 4 Nov 1857; 6 Nov 1857 p3

WRYE, Wm P - 11 June 1849; 16 June 1849 p3
WUNDER, Dr --- - 1865; 14 July 1865 p3
Anna A - 29 Sept 1875; 29 Sept 1875 p2
WURDEMAN, Herman H - -- May 1878; 5 May 1878 p2
WYATT, Joseph - "a few days ago"; 9 June 1843 p3
WYEKOFF, Mary Elizabeth - 26 Mar 1844; 19 Apr 1844 p3
WYLIE, Andrew - 9 Apr 1859; 11 Apr 1859 p3
Daniel - nd; 25 Aug 1849 p3
Pendleton - 9 May 1869; 11 May 1869 p3
WYMAN, Barzilla - 3 Apr 1818; 4 Apr 1818 p2
WYNKOOP, Mary - 20 Sept 1873; 25 Sept 1873 p2
Willie J - 15 Jan 1876; 21 Jan 1876 p2
WYNN, Virginia Conway - 20 Sept 1873; 24 Sept 1873 p2
WYNNE, Mary C - 15 Oct 1875; 18 Oct 1875 p2
WYVILL, Margaret - 23 Nov 1860; 30 Nov 1860 p3

YAGER, Nathaniel - 23 Nov 1843; 29 Nov 1843 p3
Charles N - 23 Jan 1868; 8 Feb 1868 p2
YANCEY, G W - nd; 7 Nov 1865 p2
YANCY, Francis G - nd; 15 July 1833 p2
Susan - nd; 27 May 1850 p2
YATEMAN, J C - 8 Dec 1914; 31 Dec 1914 p1
YATES, Charles A - 5 Aug 1902; 31 Dec 1902 p1
E C - 16 Apr 1866; 18 Apr 1866 p4
Elliot Booten - 22 Sept 1869; 23 Oct 1869 p2
Julia - 1866; 14 June 1866 p2
Missouri A - 15 Mar 1861; 25 Mar 1861 p3
Wm - nd; 12 Sept 1826 p3
Wm - 4 Oct 1836; 29 Oct 1836 p3
Dr Wm - nd; 1 Feb 1840 p3
YEATES, Edman - 26 Feb 1843; 28 Feb 1843 p3
Elizabeth - nd; 7 Dec 1848 p3
Hannah - 23 Dec 1834; 24 Dec 1834 p3
Henry - 26 Apr 1845; 30 Apr 1845 p2
Rachel - 12 Oct 1836; 17 Oct 1836 p3
Sarah - 18 Feb 1863; 19 Feb 1863 p3
William - nd; 26 July 1849 p3
William C - 6 Feb 1913; 31 Dec 1913 p1
YEATMAN, Cloe - 3 Oct 1860; 13 Oct 1860 p3
Ella - nd; 3 May 1851 p3
P T - 18 Mar 1897; 31 Dec 1897 p1
Sarah - 26 Oct 1843; 31 Oct 1843 p3
William H - 16 Mar 1913; 31 Dec 1913 p1

YEATON, Mrs - 28 July 1803; 29 July 1803 p3
Gabriella Augusta - nd; 8 Apr 1859 p3
Gabriel Duvall - 7 July 1863; 7 July 1863 p2
Joshua - 20 Sept 1834; 24 Sept 1834 p3
Louisa W - 1 Aug 1870; 2 Aug 1870 p3
Lucia C - 14 Oct 1853; 15 Oct 1853 p3
Mary Frances - 15 July 1871; 15 July 1871 p2
Mary F - 26 May 1898; 31 Dec 1898 p1
W C - 4 Sept 1894; 31 Dec 1894 p1
Mrs W C - 16 Dec 1888; 31 Dec 1888 p1
Warren - 5 Apr 1866; 9 Apr 1866 p2
YERBY, A Oscar - 5 Aug 1866; 8 Aug 1866 p3
Dr Geo T - 15 Feb 1865; 6 Mar 1865 p2
YERKES, Harmon - 15 June 1860; 19 June 1860 p3
YOAST, Jacob - 3 Sept 1860; 10 Sept 1860 p3
YOESCHKE, Bertha - 19 May 1892; 31 Dec 1892 p2
YOHE, C A - 25 Aug 1908; 31 Dec 1908 p1
YORK, Clarence M - 19 Mar 1861; 9 Apr 1861 p3
YOST, Mary - nd; 15 May 1837 p3
Miss Merrill C - 15 May 1868; 23 May 1868 p3
Rebecca - nd; 27 Feb 1829 p3
YOUNG, Adam - 24 Nov 1875; 24 Nov 1875 p2
B F - 18 Oct 1911; 30 Dec 1911 p4
Mrs Barbara S A - 6 Dec 1862; 9 Dec 1862 p3*
Barnabas - nd; 19 Jan 1833 p3
Catherine - 27 Sept 1843; 28 Sept 1843 p3
Catherine C - 28 Oct 1915; 31 Dec 1915 p2
Charles W - 3 Mar 1861; 6 Mar 1861 p3
D - 5 Jan 1864; 6 Jan 1864 p1
Eleanor - 21 July 1886; 31 Dec 1886 p3
Elizabeth consort of Gen Robert Young - nd; 4 Mar 1840 p3
Ellen Lee - 2 Mar 1876; 3 Mar 1876 p3
Emma J - 1880; 11 Oct 1880 p2
Eustace - 30 May 1871; 10 June 1871 p2
Florence Eloise - 23 Jan 1878; 25 Jan 1878 p2
Frank M - 2 Apr 1887; 4 Apr 1887 p2
George - 13 Dec 1913; 31 Dec 1913 p1
George H - 4 Jan 1892; 31 Dec 1892 p2
George Washington - 1867; 15 Mar 1867 p2
Ida Elizabeth - 29 Dec 1862; 29 Dec 1862 p2*
John - 24 May 1813; 25 May 1813 p3
John - 2 Dec 1869; 2 Dec 1869 p2
John - 6 May 1871; 6 May 1871 p2
Mrs John - 23 Jan 1812; 24 Jan 1826 p3
John A - 25 Feb 1852; 27 Feb 1852 p2
John C - 27 Dec 1887; 28 Dec 1887 p2
John M - 26 July 1912; 31 Dec 1912 p1
John S - 26 May 1894; 31 Dec 1894 p1
Joseph - 16 July 1897; 31 Dec 1897 p1

Joseph H - 9 Mar 1893; 13 Mar 1893 p3
  & 30 Dec 1893 p2
Mrs Joseph L - 3 Sept 1907; 31 Dec 1907 p1
Josephine - 26 June 1878; 26 June 1878 p2
Joyce - nd; 13 Nov 1830 p3
Julia Cranston - 8 Feb 1842; 9 Feb 1842 p3
Julian F - 18 Dec 1893; 30 Dec 1893 p2
Maria Louisa - nd; 21 Feb 1863 p3
Mary - 13 Dec 1815; 22 Dec 1815 p3
Mary - nd; Gazette 12 Feb 1836 p3
Mary Ann - 18 Feb 1888; 31 Dec 1888 p1
Mary E - 2 June 1860; 7 June 1860 p3
Mary E - 16 Nov 1913; 31 Dec 1913 p1
Nicholas R - 24 July 1876; 25 July 1876 p2
Peter - 24 Jan 1871; 8 Feb 1871 p2
Richard - 13 July 1860; 16 July 1860 p3
Rosanna - nd; 16 Mar 1854 p3
S H - 8 Mar 1860; 12 Mar 1860 p3
Samuel C - 1874; 5 June 1874 p2
Sarah Ann - nd; 15 Apr 1840 p3
Susan M - 19 Feb 1874; 24 Feb 1874 p2
Virginia - 19 Sept 1870; 22 Sept 1870 p2
William Albert - 27 Aug 1857; 29 Aug 1857 p3
William L - 12 Dec 1857; 15 Dec 1857 p3
YOUNT, Daniel - 5 Aug 1860; 8 Aug 1860 p3

ZELL, Ernest - 7 Sept 1913; 3 Dec 1913 p1
ZEPERNICK, Mariana - 20 May 1810; 21 May 1810 p3
ZIMMERMAN, Amalia - 25 June 1890; 31 Dec 1890 p1
Ann - 25 June 1839; 27 June 1839 p3
Archibald M - 15 Apr 1874; 17 Apr 1874 p2
Betsey - 1880; 8 Jan 1880 p3
Catharine - 18 Apr 1885; 31 Dec 1885 p2
Edith Henc - 13 July 1882; 13 July 1882 p2
Elizabeth - nd; 8 Mar 1849 p3
Elizabeth - 18 Jan 1890; 31 Dec 1890 p1
George - 8 July 1895; 31 Dec 1895 p1
Henry F - 12 May 1878; 13 May 1878 p3
Katie Deliley - 10 July 1882; 13 July 1882 p2
Louisa - 22 May 1912; 31 Dec 1912 p1
John - nd; 29 Nov 1823 p3
John Henry - nd; 4 Sept 1854 p3
Margaret - 11 Dec 1827 ae 13; 17 Dec 1827 p3
Margaret - 14 Nov 1852; 16 Nov 1852 p3
Mary - 7 Apr 1867; 9 Apr 1867 p2
Mary Waters - 3 Feb 1875; 9 Feb 1875 p2
  & 11 Feb 1875 p2
Milton - 10 Aug 1854; 12 Aug 1854 p3
Reuben - 31 May 1859; 1 June 1859 p3

ZIMMERMAN, Mrs Sinah A - 9 Jan 1865; 11 Jan
    1865 p2
  Thomas - 27 Jan 1905; 30 Dec 1905 p1
  Warren Whyte - 1882; 14 July 1882 p2
  William - 15 Dec 1903; 31 Dec 1903 p1
  Wilmer H - --- Apr 1878; 16 Apr 1878 p2

www.ingramcontent.com/pod-product-compliance
Lightning Source LLC
Chambersburg PA
CBHW050144170426
43197CB00011B/1951